智慧新松 创领未来
Smart SIASUN　Lead Future

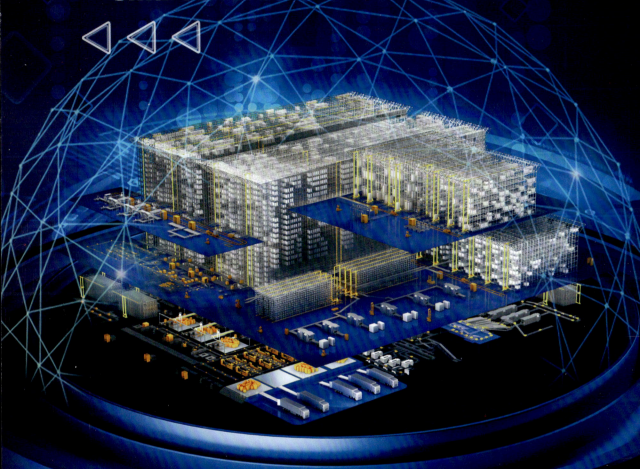

咨询规划

方案设计

生产制造

工程实施

售后服务

新松服务号　　新松订阅号

SIASUN

新松机器人自动化股份有限公司
SIASUN ROBOT & AUTOMATION CO., LTD.

中国沈阳浑南区全运路33号
NO.33 Quanyun Road, Hunnan District, Shenyang, P.R.China.
Tel: 400-800-8666　E-mail: market@siasun.com

驭势科技
做世界的**AI**司机

驭势科技成立于 2016 年 2 月，是一家专注于自动驾驶的科技型企业，致力为全行业、全场景提供 AI 驾驶服务，做赋能出行和物流新生态的 AI 司机。自成立以来，驭势科技坚持立足本土研发，根植全球市场。总部位于北京，国际总部位于香港，研发中心位于北京和上海，研发试制和应用创新中心位于嘉善。此外，在深圳、武汉、重庆、新加坡市、多哈等地均设有办事处。

安全　高效　智能　减碳

无人牵引车 T30

无人牵引车 T05E

无人牵引车 TH10

无人驾驶平板车

无人驾驶配送车

适用场景

○ 跨车间室外大物件转运
○ 多拖斗、大运载力需求运输
○ 自动甩挂，满足装卸货等待时间较长场景
○ 多频次、小物件转运，灵活快进快出
○ 道路/车间道路狭窄场景，可满足倒车需求
○ 一体化封闭式箱体要求

产品优势：产品系列丰富/场景适应性强/高柔性

○ 负载范围广（150kg~30t）
○ 尺寸多样，适配各类场景
○ 恶劣天气不中断运行
○ 弱云弱网不中断运行
○ 多重安全防护

○ 高精度控制
○ 全流程无缝交互对接
○ 规模化运营调度
○ 实时远程监控运维
○ 多传感器融合感知

某主机厂

某主机厂

某主机厂

某重工制造

某新能源锂电制造

某化工厂

联系我们

媒体：pr@uisee.com　　商务：winfuture@uisee.com / 400-168-9900
官网：www.uisee.com　　微信公众号：驭势未来

DST 地上铁
新能源物流车数智化运营服务

简而有道·托付无忧

让公共领域
物流电动化更简单

地上铁新能源车服网络创立于2015年,是全球领先的新能源物流车数智化运营服务商,立足于行业生态的绿色可持续发展,以推动城市物流车全面电动化为己任,以全生命周期的运营为道,用数智化运营服务网络,连接新能源物流车产业全价值链,提供集车辆租售、充储维保、梯次利用于一体的资产运营和服务,以"服务化"赋能行业中的每一位参与者实现效率与价值的提升,持续推动行业的标准化和智能化,让新兴生态因地上铁而变得简而有道。

150000+
纯电动物流车

1400+
建设服务网点

1600000+
互联互通充电桩

6800+
服务企业客户

200+
业务覆盖城市

400000+
服务司机用户

*此页面所引用数据统计截至2024年10月

地上铁严选好车等你来提

全国客服热线

📞 **400-860-4558**

GENERATING A
CLEANER FUTURE

H2

空气产品公司氢能解决方案
助力物流行业绿色低碳发展

拥有氢能"制−储−运−加"全产业链能力，推动中国物流行业绿色转型：

· 在氢气领域拥有60多年的丰富经验

· 50多项加氢专利，每年加氢150万次

· 参与了全球20多个国家的250多个加氢站项目

· 参与建设了国内多个重要的氢能示范项目

· 江苏常熟和浙江海盐加氢站已投入运营，在长三角地区积极支持跨国及国内企业试点
  绿色物流行动实践

· 在浙江嘉兴海盐建造并运营中国首个世界级大规模商业化液氢工厂

空气产品公司
官方微信

如需更多信息，请联系：
免费咨询电话：400-888-7662
邮箱：infochn@airproducts.com

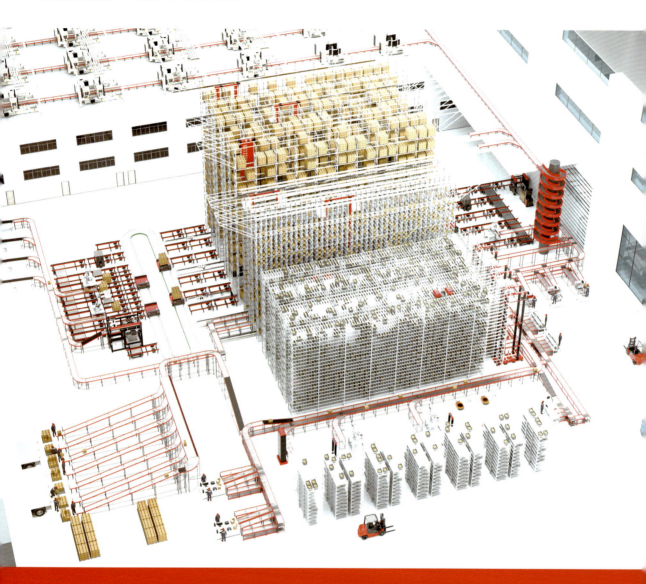

一站式智能物流系统解决方案集成商

中鼎集成地处长三角腹地——中国无锡，毗邻太湖。**30多年**来中鼎集成的服务遍及医药、新能源、冷链、汽车、家居、食品、机械、造纸、能源、化工、鞋服等多个行业领域，成功案例超过**1000个**，中鼎集成在马来西亚、越南、泰国、印度尼西亚、巴基斯坦、新加坡、俄罗斯、法国、德国、美国**10个**海外国家有项目合作，并积极拓展更多全球市场，让世界爱上中国制造！

无锡中鼎集成技术有限公司
地址：江苏省无锡市惠山区大槐路5号

热线电话：400 804 4498　　官方网址：www.zdjc.cn
公司邮箱：zd@zdjc.cn

货拉拉
HuoLaLa

一家从事同城/跨城货运、企业版物流服务、搬家、零担、跑腿、冷运、租车买车业务的互联网物流商城，业务范围覆盖全球**11个**市场，包括中国及东南亚、南亚、南美等地区。其中，中国内地总共覆盖**363座**城市，截至2024年6月，月活司机**100万**名，月活用户**1350万**人。

科技改变物流

AI推动货运数智化转型——货运生态更健康

货拉拉"智慧大脑"在AI、大数据和地图等基础能力之上，通过自研运筹优化算法框架解决核心的资源优化配置问题，并利用统一框架打造分单、供需、营销、定价等多个引擎；同时，货拉拉基于货运行业数据优势自主研发科技物流领域行业大模型——货运无忧大模型，赋能邀约、客服、数据分析、HR办公等多个业务领域，并运用NLP智能判责、假单识别算法等保障公平性，全面驱动货运生态可持续发展。

AR、算法赋能订单全程——车货匹配更高效

货拉拉运用AR、深度识别技术打造"AR识货"，根据测量结果向用户智能推荐车型，有效解决货运测量难点；通过大数据与算法，实现货物类型、货量与车辆类型、线路的精准匹配，自研安心拉车载IoT智能硬件设备，实时追踪和分析车辆、司机和货物的数据，确保货运过程中的安全性与透明度，并利用自有货运数据打造一整套功能完善、效果领先的货运地图解决方案，全方位提升人、车、货、路的数智化水平。

FOTONDAIMLER
福田戴姆勒

AUMAN 欧曼

专注中国卡车司机的
纯欧系重卡

货安达®

资产投入减少20% | 周转效率提升15%+ | 丢失率<1%

物流包装智能化解决方案

赋能包装数智化 构建全球共享生态

货安达智能终端

全生命周期不换电，物联网智能循环包装终极解决方案

每日自动盘点0成本，减少丢失与无效投入

4G/Cat1
移动通信技术
保证数据传输无死角无断点

独有超低功耗技术
保证物流资产全生命
周期持续供电

AI可视化物流供应链云平台
实时监测资产/货品的入库
出库、发运、交付

适用于各类托盘

适用于各类围板箱

适用于各类EU箱

适用于金属周转箱

适用于金属料箱

智能载具

货安达
智能包装解决方案

核心 自主知识产权技术	超低功耗	
	承诺终身质保	
	非接触 状态识别	准确率100%
功能验证	资产盘点	全自动
	出入库	全自动
	自动识别	100%
	可视化管理	全链条
	应用规模	400000⁺台
	项目实证	通过5年以上项目验证 智能终端剩余电量保持在76%以上

智能循环围板箱

塑料智能托盘

智能循环EU箱

金属智能托盘

智能循环料架

实时监测全程动态管理

- ☑ 同步运输路线，支持偏离报警
- ☑ 可掌握包装、载具位置，远程追溯
- ☑ 可感知货物装载、运输、卸货、堆码状态
- ☑ 有效防止包装丢失、占用、呆滞

一站式云平台可视化管理

- ☑ 资产管理智能化：自动智能调度
- ☑ 零件物料数据采集智能化：一键绑定、全程智能交接
- ☑ 仓储管理智能化：收发货确认自动化、库存盘点无人化
- ☑ 实现供应商下线装箱、第三方物流、厂内物流数据的数字孪生

供应链智能化解决方案

- ☑ 软硬件一体化新体验，便捷升级为用户提供物流数字化转型定制化方案
- ☑ 运包一体化服务新支撑，租售灵活，助力用户物流管理更高效、供应链更顺畅

覆盖全行业的
智慧物流解决方案

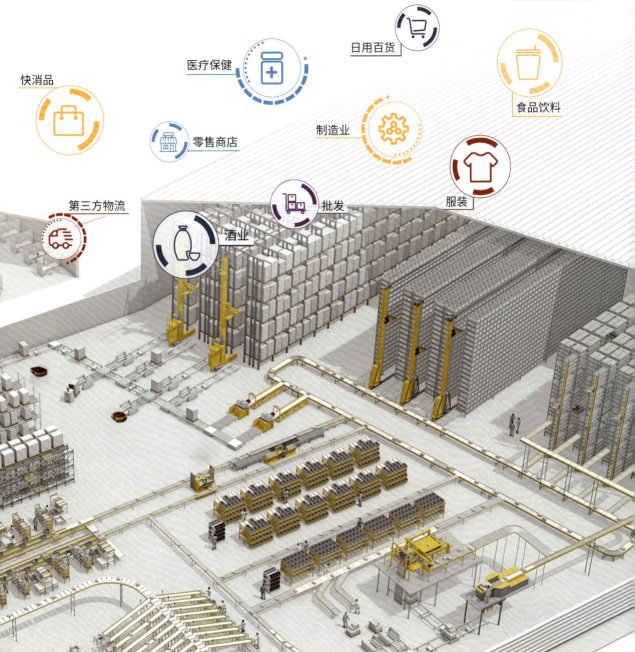

快递及其他行业

日用百货

医疗保健

食品饮料

快消品

零售商店

制造业

第三方物流

批发

服装

酒业

未来机器人

全球领先的工业无人车辆及内部物流自动化方案供应商

- 平面搬运
- 货车装卸
- 高位存取
- 多层堆叠
- 室内外牵引

服务号

视频号

https://www.visionnav.cn/：官网网址
+86 18124014683：产品咨询
未来机器人深圳总部
广东省深圳市福田区槟榔道3号
深港国际科技园A栋7层

自主装卸机器人及视觉算法提供商

赛那德是一家自主装卸机器人及视觉算法平台提供商,公司以机器视觉技术为基础,通过自研底层智能框架及AI算法,深度耦合运动控制体系,打造了全方位多场景覆盖的产品体系,实现机器抓取、视觉定位、智能拣选、搬运装卸等功能,高效替代了工业生产、仓储和物流分选中的传统人工作业,帮助客户完成"机器换人",从而实现降本、增效。

赛那德自主研发专利与版权百余项,凭借卓越的产品技术创新能力和市场表现,备受行业与合作伙伴认可,是嘉定区创新发展50强企业、国家高新技术企业、"上海市专精特新"企业、荣获上海高新技术成果转化项目认定、获评"嘉定区产学研合作项目"。

100+
Professional technical team
专业技术团队

140+
Intellectual propertys
知识产权

2374亿
Annual algorithm processing times
年算法处理次数

50+
Top customers
顶级客户

赛那德专注于物流设备的研发和制造,主要产品有iLoabot系列、3D视觉机器人、DWS系列、单件分离设备、闪速分拣机等。拥有自主研发团队,具备完整、快速、高效、领先的研发能力,产品以自主研发机器视觉深度学习算法为依托、机器运动控制为核心,实现图像处理算法、人工智能、模式识别、视频分析算法等功能。

iLoabot-M 自主装卸机器人

iLoabot-P 自主拆码笼机器人

3D视觉拆码垛工作站

动态读码称重体积测量设备（DWS）

单件分离设备

3D视觉无序抓取工作站

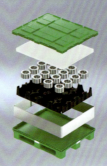

澳昆智能物流装备技术创新焦点

- 开发整垛物料自动快速装卸装备
- 开发零散物料半自动卸车装备
- 开发单一品相自动装车装备
- 开发混合品相自动装车装备

DELIVERY OF EXCELLENCE
澳昆机器人 专注完美交付

7 大优势

1 整体尺寸小 - 结构更加紧凑

2 智能化 - 智能优化产品序列，装载产品在线检测

3 适应性强 - 3D快速探测载具空间结构

4 机动性强 - 无人自动驾驶灵活且精度高

5 自动化 - 物料可实现高速自动输送、排序和整合

6 范围广 - 产品<50Kg，边长<600mm

7 效率高 - 装车生产效率 1000~1500箱/小时

 0512-55211078 江苏昆山市周市镇杜家路368号

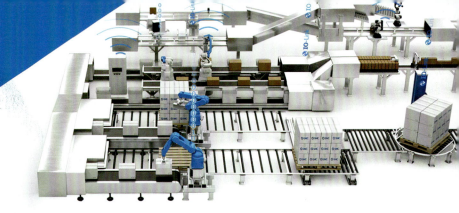

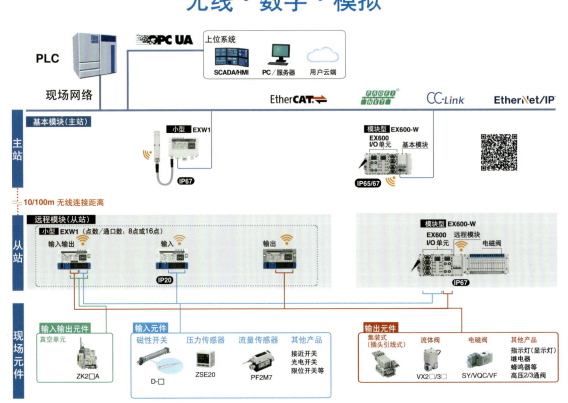

中国物流技术发展报告（2024）

主　编　何黎明

副主编　张晓东　马增荣　王　沛

中国财富出版社有限公司

图书在版编目（CIP）数据

中国物流技术发展报告.2024／何黎明主编.－－北京：中国财富出版社有限公司，2025.2. －－ ISBN 978－7－5047－8369－1

Ⅰ.F259.239

中国国家版本馆 CIP 数据核字第 20254V3P98 号

策划编辑	郑欣怡	责任编辑	赵雅馨	版权编辑	李　洋
责任印制	苟　宁	责任校对	张营营	责任发行	敬　东

出版发行	中国财富出版社有限公司		
社　　址	北京市丰台区南四环西路 188 号 5 区 20 楼	邮政编码	100070
电　　话	010－52227588 转 2098（发行部）		010－52227588 转 321（总编室）
	010－52227566（24 小时读者服务）		010－52227588 转 305（质检部）
网　　址	http：//www.cfpress.com.cn	排　版	宝蕾元
经　　销	新华书店	印　刷	宝蕾元仁浩（天津）印刷有限公司
书　　号	ISBN 978－7－5047－8369－1/F·3775		
开　　本	787mm×1092mm　1/16	版　次	2025 年 2 月第 1 版
印　　张	35.75　彩　页　1	印　次	2025 年 2 月第 1 次印刷
字　　数	761 千字	定　价	218.00 元

《中国物流技术发展报告（2024）》
编写人员

主　编：何黎明

副主编：张晓东　马增荣　王　沛

成　员：左新宇　李艳东　朱　应　吉　莹　杨泽东　边昊坤

宋夏虹　张晋姝　施　伟　秦玉鸣　刘　飞　郭　威

刘宇航　胡　岚　万　莹　李　胜　徐　东　姜大立

张　炜　冯德良　刘　然　赵洁玉　李鸿宝　邓　彬

汪世杰　李玥熠　房宇轩　蒋卓玲　陆　铮　吕晨菲

万　辉　赵启昕　蔡新锐　代辛倩　刘世钰　马娇娇

邵思倩　王迦尧　魏　然　杨佳俊　章凯祥　戴士珍

郭志伟　和诗雨　陶研铭　王振珩　赵　羽　方兴国

李佳蓉　路恒玮　苏廷乐　刘祎芃

承办部门：中国物流与采购联合会物流装备专业委员会

电话：83775805

邮箱：zbw@wlzb.org.cn

前　言

2024 年，是全国上下全面贯彻落实党的二十大精神的关键之年，是物流行业深入实施"十四五"规划的攻坚之年。这一年，大力推进现代化产业体系建设、加快发展新质生产力成为重点任务，降低全社会物流成本成为关键，物流作为实体经济的"筋络"面临着新的机遇和挑战。

科技兴则民族兴，科技强则国家强。自中华人民共和国成立以来，党中央始终高度重视科技创新工作，坚持把科技创新摆在国家发展全局的核心位置，推动我国科技事业实现历史性、整体性、格局性重大变化，科技创新大步前行，为国家发展和安全提供了重要的支撑保障作用。2023 年 12 月召开的中央经济工作会议指出要以科技创新推动产业创新，特别是以颠覆性技术和前沿技术催生新产业、新模式、新动能，发展新质生产力。将科技创新作为发展新质生产力的核心要素，聚焦到物流领域，科技创新的重要性也日益凸显。近年来，随着人工智能、大数据、云计算、物联网、数字孪生、5G、无人驾驶等技术的日益成熟，物流技术与装备也在不断向着智慧化、平台化、自动化、绿色化、标准化发展。物流技术创新成为培育和发展物流领域新质生产力的关键力量，是构建中国现代物流体系的重要支撑。

《中国物流技术发展报告（2024）》（以下简称《报告》）是"中国物流技术发展报告"系列的第九本，这九本书记录了九年来我国物流技术的发展与变革，见证了我国科技的飞速发展。《报告》旨在展现 2024 年度物流技术发展的新特点、总结物流技术研发与应用的新进展、分析物流技术未来发展的新趋势。《报告》在总结前八年编写经验的基础上，充分听取行业相关人士、专家及读者建议，借鉴中国物流与采购联合会物流装备专业委员会的行业实践和 2024 全球物流技术大会与物流技术相关的前沿发展资料。《报告》延续了 2023 年的总体章节结构，保持了系列特色。同时，在编写的过程中遵循了以下原则：一是全面性，《报告》力求覆盖物流技术各方面，既包括运输、储存、包装、信息等功能类物流技术，又包括汽车、冷链、危化品、医药、服装、酒类等专业场景与特色物流技术。二是实时性，《报告》充分结合时代发展情况，展现物流技术最新发展成果与发展趋势。三是实用性，《报告》

1

不仅展现各领域崭新的物流装备技术，而且着重反映新装备技术下新的物流运营组织技术，尽可能多地为读者勾勒出技术的应用场景。四是可读性，《报告》摒弃晦涩难懂的专业技术表述，力求用通俗易懂的语言展现各项物流技术的特性、用途和应用场景。

《报告》由何黎明任主编，张晓东、马增荣、王沛任副主编。何黎明提出顶层设计，张晓东、马增荣负责确定《报告》总体框架和章节结构，并明确技术要点、把握报告逻辑。《报告》由中国物流与采购联合会和北京交通大学交通运输学院物流工程系的相关人员参与编写。其中，第一章由张晓东、马增荣、汪世杰、陆铮编写；第二章第一节由马增荣、王振珩编写，第二节由左新宇、刘然、赵洁玉、刘世钰、刘祎芄编写，第三节由李艳东、刘世钰编写，第四节由张晓东、陶研铭编写，第五节由朱应、王振珩编写，第六节由王沛、陶研铭编写；第三章第一节由马增荣、魏然编写，第二节由张晓东、章凯祥编写，第三节由李艳东、魏然编写，第四节由左新宇、章凯祥编写，第五节由王沛、章凯祥、苏廷乐编写；第四章第一节由张晓东、王沛、代辛倩编写，第二节由张晓东、代辛倩编写，第三节由王沛、方兴国编写，第四节由王沛、边昊坤、方兴国编写；第五章第一节由马增荣、吉莹、蔡新锐编写，第二节由李艳东、杨泽东、郭志伟编写，第三节由李艳东、郭志伟编写；第六章第一节由朱应、马娇娇编写，第二节由吉莹、戴士珍编写，第三节由马增荣、王迦尧编写，第四节由朱应、和诗雨编写，第五节由左新宇、马娇娇编写，第六节由朱应、王迦尧编写；第七章第一节由马增荣、房宇轩编写，第二节由马增荣、房宇轩编写，第三节由张晋姝、施伟、邵思倩编写，第四节由张晓东、邵思倩编写，第五节由张晓东、邵思倩编写；第八章第一节由宋夏虹、张晋姝、万辉编写，第二节由秦玉鸣、刘飞、赵启昕编写，第三节由刘宇航、胡岚、蒋卓玲编写，第四节由秦玉鸣、郭威、赵启昕编写，第五节由施伟、赵启昕、路恒玮编写，第六节由李鸿宝、蒋卓玲编写，第七节由徐东、姜大立、吕晨菲、李佳蓉编写，第八节由万莹、李胜、蒋卓玲编写，第九节由万莹、李胜、王沛、万辉编写，第十节由张炜、冯德良、吕晨菲编写；第九章第一节由左新宇、杨佳俊编写，第二节由邓彬、李玥熠编写，第三节由左新宇、赵羽编写。

《报告》在编写过程中，得到了国内外许多物流技术装备企业和物流企业以及专家、学者的大力支持，获得了宝贵的一手资料。在此基础上，编写组认真研读、精心组织，尽可能将资料的价值最大化地呈现给读者。此外，中国财富出版社有限公司的编辑们在时间紧、任务重的情况下，加班加点工作，保证了《报告》如期出版。在此，对为《报告》编写提供帮助的各企业、专家和中国财富出版社有限公司表示衷心感谢。

物流技术体系庞大且发展日新月异，加之编者时间和能力有限，《报告》中难免存在不足与疏漏之处，衷心希望读者谅解并提出宝贵意见，以便在今后的报告中不断改进与完善。

编　者

2025 年 1 月

目 录

第一章 物流技术发展环境

2024 年，是全国上下全面贯彻落实党的二十大精神的关键之年，是物流行业深入实施"十四五"规划的攻坚之年。2024 年 2 月，物流议题首次列入中央财经委员会会议，习近平总书记强调，物流是实体经济的"筋络"，连接生产和消费、内贸和外贸，必须有效降低全社会物流成本，增强产业核心竞争力，提高经济运行效率。7 月，降低全社会物流成本，写进了党的二十届三中全会审议通过的《中共中央关于进一步全面深化改革 推进中国式现代化的决定》。新质生产力作为新时代的新动能，成为物流业转型升级的关键因素，是有效降低全社会物流成本的重要路径。物流技术作为培育和发展物流领域新质生产力的关键要素，为物流行业降本提质增效提供了重要支撑。在此背景下，物流技术迎来了良好的发展环境。

第一节 物流技术发展经济环境

2024 年是实现"十四五"规划目标任务的关键一年。物流行业已经走过了数量快速扩张阶段，进入提质增效阶段，这一转变为物流技术的快速发展提供了良好的机遇。

一、经济总体运行情况

经济环境是物流技术高质量发展的重要宏观环境之一。良好的经济环境将为发展物流技术提供良好的市场需求环境，刺激物流技术进步。2023—2024 年上半年，我国经济在这一时期呈现出稳健的增长态势，政府积极应对内外部挑战，推动经济结构优化和高质量发展。

（一）国内生产总值（GDP）

2023 年国内生产总值 1260582 亿元，比上年增长 5.2%，如图 1 – 1 所示。其中，第一产业增加值 89755 亿元，比上年增长 4.1%；第二产业增加值 482589 亿元，增长 4.7%；第三产业增加值 688238 亿元，增长 5.8%。第一产业增加值占国内生产总值比重为 7.1%，第二产业增加值占国内生产总值比重为 38.3%，第三产业增加值占国内生产总值比重为54.6%。分季度看，第一季度国内生产总值同比增长4.5%，第二季度增长6.3%，第三季度增长4.9%，第四季度增长5.2%。全年人均国内生产总值89358元，比上年增长5.4%。国民总收入1251297亿元，比上年增长5.6%。全员劳动生产率为161615元/人，比上年提高5.7%。2024年上半年国内生产总值616836亿元，同比增长5.0%。

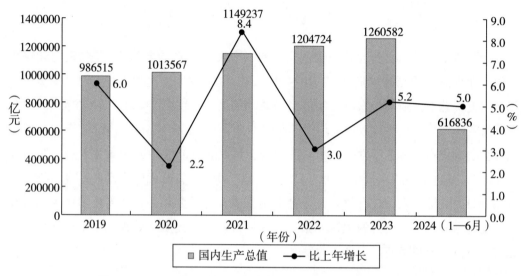

图1-1 2019—2024年上半年我国国内生产总值及其同比增长率

资料来源：国家统计局。

注：数据存在四舍五入，未进行机械调整。增长率按可比口径计算。全书同。

（二）社会消费品零售总额

2023年我国社会消费品零售总额471495亿元，比上年增长7.2%。按经营地分，城镇消费品零售额407490亿元，增长7.1%；乡村消费品零售额64005亿元，增长8.0%。按消费类型分，商品零售额418605亿元，增长5.8%；餐饮收入52890亿元，增长20.4%。服务零售额比上年增长20.0%。全年限额以上单位商品零售额中，粮油、食品类零售额比上年增长5.2%，饮料类增长3.2%，烟酒类增长10.6%，服装、鞋帽、针纺织品类增长12.9%，化妆品类增长5.1%，金银珠宝类增长13.3%，日用品类增长2.7%，家用电器和音像器材类增长0.5%，中西药品类增长5.1%，文化办公用品类下降6.1%，家具类增长2.8%，通信器材类增长7.0%，石油及制品类增长6.6%，汽车类增长5.9%，建筑及装潢材料类下降7.8%。

2024年上半年，我国社会消费品零售总额235969亿元，同比增长3.7%，如图1-2所示。按经营地分，城镇消费品零售额204559亿元，增长3.6%；乡村消费品零售额31410亿元，增长4.5%。

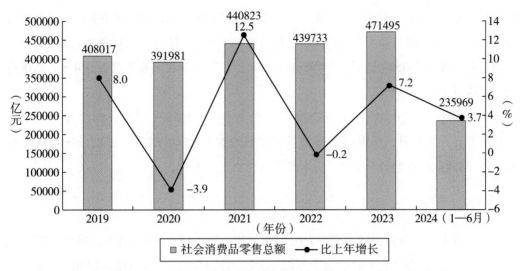

图1-2 2019—2024年上半年我国社会消费品零售总额及其同比增长率

资料来源：国家统计局。

（三）全国固定资产投资（不含农户）总额

2023年全国固定资产投资总额509708亿元，比上年增长2.8%。固定资产投资（不含农户）503036亿元，增长3.0%，如图1-3所示。在固定资产投资（不含农户）中，分区域看，东部地区投资增长4.4%，中部地区投资增长0.3%，西部地区投资增长0.1%，东北地区投资下降1.8%。在固定资产投资（不含农户）中，第一产业投资

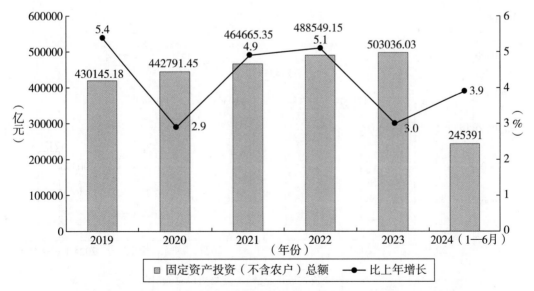

图1-3 2019—2024年上半年我国固定资产投资（不含农户）总额及其同比增长率

资料来源：国家统计局。

10085 亿元，比上年下降 0.1%；第二产业投资 162136 亿元，增长 9.0%；第三产业投资 330815 亿元，增长 0.4%。基础设施投资增长 5.9%。社会领域投资增长 0.5%。民间固定资产投资 253544 亿元，下降 0.4%；其中，制造业民间投资增长 9.4%，基础设施民间投资增长 14.2%。

2024 年上半年，全国固定资产投资（不含农户）245391 亿元，同比增长 3.9%；扣除房地产开发投资，全国固定资产投资增长 8.5%。分领域看，基础设施投资增长 5.4%，制造业投资增长 9.5%，房地产开发投资下降 10.1%。

（四）货物进出口总额

2023 年我国货物进出口总额 417568 亿元，比上年增长 0.2%。其中，出口 237726 亿元，增长 0.6%；进口 179842 亿元，下降 0.3%。货物进出口顺差 57884 亿元，比上年增加 1848 亿元。对"一带一路"共建国家进出口总额 194719 亿元，比上年增长 2.8%。其中，出口 107314 亿元，增长 6.9%；进口 87405 亿元，下降 1.9%。对《区域全面经济伙伴关系协定》（RCEP）其他成员国进出口总额 125967 亿元，比上年下降 1.6%。民营企业进出口总额 223601 亿元，比上年增长 6.3%，占进出口总额的比重为 53.5%。

2024 年上半年，货物进出口总额 211688 亿元，同比增长 6.1%。其中，出口 121298 亿元，增长 6.9%；进口 90390 亿元，增长 5.2%。进出口相抵，贸易顺差 30908 亿元。一般贸易进出口增长 5.2%，占进出口总额的比重为 65.0%。2019—2024 年上半年我国货物进出口总额如图 1-4 所示。

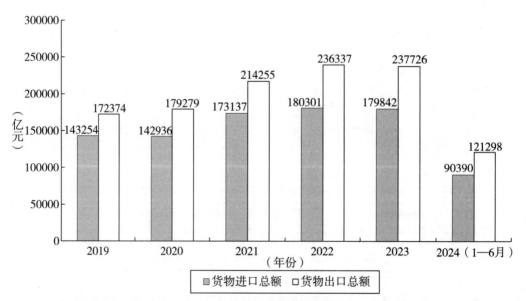

图 1-4　2019—2024 年上半年我国货物进出口总额
资料来源：国家统计局。

（五）居民收入与消费

2023 年全国居民人均可支配收入 39218 元，扣除价格因素，实际增长 6.1%。全国居民人均可支配收入中位数 33036 元，增长 5.3%。按常住地分，城镇居民人均可支配收入 51821 元，比上年增长 5.1%，扣除价格因素，实际增长 4.8%。城镇居民人均可支配收入中位数 47122 元，增长 4.4%。农村居民人均可支配收入 21691 元，比上年增长 7.7%，扣除价格因素，实际增长 7.6%。2024 年上半年，全国居民人均可支配收入 20733 元，比上年同期名义增长 5.4%，扣除价格因素，实际增长 5.3%。2019—2024 年上半年我国居民人均可支配收入及其同比增长率如图 1－5 所示。

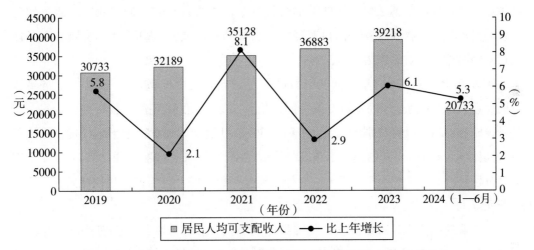

图 1－5　2019—2024 年上半年我国居民人均可支配收入及其同比增长率
资料来源：国家统计局。

2023 年全国居民人均消费支出 26796 元，比上年增长 9.2%，扣除价格因素，实际增长 9.0%。其中，人均服务性消费支出 12114 元，比上年增长 14.4%，占居民人均消费支出比重为 45.2%。按常住地分，城镇居民人均消费支出 32994 元，增长 8.6%，扣除价格因素，实际增长 8.3%；农村居民人均消费支出 18175 元，增长 9.3%，扣除价格因素，实际增长 9.2%。全国居民恩格尔系数为 29.8%，其中，城镇为 28.8%，农村为 32.4%。2024 年上半年，全国居民人均消费支出 13601 元，比上年同期名义增长 6.8%，扣除价格因素，实际增长 6.7%。

二、经济运行情况总结

经济运行恢复向好，圆满实现经济增长预期目标。2023 年，我国 GDP 为 1260582 亿元，按不变价格计算，比上年增长 5.2%。第四季度，我国 GDP 为 347890 亿元，按不变价格计算，比上年同期增长 5.2%，较第三季度提高 0.3 个百分点。从环比看，经季节因素调整后，第四季度 GDP 环比增长 1.0%。环比增速连续 6 个季度增长，经济总体呈现恢复向好态势。2024 年上半年，外部环境更趋复杂严峻和不确定，我国 GDP 同比增长 5.0%；其中，第二季度增长 4.7%，增速比第一季度有所回落，但经济稳定运行、长期向好的基本面没有改变，第二季度经济体量超过 32 万亿元，工业增加值、货物进出口总额都超过 10 万亿元，总量指标规模依然十分可观。

内需稳步扩大，国内大循环主体地位进一步巩固。消费持续恢复向好。2023 年，最终消费支出对经济增长的贡献率为 82.5%。其中，第四季度最终消费支出对经济增长的贡献率为 80.0%。投资呈现较强韧性。重大项目、重点工程建设加快推进，有效投资规模不断扩大。2023 年，资本形成总额对经济增长的贡献率为 28.9%。净出口持续承压。世界经济复苏乏力，外部需求增长放缓，货物贸易顺差同比收窄，服务贸易逆差同比扩大，货物和服务净出口对经济增长拉动作用减弱。2023 年，货物和服务净出口对经济增长的贡献率为 -11.4%。

2024 年上半年，向内看，社会消费品零售总额同比增长 3.7%，其中，服务零售额同比增长 7.5%。全国固定资产投资同比增长 3.9%，虽然房地产投资低位运行，但基础设施和制造业投资分别增长 5.4% 和 9.5%，显示复苏暖意。上半年，货物进出口总额同比增长 6.1%。其中，第二季度外贸同比增长 7.4%，较第一季度和 2023 年第四季度分别提高 2.5 个和 5.7 个百分点，季度走势持续向好。外汇储备规模稳定在 3.2 万亿美元以上。

服务业持续恢复，对经济增长的支撑作用增强。服务业继续发挥对经济增长的主引擎作用。2023 年服务业增加值 688238 亿元，比上年增长 5.8%，对国民经济增长的贡献率为 60.2%。服务业增加值占国内生产总值比重为 54.6%，高出上年 1.2 个百分点。第四季度，服务业增加值 180762 亿元，同比增长 5.3%。产业融合加快推进。数字化应用场景不断扩展，现代服务业与先进制造业进一步融合。2023 年，生产性服务业商务活动指数年均值位于 55% 以上较高景气区间。2023 年 1—11 月，规模以上供应链管理服务、互联网数据服务企业营业收入同比分别增长 17.4% 和 22.0%；工业软件产品收入同比增长 12.2%。

第二节　物流技术发展政策环境

2024 年，中国经济面临着许多机遇与挑战。从全球供应链的波动到国内消费市场的变化，再到国际关系的复杂性，这些因素都对中国经济的复苏与增长产生着深远的影响。为坚定不移完成经济社会发展目标，中国将技术发展作为重点关注的措施之一。通过强化创新驱动发展，鼓励企业加大研发投入，提高核心竞争力，中国正努力实现从"制造"向"智造"的转变。这将促进新兴产业的发展，创造更多优质的就业机会，带动经济进一步增长。

2024 年，习近平总书记在中共中央政治局第十一次集体学习时强调，发展新质生产力是推动高质量发展的内在要求和重要着力点。其发展举措就有创造和应用更高技术含量的劳动资料，以国家战略需求为导向，整合科技创新资源，集聚各方力量进行原创性、引领性科技攻关，打造更多引领新质生产力发展的"硬科技"。习近平总书记主持召开中央财经委员会第四次会议强调，推动新一轮大规模设备更新和消费品以旧换新，有效降低全社会物流成本。

2024 年 3 月，《推动大规模设备更新和消费品以旧换新行动方案》印发，提出"围绕推进新型工业化，以节能降碳、超低排放、安全生产、数字化转型、智能化升级为重要方向，聚焦钢铁、有色、石化、化工、建材、电力、机械、航空、船舶、轻纺、电子等重点行业，大力推动生产设备、用能设备、发输配电设备等更新和技术改造"。2024 年前三季度，在大规模设备更新政策带动下，全国企业采购机械设备金额同比增长 6.5%，其中 9 月较 8 月的同比增速为 2.4 个百分点。

中共中央政治局在 2024 年 4 月 30 日召开的会议上提出，要因地制宜发展新质生产力。要加强国家战略科技力量布局，培育壮大新兴产业，超前布局建设未来产业，运用先进技术赋能传统产业转型升级。2024 年 7 月，《中共中央关于进一步全面深化改革 推进中国式现代化的决定》提出要完善流通体制，加快发展物联网，健全一体衔接的流通规则和标准，降低全社会物流成本。

一、物流技术相关政策出台情况

2023 年 10 月以来，我国陆续出台了一系列相关政策文件，为物流技术的发展提供了重要的方向指引。物流技术相关政策出台情况如表 1-1 所示。

二、物流技术政策要点

物流是实体经济的"筋络"，连接着生产和消费。推动物流业转型升级，有助于培育经济发展新动能，提升国民经济整体运行效率。随着物流行业持续发展，装备逐渐优化升级，效率不断提高，如何进一步推动技术应用场景在行业中深化拓展，成为行业提质增效的关键。其中，政策发挥着关键的引领作用。总结当今物流技术相关政策要点，主要体现在加快数字化发展、标准化发展和绿色化发展三方面。

（一）数字化发展

生产及设备管理等领域的数字化解决方案可以降低产业链、供应链整体能耗。

表 1-1

物流技术相关政策出台情况

序号	发文时间	发文部门	政策文件名称	有关物流技术内容
1	2023年10月	交通运输部、国家发展改革委	《交通运输部 国家发展改革委关于命名中欧班列集装箱多式联运信息集成应用示范工程等19个项目为"国家多式联运示范工程"的通知》	希望承担"国家多式联运示范工程"的运作企业，加大探索创新力度，在运输组织模式优化、联运信息互联共享、专业技术装备研发、联运服务规则衔接，推广应用"一单制""一箱制"等方面不断取得新突破，更好发挥示范引领作用，为推进我国多式联运高质量发展和交通运输结构调整优化，加快建设交通强国作出新的更大贡献
2	2023年11月	工业和信息化部、公安部、住房和城乡建设部、交通运输部	《工业和信息化部 公安部 住房和城乡建设部 交通运输部关于开展智能网联汽车准入和上路通行试点工作的通知》	对经过试点实证的自动驾驶和"车能路云"融合的先进技术和产品，可行方案，创新机制，梳理提炼可复制、可推广的试点成果，支持进一步推广应用
3	2023年11月	工业和信息化部办公厅	《"5G+工业互联网"融合应用先导区试点建设指南》	培育创新应用场景。发挥5G基础性、聚合性特点，融合数字孪生、虚拟/增强现实、人工智能等技术，围绕重点行业，在研发设计、生产运行、检测监测、仓储物流、运营管理等环节，推广"5G+工业互联网"二十大典型应用场景，不断巩固成熟应用，拓展新型应用，培育特色应用、新产品落地，助力企业提质、降本、增效、绿色、安全发展
4	2023年12月	国务院	《国务院关于印发〈空气质量持续改善行动计划〉的通知》	加快提升机动车清洁化水平。重点区域公共领域新增或更新公交、出租、城市物流配送、轻型环卫车辆中，新能源汽车比例不低于80%；加快淘汰采用稀薄燃烧技术的燃气货车。推动山西省、内蒙古自治区、陕西省打造清洁运输先行引领区，培育一批清洁运输企业。在火电、钢铁、煤炭、焦化、有色、水泥等行业和物流

续　表

序号	发文时间	发文部门	政策文件名称	有关物流技术内容
4	2023年12月	国务院	《国务院关于印发〈空气质量持续改善行动计划〉的通知》	园区推广新能源中重型货车，发展零排放货运车队。力争到2025年，重点区域高速服务区充换站覆盖率不低于80%，其他地区不低于60%。强化非道路移动源综合治理。加快推进铁路货场、物流园区、港口、机场、工矿企业内部作业车辆和新能源机械更新改造。大力推动老旧铁路货场能源清洁和清洁能源船舶，鼓励新能源车辆及煤炭，提高岸电使用率。发展新能源和清洁能源船舶，鼓励新能源铁路装备。到2025年，基本消除非道路移动机械"冒黑烟"现象，年旅客各自吞吐量500万人次及以上的机场、重点区域的非道路移动机械、桥吊电使用率达到95%以上
5	2023年11月	交通运输部	《交通运输部关于加快智慧港口和智慧航道建设的意见》	推进物流服务便利化。支持港口提升集疏港能智能化水平，推进作业单证"无纸化"和业务线上办理。以国际枢纽海港为重点，强化港与航运、铁路、公路、船代、货代等数据互联共享，支撑发展多式联运"一单制""一箱制"。支持铁路、公路、水路联运经营主体，代、货代、第三方平台等企业组建多式联运经营主体。大力推广智能理货和智能港闸口。巩固进口电商货物海港"畅行工程"成果，深入推进冷藏集装箱港航服务提升行动。推进外贸服务协同化。发展"通关+物流"一体化综合服务，推进国际贸易"单一窗口"。支持大型港航企业与国际贸易的合作对接，发展"通关+物流"一体化服务。推进国际枢纽港面向全程物流服务。推进口岸集装箱，干散货全流程数字化集装箱，依托货运区块链数字化和区块链电子放货技术应用。鼓励创新港口数据服务，依托货运区块链数字化和区块链技术，推进国际贸易、航运信息、交易平台、融资授信、航运保险等提供定制化服务，为货主、货代、船公司等提供定制化服务

序号	发文时间	发文部门	政策文件名称	有关物流技术内容
6	2023 年 12 月	国家发展改革委、国家邮政局、工业和信息化部、财政部、住房城乡建设部、商务部、市场监管总局、最高人民检察院	《关于印发〈深入推进快递包装绿色转型行动方案〉的通知》	快递包装供应链绿色升级行动。督促指导商品生产者严格按照商品销售者不合格供应商品。督促指导电商等商品的强制性标准生产商品。支持电商、快递企业建立快递等商品包装过度包装减量化设计，逐步扩大合格包装产品采购和使用比例，推动包装生产企业开展包装减量化设计。快递企业总部要加强对分支机构、加盟企业采购使用包装产品的管理，以包装产品标准化、循环化、减量化、无害化为导向，建立采购使用绿色包装产品的引导和约束机制。组织开展快递绿色包装产品的认证，推动增加快递绿色包装供给。深入推进可循环快递包装规模化应用可循环快递包装推广行动。及时总结提炼经验成效，鼓励试点企业与商业机构、便利店、物业服务企业等合作提供可循环快递包装回收设施。鼓励试点总结快递包装企业联合电商企业建立积分奖励、绿色信用、押金信用、承诺制等激励约束机制，引导个人消费者自主返还可循环快递包装。鼓励电商平台供可提供发挥作用，在部分分种类的订单生成页面自主无分发挥作用，鼓励在同城生鲜配送、连锁商超散货物流等场景中推广应用可循环可折叠式配送包装
7	2023 年 12 月	商务部、国家发展改革委、教育部、工业和信息化部、人力资源社会保障部、住房城乡建设部、交通运输部、文化和旅游部、国家卫生健康委、中国人民银行、金融监管总局、国家数据局	《商务部等 12 部门关于加快生活服务数字化赋能的指导意见》	加强生活服务数字化基础设施建设。围绕生产、采购、运输、仓储、批发、零售、配送各个环节，优化生活服务数字化供应链体系，降低渠道成本。加强生活服务和物流、仓储、配送等基础设施规划与建设，完善城乡一体化仓储配送体系，支持立体库、分拣机器人、无人车、无人机、提货柜等智能物流设施设备布局。

续　表

序号	发文时间	发文部门	政策文件名称	有关物流技术内容
7	2023年12月	商务部、国家发展改革委、教育部、工业和信息化部、住房城乡建设部、交通运输部、人力资源社会保障部、文化和旅游部、国家卫生健康委、中国人民银行、金融监管总局、国家数据局	《商务部等12部门关于加快生活服务数字化赋能的指导意见》	以社会保障卡为载体建立居民服务"一卡通"服务管理模式。积极推动数字生活性服务业电子支付快速发展，探索数字人民币试点应用。完善农村物流服务体系和农村电商服务体系。加快健全面基础服务设施，优化卫星导航定位基准站网布局，推进北斗产业化规模化应用，为生活服务提供北斗高精度实时位置服务。打造数字生活社区和街区。推动完整社区建设，完善一刻钟便民生活圈服务功能，优化提升送餐、送货、送药等便民综合服务能力，加强智能充电桩、物流车、智能取餐柜、智能取货终端等智能设备推广运用，为社区居民提供便利的数字化生活服务。鼓励有条件的地方积极建设生活服务数字化智慧生活环境，打造一批精品街区街道、城市客厅等活力街区
8	2023年12月	国家数据局、中央网信办、科技部、工业和信息化部、交通运输部、农业农村部、商务部、文化和旅游部、国家卫生健康委、应急管理部、中国人民银行、金融监管总局、国家医保局、中国科学院、中国气象局、文物局、国家中医药局	《"数据要素×"三年行动计划（2024—2026年）》	推动协同制造，推进产品主数据标准生态系统建设，支持链主企业打通供应链上下游设计、计划、质量、物流等数据，实现敏捷柔性协同制造。提升服务能力，支持企业整合设计、生产、运行数据，提升预测性维护和增值服务等能力。强化区域联动，支持产能、库存、采购、物流数据流通，加强区域间制造资源协同，促进区域产业优势互补，提升产业链监测预测预警能力
9	2023年12月	工业和信息化部、国家发展改革委、教育部、财政部、中国人民银行、税务总局、金融监管总局、中国证监会	《工业和信息化部等八部门关于加快传统制造业转型升级的指导意见》	发展服务型制造。促进传统制造业与现代服务业深度融合，培育推广个性化定制、共享制造、全生命周期管理、总集成总承包等新模式，新场景在传统制造业领域的应用深化。推动工业设计与传统制造业深度融合，促进设计优化和提升，创建一批国家级工业设计中心，工业设计研究院行业性、专业性创意设计园区，

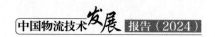

续表

序号	发文时间	发文部门	政策文件名称	有关物流技术内容
9	2023年12月	工业和信息化部、国家发展改革委、教育部、财政部、中国人民银行、税务总局、金融监管总局、中国证监会	《工业和信息化部等八部门关于加快传统制造业转型升级的指导意见》	推动仓储物流服务数字化、智能化、精准化发展，培育创新性金融服务，新材料等领域检验检测服务能力，提升对传统制造业转型升级支撑水平
10	2023年12月	交通运输部、中国人民银行、国家金融监督管理总局、中国证券监督管理委员会、国家外汇管理局	《交通运输部 中国人民银行 国家金融监督管理总局 中国证券监督管理委员会 国家外汇管理局关于加快推进现代航运服务业高质量发展的指导意见》	提高航运技术服务能力。推进绿色智能船舶、产品和系统研发设计，加快数字化系统推广应用，提升绿色智能船舶建造维修等技术服务能力。加强绿色智能船舶检验服务能力，认证服务能力。加强机构管理，促进船舶检验服务水平和服务质量全面提升。加快在上海设立船舶能效数据中心。组织开展绿色智慧航运技术标准制定和推广应用。强化国家新能源技术研究与装备技术源航运技术研究与备安全与可靠性研究。加强船舶能耗数据管理等应用。研究推进航运碳交易市场发展。提升航运基础服务能力。加强大数据、人工智能、区块链等新技术创新应用，全面推进船舶经纪、船舶管理、客代信息技术应用，助导航服务等航运服务业转型升级。加强航运数据协同，强化船运数字化平台应用推广，提升航运服务数据共享和业务协同，加强航运数字平台便利化水平，进一步提升航运贸易商环境和文化建设，创新商业模式，优化产品供给，提升服务效率和质量
11	2024年3月	国务院	《推动大规模设备更新和消费品以旧换新行动方案》	围绕推进新型工业化，以节能降碳、超低排放、安全生产、数字化转型、智能化升级为重要方向，聚焦钢铁、有色、石化、化工、建材、电力、机械、航空、船舶、轻纺、电子等重点行业，大力推动生产设备、用能设备、发输配电设备等新技术更新改造。

续　表

序号	发文时间	发文部门	政策文件名称	有关物流技术内容
11	2024年3月	国务院	《推动大规模设备更新和消费品以旧换新行动方案》	加强电动、氢能等绿色航空装备产业化能力建设。加快高耗能高排放老旧船舶报废更新，大力支持新能源动力船舶发展，逐步扩大电动、液化天然气动力、生物柴油动力、绿色甲醇动力等新能源船舶应用范围。完善废旧产品设备回收网络。加快"换新+回收"物流体系和新模式发展，支持耐用消费品生产、销售企业合作，上门回收废旧消费品。进一步完善再生资源回收网络，支持建设一批集中分拣处理中心。完善报废汽车回收拆解企业布局，推广上门取车服务模式。支持废旧产品设备线上交易平台发展，完善公共机构办公设备回收渠道。
12	2024年3月	工业和信息化部、科技部、财政部、中国民航局	《通用航空装备创新应用实施方案（2024—2030年）》	到2027年，我国通用航空装备供给能力、产业创新能力显著提升，现代化通用航空基础支撑体系基本建立，高效融合产业生态初步形成，通用航空公共服务装备体系基本完善，以无人机、电动化、智能化为技术特征的新型通用航空装备在城市空运、物流配送、应急救援等领域实现商业应用。完善通用航空装备产品谱系。加快提升通用航空装备技术水平，提高通用航空装备可靠性、经济性及先进性。推进大中型固定翼飞机、高原型直升机，以及无人机等适航取证并投入运营，实现全域应急救援能力覆盖。支持加快支线物流、末端配送无人机研制生产并投入运营。支持智慧空中出行（SAM）装备发展，推进电动垂直起降航空器（eVTOL）等一批新型消费通用航空应用适航取证。鼓励飞行汽车技术研发、产品验证及商业化应用场景探索。针对农林作业、工业生产等应用需求，不断提升产品竞争力和市场适应性。

续　表

序号	发文时间	发文部门	政策文件名称	有关物流技术内容
12	2024年3月	工业和信息化部、科技部、财政部、中国民航局	《通用航空装备创新应用实施方案（2024—2030年）》	推进机载、任务系统和配套设备标准化模块化发展。结合航空应急救援、传统作业、物流配送等领域装备需求，加快推进统标统型，发展模块化和标准化任务系统，提升产品互换性和市场兼容性。不断完善满足货架化适航要求的货架化通用航空配套产品谱系，加快发展成本小型通用航空配套设备与飞机平台协调发展。深化航空配送示范应用。聚焦"干一支一末"物流配送示范应用，在长三角、粤港澳、川渝、内蒙古、陕西、新疆等重点地区，形成量大面广的航空物流配送及末端应用示范。支持研究低空物流解决方案，探索智慧物流新模式，推动大型无人机支线物流连线组网，以及城市、乡村、山区、海岛等新兴场景无人机支线物流大规模应用落地，推动构建航空物流配送网络
13	2024年3月	商务部、中央网信办、财政部、交通运输部、农业农村部、市场监管总局、国家邮政局、共青团中央、供销合作总社	《商务部等9部门关于推动农村电商高质量发展的实施意见》	综合运用5G、人工智能、移动支付等技术，对具备条件的农村商业网点进行数字化改造，打造多种消费场景，生鲜直送等服务，丰富居民消费体验。推动数字赋能家具家装下乡，继续支持新能源汽车、绿色智能家电、绿色建材和可循环包装技术下乡，农产品第三方配送。促进大宗农商品更新换代。鼓励商家开展导购直播、商家直播、绿色电商发展。鼓励电商平台、街区、商家开展导购直播、绿色电商发展。推介特色店铺、商品和服务。发挥县域自建物流优势，面向电商平台和中小商户、提供家电、建材、农资、农产品即时零售，对接当地电商超、便利店，精准匹配周边订单需求，提供高效便捷的到家服务

14

续 表

序号	发文时间	发文部门	政策文件名称	有关物流技术内容
14	2024年4月	工业和信息化部、国家发展改革委、财政部、中国人民银行、税务总局、市场监管总局、金融监管总局	《工业和信息化部等七部门关于印发推动工业领域设备更新实施方案的通知》	推广应用智能制造装备。以生产作业、仓储物流、质量管控等环节改造为重点，推动数控机床与基础制造装备、工业机器人、工业控制装备、智能物流装备、传感与检测装备等通用智能制造装备更新。重点推进面向特定场景的智能制造成套生产线和柔性生产单元；电子信息制造业推进电子产品专用智能制造装备与自动化装配线部署应用；原材料制造业推进化裂化、冶炼等重大工艺装备智能化改造升级；消费品制造业推广面向柔性生产、个性化定制等新模式智能装备
15	2024年4月	商务部	《数字商务三年行动计划（2024—2026年）》	推动商贸流通领域物流数字化发展。打造一批数字化服务平台，加强物流全链路信息整合，推广使用智能仓储、无人物流设备，周转标准托盘、周转箱（筐）等使用，提高配送效率，降低物流成本。推动电子商务与快递物流协同发展，指导电商平台与快递企业加强业务对接和数据共享，开展电商平台原发包装引领行动，加快电商领域快递快速绿色转型
16	2024年5月	国家发展改革委办公厅、工业和信息化部办公厅、财政部办公厅、人民银行办公厅	《国家发展改革委办公厅等关于做好2024年降成本重点工作的通知》	调整优化运输结构。大力发展多式联运，支持引导多式联运"一单制""一箱制"发展。加快推进港口、物流园区等铁路专用线建设，大力推动大宗货物和中长距离货物运输"公转铁""公转水"，提高运输组织效率，促进港口集装箱铁水联运比例保持较快增长，推动港口、物流园区、工矿企业大宗货物绿色集疏运比例稳步提升。实施制造业数字化转型行动，鼓励企业开展数字化转型贯标，工业互联网平台贯标，以两业深度融合推动企业提升效率、经营等环节数字化水平，提升生产、经营、管理效率，降低运营成本

续　表

序号	发文时间	发文部门	政策文件名称	有关物流技术内容
17	2024年5月	国务院	《2024—2025年节能降碳行动方案》	推进交通运输装备低碳转型。加快淘汰老旧机动车，提高营运车辆能耗限值准入标准。逐步取消各地新能源汽车购买限制。落实便利新能源货车通行等支持政策。推动公共领域新能源车辆电动化，有序推广新能源中重型货车，发展零排放货运车队。推进老旧运输船舶报废更新，推动开展沿海内河船舶电气化改造工程试点。到2025年年底，交通运输领域二氧化碳排放强度较2020年降低5%。优化交通运输结构。推进港口集疏运铁路、物流园区及大型工矿企业铁路专用线建设，推动大宗货物及集装箱中长距离运输"公转铁""公转水"。加快发展多式联运，推动重点行业清洁运输。实施城市公共交通优先发展战略，加强城市货运配送绿色低碳、集约高效发展。到2025年年底，铁路和水路货运量较2020年增长10%、12%，铁路单位换算周转量综合能耗较2020年降低4.5%
18	2024年6月	交通运输部、国家发展改革委、工业和信息化部、公安部、财政部、生态环境部、商务部、中国人民银行、市场监管总局、金融监管总局、国家能源局、国家铁路局、国家邮政局	《交通运输大规模设备更新行动方案》	有序推广新能源营运货车。鼓励各地结合道路货运行业发展特点、区域产业环境和新能源供应保障，推动新能源营运货车在城市物流配送、干线物流等场景应用。因地制宜研究出台新能源货车的通行路权、配套基础设施建设等政策，积极探索车电分离等商业模式。科学布局、适度超前建设公路沿线新能源车辆配套充电基础设施，探索超充站、换电站、加氢站等建设。大力支持新能源、清洁能源动力运输船舶发展。加快液化天然气（LNG）、醇、氢、氨等燃料动力船型研发，强化高性能LNG、大功率醇燃料发动机、高能量密度高安全性能量共性、前沿引领核心技术攻关，提升新能源船舶装备供给能力。支持新建新能源、清洁能源动力船舶，支持绿醇、绿氨等燃料动力国际

续　表

序号	发文时间	发文部门	政策文件名称	有关物流技术内容
18	2024年6月	交通运输部、国家发展改革委、工业和信息化部、公安部、财政部、生态环境部、商务部、中国人民银行、市场监管总局、国家能源局、金融监管总局、国家铁路局、国家邮政局	《交通运输大规模设备更新行动方案》	航行船舶发展，推动LNG、生物柴油动力船舶在具备条件的沿海、内河航线应用，支持纯电动力在中小型、短距离内河船舶试点应用，支持船舶探索开展装备式电源可移动设备等移动电源的应用，逐步扩大绿电、LNG、生物柴油、绿醇等新能源船舶优先靠船离泊等应用。实施新能源船舶优先靠船离泊等能力。完善客运船舶重大改建政策，保障电力、LNG、生物柴油、绿醇等能源供应能力。鼓励措施，探索建立区域全面新能源绿化示范区。 鼓励新能源机车更新。组织有关企业针对不同地域、不同场景打造谱系化、平台化中国标准新能源铁路装备平台。依托复兴型等系列机车油耗、舒适性等指标均达到国际先进水平，新一代柴油机、内电双源、氢动力系统、低碳/零碳燃料发动机等技术，推动老旧内燃机车更新升级；装用新一代混合动力及新能源动力等技术，实现调车中高速机车替代，实现"柴油机＋动力电池"集成应用；采用新车替代及动力集成应用，实现干线客运机车运用车替代及动力集成应用；采用高效交流传动技术，实现干线客车产品技术迭代升级。 鼓励国家物流枢纽、国家骨干冷链物流基地、国家级示范物流园区、城郊大仓基地范围内的多式联运站和转运设施升级改造。加快推进智慧物流枢纽、物流园区智能化改造。支持高标准仓库、边境口岸设施设备及应用自动分拣系统、堆垛机、电动叉车等设施设备的智慧立体仓储设施升级改造。积极推广升级标准化托盘、周转箱等物流装载器具循环共用系统。支持冷藏车等运输设备、制冷系统等冷链设施设备智能化绿色化升级改造

序号	发文时间	发文部门	政策文件名称	有关物流技术内容
19	2024 年 6 月	商务部、国家发展改革委、财政部、交通运输部、中国人民银行、海关总署、税务总局、金融监管总局、国家网信办	《商务部等 9 部门关于拓展跨境电商出口推进海外仓建设的意见》	推动跨境电商供应链降本增效。推动头部跨境电商企业加强信息共享，鼓励金融机构依法依规开展有关信息、供应链金融服务，更好赋能上下游产业发展。鼓励有实力的跨境电商企业在遵守国内外法律法规前提下，积极应用大数据分析、云计算、人工智能等新技术新工具，提高数据分析、研发设计、营销服务、供需对接等效率
20	2024 年 8 月	中共中央、国务院	《中共中央　国务院关于加快经济社会发展全面绿色转型的意见》	推动各类用户"上云、用数、赋智"，支持企业数字化转型。绿色技术改造提升传统产业。推动绿色低碳数字基础设施建设，推进既有设施节能降碳低碳改造，逐步淘汰"老旧小散"设施。引导数字科技企业绿色低碳发展，助力上下游企业提高减碳能力
21	2024 年 9 月	工业和信息化部办公厅	《工业和信息化部办公厅关于印发工业重点行业领域设备更新和技术改造指南的通知》	以船舶建造及配套企业数字化转型为抓手，夯实精益管理基础，推进大数据、5G、人工智能、工业互联网等新一代信息技术与船舶制造业深度融合。提升船舶分段建造、总组搭载、管舾加工、焊接、切割、涂装、检测、装配、仓储物流等数字化水平，加快船舶配套生产等设备设备智能化改造

《国家发展改革委办公厅等关于做好 2024 年降成本重点工作的通知》中提出，实施制造业数字化转型行动，鼓励企业开展数字化转型贯标、工业互联网平台贯标，以两化深度融合推动企业提升生产、经营等环节数字化水平，提升生产和管理效率，降低运营成本。《商务部等 12 部门关于加快生活服务数字化赋能的指导意见》中提出，加强生活服务数字化基础设施建设。围绕生产、采购、运输、仓储、批发、零售、配送各个环节，优化生活服务数字化供应链体系，降低渠道成本。因此，大力发展数字物流，打造数字物流集群，促进物流主体信息互联互通、共享共用是促进降本的具体途径。

（二）标准化发展

物流业是现代经济社会的"毛细血管"，物流系统的标准化关乎国民经济运行效率。一方面，物流标准化通过统一物流运输工具、装卸搬运设备和信息系统等，显著降低了企业进入新市场的投资成本；另一方面，物流标准化通过规模效应、协调效应，全面提升企业跨区生产经营效率。例如，物流标准化建设从形式上规定了物流作业设施、设备和专用工具的具体规格，如托盘、叉车、集装箱等的尺寸和质量，优化了产品和生产流程的多样性，为企业引入自动化流水线作业奠定了基础，通过批量化复制产品和服务，产生规模效应。《交通运输大规模设备更新行动方案》也提出积极推广升级标准化托盘、周转箱等物流装载器具循环共用系统。

（三）绿色化发展

物流行业绿色低碳发展对落实"双碳"目标具有重要作用。物流行业要重视绿色技术研发和产品创新，大力发展清洁能源技术装备，促进数字化、智能化技术应用，推广绿色包装、循环包装等，为行业绿色低碳发展提供源源不断的动力。《中共中央　国务院关于加快经济社会发展全面绿色转型的意见》支持企业用数智技术、绿色技术改造提升传统产业。推动绿色低碳数字基础设施建设，推进既有设施节能降碳改造，逐步淘汰"老旧小散"设施。引导数字科技企业绿色低碳发展，助力上下游企业提高减碳能力。

第三节　现代物流发展状况

现代物流一头连着生产，另一头连着消费，是延伸产业链、提升价值链、打造供应链的重要支撑，在构建现代流通体系、促进形成强大国内市场、推动高质量发展、建设现代化经济体系中发挥着先导性、基础性、战略性作用。近年来，现代物流在国民经济中的产业地位持续提升，发展模式稳步转换，制度保障更加完善，运行效率明显提升，现代物流正在进入高质量发展阶段。

一、现代物流发展现状

2023 年，中国物流行业整体呈现恢复向好的趋势，市场需求规模恢复加快，其中，在高端制造以及线上消费等新动能领域，回升态势尤为明显。物流供给质量稳步提升，多式联运、航空货运等协同高效物流服务全面发展，单位物流成本稳中有降，产业链循环基本通畅。

（一）社会物流总额

2023 年以来，我国经济在波动中恢复，稳定因素有所累积，物流运行环境持续改善，社会物流总额增速稳步回升。2023 年，全国社会物流总额为 352.4 万亿元，按可比价格计算，同比增长 5.2％，增速较上年提高 1.8 个百分点。2024 年上半年，全国社会物流总额 167.4 万亿元，按可比价格计算，同比增长 5.8％，其中第一、第二季度分别增长 5.9％、5.7％，延续 2023 年第四季度以来较快增长态势。2019—2024 年上半年我国社会物流总额及其同比增长率如图 1−6 所示。

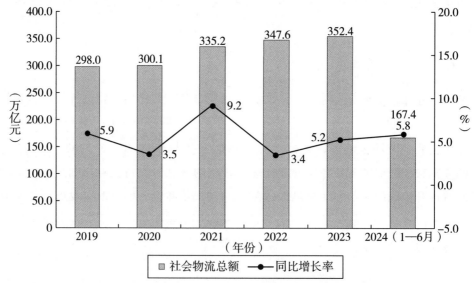

图 1−6　2019—2024 年上半年我国社会物流总额及其同比增长率
资料来源：中国物流与采购联合会。

从社会物流需求结构看，农产品、工业品物流需求均呈现良好发展态势，民生消费物流需求稳中向好，进口物流需求规模保持较快扩张，再生资源领域同样保持着较快增长。各领域均呈现不同维度的升级态势，新旧动能转换稳步推进。2024 年 1—6 月数据显示，工业品物流需求延续 2023 年第四季度以来的快速增长态势，工业品物流总额同比增长 5.8%，产业升级带动工业品物流新旧动能加速转换，智能设备、升级制造类产品在工业品物流中的占比逐步提升；从单位居民领域看，上半年单位与居民物品物流总额同比增长 8.7%，新业态引领带动的民生消费领域需求升级拓展。从进口领域看，上半年进口物流总额同比增长 4.8%，原油、钢材等大宗商品进口物流量有所下降，集成电路等中间品类进口物流量仍保持较快增长，增速稳定在 10% 左右。从再生资源循环领域看，上半年再生资源物流总额同比增长 11.1%，产业升级更新助力资源循环需求提升。

（二）社会物流总费用

2023 年，我国单位物流成本稳中有降，物流运行效率持续改善。社会物流总费用与 GDP 的比率为 14.4%，同比下降 0.3%，第一季度、上半年、前三季度分别为 14.6%、14.5%、14.3%，呈连续回落走势。从 2023 年社会物流总费用的构成来看，主要环节物流费用比率均有所下降，运输费用与 GDP 的比率为 7.8%，保管费用与 GDP 的比率为 4.8%，管理费用与 GDP 的比率为 1.8%，同比各下降 0.1%。全年各环节物流运行效率全面改善，仓储保管等静态环节占比稳步下降，资金流、物流向动态环节转移，物流要素流动趋于活跃。

2024 年，随着现代物流政策支撑体系更加完善，流通循环降本增效工作不断推进，全社会物流成本稳中有降。2024 年上半年数据显示，社会物流总费用为 8.8 万亿元，同比增长 2.0%，增速较第一季度回落 0.7%，低于同期社会物流总额、GDP 增长水平。社会物流总费用与 GDP 的比率为 14.2%，分别较 2024 年第一季度、2023 年上半年下降 0.2% 和 0.3%。从社会物流总费用构成变化来看，运输费用与 GDP 的比率同比下降 0.1%，保管费用与 GDP 的比率同比下降 0.2%，管理费用与 GDP 的比率和同期基本持平。综合来看，当前我国物流单位成本持续回落，运行效率情况相对良好。2019—2024 年上半年我国社会物流总费用及其与 GDP 的比率如图 1-7 所示。

（三）物流业景气指数

2023 年，我国物流市场实现恢复增长，全年景气水平提高，行业运行呈现稳定恢复态势。全年中国物流业景气指数平均为 51.8%，高于 2022 年 3.2 个百分点。多数月份处于 51% 以上的较高景气区间，各月业务量、新订单指数平均波动幅度较上年有所收窄，显示行业运行向好，稳健性提升，物流供给对需求变化适配、响应能力有所增强。2024 年 3 月以来，中国物流业景气指数维持在 51% 以上，产业链、供应链上下游

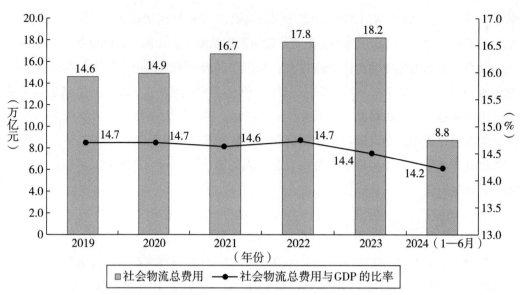

图 1-7　2019—2024 年上半年我国社会物流总费用及其与 GDP 的比率
资料来源：中国物流与采购联合会。

联动加速，业务需求量继续保持增长，延续扩张态势，物流需求正在恢复，企业对未来的预期改善，标志着生产和消费两端的活跃度回升。2023 年 1 月至 2024 年 6 月中国物流业景气指数如图 1-8 所示。

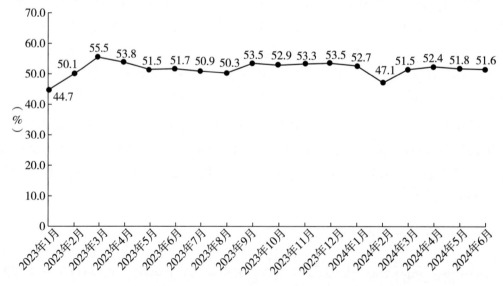

图 1-8　2023 年 1 月至 2024 年 6 月中国物流业景气指数
资料来源：中国物流与采购联合会。

（四）仓储业指数

2023 年，中国仓储业指数全年均值为 51.5%，较 2022 年提高 2.1 个百分点，增幅显著，2—12 月指数均在 50% 以上，保持在扩张区间，显示仓储行业整体保持良好运行态势。2024 年 1—3 月指数继续保持在扩张区间，表明在国内宏观经济整体回升向好的背景下，仓储业务活动明显活跃，商品周转效率显著加快，企业预期向好，备货积极性高涨，期末库存水平上升。2024 年 4—6 月，指数在收缩区间波动，受高温多雨天气影响，业务需求呈现相对低迷态势，供应链上下游周转有所减慢，库存水平继续下降，行业整体运行面临一定压力。2023 年 1 月至 2024 年 6 月中国仓储业指数如图 1 - 9 所示。

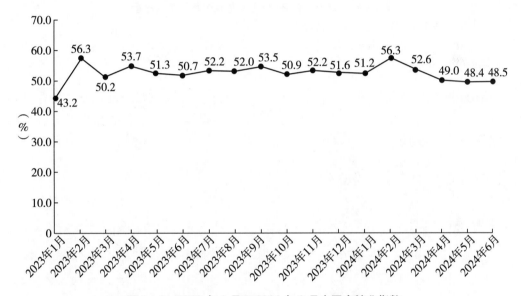

图 1 - 9　2023 年 1 月至 2024 年 6 月中国仓储业指数

资料来源：中国物流与采购联合会。

（五）货运量与货物周转量

近年来，我国货运量呈现波动变化的特点，货物周转量维持增长态势。2023 年，我国货物运输总量为 556.8 亿吨，货物周转量为 247712.7 亿吨公里。港口完成货物吞吐量 170 亿吨，比上年增长 8.2%，其中，外贸货物吞吐量 50 亿吨，增长 9.5%。港口集装箱吞吐量达 31034 万标准箱，增长 4.9%。2019—2024 年上半年我国货物运输总量和货物周转量变化情况如图 1 - 10 和图 1 - 11 所示。

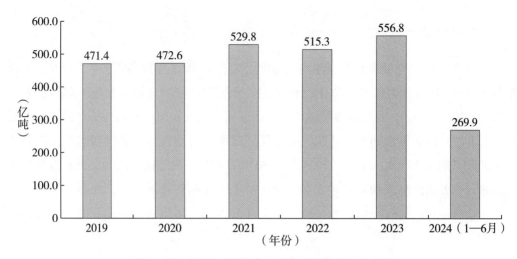

图 1-10　2019—2024 年上半年我国货物运输总量

资料来源：国家统计局。

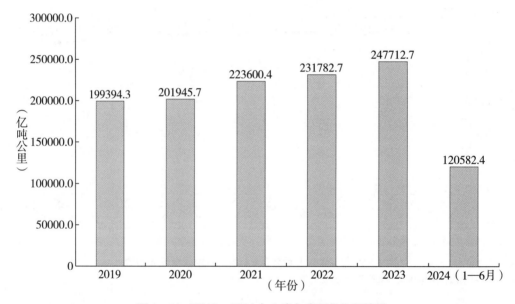

图 1-11　2019—2024 年上半年我国货物周转量

资料来源：国家统计局。

（六）快递业务量及快递业务收入

近年来，我国快递行业规模持续增长，行业发展势头良好。2023 年，全国快递业务量完成 1320.7 亿件，同比增长 19.4%；快递业务收入完成 12074 亿元，同比增长 14.3%。2024 年 1—6 月，全国快递业务量完成 801.6 亿件，同比增长 23.1%；快递业务收入完成 6530 亿元，同比增长 15.1%。2019—2024 年上半年我国快递业务量和快递业务收入变化情况如图 1-12 和图 1-13 所示。

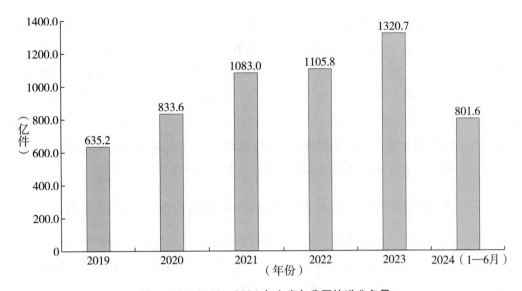

图 1 – 12　2019—2024 年上半年我国快递业务量

资料来源：国家邮政局。

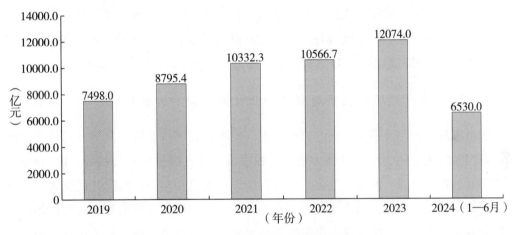

图 1 – 13　2019—2024 年上半年我国快递业务收入

资料来源：国家邮政局。

二、现代物流发展面临形势

当前，中共中央、国务院高度重视现代物流发展。2023 年年底召开的中央经济工作会议明确提出，有效降低全社会物流成本。这对现代物流发展模式转换提出了更高要求。物流业的发展应以全面贯彻落实党的二十大精神为引领，按照《"十四五"现代物流发展规划》部署，坚定信心、守正创新，坚守现代物流发展事业，推进中国式现代物流体系建设。

（一）提高经济运行效率要求降低全社会物流成本

物流是实体经济的"筋络"，连接生产和消费、内贸和外贸。中央财经委员会第四次会议上提出，必须有效降低全社会物流成本，增强产业核心竞争力，提高经济运行效率。我们必须要正确认识降低全社会物流成本的重要战略意义。把握在降低物流成本过程中形成的更有效、更具新质生产力内涵的物流组织方式，着眼于通过现代物流组织体系的不断形成与完善，推动高质量发展、推进社会主义现代化进程。同时要创新降低物流成本维度的认知，通过供应链手段打通降低物流成本的路径。不断推动物流组织方式的转型升级，加强高新技术应用，推动新质生产力发展，实现供应链与产业链有机结合，构建高质量供应链体系，创造更大物流降本空间。

（二）发展新质生产力要求加快技术创新迭代和丰富物流业态模式

2023 年 9 月，习近平总书记在黑龙江考察调研期间首次提到"新质生产力"。2024年 1 月 31 日，习近平总书记在中共中央政治局第十一次集体学习时强调，加快发展新质生产力，扎实推进高质量发展。发展和培育物流领域的新质生产力作为有效降低全社会物流成本的关键路径，要求现代物流体系建设加大研发投入与服务业态创新，顺应工业互联网与消费互联网快速发展、更新迭代趋势，加快传统物流装备技术与大数据、物联网、云计算、区块链等现代信息技术融合发展，满足不断升级、日益多元的物流需求，并通过供给创新引领需求变革，为大循环与双循环培育新动能。

（三）构建双循环发展格局要求加强资源集聚和开展规模化的物流组织

加强资源集聚和开展规模化的物流组织，要充分发挥枢纽资源集聚与运行组织作用，以国家物流枢纽为主要载体，整合干线物流需求，规模化对接铁路、内河水运、航空等通道物流资源，形成通道化的物流组织，在通道两端依托枢纽开展快速区域分拨，形成"通道＋枢纽＋网络"的物流运行体系，有组织地开展服务国内大循环和国内国际双循环的物流服务，着力优化内陆地区物流运行环境，建立我国在新发展格局下的物流成本与效率优势。

（四）加快经济社会发展全面绿色转型要求推进物流绿色低碳转型升级

随着"双碳"目标的确立与社会低碳意识的提升，绿色低碳发展已成为全社会的广泛共识。绿色物流作为绿色发展的重要内容，不仅对推进生态文明建设、减缓节能减排压力有促进作用，也成为物流业发展的重要方向。未来可从五个方面推动绿色物流高质量发展，一是调整能耗结构，大力发展多式联运，调整运输结构；二是因地制宜施策，促进区域绿色物流平衡发展；三是加强技术创新，提升绿色物流数字化水平；四是科学规划物流资源配置，形成绿色供应链；五是强化内外驱动，提高企业绿色转型的积极性。

三、现代物流发展趋势

当前，在双循环的新发展格局下，现代物流高质量发展具有广阔的空间。随着产业升级、消费升级，统一大市场建设需要现代物流畅通国内大循环。现代物流在新形势下呈现以下十大发展趋势。

一是大盘稳定，市场保持温和增长。随着财政和货币政策更加积极有为、精准有力，物流需求总体稳定，最终消费持续复苏，带动生产、进口需求稳步回升，市场温和增长将成为一定时期的常态。

二是结构调整，需求贡献持续分化。依托超大规模市场优势，消费对物流需求贡献将稳步增长；制造业向中高端迈进，精益物流、供应链服务成为增长点，服务体验、履约能力、安全可控将更为重要。

三是提质增效，降低成本仍有潜力。近年来，人工、能源、用地等各类要素成本持续上涨，运价、仓租等物流服务价格持续低迷，靠拉低物流服务价格的方式降成本压力较大。物流降本将逐步转向以提高质量效率为重点的"质量、效率型降本"，通过资源整合、流程优化、组织调整，缩小物流"浪费"空间。

四是市场集中，规模化集约化成长。市场增速放缓期往往是规模企业快速成长期。骨干物流企业和平台企业竞争力持续提升，兼并重组、联盟整合、平台建设持续发力，构建协同共生的产业生态，行业市场集中度将稳步提升。

五是产业融合，全链条系统化整合。物流业与制造业、商贸业深化融合，构建具有产业特色的物流服务链，打通供应链全链条、串通产业链全系统，实现产业链与物流链双链联动，有望成为新的利润源。

六是韧性安全，保供稳链更为迫切。我国经济加快融入国际市场，属地生产、全球流通成为趋势，需要增强国际供应链韧性和安全水平。部分重要商品国际依存度仍然偏高，物流保供稳链作用将更加突出。

七是设施联通，物流网络高效畅通。基础设施深化互联互通，国际物流大通道不断延伸拓宽，带来经贸发展的新机会。综合交通运输体系日益完善，物流基础设施加强资源集聚，有望带动区域经济进一步转型升级。

八是创新驱动，数字化转型提速。数字经济正在成为改造传统产业的抓手，国家提出新质生产力，就是要发挥数字经济、平台企业的优势，推进数字技术与实体经济融合，传统产业全面拥抱互联网，再造物流发展新模式。

九是绿色低碳，释放物流社会价值。美丽中国建设加速推进，我国重启温室气体自愿减排交易市场，物流行业作为移动源重要的排放领域，物流减排成本逐步转变为社会价值，将助力行业全面向绿色低碳转型。

十是多方合力，行业共治统筹协调。现代物流领域政府协同、政策合力，政策措施将更加有效，增强政策获得感。行业协会组织深化桥梁纽带作用，实现标准引领、行业自律。政府、协会、企业多方合力，开展行业共治取得共识。

第四节　物流技术的发展趋势

在我国，物流行业发展迅速，物流技术与装备也迎来重大机遇。现阶段，物流技术与装备的自动化、智能化以及绿色化水平持续提升。从技术驱动层面来看，底层技术的不断创新为物流技术与装备的发展注入了强大动力；从可持续发展角度而言，环保理念的深入渗透促使物流技术与装备朝着绿色化方向稳步迈进；在全球化维度下，国际间贸易往来的日益频繁对物流技术与装备提出了更高的要求。随着科技的持续进步以及全球化的深度推进，物流技术与装备必将面临更多的机遇与挑战，这也要求行业不断进行技术创新和管理优化，以适应不断变化的市场需求。

一、我国物流技术发展情况

我国物流技术与装备的发展在过去几十年中取得了显著的成就，成为推动物流行业变革的关键因素。近年来，我国物流技术创新水平不断提升，自动导引车（AGV）、机器人、自动化仓储等智能设备逐渐普及；物流装备需求的不断攀升，带来国内国际行业市场的不断扩张，物流装备出海呈现良好态势；在"双碳"目标的背景下，企业环保观念日益增强，绿色物流装备应用也更加广泛。

（一）物流技术创新水平不断提升

近年来，随着科技水平的不断提高，人工智能、大数据、物联网、云计算等新兴技术与物流装备和技术深度融合，衍生出了自动分拣、智能分拨、无人配送等物流新模式。通过视觉识别、智能算法等技术，可以实现对物流过程的实时监控、数据分析和智能决策；利用大数据分析可以优化物流路径规划，提高运输效率；利用人工智能技术可以实现智能仓储管理等。越来越多的企业不断创新物流技术，并将其应用于实际运营中，例如，中兴通讯建设原材料和成品自动化立体库，应用5G空中环穿系统、5G无人叉车、机器视觉拣选、智能安防系统、数字孪生智能运营等多种物流设备与技术，支撑3万多个托盘、10万多个料箱仓储，实现原材料、成品周转全流程的智能化作业。

（二）智能物流装备市场持续扩张

我国电子商务、快递物流、工业制造等各大下游行业崛起，机械制造、传感定位等技术逐步成熟，智能物流装备在国内越来越多的商业场景中得以应用，市场规模近年来实现了快速增长。智能物流装备通过自动化、智能化和集成化的方式，提高了物流效率，降低了成本，并优化了服务质量。根据中商产业研究院发布的《2024—2029年中国智能物流装备行业研究报告》，2023 年我国智能物流装备市场规模达到 1003.9 亿元，近五年年均复合增长率达 24.35%，2019—2023 年我国智能物流装备市场规模及其同比增长率如图 1-14 所示。

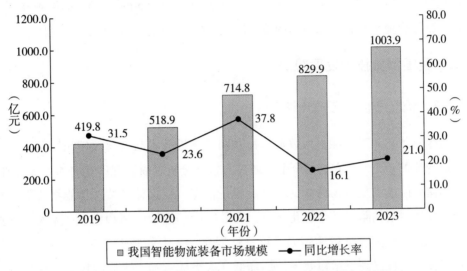

图 1-14　2019—2023 年我国智能物流装备市场规模及其同比增长率
资料来源：中商产业研究院整理。

（三）物流装备出海呈现良好态势

国内物流企业不断加大技术装备研发投入，不断推出新产品、新技术，提升产品性能和质量，使中国物流装备市场在国际上的影响力不断增强。同时，在"一带一路"倡议和双循环战略背景下，国家积极出台各项政策，推动全球化进程，中国物流装备企业的出海征程将享受到更多红利。越来越多的物流装备企业开始将目光投向海外市场，寻求更广阔的发展空间和机遇。例如，中科微至在 2023 年年底，已经在新加坡、美国、马来西亚、匈牙利、墨西哥等地设立了分支机构，为海外客户提供本地化的服务。其产品已出口至泰国、印度尼西亚、菲律宾、新加坡、马来西亚、俄罗斯、英国等地。德马科技已经形成"中央工厂+全球区域工厂+本地合作组装工厂"的全球制造网络布局，以上海总部和湖州为中央工厂，在澳大利亚、美国、罗马尼亚设立全资的区域制造工厂，在韩国、俄罗斯、马来西亚、印度尼西亚、美国等地设有本地合作组装工厂。

（四）绿色物流装备广泛应用

环保和可持续发展已经成为全球共识，物流装备行业也将朝着绿色和可持续的方向发展。绿色物流装备（如电动叉车）、绿色仓储装备、低碳运输工具的应用对降低物流成本具有重要意义。很多企业也在绿色物流方面进行了大量实践，如京东物流在全国50多个城市投放使用的新能源车达到20000辆，北京地区的自营城配车辆已全部更换为新能源车；宝洁自主开发的"小绿宝"箱，可以减少30%～60%的纸张和其他材料使用。物流企业正在积极探索和调整发展策略，顺应物流行业的绿色转型。

二、我国物流技术发展趋势

（一）物流技术智能化升级

在当今时代，人工智能、大数据、物联网等先进技术与物流领域深度融合，开启了物流数智化的新纪元。在仓储环节，通过大数据分析可以实现库存的动态优化管理，确保货物储备既能满足市场需求又能避免积压浪费。在运输环节，智能物流平台利用人工智能算法对运输路线进行优化规划，有效减少了运输时间和成本；无人驾驶技术的逐步成熟，更是为物流运输带来了革命性变化。无人驾驶卡车在高速公路上安全、稳定地行驶，不仅提高了运输效率，还降低了人力成本和人为事故风险。在物流管理环节，智能物流追踪系统让货物的位置和状态实时可见，客户可以随时掌握货物的动向，极大地提高了物流的透明度和可追溯性。

物流技术的智能化发展，不仅推动着物流产业降本增效，也为经济的持续发展提供了重要支撑。

（二）物流技术平台化演进

当前，中国物流技术装备系统的层级功能演进趋势十分明显。单元级作为信息物理系统的最小单元，可由一个部件或一个产品构成，通过"一硬一软"形成"感知—分析—决策执行"的数据闭环，AGV、物流机器人、配送机器人、无人叉车等属于此层级。系统级由"一硬、一软、一网"有机组合，多个物流智能硬件与功能模块单元通过网络系统集成，实现局部自组织、自配置、自决策、自优化，如由机器人、AGV、传送带等构成的智能仓储系统和无人仓系统。平台级涵盖"一硬、一软、一网、一平台"四大要素，是和多层次系统级物流系统的有机组合，实现数据互联、网络互通、数据共享，形成智慧物流平台系统，如菜鸟与京东的智慧物流大脑系统，连接各地智慧仓储和智能硬件，通过大数据平台实现跨系统、跨平台的互联、互通和互操作，在全局范围内实现信息全面感知、深度分析、科学决策和精准执行。

（三）物流技术自动化迈进

当前，物流技术自动化趋势极为明显。在柔性化方面，智能仓储系统可根据不同货物种类、数量及储存需求动态调整，高效利用空间并实现快速货物存取；物流机器人、配送机器人等单元级智能硬件也能依据不同环境和任务要求自主决策行动，适应复杂多变的物流场景。在自动化方面，无人叉车在仓库自动搬运；AGV 在生产线上精准配送；系统级智能仓储及平台级物流智慧大脑管理平台更是将自动化技术贯穿物流各个环节。这些自动化技术减少了人力成本，降低了人为错误发生率，提高了物流服务质量和可靠性。物流技术的柔性化与自动化趋势为物流行业发展带来了新的机遇和挑战，推动其向高效、智能、可持续方向迈进。

（四）物流技术绿色化转型

在当前的时代背景下，物流技术的低碳绿色转型势在必行。物流行业作为经济发展的重要支撑，其对环境的影响日益受到人们的关注。从运输环节来看，物流企业积极采用新能源货车、电动叉车等节能环保的运输工具和设备，逐步替代传统燃油车辆，显著减少了污染排放和碳排放。同时，通过优化运输路线、提高车辆满载率及降低空驶率等措施，有效降低了能源消耗。在仓储方面，智能仓储系统发挥着关键作用，借助合理布局和高效管理，采用节能照明设备、智能温控系统等先进技术，极大地降低了仓库的能耗。此外，物流包装也在加速向绿色环保方向转变，大力推广可降解材料，简化包装设计，从而减少包装废弃物的产生。物流技术的低碳绿色转型不仅是对环境保护的积极响应，更是提升企业竞争力和塑造良好社会形象的重要举措。未来，随着科技的持续进步和创新，物流行业必将在低碳绿色发展的道路上稳步前行，为实现可持续发展的目标贡献更大的力量。

（五）供应链数字化升级

如今，在数字化时代的大背景下，物流供应链的数字化升级已然成为推动物流行业向前发展的核心力量。信息技术的迅猛发展促使物流供应链的各个环节逐步踏上数字化转型之路。在物流信息管理领域，数字化技术极大地提升了物流信息采集、传输和处理的效率与准确性。借助物联网传感器和大数据分析等手段，企业能够实时知晓货物的位置、状态及运输进度，进而实现物流全程的可视化管理，这既提高了物流运作的透明度，又为企业决策提供了坚实的数据支撑。在仓储管理环节，数字化升级带来了智能化的仓储解决方案，自动化仓储系统和智能货架等技术的应用，有效提高了仓储空间的利用率和货物存取效率。同时，优化库存管理软件，能够实现精准的库存控制，降低库存成本。在运输配送环节，数字化平台促进了运输资源的整合及运输路线的优化。智能调度系统可依据实时交通状况和货物需求，合理安排运输车辆，提高运输效率并降低运输成本。此外，电子签收、在线跟踪等功能也显著提升了客户的服务体验。未来，随着技术的持续创新和应用，物流供应链的数字化程度必将不断提高，供应链数字化转型成为大势所趋。

（六）物流技术与装备标准化增强

在当前物流行业发展进程中，物流技术与装备标准化的增强趋势日益显著。标准化在物流领域的意义很关键，从物流技术角度看，统一的技术标准能有力保障不同设备和系统间的兼容性与互操作性，如信息管理系统中规范的数据格式和通信协议可促使物流信息高效顺畅流通与共享，进而大幅提升物流运作透明度和效率。就物流装备而言，标准化的物流装备可实现规模化生产，降低生产成本并提高产品质量；能使物流装备在不同物流环节及企业间通用，方便设备调配和共享，提高资源利用率；还有助于增强物流装备的安全性和可靠性，降低因设备不规范引发安全事故和故障的概率。总之，随着物流行业持续发展壮大，物流技术与装备标准化的重要性必将更加突出，相关各方应携手合作，共同推动物流技术与装备标准化工作不断深入推进，为物流行业可持续发展筑牢坚实基础。

第五节　物流新质生产力

2023 年 9 月，习近平总书记在黑龙江考察调研期间首次提到"新质生产力"。在新时代推动东北全面振兴座谈会上习近平总书记强调"积极培育新能源、新材料、先进制造、电子信息等战略性新兴产业，积极培育未来产业，加快形成新质生产力，增强发展新动能。"2023 年 12 月 11 日至 12 日召开的中央经济工作会议强调，要以科技创新推动产业创新，特别是以颠覆性技术和前沿技术催生新产业、新模式、新动能，发展新质生产力。新阶段如何在物流领域培育和发展新质生产力，推动全社会物流降本增效，将成为我国物流业界面临的重要课题。

一、物流新质生产力的内涵

物流新质生产力，具体是在整个社会物流系统的运行过程中，引入新技术、新模式、新业态与新理念，同时运用创新的组织管理和协同机制，对传统物流运作模式进行变革，推动物流业转型升级、实现提质降本增效，提升物流服务的质量与效率，增强市场竞争力，进而促进实体经济增长以及推动社会高质量发展。创新是引领发展的第一动力，也是新质生产力的核心，在其中发挥着主导作用。同理，创新也是物流新质生产力的核心和关键要素，涵盖物流技术创新、组织创新、服务创新及人才创新等多个方面。

（一）强调科技创新驱动

科技是先进生产力的集中体现和主要标志，随着新一轮科技革命的快速迭代与升级，科技在物流新质生产力构成要素中的驱动作用将越发突出。人工智能、大数据、量子信息等新技术的应用，将加速形成无人化、数字化的新产业、新业态、新模式。例如，自动化设备、智能驾驶等无人技术的应用，新能源技术的突破，带来了成本结构优化的可能性。数字员工、数字平台等数智化管理工具，改造了传统的管理模式，将模糊的管理流程变得线上化、透明化、数字化，从而带来效率的系统化提升，实现物流系统运行的外联内畅、高效流转和价值倍增。

（二）强调组织流程优化

物流新质生产力以技术创新、模式创新和流程创新等为手段，重塑和优化物流全系统组织流程和供应链体系。以数智化手段重构新型生产关系，从土地、设施、设备和资本驱动转向物流数据、智能、组织和服务驱动，通过再造物流全链条组织方式打造物流新质生产力模式，从低附加值服务向高附加值赋能转变，形成物流企业新的"增长点"，推动全链路社会物流成本降低。建立合理的物流网络、平台和生态系统，推动各参与方之间的协调合作和资源共享，实现供应链的整体优化和价值链的协同增效。

（三）强调物流服务升级

人是人类社会的主体，生产力演进的终极目标是推动人的自由全面发展。物流新质生产力的功能在于实现物流行业的高质量发展。衡量质量的关键标准在于是否满足人民群众对美好生活的向往，体现了以人为本的发展理念。因此，物流新质生产力强调服务创新，通过整合和优化物流资源、运输方式、仓储设施和信息技术等方面的创新，使物流企业提供更加高效、便捷和可靠的物流服务。包括准时交货、准确配送、追踪与追溯、客户满意度等方面的提升，以满足客户不断升级的需求。

（四）强调物流人才培养

新型劳动者是新质生产力的主体，其技能、知识、经验和创新能力是生产力发展的重要驱动力，不同生产力水平在很大程度上体现为劳动者的整体素质、技能和其他相关因素的差异。新型劳动者通常是拥有更高的教育水平和熟练掌握新型生产资料的应用型人才，而物流业是智力密集型、技术密集型和劳动密集型并重的产业，新型的物流人才应当是具有跨学科的综合能力（即物流规划、策划、咨询、管理和运作等方面能力）的人才。培养壮大能够持续创造和熟练掌握物流新技术的物流人才队伍，是加快培育发展物流新质生产力的关键。

二、物流新质生产力的培育路径

培育和发展新质生产力是针对我国建设现代化强国、实现高质量发展而提出的，发展新质生产力是推动高质量发展的内在要求和关键着力点。物流业是实体经济的"筋络"，连接生产和消费、内贸和外贸，在国民经济中占据重要地位，是支撑国民经济高效运行的重要基础。我们要立足于新发展阶段，用新发展理念，加快培育和发展物流新质生产力，推动物流业降本增效。

（一）大力推进物流技术创新

新质生产力主要由技术革命性突破催生而成。科技创新能够催生新产业、新模式、新动能，是发展物流新质生产力的核心要素。因此，我们要推进以大数据人工智能等为代表的技术应用创新。在物流仓库、物流园区和物流企业等社会物流系统中，加大大数据、人工智能、云计算、物联网等先进技术手段的应用，对社会物流系统进行智能化改造升级，加快智能化、数字化终端设备的普及应用，积极推广智慧物流车、物流机器人等先进技术和装备。升级物流业务信息系统，开发建设智能仓储系统、自动分拣系统、自动搬运系统等，实现货物的智能化仓储管理、快速分拣和自动化搬运等，提高物流系统运营资源配置效率，优化物流作业和流转流程，提高社会物流系统运行效能。

（二）着力推进发展方式转型

从发展方式来看，当前物流新质生产力的形成或者质的变化更多来源于数字化、智能化、绿色化。数字化、智能化对提升关键枢纽集群和园区的发展效率有着非常大的作用，也为上下游企业的信息交互、数据传输和智能管理提供了很重要的平台，成为实现全流程公共数据集成和数字跨区域交换非常重要的支点。除了数字化和智能化，绿色化也是物流领域非常重要的方向。全球减排、降碳的形式多样，中国目前也已经开展城市绿色交通、新能源、节能减排、大数据算法、优化运输服务等减碳行动。

（三）深入推进产业结构升级

在物流领域，技术创新成为强大驱动力，催生了众多新产业、新场景与新服务，促使物流行业的产业结构朝着更丰富、更多元的方向发展，并伴随着大量新的物流增长点出现，如网络货运、即时配送、跨境电商等。以近年来发展迅猛的网络货运和即时配送为例，美团近年来着力发展即时配送，实现了零售业、医药购买等范畴的高效配送，极大地提升了客户体验，形成了新型物流发展模式。跨境电商物流随着中国跨境电商行业的蓬勃发展而兴起，其更多地依赖航空运输，以及"一带一路"倡议下中欧班列这一创新运输方式，构建起从境内到境外端到端的新型物流服务体系。随着新技术的发展，这些新业态、新场景和新服务不断涌现，有力地推动了物流产业结构的快速升级和分化发展，进而形成新的增长点，有力地推动物流新质生产力的形成和应用。

（四）扎实推进组织模式变革

在物流新质生产力形成的过程中，以供应链管理为主的组织模式不断涌现，过去的小型化、分散化正转变为网络化、平台化、供应链化。在社会物流领域中，围绕生产、需求和市场，提升物流信息、物料、资金、产品等配置流通效率，推动设计、采购、制造、销售、消费信息交互和流程再造，形成高效协同、弹性安全、绿色可持续的智慧物流供应链网络。同时，仓单质押、供应链金融、期货交易等新经营组织模式，带来了物流系统运营附加值的提升、物流运营主体经营盈利能力的增强，推动现代物流业迈上价值链的中高端。

第二章　年度物流热点技术

在新一轮科技革命与产业变革的背景下，传统物流行业面临转型升级挑战，新质生产力成为物流行业转型升级的关键因素。过去一年，物流领域热点频现，前沿技术逐步迭代、新兴场景不断涌现。低空经济与物流技术为运输开辟了新的空域，让物流更加高效快捷、立体多元；物流节能降碳技术响应环保呼声，助力绿色可持续发展；生成式人工智能和大模型技术为物流决策提供智慧支持，使物流更加智能化、精准化；数字化工厂技术重塑生产模式，提高了生产效率和质量，实现了生产的数字化、自动化和智能化；5G 技术保障信息传输，提升协同效率；北斗技术提供精准定位导航，确保物流运输的准确性和安全性。这些年度物流热点技术，以各自优势赋能物流行业高质量发展，引领物流行业步入一个全新的数字化、绿色化、智能化时代。

第一节　低空经济与物流技术

2024 年 2 月，中央财经委员会第四次会议召开，研究有效降低全社会物流成本问题。会议强调，"鼓励发展与平台经济、低空经济、无人驾驶等结合的物流新模式"，低空经济成为物流新模式培育发展的重要路径。国家应聚焦优化主干线大通道，打通堵点卡点，完善现代商贸流通体系，统筹规划物流枢纽，优化交通基础设施建设和重大生产力布局，大力发展临空经济、临港经济，打造中国低空经济万亿级市场。

一、低空经济的内涵与发展

业界认为我国低空经济产业的发展历程大致可分为概念提出、行业探索和快速发展三个阶段。

（一）概念提出阶段（2009—2010 年）

2009 年，在"中国通用航空发展研究"课题的一次研讨会上，中国民航大学李卫民副教授首次提出"低空经济"这一概念术语。由此不断发展完善，形成了现今低空经济丰富的内涵：低空经济是以有人驾驶和无人驾驶航空器的各类低空飞行活动为牵引，辐射带动相关领域融合发展的综合性经济形态。其相关产品主要包括无人驾驶飞机（Unmanned Aerial Vehicle，UAV）、电动垂直起降航空器（electric Vertical Take – off and Landing，eVTOL）、直升机、传统固定翼飞机等，涉及居民消费和工业应用两大场景。2010 年，《国务院 中央军委关于深化我国低空空域管理改革的意见》的发布，促进了我国低空空域管理改革。

（二）行业探索阶段（2011—2020 年）

此阶段的重点是国家政策法规的逐步出台与落地实施。2014 年，《低空空域使用管理规定（试行）（征求意见稿）》首次将低空空域划分为管制空域、监视空域和报告空域，明确了飞行计划的报备要求，推动低空空域管理体系的完善。2016 年，《国务院办公厅关于促进通用航空业发展的指导意见》中提出，到 2020 年建成 500 个以上通用机场，通用航空业经济规模突破 1 万亿元，进一步推动了低空经济的基础设施建设和行业布局。2018 年，国家积极推动通用航空与低空飞行服务的融合发展，并通过《低空飞行服务保障体系建设总体方案》确立了飞行服务体系的总体框架。2019 年，《关于促进民用无人驾驶航空发展的指导意见（征求意见稿)》进一步明确了无人驾驶航空的行业规范和发展路径，为低空无人机应用奠定了坚实基础。这一阶段，低空经济从概念逐渐转向实际应用，虽然处于探索期，但已经初步形成了涵盖飞行空域管理、基础设施建设、飞行服务保障等领域的框架。

（三）快速发展阶段（2021 年至今）

自 2021 年起，低空经济进入了快速发展阶段。随着《国家综合立体交通网规划纲要》将低空经济正式纳入国家战略，低空经济的地位进一步提升。《“十四五”民用航空发展规划》和《“十四五”现代综合交通运输体系发展规划》进一步明确了发展目标，提出构建多元高效的通用航空服务体系，推动通用机场网络、低空旅游、应急救援、医疗救护等领域的融合发展。2024 年施行的《无人驾驶航空器飞行管理暂行条例》标志着我国无人机产业进入了法制化发展阶段，行业规范逐渐健全。与此同时，2023 年发布的《中华人民共和国空域管理条例（征求意见稿）》明确了空域用户的权利和义务，标志着空域管理制度的进一步完善。

低空经济作为战略性新兴产业，其产业链条长，涵盖航空器研发制造、低空飞行基础设施建设运营、飞行服务保障等产业；应用场景丰富，既包括传统通用航空业态，又融合了以无人机为支撑的低空生产服务方式；在工业、农业、服务业等领域都有广泛应用，对构建现代产业体系具有重要作用，发展空间极为广阔。

低空经济涉及的农林植保、电力巡检等传统通航作业近年来均保持稳步增长，空中游览、航空运动、医疗救护等新业态也在加速发展。2023 年，中国低空经济规模已超过 5000 亿元，据行业测算，2030 年有望达到 2 万亿元。

二、低空经济核心技术与应用

（一）无人机

无人机，全称无人驾驶飞机（UAV），是一种利用无线电遥控设备和自备的程序控制装置操纵的不载人飞机。根据结构和用途的不同，无人机可以分为无人直升机、固定翼机、多旋翼航空器、无人飞艇等多种类型。无人机主要分为军用和民用两种类型，其中，民用无人机又可分为工业级无人机与消费级无人机，主要用于摄影、灯光表演、巡查等场景。无人机相比有人机优势明显，应用广泛。无人机因其自身的优越性能，可以在超低空和超高空长时间盘旋，活动空间和范围更为广阔。与有人战机相比，军用无人机具有体积小、重量轻、造价低、零伤亡、使用限制少、隐蔽性好、效费比高等突出特点。

1. 无人机技术介绍

无人机通过动力系统和飞行控制系统实现自主飞行。无人机的动力系统就像是它的心脏，为整个飞行过程提供源源不断的动力。动力系统的核心部件主要包括电机、电池及螺旋桨。大多数消费级无人机采用无刷直流电机，这种电机具有效率高、噪声低、寿命长的优点。螺旋桨则是空气动力学设计的关键，通过旋转产生升力。电池是无人机的能量源泉，决定了无人机的飞行时间和距离。目前，主流的无人机电池多为锂电池，具有能量密度高、重量轻的特点。不过，电池的续航仍然是制约无人机发展的一个重要因素，未来随着电池技术的进步，无人机的续航能力有望进一步提升。

动力系统是无人机的身体，飞行控制系统则是无人机的大脑。飞行控制系统通过内置的传感器、控制器和算法，实时感知无人机的状态，并作出相应调整，确保无人机能够稳定飞行并完成任务。无人机上装有各种传感器，如陀螺仪、加速度计、气压计、全球定位系统（GPS）等，这些传感器能够感知无人机的姿态、速度、高度、位置等信息，并将数据传输给控制器。控制器作为飞行控制系统的核心，它根据传感器传来的数据，结合预设的飞行算法，计算出无人机的控制指令，并通过控制电机的转速，调整无人机的飞行姿态和速度。飞行控制算法是无人机能够自主飞行的关键。这些算法包括姿态控制、位置控制、速度控制等多个方面，通过复杂的数学计算和逻辑判断，确保无人机在各种环境下都能保持稳定飞行。

无人机的结构设计是其能够稳定飞行的物理基础。一般来说，无人机的结构主要由航空器机架、动力系统、飞行控制系统、遥控器、云台相机等部分组成。机架是无人机的骨架，承载着整个飞行系统的重量。机架的设计需要兼顾轻量化和强度，以减轻无人机的负载并提高其飞行效率。常见的机架材料有碳纤维、铝合金等。多旋翼无人机通常采用四轴、六轴或八轴布局，每个轴上安装一个电机和螺旋桨。这种布局方式使无人机能够在空中实现悬停、爬升、下降、前进、后退、左右平移等多种飞行动作。对于航拍无人机来说，云台相机是必不可少的组成部分。云台通过内置的电机和算法，能够稳定地保持相机的拍摄方向，即使在无人机剧烈抖动的情况下，也能拍摄出清晰稳定的画面。

近年来，随着低空经济的盛行，截至 2023 年，中国共有无人机设计制造单位约 2000 家、运营企业近 2 万家，中国注册无人机数量达 126.7 万架，同比增长 32.2%；无人机飞行时长达 2311 万小时，同比增长 11.8%。除了个人消费、地理测绘、影视航拍等基础场景外，无人机在应急救援、通信中继、气象探测等场景中的应用不断被开发，在物流领域已实现规模化应用。

2. 物流无人机关键技术

物流无人机与传统小型无人机相比，需要更为可靠的控制技术、更强的数据通信能力和导航能力，三大关键技术支撑无人机物流配送面向高动态、实时、不透明的任务环境，使无人机能够做到感知周边环境并规避障碍物、机动灵活并容错飞行；按照任务要求无人机可以自主规划飞行路径、自主识别目标属性、用自然语言与人交流。

（1）智能控制技术。

智能控制技术包括态势感知技术、规划与协同技术、自主决策技术等。能够保障无人机安全高效运行的主动避障能力、路径规划能力、起降能力等都取决于智能控制技术水平，在越复杂的环境下执行任务，对无人机智能化水平和自主决策能力的要求也就越高。

提高无人机的感知能力是强化控制技术的关键。未来需要发展更高精度的传感器和感知技术，以提升无人机的感知能力，同时，通过机器学习和人工智能技术对无人机进行训练和学习，可以提高无人机的决策和规划能力，实现更加智能的控制。

（2）数据通信技术。

无人机在远距离执行配送任务时，必须保证数据链路的稳定性和安全性。数据链路无论是卫星通信还是地面基站传输，抑或车载无线电传输，其实质都是通过微波进行通信。而微波通信必然会存在信号遮蔽、干扰、欺骗等问题，尤其是在山区和战区等特殊环境下。为了确保数据链路的稳定安全，目前主要采用余度配置和信息加密等技术，未来则可能采用安全性更高的量子通信技术。

（3）导航技术。

大型无人机一般采用基于卫星导航和惯性导航相结合的组合导航方式来保证导航的准确性和稳定性。为了进一步保证导航定位的万无一失，物流无人机除了采用组合导航方式以外，还需根据地形环境配置基于地面基站的导航定位，甚至是基于人工智能的地形图像匹配导航。另外，基于安全考虑，物流无人机的导航系统还具备防欺骗以及电子围栏等能力，以使无人机在规定的区域和航段内运行。并且，在导航系统发生故障、导航信号丢失的情况下，无人机应当具备依据路径记录进行路径规划，以实现原路返航或备降到指定机场的能力。

3. 无人机技术应用

（1）无人机在农林植保领域的应用。

传统巡护模式中，多是依靠人工进行巡护。但林区天气变化快、地形复杂、野生动物频出，这些都会给护林员的巡护工作造成困难。另外，传统巡护还存在精度低、紧急情况下信息共享不及时的问题。这些都是传统巡护模式面临的问题。

无人机在农林植保领域的应用显著改变了传统的巡护模式。2023年，伊春森工带岭林业局有限责任公司（简称"带岭林业局"）通过引入大疆机场和智能巡检平台，实现了"人机协同、空地互补"的森林防火数字化巡护模式，使巡护效率提升5倍以上，有效保护了野生动物和森林资源，防止了林业行政案件的发生。

原本一名巡护员巡查3公里、往返6公里需要2小时以上，而使用无人机后，每半小时即可完成一次巡护，显著提高了巡护的效率和频次。工作人员可以通过监测平台实时监测各地的情况，如图2-1所示，在节省人力的同时，提高了巡护的精准度。

图2-1　大疆无人机监测平台

资料来源：https://new.qq.com/rain/a/20240702A06F3000。

　　林区巡护，最重要的是防火工作。在无人机投入使用前，林业局成立公司森林防灭火工作指挥部，共有扑火总兵力 450 人。各林场分公司检查巡护人员 83 人，并设立防火瞭望塔 3 座、防火管护站 14 处、固定岗（防火临时管护站）10 处、重点火险区域101 块。

　　引进大疆机场后，大部分工作转换为 24 小时全天候自动化巡护状态。大疆机场可以实现无人机的自动起降、自动充电，无须人员现场值守飞行。满电续航 40 分钟，能够覆盖半径 7 公里的巡视范围。其具备 IP55 的防护等级，无惧林区多变的气候环境。

　　每个林场分公司的大疆机场平均画设 3 ~ 5 条防火巡护航线，并且会定期更新航线，无人机空中巡逻频率提高到一天 15 次，对深山区、高火险区实行常态巡航和警情一键起飞功能，监测热点、烟点，填补了巡护人员巡护盲区，防火巡护面积近 80%。夏季是雷击火这类自然火的高发期，林场分公司会根据气象预警信息采取行动，利用无人机及时排查落地闪、云击闪等雷击点是否有火点、烟点产生。

　　无人机的主要工作除了防火外就是防汛。当前无人机设置的巡护高度平均为 200米，以低空飞行为主。河流是否涨水、堤坝是否有隐患、道路是否被冲毁，都可以通过无人机观察。如果堤坝、公路有隐患，指挥中心可以第一时间报告并及时处置。且无人机能定期巡护重点山区、水域，对捕猎、捕鱼等行为进行有效打击。

　　在冬季，无人机还可应用于道路安全巡护，针对道路结冰、暴风雪封路等情况，能够提前对车辆出行安全做出保障。

　　若监测到森林火险时，可以通过无人机进行监控和救援。当林区出现烟点，大疆M350 RTK 搭配禅思 H30T 相机模组的空中视角可以快速捕捉到火点的方位。H30T 具备 34 倍光学变焦、最大 400 倍的变焦能力，因此可以在 2 公里之外发现火点，通过变焦来观看实时清晰的火点状况，并且通过激光测距模块，可以直接定位火点的具体位置坐标、海拔高度等信息，实时同步给一线扑灭人员和指挥中心。同时，可以通过H30T 的红外模组快速判断火点的情况，制定最有效的扑灭手段。通过大疆司空 2 平台，无人机飞手、一线扑灭人员和指挥中心实现空地协同，同步获得指令和实时信息，高效地扑灭火点。

　　目前，大疆也在积极进行进一步研发工作，比如研究 AI 烟火点识别、更加精细化的报警和无人机地面端的联动。无人机的投入使用，让森林的安全性大大提高，也让一线护林员的工作强度显著降低。

　　（2）无人机在应急救援领域的应用。

　　随着无人机技术的发展，其在应急救援领域的应用已经变得越来越广泛，它们为救援行动提供了前所未有的视角和灵活性，在应急救援领域发挥了巨大的作用。

　　无人机可以快速到达灾害现场，通过搭载的高清摄像头、红外热成像仪、激光雷达等设备，对灾区进行实时监测和灾情评估。这些设备可以帮助救援人员了解灾区的实际情况，如受灾范围、火势大小、建筑物损坏情况等，从而为救援行动提供决策依据。

在地震、山体滑坡、洪水等自然灾害中，无人机可以通过搭载的生命探测仪、红外热成像仪等设备，对灾区进行人员搜救和定位。无人机可以在复杂的地形和障碍物中快速飞行，凭借空中优势及变焦、广角、夜视、红外等超强感知能力，实现高效搜寻。其中，无人机搭载的红外热成像相机可帮助采集现场热辐射数据，找出肉眼不容易发现、但与环境存在着较大温差的物体，并将相关信息实时传回指挥中心，帮助救援人员快速找到被困人员的位置，提高搜救效率。

在较大规模灾害后的救援行动中，无人机还广泛执行一项不被关注但非常重要的工作：应急测绘。无人机在空中拍摄照片后，通过地面端软件建立现场的二维或者三维环境模型。通过这些模型，可以还原现场状况、地貌，深度了解作业环境，测量关键距离与区域面积，标注现场物品和痕迹，协助开展搜救工作。应急测绘是科学救援的重要保障，可为各级政府部门开展监测预警、风险评估和恢复重建等工作提供及时、准确、可靠的测绘地理信息保障服务。自然资源部也多次强调应急测绘的重要性，在2018年的《自然资源部办公厅关于进一步做好应急测绘保障工作的通知》中指出，应急测绘是为应对自然灾害、事故灾难、公共卫生事件、社会安全事件等突发公共事件提供高现势性、高可靠性、高效率地理信息成果和技术支撑的基础性工作。在2021年的郑州暴雨后，处置地铁积水事件时，救援人员操控能全向避障的大疆经纬M300 RTK无人机钻入隧道飞行数百米，为抢险人员探明道路，给复杂的现场进行了快速3D建模。基于多种类型的无人机系统，我国在2021年还完成了国家应急测绘保障能力建设项目，这是国家航空应急救援体系建设中的重要任务之一。该项目在全国建设了12个航空应急测绘基地，实现起飞后4小时抵达80%的陆地及沿海区域。尤其是中航时固定翼无人机系统，可在900公里外起飞，主要承担大范围的影像快速获取，分别部署在哈尔滨、西安、成都、南宁、武汉、杭州、昆明和西宁8个城市。

无人机还可以用于物资的投送和运输。在灾区交通受阻或地面救援力量难以到达的情况下，无人机可以迅速将急需的物资，如食品、水、急救药品等，投送到灾区，为灾区居民提供及时的救援支持。此外，无人机还可以用于运输血液、器官等急需的医疗物资，为医疗救援提供有力支持。2018年6月，涪江水位暴涨，四川绵阳143名工人被困孤岛，岛上断水断电，缺乏物资，冲锋舟因为水流太急而无法靠近。当地政府协调3台大疆MG-1P植保无人机，1个小时后，将两辆面包车装载的矿泉水、面包、饼干、手电及蚊香等物资送至岛上，解救了被困工人。

在火灾、爆炸等人为灾害中，无人机可以在危险区域内进行空中监测，防止二次灾害的发生。无人机可以实时监测火势的变化和蔓延情况，为救援人员提供准确的信息支持，帮助他们作出正确决策。同时，无人机还可以通过搭载的化学传感器等设备，检测空气中的有害物质浓度，为救援人员提供安全保障。

无人机还可以通过搭载的通信设备，与指挥中心进行实时通信和数据传输。部分大型的系留无人机可以 24 小时悬停在空中，能够在灾区通信设施受损的情况下，作为临时通信基站，为灾区内的通信恢复提供有力支持。同时，除了可以当作通信基站外，无人机也可以提供应急照明，为作业现场提供空中光源，提升夜间救援效率。2020 年建设武汉火神山医院时，就有 6 架照明无人机在现场进行辅助照明，确保 24 小时的不间断施工。

得益于无人机技术的不断发展，其在应急救援领域的用途越来越广泛，无人机这一高科技产品，已经成为救援人员的"趁手工具"。

（二）电动垂直起降航空器

电动垂直起降航空器（eVTOL）是一种电动化且不需要跑道就能垂直起降的飞机。这种航空器的起飞原理是利用电推进技术，通过大功率电机取代传统燃油发动机，提供垂直起降的功能。eVTOL 在安全性、智能性、经济性和环保性上更为优越，能够实现城市低空快速流动和灵活作业，为人员和货物运输提供高效、经济的解决方案，顺应了电气化、绿色化、智能化的发展趋势，是一种面向未来城市空中交通（Urban Air Mobility，UAM）场景、更符合未来城市综合立体交通系统的航空器形态，为超大城市、都市圈及城市群创造了新的通勤方式。得益于电池、电机等电动化技术的持续进步，eVTOL 行业正迎来高速发展阶段。

1. eVTOL 介绍

eVTOL 是电动航空技术、无人驾驶、人工智能、信息通信等相关领域的跨界技术融合，其设计、研发、制造、测试及认证是一个涉及业面广、产业链长、关键技术多的复杂系统工程。eVTOL 定位为面向城市低空和智慧出行的第三种交通运输工具，在人口密集、地表复杂的城市上空飞行运行，而城市空中交通运营场景高度电动化、高度自动化、极高安全性的特征要求，对 eVTOL 的巡航速度、续航里程、座位数/有效载荷重量、安全性等方面提出了极高的技术标准。

eVTOL 是典型的高复杂度、技术密集型产品，是包括总体设计、气动设计、混合动力、复合材料、飞行控制、分布式电推进及航空电子等关键技术的综合集成。eVTOL 技术系统包含能源系统、动力系统、飞控系统、导航系统、通信系统及整机结构等，需考虑气动结构一体化、能源综合管理、集成优化设计、安全可靠性、结构轻量化、适航认证等多重因素，开展多学科分析耦合与优化设计研发，在飞行控制、电池技术、气动布局、自动感知、卫星通信、复合材料、智能软件、算法算力、自动化技术、降噪技术等方面取得突破，以实现总体结构、推进动力、飞行性能、数据传输、智能驾驶、安全冗余等的最佳优化组合。

eVTOL与传统飞机不同，高度复杂、精密的传统航空发动机被绿色、零排放、大大简化的电池系统所取代，同时半导体芯片、ICT、人工智能和传感器技术的发展还促进了其与无人驾驶技术的交叉融合。eVTOL的发展有赖于航空、通信、计算机、材料科学等跨领域的技术突破和融合创新，在总体设计、研发制造过程中需要在功能、安全性、性能、研制和运行成本、研制风险等方面寻求平衡，并寻求尽可能优化的技术方案和实施路径，这也是eVTOL主机制造商最重要的核心技术和技术壁垒。

根据全球现有的开发情况，可将eVTOL分为五类：多旋翼型、复合翼型、倾转构型、倾转涵道风扇+完全矢量控制型、隐藏式推进系统+无翼设计型，其特点、优劣势及代表机型如表2-1所示。

表2-1 五类eVTOL特点、优劣势及代表机型

技术路线	特点	优势	劣势	代表机型
多旋翼型	分布式旋翼设计，多个旋翼同时工作，没有机翼或有短机翼，航空器巡航时也依靠推进器提供全部或部分升力，起飞和着陆通过旋翼提供升力	技术风险和研制难度较低。具有悬停状态的最佳效率	能效不高，航程有限，速度较慢，使用场景有局限性	Volocopter 2X 亿航216
复合翼型	设计直接简单，飞行控制系统简单，有机翼，有独立的螺旋桨分别提供升力和巡航推力	优良的技术性能，较快的研制速度，较低的研制风险和成本，生产和维护简单	垂直升力系统在平飞阶段是死重，并且产生额外阻力	Beta Alia-250 Wisk Cora 峰飞V1500M盛世龙
倾转构型	有机翼，由任一矢量推进器既提供垂直升力也提供水平巡航推力，倾转构型包括但不限于倾转机翼、倾转旋翼、倾转涵道	重量较轻、推力大，效率相对高，死重相对少，在速度和航程上均有优势	机械设计和飞控系统复杂，开发和试飞难度大，研制风险和成本较高，较长的研制周期和适航认证过程	倾转旋翼：Joby4S，Vertical计划JVA-X4 倾转机翼：Dutou-rAerospace Aero3 倾转涵道：Liliumlet

技术路线	特点	优势	劣势	代表机型
倾转涵道风扇＋完全矢量控制型	有机冀，无控制舵面，将涵道风扇倾转机翼融为一体，通过调节电动涡扇的出力，配合机翼整体倾转角度，形成不同的控制力矩。升力、推力、航向和姿态控制均由倾转涵道风扇提供	较好的动力系统可靠性，消除了开放型螺旋桨在安全方面的隐患	存在研制风险，高速旋转部件耐久性差，不易维护，中低速时在重量、成本、效率等方面存在劣势	Liliun Jet、NASA – XV24A
隐藏式推进系统＋无翼设计型	无翼设计，有一个隐藏式推进系统，配备多个涵道风扇，流线型车身	飞行速度和续航能力较好，外形科幻	制造成本高，推进器固定，难以实现推力的平衡	Bellwether Volar

2. eVTOL 应用

eVTOL 下游应用场景广泛，当前以短距离行驶为主。eVTOL 作为城市空中交通的载运工具，能够渗透城市中心，进行点对点的交通运输。eVTOL 应用场景主要有三个关键条件——人口密集的城市地区、100~1000 米的低空领域、点对点。目前，eVTOL 主要聚焦城市客运与货运两个方向，与民用客机相比，eVTOL 主要解决人口密集的城市空间内、城郊及城际点对点的空中运输，在拥挤的城市内、城郊、都市圈进行短程通勤时具有显著的成本效益。目前的 eVTOL 有效载荷较小，还只能短距离行驶，但也能满足少量乘客的城市飞行或是包裹配送。随着全球 eVTOL 量产，其应用场景将大幅拓展，潜在应用场景涉及城市客运（UAM）、区域客运（RAM）、城市物流配送、商务出行、紧急医疗服务、私用航空器等多种场景模式，大致可分为载人客运、载物货运、公共服务、警务安防、国防军事及私人飞行六大类行业场景。

eVTOL 的应用，不仅可以消除交通拥堵的问题，也有望解决偏远岛屿或山区的运输问题，还可服务于空中物流、医疗救助、消防救援、应急管理、旅游观光、公共服务、农业生产、警务治安和军事国防等关键领域。

2024 年 7 月 30 日，国内首条常态化运营的海岛低空公共物流无人机配送航线在唐家港开通，实现了邮政快递从空中直达海岛的历史性突破，标志着粤港澳大湾区海岛低空公共物流航线首飞成功。该航线采用亿航 VT24L 无人驾驶物流航空器（见

图2-2），自唐家港万山陆岛低空运营中心平稳升空，搭载着当日的报刊，航行37公里，25分钟抵达桂山岛，相比于传统货运方式省时80%。同时，该无人机搭载着桂山岛的新鲜海货返航唐家港码头，不到半小时便可"飞"上市民餐桌，让市民能够享受到新鲜海产品。

图2-2　亿航 VT24L 无人驾驶物流航空器

资料来源：https://pub-zhtb.hizh.cn/s/202407/30/AP66a8bb48e4b0da3590b24b5b.html。

目前该航线规划一天5个往返班次，其中2个班次主要用于邮政快递运输，其余班次将用于医疗物资运输、生鲜食品运输等。后续可能根据实际应用需求增加至10个班次。

万山区低空经济运营单位万翼天下（珠海）航空有限公司与中国邮政、珠海市人民医院等单位，就海岛物流运输合作签署战略合作协议，各方将联合构建陆岛物流配送、锚地经济、海上观光、医疗救援等多元化的应用场景。在航线拓展方面，万山区将积极构建陆岛—岛际无人机配送网络，逐步开通至东澳岛、大万山岛、外伶仃岛、担杆岛的无人机物流航线，以此实现货运航线的全海岛覆盖。未来，还将针对各种不同的飞行应用场景需要，匹配不同机型的航空器，以满足多样化需求。

（三）低空监管系统

广播式自动相关监视（Automatic Dependent Surveillance Broadcast，ADS-B）是指无须人工操作或者询问，可以自动从相关机载设备获取参数并向其他飞机或地面站报告飞机的位置、高度、速度、航向、识别号等信息，从而使管制员对飞机状态进行监控的技术。其由信息源、信息传输通道、信息处理与显示三部分组成，是一个集通信与监视于一体的信息系统。ADS-B信息源主要包括飞机的四维位置信息（即经度、纬度、高度、时间）和附加信息（冲突告警、航线拐点等信息）以及飞机的识别信息与类别信息。ADS－B 技术是新航行系统中非常重要的通信和监视技术，把冲突探测、冲突避免、冲突解决、ATC（Air Traffic Control，空中交通管制）监视和 ATC 一致性监视以及机舱综合信息显示有机地结合起来，为新航行系统增强和扩展了非常丰富的功能。

星基 ADS－B 可实现全球高中低空各类空域的全覆盖，是 ADS－B 技术下一阶段的发展方向。星基 ADS－B 系统由低轨道卫星星座、ADS－B 机载设备和地面应用设备共同构成，利用低轨道卫星的全球覆盖优势，搭载 ADS－B 接收器，以实现对全球高空、中空和低空空域的全面监控。星基 ADS－B 载荷具有高灵敏度接收和大数据处理能力，同时能够有效解决同频率上多架飞机发射的信号相互碰撞、干扰的问题。在轨试验数据表明，星基 ADS－B 载荷在繁忙空域内，平均每小时可接收 ADS－B 消息数超过 100 万条；最远探测距离在 2000 公里以上；半径 800 公里的设计覆盖范围内，95% 的位置消息更新间隔低于 8 秒。

5G－A（5G－Advanced），是基于 5G 网络在功能上和覆盖上的演进和增强，是支撑互联网产业 3D 化、通信感知一体化、智能制造柔性化等产业数字化升级的关键信息化技术。5G－A 的运行速率相较于 5G 提升了 10 倍，进一步降低了网络延迟，同时大幅提升了连接密度和连接数，能够支持更多设备同时接入网络，满足大量设备连接的需求。5G－A 实现了通感一体化技术，增强了网络的感知能力，同时引入了内生智能，使网络能够自主优化和适应不同的服务需求。5G－A 将为未来的通信网络带来更高的效率、更好的用户体验及更广泛的应用前景。

通感一体化是低空飞行的技术底座，5G－A 赋予通信网络探测跟踪等感知能力。通感一体化能够解决低空飞行中低空建筑密集、卫星导航信号稳定性差、雷达密集部署经济性差等问题，还能支持多目标探测和跨区域完整航迹的连续跟踪与上报，为低空安防等低空经济领域的各类应用提供技术和网络支持。5G－A 通过在通信网络中集成感知功能，使网络不仅能够进行数据传输，还能够通过分析无线电波的直射、反射、散射等特性，对目标或环境信息等进行测距、测速、测角、检测、识别、环境重构等，实现对低空所有航空器的精细化监测、识别、定位和报送。

三、典型案例——美团第四代无人机

相比传统物流配送方式，无人机在短途运输、跨境飞行、城市配送等场景有明显优势，比如，能突破环境条件限制，有较高的配送效率、较低的人力成本和安全隐患等。尤其是当平面空间所承载的物流运输方式无法满足时，立体空间衍生而来的无人机飞行在城市物流应用场景中逐渐展现出较大潜力。比如，在偏远地区或交通不够便利的山区，受道路条件限制，快递员送货只能步行半天甚至更久。但使用无人机配送，这些阻碍就能迎刃而解，物流配送时间甚至能缩短到十几分钟。

（一）美团无人机技术介绍

2023年7月5日，美团无人机对外发布第四代机型，如图2-3所示，该机型研发历时两年多，是专注于城市低空物流配送场景的全新多旋翼机型。第四代机型搭载了双目立体视觉相机、4D毫米波雷达等14个多模态感知组件，具备六向感知能力，能辅助躲避和绕过障碍。整机集成和防水性能、桨叶材料等也都得到了进一步提升。以关键子系统冗余备份为核心安全理念，在动力、电池、飞行控制、传感器、定位等关键子系统上设有冗余备份，避免单点失效的风险。例如，在磁力计没有校准的情况下，其他冗余的传感器会帮助悬停，不会出现飞入湖中的情况。6个旋翼中，任意1个旋翼发生故障，无人机都能安全飞行。

图2-3　美团无人机第四代机型

资料来源：https://www.meituan.com/news/NN230706019014042。

同时，该机型可在"-20~50℃"的中雨、中雪、6级风、夜晚等环境中稳定飞行，具有极强的环境适应力。航空器支持4G、5G双卡双通和可传输4公里的长距离Wi-Fi通信，信号的干扰不会影响运送轨迹。如果无法飞行，该机型会通过人类干预迫降和AI干预迫降两种形式降落在安全地带，并搭载伞降系统，在高温、低温、太阳辐射等多种环境下都能做到成功开伞，减缓其坠落速度。

目前，美团的无人机城市低空物流解决方案可提供3公里半径内端到端零售物品配送15分钟达的标准服务。该方案已通过中国民航局审定，并获得中国民航局颁发的《特定类无人机试运行批准函》和《通用航空企业经营许可证》。

该方案主要由无人驾驶航空器（无人机）、智能化调度系统及高效率运营体系三部分组成。在硬件技术的支撑及人工智能的加持下，智能化调度系统可以自主对订单航线完成调度，理论上可承担每平方公里上千架无人机的调度工作。

（二）美团无人机应用

目前，美团无人机已经在深圳落地了 7 个商圈，开设了 21 条航线，已累计完成真实订单超过 21 万单，已形成"3 公里、15 分钟"社区即时配送模式。在清华大学深圳国际研究生院内开通了美团无人机首条高校航线的配送服务，起飞点设置在距清华大学深圳国际研究生院 2.6 公里的西丽益田假日里商圈，学生在校内预定已接入无人机配送的商家外卖时，可选择由无人机送到校内指定降落点。配送效率方面，餐品从打包后到送达一般仅需 6 分钟，配送时间误差可精确到秒。

与外卖员的配送效率相比，无人机占据了绝对的优势。美团无人机第四代机型满载情况下可折返的飞行距离是 5 公里，而外卖员的配送半径只有 3 公里。无人机时速最高可达 83 公里，平均配送时间只有 15 分钟，而外卖员的配送时间平均需要 30 分钟。

由于外卖的单数过高，低空物流能够容纳的无人机数量有限，未来大概率会是人工与无人机共同完成对外卖订单的配送，只是无人机更倾向于负责高货值、长距离及高时效性的订单。

综上所述，无人机虽然还没有成为物流配送的主流，但已为末端配送增添了新的活力。相对于人工配送，末端配送无人机具有不受地形限制、直线距离短、调度灵活、速度快、效率高等特点。随着"低空经济"的蓬勃发展，无人机在物流应用场景中将逐渐显现出更大潜力。

第二节　物流节能降碳技术

在国家"双碳"战略的引领下，物流业正步入一场深刻的绿色转型。节能降碳，作为实现碳达峰与碳中和的关键路径，对于建设美丽中国具有重要意义。"节能降碳、绿色发展"这一理念已成为政府倡导、各行各业积极践行、全社会共同参与的我国经济社会发展全面绿色低碳转型的主旋律。物流业作为国民经济发展的战略性、基础性、先导性产业，肩负着实现节能降碳的重要使命。通过技术创新、模式优化及标准体系建设，物流业正积极探索低碳物流的新路径，力求在保障经济高效运行的同时，最大限度地减少对环境的影响，为实现"双碳"目标贡献行业力量。

一、物流节能降碳发展概况

（一）物流业碳排放现状

物流业作为现代商业活动的重要组成部分，其碳排放已成为影响全球气候变化的关键因素之一。相关统计数据显示，物流和运输业产生了全球 1/3 以上的二氧化碳排放量，是许多国家碳排放量最大的行业，其中，道路货运和航空运输是主要的排放源。随着全球贸易和物流网络的不断扩大，物流业的碳排放问题日益凸显。

根据《中国绿色物流发展报告（2023）》，物流业是能源密集型行业，温室气体排放量显著。当前，我国物流业碳排放量占全国碳排放总量的9%左右。据测算，货物运输及配送活动、装卸搬运及仓储活动、辅助物流活动是物流业碳排放的三大来源，其中货物运输及配送碳排放占比在85%左右。

作为物流业的关键领域，快递行业在井喷式发展下也面临着巨大的节能降碳压力。不断激增的快递运输量，带来上扬的碳排放总量，国际环保机构绿色和平发布的《中国快递行业的碳排放》研究发现，从 2017—2022 年，中国快递行业的碳排放量从 1837万吨激增至 5565 万吨，呈现显著增长态势，五年间增长超过 200%，复合年均增长率近 25%，如图 2-4 所示。2023 年我国快递业务量达 1320 亿件，同比增长 19.5%，碳排放量进一步增加，达到 6000 万吨。在快递行业的碳排放中，运输环节是最大的排放源，占比超过 50%，并且在 2022 年的碳排放占比高达 62.7%。特别是公路和航空运输，在干线运输的碳排放总量中占比分别约为 57% 和 42%，是快递行业减排的重点领域。

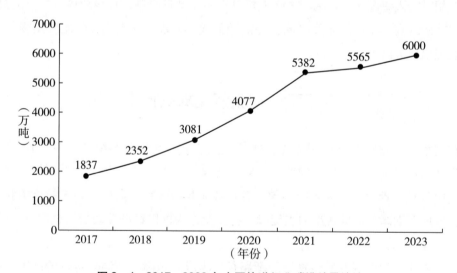

图 2-4　2017—2023 年中国快递行业碳排放量统计
资料来源：https://www.greenpeace.org.cn/2023/06/16/express-industry-emissions/。

在当前的物流环境下，对物流业碳排放产生重要影响的因素有以下四点。

（1）运输方式。不同的运输方式对碳排放有不同的影响。通常来说，船运和铁路运输比公路运输和航空运输产生的碳排放更低。

（2）货物种类。货物种类对碳排放的影响通常体现在其对物流的个性要求上，一些特殊货物如食品、鲜花和药品等在物流过程中涉及冷藏、快速等需求，相应地会增加碳排放。

（3）运输距离。在同种运输方式下，长途运输通常会产生更多的碳排放。

（4）能源类型。运输工具的能源类型对碳排放有重要影响。例如，采用清洁能源汽车和船舶会产生较少的碳排放，而依赖煤炭和石油的运输工具则会产生较多碳排放。

（二）物流业绿色发展政策

2023 年以来，中央和地方发布了一系列绿色物流相关政策，对绿色物流及节能降碳具有重要的引导和规划作用，为政府部门、物流企业、行业组织提供了重要的信息，将促进绿色物流业持续健康发展，推动物流业有序节能降碳。绿色物流及节能降碳相关政策如表 2 - 2 所示。

表 2 - 2　　　　　　　　　　绿色物流及节能降碳相关政策

时间	政策文件名称	关键内容
2023 年 4 月	《关于印发〈碳达峰碳中和标准体系建设指南〉的通知》	明确制定碳达峰碳中和标准体系，该体系覆盖能源工业、交通运输、城乡建设、水利、农业农村、林业草原、金融、公共机构居民生活等重点行业和领域碳达峰碳中和工作
2023 年 8 月	《国家发展改革委等部门关于印发〈绿色低碳先进技术示范工程实施方案〉的通知》	提出工业、建筑、交通 3 个领域关键技术类别；提出减污降碳协同和低碳（近零碳）园区 2 个重点方向
2023 年 10 月	《温室气体自愿减排交易管理办法（试行)》	推进自愿减排交易市场建设工作
2024 年 4 月	《关于开展县域充换电设施补短板试点工作的通知》	加快补齐农村地区公共充换电基础设施短板，进一步释放新能源汽车消费潜力
2024 年 5 月	《国务院关于印发〈2024—2025 年节能降碳行动方案〉的通知》	重点任务包括交通运输节能降碳行动，要求推进低碳交通基础设施建设、推进交通运输装备低碳转型、优化交通运输结构
2024 年 8 月	《国家发展改革委 市场监管总局 生态环境部关于进一步强化碳达峰碳中和标准计量体系建设行动方案（2024—2025 年）的通知》	从标准和计量两个方面对"十四五"后两年碳达峰碳中和标准计量工作作出具体部署

续 表

时间	政策文件名称	关键内容
2024 年 10 月	《国家发展改革委等部门关于印发〈完善碳排放统计核算体系工作方案〉的通知》	着力破解构建碳排放统计核算体系面临的短板制约，提升各层级、各领域、各行业碳排放统计核算能力水平

（三）物流节能降碳发展效益

节能降碳既是应对气候变化的抓手，更是经济发展权和规则主导权博弈的焦点，其正在加速促进产业升级、调整能源结构。绿色低碳正在成为高质量发展的底色。

1. 促进产业升级

物流业的节能降碳措施正成为推动各产业协调发展的关键因素，特别是在海运、公路运输等关键领域，这些措施不仅助力行业实现碳达峰和碳中和的目标，而且还促进了整个产业链的绿色转型。同时，对于高耗能的行业，如发电、石化和化工，节能降碳的实践通过提升能效和转向清洁能源的使用，显著降低了能源消耗和碳排放，在全球经济中树立了可持续发展的典范。

2. 调整能源结构

物流业的能源结构调整是通过提升能效和实施能耗双控策略来实现的，这不仅涉及能耗总量的减少，也包括单位营业收入或单位业务量的能耗强度降低。在当前消费水平下，中国能耗强度每降低 1%，就能减少 1 亿多吨的二氧化碳排放。随着能源安全和经济性的双重考虑，能源结构正趋向于电气化和可再生能源的利用，预计到 2030 年，我国非化石能源消费比重达到 25% 左右，到 2060 年，我国非化石能源消费比重达到 80% 以上。

3. 发展绿色低碳技术

物流业的节能降碳发展正聚焦于绿色低碳技术的创新与应用，这些技术不仅支撑着能源的绿色低碳转型，如新能源的并网消纳和可再生能源的高效利用，还涵盖了交通领域的低碳零碳技术，以及通过数字化技术提高物流效率和减少碳足迹。此外，碳捕集、利用与封存技术的发展，为物流业提供了减少碳排放的有效途径，已在全球多个国家推广。这些措施共同促进了物流业的节能降碳，增强了其在全球市场中的竞争力，并为实现可持续发展目标作出了积极贡献。

4. 完善市场化机制

物流业的节能降碳发展离不开市场化机制的完善。如碳定价，其作为一种市场化手段，通过以碳税的方式对碳排放设定价格，并依托如 CCER（China Certified Emission

Reduction，中国核证自愿减排量）、GS（Gold Standard，黄金标准）等项目建立碳交易市场，使物流企业在经济效益的驱使下减少碳排放。此外，绿证、绿电交易市场的建立与完善使物流行业减少对于化石燃料的依赖，促进可再生能源的利用，降低整个供应链的碳排放。

5. 创新发展模式

发展模式的创新带动着物流业的节能降碳。通过推行循环型生产方式，推广绿色设计和清洁生产在包装、仓储、运输等物流环节中的应用，能够建立资源循环型物流产业体系，实现废弃物的妥善处理，完善废旧物资回收网络，建成社会资源循环利用体系。此外，随着绿色金融概念的不断深入、绿色低碳金融产品和服务的开发、低碳转型基金的设立、金融标准体系的建立健全，为物流业提供了更多的资金来源，从而实现绿色转型。

6. 提升碳汇能力

物流节能降碳鼓励大型企业通过经营管理增加生态碳汇，并将碳汇进行交易，盘活生态系统吸碳、存碳的价值，能够有效巩固生态系统碳汇能力。此外，从行业整体来看，依托现有物流园区，重点开发草原、湿地、红树林、沿海滩涂等项目，积极投资光伏发电、山水林田湖草沙一体化保护和修复等项目，能够有效提升生态系统碳汇增量，助力物流业的碳抵消。

二、物流节能降碳标准计量要求

为加快推进碳达峰碳中和标准计量工作，有效支撑我国碳排放双控和碳定价政策体系建设，国家发展改革委、市场监管总局、生态环境部于2024年8月联合印发《国家发展改革委　市场监管总局　生态环境部关于进一步强化碳达峰碳中和标准计量体系建设行动方案（2024—2025年）的通知》，指出"2024年，发布70项碳核算、碳足迹、碳减排、能效能耗、碳捕集利用与封存等国家标准，基本实现重点行业企业碳排放核算标准全覆盖。2025年，面向企业、项目、产品的三位一体碳排放核算和评价标准体系基本形成，重点行业和产品能耗能效技术指标基本达到国际先进水平"等主要目标。碳数据计量及相关标准如同绿色发展的"度量衡"，确保了碳排放数据的透明度与精确度，有力支撑了物流业满足日益严苛的国际碳排放标准与期待。

（一）物流领域碳排放核算标准不断完善

物流领域碳排放标准的完善是一个多维度、多层次的过程，涉及国家战略、行业标准制定、企业实践等多个方面，世界各国都在积极制定和改进相关标准以应对气候变化、实现可持续发展目标。

1. 全球物流排放理事会：物流排放核算与报告框架（GLEC 框架）

GLEC（Global Logistics Emissions Council，全球物流排放理事会）组成成员有货主企业、货运企业、本土企业、协会等。GLEC 理事会共同开发了 GLEC 框架，这是第一个全球认可的计算和汇报整个物流链碳排放的指南，其覆盖运输链中的所有操作，并覆盖纳入了 IPCC（Intergovernmental Panel on Climate Change，联合国政府间气候变化专门委员会）的所有温室气体和气候污染物，涵盖了所有形式的排放以及燃料和能源的整个生命周期。目前，GLEC 框架已更新至 3.0 版本（以下简称为 GLEC 框架 3.0）。

针对物流链中产生的所有温室气体与气候污染物排放，GLEC 框架 3.0 要求将这些物质以二氧化碳当量（CO_2e）进行量化计算。目前在物流运输过程中还存在以复杂碳氢化合物（如汽油、柴油、航空燃油等）为燃料的运输工具，在这些燃料燃烧的过程中不可避免地会排放因燃料部分燃烧而产生的颗粒物，一般称为黑碳。对于黑碳的排放，GLEC 框架在"物流部门的黑碳方法"中提供了一种单独的计算黑碳排放量的方法。

针对物流链中使用的燃料和能源，GLEC 框架 3.0 要求计算运输链的排放量涵盖整个能源生命周期，将总温室气体排放量划分为与运输作业活动或枢纽运营活动的能源使用相关的排放量，以及提供相关活动能源供应的排放量。运输作业的排放与枢纽运营活动构成了 TTW（Tank-to-Wheel，油箱到车轮）排放，用于运输活动或枢纽作业的能源供应排放量构成了 WTT（Well-to-Tank，油井到油箱）排放。

GLEC 框架的应用与物流排放核算的基础保持一致，确立了指导原则和界限，为复杂的物流排放核算提供了一种简单实用的方法。

2. 国际物流碳核算标准 ISO 14083

ISO 14083：2023（Greenhouse gases—Quantification and reporting of greenhouse gas emissions arising from transport chain operations）中文翻译为："温室气体——核算和汇报来自运输链运营过程中的温室气体排放"标准（以下简称 ISO 14083），是国际标准化组织（International Organization for Standardization，ISO）于 2023 年发布的一项全球物流碳核算标准，涵盖包括客运和货运的运输链，其中，货运部分基于智慧货运中心开发的 GLEC 框架，提供了全球首个通用的物流排放核算方法。该标准于 2019 年首次发布，在 2023 年进行了一次更新，旨在为全球物流企业提供一套统一、科学、可操作的碳核算方法和报告指南，以帮助企业更好地评估和管理其碳排放，从而实现减排目标，以应对气候变化。该标准适用于运输业和物流业，考虑了运输方式的差异性，并将多种数据来源纳入温室气体的计算标准，包括水运、陆运、空运和交通枢纽运营过程中产生的温室气体的排放量。同时，该标准搭建了温室气体排放量的计算框架，包括数据收集、计算方式和汇报指南。

ISO 14083 是专门针对物流业碳核算的标准，它为客运和货运运输链的 GHG（Greenhouse Gas，温室气体）排放量化和报告提供了要求和指导，适用于整个运输链的所有阶段。针对运输链，该标准划分了 TCE（Transport - chain element，运输链要素），以开展端到端的碳排放核算。

3. 国内物流碳核算标准 WB/T 1135—2023

国内物流领域碳核算的标准主要为《物流企业温室气体排放核算与报告要求》。该标准发布于 2023 年，是在国家"双碳计划"政策背景下出台的推荐性物流行业标准，旨在为物流企业温室气体排放量的核算与报告提供方法并作出规范。该标准给出了物流企业温室气体排放量的核算与报告相关的术语、基本原则，规定了核算边界与核算框架、核算步骤、核算方法、数据质量管理、报告内容和格式。

该标准的实施为物流企业进行温室气体排放核算与报告提供了方法论，将有助于积极贯彻落实国家"双碳"目标战略要求，为政府和行业主管部门开展低碳管理提供抓手；推动完善绿色物流和温室气体排放核算标准体系，弥补物流温室气体排放核算标准的缺失；通过量化企业温室气体排放，引导企业采取低碳措施，为科学评估企业碳排放水平提供数据支持；帮助企业提高节能低碳环保管理水平，挖掘碳减排潜力。

（二）物流领域碳排放监测技术日益提升

在应对全球气候变化的挑战中，碳排放监测技术扮演着至关重要的角色。它不仅为企业提供了一个明确的目标设定框架，确保减排行动与全球气候目标保持一致，而且通过数据披露，增强了企业的环境责任和透明度。ESG 披露、CDP 评级、科学碳目标倡议（SBTi）以及 CCER 等技术的应用，使企业能够量化和管理碳足迹，推动其可持续发展，不仅有助于企业履行社会责任，也是实现绿色经济转型的关键。

1. ESG 披露

ESG 披露，即环境（Environment）、社会（Social）和治理（Governance）信息披露，是企业向投资者、消费者和其他利益相关者公开其在这些领域内实践和绩效的过程。2022 年美国证券交易委员会（SEC）筹备出台气候披露规则，提议企业在年度报告中公开自身直接排放和从其购买的能源中产生的碳排放数据，即"范围 1"（直接排放）和"范围 2"（间接电力排放）。当碳排放数据作为公司气候目标的一部分时，需要披露"范围 3"，即企业生产过程中，上下游产品的碳排放信息和数据。这一过程不仅帮助企业提高透明度和可持续性，而且吸引更多的投资和消费，促进企业和整个社会的可持续发展。ESG 披露包括强制披露和自愿披露，目前多数国家或地区的 ESG 披露属于企业自愿范畴，但部分国家或地区已开始将特定 ESG 因素的强制性披露引入当地法律法规。ESG 披露的内涵涉及企业在经营活动中对环境、社会和治理等方面的影响，包括是否遵守环保法规、是否尊重劳工权益、公司治理是否规范等。通过 ESG 披露，企业能够展示其可持续发展战略、管理方式以及对社会、环境的影响，是企业社会责任的重要组成部分。

ESG 披露作为响应生态文明建设和低碳绿色发展的重要途径，一直是国家建设的重要一环。从 20 世纪末至 2016 年，我国的 ESG 披露仍处于萌芽阶段。在这一时期，我国以环境治理为重点，逐步构建了以"环境"为核心的信息披露政策体系，并不断完善相关的环保法规。从 2016 年到 2020 年，我国的 ESG 披露进入了探索阶段。在这一时期，绿色金融成为推动其发展的肥沃土壤，从政策层面到企业层面，自上而下地推动了 ESG 披露的实施。在监管和市场的双向推动下，2020 年至今，我国的 ESG 披露已经步入加速推进期。当前，我国已经制定了一系列 ESG 披露相关政策，与市场监管及其他行业自律性文件形成了良好的双向配合。

由于国情差异，我国在 ESG 披露政策布局方向上，有显著的时代战略特色。在环境方面，我国基于生态文明建设，设置与国际不同的议题，并根据《绿色产业指导目录（2019 年版)》《绿色债券支持项目目录（2021 年版)》等进行评价。在社会方面，我国正处于新发展阶段与可持续发展期，对乡村振兴、共同富裕等社会需求回应方向有更强的指向性与针对性。在公司治理方面，由于我国的企业构成和重点企业的组织形式与国际不同，我国更加偏向于进行宏观调控。我国以国际 ESG 指标中的共性指标为普适性基础框架，基于中国国情与战略布局，形成具有中国特色的 ESG 指标，并逐步搭建具有中国特色的"1+1"ESG 框架。

2. CDP 评级

CDP 评级是由国际非营利组织 CDP（Carbon Disclosure Project，碳信息披露项目，后发展为全球环境信息研究中心）提供的，旨在鼓励和支持企业、城市和政府披露其在气候变化、水资源管理和森林保护方面的信息和数据。CDP 评级结果从高到低划分为 A、A−、B、B−、C、C−、D、D−共 8 个等级，未披露或信息不全为 F 等级。CDP 评级基于企业对环境影响披露和环境管理的表现，其中"A"评分的实体在环境影响披露和环境管理方面的表现处于领先地位。CDP 评分分为四个等级，这些等级代表企业环境管理工作提升的过程，从披露等级到领导力等级，企业需要不断加强环境管理工作的全面性和有效性。CDP 评级不仅帮助企业了解其在环境管理方面的表现，并制定相应的改进措施，而且通过提升 CDP 评级，企业可以提高其环保声誉和市场竞争力。CDP 评级是衡量公司环境可持续性的一个重要指标，为希望将环境、社会和治理（ESG）因素纳入投资决策过程的投资者提供了重要参考。

3. 科学碳目标倡议（SBTi）

SBTi（Science – Based Targets initiative，科学碳目标倡议）是一项全球倡议，由世界自然基金会（WWF）、全球环境信息研究中心（CDP）、世界资源研究所（WRI）和联合国全球契约组织（UNGC）联合发起。SBTi 旨在帮助企业设定与《巴黎协定》中控制全球温升幅度小于 2℃ 的目标相一致的科学碳目标，并致力推动科学碳目标成为商业惯例。SBTi 的核心是为企业设定科学碳目标提供科学指导和资源支持，并独立评估和批准企业设定的目标。

通过 SBTi，企业可以设定与全球气候目标相一致的减排目标，提升企业在低碳经济转型中的竞争力，并为企业设定的温室气体减排目标提供独立评审。

4. CCER

CCER（China Certified Emission Reduction，中国核证自愿减排量）是指对我国境内可再生能源、林业碳汇、甲烷利用等项目的温室气体减排效果进行量化核证，并在国家温室气体自愿减排交易注册登记系统中登记的温室气体减排量。CCER 的本质是一种碳抵消机制，即控排企业向实施"碳抵消"活动的企业购买可用于抵消自身碳排的核证量。CCER 的开发需要遵循国家统一的"温室气体自愿减排项目方法学"，并经过审定、核证等一系列严格程序，最终固化成为碳资产，由国家主管部门备案签发。减排量签发为 CCER 后，就不再体现地区差异性和行业差异性，成为同质的、等价的碳资产。CCER 可以用于控排企业履约抵消使用，在全国碳市场的抵消比例是 5%，与碳配额 1∶1 等量折算。此外，CCER 也可以用于企业和个人的自愿碳中和实施。因此，CCER 在强制履约市场和自愿抵消的碳市场都可以使用，具有重要的经济价值和环境意义。

2002—2012 年，我国主要通过参与 CDM（Clean Development Mechanism，清洁发展机制）进行碳排放交易，我国减排项目的主要收购方为欧盟市场，用于欧盟碳排放交易体系的配额抵消。2013 年后，由于 CDM 的吸引力下降，我国开始搭建 CCER 机制，建立了自己的碳排放权试点市场，并先后在 8 个地区开始试点交易。2017 年 3 月，由于在《温室气体自愿减排交易管理暂行办法》的施行中存在各种问题，国家发展改革委发布公告，暂停了 CCER 项目的备案申请受理，CCER 市场活跃度下降。2024 年 1 月 22 日，CCER 交易市场在京重启，首日即达成超过 37 万吨的 CCER 交易单量。随着中国碳交易市场的逐步成熟与扩容，以及碳价的预期上涨，CCER 的需求量和市场规模都将迎来显著增长，预期将成为全球最大规模碳市场。

（三）案例：物流行业公共碳排计算器

在全球应对气候变化、国家实施"双碳"战略、市场建立产品碳足迹管理体系背景下，中国物流与采购联合会（以下简称"中物联"）牵头发布了物流行业公共碳排计算器。该计算器基于国际、国内公认的碳排放核算标准，特别是中物联绿色物流分会牵头编制并已发布实施的行业标准《物流企业温室气体排放核算与报告要求》（WB/T 1135—2023）和即将立项的行业标准《物流订单温室气体排放的量化和报告》进行底层逻辑搭建和推广认证，帮助物流行业企业快速理解和响应市场需求，提高物流服务市场竞争力，完善中国碳排放理论和沉淀物流行业碳排放因子，推进物流行业绿色低碳和高质量发展，协同并助力中国制造企业出海。该计算器适用于物流组织、物流订单、绿色低碳项目三个层级的温室气体排放计算，致力为货主和物流企业提供碳计算公共服务，在统一国内物流行业碳计算标准、与国际标准互认等方面奠定了坚实基础。中物联碳排计算器界面示意如图 2-5 所示。

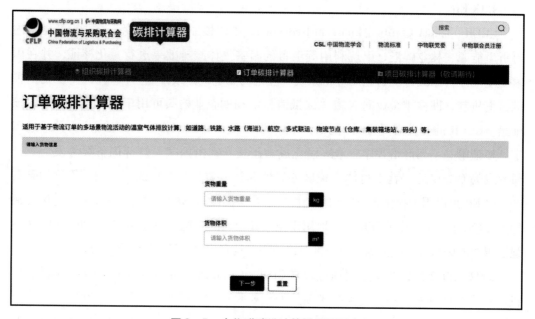

图 2-5　中物联碳排计算器界面示意

资料来源：http://carbon.chinawuliu.com.cn/tjqy/#/orderCarbon/goodsInfo。

三、物流行业节能降碳关键技术

（一）技术创新与应用

随着全球对"双碳"目标的重视和科技的不断进步，物流行业正迎来一系列创新技术，以促进节能降碳和绿色转型。这些技术创新和应用不仅促进了行业的节能降碳，也为实现可持续发展提供了强有力的支持。

1. 推动行业智能化发展

物联网、大数据、人工智能等技术以更高效的数据处理能力、更精准的决策能力和更自动化的执行能力，有效推动了物流行业智能化绿色化发展。例如，利用大数据分析，优化运输路径和货物调度，减少空驶率，从而降低燃料消耗和碳排放；利用物联网技术可以对物流设备与运输车辆进行实时监控，以更有针对性的方式和频率对其进行维护，延长其使用寿命，减少资源浪费；利用人工智能技术能够在仓储环节提高货物储存、分拣、拣选等环节的效率，减少能源的使用。数字科技创新技术的综合运用不仅可以有效地为物流行业实现节能降碳，还可以提高物流行业的运营效率，带来环境和经济的双重效益。

2. 推广清洁能源的应用

在运输途中推广清洁能源的使用，可以有效控制这一环节产生的碳排放量，进而减少物流行业的碳排放量，如鼓励企业投资新能源中重型货车，发展零排放货运车队，替代传统燃油车。推广电动、混合动力或氢燃料车辆，降低车辆碳排放，减少对环境的污染。截至 2023 年，京东物流已在全国 7 个大区、50 多个城市，总计布局使用新能源车约 2 万辆，并大量使用清洁能源充电基础设施，每年可减少约 40 万吨二氧化碳排放。同时，相对于同型号的传统燃油车，新能源车辆的载货空间更大，提高新能源车辆在运输队伍中的使用比例，也有助于提升物流行业的运输效率。此外，通过推广绿色电力在物流行业中的交易比例，在物流领域广泛应用清洁能源，有利于降低整个行业的碳排放。

3. 实现包装减量化绿色化

2023 年年底，国家发展改革委、国家邮政局等八部门联合发布《深入推进快递包装绿色转型行动方案》。2024 年 6 月，两项关于快递包装的国家标准《快递包装重金属与特定物质限量》与《快递循环包装箱》正式实施。这些国家标准与政策正倒逼物流行业进行包装环节的绿色发展。物流行业实现包装减量化绿色化的关键一是在于采用先进的包装技术和材料，减少包装废弃物的产生，如顺丰自研新型快递循环箱"丰多宝"，采用易回收的单一化材料 PP 蜂窝板材与自锁底折叠结构和全箱体魔术贴的黏合模式，减少了胶带、纸板等耗材的使用，实现了包装减量化；二是提高包装的回收利用率，如京东物流每月在超过 100 个城市回收约 90000 个纸箱，显著提高了包装的回收利用率，实现了包装绿色化，降低了对环境的影响。

（二）绿色基础设施设备推广

绿色基础设施设备的推广对物流行业的节能降碳发展具有显著影响。运输与仓储是物流企业碳排放两大活动。绿色仓库、绿色运输工具等绿色基础设施设备的建设与推广不仅有助于实现物流行业的绿色转型，也为全社会的节能降碳目标作出积极贡献。

1. 绿色仓库

仓储是物流基本的环节之一，主要涉及了仓库、分拣设备、升降设备等设施与设备。仓库需要消耗大量能源用于照明、供暖，冷库还需消耗能源制冷。在新建仓库或在改造原有仓库时采用绿色建筑材料，设置高效的保温层，采用 LED 照明方案等措施可以在仓库的施工建设方面有效减少仓库的能耗。同时，采用太阳能板对仓库进行供电，也可以在仓库的能源供给方面减少仓库的碳排放，提高仓库的能效。

2. 绿色运输工具

运输是物流行业的关键环节，在运输上推广绿色运输工具，提高其在运输过程中的使用占比，不仅是一项响应国家政策、满足市场需求、推动可持续发展的重要举措，更有助于提升物流企业的环保形象和市场竞争力。绿色运输工具的推广一方面在于物流企业运输工具的升级，加大对绿色运输工具（如电动车、混合动力车等）的投入力度；另一方面在于货主对于绿色运输所带来的绿色溢价的接受度。目前，多家大型货主表示愿意为绿色物流服务支付 5% ~ 10% 的溢价，并愿意与物流企业签订长期绿色物流协议，用以鼓励物流企业对低碳基础设施设备的投资。

（三）节能减排与绿色运营

运营是确保物流全过程流通顺畅，并保证物流行业服务质量和降本增效的关键。通过在运营方面实施优化运输路线与运输计划、提倡共享经济与拼箱运输、发展多式联运等绿色运营策略，可以使物流企业在保持经济效益的同时，为全行业的节能减排作出贡献。

1. 优化运输路线与运输计划

现代物流业的发展离不开数字化融合与智能化建设。通过使用智能物流系统和优化算法，可以帮助物流公司确定最佳的运输路线和计划，减少运输车辆的行驶里程和行驶时间，从而降低运输中的二氧化碳排放量。以京东物流为例，通过对大数据的深度挖掘和分析，京东物流可以精确地预测各地区的订单数量和运输、配送需求。并根据预测的需求，通过基于蚁群算法的路径规划对运输路线进行优化，减少重复运输，提高运输与配送效率，大幅降低运营成本与运输中的碳排放。

2. 提倡共享经济与拼箱运输

近年来，共享模式与共享经济在物流行业的应用日益广泛，影响也越发深远。共享经济通过平台化、社会化的组织形式，将闲置的资源合理利用，提高资源利用率，降低了物流成本，提高了物流效率和服务质量。例如，"货车帮"平台通过建立由普通车主组成的专业化物流团队，在提高配送效率的同时，也实现了对社会闲置运输资源的有效利用，减少了空运。另外，拼箱运输也是一个有效的绿色低碳物流措施。通过将多个发货人的货物集中运输，减少了单独运输的需求，有效降低了单件货物的运输成本，同时也减少了能源消耗和碳排放。

3. 发展多式联运

发展多式联运是物流行业绿色运营的关键策略，它通过整合多种运输方式，如铁路、水路、公路等，有效利用各种运输工具的优势，减少对某一种运输方式的过度依赖，从而减少能源消耗和碳排放。相较于公路运输和航空运输，铁路和水路运输具有更低的碳排放强度，因此，通过多式联运将更多货物转移到这些低碳运输方式上，可以有效减少物流过程中的碳足迹。同时，根据不同的运输需求合理选择运输方式，也有助于降低物流过程中的碳排放。例如，对于非紧急货物，选择海运或铁路运输代替空运，在降低成本的同时，也可以显著降低运输中的碳足迹。

（四）监测与管理创新

对物流行业碳排放的监测与管理进行创新是行业绿色转型的重要驱动力，它涉及对物流过程中各个环节的碳足迹进行量化、评估和优化。通过物联网、大数据等高新技术赋能，对物流全过程进行数字化管理，建立碳足迹追踪系统，有助于物流企业对碳排放进行掌控，实现行业可持续发展。

1. 数字化管理

物流行业数字化管理主要是通过提高物流过程的透明度、优化资源配置、提升运营效率，从而实现对能源消耗和碳排放的有效监测与管理。利用物联网、大数据分析、人工智能等技术手段，可实时监控物流过程中的能源消耗，精准预测订单需求，并减少运输资源、仓储资源浪费。这有助于物流企业更高效地管理供应链，降低物流成本，并推动物流现代化建设。如菜鸟网络通过其智能物流系统，实现了物流供应链的信息集成化、作业自动化、决策智能化。

2. 碳足迹追踪

2024 年 10 月起，由生态环境部提出并指导制定的国家标准《温室气体 产品碳足迹 量化要求和指南》（GB/T 24067—2024）正式实施。构建碳足迹管理体系，为物流行业提供了一个用于量化碳排放的系统，有利于发掘企业和上下游产业链的节能降碳潜力，助力实现碳达峰碳中和目标，帮助企业应对国际绿色贸易壁垒，提高产品低碳竞争力和贸易竞争优势。京东物流基于自研的碳足迹监测、报告、核查与跟踪（MRV-T）数字化减碳技术，发布了全自研供应链碳管理平台 SCEMP（京碳惠），累计计算了近 600 万张运单，助力合作伙伴减少二氧化碳排放量累计超过 300 吨。

（五）行业协作与公众意识提升

物流行业的节能降碳一方面要依靠政策引导与企业自身的技术升级与转型，另一方面需要依靠企业间合作与公众参与。企业间合作主要体现在绿色供应链合作、共享资源与信息上，而公众参与则是通过各种途径提升公众对于绿色物流的认识与重视程度，建设社会的绿色观念。

1. 绿色供应链合作

绿色供应链合作通过整合供应链上、中、下游的资源与信息，与供应商、客户等合作伙伴针对每个环节进行优化，共同承担节能减排责任，共同分享节能减排带来的益处。通过行业协作，形成合力，推动整个物流行业的绿色化进程。例如，中国外运在 2023 年 4 月发布的《中国外运绿色物流白皮书》显示，多个全球物流行业领军企业都认识到了碳达峰碳中和的承诺和目标所具有的挑战性，并将在技术、投资和市场方面付诸大量努力和创新。通过在能源结构全面绿色转型、提高清洁装备应用比例、健全节能低碳管理机制等方面的创新实践，走出一条具有自身特色的绿色物流转型发展之路。

2. 公共参与

随着公众对环保问题关注的增加，越来越多的消费者倾向于选择提供绿色物流服务的公司。这种市场需求的变化促使物流企业更加注重环保，从而通过宣传教育、开设活动等方式引导公众采取节能降碳措施。例如，顺丰推出的"'箱'伴计划"通过鼓励用户动手对旧纸箱进行创意改造再利用，推进快递物流的绿色化发展。同时，公众也是物流行业节能降碳的源动力之一，公众的参与可以为物流行业节能降碳提供创新思路和解决方案。企业的合作与公众的积极参与，共同打造绿色供应链，推动形成全社会共同参与的绿色低碳物流氛围。

第三节　生成式人工智能和大模型技术

当下，全球经济竞争日益激烈，数字化转型浪潮汹涌澎湃，二者相互交织，使物流与供应链管理处于复杂且多变的环境中，面临着众多挑战与机遇。在此宏观背景下，技术创新的需求达到了前所未有的高度。生成式人工智能和大模型技术凭借其出色的数据分析、精准的模式识别以及智能决策能力，在物流行业的应用实践中展现出巨大潜力。这些技术正在对物流业务流程和运营模式进行重塑，为行业的智能化发展开拓了新的路径。

一、生成式人工智能与大模型技术概述

（一）生成式人工智能与大模型技术概念

生成式人工智能（Artificial Intelligence Generated Content，AIGC）是人工智能的一

个分支，是基于算法、模型、规则生成文本、图片、声音、视频、代码等内容的技术。大语言模型是指通过大规模的文本数据进行训练，能够理解、生成和分析自然语言的深度学习模型。尽管大语言模型和生成式人工智能在技术基础上有许多重合之处，特别是在文本生成方面，但它们在技术广度和目标上存在显著区别。

（1）技术广度：大语言模型主要聚焦于文本数据的处理与生成，而生成式人工智能则跨越了文本、图像、音频等多种模态，具有更广泛的应用领域。

（2）生成的目标与应用场景：大语言模型的生成主要是基于已有语言数据的理解和补全，目标是生成连贯、符合语法和语义的文本内容。生成式人工智能则更侧重于创造性和个性化，生成内容往往具有独创性，应用场景更加多样化。

（3）用户交互与定制化：生成式人工智能通常允许用户对生成过程进行干预和定制，生成结果可以根据用户需求进行调整。而大语言模型通常生成的文本是基于输入背景和模型内在的语言知识，用户的干预能力相对有限。

将生成式人工智能与大语言模型结合，能够针对用户需求，依托事先训练好的多模态基础大模型等，利用用户输入的相关资料，生成具有一定逻辑性和连贯性的内容。与传统人工智能不同，生成式人工智能与大模型不仅能够对输入数据进行处理，更能学习和模拟事物内在规律，自主创造出新的内容，其对比如图 2−6 所示。

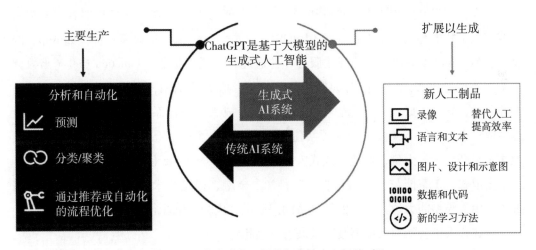

图 2−6　生成式人工智能与传统人工智能对比

资料来源：https：//mp.weixin.qq.com/s/UDXvD8WYw2hYiQHSOqeF1w。

2022 年年末，OpenAI 推出的语言大模型 ChatGPT 标志着这一技术在文本生成领域取得了显著进展，在"大模型＋大数据＋大算力"的加持下，ChatGPT 能够通过自然语言交互完成多种任务，具备了多场景、多用途、跨学科的任务处理能力。以 ChatGPT 为代表的大模型技术可以在经济、法律、社会等众多领域发挥重要作用。2023 年被称为生成式人工智能的突破之年。2023 年 12 月，生成式人工智能入选"2023 年度十大科技名词"。2024 年 4 月，在瑞士举行的第 27 届联合国科技大会上，世界数字技术院发布了《生成式人工智能应用安全测试标准》和《大语言模型安全测试方法》两项国际标准，是由 OpenAI、蚂蚁集团、科大讯飞、谷歌、微软、英伟达、百度、腾讯等数十家单位的多名专家学者共同编制而成的。截至 2024 年 8 月，中国已完成备案并上线的生成式人工智能服务大模型数量已超过 190 个，注册用户数超过 6 亿。

（二）生成式人工智能与大模型技术新发展

近年来，生成式人工智能与大模型技术飞速发展，从架构演进统一到训练方式转变，再到模型高效适配，生成式人工智能与大模型技术引起机器学习范式的一系列重要革新，为通用人工智能发展提供了一种新的手段。由单一模态的语言大模型到语言、视觉、听觉等多模态大模型，生成式人工智能与大模型技术融合多种模态信息，实现多模态感知与统一表示，也将和知识图谱、搜索引擎、博弈对抗、脑认知等技术融合发展，相互促进，朝着更高智能水平和更加通用性方向发展。

与此同时，生成式人工智能与大模型技术生态蓬勃发展，开源服务与开放生态成为主流趋势，国内外生成式人工智能与大模型开放平台、开源模型、框架、工具与公开数据集加速了生成式人工智能与大模型技术演进，框架、工具间软硬件协同优化降低了大模型开发和应用成本，推动生成式人工智能与大模型高效训练与部署。典型的生成式人工智能与大模型平台（如 ChatGPT、文心一言、讯飞星火等）提供如 App、网页版、API 接口等多种形式的开放服务，并通过开放插件机制、Function Call（函数调用）等实现生成式人工智能与大模型外部工具、服务的调用，加速应用生态的发展。与此同时，开源生成式人工智能与大模型也已经成为生态体系中的关键组成部分。通过生成式人工智能与大模型的开源共建，凝聚了来自企业、高校、科研院所等众多领域高水平开发者的力量，加速生成式人工智能与大模型的科研创新和产品迭代。

生成式人工智能与大模型与教育、科学、金融、传媒艺术等专用领域的结合，拓展了通用大模型能力边界，与实体经济的深度融合成为其赋能行业应用的关键。

生成式人工智能与大模型技术发展有五大趋势。

第一是多模态、跨模态、多尺度，不仅包含文字、声音、图像、视频，也包含成像激光雷达、结构传感器，还包括生物的 DNA、蛋白质、细胞，实现多尺度、跨模态的智能感知、决策和生成。

第二是走向边缘，现在的生成式人工智能与大模型更多的是部署在云端的基础大模型，未来将部署到 PC、电视、手机、车等各种边缘设备端上，实现高效率、低功耗、低成本、低时延的处理和响应，从而实现边缘智能。

第三是智能体，将生成式人工智能与大模型作为一种工具，开发能够自主规划任务、编写代码、调动工具、优化路径的智能体，实现高度的自我迭代、升级和优化，实现自主智能。

第四是物理智能，生成式人工智能与大模型正在被用到无人车、机器人、无人机、工厂、交通、通信、电网、电站和其他物理基础设施，提升其自动化和智能化水平，从而实现具身智能。

第五是生物智能，将生成式人工智能与大模型应用到生物体里，实现大模型与生物体联结的生物智能，并最终实现信息智能、物理智能和生物智能的融合。

（三）生成式人工智能与大模型技术风险与挑战

尽管以 ChatGPT 为代表的大模型技术取得关键性突破，但当前大模型技术仍存在诸多风险与挑战。

第一，大模型的可靠性无法得到有效保障。例如，基于海量数据训练的语言大模型，尽管其生成的内容符合语言规则、通顺流畅且与人类偏好对齐，但其合成内容在事实性、时效性等方面仍存在较多问题，尚无法对所合成内容作出可靠评估。

第二，大模型的可解释性存在不足。大模型基于深度神经网络，为黑盒模型，其工作机理仍难以理解。语言大模型的涌现能力、规模定律，多模态大模型的知识表示、逻辑推理能力、泛化能力、情景学习能力等方面有待展开深入研究，为大模型的大规模实际应用提供理论保障。

第三，大模型应用部署代价高。大模型的参数规模和数据规模都非常巨大，存在训练和推理计算量大、功耗高、应用成本高、端侧推理存在延迟等问题，从而限制了其落地应用。提高推理速度、降低大模型使用成本是大规模应用的关键。

第四，大模型在小数据情景下的迁移能力存在不足。大模型基于数据驱动深度学习方式，依赖训练数据所覆盖的场景。由于复杂场景数据不足，大模型存在特定场景适用性不足的问题，面临鲁棒性和泛化性等挑战。提升大模型对小数据的高效适配迁移能力是未来研究的重点。

第五，大模型还存在伴生技术风险问题。例如，语言大模型具有通用的自然语言理解和生成能力，其与语音合成、图像视频生成等技术结合，可以产生人类难以辨别的音视频等逼真的多媒体内容，可能会被滥用于制造虚假信息、恶意引导行为、诱发舆论攻击，甚至危害国家安全。

第六，大模型存在安全与隐私问题，目前针对大模型安全漏洞的典型攻击方式包括数据投毒攻击、对抗样本攻击、模型窃取攻击、后门攻击、指令攻击。大模型的安全漏洞都可能被攻击者利用，使大模型关联业务面临整体失效的风险，威胁以其为基础构建的应用生态。大模型利用海量的互联网数据进行训练，包括个人、企业甚至国家的敏感数据都可能被编码进大模型参数中，因而存在数据隐私问题。例如，通过提示信息可能诱发大模型隐私数据泄露问题。

二、生成式人工智能与大模型在物流与供应链的应用

以生成式人工智能与大模型引领的新一轮技术变革为产业发展带来全新机遇。物流业因其环节众多、需求多样性、数据量巨大、系统规模庞大、场景丰富等特征，是生成式人工智能与大模型技术落地应用的一大极具潜力的重要领域。

（一）精准预测

生成式人工智能和大模型在需求预测中的应用，正推动着供应链管理向更高级别的智能化和自动化迈进。这些技术通过深度挖掘历史销售数据、消费者行为、市场趋势、社交媒体动态以及宏观经济指标，能够揭示出影响产品需求的微妙模式和趋势。不仅能够提供基于数据驱动的需求预测，还能够模拟不同的市场情景，帮助企业进行情景规划和风险评估。

在实时性方面，生成式人工智能和大模型能够快速响应市场变化，如突发事件、促销活动或价格变动，实时调整预测模型，确保企业能够迅速适应这些变化。此外，它们在异常检测方面的能力也极为重要，能够及时识别出可能影响供应链的异常情况，如供应链中断或市场冲击，从而提前采取应对措施。

个性化需求预测是生成式人工智能和大模型的另一个重要应用，能够根据每个客户的具体行为和偏好，提供定制化的需求预测，对于企业的库存管理和个性化营销策略至关重要。同时，这些技术还能够促进供应链各环节之间的协同，通过共享数据和预测结果，实现更高效的资源配置和决策制定。

（二）库存管理

生成式人工智能与大模型技术在库存优化中的作用日益凸显，通过实时监控销售数据和库存水平，分析和处理海量数据，从而提供更为精准的需求预测和库存管理方案，实现自动调整库存量，以避免过剩库存带来的成本增加或缺货情况的发生。例如，通过分析历史销售数据和市场趋势，大模型可以预测特定产品的未来需求量，帮助企业优化库存水平，减少库存积压与报废、贬值的风险，同时提高库存周转率和资金使用效率。

在库存管理模块中，生成式人工智能与大模型技术对于有效期、临保期、安全库存、经济订货批量等方面的管理能做到及时、迅速、准确地预警和建议，并且为调拨、补货决策提供具体的建议和方案，监控决策的实施过程。此外，还能够辅助进行资源

调配，实时提供作业数据及预警，在具体作业上，如拣选路径规划、订单波次策略选择等方面提供支持。

（三）智能采购

在智能采购方面，生成式人工智能与大模型也有着广泛的应用。

一是供应商管理。通过深度学习和模式识别技术，能够对供应商的历史数据、市场表现、财务状况等多维度信息进行分析，构建精准的供应商画像，从而识别供应商的关键特征和潜在风险。在供应商筛选环节，生成式人工智能和大模型可以根据企业的需求，对大量供应商进行智能评估和筛选，快速找到最合适的合作伙伴。此外，大模型技术还能够对供应商的绩效进行实时监控，动态评估其运营指标，及时发现异常并预警，快速分析事件原因，制定应急预案，并采取有效措施进行处置，缩短响应时间，降低事件损失，从而提高供应链的响应速度和稳定性。

二是采购决策。生成式人工智能与大模型技术在采购决策中的应用，正推动着企业采购从传统的后勤职能向战略性业务部门的转变。通过分析大量结构化和非结构化数据，评估供应商的能力、绩效表现和相关风险，模拟复杂的谈判场景并预测结果，使谈判者能够评估和确定最有效的策略，协助企业在采购过程中作出更明智的决策。例如，京东利用大模型技术创新，推动企业采购经营决策及采购行业数智化升级，通过智能预测、智能选品、智能定价等策略中心，实现客户需求的匹配与识别，强化供应链的协同。

（四）路由设计

在物流领域，车辆路径问题一直是颇受关注的研究课题之一。电商快递、即时配送等业务的发展大大提高了车辆路径问题的规模和复杂度，传统优化方法的局限性日益显现。与传统方法相比，生成式人工智能与大模型技术具有学习能力强、实时优化和处理不确定性等优势，正在重塑物流行业的运作方式。

在物流网络设计方面，生成式人工智能与大模型能够模拟不同的物流需求和运输模式，帮助企业确定最佳的仓库位置、运输路线和资源分配。这种模拟能力使企业能够在实际投入之前，评估各种网络设计方案的效果，从而作出更加精准的战略决策。

对于"最后一公里"配送，生成式人工智能与大模型技术的应用可以实现动态路径规划和实时调度。这意味着，物流系统能够根据实时交通状况、客户位置和配送资源，自动调整配送路线，避免拥堵区域，确保包裹能够以最快的速度送达。此外，这些技术还考虑到客户的个性化需求，如特定时间段的配送偏好，从而提供更加灵活和个性化的服务。

在实际应用中，生成式人工智能和大模型还可以辅助处理复杂的物流约束条件，如送货时间窗口、车辆容量限制和配送顺序要求。通过智能算法，物流系统能够在满足这些约束的同时，找到成本效益最高的配送方案。这种优化不仅提高了配送效率，还提升了客户满意度和企业的市场竞争力。

三、生成式人工智能与大模型应用实践

（一）TBL 华清科盛 AI 大模型在精益物流中的创新应用

1. 案例背景

华北区某大型汽车整车制造工厂生产规模庞大，厂房区域面积超过 6 万平方米，累计生产车型多达数十款。为了满足生产需求，工厂在物流运营方面投入的人员、车辆、器具及各类设施设备等资源数量众多。然而，对于这样一家大型企业而言，物流运营管理的挑战层出不穷。传统的精益改善方式已难以满足其日益增长的需求。集团储备的精益改善专家极度稀缺且分散，难以快速满足当地工厂的精益化物流运营改善需求。工厂占地面积较大，使得一次人工现场诊断耗时较长。现场存在的物流运营管理痛点往往难以快速匹配到合适的解决方案。随着新车型的不断推出，物流运营现场的资源配置变化迅速，对现场诊断及改善的持续性需求也日益增长。从现场诊断到方案探索，再到项目立项，整个过程不仅耗时长久，而且需要大量的人力资源投入。在这样的背景下，工厂亟须寻找一种更为高效、系统的物流运营管理方法，以应对当前的挑战。

2. 应用介绍

TBL 华清科盛的 AI 大模型可视化仿真模拟分析平台为工厂提供了解决方案。

首先解决了专家资源不足的问题。如图 2-7 所示，通过 AI 大模型的自主诊断分析，普通管理人员也能轻松完成运营问题的诊断及分析，有效缓解了专家资源的紧张状况。此外，利用可视化仿真模拟技术，工厂能够快速全面地完成现场各类资源的诊断，相比传统人工诊断，节省了至少 60% 以上的诊断分析时间。此外，AI 大模型的智能推荐功能，不仅能够诊断出潜在的可改善点，还能推荐相应的解决方案，大大缩短了方案探索的时间。如果管理人员对 AI 大模型推荐的改善点、方案等存在疑问，还可以通过文字语言直接与 AI 专家进行对话沟通。AI 大模型会根据行业专业知识库的储备，给出相应的行业性解释和回答。据工厂统计，单个可改善点的方案探索时间至少缩短了 2~4 周，显著提高了改善推进的效率。

随着运营现场资源投入的快速变化，工厂需要一个能够持续适应变化并提供精益改善需求的平台。如图 2-8 所示，AI 大模型通过简单的资源行为数据调整，可多次进

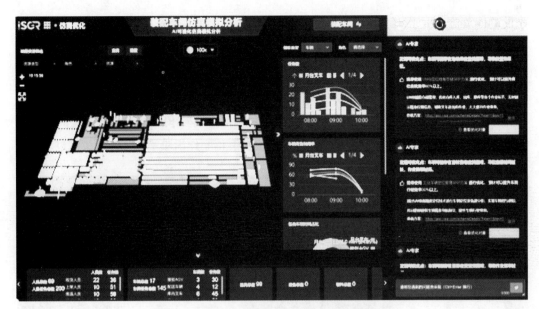

图2-7　TBL华清科盛AI大模型专家优化示意

行诊断分析，轻松满足不同运营时期的精益改善需求。这种灵活性和适应性，为工厂提供了一个持续改进的有力工具。

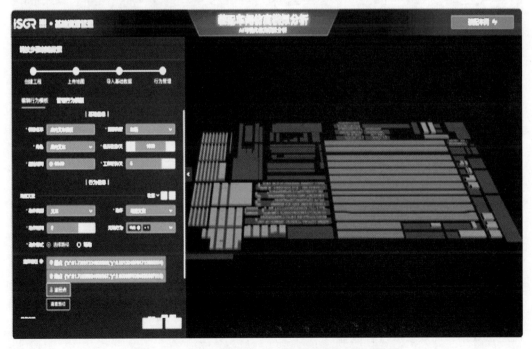

图2-8　TBL华清科盛AI大模型基础资源管理示意

此外，在投资立项过程中，TBL华清科盛的AI大模型可视化仿真模拟分析平台为客户带来了极大的帮助。在过往客户的决策过程中，经常会难以评估改善项目可能带来的具体效益。由于缺乏对效益和预期回报的清晰了解，客户往往犹豫不决，导致立项的时间周期很长。而该平台能够有效解决这一问题。它通过详细模拟和数据分析，在改善项目的效益、预期回报以及改善前后的各项指标的变化方面，给予客户非常清晰的反馈结果。例如，能够准确地展示出采用某一个改善方案后，车辆的有效利用率将提升多少，人员单位时间完成的任务数量将增长多少等，如图2-9所示。这些量化的数据让客户能够直观地看到改善项目的潜在收益，从而更有信心作出决策，加速了决策过程。

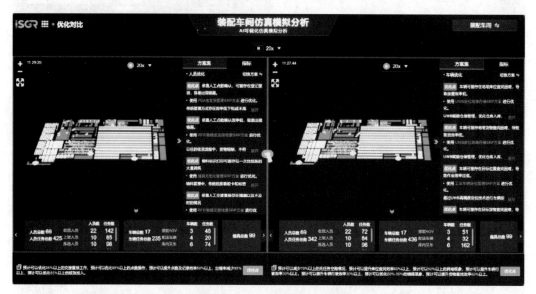

图2-9　TBL华清科盛AI大模型仿真模拟优化对比示意

另外，当客户在面对多种改善方向和改善方案时，也会产生决策困难的情况。该平台为客户提供了对比分析的功能，客户可以通过对比不同方案中各个资源的各项改善指标，如人员优化指标、车辆优化指标等，优先找到符合自身要求的最佳改善点和投资点，进而快速对改善方向和改善方案作出决策。通过平台的持续应用，工厂在改善项目上的立项决策周期相比原来缩短了50%以上的时间。

3. 应用效果及前景

TBL华清科盛的AI大模型可视化仿真模拟分析平台为这家汽车整车制造工厂带来了显著的效益提升，解决了传统的物流精益改善方式面临的诸多问题。它的成功应用为同类型的大型企业提供了一个范例，展示了如何利用AI大模型这类技术手段提升物流运营效率，高效获取改善收益。

未来，随着AI大模型能力的持续覆盖，整个行业将会更轻松地获取精益改善的能力，帮助企业在存量运营期挖掘更多的改善机会，同时也为物流技术服务商带来更多的项目需求，推动行业不断创新和升级。此外，企业也不再是凭经验或模糊预估来进行项目决策，高效、精准、量化的投资分析将会成为主流，不断加速项目决策周期。由此带来的需求端和供给端的变革，预估将帮助整个行业在精益改善项目立项前期带来30%～50%的综合成本节约，而这其中既包含了企业自我诊断、咨询和决策的各项成本投入，也包含了服务商在营销、培训、差旅和人力等方面的巨大成本支出。因此，AI大模型技术在精益物流运营改善中的创新应用将对行业带来全方位变革，对行业的发展具有重大而深远的意义。

（二）顺丰科技 AIGC 助力智慧物流

随着互联网飞速发展，物流服务已成为人们生活中必不可少的部分，在寻找市场增量的同时，物流企业也在技术上降本增效——将生成式人工智能与大模型运用于具体场景，进一步推动物流与供应链行业数字化进程。顺丰科技将生成式人工智能与大模型技术与物流领域积累的专业知识和行业理解深度结合，推出小哥服务中心、小丰智答、关务智能通、AIGC设计平台等应用，为物流、关务、营销、企业管理等多元场景提供智慧化服务。

1. 小哥服务中心：小哥的智能师父

小哥服务中心基于私有化大模型，集成人工智能代理（AI Agent）能力，可以驱动API调用以及知识库检索，同时支持小哥语音直接提问，能够理解各类业务问题，找到精确的答案和数据，为小哥生成简单易懂的答案，并能实现连续对话。小哥服务中心就像是"智能师父"，可实时对话，随问随答。实际业务中，回答特定问题时常需要明确关键信息，如始发地、目的地、托寄物是什么等，生成式人工智能与大模型也能准确提取问题中的对应信息，填充到API对应参数中，自动完成API调用。不同于C端场景，由于问答涉及收寄标准、运费标准、收派操作等，系统信息理解与整合的准确性尤为重要。基于线上数据统计，小哥服务中心的答案精确率已达95%。在内容方面，小哥服务中心覆盖维度丰富全面，上到收派规则、劳动者权益，下至孩子作业、闲聊家常，都能提供关怀式交互。小哥服务中心已为顺丰数十万小哥提供服务，小哥满意度达96.2%。

2. 小丰智答：可定制的 AI 智能助理

在企业运营中，信息的流通与整合是关键环节。对内，员工在执行工作任务时，常常需要从企业的知识库中筛选并提取相关专业信息作为决策参考；对外，企业在面对客户提出的多样化且频繁的问题时，通常需要分配客服人员来应对。小丰智答平台所开发的数字助理，能够根据用户上传的数据，成为特定领域的专家或多岗位的全能助手。对于员工，该助理扮演着个人助理的角色，能够调用相关岗位的知识库，有效解决工作中的难题，从而提升工作效率。对于企业，它充当智能客服的角色，可以嵌入企业网站，支持软件即服务（SaaS）的快速应用和私有化部署，同时允许企业内部进行二次开发，以便为各类访客提供及时且准确的答案，降低运营成本，同时增强客户体验。据了解，自小丰智答平台上线以来，已有超过 1000 家企业采用其服务。未来，该平台计划推出多模态交互功能，使用户能够通过图像、语音等多种方式与智能助理进行互动。

3. 关务智能通：关务"国际通"

随着业务的全球性扩展，物流行业所面临的挑战也在不断增加。不同国家和地区的海关政策存在差异，并且频繁变动，某些规定甚至可能在短短 3 天内就有所更新。语言的多样性及表述上的差异，使物品的寄递与相应的寄递标准之间的对应关系难以完全列举。物流从业人员往往需要咨询海关事务专家，以获取报关文件的编写和翻译等方面的协助，导致了时间、流程和人力成本的居高不下。

借助于先进的生成式人工智能与大模型技术，关务智能通系统能够持续地从各国海关的官方网站上抓取、整理和解读最新的海关规则和寄递标准，并且自动进行翻译、分析和提炼。迄今为止，该系统自动处理的政策文件数量已超过 5000 份。特别地，对于每一项国际寄递咨询，关务智能通提供的不是僵化的规定，而是简明易懂的结论，明确指出物品是"可寄""不可寄"或"有条件收寄"。若物品可以寄递，系统还会整理出该国各种运输工具的寄递条件。此外，关务智能通还能够自动对物品进行分类，并将其映射到相应的海关商品编码上。据悉，自顺丰推出关务智能通以来，其对英文描述的物品类别的理解准确率已经达到了 90%，此类查询的运单转化率提高了 126%。关务智能通为全球贸易参与者提供了一个一站式的服务平台，用户可以轻松提问并获得全面的国际寄递规则信息，从而降低了因不熟悉规则而操作失误的风险。在报关过程中，确保货物能够顺畅、安全、准确地送达目的地。目前，关务智能通的日访问量已达到 211 万次。

4. AIGC 设计平台：灵动前卫的创意顾问

在物流营销领域，视觉呈现的吸引力同样至关重要，同时必须精准把握目标受众的需求和行业特性。在实践中，物流行业的从业人员若缺乏设计专长而希望运用 AIGC 绘图工具时，常遇到的问题是现有绘画平台对物流行业的术语和需求缺乏理解，难以识别哪些元素最适合特定的物流营销场景，严重影响了创作效率。

顺丰推出的 AIGC 设计平台，内置了丰富的物流元素素材库，能够精确地将物流场景与创意设计相融合。该平台使 AI 绘画技术变得易于上手，为企业提供设计灵感，并能高效地产出适合各种营销场景的高质量创意素材。该 AIGC 设计平台目前上线的功能模块不仅包括了传统的文生图、图生图和海报设计等，还特别推出了生成相似图的功能，若用户对平台素材库中已有的图片较为满意，希望得到多种类似图片，即可使用此功能。

（三）货拉拉 AIGC 在货运业务的实践

1. 货拉拉发展概况

自 2013 年成立以来，货拉拉不断拓展业务范围，从同城货运起步，逐步发展到企业版物流、跨城物流、搬家、零担业务，以及跑腿、冷链、汽车租售及车后市场服务业务。截至 2024 年 6 月，货拉拉已拥有 100 万名月活司机和 1350 万个月活用户，业务覆盖国内 363 个城市，形成了 8 大业务线的全面布局。随着人工智能技术的飞速发展，生成式人工智能与大模型已成为推动各行各业创新的重要力量。货拉拉积极探索 AIGC 技术在货运业务中的应用，以期提升业务效率和服务质量，通过 AIGC 技术，实现了车货精准匹配、人车货路数字化和车联网等创新应用，有效提升了物流服务的智能化水平。

2. 货运无忧大模型

货运无忧大模型是货拉拉的货运业务人工智能应用核心，通过深度学习和自然语言处理技术，为货运行业提供了一个全面的解决方案。该模型的构建和应用，不仅提升了货拉拉在货运领域的服务质量，也为整个物流行业树立了一个智能化的标杆。大模型的构建主要基于以下关键步骤。

（1）数据收集：大模型的训练始于大量的数据收集，知识范围包括物流及货运领域，数据来源包括权威资料、知名媒体等。

（2）数据构造：考虑深度、广度和真实性，从权威资料专家构建、模板问题多源大模型答案重构、产品试用用户反馈三个方面，训练了超过 500GB 文本量，构建了超过 20 万个高质量的问答对。

（3）模型训练：模型训练包括增量预训练、有监督微调和人类反馈强化学习。在预训练阶段，大模型通过海量文本数据进行学习，以掌握货运领域的专业知识和语境。在预训练的基础上，通过有监督微调对大模型进行优化，以适应特定的业务需求和场景。最后，大模型通过人类反馈强化学习，不断对齐优化其输出结果，以更好地满足用户的实际需求。

（4）效果评测：从评测系统构建、评测流程标准化和评测量化框架搭建三个维度对大模型构建效果进行评测，保证大模型运行质量。

在检索问答时，由于大模型结合了信息检索技术，使大模型可以利用最新的、特定或私有的数据，生成更加准确的答案。

货运无忧大模型方案示意如图 2-10 所示。

3. AIGC 应用场景实践

（1）车货匹配。

货运无忧大模型作为司机与用户的智能副驾驶，通过先进的算法为用户下单、司

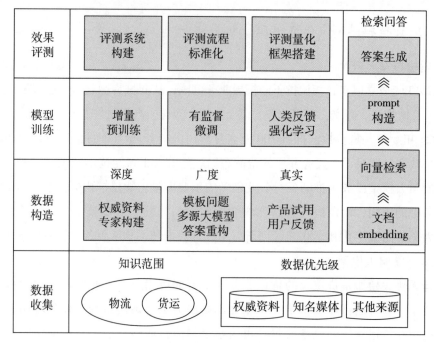

图2-10 货运无忧大模型方案示意

机接单提供专业建议，在提升用户和司机体验的同时，智能化解决了"车货匹配难"的问题。在用户下单时，智能下单助手会调用手机 AR 功能和视觉大模型，精准测量货物的长宽高和体积并推荐合适的车型，让用户通过对话交互的方式实现下单。此外，该模型能够利用多模态 AI 助手，实时识别违禁品和货厢载人等风险行为，有效规避了因违规运输而引发的安全事件和法律风险，提升了整个货运流程的安全性和合规性。

（2）AI + 邀约/客服。

货运无忧大模型通过智能机器人的介入，自动化地解答常见咨询，有效减轻客服团队的工作量并提升整体服务效率。此外，模型通过智能话术生成功能，依据丰富的客户咨询历史数据，构建标准化且具个性化的话术模板，以提升客服人员响应客户咨询的效率和准确性。同时，模型实施对客服对话的实时监控和质量分析，及时识别并纠正服务过程中的不足，确保服务品质，从而显著提高客户满意度。

（3）AI + 数据分析。

货运无忧大模型在数据分析与决策支持方面展现了显著的效能，其智能 SQL 生成功能能够依据具体的业务需求自动构建 SQL 查询语句，极大提升了数据分析师获取所需数据的速度和数据处理的效率。此外，模型整合了商业智能工具，对货运数据进行深度分析，并通过可视化报告和洞察，为管理层提供决策支持，助力其制定更加明智的决策。同时，模型利用历史数据与实时信息的结合分析，为公司提供路线优化等决策建议，确保企业在激烈的市场竞争中保持竞争优势。

第四节　物流与数字化工厂

2022 年 1 月，国务院发布《国务院关于印发"十四五"数字经济发展规划的通知》，强调数字经济是以数据资源为关键要素，以现代信息网络为主要载体，以信息通信技术融合应用、全要素数字化转型为重要推动力，促进公平与效率更加统一的新经济形态。

2022 年 12 月，国务院办公厅发布《国务院办公厅关于印发"十四五"现代物流发展规划的通知》，全文 19 次提及数字化，体现出数字化转型在物流高质量发展及提升企业核心竞争力中的重要作用。

2024 年 7 月，党的二十届三中全会首提"数智"一词，在《中共中央关于进一步全面深化改革推进中国式现代化的决定》中，提到支持企业用数智技术、绿色技术改造提升传统产业。还提到加快构建促进数字经济发展体制机制，完善促进数字产业化和产业数字化政策体系。

从上述国家层面政策文件可以看出，实体经济与数字经济融合，是企业转型升级的重要手段，是新质生产力的重要来源，数字化工厂（DF，Digital factory）是这一融合的重要体现。

一、数字化工厂主要环节与技术

从概念定义的角度来看，数字化工厂是以产品全生命周期的相关数据为基础，在计算机虚拟环境中，对整个生产过程进行仿真、评估和优化，并进一步扩展到整个产品生命周期的新型生产组织方式。它是现代数字制造技术与计算机仿真技术相结合的产物，同时具有二者鲜明的特征。它的出现给基础制造业注入了新的活力，主要作为沟通产品设计和产品制造之间的桥梁。德国工程师协会定义数字化工厂是由数字化模型、方法和工具构成的综合网络，包含仿真和 3D 虚拟现实可视化，通过连续的没有中断的数据管理集成在一起。

从发展起源的角度来看，数字化工厂最早可以追溯至 1969 年。当时互联网的诞生带来了重大变革。以西门子、ABB 集团（ASEA and BBC Brown Boveri，阿西亚公司与布朗勃法瑞公司）和施耐德为代表的世界知名企业将自动化 PLC（Programmable Logic Controller，可编程逻辑控制器）与计算机结合使用，互联网的作用逐渐显现。从 1969 年起，大部分劳动力逐渐被机器取代，机器甚至承担了一部分人类的脑力工作，这也标志着数字化工厂的初步形成。

从市场环境的角度来看，当前工业发展进入 4.0 时代，是利用信息化技术促进产业变革的时代，也就是智能化时代。在这样的发展环境下，市场竞争越发激烈，制造企业正面临着巨大的时间、成本、质量等压力。在设计部门，CAD & PDM（Computer Aided Design & Product Data Management，计算机辅助设计与产品数据管理）系统的应用获得了成功。同样，在生产部门，ERP（Enterprise Resource Planning，企业资源计划）等相关信息系统也获得了巨大的成功，但在解决产品全生命周期监控与模拟这一关键环节上，大部分国内企业还没有实现有效的计算机辅助管理机制，数字化工厂技术则是企业迎接 21 世纪挑战的有效手段。

从与传统工厂比较的角度来看，数字化工厂具有以下显著特点。

（1）高效协同：传统工厂协作性较低，因为生产人员在沟通工作时多数是面对面传递信息。数字化工厂通过信息共享和协同工作，可实现生产过程的无缝衔接，提高生产效率。

（2）灵活可变：传统工厂在排完一个周期的生产计划后往往需要较长时间进行调整。数字化工厂能够快速响应市场需求变化，实现多品种、小批量的柔性生产。

（3）可视可控：传统工厂在整个运作的过程中，需要用到大量的纸制材料，以便对相关信息进行收集、验算，而纸质材料易出现丢失的情况，影响工厂运作。数字化工厂利用先进的传感器和监控技术，可实现对生产过程的实时监控和精准控制。

工业 4.0 旨在通过物联网、大数据、云计算等新一代信息技术，实现制造业的智能化、网络化、服务化。而数字化工厂正是工业 4.0 的核心内容之一，是推动制造业转型升级的关键力量。目前，数字化转型已成为传统工业制造企业的趋势之一。以工业互联网为核心的智能工厂数字化解决方案，将为行业的数字化转型贡献力量，助力各行各业迈向数字化未来。

主流市场观点认为，数字化工厂主要涉及产品设计、生产规划与生产执行三大环节，数字化建模、虚拟仿真、虚拟现实/加强现实（VR/AR）等技术包含在其中。

（一）产品设计环节——三维建模是基础

三维模型是物体的多边形表示，通常用计算机或者其他视频设备进行显示。显示的物体可以是现实世界的实体，也可以是虚构的物体。任何物理自然界存在的东西都可以用三维模型表示。物体的建模方法大体上有三种：第一种方式是利用三维软件建模；第二种方式是通过仪器设备测量建模；第三种方式是利用图像或者视频来建模。

在数字化工厂建立与发展中，MBD（Model Based Definition，基于模型的定义）成为新一代产品定义方法，它是一种全三维的基于特征的表述方法，同时还融入知识工程、过程模拟和产品标准规范等，是更为强大和易于工程师理解的定义方式，三维建模是实现基于 MBD 设计与制造的基础。

基于 MBD 技术，数字化工厂各种要素模型按功能分类可划分为产品设计、工厂布局、工艺规划、生产仿真、虚拟装配、试验验证和能量管理 7 个部分，如图 2 – 11 所示。

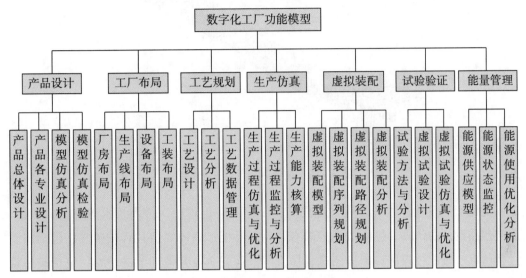

图 2 – 11　数字化工厂功能模型结构示意

资料来源：https://mp. weixin. qq. com/s/rGTxuh5KLcq3777i8zPjpg。

在产品设计环节，利用数字化建模技术为产品构建三维模型，利用数值仿真、虚拟现实等技术，可对产品在各种条件下的性能进行模拟和测试。应用三维建模后不仅可以大大缩短设计周期、提高设计质量、快速响应市场需求和定制化生产，还能够有效减少物理实体样机制造和人员重复劳动所产生的成本。同时，三维模型涵盖着产品所有的几何信息与非几何制造信息，这些属性信息会通过 PDM/cPDM（Product Definition Management/Collaborative Product Definition Management，产品数据管理/协同产品定义管理）这种统一的数据平台，伴随产品整个生命周期，是实现产品协同研制、产品从设计端到制造端一体化的重要保证。

以美国波音公司为例，在其 737 – NX，787 及 747（见图 2 – 12）等机型设计制造中利用数字化建模技术，不但有效缩短了研制周期，大幅降低了研制成本，而且通过 PDM/cPDM，有效实现了产品设计与制造环节的信息协同，从而大幅提高了生产效率。

（二）生产规划环节——工艺仿真是关键

仿真技术是指利用模型复现实际系统中发生的本质过程，通过对系统模型的实验来研究系统的性能和行为。

仿真优化是数字化工厂的价值核心，根据建立的数字化模型和仿真系统给出的仿真结果及各种预测数据，分析数字化工厂中可能出现的各种问题和潜在的优化方案，

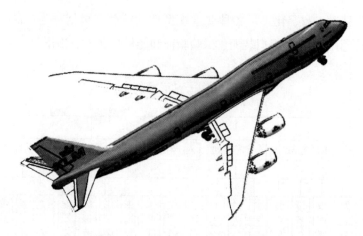

图2-12　波音747飞机三维建模

进而优化产品设计和生产过程。在数字化工厂制造过程中，仿真技术应用主要包括：面向产品设计的仿真，包括产品的静态和动态性能；面向制造过程的仿真，包括加工过程仿真、装配过程仿真和检测过程仿真等；面向企业其他环节的仿真，包括制造管理过程仿真、工厂/车间布局仿真、生产线布局仿真等。

在生产规划环节中，基于PDM/cPDM中所同步的产品设计环节的数据，利用虚拟仿真技术，可以对于工厂的生产线布局、设备配置、生产制造工艺路径、物流等进行预规划。

虚拟仿真技术广泛应用于汽车、船舶及其他大型设备制造过程中。以上海英梅工业为例，如图2-13所示，其在生产加工过程中利用虚拟仿真工艺来减少实际生产线调整改进所需要花费的成本。

（三）生产执行环节——数据采集实时通

单一数据源技术指的是从单一的服务器，或者从某个单一的节点获取数据。单一数据源思想是将不同的数据经过精心组织形成一个逻辑上的单一的数据源，并建立严格的约束，从而有效解决不同部门之间数据冗余和数据不一致的问题。

在产品的全生命周期中，存在着不同部门和用途的各种数据BOM（Bill of Material，文件清单）。在产品全生命周期中，根据数据产生阶段和部门的不同，可以分为设计BOM、工艺BOM、制造BOM、采购BOM、销售BOM、服务BOM等各种数据，每种数据BOM是由产品类型、应用领域和产品全生命周期唯一确定的。其中，设计BOM属于最原始的BOM文件，可视为产品的单一数据源，它凝结了产品设计工程师的创造性工作，其他各种BOM都是在它的基础上结合其应用领域的信息转换而来的。

数字化工厂的生产执行环节可以帮助企业实现生产计划与实际情况的一致性，实

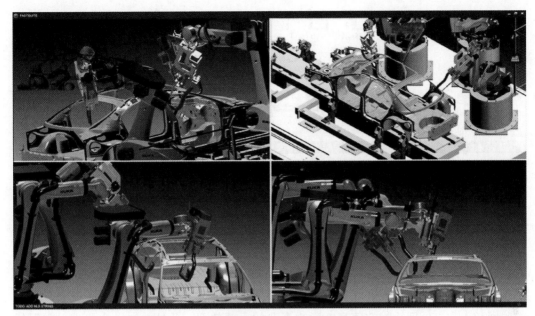

图 2 - 13　上海英梅工业汽车生产作业规划仿真

资料来源：http://www.sungraph.com.cn/html/solution/solutionf2.html。

时监测生产设备和生产过程中的参数和指标，并提供实时反馈，帮助企业及时调整、优化生产过程。这个环节的数字化体现在制造执行系统（Manufacturing Execution System，MES）与其他系统之间的互联互通上。MES 与 PDM/cPDM 等系统之间的集成能够保证所有相关产品属性信息从始至终保持同步，并实现实时更新。

二、数字化工厂带来的物流模式创新

随着科技发展日新月异，市场竞争越来越激烈，企业对于降本增效的需求越发强烈。物流作为企业运转的核心是企业着重优化的一个重点方向（见图 2 - 14）。制造业的物流大体可以分为三大环节：入厂物流、线边物流及仓储物流。数字化工厂会使企业应用一些数智化设施设备及新的物流运作模式，以达到安全、高质、少时、低成本的效果，从而给各个物流环节带来新的变化，也对企业物流提出一些新的要求。

（一）物流环节新变化

1. 入厂物流

入厂物流是指包括原材料等一切生产物资的采购、进货运输、仓储、库存管理、用料管理和供应管理，也称为供应物流、原材料采购物流。一般包含三种基本模式：委托社会销售企业代理、委托第三方物流企业代理以及企业自供。在此过程中，生产

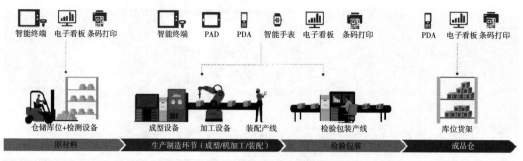

图2-14 制造企业核心物流环节

资料来源：2024全球物流技术大会演讲《物流数智运营案例分享》。

企业向供应商订购原材料、零部件、外加工件及生产辅料，并将其运达原材料库。其中，有买入、运送、接收、质检、入库和结算等过程。

传统的入厂物流中，信息传递普遍都是单向的，这会使发货方和收货方之间的信息不对称，导致货物的滞留或丢失。由于信息的不对称，物流企业往往需要耗费大量的时间和人力去处理货物的信息，影响企业的运营效率。此外，由于企业难以掌握货物的在途状态，这也使企业的生产计划容易受到影响，进一步影响企业的效率。

为解决上述问题，数字化工厂通过采购策略优化、供应链可视化、物流实时监测与优化、供应链风险预警与弹性管控等，实现供应链智慧管理，提升供应链效能、柔性和韧性。

（1）采购策略优化。

建设供应链管理系统（Supply Chain Management，SCM），集成大数据、寻优算法和知识图谱等技术，实现供应商综合评价、采购需求精准决策和采购方案动态优化。

（2）供应链可视化。

通过供应链管理系统，融合大数据和区块链等技术，打通上下游企业数据，实现供应链可视化监控和综合绩效分析。

（3）物流实时监测与优化。

依托运输管理系统（Transportation Management System，TMS），应用智能传感、物联网、实时定位和深度学习等技术，实现运输配送全程跟踪和异常预警，以及装载能力和配送路径优化。运输管理系统中的三流变化情况如图2-15所示。

（4）供应链风险预警与弹性管控。

通过供应链管理系统，集成大数据、知识图谱和远程管理等技术，开展供应链风险隐患识别、定位、预警和高效处置。

（5）精确管控物料。

根据上线队列，按照BOM分解和车辆过点计算原材料需求，供应商根据需求单配送入厂，所送即所需，精准管控物料。

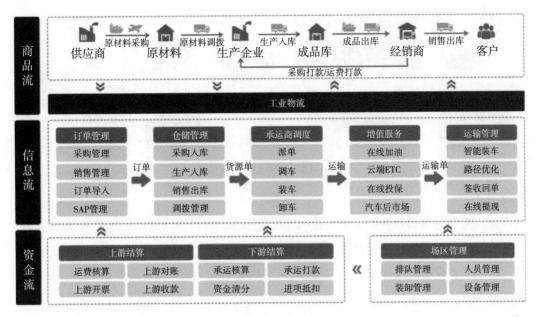

图2-15　运输管理系统中的三流变化情况

资料来源：https://www.58arpa.com/Product/731.html#4。

综上所述，在入厂物流阶段，数字化工厂可以使企业更好地进行采购决策，实时掌握物料状态。同时还可以与自身的生产计划联动，打破传统消耗补充，实现基于生产队列的入厂协同。

2. 线边物流

线边物流指的是生产过程中，生产线上原材料、在制品、半成品、产成品等在企业内部的实体流动。

我国制造企业传统的线边物流普遍依靠传统"人工＋机械"作业，人工根据纸质BOM表领取物料，经叉车搬运至线边进行堆放，或由人工再次拣选至工位料架。为了保障生产不间断，往往线边堆放物料是生产所需物料的3倍甚至更多，整个线边物流不仅作业人员多、效率低，还会造成线边库存停滞，甚至会造成整个供应链中的库存虚高，成本上升，最终影响企业整体效益。

为解决上述问题，如图2-16所示，数字化工厂主要针对复杂制造体系进行建模仿真（如车身线、总装线、喷漆线、发动机线等），包括对生产线的制造能力进行评估、分析生产线的缓冲区尺寸、搜索瓶颈点、制定物流控制策略、定义精确的制造系统参数等。通过输出仿真结果数据，企业可以排查生产瓶颈、平衡工位负载、提高设备利用率、优化物流路线、配置物流资源、设置合理库存。

3. 仓储物流

仓储物流指的是利用仓库及相关的设备进行物品的入库、储存及出库的整体的物

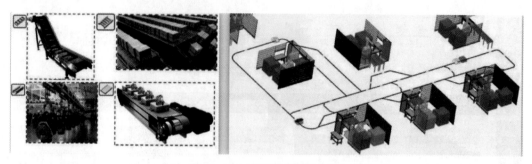

图2-16　线边物流建模仿真

资料来源：https://mp. weixin. qq. com/s/zOCC5o170_ q4uhXS - tfu2Q。

流作业。主要包含物料接收、物料管理、物料储存、物料发放及库存盘点五大环节。

传统的仓储物流由于依赖手工记录和操作，人员工作劳动强度大，缺乏先进的仓储管理技术和设备，会导致库存数量错误、跟踪困难，信息丢失和错误频发，从而影响运营效率。

为解决上述问题，数字化工厂通过集成智能仓储（储运）装备，建设仓储管理系统（Warehouse Management System，WMS），对企业储存区进行科学布局和尺寸设计，对物流稳定性进行分析，对集货和货物分配模型进行优化等；结合应用条码、射频识别、智能传感等技术，依据实际生产作业计划，实现物料自动入库（进厂）、盘库和出库（出厂）。

通过上述方案，数字化工厂可以使企业打破固定存量，进行动态仓储，从而实现精细库存管理，提高物流效率和降低库存量。

以施耐德为例，如图2-17所示，企业通过仿真模拟等方式，对企业的仓库进行科学布局与设计，通过独特的高密度自动储存加窄巷道叉车，结合阁楼货架设计提高效率。同时，结合智能设备与终端，可让员工与联网设备实现端到端智能无缝交互，实现全成本最优和有效的投资回报率。

图2-17　施耐德智能柔性仓储解决方案

资料来源：2024全球物流技术大会演讲《最佳工厂实践与物流系统规划、评估方法论探究》。

（二）物流新要求

1. 物流信息互联互通

数字化工厂需要厂内全流程数据的打通，同时延伸至供应端和客户端。

在厂内，由于企业的各个物流环节是相互作用、相互影响的，所以需要各个物流信息系统的融合，实现能源高效合理利用，让厂内资源达到最优调度。针对信息系统集成的挑战，可以采用模块化设计，并通过开放式接口确保不同系统间数据传输与共享的顺畅；借助规范化数据样式和通信协议，确保不同系统间实现互联互通。

在供应端，数字化工厂要求打通企业的上下游产业链，同时通过积累数据，建立稳定可靠高效的装备制造行业产业数据协同平台，实现供应商的全方位深度管理，拓宽质量管理纵深，提升协同效率。

在客户端，从售前、售中、售后三个方面都需要实现全过程精准高效的客户服务。在售前，实现交付周期预测；在售中，让客户能实时跟踪订单进度；在售后，为客户提供产品全生命周期服务，不断提升客户满意度。

如图 2－18 所示，力劲科技打造产业强链，厂内通过全流程数据打通实现质量、成本、交付指标的有效提升。同时，企业还以工厂为中心，建立可信高效产业数据协同平台，提高了物流效率。

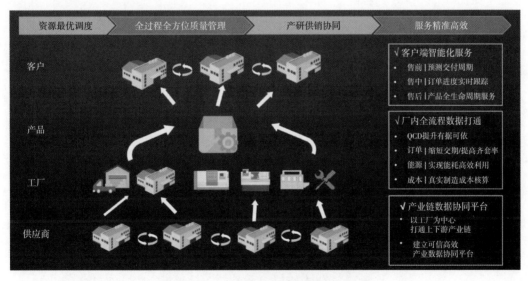

图 2－18　力劲科技实现全链数字化打通

资料来源：2024 全球物流技术大会演讲《全球数字化供应链新时代下如何打造数字化工厂》。

2. 招募新型物流人才

在数字化建设过程中，确保全员协作与参与至关重要，组织架构和人员培训扮演着核心角色。为保障信息化建设顺利推进，需建立清晰有序的组织体系和操作流程，明确各部门的职能和权力边界。加强职工的专业训练和知识普及，提升职工的数字技能和信息技术理解水平，促进团队间的合作和创新思维。开展多样化的培训活动，根据岗位需求定制个性化的培训计划，内容涵盖设备操作、信息技术和项目管理等多个方面，确保数字化建设所需人才得到充分储备和高效培育。应对技术人才培养的挑战，可实施培训计划、聘请外部专家和开展内部培训，提升员工的数字化技能和信息化意识，确保数字化建设有足够的人才支持。积极追踪技术革新和市场动态，适时优化数字化建设路径和策略，加强与高等学府和科研机构的合作，推进技术研究和创新，保持企业在技术竞争中的领先地位。

3. 数据风险防范

由于数字化工厂具有高度数字化、网络化、智能化等特点，其面临的网络安全和数据安全风险大幅增加。近些年，安全事件频发，如2016年德国钢铁生产商ThyssenKrupp遭黑客攻击、2019年挪威铝业公司遭勒索软件攻击、2022年日本丰田汽车供应商遭网络攻击等事件，导致企业核心技术数据被窃、生产线大面积停工等严重后果。同时，在涉密等级较高的重点领域数字化工厂建设过程中，还面临着信息化开放性和安全防护的结构性矛盾问题，传统的网络集成式安全架构难以适应更复杂的业务流、供应链和不断变化的业态模式，成为制造业数字化转型的重大挑战。数字化转型为制造业高质量发展注入了新动能，但随着数字化工厂建设的不断深入，面临的网络安全风险问题日益突出。主要包括以下几个方面：生产过程直接遭受网络攻击破坏；企业工业软件系统部署于云平台，导致攻击面扩大问题；供应链的全球化延伸带来供应链安全问题；数据分析与"脏数据"注入导致更多数据安全问题；人工智能存在误导决策风险等。因此，如何保障数字化工厂等工业设施安全稳定运行，成为工业界普遍关注的焦点。

为了有效管理这些潜在风险，需要全面评估和分析，并制定相应的风险控制策略和应急方案。为规避信息系统安全威胁，需要细化安全管理制度，加强网络和数据保护措施，预防黑客入侵和病毒感染。解决运营风险问题，必须建立完善的质量管理和生产计划管理体系，加强生产流程监控，确保连续稳定生产。全面制定应急预案，明确各类突发事件的应对程序和责任分配，提升应急管理效率和响应速度。

三、典型案例——上汽通用五菱数字化工厂

（一）企业简介

2002年11月18日正式挂牌成立的上汽通用五菱汽车股份有限公司（SGMW），是由上海汽车集团股份有限公司、美国通用汽车公司、广西汽车集团有限公司（原柳州五菱汽车有限责任公司）三方共同组建的大型中外合资汽车公司。公司在国内拥有柳

州河西总部、柳州宝骏基地、青岛分公司和重庆分公司四大制造基地，形成南北联动、东西呼应的发展格局。其中，柳州宝骏基地 LIM（Lean Intelligent Manufacturing，精益智造）工厂是国内首个智能岛式新能源总装车间，占地面积 40560 平方米，生产节拍 30JPH（Jobs Per Hour，单位时间工作量），设计年产量 18 万台。

（二）数字化工厂发展路径及成效

上汽通用五菱通过入厂协同、柔性储存及车料协同配送实现智慧物流。

入厂协同方面，如图 2 - 19 所示，上汽通用五菱根据上线队列，按照 BOM 分解和车辆过点计算零件需求。同时，供应商根据需求单配送零件入厂，所送即所需，精准管控物料，优化厂内库存、仓储面积。实施入厂协同策略后，企业库存下降了 52%。

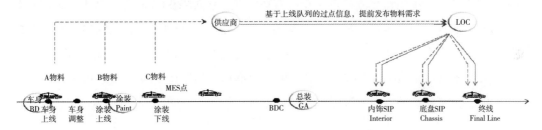

图 2 - 19　上汽通用五菱入厂协同策略

资料来源：2024 全球物流技术大会演讲《SGMW 精准协同智能智造——全链路智慧物流新生态》。

柔性储存方面，如图 2 - 20 所示，上汽通用五菱通过数字化工厂实现柔性布局，规划动态库位，同时布局 120 台料箱机器人，并对于每台料箱机器人进行路径优化。实施柔性储存后，企业的运营成本下降 40% 以上，场地利用率提高了 50%。

图 2 - 20　上汽通用五菱无人仓

资料来源：2024 全球物流技术大会演讲《SGMW 精准协同智能智造——全链路智慧物流新生态》。

车料协同配送方面，上汽通用五菱实现随车供给，打破固定线边物料，按配载拣选物料，可以做到随车移动物料及随车配载物料。同时，上汽通用五菱还通过取料机器人、产线 AGV、线边人工 PDA 给配送 AGV 发送信号，使配送 AGV 在工位完成空满交换，大大提高配送效率。

第五节　5G 技术

5G 是一种具有高速率、低时延和大连接特点的新一代宽带移动通信技术，5G 通信设施是实现人机物互联的网络基础设施。现代物流行业是一个高度复杂而又关键的领域，而 5G 技术的广泛应用为物流管理带来了革命性改变和巨大的机遇。随着 5G 技术的成熟和普及，传统的物流流程正在经历着数字化、智能化和互联化的转型。5G 技术以其高速、低延迟和大容量的特点，为物流环节中的实时数据传输、精确定位和智能决策提供了强有力的支持。以 5G 技术为基础，快速发展的物联网（Internet of Things，IoT）、云技术（Cloud technology）等更是极大地推动了物流行业的变革，为现代物流向着更智能、更可持续的方向发展提供了技术基础。

一、5G + IoT 技术

（一）5G 技术推动 IoT 快速发展

物联网是指通过互联网连接和通信的物理设备和对象的网络。它是一个由传感器、软件和通信设备组成的系统，可以使各种设备和物品相互连接，并通过数据交换和分析来提供更智能、高效和自动化的功能。物联网的主要目标是将真实世界的物体与互联网相连，使其具备感知、交互和通信的能力。通过物联网，可以实现智能家居、智慧城市、工业自动化、农业监测、智能交通等应用。

首先，5G 技术的高速和低延迟特点为物联网的发展提供了强有力的支持。与之前的移动通信技术相比，5G 网络的传输速度更快，可提供超高清视频、VR（Virtual Reality，虚拟现实技术）／AR（Augmented Reality，增强现实技术）等高带宽应用，为物联网的应用场景扩展了新的可能性。无论是智能家居、智能车辆还是智能工厂，都需要稳定、高速的网络进行数据传输和处理。而 5G 网络的特点正是满足了这一需求，为各种物联网设备的连接和通信提供了更好的基础。

其次，5G 技术的高可靠性和大规模连接能力赋予物联网更多的实用价值。物联网的应用场景涉及大量的设备和传感器，这些设备需要同时连接并进行数据交换。而 5G 技术的大规模连接能力使更多设备能够进行互联，并且可以同时处理多个连接。与此同时，5G 网络的高可靠性也能确保数据的安全传输和稳定连接，从而提高了物联网应用系统的可靠性和可用性。

再次，5G 技术的低能耗特点对物联网的长久发展具有重要意义。物联网的设备大多分布在各种环境中，包括边远区域、工业场所等。这些设备通常需要长时间工作，却只能依靠电池供电。而 5G 技术的低能耗特点能够保证多数设备更加节能，延长电池的使用寿命，从而减少更换电池的频率。这不仅能够降低设备维护成本，也符合人们对可持续发展和环境保护的需求。

最后，5G 技术的网络切片功能为物联网应用的个性化需求提供了更加灵活的解决方案。网络切片是指根据不同的应用场景和需求，将网络资源按需配置成不同的切片，以满足不同应用的特定要求。在物联网领域，由于应用场景多样且需求差异较大，网络切片的特性能够更好地满足不同用户的个性化需求。

综上所述，5G 技术对物联网的推动作用是不可忽视的。作为一种新兴的通信技术，5G 给物联网带来了更高的速度、更低的延迟、更大的连接能力和更低的能耗，为物联网应用的发展提供了强有力的支撑。在 5G 技术的推动下，物联网正进入一个快速发展期，并在不同领域带来更多创新和变革。

（二）5G + IoT 推动物流智能互联

5G 和物联网（IoT）技术的结合，正在深刻改变物流行业的各个环节，推动物流向高度互联、自动化和智能化的方向发展。

1. 智能仓储

5G 的超大连接特性和物联网技术使仓储管理进入全自动化时代。传统仓储中的人工操作效率较低，而通过物联网，仓储机器人、货架、传送带等设备可以实现实时的数据交换和协调运作，能够自动识别货物的位置和库存状态，并根据订单信息迅速响应。在 5G 的支持下，仓库内的设备通过高效、低延时的通信技术彼此连接，从而实现智能化的库存管理、自动分拣、货物搬运等功能，5G 智能仓的远程管理系统可以随时监控和调整仓库的运营状态，大大提高了运行效率。

2. 智能园区

5G 的高带宽和低延迟特性提升了物流园区内各个系统的协同能力，带来了生产效率的显著提高。基于物联网的 5G 管理平台可以同时对园区内的人员、车辆、机器设备进行监控和管理。5G 的低延时特性可以确保物联网设备之间的实时通信，园区内的无人车和无人机可以高效协作完成巡检、物料搬运等任务。园区的管理人员通过一个中枢控制平台，可以实时监控物流作业的进展，并自动调度无人车进行货物转运，极大地提升了园区的工作效率。此外，智能系统还可以根据园区内的需求动态调配人力和设备，实现高度的自动化和协调管理，减少了资源浪费。

3. 智能配送

5G 的低时延和高可靠连接能力使无人驾驶技术得以在物流配送中大规模应用。无人机和无人配送车可以通过物联网实现实时数据通信，精准导航，并根据道路和天气等外部条件进行动态调整。无人配送车的优势在于其高效、安全和灵活，可以根据客户需求进行短距离的高效配送，尤其适用于城市中的"最后一公里"配送问题。无人机的加入极大地拓展了配送的范围和灵活性，借助 5G 网络，无人机能够接收实时的导航信息，并根据天气、路况等外部条件调整路线，确保配送的安全性和效率，实现快速、准确投递。

4. 智能安防

5G 和 IoT 技术还广泛应用于物流设施的安全管理中。传统的安防系统通常依赖于人力巡逻和有限的监控设备，而 5G 通过其大带宽和低延迟，可以将高清摄像头、传感器、安防无人机等设备无缝、实时连接。基于高清的监控系统可以实时分析和识别异常活动，巡逻机器人和无人机可以代替人工执行复杂、危险的安全巡检任务，确保仓储和运输过程的安全性。同时，结合人工智能技术的物联网安防系统还可以根据数据分析和预测，主动预防潜在的风险，提供多层次的安全保护措施。

5. 智能交通

运输是物流行业中的核心环节之一。通过 5G 的低延迟特性，物联网设备可以将车辆、路面设施、交通信号系统实时连接在一起，实现物流运输中的车、路、人完美协同。智能运输车辆可以通过物联网实时了解路况和交通信号变化，自动选择最优路径，从而减少运输时间，提升效率。与此同时，智能交通基础设施，如联网信号灯、智能停车场和道路监控系统，可以有效优化交通流，减少拥堵现象。远程驾驶技术的应用，也使物流车辆在特殊场景下，如长距离运输或复杂路况中，能够通过远程驾驶提高安全性和灵活性。

二、5G + Cloud 技术

（一）5G 技术和 Cloud 技术互相促进发展

云技术是指在广域网或局域网内将硬件、软件、网络等系列资源统一起来，实现数据的计算、存储、处理和共享的一种托管技术，是基于云计算（Cloud）商业模式应用的网络技术、信息技术、整合技术、管理平台技术、应用技术等的总称，可以组成资源池，按需所用，灵活便利。伴随着互联网行业的高度发展和应用，将来每个物品都有可能存在自己的识别标志，都需要传输到后台系统进行逻辑处理，不同程度级别的数据将会分开处理，各类行业数据皆需要强大的系统后盾支撑，只能通过云计算来实现。

5G技术极大促进了云技术的发展。5G时代，网络速度飞跃式提升，万物互联进入智能新时代，而其背后大量的数据就需要有强大的计算和存储能力。这种能力改变了整个软件架构，让很多企业开始选择用云、上云。

因为硬件技术升级空间有限，必须通过网络结构的优化满足5G时代新应用对网络性能的要求。5G技术面向大带宽、大规模连接、超低时延高可靠三大应用场景，能够提供不同的网络服务。在无线侧，有大量新技术实现对不同应用场景的支撑。但在传输网络侧，硬件技术提升有限的情况下，需要对网络架构进行革新。例如，5G网络中应用的下载速度可达数百兆每秒，甚至超过了机械硬盘的读写速度，这意味着将应用安装在"云"上甚至比安装在"本地"还要快。

云计算显著提升了网络响应效率、可靠性和单位容量，因此大量的本地计算业务完全可以迁移到云端，使云计算充分发挥自身的优势。从其他方面看，云计算对5G的发展起到进一步的促进作用。没有云计算的强有力支撑，5G也很难达到全面商用的目标。

云计算作为重要的核心技术，在5G时代将会全面赋能企业的创新。5G的行业应用也将很大程度上推动云计算的完善和发展，不仅逐渐从计算资源服务向产品研发服务转换，还将从曾经的商用服务下放到民用场景中。

在消费互联网领域，终端计算将向云端迁移，这样可以大幅度降低终端硬件的成本，从而为终端产品的普及奠定基础。在车联网、可穿戴设备领域，由于5G会大幅度提升响应效率，所以这两个领域将在5G时代大面积采用云计算技术。

在产业互联网领域，云计算将与边缘计算结合应用。产业互联网领域与消费互联网领域最大的区别在于数据的边界要求，产业领域对于数据的边界通常有严格的要求，同时物联网自身的数据量非常大，如果所有的数据处理任务都发送到云计算平台并不现实，所以边缘计算完成终端数据处理，云计算完成最终数据处理的合作方式将得到广泛应用。

（二）5G+Cloud实现仓运配一体化

5G和Cloud技术在物流中的应用，通过将仓储、运输和配送三者无缝整合，实现了物流系统的全面数字化和智能化。这种结合不仅提升了物流效率，还为企业提供了更高的灵活性和实时性管理能力。

1. 数据实时传输与云端管理

通过5G网络连接全国各地的物流仓库和配送节点，仓库、运输车队、配送网络的实时数据可以高速、低延迟地传输到云数据中心。云数据中心通过收集和分析这些数据，能够对整个物流链进行动态监控和优化。仓库的库存状态、运输车辆的行驶路线、配送任务的进度等数据都可以通过 5G 网络上传至云端，进行统一的协调管理。这种基于 5G 的高带宽连接使物流作业信息能够在各个节点之间无缝衔接，确保仓储、运输、配送的协同一致。

2. 仓储智能化管理

在仓储环节，5G 和云计算结合物联网技术，能够实现全自动化管理。5G 网络连接仓库内的各类智能设备（如无人搬运机器人、智能货架、传感器等），通过实时数据交换，确保仓库的智能作业。仓储管理系统可以通过云计算平台实时调整货物储存位置，优化仓储空间的利用率。同时，5G 的高速连接也能让智能巡检设备快速传送监控视频流，及时检测并处理仓库内的异常情况，如设备故障或货物损坏的情况。

3. 运输与配送的动态优化

通过 5G 网络，运输车辆可以与云端保持实时通信，云端系统可以根据交通情况、天气状况、订单需求等动态调整运输路线，优化运输效率。在配送环节，智能配送车和无人机也通过 5G 网络接收云端指令，实时调整配送路径，确保货物能够最快速、最安全地送达消费者手中。这种动态优化的能力使物流系统能够应对瞬息万变的外部环境，减少配送延迟，提升客户满意度。

4. 云端协同与智能调度

通过云计算提供的 SaaS（Software as a Service，软件即服务）应用，企业可以实现仓储、运输和配送的全流程协同管理。例如，协同作业系统可以根据云端实时分析的结果，自动生成任务计划，并协调各个仓库、配送中心之间的作业。这些 SaaS 应用使企业能够跨地域、跨部门管理物流流程，确保资源的最优利用。此外，云端系统能够根据订单波动情况自动调度配送车队，提升运营效率，减少不必要的资源浪费。

5. 资源与能源的动态管理

云计算与 5G 技术还可以用于能源管理与设备的维护调度。通过实时监控仓储设备的运行状态，云端可以及时识别设备的潜在故障并安排维修，确保设备的高效运转。同时，能源管理系统可以通过分析用电、燃料消耗等数据，优化资源的使用，减少不必要的浪费。

5G 和 Cloud 技术通过将仓储、运输和配送环节一体化，实现了物流流程的全自动化、智能化和动态优化管理。这种技术应用不仅大幅提高了物流企业的运营效率，还为企业提供了高度灵活和可扩展的物流管理模式。随着 5G 和云计算技术的进一步发展，物流行业将迈向更加智能、快速、可靠的新时代。

三、5G + MEC 技术

(一) MEC 加速 5G 业务创新

移动边缘计算可利用无线接入网络就近提供电信用户 IT 所需服务和云端计算功能，创造出一个具备高性能、低延迟与高带宽的电信级服务环境，加速网络中各项内容、服务及应用的快速下载，让消费者享有不间断的高质量网络体验。

多接入边缘计算 (Multi – access Edge Computing, MEC)，是 5G 时代的重要技术，提供"通信连接 + 计算"能力，把云计算从中心延伸到边缘，增强了云计算的能力，拓展了云计算的应用范围。MEC 将计算资源和业务汇聚在网络边缘节点，为用户提供超低延迟的业务感知和可控的网络传输成本，以支撑以人为中心的新型业务和以物为中心的万物互联应用。

1. V2X 应用

5G 网络对低时延高可靠通信 (ultra – reliable & low – latency communication, URLLC) 场景下车用无线通信技术 (Vehicle to everything, V2X) 的远程车检与控制时延要求为 20ms，对自动驾驶时延要求为 5ms。边缘计算是 5G 网络中降低时延的使能技术。通过 5G 网络和 MEC 车联平台的本地计算，在紧急情况时下发告警等辅助驾驶信息给车载单元 (On board Unit, OBU)，相比现有网络时延，车到车时延可降低至 20ms 以内，大幅度减少了车主反应时间，对挽救生命和减少财产损失具有重要的现实意义。此外，通过 MEC 车联平台还可实现路径优化分析、行车与停车引导、安全辅助信息推送和区域车辆服务指引等。

2. 工业控制

移动互联网的迅猛发展促使工业园区对无线通信的要求越来越强烈，目前多数园区通过 Wi – Fi 进行无线接入。然而，Wi – Fi 在安全认证、抗干扰、信道利用率、业务连续性等方面无法进行保障，难以满足工业需求。结合 5G 网络和 MEC 平台，可在工业 4.0 时代实现机器和设备相关生产数据的实时分析处理和本地分流，实现生产自动化，提升生产效率。由于无须绕经传统核心网，MEC 平台可对采集到的数据进行本地实时处理和反馈，相当于为行业用户提供基于 MEC 的无线准专网，具有可靠性好、安全性高、时延短、带宽高等优势。随着业务的不断发展，MEC 的边缘计算可提供 AGV 调度控制、工业 AR 辅助巡检和装配、现场设备实时控制、远程维护及操控、工业高清图像处理等多种服务。

(二) 5G + MEC 助力物流业务优化

5G 和 MEC 技术的结合在物流行业中起到了至关重要的作用，特别是在物流业务优化方面，通过降低延迟、提高数据处理能力和增强系统可靠性，帮助物流企业实现更高效的运营。

1. 实时数据处理和边缘计算

MEC 通过将数据处理从远程的云端转移到靠近数据源的边缘节点，能够极大地降低延迟，提高物流的实时响应能力。在物流园区和车联网应用中，5G 网络和 MEC 协同作用，使物流设备（如无人车、无人机、传感器等）能够以极低的延迟处理数据。这意味着仓储管理系统和运输调度系统可以实时获得仓库内外的动态数据，快速作出响应，优化仓库的生产和运输效率。

2. 智能物流园区的本地化控制

通过 MEC 技术，物流园区可以实现本地数据的实时处理与管理。仓库生产和无人配送系统通过 MEC 节点进行本地运算，减少了对远程云计算的依赖。这不仅提高了系统的可靠性，避免了长距离通信中的延迟问题，还能确保物流业务的连续性和安全性。园区内的设备通过 5G 网络接入 MEC 节点，进行分布式计算和数据管理，可实现更为灵活的仓储管理和配送调度。

3. 多接入方式与高峰值速率

5G 技术提供了多种接入方式，支持大量的终端设备连接，这对物流园区和车联网的应用至关重要。物流园区和车联网终端通过 5G、Wi-Fi 和 IoT 等多种方式接入 MEC 节点，从而实现高效的物流调度和资源管理。这些多样化的接入方式确保了物流各个环节的智能设备能够保持良好的连接状态，尤其是在高峰期或需要大量数据传输时，5G 的高带宽能够满足这些需求。

4. 应用场景优化与本地计算

在物流业务的优化过程中，MEC 支持本地化计算和应用分发。AI、流媒体、编解码和加速等服务能够通过 MEC 实现本地化处理。这种技术架构帮助物流企业在仓库管理、订单处理、无人配送等环节实现自动化与智能化。物流公司可以在本地 MEC 节点上运行 AI 算法，快速进行物品识别、路径规划和运输路线优化，提高整体运营效率。

5. 轻量级管理与远程控制

轻量级管理系统能够灵活管理物流网络中的边缘节点和虚拟资源。这使物流企业可以通过 MEC 技术实现对多个物流园区、仓储设施和运输系统的统一管理与调度，从而减少人工干预，实现物流业务的自动化、智能化和灵活性。

5G 与 MEC 技术的结合，通过提供低延迟、高带宽的网络连接和边缘计算能力，极大优化了物流业务的各个环节。物流企业能够通过这些技术实现从仓储、运输到配送的全面智能化管理，提升整体运营效率和客户体验。

四、京东物流 5G + 智能物流案例

(一) 背景介绍

京东物流是中国领先的技术驱动的供应链解决方案及物流服务商,以"技术驱动,引领全球高效流通和可持续发展"为使命,致力成为全球最值得信赖的供应链基础设施服务商。京东物流服务范围几乎覆盖了中国所有的地区、城镇和人口,不仅建立了中国电商与消费者之间的信赖关系,还通过 211 限时达等时效产品和上门服务,重新定义了物流服务标准,客户体验持续领先行业。

京东物流始终重视技术创新在企业发展中的重要作用。基于 5G、人工智能、大数据、云计算及物联网等关键技术,京东物流不断扩大软件、硬件和系统集成的三位一体的供应链技术优势,不仅通过自动搬运机器人、分拣机器人、智能快递车、无人机等在仓储、运输、分拣及配送环节大大提升效率,还自主研发了仓储、运输及订单管理系统等,实现供应链服务自动化、运营数字化及决策智能化。

物流园区是物流的枢纽节点,是物流人员、车辆、货物、场所的中心,也是车辆、货物、路线的重要锚点。从宏观看,物流园区还兼具了促进区域经济发展、完善城市功能、整合区域资源及提升产业竞争力等社会功能。物流园区的信息化、智能化是实现行业转型升级、推动社会物流成本降低的关键"破局点"。5G、人工智能、大数据、云计算及物联网等关键技术的发展,为物流园区的智能化管理提供了坚实基础。

(二) 5G 套件产品技术

京东物流基于物流行业 5G 实践,协同生态打磨了 5G 套件产品,如图 2 - 21 所示,涵盖 5G 管理系统的全局管控系统,以及配套的终端、专网、边缘计算组件,通过规划—搭建—监控—运维—运营一站式网络服务,提供质量保障、成本优化的网络服务,以及支持联网智能重构。京东物流 5G 套件是 5G 和京东智能物流产品的融合,通过数字化、智能化、软硬件一体化的物流科技产品和解决方案,助力众多实体企业降本增效、实现智能供应链全面升级。

京东物流 5G 套件为物流园区提供了面向自动化、数字化和智能化的软硬件建设和运营管理能力。智能园区软件系统主要包括园区数字化运营、智能巡检与安全监控、园区大数据管理等功能。硬件设备包含摄像机、车行道闸、人行道闸、温湿度传感器、资产管理传感器、数字监控大屏及平台所需 5G 数据网关、5G 专网、云网资源等;可支持政府枢纽和企业园区的管理应用。

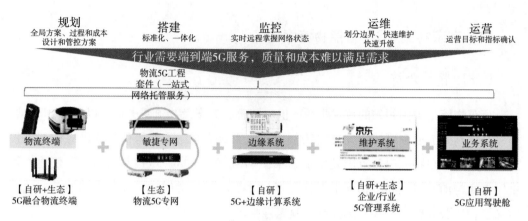

图2-21　京东物流5G套件

1.5G跨园区协同专网

通过5G网络数据网关，支持将地理隔离的一个园区的多个区域，或者地区性的园区集群，进行统一的"局域网"覆盖，支持跨区域、跨园区直接的数据传输、数据互通以及存储计算资源池的共享，打破地理阻碍。园区多区域数据信息，经由网关汇聚至统一的边缘服务器进行处理，数据在本地侧进行实时运算和反馈。相比各自独立的局域网络，或者基于云端的数据汇聚计算，5G跨园区协同专网组合边缘计算技术，能够以更低的复杂度、更低的成本、更高效的存储计算、更少的实施运维需求，提供跨园区、跨区域统一的网络、数据和应用，支持地区性产业高质量园区协同发展。

2.5G+边缘计算

"5G+边缘计算"是支持本项目的关键技术，当前京东物流通过5G网络与边缘计算的结合，将端、边、云设备打通，支持海量异构设备的接入、数据采集；实现了算法数据分析图像识别、AI等技术在边缘的快速部署和运用。"5G+边缘计算"应用场景贯穿物流园区运行的全过程，覆盖AGV、生产过程控制、机器协作等各个环节。"5G+边缘计算"融合应用将显著降低企业运营成本，提高生产效率，优化制造资源配置，提升园区资源数字化、监控智能化和仓储自动化水平，为智能物流园区运行提供有力保障。

3.5G云边协同

云端进行算法模型的训练和升级，升级后的算法通过云边平台推送到边缘侧，使边缘计算设备实现空中下载技术的更新和升级，建立算法循环学习升级通路。最终实现根据用户场景，灵活定制边缘智能能力，快速部署智能算法。

4.5G仓储自动化

仓储物流全流程（入库、储存、拣选、分拣、出库）存在大量的自动化物流设备，通过自动化技术可以大大提高物流效率，降低运营成本。原有自主研发的天狼货到人系统、金牛自主移动机器人（Autonomous Mobile Robot，AMR）、地狼 AGV、天地狼、智能叉车等通过 Wi－Fi 接入仓库控制系统（Warehouse Control System，WCS），实现统一调度与控制。WCS 等系统采用仓库本地部署模式。当前的 Wi－Fi 方案主要存在漫游切换失败或耗时大、设备运行卡顿、稳定性不高、信号干扰及安全性等问题。随着 5G 技术的不断完善和成熟，利用 5G 解决当前 Wi－Fi 方案痛点；通过机器人云化，将终端复杂计算分流到边缘和云端，降低设备终端计算复杂度、降低硬件成本。

5G 套件突破了通信和物流的行业边界，塑造了融合信息通信和供应链物流的新型行业基础设施。5G 帮助行业创造了价值，使物流技术更加可靠，更易于规模化，能够帮助智能物流拓展价值空间，帮助供应链物流降本增效。

第六节　北斗精准时空定位

2024 年 5 月 18 日，中国卫星导航定位协会发布《2024 中国卫星导航与位置服务产业发展白皮书》（以下简称"白皮书"）显示，2023 年我国卫星导航与位置服务产业总体产值达到 5362 亿元，较 2022 年增长 7.09%。由卫星导航应用和服务所衍生带动形成的关联产值同比增长 7.79%，达到 3751 亿元，在总体产值中占比达到 69.96%。由此可以看出，北斗卫星导航系统（Beidou Navigation Satellite System，BDS，以下简称"北斗系统"）的发展对于整个中国经济具有重要影响，它不仅推动了航天技术的进步，还促进了交通、物流、农业、测绘、救援等众多行业的现代化和智能化，是产业发展的重要推动力。

此外，北斗系统在我国的战略发展中也具有重大意义。在交通运输领域，2024 年 6 月，交通运输部等十三个部门印发的《交通运输大规模设备更新行动方案》中，提到大力促进先进设备和北斗终端应用，促进交通能源动力系统清洁化、低碳化、高效化发展，有序推进行业绿色低碳转型；在工业和信息化领域，2024 年 7 月，工业和信息化部办公厅发布的《工业和信息化部办公厅关于开展工业和信息化领域北斗规模应用试点城市遴选的通知》中，提及要着力打造一批北斗产业完善、应用成效突出的试点城市，在全国范围内形成显著引领和辐射带动效应。

一、北斗卫星导航系统规模化应用发展阶段

2021 年，习近平总书记在首届北斗规模应用国际峰会贺信中指出，北斗规模应用进入市场化、产业化、国际化发展的关键阶段，为北斗规模应用的深化发展指明了方向。自 2020 年 7 月 31 日北斗三号全球卫星导航系统开通以来，北斗系统持续赋能各行各业，融入基础设施，进入大众应用领域，经过近 4 年的持续发展，已对行业产业、

百姓生活产生了广泛深刻的积极作用，成为支撑经济社会发展的重要时空基石。北斗规模应用在市场化、产业化、国际化发展方面均得到巨大提升，领域不断拓展，融合不断深化。

（一）市场化

北斗系统应用的深度、广度和规模都呈现出指数增长的趋势。北斗系统正在成为智能手机、手表等可穿戴设备等大众消费产品定位功能标准配置。2023 年，国内新入网的智能手机支持北斗系统的出货量共计 2.6 亿部，占比达到 98.5%，国内涉及地图服务、导航和购物等的手机 App 中，绝大部分已经支持北斗应用。如图 2－22 所示，2024 年 9 月，荣耀 Magic V3 双卫星版获得工业和信息化部入网许可证，设备名称为"卫星移动终端"，型号为"FCP－AN20"，支持天通卫星通信制式、北斗三号短报文两套卫星通信系统。

图 2－22　荣耀 Magic V3 双卫星版

资料来源：https://baijiahao.baidu.com/s? id＝1809255000945724818&wfr＝spider&for＝pc。

此外，北斗高精度融入车载智能驾驶系统，已形成规模化应用发展态势。截至 2024 年 9 月，国内车载导航仪市场终端销量超过 1200 万台，包括物联网、穿戴式、车载、高精度等在内的各类定位终端设备销量超过 1 亿台（套），正在推进研发北斗导航与惯性导航、移动通信、视觉导航等多种手段融合的基础产品，在更多应用场景中提升应用体验。

（二）产业化

北斗系统的应用不仅提高了各行业的效率和安全性，还推动了技术创新和产业升级，为社会经济发展提供了有力支撑。

交通运输方面，已有超过 790 万辆道路营运车辆，超过 4 万辆邮政快递干线车辆、超过 4.7 万艘船舶、超过 1.3 万座水上辅助导航设备、近 500 架通用飞行器应用北斗系统。交通信息化水平显著提升，重大交通事故发生率显著降低。

农林牧渔方面，如图 2-23 所示，基于北斗系统的农机自动驾驶系统超过 10 万台，北斗林业综合应用服务平台管理超过 10 万台终端，北斗智慧放牧定位项圈超过 2 万套，安装北斗船载终端的渔船超过 10 万条，极大提高了作业管理效率。

图 2-23　北斗智慧青贮饲料收获机

资料来源：https://baijiahao.baidu.com/s? id=1808726738180985191&wfr=spider&for=pc。

电力行业，北斗定位导航、授时授频、短报文通信应用已经融入电力行业 20 余个业务场景，未来还将支撑电网数字化转型发展。北斗系统与电力的融合应用，不仅能精准定位巡逻线路，还做到了"提质增效"，方便偏远山区居民用电。多地电力公司正计划开展输变电线路电力北斗信号全覆盖，进一步满足不同电力业务应用场景需求。

（三）国际化

北斗系统始终秉持"中国的北斗、世界的北斗、一流的北斗"发展理念，向全球用户，尤其是"一带一路"共建国家用户提供服务。

近年来，随着北斗系统国际合作活动的持续频繁和逐步深入，北斗海外应用扎根落户，持续推广，不断涌现新亮点。2024 年 5 月，习近平总书记在中阿合作论坛第十届部长级会议开幕式上提及愿同阿方共建空间碎片联合观测中心、北斗应用合作发展中心，加强载人航天、民用客机等合作。同年 7 月，习近平总书记在"上海合作组织＋"阿斯塔纳峰会发表重要讲话时提到，中方欢迎各方使用北斗卫星导航系统，参与国际月球科研站建设。中国持续参加联合国等多边框架下的国际活动和卫星导航学术交流，倡导在多边场合下共商共促全球卫星导航事业。中国持续推进北斗系统进入民航、海事、移动通信、搜救等国际组织标准体系。

北斗产品已在全球半数以上国家和地区得到应用。如图 2 – 24 所示，出口产品种类更加丰富，应用领域不断拓展。沙特阿拉伯已将北斗应用于测量测绘、地理信息、城市市政基础设施建设、卫星连续运行基准站（Continuously Operating Reference Stations，CORS）建设、沙漠人员和车辆定位等重要领域。当地用户认为北斗终端十分好用，极大提升了工作效率。在莫桑比克，用于喷洒农药的植保无人机利用北斗系统获取定位信息，操作简单、喷洒均匀，不但实现了对机器的精准控制，减少了人力投入，还可以提高作业效率。在塔吉克斯坦，基于北斗系统的大坝变形监测系统对萨雷兹湖大坝进行实时连续毫米级变形监测，保障大坝安全和地区人民生活安宁。在阿联酋，铁路建设项目人员利用北斗系统对施工机械、物料、人员、场地进出关口等进行有效监管，实现了工地安全生产数据化、信息化管理，提升了铁路工程管理效率。南非 BRISKFAST 公司采用"北斗高精度定位终端＋车辆定位监控系统＋国际物联卡"解决

图 2 – 24　应用北斗的突尼斯迈贾兹巴卜高等农业工程学校农用拖拉机

资料来源：https：//www.yidaiyilu.gov.cn/p/0BCJOTTR.html。

方案，实现了跨国运输车辆全程定位监控、实时调度等综合信息管理，有效提高车辆管理能力和管理效率。

二、北斗精准时空定位技术介绍

（一）差分定位技术

差分定位技术（Differential Global Positioning System，DGPS）是一种先进的室外定位技术，能够实现厘米级的定位精度。该技术通过对北斗卫星的信号进行接收和处理，利用差分校正的方法，消除误差，提高定位精度，广泛应用于航空、航海、车辆导航、人员定位管理、测绘等领域。

1. 技术原理

差分定位技术的原理主要包括差分修正和多路径干扰抑制两个方面，如图2－25所示。差分修正通过基准站和用户接收机同时接收北斗卫星导航信号，差分基准站计算实际测量值和已知坐标之间的误差值，并将修正值传输给用户接收机进行修正。基准站是一个已知坐标的接收机，其位置精确度较高。用户接收机通过接收基准站的校正信号，实现对自身位置的精确修正。通过这种方式，可消除信号传输过程中产生的延迟和误差，大大提高定位精度。

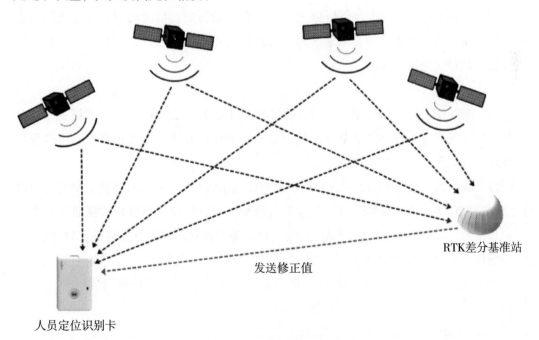

RTK差分基准站

发送修正值

人员定位识别卡

图2－25 差分定位技术原理

资料来源：http://www.xinruikc.cn/jsgh/546.html。

导航信号在传输过程中经过反射、折射等途径到达接收机，使接收机在接收到原始信号外，还接收到经过反射或折射而来的信号，导致定位精度下降。为了抵消多路径干扰对定位精度的影响，差分定位技术采用了信号处理算法，通过对接收到的信号进行分析和处理，将多路径干扰信号进行抑制，提高定位精度。

2. 应用领域

差分定位技术的应用领域非常广泛。在航空领域，差分定位技术可以实现飞机的精确定位和导航，保证飞行安全；在航海领域，该技术可以用于船舶的定位和导航，避免船只偏离航线；在车辆导航领域，差分定位技术可以为驾驶员提供精确的导航信息，减少道路堵塞和交通事故；在安全生产领域，该技术可以提供高精度实时的人员、车辆、物资定位管理，为安全生产保驾护航；在测绘领域，该技术可以用于绘制地图、测量地形和地貌数据，为城市规划和地质勘探提供准确的数据支持。

（二）精密单点定位技术

精密单点定位技术（Precise Point Positioning，PPP），是指利用全球导航卫星系统（Global Navigation Satellite System，GNSS）接收机的载波相位观测值、精密星历和精密卫星钟差实现高精度定位的方式。

北斗系统通过3颗地球静止轨道（Geostationary Orbit，GEO）卫星提供的精密单点定位服务，是北斗系统六大特色服务之一，具有广域覆盖、精度均匀、所需地面站点较少的特点。北斗系统正为亚太地区用户提供精密单点定位服务，满足自动驾驶、精准导航等高精度应用需求。

1. 技术原理

PPP 服务使用 PPP 信号作为数据广播信道，由北斗系统的3颗 GEO 卫星在我国及周边地区播发北斗系统和其他全球卫星导航系统的轨道和钟差等改正信息，可以为用户提供公开、免费的高精度服务。

PPP 服务系统示意如图 2-26 所示。地面监测站对 GNSS 的所有可见卫星进行连续监测，生成伪距和载波观测信息，并收集气象数据，预处理后将原始数据通过网络发送给地面主控站；地面主控站对原始数据进行验证和评估，解算卫星轨道和时钟校正，根据协议生成改正数和其他相关参数的增强信息，由上行链路站传输给 GEO 卫星，GEO 卫星再通过 PPP 信号进行广播；用户接收改正信息后，即可进行实时精密单点定位。

2. 应用领域

精密单点定位技术应用主要为以下几点。运动目标定位方面，该技术可以应用于飞机、轮船的实时或事后定位以及运动状态分析；地理信息调查方面，该技术可以应

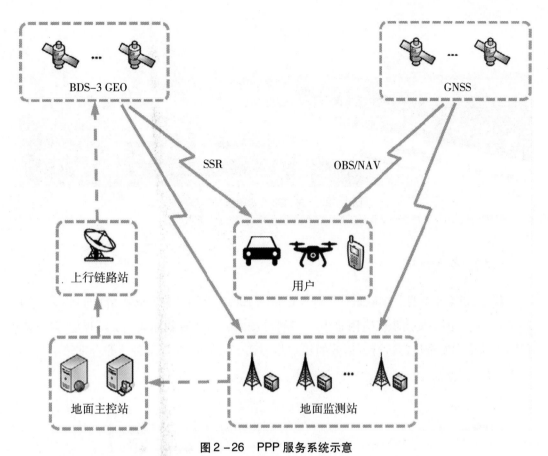

图2-26　PPP服务系统示意

资料来源：https://mp.weixin.qq.com/s/_ADqhgTVH1bUwHHny6p-wg。

用于公路调查、森林面积范围调查、环境监测、精密农业；其他工程类应用方面，该技术可以应用于水利、交通、电力等工程勘测设计建设。

三、北斗精准时空定位在物流中的应用

（一）无人驾驶

2024年2月，如图2-27所示，在北斗系统的帮助下，我国已实现L4自动驾驶（高度自动化阶段：车辆可以在大多数情况下独立完成驾驶任务，无须驾驶员介入）的跨省商业运营，在跨省无人驾驶物流方面取得新突破。

目前，中国外运、招商公路和小马智行正联合推进公路干线货运新模式：小马智行为货运商业运营提供技术保障；中国外运拓展商业运营业务场景并组织筹备两地业务货源；招商公路提供道路测试和示范运营期间所需的路侧基础设施、清障救援保障服务，即形成三方在商业试运行"业务＋技术＋场景"的协同合作。

图 2-27　跨省无人驾驶运行实景

资料来源：2024 全球物流技术大会演讲《北斗赋能智慧物流行业发展》。

（二）多式联运

截至 2024 年 7 月，中欧班列累计发送货物 108.3 万标准箱，同比增长 11%。如图 2-28 所示，国铁集团积极应用北斗、5G 等新技术，落实装载加固、安检查危等措施，保障中欧班列安全稳定运行，运输的货物品类达 53 大类、5 万余种，综合重箱率稳定在 100%。

图 2-28　装载北斗系统的中欧班列

资料来源：http://www.beidou.gov.cn/yw/xwzx/202407/t20240729_28178.html。

北斗系统的应用，让中欧班列的位置查询十分方便。西安至德国杜伊斯堡班列运行 9908 公里，10 天左右即可抵达杜伊斯堡。该班列涵盖上万余种货品，集装箱安装有北斗定位电子锁，货主可以像查询快递一样查询货物运输情况。

此外，北斗系统在海铁联运中也有重大应用。如图 2-29 所示，2024 年上半年，

图 2-29　天津港应用北斗系统的智慧码头
资料来源：http://www.beidou.gov.cn/yw/xwzx/202407/t20240729_28178.html。

天津港集装箱海铁联运量完成69.1万标准箱，同比增长21.8%，位居全国第三。北疆港区C段智能化集装箱码头作为全球首个"零碳码头"，定位精度可达厘米级，其装卸作业纪录不断被刷新。这得益于近百台依托北斗系统的人工智能运输机器人的投用。

（三）交通通行

2024年1月17日，如图2-30所示，东海航海保障中心温州航标处在华能苍南海上风电场，完成全球首套北斗水上智能感知综合预警系统现场安装调试工作，北斗水上智能感知综合预警系统运用边缘运算技术，可智能感知周边海域船舶动态，全自动识别所有船舶风险程度。经现场效能测定，可有效保障海域船舶通航安全。

此外，同样是在2024年年初，北京市针对强降雪天气，在除雪工作中融入了北斗智慧。北京市通过应急指挥调度平台与作业监控系统，为全部除雪设备加装北斗终端，可随时监控除雪作业车辆运行轨迹、作业状态，提升了扫冰除雪作业效率，确保城市道路车辆安全通行。

（四）无人装卸车

在商贸物流领域，无人装卸车有着车辆停靠位置不固定、货物位置偏移，目标托盘精准定位难、室外及半室外场景作业，光照影响明显以及作业场景空间受限，非固定路线装卸，路径规划及控制要求高等技术难点。

齐鲁空天信息研究院与北京交通大学结合装卸车场景，对叉车本体进行改造及电气加装，采用北斗、惯导、激光、视觉、辅助定位的多源融合定位手段，通过加装多

图2-30　北斗水上智能感知综合预警系统现场安装调试

资料来源：https://mp. weixin. qq. com/s/O6NZ8Kv6C - w1efP9sJJVQA。

种传感器，提高无人装卸车的环境感知能力。最终根据室内外多种无人装卸及转运的应用场景，对无人装卸车进行定制化设计及改造，共研制三款产品，如表2-3所示。

表2-3　　　　　针对不同细分行业场景的无人装卸车技术参数

型号	QLY - ZXCC - 001	QLY - ZXCC - 002	QLY - ZXCC - 003
定位手段	北斗 + 惯导 + 辅助定位	北斗 + 惯导 + 激光	激光
感知手段	视觉	视觉	视觉
定位精度	室外 3cm	室外 3cm 室内 1cm	室内 1cm 厢内 3cm
驱动类型	单舵轮	单舵轮	单舵轮
避障模式	避障激光 + 进叉检测	避障激光 + 进叉检测	避障激光 + 进叉检测
适用车型	平板车/半挂车	平板车/半挂车	厢式车
适用场景	高台库 室外/半室外	平地库 室外 + 室内	高台库 室内 + 半室外

无人装卸车目前已具备工程化应用条件，正在临沂顺和商贸物流园区应用，经实测，装卸一托货物的时间≤2min，13.75m的半挂车两层货物装卸时间≤40min。

第三章　运输技术

党的二十届三中全会通过的《中共中央关于进一步全面深化改革　推进中国式现代化的决定》，强调要"降低全社会物流成本"。运输作为物流的核心功能和关键环节之一，其费用占我国全社会物流总费用的比重超过 50%。近年来，无人驾驶技术不断深化着运输环节的无人化转型，多式联运组织技术加速推动着物流资源有效整合和高效利用，清洁能源动力、车身轻量化等技术有效降低了传统能源及材料成本的消耗，网络货运平台以数字化手段推动运力重构和货运规模集约化发展，在降低全社会物流成本上均发挥着重要作用。

第一节　无人驾驶技术

无人驾驶，是指利用各种传感器（如雷达、激光雷达、摄像头等）、控制系统和执行机构，通过计算机算法实现对汽车的操控，从而在没有驾驶员直接操作的情况下，使汽车能够自主行驶的技术。无人驾驶技术的核心是使汽车具备感知环境、做出决策并执行相应动作的能力。2023 年 1—11 月中国商用车无人驾驶产业投融资金额及事件数量如图 3 – 1 所示。无人驾驶市场正在经历快速增长，不仅在中国，而且在全球范围内都具有广阔的市场前景和发展空间。预计在 2025 年前后，全球将迎来无人驾驶汽车规模性产业化的契机。

一、干线物流无人驾驶技术

无人驾驶干线物流应用，是人工智能、大数据、云计算等新一代数字技术赋能传统产业的绝佳尝试。一方面，安全、降本增效等需求促进着物流企业寻求更优的货运解决方案；另一方面，政策推动公路货运行业转型升级，推动建立绿色经济、便捷高效的公路货运体系。在场景需求真实存在、政策鼓励先行的背景下，无人驾驶干线物流应用应运而生，通过无人驾驶系统对驾驶员的逐步替代、驾驶策略与驾驶行为的优化、车队管理效率的提升，有效解决干线物流安全、成本、环保、效率痛点，打造更安全、更绿色、更经济、更高效的公路货运体系。亿欧智库测算，与普通柴油重卡相

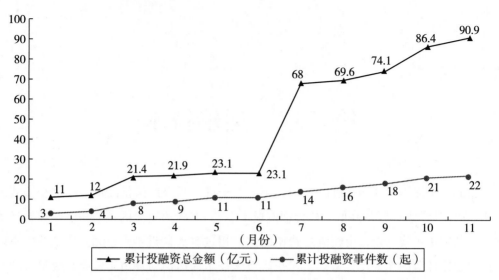

图 3-1　2023 年 1—11 月中国商用车无人驾驶产业投融资金额及事件数量

资料来源：2024 全球物流技术大会演讲《从资本视角看无人驾驶与物流》。

比，L3 无人驾驶重卡在每单位周转量的总拥有成本上可降低 9.35%，而 L4 无人驾驶重卡可降低 15.35%。对于利润面临进一步挤压的物流企业而言，无人驾驶技术的应用无疑能为其带来可观的利润空间，物流企业对无人驾驶技术的应用需求也显得更加强烈。

（一）干线物流无人驾驶技术发展现状与趋势

1. 干线物流无人驾驶技术优势

无人驾驶技术赋能物流领域，是解决驾驶员缺口的重要途径。中国物流信息中心发布数据显示，2023 年全国社会物流总额为 352.4 万亿元，增速比 2022 年提高 1.8 个百分点，需求规模稳定增长，对驾驶员的需求在加大。无人驾驶技术通过变"双驾"为"单驾"，最终实现无人驾驶，可以缓解驾驶员供需矛盾。通过无人驾驶技术降本增效成为企业迫切需求。物流企业的人力和燃油支出约占总成本的一半，占比较高。优化行驶策略或者采用编队行驶，有望降低企业综合成本的 15% 左右。货车道路运输安全事件频发，干线物流智能化势在必行。货车保有量占机动车总保有量不足 10%，但占致命事故的 1/4；致死率为 0.32，比同期全国道路致死率高 52%。无人驾驶技术可有效避免因激进驾驶、疲劳驾驶、注意力分散等驾驶员因素和驾驶盲区造成的安全事故，打造更安全的道路货运。无人驾驶干线物流具有较好的应用潜力。干线物流行驶环境相对简单和清晰，范围和路线相对确定，更易实现落地应用，成为实现无人驾驶商业化的主要场景之一。

2. 干线物流无人驾驶技术全球进展

各国积极颁布政策法规，加快推动干线物流商业化应用。我国主要从测试示范区管理规范入手，稳步开展立法预备工作；美国、欧洲及日本则针对无人驾驶技术制定新法案。从国家到地方层面，我国积极探索无人驾驶卡车示范应用。2021 年，工业和信息化部、公安部、交通运输部联合发布《智能网联汽车道路测试与示范应用管理规范（试行）》，明确商用车为示范应用车辆之一，并着重强调了高速公路载物运输的试点及试行活动。在美国，联邦政府和各州均在积极推动无人驾驶技术的商业化部署。在联邦层面，政府推动商用车"无人化"探索，明确规定商用车驾驶员无须限定为人类，同时多处提及了编队行驶的概念；在州层面，至少有 40 个州和华盛顿特区考虑通过立法或颁布行政命令的方式推动无人驾驶技术的发展，其中 24 个州已明确允许进行商业化部署。在欧洲方面，通过构建跨区域联盟，具体落实高速公路上无人驾驶技术的应用。2021 年发布的《欧盟无人驾驶技术路线图更新版》中提出，计划到 2030 年将高速公路及跨境走廊作为重点应用场景，实现 L3 及以上无人驾驶车辆，在限速 130 公里/小时的情况下行驶时，实现自动变换车道及自动跟随。日本方面，则在规划商业运营实施路径并着手修订相关法律法规，其 2022 年发布的《日本无人驾驶审查委员会报告 V6.0》中提出，计划于 2026 年实现 L4 无人驾驶卡车的高速公路商业化运营，允许卡车公司建立无人驾驶货运车队。

此外，重卡无人驾驶由测试示范向量产商业化转变。技术路线从列队跟驰向"主驾无人"转变。多数企业选择先实现 L2/L3 无人驾驶，从两位驾驶员（双驾）向一位驾驶员（单驾）转变，逐步过渡至"主驾无人"的发展路线；整车开发从后装改造向前装正向设计转变。后装改造受整车设计结构约束多，软件与整车联合标定难度大，且成本较高，无法支持大规模商用；示范应用由单场景向全链路场景发展。美中不足的是，该场景市场规模较小，不足干线物流的 0.9%。

3. 干线物流无人驾驶发展趋势

在法律和法规的促进作用下，中国干线物流重卡已经在基础硬件设备方面取得了突破，例如，T-box 和部分预警类 ADAS（Advanced Driving Assistance System，高级驾驶辅助系统）已经实现了量产并装配上车。展望未来，随着法规的不断推动和技术的日益成熟，车联网平台的商业模式将逐渐完善，ADAS 功能的普及率也将迅速提高，从而促使市场迅速增长。

干线物流无人驾驶目前已进入前装量产和商业化运营的重要阶段。在不断探索和试验的过程中，无人驾驶科技企业的商业模式逐渐清晰化，通过销售无人驾驶前装系统和提供运力服务来实现盈利。随着前装无人驾驶卡车的数量（运力）的增加，预计在未来若干年内，干线物流无人驾驶市场将迎来快速增长。

（二）H2H（转运中心/收费站到转运中心/收费站）模式

在干线物流无人驾驶的传统仓到仓模式短期落地无望的背景下，部分公司开启了落地新模式的有益探索。在这一过程中，诞生的全新 H2H 模式让人眼前一亮，不但将落地场景简化，还提供了干线物流无人驾驶短期实现商业闭环的可能性。

1. 传统仓到仓模式

干线物流是利用铁路、公路、江河的干线进行的长距离、大数量运输，是运输网中起骨干作用的线路运输，可分为铁路干线物流、公路干线物流和海运干线物流等。

公路干线物流无人驾驶顾名思义就是利用无人驾驶卡车替代有人驾驶卡车往返于两个城市的物流园仓库之间，并利用公路干线进行的无人运输。始于一个城市的物流园仓库止于另一个城市的物流园仓库，因此这一模式也被称为干线物流无人驾驶的传统仓到仓模式。

2. 全新 H2H 模式

全新 H2H 模式的核心思想便是"化繁为简"，通过新建转运中心（Transfer Hub），将转运中心与高速公路之间的这段行驶路线尽量缩短、尽量固定。同时，根据技术能力的不同或渐进式落地的需要，还可以灵活地将转运中心设在高速公路主干路旁或高速公路收费站附近。全新 H2H 模式如图 3－2 所示。

❶ 司机驾驶有人驾驶卡车从物流园仓库驶往 Transfer Hub。
❷ 有人驾驶卡车在 Transfer Hub 内甩下集装箱。
❸ 无人驾驶卡车接上集装箱后驶上高速公路。
❹ 无人驾驶卡车在 Transfer Hub 内甩下集装箱。
❺ 司机驾驶有人驾驶卡车接上集装箱后从 Transfer Hub 驶往仓库。

图 3－2　干线物流无人驾驶的全新 H2H 模式

资料来源：https://mp.weixin.qq.com/s/yZC1Hv–uNchhXCpqQtGzvg。

在这一模式下，物流园仓库与转运中心之间的货物运输仍由有人驾驶卡车完成，而转运中心与转运中心之间的货物运输由无人驾驶卡车完成。转运中心内通过甩挂运输方式完成有人驾驶卡车及无人驾驶卡车的货物交接。

在转运中心内部，无人驾驶卡车短期可先由司机驾驶完成内部道路通行、甩挂和接挂等操作，并在驶入固定位置后激活无人驾驶系统，司机可转变为安全员继续留在车上或支持全无人时直接下车。

3. H2H 模式案例

最早提出并践行 H2H 模式的是美国 Embark 公司。Embark 公司将运营路线上的转运中心分别建立在洛杉矶和菲尼克斯高速公路收费站附近。如图 3-3 所示，有人驾驶卡车驶入转运中心后将集装箱甩下，完成后驶往入口处接上集装箱驶出转运中心并前往物流园。无人驾驶卡车首先由人工驾驶接上集装箱，并在司机检查无人驾驶软硬件无故障后，驶往固定停车位，此后激活无人驾驶系统，司机转变为安全员继续随车行驶。

图 3-3 H2H 模式转运中心作业示意

资料来源：https://mp. weixin. qq. com/s/yZC1Hv-uNchhXCpqQtGzvg。

Embark 公司采用渐进式技术路线，转运中心内部无人驾驶卡车先由人驾驶，转运中心到转运中心之间提供辅助驾驶功能。之后随着技术迭代，逐步在转运中心内部、转运中心之间演进到全无人的 L4 无人驾驶系统。

我国 DeepWay 公司的 H2H 模式是通过在物流集散地城市的高速公路服务区附近修建大型物流转运中心。在起点城市，由普通卡车将货物运送到转运中心，再由无人驾驶卡车从转运中心接走集装箱后直接上高速。在高速路段，将会完成自动过收费站、自动换电、自动行驶等一系列动作，然后抵达目的地城市的转运中心，卸掉集装箱完成运载工作，剩下的城市端的物流由普通卡车完成。整个流程如图 3-4 所示。

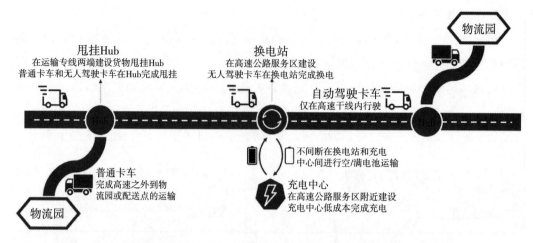

图 3 - 4　DeepWay 干线物流无人驾驶 H2H 模式流程

资料来源：https://mp.weixin.qq.com/s/yZC1Hv - uNchhXCpqQtGzvg。

（三）应用案例

1. 智加科技技术应用

智加科技是全球领先的重卡自动驾驶技术公司，拥有全栈自动驾驶技术，在满帮集团、红杉中国、一汽解放等国际领先基金与战略方的支持下，智加科技在技术能力、产业资源、商业模式及数据闭环层面均处于行业领先地位。智加科技获得全国首张重卡无人驾驶开放道路测试牌照，先后完成全球多个首次全无人驾驶场景测试，如五峰山智慧高速满载重卡全无人驾驶与社会车辆混行测试、太湖智慧隧道重卡全无人测试、苏台高速 S17 全无人驾驶示范运营、湖北花湖机场高速无人化运营演示等。

智加科技干线物流产品主要应用在干线物流收费站到收费站的场景，采用渐进性的发展逻辑，先解决比较封闭的、半封闭的场景，现阶段应用的干线物流场景中，97% 以上的里程都是收费站到收费站。干线物流无人驾驶技术应用场景可以做到双驾变单驾，或者单驾开更长的公里数，实现安全、节油。基于 L4 全栈自动驾驶技术，智加科技自研的自动驾驶系统——智加领航，已率先实现前装量产并投入运营，并获得国际权威机构颁发的 ISO 9001：2015 和 ISO 26262：2018 认证证书。

2023 年年底，智加科技联合江淮汽车针对快递快运市场打造的智能重卡 K7 + 实现量产，其搭载的自动驾驶系统是全面升级的智加领航 2.0，具备行业首个收费站到收费站的领航自动驾驶功能，为快递快运在高速公路上收费站到收费站添加了无人驾驶功能，包括自动过匝道、自动超车等高等级辅助应用功能，主要为快递快运行业减少司机的使用，同时带来更极致的安全。

在苏台高速 S17 示范应用中，三款搭载智加科技自动驾驶系统的重卡在苏台高速 S17 上进行了全球首次示范运营。苏台高速 S17（黄埭互通—阳澄湖北互通）双向 56 公里路段中，对 55 个点位进行了激光雷达、毫米波雷达、摄像头、路侧天线 RSU 等感知设备 270 套的布设，以支持 L4 自动驾驶的道路测试、示范应用和示范运营，是中国首条满足车路协同式自动驾驶等级的全息感知智慧高速公路。

智加科技无人重卡在 S17 的示范运营，是在单车智能的基础上进一步与全息道路的智能设备结合，从而实现对异常目标、异常交互等场景的提前预警和应对，提高无人重卡在实际道路上的运行安全性和可靠性（见图 3-5）。

图 3-5　智加科技无人重卡在 S17 的示范运营

资料来源：https://mp. weixin. qq. com/s/lGxQ32oQ71A2 - PSxfMPtxw。

2024 年，智加科技与一汽解放青岛汽车有限公司签订合作协议，双方将联合定义并开发全球首款前装量产自动驾驶燃气重卡，并将携手数字货运平台企业满帮集团共同探索数智物流综合解决方案。

智加科技无人重卡已完成了满载重卡多车运输、全过程协同编队行驶，并通过了"交通事故""匝道汇入""前方异物""道路施工"和"交通拥堵"等多个应用场景的测试。截至目前，智加科技与中国邮政、中通快运、安能物流、荣庆物流等合作伙伴开启的联合运营，已覆盖长三角、珠三角、京津冀和长江中游经济圈等国内繁华的区域，承担快递快运零担整车不同的物流业务，实现了最高节油 10%，千万公里全程零事故，有效体现了产品安全、节油、高效的价值。

2. 京津塘高速公路示范应用

2024 年 4 月，随着京津塘高速河北段正式用于开展智能网联汽车道路测试与示范应用，跨越京津冀三地的京津塘高速实现无人驾驶测试全线开放，从北京马驹桥物流园途经河北廊坊到天津港约 130 公里，车辆全程无须接管。满载货物的无人驾驶氢燃料电池重卡，从北京马驹桥物流园驶出后，途经河北廊坊，最终到达天津港。全程无须接管，车辆可安全自主应对各类交通场景，真正实现高速干线"点对点"无人驾驶。

行驶途中，无人驾驶重卡和前车保持约 45 米间距，以 80 公里/小时的速度稳定行驶。若察觉前车速度明显较慢，它可采取变道超车功能，左侧的引车道留出了安全的变道距离，系统选择果断变道，提速进行超车，加速成功超越右侧车辆，在完成超车动作以后，迅速并回优先行驶的右侧车道，整个超车动作结束。包括过收费站、上下匝道、前方异物躲避、施工区域避让，车辆在这些场景中应对自如。

2023 年以来，主线科技的 6 台车辆已经在京津塘高速上测试了约 6 万公里，还重点开展了编队无人驾驶测试，能够实现 3~5 辆智能卡车编队作业，具有低间距、毫秒级响应、车路云协作的技术特点（见图 3-6）。编队应用的实现是基于 L4 级别的单车智能，再加上车间感知共享去做协同控制。整个编队车辆的运行由云端的车队管理系统这个"大脑"发出，每辆车上都会有一个通信单元连接域控制器，负责车辆之间的信息交互。所有车辆的感知，比如周边环境的道路条件、车辆条件、障碍物等探测，都是车队之间共享。

图 3-6　无人驾驶重卡在京津塘高速上行驶

资料来源：https://mp.weixin.qq.com/s/QmfZi7q3DRZF0FG1hn65Ew。

无人驾驶在干线物流运输的应用，既能降本增效，也能提升安全性。降本主要是围绕人力成本，现在卡车司机缺口在 1000 万人以上，而且从业人员的年龄逐年上升，招聘难度日益加大，无人驾驶技术的应用能够大大缓解这样的问题。在增效方面，无人驾驶在货车编队的应用，能够拉低车辆的间距，提高道路容量，给运输过程带来一定的效率提升，提升运输过程的安全性。

二、末端无人配送技术

在物流行业飞速发展的背景下，末端配送作为连接消费者与商品的"最后一公里"，其重要性日益凸显。然而，传统的人工配送模式正面临着快递员紧缺、成本上升、效率低下等诸多挑战。为此，末端无人配送技术应运而生，以其智能化、自动化的优势，成为解决当前配送难题的新希望。

（一）末端无人配送行业现状

末端无人配送是指采用无人配送车等智能设备，替代传统快递员进行包裹配送的物流活动。无人配送车不仅能实现从分拨中心到末端网点的转运，还能直接送达消费者手中，极大地提升了配送效率和灵活性。根据不同应用场景，无人配送车可分为无人快递车、寄递无人车、低速无人配送车等多种类型，每种类型都有其特定的技术要求和适用范围。

当前，末端无人配送市场正处于快速发展阶段。据报告预测，到 2030 年，城市末端无人配送产值将达到 977 亿元。随着技术的不断成熟和政策的持续支持，无人配送市场将迎来爆发式增长。同时，无人配送车的应用场景也在不断拓展，从最初的快递配送扩展到生鲜外卖、商超零售等多个领域。

在末端无人配送领域，科技公司、物流企业、平台公司及汽车厂商等多方势力纷纷布局。新石器、行深智能、毫末智行等初创科技公司在技术研发和产品创新方面走在前列；京东物流、菜鸟物流等物流企业在应用场景拓展和商业化运营方面具备优势；而美团、顺丰等平台企业则通过整合资源，推动无人配送生态的建设。此外，各方势力之间也展开了广泛合作，共同推动无人配送行业的快速发展。

（二）末端无人配送技术复杂性

末端无人配送定义为居民小区周边综合物流运输/快递站点直接配送货物至居民手中，实现小区内外道路无人驾驶货物运输。随着无人驾驶能力增强，未来在不同交通和人口密度的区域适应差异化配送需求，在最后 1 公里、3 公里、5 公里等弹性配送范围扩展业务。

现阶段末端无人配送仍面临着诸多挑战，如卫星定位常常失效，建图与定位能力要求高、异常交通行为识别，各类目标运动预测、交通秩序弱约束，目标行为意图分析要求高、路径突发状况多，全局和局部路径规划要求高，还存在适配末端复杂地形、复杂天气等挑战，例如，雨雪天气上下坡高负载等。

同时，不断增长的业务量和订单量让末端配送行业市场在不断增大，给末端无人配送带来极大的配送压力，末端无人配送存在以下困境和痛点。

①配送物品种类众多，包括快递、餐饮、生鲜、药品等，且在不断增加，不同物品意味着具体要求不同，配送难度提高。

②配送场景复杂，包括城市社区、商业区、办公区、公寓住宅楼、酒店、高校等，不同场景面临着不同的规定和限制，增加了交货难度及送货成本。

③配送路线复杂，系统会进行路径规划，但实际情况可能存在差异，存在各种突发情况，影响配送效率提升。

（三）应用案例

1. 毫末智行

毫末智行是一家成立于 2019 年的自动驾驶技术公司，致力提供自动驾驶解决方案。公司凭借其在城市复杂路况下的自动驾驶技术突破，以及长城汽车等合作伙伴的支持，在商业化进程中取得了显著进展。

小魔驼是毫末智行推出的末端物流自动配送车，旨在实现城市全场景无人配送，具有超强载货空间及百公里续航能力，支持开箱即用及"交钥匙"部署。小魔驼系列产品具备 L4 级别自动驾驶能力，能够在复杂交通场景中实现混行和拥堵下的通行，城区末端配送实现现场无人跟随。毫末智行在 2024 世界人工智能大会上展出了全新一代末端物流自动配送车小魔驼 HD05，这是一款 C 级（大型）末端物流自动配送车，具备 5 立方米超大空间、70 千米满载续航、L4 级自动驾驶能力，以及灵活的通行能力。

小魔驼 HD05 在智能化方面表现出色，能够实现门到门配送。其整车尺寸在同等容积下最小，可以不担心限高、限宽，能穿梭各类道路。小魔驼 HD05 已经在商超履约、快递接驳、校园配送、机场巡逻、餐饮零售、智慧社区等 9 大场景开启商业化探索。

小魔驼 HD05 背后的核心技术支持源自 DriveGPT，这是一个生成式预训练大模型，中文名为雪湖海若。DriveGPT 是首个应用 GPT 模型和技术逻辑的无人驾驶算法模型。它通过引入量产智能驾驶数据进行预训练，训练出一个初始模型，然后通过高价值的用户接管片段（Clips 形式）训练反馈模型，最终通过强化学习的方法不断优化迭代初始模型。DriveGPT 的核心在于其生成式能力，能够实时根据当前交通流情况生成不同的针对性场景，训练初始模型。这种生成式模型能够做到智能捷径推荐、困难场景自主脱困、智能陪练等功能。训练 DriveGPT 等模型需要充沛的算力，毫末智行是国内第一个选择自建超算中心的无人驾驶公司，以支持大模型和无人驾驶系统的快速迭代。这个超算中心被命名为"雪湖·绿洲"（MANA OASIS），每秒浮点运算达 67 亿次，存储带宽每秒 2T，通信带宽每秒 800G。在端侧算力上，小魔驼搭载了具备高算力的计算平台。例如，小魔驼 2.0 配备了"ICU3.0 大算力计算平台"，而小魔驼 3.0 则进一步升级，装载了"360TOPS 高算力毫末自研域控制器"，由高通 Snapdragon Ride 平台的两颗芯片 SA8540P 和 SA9000P 加持，确保了算力充沛和运行的稳定性。

2024 年 5 月，北京邮政联手毫末智行小魔驼 HD05，在顺义区尝试使用无人配送车辆进行邮件盘驳工作，主要负责网格区域内营业部和驿站、代投点之间的邮件运输，往返距离约 30 公里，单次装载量可达 5 立方米，可装 500 余个包裹。无人配送车辆的引入，显著节约了投递员在末端与营业部之间的往返作业时间，不仅提升了投递效率和服务质量，还增加了揽收邮件时间，有效提升了揽件收入（见图 3 - 7）。

图 3 - 7　毫末智行联手中国邮政

资料来源：https://mp. weixin. qq. com/s/txVz2QNocdLB9J8NpRleeg。

小魔驼 HD05 采用了先进的无人驾驶技术，依托高精地图、雷达与摄像头等多重传感器，实现了运输中转全流程的智能化运行。在复杂的交通环境中，小魔驼 HD05 展现出高超的智能驾驶能力，无论是精准判断十字路口的通行时机，还是灵活避让施工路段，都表现得游刃有余。

2. 白犀牛自动驾驶

白犀牛自动驾驶—— 一家成立于 2019 年的全球领先 L4 自动驾驶公司，始终专注于城市公开道路上的自动驾驶产品和服务，以无人配送为起点，致力让物流运输成本更低，让人类出行更安全、更经济。

白犀牛无人车采用了多传感器融合方案，包括40线激光雷达、双目摄像头和超声波雷达等，能够快速针对道路障碍作出响应（见图3－8）。

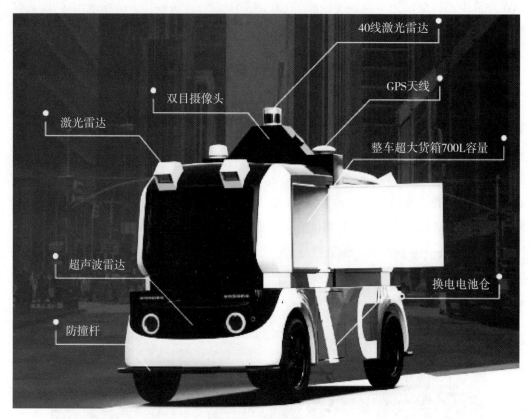

图3－8　白犀牛无人车

资料来源：https://mp.weixin.qq.com/s/E63DTgvm0PI5us_VNltgiw。

白犀牛无人车的外壳可以应对中度雨雪的场景，其高精度定位系统又适用于雾霾、夜晚、城市密集林荫道路等场景。无人车白犀牛一直专注于物流配送，其中，最常见的应用场景就是超市的物品配送。

为满足在各种天气情况下，各种时段（包括高峰时段和非高峰时段）的正常运行能力，白犀牛无人车具有很强的驾驶适应性。面对车流中众多的交通参与者，它具备更清晰的感知能力和灵活智能的决策能力。

白犀牛无人车能有效识别红绿灯，根据路况进行智能规划、绕行障碍物、人群避让、缓行，并与周围车辆、交通环境产生实时交互，在接驳点自动泊车，道路拥堵时倒车等功能。

且白犀牛无人车运行时，远程运维人员可通过平行驾驶、人机交互等功能实现远程无人车脱困，遇到任何情况随时可以实现人为接管。车辆运行的数据也将上云存储，实现自动驾驶数据的落盘及回放功能，实现数据和研发的迭代闭环，进一步确保其安全运行。

白犀牛无人车的最高时速是25公里，但目前上路设定的时速是15公里，在这样的速度下，车辆充电一次最高行驶里程可达到100公里。

白犀牛R5无人货车已正式投入市场（见图3-9）。这一创新举措标志着自动驾驶技术在物流领域的商业化应用迈出了重要一步。白犀牛R5无人货车具备行业领先的L4自动驾驶能力。车身配备了高精度激光雷达、感知摄像头等多重融合感知设备，能在城市道路、乡村道路、机动车道及非机动车道等多种环境，以及雨天、雪天、大雾等多种气候条件下实现安全稳定的全无人自动驾驶。R5无人货车的载货空间为5.5立方米，载重800千克，最多可装载快递600件，时速可达45公里。其适配性强，充电方便，为快递物流领域提供了一种全新的解决方案，有效取代人工派件模式，节省成本，完美契合接驳需求。

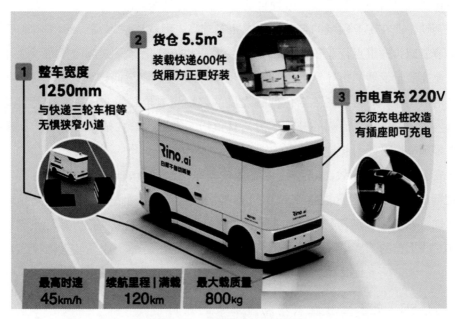

图3-9 白犀牛R5无人货车

资料来源：https://mp.weixin.qq.com/s/PQ2CtVdwgC2nlcC8W1E1EA。

三、厂内无人驾驶技术

（一）厂内无人驾驶技术现状

在基于"端到端"制造供应链全链条协同的应用场景中，无人驾驶技术在工厂物流（进货物流、厂内物流、出厂物流）中显现出巨大的应用前景和市场潜力，它跨越了干线物流、厂区（园区）物流、末端配送（"最后一公里"物流）等上下游链条中不同行驶里程和行驶区域。特别是随着工业互联网、数字化、人工智能对传统实体生产制造体系的全面赋能改造，无人工厂、"黑灯"工厂的涌现，以自动驾驶车辆为载体的无人化物流系统融入生产制造流程各环节，成为智能制造不可或缺的有机部分。

在工业领域，尤其是制造企业，厂区面积大，生产环节多，原材料仓—生产车间—成品仓之间需要大量的物料运输配送作业。据了解，在封闭的工业园区内，库房与车间、车间与车间短距离、高频次的货物运输，目前主要靠司机驾驶各种车辆来完成。为了保证园区内工作人员的安全，避免货物的损坏，园区一般将车辆行驶速度限制在30km/h以下，并要求车辆在行驶中尽量做到平顺、稳定，减少颠簸、急刹急停的发生。采用自动驾驶车辆替换人工驾驶，可以提高物流作业整体质量和效率，提升运输安全性，降低运营成本。目前，在园区与工厂这些封闭/半封闭的低速行驶环境中，无人车已经实现了L4自动驾驶。无人车的部署也无须对厂区内基础设施进行改造，可以柔性化实现厂区内物料运输全流程自动化、智能化升级。

如钢铁企业在工业领域的自动化程度相对较高，但物流成本高、环境治理压力大，是推进节能减排的重点行业领域。2022年，工业和信息化部等三部门发布《关于促进钢铁工业高质量发展的指导意见》，明确全面推动钢铁行业超低排放改造，加快推进钢铁企业清洁运输，完善有利于绿色低碳发展的差别化电价政策。随着减碳目标持续推进，国内各大钢铁企业面临的减排压力与日俱增，物流运输减排作为钢厂"减碳"行动的重要环节，已经引起越来越多钢铁企业的重视。

在安全、经济、高效、绿色的物流运输要求下，封闭/半封闭的工厂厂区/园区的传统钢铁物流面临运营成本高、司机招募困难等问题，很多企业将目光投向自动驾驶运输。目前，自动驾驶在钢铁企业的厂区/园区内物流领域应用开始逐渐普及。特别是在一些大型的工厂厂区、工业园，厂到港的钢铁在制品、成品装运已经实现全程覆盖。

（二）5G+无人驾驶在入场物流环节的应用

随着工业4.0时代到来，汽车制造业正面临着一场深刻的技术变革。人工智能在智能汽车领域具有广泛应用前景。无人驾驶技术可通过车载传感系统感知路面环境，自动规划行车路线并控制车辆到达预定目标。具备该技术的车辆可自主完成路线运输，适用于入厂物流。

"5G+"是指利用5G技术与人、机、物、系统等实现连接，构建服务体系。传统入厂运输业务存在效率低、远程控制能力弱、智能化水平低等问题，随着无人驾驶技术与5G技术发展融合，入厂物流开始拥有新的解决方案。

1.5G+无人驾驶核心技术

5G+无人驾驶核心技术包括以下四项。

第一项为双传感感知技术，无人驾驶车辆传感器使用激光与雷达双融合感知，形成混合感知结构，对路线整体情况进行采图建模，在系统中生成道路模型，识别周围环境，并在后续逐步更新完善，提高安全性以及周围的识读性，增强设备运转能力。

第二项为系统联动技术，无人驾驶车辆在原有燃油卡车运行基础上，与多个相关系统对接。车辆在卸货、出厂等过程中自动关联要货系统、EWM（扩展仓库管理）系统及卸货口车辆控制系统，并实时显示货物或空器具数量、型号等信息。

第三项为安全避障技术，车辆通过该技术自动识读周围环境建立虚拟模型，搭建场景，并根据障碍物距离预设较远（10m）、较近（7m）、近（5m）三种安全距离等级。在行驶过程中控制车速，自动避开行人、车辆及其他障碍物，保证运行安全可靠，同时配备急停装置以保证安全性。

第四项为5G+深度融合技术，无人驾驶云平台系统可以通过5G技术快速识别车辆精确位置，操作者可通过云平台系统远程控制车辆的运动状态，实现快速感知与控制，提高物流服务质量。信号采用点对点5G模块，可保障精准实时及业务实际运转的稳定性、可靠性。

2.5G+无人驾驶技术创新优势

（1）智能技术新。该技术采用创新算法逻辑及创新融合感知，构成了无人驾驶车辆的大脑，采用新型智能技术可以很好地解决相关问题，提升整体效率。

（2）技术结构新。无人驾驶车辆创新性地组合了各个模块，形成具有数智化特色的整体，具有集自动驾驶、环境识别、交通管制、安全保障等于一体的功能。

（3）技术理念新。采用无人驾驶车辆代替传统车辆，可以将数智化理念推向新的高点，驾驶车辆与厂内相关系统对接，实现真正的无人化运转，可以从货物接收到配送任务直至货物入库实现真正"零人工"，全程自动自主高效完成。

（4）技术融合新。创新引入5G+模块，5G技术与无人驾驶技术实现高效融合，实现云系统派发任务、实时反馈、精确定位、远程控制，实现物流运输服务跨越式发展。

3.项目应用

针对汽车企业入厂物流环节，一汽物流引入5G+相关技术及设备进行优化改善，从而达到降本增效、管理质量提升的效果，在促进企业发展的同时也为汽车物流行业提供了智能化的示范。在传统模式中，当大众主机厂筹措工程师下达取货计划后，零件库房计划员根据系统要货制订取货计划，通知飞翼卡车前往库房停车位装载货物。零件库房叉车司机装载完货物后，飞翼卡车出发前往工厂。到达工厂后需进入卡车控制等待区排队，等待工厂发出入厂指令后进入工厂卸货口，工厂卸货口叉车司机卸货完成后，卸货口人员确认签字并派发器具出门证用于空器具运输，卸货口叉车司机装载相应器具，装载完成后飞翼卡车司机驾驶卡车驶离工厂到达零件库房，开始下一次循环。原入厂运输业务流程如图 3 – 10 所示。

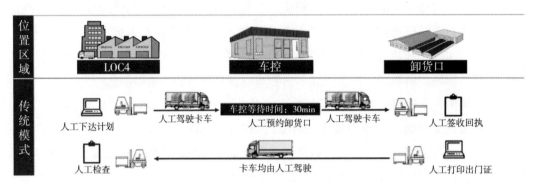

图 3 – 10　原入厂运输业务流程

资料来源：https://mp. weixin. qq. com/s/X9eycEhAHlTU0V9fgSkL3A。

业务过程中存在以下问题。

（1）业务不稳定性高：单据制作、信息通知及在途行驶均由人工判断运行，人工干预多，极易影响业务服务质量，且具有安全风险。

（2）业务工作效率低：系统打印纸质单据，单据交接过程需要浪费时间，因卡车到货时间无法与卡车控制中心系统对接，卡车在控制等待区等待也会浪费时间，并且卡车需等待货物及空器具装卸，进一步产生时间浪费，导致运输效率低。

（3）管控程度差：卡车在途运输过程中依赖管理者与司机电话沟通，缺乏远程控制手段，且业务历史记录需人工录入，依赖纸质单据，单据不易保存，追溯性差。

项目中，5G＋无人驾驶车体可实现视觉深度识别、安全监测机制、自主路线运输、换道避障、自动拖挂、手动/自动驾驶模式切换 6 项创新功能，满足实际使用需求。5G＋无人驾驶车体感应激光雷达如图 3 – 11 所示。

为解决传统模式问题，该项目专门引入 5G＋无人驾驶技术，通过无人驾驶卡车车头＋甩挂卡车车厢替代现有传统卡车。

业务流程方面，该项目通过频繁甩挂、拖挂，避免货物及空器具装卸产生的等待时间浪费，无人驾驶卡车车头具备自动拖挂技术，可以在零件库房停车位与工厂卸货口中自动完成甩挂，对接满货或满器具的车厢，无人驾驶卡车车头无须等待装卸作业即可开始下一趟转运任务，减少浪费并提升运输效率。

同时，无人驾驶卡车在启停及运输全过程中具备视觉深度识别功能，实时探测周围环境，配备安全监测机制形成安全防控体系，可保障车辆运行安全稳定。运输过程

图3－11　5G＋无人驾驶车体感应激光雷达

资料来源：https://mp. weixin. qq. com/s/X9eycEhAHlTU0V9fgSkL3A。

中，无人驾驶卡车的自主路线运输功能可支持卡车完成自主导航，无须人为干预。如遇特殊情况，如路面具有障碍物，车辆能够实现换道躲避障碍物。在紧急情况下，工作人员也可使用手动/自动驾驶模式切换，提高灵活性，以防影响整体业务。5G＋无人驾驶入场运输业务流程如图3－12所示。

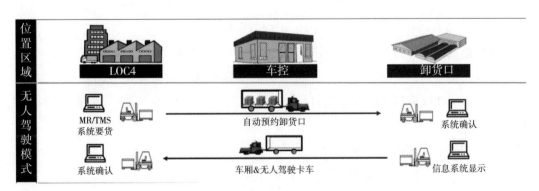

图3－12　5G＋无人驾驶入场运输业务流程

资料来源：https://mp. weixin. qq. com/s/X9eycEhAHlTU0V9fgSkL3A。

　　系统方面，无人驾驶卡车具备云平台系统支持，云平台系统可获取车辆位置、状态等信息，并可下达控制指令。在实现智能化远程在线管控的同时，云平台系统与要货系统、出门证系统对接实现信息互通。云平台系统可自动下达取货及返空（运输空器具）任务，车辆获得取货及返空指令后自动开展运输任务，在此基础上，云平台系统与车辆控制系统对接，可以提前锁定工厂卸货口时间及车位，优化排队等待时间，全程避免人工干预，大幅提升服务稳定性。完成运输任务后，车辆历史轨迹、取货信息、返空信息、车内监控资料等信息会自动保存，方便查阅及追溯，从而极大提升智能化管控水平。

4. 应用效果

该项目不仅实现了效率提升及成本降低，还满足了主机厂入厂物流由传统模式向智能低碳新模式转变的需求，实现管理质量，赢得中外方客户认可，并可推广应用至更多场景。其主要成效体现在以下四个方面。

（1）提升业务稳定性。业务过程全面实现系统对接，无须人工判断，彻底规避人员消极怠工、误操作等影响业务质量的风险，不会出现跑错路线等情况。

（2）规避安全风险。无人驾驶车辆替代司机运输，不会受到疲劳情绪等因素影响，且设备自带安全感知模块，可靠性高，安全性强。

（3）提高远程控制能力。云平台系统可实时展示车辆位置、电量、速度、车内监控等信息。同时，管理员可通过云平台系统改变车辆路线，停止或继续任务，极大提升了远程控制能力。

（4）可推广性强。入厂物流业务相似度高，该项目属于传统入厂业务，在引入5G + 无人驾驶技术的同时，对接系统实现新模式应用，可全面简化流程，适合在相似场景推广应用。

（三）典型案例

1. 龙拱港自动化码头无人驾驶全场景（见图3 - 13）

龙拱港隶属于中国500强企业济宁能源发展集团。依托京杭运河资源优势，大力推进港口装备升级，采用"公路 + 铁路 + 水运 + 集装箱 + 内河口岸"的联运新体系，以辐射全国的物流枢纽中心为建设目标，打造全国一流的智慧、绿色、低碳集装箱多式联运示范园区。

（1）自动化码头总体方案。

顺岸开放式布局，采用"轻型远控自动化岸桥 + 智能无人平板车 + 双悬臂自动化场桥"自动化生产工艺流程。内部水平运输采用智能无人平板车，内、外集卡分离，交叉路口采用V2X、道闸、红绿灯进行交通分时控制，确保作业绝对安全。

（2）水平运输自动化方案。

龙拱港打造的无人驾驶技术方案，涵盖了"车、路、网、云、营、数"六大方面，形成了一套完整的内河码头常态化应用体系。通过这一方案，龙拱港成功实现了内河

图 3-13　龙拱港自动化码头

资料来源：2024 全球物流技术大会演讲《龙拱港自动化码头无人驾驶全场景》。

航运的绿色化、数字化、智慧化转型，显著提升了物流效率和安全性。

其中，"车"采用智能无人平板车，具备强人自动的单车智能能力，实现 L4 级别驾驶，实现智能感知、融合定位、路径规划、自主决策；"路"指 V2X 车路协同克服单车智能技术局限，路口增加感知和通信设备，信息实时传到车端、云端，辅助决策；"网"指 5G 承载由云端到车端指令传输，提供通信一张网；"云"指深度对接港口生产系统，匹配作业计划，融入生产工艺，进行车队任务分配、路径规划、车辆管理、场端交通管理；"营"指系统实现开班点检、远程上下电、车辆状态监测、智能充电调度、运营数据分析、车辆异常故障诊断，极端及异常情况下远程接管车辆，减少现场干预；"数"指全场 3D 真实建模、实时数据驱动，进行生产计划和作业流程在线仿真，提前推演云控平台车队调度策略，指导现场生产决策。

（3）云控平台场景适配方案。

云控平台通过信息协同，实时获取岸桥状态及引导对位信息，精准停车对位，岸桥一次对位成功率在 95% 以上。云控平台全局调度进出缓冲区车辆，保证码头面不拥堵，车辆无缝衔接岸桥作业，船舶效率达到 29.6 箱/小时。

（4）应用成效。

该项目历时 100 天实现了智能无人平板车在内河港口的规模化应用，10 台智能无人平板车编队不间断服务港口生产，提高货物在港口的转运效率，为内河港口水平运输无人化探索了可复制、可推广、经济性的自动驾驶解决方案，加速物流关键枢纽节点的无人化进程。

2. 驭势科技无人驾驶案例

无人驾驶技术作为"新质生产力"的代表之一，正以前所未有的速度重塑着主机厂物流格局，以技术创新推动汽车制造行业的产业创新。

某头部主机厂创新性地落地驭势科技无人驾驶牵引车项目，引入 10 余台先进的驭势科技无人驾驶牵引车 TH10（见图 3 – 14）。TH10 是一款专为货物运输设计的无人驾驶车辆，主要应用于厂区、园区和机场的室内外物流作业。它结合了先进的无人驾驶技术和人工智能算法，可以在没有人工干预的情况下完成货物的运输任务。每台无人驾驶牵引车具备牵引两个拖斗的能力，可以高效地实现园区外协件的转运工作。

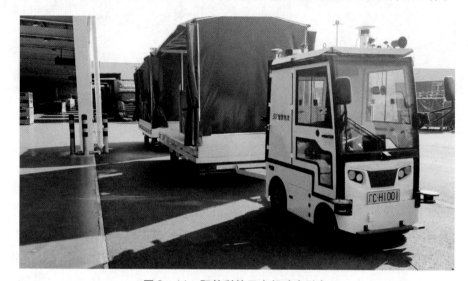

图 3 – 14　驭势科技无人驾驶牵引车

资料来源：2024 全球物流技术大会演讲《大模型时代，自动驾驶赋能物流"智"动化新篇章》。

无人驾驶牵引车具备以下能力。

（1）无人驾驶：具备自动启停、自主规划行驶路径、自主导航、自主避障、自主灯光控制、自动泊车等多种无人驾驶功能。

（2）智能调度：通过远程运维平台可实现车辆精准调度，提高调度效率。

（3）远程监测：通过后台实时监测车辆运行状态，一旦出现任何故障或异常，可立即报修。

（4）电量监测：当电池电量低时，通过声光报警提醒，防止行进途中突然断电。

（5）自动充电：可装载自动充电装置，自主返回充电区充电，全程无须人工介入。

（6）拖斗监测：实时监测拖斗状态和周围环境，确保货物在行驶过程中的安全。

（7）自动脱挂钩：智能监测拖斗位置，全自动完成脱钩与挂钩流程，无须人工干预。

（8）实时状态显示/播报：车辆在无人驾驶过程中，可通过智能显示屏或智能语音系统实时显示或播报车辆当前状态。

为实现替换产线服务的货车短驳作业，无人驾驶牵引车队可以满足物流园仓库含沉降台 4 个站点和总装含移动站台 5 个站点之间两公里路线的无人驾驶运营作业。用户通过平板设备下订单，实现物料运输任务。当车辆电量不足时，自动脱钩后前往充电区，对接充电机自动充电，充完电自动返回停车点挂斗等待任务。在运营期间，车辆可通过控制智能红绿灯实现路口秩序管控，同时后台可监控车辆状态及行为，实现无人驾驶牵引车安全、可靠、稳定的 L4 级别运行，保证物流运输更加智能化。

在厂区复杂的运行环境下，现场不仅有常规的双向车道，还包括具有一定挑战性的下穿隧道等交通场景，系统能够与红绿灯、道闸进行智能化交互，从而实现交通的智能管控。此外，项目配置了自动脱挂钩和自动充电等功能，极大地提高了转运过程中的操作便利性，减少了人工干预的需求。

截至目前，现场始终保持着安全零事故的优秀记录，无人驾驶牵引车累计运行路程近 8 万公里，运行时间长达 3 万多小时。其单日最大货运量更是超过 400 趟次，充分展现了其高效的运输能力。同时，通过引入无人驾驶牵引车，现场成功节约了 25 名司机人员和 10 台货运车辆，大大降低了运营成本，提高了整体的经济效益。目前，该项目持续开展 24 小时作业运行，为企业的生产和发展提供着坚实的保障。

第二节　多式联运技术

由两种及其以上的交通工具相互衔接、转运而共同完成的运输过程统称为复合运输，我国习惯上称之为多式联运。多式联运可以充分发挥公路、铁路、水路等货运方式的技术经济特性，提升综合运输效率、降低物流成本、促进节能减碳、推动区域经济社会高质量发展。2022 年，国务院办公厅发布的《推进多式联运发展优化调整运输结构工作方案（2021—2025 年）》中明确提出，提升多式联运的承载能力和衔接水平，创新多式联运组织模式，促进重点区域运输结构调整，加快技术装备升级。

一、多式联运技术发展现状与趋势

（一）我国多式联运发展现状

2023 年，我国港口集装箱铁水联运量累计完成超过 1170 万标箱，同比增长 11.7%（见图 3 - 15）。其中，沿海港口集装箱铁水联运量完成约 1100 万标箱，长江、珠江等内河港口铁水联运量约 72 万标箱。青岛港铁水联运量达 225 万标箱，宁波舟山港 165.2 万标箱，天津港 125 万标箱，依然保持全国前三名。

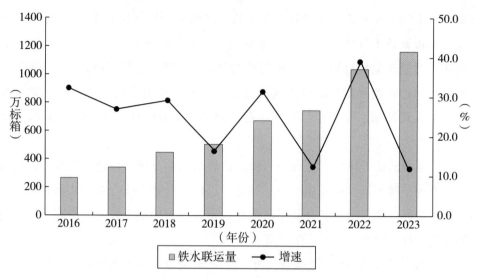

图3-15　我国历年铁水联运量及增速变化

资料来源：中国集装箱行业协会。

2023年，我国铁路集装箱发送量达到3323万标箱，同比增长5.1%（见图3-16）。铁路集装箱发送货物7.32亿吨，同比增长7.1%，占铁路货运总量的14.5%，装车数量在铁路总装车数量占比达到25.5%。其中，铁路敞顶箱发送货物4.74亿吨，同比增长6.9%，占铁路集装箱发送货物的64.8%，与上年基本持平。

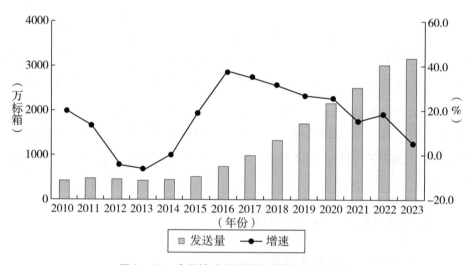

图3-16　我国铁路集装箱发送量及增速变化

资料来源：中国集装箱行业协会。

"十三五"以来中欧班列开行数量年均增长47%，2023年中欧（中亚）班列共计开行17523列，发送190.2万标箱，同比分别增长6%、18%。中老跨境班列开行4550列，发送17.3万标箱；发送货量440万吨，同比增长92%。中越跨境班列开行超过

130 列。RCEP 生效后的 2022—2023 年，中越跨境班列共开行 382 列，同比生效前的 2020—2021 年，增长 70%。

从 2016 年到 2023 年，我国多式联运跑出了加速度。一是铁水联运量从 274 万标箱增长到 1170 万标箱，沿海港口铁水联运占比（窄口径）从 2.9% 提升到 8%。我国铁路集装箱发送量从 751 万标箱增加到 3323 万标箱，集装箱装车数量占铁路总装车数量从 8.4% 提升到 25.5%。中欧班列发运列从 1702 列增加到 17523 列，增加约 10 倍。

同时期，服务多式联运市场的资源能力也在增加。铁路集装箱保有量从 33 万标箱增加到 107 万标箱，增长 3.3 倍；全国港口主要港区铁路进港数量占比从 40% 提升到 82%。我国集装箱产销量国内市场份额从 1.8% 增长到 21.9%，我国集装箱产销量占全球的 96%。我国的集装箱主要供应国际市场，包括国际船东和箱东的订单。国内订单较少，但这些年随着我国多式联运的发展，内陆运输集装箱化水平提升，内贸订单量占比也快速提升。

我国多式联运发展水平与国际先进水平尚有距离，在诸多指标中要有较长的路要追赶。如发达国家的枢纽港铁水联运占比通常在 30% 左右，国际上联通大陆桥的港口铁水联运量在 50% 以上，我们目前还处于个位数。又如发达国家铁路集装箱运量占铁路货运的 50%，运输集装箱化率最高可达 70%，与之相比，我国还有较大差距。

自 2017 年以来，我国陆续开展了 116 个多式联运示范工程的建设，示范线路覆盖国际和国内，公铁联运、铁水联运、国际铁路联运、多式联运枢纽建设、多式联运信息化、冷链多式联运、化工多式联运、多式联运新装备等领域均有涉及，已经形成立体多维的发展态势。

（二）多式联运连接共性关键技术

集装箱运输具有高效率、高效益、更容易实现门到门运输等优点，是当前多式联运的主要方式。我国的集装箱运输，除了采用传统通用集装箱外，也大量使用敞顶箱、罐式箱等。因此，我国多式联运连接共性关键技术体系的构建是以集装箱多式联运为核心。

多式联运连接共性关键技术体系的构建遵循"围绕一个核心、服务两个对象、实现四个目标、构建六个体系"的设计理念，如图 3 – 17 所示。多式联运连接共性关键技术体系，一方面服务于多式联运体系的完备高效，另一方面服务于经济社会高质量发展，实现我国多式联运"基础设施'一张网'、标准规范'一把尺'、信息交换'一朵云'、客户服务'一单制'"的综合运输一体化目标。整个体系的架构以大数据、云计算等先进信息技术，先进制造领域的新型智能设备，物流场站的智能化技术等为基础，形成基础网络技术、载运工具技术、数据信息技术、运输组织技术、标准规范技术、枢纽布局技术六大体系。

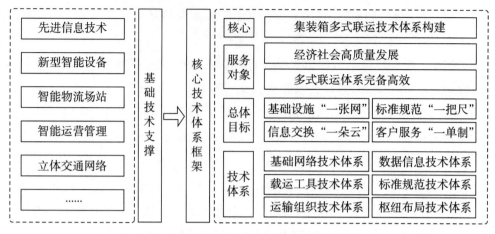

图 3－17 多式联运连接共性关键技术体系

1. 高效衔接的基础网络技术体系

铁路和水路运输都是运量大、能耗低、占地面积少、成本节约的货运方式。我国铁路和水路货运网络已逐步完善，技术装备水平也日益提升，具备高质量货运服务能力，在多式联运中具有显著的技术经济优势。因此，多式联运基础网络技术体系的构建以铁路干线、大型物流基地、枢纽港口为主体，以铁路货运场站、公路货运站场、企业生产基地、机场货运中心、其他港口为支点，实现铁路专用线、多层次公路线网、水路航线的高效衔接。该体系统筹考虑平面连接、立体连接和综合连接，涵盖铁路专用线连接技术、公路货运枢纽连接技术、航空货运枢纽连接技术、水路货运枢纽连接技术，如图 3－18 所示。其中，铁路专用线连接技术涉及铁路站点衔接、内外道路网衔接、设施装备共享共用等；公路货运枢纽连接技术包括外部公路环境适配、通往铁路车站路网、无轨货站基础条件等；航空货运枢纽连接技术包括内外道路网衔接、自动化通道衔接等；水路货运枢纽连接技术主要包括港站一体化发展和建设无水港体系。

2. 智能协调的载运工具技术体系

标准化的联运设备是实现各运输方式间快速转运的重要前提，是实现不同载运工具之间、载运工具与装卸机械之间载重匹配的重要依托。载运工具技术体系从不同运输方式的载重匹配、载运工具尺寸匹配、载运工具与装卸机械匹配、载运工具全程追踪监控、载运工具运行智能化等方面构建，实现箱车能力匹配化、装卸机械高效化、干线运行智能化、中转配送无人化，如图 3－19 所示。

3. 安全共享的数据信息技术体系

构建面向公路、铁路、航空、水路等多种运输方式，针对发送、运输、到达等环节，可以处理结构化、非结构化等数据，覆盖感知、网络、应用等各个层次的数据信息技术体系，实现各运输方式之间、各部门之间数据信息的安全高效与共享交互。

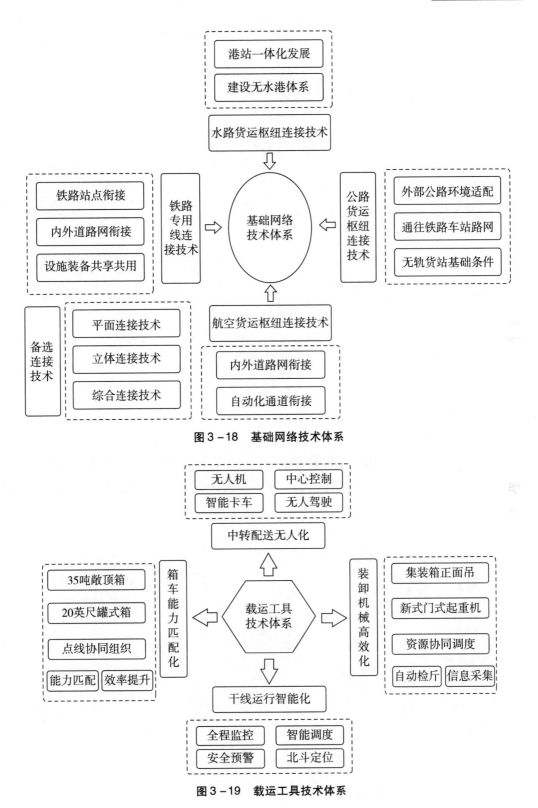

图 3-18 基础网络技术体系

图 3-19 载运工具技术体系

数据信息技术体系包括数据采集技术、数据处理技术、数据安全技术、数据共享技术，如图 3-20 所示。

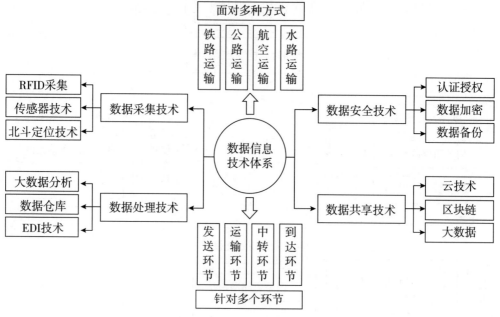

图 3-20　数据信息技术体系

4. 快捷绿色的运输组织技术体系

以货主需求为导向，融合大数据、云计算、人工智能等技术，构建快捷高效、绿色经济的多式联运运输组织技术体系，实现组织模式多元化、干线运输快速化、短驳组织高效化、货源组织精细化，如图 3-21 所示。

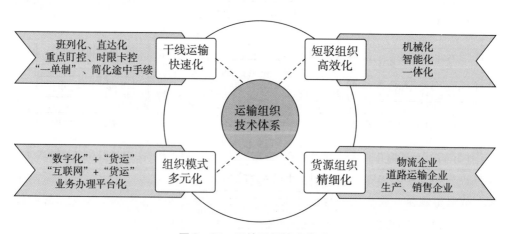

图 3-21　运输组织技术体系

5. 尺度统一的标准规范技术体系

多式联运标准体系是多式联运发展的重要支撑。我国多式联运发展较晚，尚未形成一套完备的标准化体系，需积极组织编制多式联运标准体系，适时构建多式联运标准数字化平台，并与相关国家的标准进行对接。同时，建立相应的保障体系，强化标准规范的执行与监督工作，为我国多式联运发展奠定技术基础。结合基础网络、载运工具、运输组织等方面的要求及发展情况，统筹考虑各种运输方式的设备设施、信息单证、品类品名、检验检疫、运输装卸、管理评价等，构建多式联运的标准规范技术体系，如图 3 - 22 所示。

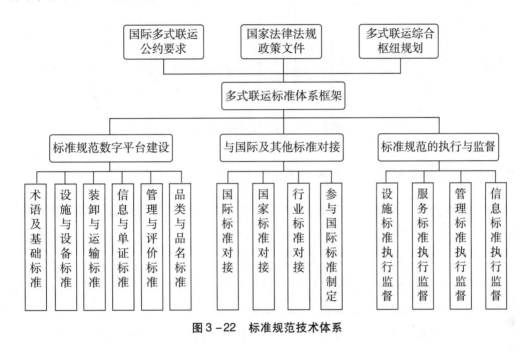

图 3 - 22 标准规范技术体系

6. 集约集聚的枢纽布局技术体系

联运枢纽的合理布局规划可以有效缩短中转接驳的路径，减少作业步骤，加快各运输方式间的连接运输效率。根据现有枢纽体系及其未来发展战略，结合国家相关政策，加快路网范围内的联运枢纽建设，优化我国货运枢纽整体布局方案及单个枢纽城市内部的货运资源配置方案，注重枢纽间的联运形式衔接路径规划，实现枢纽内部各种运输方式以及枢纽与外部"集疏运"的衔接顺畅和高效。立足提高枢纽货运集散能力和效率，提升产业集聚水平和效应，服务枢纽经济和通道经济发展，构建综合考虑区域枢纽布局一体化、联运枢纽"集疏运"高效化、内部资源配置集约化、战略枢纽设计前瞻化的枢纽布局技术体系，如图 3 - 23 所示。该体系涵盖货运枢纽选址、设施空间布局、设备选型、平台搭建、供需匹配、效益评价、数字场站、智慧枢纽等。

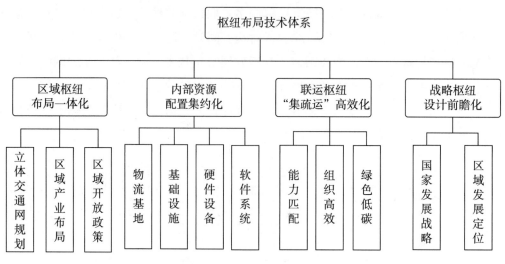

图 3-23　枢纽布局技术体系

（三）我国多式联运标准化、规范化建设

市场监管总局、国家标准委批准发布《多式联运货物分类与代码》（GB/T 42820—2023）和《多式联运运载单元标识》（GB/T 42933—2023）两项国家标准，为进一步提升综合运输效率、降低社会物流成本奠定基础。

《多式联运货物分类与代码》（GB/T 42820—2023）给出了多式联运货物的分类原则和方法，规定了代码结构和编码方法，以及 19 个大类、116 个中类的货物分类与代码，适用于多式联运货物信息的统计、处理与交换。该标准与现行公路、水路运输领域行业标准 JT/T 19—2001《运输货物分类和代码》、铁路运输领域行业标准 TB/T 2690—1996《铁路货物运输品名分类与代码》保持兼容，从国家层面系统推进我国运输货物分类标准化、规范化建设。

多式联运运载单元是多式联运运作的基础，必须做到标准通用、装备衔接，才能更好实现一箱到底、一单到底。《多式联运运载单元标识》（GB/T 42933—2023）统一了多式联运运载单元的标识及标记要求，有利于保证运载单元标识的唯一性，使运载单元的状态、箱主和注册等信息可被实时监控；同时，为企业生产集装箱、半挂车和交换箱体提供装备"身份证号"，为物流企业运营提供信息化管理手段，对促进国家多式联运发展具有重要意义。

发展多式联运是构建现代综合交通运输体系的重要举措，是推进运输结构调整、促进物流业降本增效的重要抓手。两项国家标准的发布实施将为多式联运规范发展提供指导，对于加快推进多式联运"一单制""一箱制"发展，构建支撑国内国际双循环的现代物流服务体系具有重要意义。

二、多式联运装备与平台技术

（一）40 英尺半高硬开顶重载集装箱

普通国际标准集装箱在设计之初没有考虑到散货装载，在我国内贸"散改集"与多式联运业务发展中，装卸主要适箱货种为大宗散货时，装箱难、易胀箱、货损大等问题层出不穷。

2022 年 3 月，交通运输部正式制定《适应多式联运的 40 英尺半高硬开顶重载集装箱研发及其运营模式创新》交通强国建设实施方案。由交通运输部水运科学研究院联合招商港融、宁波融翼等多家单位，共同开展试点项目，内容为：利用半高箱，推广铁路双层箱运输；构建共享集装箱网络平台；打造"共享集箱"运营模式。

2023 年 5 月 12 日，交通强国建设试点成果及锦州港多式联运示范业务推介会在辽宁省锦州市召开。会上提出，40 英尺半高硬开顶重载集装箱研发及其运营模式创新经过两年的调研、分析、探索、试验，已取得阶段性成果。该试点任务实现了 40 英尺半高箱散氧化铝铁路、海运、公路等多种运输方式的无缝衔接和规模化运营，并通过半高箱技术创新与"互联网＋"平台服务创新的深度融合，打造了集装箱共享运营新模式，为推进"散改集"运输以及"公转铁""公转水"多式联运发展，发挥了重要的示范引领作用。

宁波融翼集箱网络技术有限公司（以下简称"宁波融翼"）的自主专利产品——半高箱，全称适应多式联运的 40 英尺半高硬开顶重载集装箱，采用八角柱设计，长×宽×高为 12.192 米×2.438 米×1.7171 米，总重 40.5 吨，最大载重 36.95 吨。相比普通 40 英尺箱，这种设计专门适配我国内贸货源结构，具有以下优势特点。

①箱体两端及中间共八个角柱，承重大、强度高，适合散货装箱特别是钢材类货物装箱；重载起吊时不易变形，箱体结构更安全。

②装卸便捷高效。上部双硬开顶，同时保留箱门，既方便自上部装卸，又弥补软顶箱水密性差和不适合装高价值货物的弊端。

③适货性强。顶横梁中间段可绕转轴旋转，实际装卸运输中，既可装散灌氧化铝粉，也可装卸铝棒等长件货；适合煤炭、粮食、铝粉、钢材等散杂货运输，同时兼顾螺纹钢、无缝钢管、钢轨等超长超重货物，有利于扩大集装箱运输种类。

④外部高度 1.717 米，可实现铁路双层运输。

⑤装有北斗定位系统，拥有实时定位、轨迹回放、集装箱管理等功能，实现货物全程运输中的监管。

40 英尺半高硬开顶重载集装箱如图 3－24 所示。

图 3 - 24　40 英尺半高硬开顶重载集装箱

资料来源：https://mp. weixin. qq. com/s/nbIOz2 - lLZ485V8zQ78 - WA。

半高箱具备重载能力强、兼容通用性高、适货性高、装卸便捷高效、智能可视追踪五大优势，补齐了内贸"散改集"的短板，可广泛用于货物装箱、运输，海铁、海陆、江海等联运的门到门全程运输。

40 英尺半高硬开顶重载集装箱技术参数如图 3 - 25 所示。

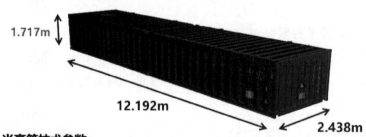

半高箱技术参数：

尺寸(米)			载重及容积	
箱外	长度	12.192	上开口尺寸	5.7 米 ×2.1米
	宽度	2.438	内容积	41.5　立方米
	高度	1.717	自重	3.55　吨
箱内	长度	12.074	总重	40.5　吨
	宽度	2.352	上盖重	0.367+0.355吨
	高度	1.462	最大载重	36.95　吨

图 3 - 25　40 英尺半高硬开顶重载集装箱技术参数

资料来源：https://mp. weixin. qq. com/s/nbIOz2 - lLZ485V8zQ78 - WA。

半高箱投入运营后，主要运输货物为各类钢材、氧化铝粉等，解决了包装繁杂、货损、收货不及时等痛点，货损率近乎降至为零，凭借运输效率、运输成本、贸易资金成本等优势迅速铺开市场。

（二）"四港"联动智慧物流云平台

"四港"联动智慧物流云平台集成全省多维度物流大数据，致力解决多式联运中的信息不对称问题，提升物流效率，降低运营成本。

1. 打通数据壁垒

整合打通系统的范围与深度。智慧物流云平台整合了包括政务、班轮、码头、货代等在内的100多个系统，覆盖了海运、空运、陆运、口岸等各类物流数据。这种大规模的数据整合打通了各系统之间的数据壁垒，使物流信息流通更加顺畅。

平台汇集的物流数据种类与数量。平台共汇集了超过1.1万项物流数据，对接了超过1000万条物流数据，为智慧物流服务应用提供了坚实的数据基础。这些数据涵盖了物流运输的各个环节，包括运踪、船期、运价、关务、航空等信息。

对智慧物流服务应用的基础作用。大数据底座的构建，使智慧物流云平台能够提供全面、实时、高效的物流数据服务，极大地提升了物流信息的透明度和可追踪性，为企业优化物流流程、提高物流效率提供了有力支撑。

2. 智慧物流云平台功能与应用

平台的架构与核心技术。智慧物流云平台采用先进的物联网、大数据、人工智能技术，构建了一体化的智能物流公共数据平台。通过AI智能识别、智能沙箱等技术，实现了对物流数据的智能处理和分析。

多维度物流大数据的应用。平台集成了全省多维度物流大数据，涵盖了货物、箱、车、船、空、铁、驳、仓、关、港10大数据域。通过这些数据的深入分析和应用，平台能够提供全程跟踪、路径优选等智能物流服务，提升了多式联运的效率和可靠性。

物流运单AI智能识别、智能沙箱等技术的应用。通过AI智能识别技术，平台能够自动识别和处理物流运单信息，减少人工操作的烦琐和错误。智能沙箱技术则用于模拟和优化物流路径，提供最优的物流解决方案，提升物流效率。

多式联运全程跟踪与路径优选功能的实现。通过集成的多维度物流大数据，平台实现了多式联运的全程跟踪和路径优选功能。用户可以实时查看货物的运输状态，获取最优的运输路径建议，提升了物流效率和可靠性。

3. 经济与运营效益

企业物流效率的提升。智慧物流云平台的建设和应用，使企业能够更高效地管理和跟踪物流信息，减少了因信息不对称导致的物流延误和成本增加。平台的智能化功能，提升了物流操作的自动化程度，显著提高了企业的物流效率。

运营成本的降低。通过优化物流路径、减少人工操作和提高物流信息的透明度，智慧物流云平台帮助企业大幅降低了物流运营成本。平台提供的一站式物流服务，使企业能够更加便捷地管理物流流程，减少了不必要的开支。

多式联运组织模式的创新。智慧物流云平台通过数据驱动，创新了多式联运的组织模式。平台提供的智能物流服务，使得多种物流方式的衔接更加顺畅，提升了多式联运的整体效率，推动了物流行业的转型升级。

（三）集装箱运输二维码技术

近年来，随着射频识别（Radio Frequency Identification，RFID）技术不断进步，全球范围内不断掀起应用 RFID 技术的热潮。无论在社会生产流程管理方面还是在社会服务质量跟踪方面，各部门都在积极探索本领域应用 RFID 技术的应用模式和关键技术。而集装箱行业，更是被国际社会公认为"最具有应用 RFID 技术前景"的行业之一。随着集装箱应用 RFID 技术的条件不断成熟，基于 RFID 技术的"智能集装箱"的开发也越来越趋于成熟，基于 RFID 技术的智能集装箱运输系统已经基本成熟。

1. 智能集装箱运输系统的构成

一般来讲，智能集装箱运输系统由三部分组成：智能集装箱、智能交互网络、后台系统。这三部分互为促进，缺一不可，构成了一个完整的应用环境。

智能集装箱一般有两种形式：一是在现有的集装箱上加挂智能电子设备（近年来又增加了二维码），把通用集装箱改造成为一般意义上的智能集装箱；二是在生产集装箱阶段，通过对集装箱进行技术改进，直接嵌入智能电子设备模块，直接生产严格意义上的智能集装箱。智能交互网络主要包括数据读取设备（读写器等）、数据传输网络（专网、公用网络等）、自组网等系统。后台系统主要包括服务器、信息终端等。

2. 我国智能集装箱运输开展的应用实践

集装箱作为多式联运的重要载体，其运输过程需要经过不同的环节，智能集装箱运输不仅要考虑我国的发展需求，还要考虑能与国际运输接轨。我国智能集装箱运输不能脱离国际集装箱运输发展而孤立存在。基于这些考虑，我国的智能集装箱运输在起步阶段就强调了"与国际运输相兼容，通过应用示范，带动自主创新"的原则。在交通运输部、科技部等相关部门的支持下，我国港航企业先后开展了国内航线、国际航线集装箱 RFID 示范工程近 10 项。这些智能集装箱运输实践，在行业内外引发了强烈反响。其中较为典型的是长江航线示范、中美航线示范、二维码应用示范。

（1）长江航线示范。

2006—2008 年，在交通运输部的支持下，交通运输部水运科学研究院从重庆至上海开展了大量的长江航线实验，对智能集装箱应用的电子箱封、电子标签产品性能进行了实地检测，取得了重要成果，并以此起草了相关的国家标准。

（2）中关航线示范。

2006年，在科技部和上海市政府的支持下，上海港组织开展了上海至烟台"两港一航"航线试验。2008年，中美集装箱运输示范航线正式开通，通过国内国际航线试验，上海港主导起草了ISO 18186国际标准。

（3）二维码应用示范。

2017年，全球智能集装箱产业联盟发布了集装箱二维码团体标准。集装箱行业加速了二维码应用进程。2018年，中铁铁龙集装箱物流股份有限公司在特种集装箱上率先开展了铁路集装箱二维码应用示范，截至2019年12月，累计3万只集装箱安装了二维码。2020年，中铁集装箱运输有限责任公司开始大规模定制集装箱二维码和北斗定位装置，截至2020年9月，已累计购买20万只配置二维码的集装箱。

三、多式联运"一单制""一箱制"

多式联运"一单制""一箱制"，是综合运输服务发展的高级形态，是"物畅其流"的集中体现。早在"十二五""十三五"时期，我们就提出过发展货运"一单制"、客运"一票制"等目标，但当时受到体制机制不健全、各方式发展不充分、信息技术应用水平不高等客观条件限制，迟迟没有破题，文件提出的更多是目标愿景。

到了"十四五"时期，综合运输服务进入高质量发展的新阶段，大部制改革持续深化、各种运输方式发展已经比较充分、衔接融合加快推进、信息技术水平日益提高，已经具备了破题推进、落地实施的有利条件。国家层面关于"一单制"的部署也更加具体，要求也更加清晰，在《国务院印发关于推进自由贸易试验区贸易投资便利化改革创新若干措施的通知》《国务院办公厅关于印发推进多式联运发展优化调整运输结构工作方案（2021—2025年）的通知》中，对加快推进多式联运单证标准化、电子化、物权化、国际化都提出了明确工作要求。特别是在《交通运输部 商务部 海关总署 国家金融监督管理总局 国家铁路局中国民用航空局 国家邮政局 中国国家铁路集团有限公司关于加快推进多式联运"一单制""一箱制"发展的意见》中，进一步明确了"一单制""一箱制"发展的总体要求和推进路径。

（一）成都国际铁路港：一单流转、一单到底、一单融资

近年来，成都国际铁路港充分发挥自贸试验区、国家级经开区、综保区等开放平台"多区叠加"及国家物流枢纽、中欧班列集结中心等枢纽辐射集散作用，构建起以"成都为核心，西进欧洲、北上蒙俄、东联日韩、南拓东盟"的多向度多通道发展格局，国际班列贯通欧洲、中亚和东南亚，与103个境外城市、30个境内城市实现互通。

通过多维度对标国际货协、联合国国际货物多式联运公约等国际规则和惯例，成

都国际铁路港设计了一体化的多式联运提单样式，构建起多式联运"提单"及配套规则体系，实现货物一单流转。

为完善境内外控货体系，成都国际铁路港在境外端设立海外仓，境内端重构进口货物交付流程，明确多式联运提单唯一取货凭证功能，并建设"智慧陆港"，实现货物运输轨迹可追踪，强化"一单到底"全程物流监管。

成都国际铁路港创新提单金融服务，实现一单融资，首创"一单制＋银担联合"模式，实现了中欧班列进口货物从进口到销售全程货权质押授信，首创"一单制＋内外贸联动"模式，进口企业无须额外获批授信即可开展跨境贸易融资，落地全球首个基于多式联运"一单制"的跨境区块链平台，减少传统方式寄单时间。落地"一单制＋保险全程"模式，服务重汽王牌自卸车搭乘成都"中老班列"出口至老挝万象。实现融资模式新突破和出口项下首次独立融资"双创新"，进一步扩大成都国际铁路港多式联运"一单制"融资应用场景和适用范围。

（二）宁波舟山港海铁联运 CCA"一单制"模式

海铁联运 CCA 业务全称为 Connected Carrier Agreement，可理解为"二程船"联运协议，国际班轮公司将国内铁路段运输视作其连接沿海港口母船的"二程船"，形成铁路运输与船舶海上运输的联运模式，为进出口商提供从内陆车站经国内沿海港口至国外目的港的海铁联运全程运输服务，船公司可基于全程运输服务在铁路始发站签发海运提单。

宁波舟山港探索形成海铁联运 CCA 业务模式，实现了多式联运全程签发一张提单。该模式通过内陆段货代或铁代公司与船公司签订 CCA，将船公司海运服务向内陆段延伸，形成全程多式联运产品，船公司签发的单据也由海运提单变为多式联运提单，目的地由原来的"港—港"变为"门—门"。

宁波舟山港通过完全自主研发的海铁联运协同管理系统，具备业务全程跟踪、信息校对、信息传输等功能，实现了海铁联运 CCA 业务无纸化运作。通过海铁联运协同管理系统和码头生产操作系统的对接，实现了铁路与海运的无缝衔接，破解了内陆无海关的情况下，船公司无法实现海铁中转的难题，为推动海铁联运 CCA 业务的发展起到重要作用。

宁波舟山港建立了 CCA 服务平台，实现客户业务办理线上化，并实现与铁路系统对接，结合已掌握的进出场卡口、货车司机装箱拍照等信息，基本实现了货物装箱、装车、出发、到达、进场、出场、海关放行、出口装船等海铁联运全程动态信息跟踪。通过制定全港统一的服务规则，将海铁联运 CCA 业务的操作、商务结算、报文传输等模式统一到平台，为船公司、客户提供一站式的全程物流服务。

CCA 模式实现了海铁联运全程签发一张提单（船公司自行签单或者委托铁路代理签单）、实现了在货物始发站签单（上铁路时间或铁路开行时间），是全国港口率先推动海铁联运"一单制""一口价""一箱到底"的创新服务模式。

成都、重庆、山东等地探索中欧班列"一单制"提单融资功能。全程采用"公路—铁路—公路"的多式联运方式，应用成都国际开具的多式联运提单、中国国际货运代理协会（China International Freight Forwarders Association，CIFA）提单等，完善多式联运提单相关作业标准、责任条款和管理办法。在跨方式、跨部门、跨边境的运输中，托运人与承运人只需一份 CIFA 提单，即相当于签订了全程运输协议，实现"一次委托、一次收费、一单到底"，赋予提单物权属性，发挥金融功能，可以与金融机构合作，以提单质押的方式实现融资，将"一单制"与"供应链金融""运贸一体化"等多种业务模式融合。

第三节　绿色载运装备技术

交通运输业是全球碳排放的主要源头之一，随着全球经济增长和人口增加，交通运输碳排放量呈上升趋势，其中，道路交通排放尤为突出，从私人交通和营运交通性质来看，营运性交通运输行业碳排放总量占比约为 64%；从运输方式来看，公路碳排放总量占比约为 87%。在"双碳"目标背景下，绿色低碳交通运输体系的建立与发展主要包括节能减排、绿色出行、智能化等方面。其中，节能减排是绿色低碳交通运输体系的核心，主要通过推广绿色载运装备、优化运输结构、提高运输效率等方式实现。

2024 年 6 月，交通运输部、国家发展改革委、工业和信息化部等十三部门联合印发《交通运输大规模设备更新行动方案》（以下简称《方案》），实施物流设施设备更新改造、标准提升等七大行动，促进交通能源动力清洁化、低碳化、高效化发展，有序推进行业绿色低碳转型。

一、动力清洁化技术

在"双碳"目标背景下，构建以清洁能源为主、能源高效利用的动力清洁化技术至关重要。新能源与铁路、公路、船舶结合，展现了能源与交通融合发展的巨大潜力，可促进新能源消纳、降低碳排放，实现能源、交通行业的协调发展，提升能源、交通两大基础行业的低碳化、高效化、集约化发展水平。

（一）政策环境

能源动力清洁化是实现交通运输行业可持续发展的重要途径，也是响应国家碳达峰碳中和战略的重要举措。如表 3-1 所示，多个政策文件围绕能源动力清洁化作出指示，主要以新能源动力为抓手，从汽车、船舶和机车三方面展开相关行动。

表3-1　能源动力清洁化相关政策

序号	政策名称	文号	相关内容
1	交通运输部等十三部门关于印发《交通运输大规模设备更新行动方案》的通知	交规划发[2024]62号	三、老旧营运货车淘汰更新行动 加快淘汰更新老旧营运柴油货车。有序推广新能源营运车。 四、老旧营运船舶报废更新行动 加快高能耗高排放老旧运输船舶报废更新。大力支持新能源清洁能源动力运输船舶发展。完善新能源清洁能源动力运输船舶配套基础设施。 五、老旧机车淘汰更新行动 加快老旧机车淘汰。支持老旧机车淘汰报废。推动出台《铁路内燃机车大气污染防治管理办法》等部门规章，建立基于机车运用年限、污染排放、安全性能的强制报废管理制度。鼓励新能源机车更新。 六、老旧设备替代行动 邮政企业在符合要求地区大规模使用新能源无人配送车，提升邮件快件中转效率。 八、标准提升行动 加快构建绿色智能船舶规范标准体系，建立健全新能源船舶及关键设备和质量技术标准，实施绿色智能船舶标准化引领工程。建立新能源车及配套工程的标准体系
2	交通运输部科学技术部关于印发《"十四五"交通领域科技创新规划》的通知	交科技发[2022]31号	智能绿色载运装备技术。推动载运装备结构轻量化，动力清洁化和架构谱系化等共性本构技术研发。推动新能源汽车和智能网联汽车研发，突破测试评估与试验平台、高效驱动电机、高效燃料电池，车路协同无线通信，车辆主动防护及自动预警等技术。推动内河、沿海、远洋和极地船舶关键技术，突破智能绿色船舶总体设计、智能感知、通信联网、自主决策、远程控制、学生验证及测试等理论和技术。推进多栖化载运工具基础理论与关键技术研究。开展超高速商用飞机、超高速新型载运工具基础理论与关键技术研究，择机规划建设中试验证线

续　表

序号	政策名称	文号	相关内容
3	国家发展改革委等部门关于印发《绿色低碳先进技术示范工程实施方案》的通知	发改环资[2023]1093号	绿氢减碳示范项目。包括低成本（离网、可中断负荷）可再生能源制氢示范，先进安全低成本氢储存、运输装备制造与示范应用，氢燃料电池研发制造与示范应用，氢电耦合示范应用等。高性能电动载运装备应用推广示范，绿色智能船舶、新能源航空器示范应用，空管新技术和新能源航空器研发应用，先进生物液体燃料、生物天然气、可再生合成燃料以及可持续航空燃料、低碳燃料研发生产应用等
4	工业和信息化部　国家发展改革委　财政部　生态环境部　交通运输部关于印发船舶制造业绿色发展行动纲要（2024—2030年）的通知	工信部联重装[2023]254号	到2025年，船舶制造业绿色发展体系初步构建。绿色船舶产品供应能力进一步提升，船用替代燃料和新能源应用技术应用与国际同步，液化天然气（LNG）、甲醇等绿色动力船舶国际船舶市场市场份额超过50%。 优化提升大型远洋船舶LNG动力船型，加快甲醇、氨动力船型研发，探索开发燃料电池等新型动力船型，形成系列化绿色船型绿色船型品牌产品。推动沿海内河船舶动力创新工程，提升传统燃油机，LNG船用发动机效率，加快绿色动力系统研发应用。实施绿色船舶市场应用新规模，推进甲醇、氨燃料等低碳零碳燃料船用发动机研制能力，实现规模示范效应；积极稳妥扩大LNG船用甲醇和氨燃料船舶的应用范围，动力电池在船舶、生物柴油、乙醇等低碳燃料船用发动机发展，开展液化石油气（LPG）、生物柴油、乙醇等多元化绿色低碳发展需求。加快新能源燃料供给系统，尾气后处理系统，污染物排放监控系统等研发应用
5	工业和信息化部　发展改革委　交通运输部　生态环境部　财政部关于加快内河船舶绿色智能发展的实施意见	工信部联重装[2022]131号	积极稳妥发展LNG动力船舶，加快发展电池动力船舶
6	国家铁路局关于印发《"十四五"铁路科技创新规划》的通知	国铁科法[2021]45号	绿色低碳：铁路能源供给技术取得显著进展，高能效和智能能化的牵引供电核心装备技术达到世界一流水平，能源系统综合损耗逐年降低，生态环保修复和污染综合防治关键技术得到普遍应用

（二）新能源物流车

新能源物流车是指采用非常规的车用燃料作为动力来源（或使用常规的车用燃料、采用新型车载动力装置），综合车辆的动力控制和驱动方面的先进技术，形成的技术原理先进、具有新技术、新结构的配送物流车。新能源物流车行业产品分类按车辆形式分，可以分为卡车、轻客以及微面车，按动力类型分，可以分为纯电动物流车、燃料电池物流车、增程式电动物流车以及插电混合动力物流车。

1. 氢能物流解决方案

氢能物流解决方案主要涉及氢燃料电池技术在物流运输领域的应用，包括氢燃料电池车辆的开发、加氢站的建设以及政策支持等方面。氢燃料电池车辆是通过氢和氧的化学反应产生电能，驱动车辆行驶的清洁能源车辆。与纯电动车辆相比，氢燃料电池车辆具有更长的续航里程和更快的加氢时间，更适合长距离运输。例如，丰田 Mirai 等车型的续航里程可以达到650公里，加氢时间只需5分钟。加氢站是氢燃料电池车辆运行的关键基础设施。目前，中国正在加大加氢站的建设力度，以支持氢燃料电池车辆的推广。例如，河北张家口等地已经投入使用氢燃料电池冷藏车，并计划在未来几年内增加更多的加氢站。

空气产品公司是全球领先的工业气体公司，也是氢气和氢能领域的世界领先企业，提供全面的氢能"制—储—运—加"全产业链的解决方案，涵盖氢气生产、液化、储运和加注业务。

在生产方面，通过尾氢提纯、天然气裂解、氨裂解、可再生能源制氢等方法制氢，拥有全球最大规模的氢气液化产能，日产近200吨，与气氢相比，液氢使用更安全，避免压缩氢气高压风险，供应切换次数减少；纯度更高，使用深冷液化，杂质含量更低；供应更可靠，大大降低氢气配送次数，并采用远程液位监控系统自动发送配送任务。

在加氢站方面，已开发并获得专利的加氢流程能够安全、高效、可靠地为车辆加注氢气，现已成为国际汽车工程师协会（SAEInternational）安全加氢的标准流程。拥有标准化气态和液态加氢站，但液态加氢站比气态加氢站更具优势，液态加氢站加注能力是气态加氢站的3倍，用地效率提升；加注速度也为气态加氢站的3倍，经济效益提升；单次氢气配送效率为气态加氢站的8~10倍，氢气配送次数降低。

在运输方面，公司与世界领先液氢储运设备供应商合作，可通过高压气体拖车、液氢槽车和管道三种方式进行运输，如图3-26所示。不仅如此，公司还启用了世界上唯一能够同时运输液态和气态两相氢气产品的槽车，降低了氢燃料的运输成本。

2023年，空气产品公司与诚志股份在常熟合建的气态加氢站正式投入商业化运营，

图3-26　液氢运输

资料来源：2023年全球物流技术大会演讲《物流领域氢能车辆应用的机遇与挑战》。

是国内首个合资加氢站项目，加注能力达1000kg，具备35MPa压力等级加氢能力，能满足公交、重卡、物流等多种车型的氢气加注需求，不仅为常熟公交公司、物流企业的氢燃料电池车辆规模化应用提供了保障，还是我国已建成加氢站中的运营标杆，为城市氢能产业链及应用场景拓展奠定了基础。

2. 驻车空调锂电池产品及解决方案

新能源物流车与普通电动车相比，所需要的电池性能表现更高。锂电池因其高效率、高能量密度和高电压等优点，为新能源物流车的高性能提供了强有力的支持，在新能源物流车等新能源领域应用广泛。

近年来，政府对新能源汽车和可再生能源的推广给予了广泛支持和鼓励。通过制定购置补贴、免税政策、建设充电网络等措施，政府鼓励消费者购买和使用新能源汽车，提高了新能源动力锂电池的需求。2023年，我国锂离子电池（以下简称"锂电池"）产业延续增长态势，根据锂电池行业规范公告企业信息和行业协会测算，全国锂电池总产量超过940GWh，同比增长25%，行业总产值超过1.4万亿元。电池环节，1—12月消费型、动力型、储能型锂电池产量分别为80GWh、675GWh、185GWh，锂电池装机量（含新能源汽车、新型储能）超过435GWh。出口贸易持续增长，1—12月全国锂电池出口总额达到4574亿元，同比增长超过33%。

长久物流旗下广东迪度发布全新的驻车空调锂电池产品及解决方案，从司机的生活体验出发，旨在为广大司机带来更好的驾驶体验，不再畏惧酷暑和严寒。相较于传统铅蓄电池，驻车空调锂电池拥有持续供电能力强、年均成本低、充电速度快、安全性高、耐温性能佳等优势。驻车空调锂电池方案结构如图 3－27 所示，将货车中传统的铅酸电池改造成驻车空调锂电池。对现有传统铅酸电池进行技术革新，提高电池容量，实现电池数据实时监控、参数设置及相应控制操作，支持程序升级功能，延长驻车空调单次使用时间和电池使用寿命，提高货车司机的用电体验。

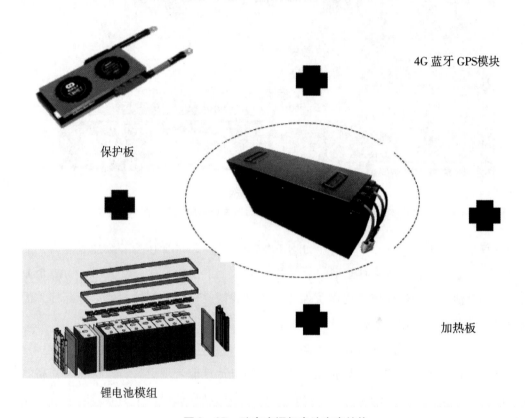

图 3－27　驻车空调锂电池方案结构
资料来源：2024 年吉司 GISE 物流养车节演讲《有锂行天下，锂电长久远》。

（三）新能源机车

2023 年 12 月发布的《中共中央　国务院关于全面推进美丽中国建设的意见》中指出，到 2027 年，老旧内燃机车基本淘汰。以新能源机车应用为方向、以超低排为重点，推动钢铁冶金、煤炭、港口等行业铁路机车以旧换新已经成为国家意志和行业共识。

在国家铁路局指导下，中国中车面向全球发布了 7 款系列化新能源机车，从机车日常使用成本计算，以钢铁、冶金等行业老旧内燃机车为例，年消耗柴油约 155 吨，其燃油费约为 140 万余元。而完成同等工作量，"动力电池"机车所消耗电量为 53 万多度，按工业用电 1 元均价计算，企业每年可节约费用 87 万余元，每天节约成本 2300

余元。如使用绿电为动力电池充电，成本会进一步降低。

从机车维保成本计算，因为系列化新能源机车关键部件简统率超过80%，可以有效减少备品数量，实现了多种车型之间的零部件互换通用，方便实现用户属地化检修，进一步降低机车维护保养成本。

"动力电池"机车搭载大功率、高能量动力电池系统，随时满足快速加载、持续牵引运输需要。可兼容多种制式充电桩，充电功率最大可达870千瓦，最短充电时间少于40分钟。相比老旧内燃机车，"动力电池"机车没有"起停和不熄火待机能源浪费"的问题。同时，通过采用高效牵引变流系统、永磁电机、混合动力能力管理、制动能量回收等新技术，"动力电池"机车可以大大提高传动效率，有效解决传统机车惰转能耗浪费。

"动力电池"机车实现了污染物的零排放，并且做到了减排降碳。据"动力电池"机车碳足迹报告显示，在标准运行状况下、采用绿色电力，每台"动力电池"机车使用阶段碳足迹降低94.2%，可减少碳排放4076吨，相当于100万棵树、200公顷森林一年所吸收的二氧化碳。

针对机车电量需求大、电压平台高、电池充电倍率高等特征，"动力电池"机车采用成熟、安全的磷酸铁锂和钛酸锂动力电池技术路线，钛酸锂电池可实现12年免维护。动力电池系统通过本征安全、被动安全、主动安全，保障机车可靠运行。在动力源内部对系统结构进行能量分割、功能分区，通过隔热阻燃、泄压防爆，有效降低热失控风险。通过电池状态实时监测、异常区域精准定位、主动灭火自动执行，确保动力电池系统"零"风险。

系列化新能源机车高度平台化和模块化的设计，为用户提供了极大的自由度。例如，用户最初购买的"动力电池"机车，在使用一段时间后想改成"内燃发动机＋动力电池"或"氢燃料电池＋动力电池"机车时，只需更换机车的动力源模块，即可快速实现新车型的改造。此外，用户可以根据需要灵活配置警惕装置系统、视频监控系统、防碰撞预警系统等先进功能，确保机车的安全性和智能性得到持续提升。

（四）新能源船舶

船舶承担着全球80%的贸易运输任务，二氧化碳排放量在全球占比2%～3%，航运业二氧化碳年排放量已超过10亿吨。为应对日益严峻的气候变化以及快速增长的航运碳排放，2023年，国际海事组织（IMO）在海上环境保护委员会第80届会议（MEPC 80）上通过了"2023年船舶温室气体减排战略"，提出了国际海运业于2050年前后实现净零排放的目标。同时，会议还明确了到2030年，零/近零温室气体排放技术、燃料和/或能源使用占比至少达到5%，并力争达到10%的目标。

国内方面，"十三五"末期，国内水路货运单耗下降了 6.1%，但水运二氧化碳排放总量仍呈增长趋势。截至 2023 年年末，内河运输船舶达 10.66 万艘，但目前燃料仍以柴油为主，粗略估计碳排放量近 3000 万吨。为与国际航运减排规则相接轨，同时为加快航运业实现绿色低碳转型，国家在政策层面提出了清洁能源船舶方面的政策措施：2022 年，工业和信息化部等五部门发布的《关于加快内河船舶绿色智能发展的实施意见》中，提出积极稳妥发展 LNG 动力船舶、加快发展电池动力船舶以及推动甲醇、氢等动力技术应用，从而为各类绿色动力技术发展指明了方向；2024 年，交通运输部、国家发展改革委联合发布的《交通运输老旧营运船舶报废更新补贴实施细则》中，明确了新建新能源清洁能源营运船舶补贴标准，将推动新一轮老旧营运船舶的更新换代。

1. 船舶新能源动力系统技术现状

动力系统是船舶的核心设备，我国船舶动力系统的发展具有明显代际特征。现阶段船舶动力系统逐渐向新能源方向转型。船舶新能源动力系统具有环保价值高、节能等优点，但仍处于技术探索和论证阶段，在应用场景、应用对象等方面存在技术限制。

针对远洋领域，现阶段实船应用较多的 LNG 动力和混合推进动力技术，但仍不能帮助船舶实现零污染目标。针对内河领域，船舶新能源动力技术主要包含以下四种。

（1）油电混合动力：过渡性技术手段。

（2）纯电池推进动力：续航里程在 100~300 公里，适用于固定航线的船舶。

（3）LNG 动力：由于液化天然气（LNG）加气站等配套设施尚不完善，仅在长江沿线、珠江沿线进行试点推广。

（4）燃料电池动力：处于试点阶段，三峡通航管理局已在建 500 千瓦燃料电池动力船。

2. 船舶新能源动力系统技术应用场景

并联式混合动力系统主要用于拖轮领域和远洋运输船。主机与轴带电机可并联工作。主机和/或电动机是推进器的直接驱动力，储能系统可单独向电动机供电，从而提高系统灵活性和可靠性。此外，辅助电站和岸电系统也可提供电能。轴带电机充分利用主机的富余功率，具有良好的节能减排效果。

对于串联式混合动力系统，电动机是推进器唯一的直接驱动力。发动机带动发电机发电，电能通过变流器驱动电动机，储能系统也可单独向电动机供电。此外，不同工况下，燃料电池、光伏、风机、岸电系统等均能为船舶提供电能。目前，我国首艘搭载大容量串联式混合动力系统的"智能型无人系统科考船"下水，开启了智能化时代。

纯电池动力系统主要应用于中小型船舶。电池系统是全船唯一能量来源，电动机是推进器唯一直接驱动力。该系统是典型的直流微电网系统，可利用多种能源形式（如储能系统、燃料电池、光伏、风机等）。

3. 长江内河流域加速推进绿色船舶实践

清洁能源的应用推广成为实现水运领域碳达峰碳中和的必需路径。长江内河流域不断深入推进绿色船舶实践。

电动船型适合中短途、中小吨位船舶。"长江三峡1号"是纯电池动力推进船型的典型代表（见图3-28）。其总电量达到7.5MWh，相当于100辆以上纯电动汽车的电池容量总和，是目前世界上设计建造的电池容量最大、客位最多的纯电动客船。一次充电可续航100公里。

图3-28　"长江三峡1号"

资料来源：https://mp.weixin.qq.com/s/9Z-mxuMx5uNxfFuJ5EzTHg。

油/气/电混合动力推进船型——长江首艘油/气/电混合动力散货船（长航货运001，见图3-29）。该船采用"柴油主机+轴带电机+气体发电机组+锂电池"混合动力推进系统，具有多种推进模式，适应长江散货船多工况需求。该船为长江首艘绿色智能散货船，实现了"智能机舱、智能能效、智能船载数据平台、综合导航系统"等智能技术应用。

纯LNG气体机推进船型——长江首艘纯LNG动力130米标准船型散货船（长航货运002）。不同于电动船，LNG动力类型更适用于长距离、大吨位船舶。长航货运002采用两台LNG气体机主机直轴驱动定距桨推进。LNG燃料替代率97%，能耗成本降幅22%。

图 3-29 长航货运 001

资料来源：https：//mp. weixin. qq. com/s/9Z-mxuMx5uNxfFuJ5EzTHg。

氢燃料电池动力船型——"三峡氢舟 1 号"（见图 3-30）。该船采用钢铝复合结构，是一艘以氢燃料为主并辅以磷酸铁锂电池动力的双体交通船。采用全回转舵桨推进，氢燃料电池额定输出功率 500kW，最高航速达到 28km/h，巡航航速 20km/h 时的续航里程可达 200km。

图 3-30 "三峡氢舟 1 号"

资料来源：https：//mp. weixin. qq. com/s/9Z-mxuMx5uNxfFuJ5EzTHg。

甲醇双燃料内河散货船。国能长江 01 是首台 600kW 甲醇/柴油双燃料发电机组的工程应用，是世界首艘万吨级甲醇双燃料电力推进散货船（见图 3-31）。

图 3-31　国能长江 01

资料来源：https://mp.weixin.qq.com/s/9Z-mxuMx5uNxfFuJ5EzTHg。

二、车辆设计及运维管理技术

(一) 车身轻量化技术

汽车轻量化是实现节能减排的重要技术路径。《国务院办公厅关于印发新能源汽车产业发展规划（2021—2035 年）的通知》明确提出，要加快新能源汽车与智慧能源、智能交通融合创新平台的建设，推动汽车轻量化材料和结构的创新应用，要突破整车轻量化等共性节能技术。

通过减轻汽车重量，可以降低能耗和排放，减少对环境的污染。据《节能与新能源汽车技术路线图 2.0》指出，中国汽车产业的碳排放总量计划在 2028 年左右达到峰值，并在 2035 年较峰值下降 20% 以上。这一目标要求汽车产业加速低碳化发展，其中汽车轻量化是关键技术之一。世界铝业协会的报告指出，汽车整车重量降低 10%，燃油效率可提高 6%~8%。此外，轻量化还可以提高汽车的能源利用效率，延长续航里程，推动电动汽车的发展。由于新能源汽车的三电系统（电池、电机、电控）会导致整车重量增加，轻量化技术可以帮助减轻车辆重量，从而提升续航里程。每减少 10% 的车重，续航里程可以提升 5%~6%。从行业来看，车身轻量化技术主要从轻量化结构、轻量化材料、轻量化制造三方面达到减轻汽车重量的目的。

1. 轻量化结构

汽车结构轻量化设计主要有以下四点。

(1) 零部件数量精简、设计轻结构。通过具体结构及性能目标进行 CAE 分析，让零部件数量减少，重量降低。

（2）通过减重孔的设计去掉不必要的质量。

（3）可以通过优化加强筋、形状和位置等方法来改善刚度或模态。

（4）优化焊点布置，以确保焊接翻边的宽度，从而减轻车身重量。

2. 轻量化材料

汽车轻量化常用的轻质化材料有：高强度钢、铝合金、镁合金、碳纤维复合材料。高强度钢一般屈服强度在 210～550MPa，抗拉强度在 270～700MPa。目前来讲，高强度钢是车身零部件使用最为广泛的材料；铝合金强度较高，在保证车身强度的同时能够有效降低车身重量。铝车身一般在高档车中使用，如奥迪 A8L、捷豹 XEL、福特 F-150，作为造车新势力的蔚来在其 ES8 上也使用了全铝车身架构，而 ES8 在 2019 年的 C-NCAP 碰撞测试中也获得了五星级评价。铝合金在美国长头卡车车身上的应用比例已达到 30%，主要应用在车身外板、顶盖、后围、地板上，国内卡车目前还未应用；碳纤维是一种含碳量在 95% 以上的高强度、高模量纤维的新型纤维材料，密度比铝轻 30%、比钢轻 50%，而强度是钢的 7～9 倍。碳纤维的应用主要在赛车、超跑上，像布加迪、法拉利、兰博基尼、宝马等。

北京福田欧曼戴姆勒汽车有限公司（简称"福田欧曼"）将仪表板钢制管梁改为镁铝合金管梁，采用高真空压铸工艺成型，具有产品精度高、重量轻等优点。镁铝合金材料已应用于理想、小鹏、零跑、特斯拉、奇瑞等多家乘用车汽车公司。其中欧曼银河等商用车仪表板管梁采用镁铝合金，重量为 8.2kg，相较钢制管梁重量 16.7kg，降重 51%。

3. 轻量化制造

除了铝、镁合金外，高强度材料的应用，同时还催生出如液压成形、半固态金属加工等新的工艺技术轻量化技术。

（1）成型工艺。目前比较先进的主要有液压成型技术、热冲压成型技术等。

（2）液压成型技术。液压成型主要是指把要成型的板材或者管件放到模具中，再把流体介质引入管件内腔，通过增加液体压力，使零部件在常温下成型，从而成为所需的零部件形状。

（3）半固态铸造技术。半固态铸造是将金属或者合金在固相线和液相线温度区间形成最终产品的一种新工艺。

（4）激光焊接技术。拼焊板是将不同镀层、厚度的两块及以上的板料焊接在一起，从而得到刚强度很好的零部件。通过拼焊板技术可以实现同一个零部件有不同的厚度，满足不同的性能，避免性能过剩、重量过剩。

（二）车辆运维管理技术

2023 年，我国社会物流总费用为 18.2 万亿元，全年完成营业性货运量 547.5 亿吨。

公路运输占总体货运量的 73.3%，是货运行业的主要方式。1100 多万辆卡车和 1700 多万名卡车司机形成了强大的物流能力，从卡车选购开始（买车）、运营（用车）、维修与保养（养车），每一个环节都关乎运输作业的效率，也催生了对卡车运维服务的庞大需求。

目前卡车行业相关从业者具备的能力水平参差不齐，缺乏系统性、综合性、全面性的能力要求体系，缺乏统一的标准来衡量和评估从业者的能力水平。随着卡车运维服务市场的不断扩大，对高素质、高技能的运维管理人才提出更高的要求。明确卡车选购、运营与维护、维修与保养、安全管理与应急处置、费用管理、信息化与智能化应用、能耗管理等相关工作的能力要求，成为未来卡车运维职业发展至关重要的内容。

1. 汽车后市场服务体系建设的关键要素

（1）服务标准化。

标准化不仅包括服务流程的统一，还涵盖服务质量、操作规范、服务项目等方面的规范化管理。根据中国汽车维修行业协会的数据，2023 年中国汽车维修企业中，仅有 40% 能够达到行业标准化要求，这一现状亟待改善。4S 店通常具备较高的服务标准化水平，包括维修流程、质量检测标准、客户服务流程等，这为其他类型的维修服务商树立了良好的榜样。标准化的服务体系有助于提升品牌形象和客户忠诚度。统一的服务标准不仅能够确保服务的一致性和可靠性，还能通过标准化的品牌形象宣传，提升客户对企业的信任度和满意度。

（2）技术创新与应用。

随着科技的进步，大数据、物联网和人工智能等新技术在汽车后市场中的应用日益广泛。根据波士顿咨询公司的研究报告，技术创新能够显著提升服务效率和客户满意度。大数据技术可以帮助企业分析客户行为和需求，提供个性化的服务方案；物联网技术可以实现车辆远程诊断和维护，提高维修效率和准确性；人工智能技术则可以用于智能客服系统，提升客户服务体验。技术创新还能够推动服务模式的变革。在线预约、上门服务和移动维修等新型服务模式的兴起，极大地便利了客户，提高了服务的便捷性和满意度。

（3）人才培养与管理。

高素质的服务人员不仅能够提供专业、高效的服务，还能通过良好的沟通和服务态度，提升客户满意度和忠诚度。根据《2023 年中国汽车后市场发展报告》，当前汽车后市场服务体系中，专业技术人才的短缺是制约行业发展的重要瓶颈之一。为解决这一问题，企业需要加大人才培养力度，通过系统的培训和职业教育，提升服务人员的专业技能和综合素质。通过与职业技术院校合作，设立专项培训项目，培养具备现代维修技术和服务管理能力的复合型人才。知名品牌"途虎养车"通过完善的员工管理体系，包括定期培训、绩效考核和职业发展规划等，确保服务人员始终保持高水平的专业技能和服务态度。

2. 奔好运™服务助力物流车队用好车、养好车

奔好运™服务品牌是一个贯穿用户选车、购车、用车、管车、养车乃至换车全过程的服务体系。另外，它也是一个由车联网服务数据支撑、数字化赋能的服务体系。同时，它还是与第三方服务生态的合作伙伴广泛连接的服务体系，通过整合企业内部资源和国内优势社会资源，形成了涵盖维修保养服务、金融保险服务、ETC通行服务、车联网数据服务的生态体系，以期实现厂家、商家、用户及生态合作伙伴的合作共赢。

借助高度集成整合的网联系统，梅赛德斯－奔驰卡车通过奔好运™客户App可以提供一键查询配件价格和真伪服务，借助"一件一码"防伪技术，确保价格在全国透明统一，真正实现没有中间商赚差价，让售后服务更安心。同时在奔好运™客户App还可以进行预约维保、紧急救援等服务，让服务更便捷、快速。

当然，奔好运™客户App强大的技术功能也有赖于线下网络的有力支撑。目前，梅赛德斯－奔驰卡车在华已拥有超过100家的终端服务网点，针对不同细分市场提供高效支持，让每位客户都能感知到企业服务的温度。同时，依托北京与湖北两大配件中心，进一步降低配件运输成本，提升配件物流时效。

3. 地上铁：新能源物流车维修专家

新能源物流车市场增长迅猛，车辆维保提质增效需求变强。在国家"双碳"目标和城市消费需求日益增长的双重驱动下，新能源物流车市场近年增长迅猛。2023年我国新能源物流车销量为29万辆，同比增长13%。在车辆市场高增长的同时，车辆的售后维保服务能力不足的问题凸显，暴露了维保效率难控、维保成本难控、维修标准、服务标准不统一且不透明等诸多问题，这些直接导致了用户体验不佳，也严重影响了车辆出勤率，降低了车辆运营效率和收益。行业客户要求维保服务的质量提高与成本降低，行业企业也迫切希望提高维保服务水平，以提升客户的消费信心、促进市场的稳步增长。

地上铁创立于2015年，是全球领军的新能源物流车数智化运营服务商，也是全国首家构建新能源物流车"线下＋线上"服务平台的企业。借助数智化运营服务网络，地上铁连接新能源物流车产业全价值链，对新能源物流车进行全生命周期的运营。目前，地上铁服务网络覆盖全国200多个城市，运营管理车辆突破10万辆，互联互通充电桩90万根，已参与20多个重点城市的绿色货运配送示范工程创建，并逐步拓展东南亚等海外业务市场。

小超修车是地上铁数智化运营服务网络的重要组成部分，其"无忧修"服务也是

"地上铁3＋n车服体系"12个类目当中的一大重点类目。小超修车是行业领先的新能源物流车维修平台，致力建立透明、标准的服务体系，用专业的一体化维保服务能力，为客户提供一站式新能源物流车维保服务，助力客户保障车辆高出勤率，提高维保效率、降低维保成本。

目前，小超修车通过一体化基础设施建设，实现了从用户需求到供应的保障，从而形成门店服务一体化、标准化的解决方案，其中包括：商品数据的标准化、用户履约的标准化、整体形象品牌的标准化、维修生产SOP的标准化，以及对用户侧的标准化反馈。与此同时，借助数字化平台，小超修车通过数据再现让客户直观看到维修场景，在维修的服务端进行全流程数据采集和分析，以及指标监控和预警，并为用户提供决策的数据依据，整体提升用户体验，降低维保成本。

在即将到来的全面电动化新时代，车辆维保服务将越来越凸显其重要性。小超修车依托地上铁庞大的服务网络，通过8年的努力，形成了一体化、标准化、数字化的服务能力，成为新能源物流车维保行业规模领先的服务平台，未来将持续创新，实现提质、降本、增效，为客户创造更多价值，助力行业的健康可持续发展。

4.《卡车运维管理师从业人员能力要求》团体标准

2023年10月，中国物流与采购联合会发布了《关于印发2023年第四季度中国物流与采购联合会团体标准项目计划的通知》，其中，《卡车运维管理师从业人员能力要求》团体标准被正式批准立项，项目计划号为：2023－TB－018。

该团体标准由中国物流与采购联合会教育培训部、中国物流与采购联合会物流装备专业委员会及济南卡维信息技术有限公司共同牵头起草，项目计划于2025年10月前制定完成。

该团体标准将卡车运维管理师分为初级、中级和高级，并规定各级别的从业能力要求及应具备的相关知识，标准的编制及实施，将为卡车运维管理师的职业发展提供指引，帮助众多从业者提升专业能力；将为用工单位对卡车运维管理师的招聘、管理提供参考依据；将为卡车运维管理师的培训、教育、评级等工作提供支撑，全面提高从业者的能力水平，进而促进卡车运输领域的安全运营、效率提升和绿色发展。

三、碳排放监测技术

随着工业化和城市化进程的加速，交通运输领域尤其是运营车辆的碳排放对环境的影响日益凸显。运营车辆作为现代交通运输的重要组成部分，其数量庞大且活动频繁，所产生的碳排放量不容小觑。大量的碳排放不仅对生态环境造成了严重的破坏，还对人类的生存带来了潜在威胁。因此，有效地监测和管理运营车辆的碳排放，对于实现可持续发展目标具有至关重要的意义。

（一）运营车辆碳排放监测体系构建

通过对运营车辆碳排放监测要素分析，运营车辆碳排放监测体系主要包含三大层次：目标层、实施层、总结层（见图3-32）。

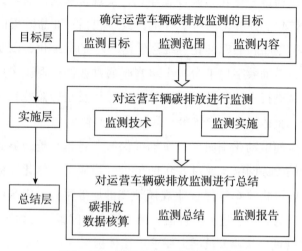

图3-32　运营车辆碳排放监测体系

1. 目标层

（1）监测目标。

①准确量化运营车辆的碳排放量。通过全面、系统监测，获取精确的碳排放数据，以明确不同类型、不同运行工况下运营车辆的具体碳排放水平，为后续的分析和决策提供可靠依据。

②深入分析碳排放的影响因素。旨在找出影响运营车辆碳排放的关键因素，如车辆技术状况、行驶路线、驾驶行为、运输货物类型等，以便针对性地制定减排措施。

③实时跟踪碳排放的动态变化。及时掌握碳排放的趋势和波动情况，从而迅速响应和调整管理策略，确保碳减排工作始终朝着既定目标推进。

④评估减排措施的效果。通过持续监测，对比采取减排措施前后的碳排放数据，检验各项措施的实际成效，为进一步优化和完善减排方案提供有力支持。

⑤为制定科学管理政策和标准提供依据。通过对大量监测数据的研究和分析，为政府制定相关政策法规、行业标准提供坚实的数据支撑，确保政策的科学性和有效性。

（2）监测范围。

监测范围包括所有类型的运营车辆，如公交车、出租车、长途客车、货运卡车等。不同类型的运营车辆在使用频率、行驶路线、负载情况等方面存在较大差异，因此需要进行全面监测。

运营车辆碳排放范围包括燃料燃烧排放、尾气净化过程排放、净购入电力排放、净购入热力排放四部分。这四部分可分为直接碳排放和间接碳排放两类。燃料燃烧排放、尾气净化过程排放为车辆行驶过程中消耗燃料及使用尿素等尾气净化剂而直接产生的 CO_2 排放，净购入电力排放、净购入热力排放为使用电力或热力车辆的燃料生产过程中间接产生的碳排放。

对于公交车，重点关注其在城市道路上的运行情况，包括站点停靠次数、客流量等因素对碳排放的影响。出租车则需要关注其在不同时间段的行驶里程和载客情况。长途客车和货运卡车则要考虑长途运输过程中的油耗和碳排放。

同时，监测范围还应涵盖不同的地理区域和运营环境。城市中心区、郊区、高速公路等不同区域的交通状况和行驶条件各异，对碳排放的影响也不同。此外，不同气候条件和海拔高度也会对车辆性能和碳排放产生一定的影响。

监测的时间维度也非常重要。需要进行长期的连续监测，以了解运营车辆碳排放的季节性变化、日变化等规律，从而为制定有效的管理策略提供依据。

（3）监测内容。

结合运营车辆运行和碳排放的特点，运营车辆碳排放监测主要包括以下内容。

①车辆运行数据。包括行驶速度、加速度、行驶里程、发动机转速、挡位信息、车辆负载率等。这些数据能反映车辆的运行状态和能耗情况，与碳排放紧密相关。

②车辆活动排放数据。涵盖二氧化碳排放量、一氧化碳排放量、氮氧化物排放量、颗粒物排放量、燃料消耗率等关键指标，直接体现车辆的温室气体排放水平和污染情况。

③车辆基本信息数据。包含车辆型号、车辆类型、发动机型号、车辆生产年份、车辆登记信息、排放标准等级等，还包括车辆轴距、外观尺寸、驱动方式等。这些信息有助于全面了解和分析不同运营车辆的碳排放特性及规律。

2. 实施层

（1）监测技术。

在运营车辆碳排放监测技术方面，目前主要有以下几种。

①基于车载排放测试系统（PEMS）的监测技术。PEMS 可以直接安装在车辆上，实时监测车辆在实际运行过程中的尾气排放情况，包括二氧化碳、一氧化碳、氮氧化物等污染物的浓度。这种技术能够准确反映车辆在真实行驶条件下的排放性能，但设备成本较高，安装和维护也相对复杂。

②遥测技术。遥测技术是通过在道路两侧设置监测设备，对过往车辆的尾气排放进行遥测分析。这种方法可以快速获取大量车辆的排放数据，但准确性相对较低，容

易受到环境因素的干扰。

③基于全球定位系统（GPS）和车辆运行数据的监测方法。基于全球定位系统（GPS）和车辆运行数据的监测方法是通过采集车辆的 GPS 定位信息、车速、油耗等数据，结合相关模型和算法，间接估算车辆的碳排放量。这种方法成本较低，易于大规模推广，但需要进一步提高估算结果的准确性。

（2）监测实施。

在实施规范方面，要确保监测设备的准确性和可靠性。定期对监测设备进行校准和维护，保证其能够正常工作并提供准确的数据。监测过程中要严格遵守相关的操作流程和技术标准。例如，对于车载排放测试系统，要按照规定的测试工况和方法进行测试；对于遥测技术，要保证监测设备的安装位置和角度正确。

数据的采集和传输也需要遵循规范，以确保数据的完整性和准确性，防止数据丢失或被篡改。应采用安全可靠的数据传输方式，及时将监测数据上传至数据中心进行分析和处理。

同时，在监测组织实施过程中，要建立统一的数据管理和分析平台。对不同来源、不同类型的监测数据进行整合和管理，便于进行数据分析和挖掘。通过数据分析，发现运营车辆碳排放的规律和问题，为制定管理策略提供支持。此外，还需要加强对监测人员的培训和管理。监测人员应熟悉监测技术和实施规范，具备专业的操作技能和数据分析能力，确保监测工作的质量和效率。

在监测的过程中，要注重与相关部门和企业的合作。与交通运输管理部门、环保部门、运营企业等建立良好的沟通协调机制，共同推进运营车辆碳排放监测工作。及时向相关部门和企业反馈监测结果，督促并采取相应的减排措施。

3. 总结层

运营企业能够联合两种或更多种方法，对碳排放量进行反演，并且相互之间进行对比验证。也就是说，可以借助运营车辆碳排放监测联合反演验证模型，把基于车载排放测试系统（PEMS）的监测技术、遥测技术、基于全球定位系统（GPS）和车辆运行数据的监测方法等多种手段联合起来，共同反演 CO_2 的排放情况，将平均速度、排放因子作为表征参数，把相对误差等参数作为误差性能指标，对不同模型以及不同测算方法下碳排放量的差异进行对比分析，以核实数据的准确性与可靠性。

（二）应用案例

1. 公路交通流能耗与排放监测系统

以"双碳"目标为导向，完善交通运输能耗统计体系、健全交通运输碳排放统计监测体系是目前我国的重要工作。道路运输车辆作为移动源，准确的能耗统计及科学的排放核算一直是交通节能环保领域工作的难点。

广东省公路交通流能耗与排放监测系统实现了按日动态计算不同口径下的公路网车辆能耗与排放指标，包括高速公路网各地市、各路段、全路网营运车辆以及不同车型、不同燃料的车辆能耗与排放指标统计。

项目成果实现了省域大规模路网车辆能耗与排放动态统计分析，一方面，能为交通运输能耗数据统计提供辅助性技术手段；另一方面，也为后续交通运输管理部门响应国家"双碳"政策，推进交通运输能耗及碳排放统计监测等工作提供了良好的数据模型与技术基础，具有一定创新性和引领性。

2. 移动污染源智能监管云平台

移动污染源不仅是 $PM_{2.5}$ 的重要来源，更是产生道路扬尘问题的"导火索"。道路本身不生产扬尘，渣土运输车辆不规范作业，将工地里面的尘带到了路上，形成了道路扬尘，进一步扩大了扬尘污染的范围，促使了大颗粒物向细颗粒物的转化，影响了区域空气质量。

北京市丰台区生态环境局以推进移动污染源的主动防治为出发点，探索发展新质生产力的有效路径，联合丰台交通支队，运用人工智能、大数据、物联网等前沿技术，搭建移动污染源智能监管云平台，形成新质生产力，进一步提升了移动污染源的全量化、实时化、动态化、智能化监管及整治水平。

移动污染源智能监管云平台可以对辖区 12 吨以上重型货运车辆开展 24 小时监控，精准查找车流量大的时段、路段，并对发现的违规车辆进行轨迹溯源，查找车辆始发地和停靠地，开展源头整治。同时设置电子围栏，对即将进入围栏的车辆进行提示，促使其依法依规运输，减少污染排放。

平台结合前端监测到的移动污染源违法数据和全国道路货运车辆公共监管与服务平台，通过移动污染源监测设备实现对于尾气排放超标车辆的识别；电子围栏功能通过北斗卫星定位，对 12 吨以上重型车辆 GPS 数据进行实时掌握，获取车辆行驶轨迹；通过平台系统划定虚拟围栏，对违规进入围栏车辆进行预警提示，并追溯车辆轨迹，为人工执法监管提供数据支撑。

北京市丰台区生态环境局依托移动污染源智能监管云平台，构建了围绕事前预警引导、事中精准打击、事后跟踪评估的有机闭环，从超排车辆的提前发现和远端劝返到对入区超排车辆的快速追查拦截，再到对"生态、交通"联合执法工作结果的复盘总结和面向后续工作的科学统筹部署，形成在整体流程上的层层把关，逐一破解移动污染源末端被动监管的难题，助力区域绿色高质量发展。

第四节　车路云协同技术

随着车联网技术的快速发展，"聪明的车"与"智慧的路"以及"强大的云"之间相互结合建设部署的模式是车联网的主要发展形态之一。智能车路云一体化将依托先进的数据通信传输技术、车载终端和路侧设备的传感器技术、云平台数据处理技术、自动控制技术以及计算机技术等建立有效可靠的智能车联网系统，这是解决交通出行安全问题和提升城市效率的重要技术手段，将为"智慧城市"建设提供智能化和协同化的交通运输管理模式。

一、车联网技术

车联网即车辆物联网，是一个由汽车信息、通信技术、互联网等组成的交互式网络系统。车联网技术的应用，可以有效地提高车辆的智能驾驶性能，改善车辆的乘坐体验，保证车辆的安全，并提高车辆的使用效率。车联网的特点如下。

（1）保证安全。通过车联网，车辆可以实现对周围环境、状态等信息的收集，为车辆的交通安全提供预警和保障，从而减少交通事故的发生。

（2）改善运输的效能。车联网能够实现对车辆的实时导航，并对车辆的网络进行分析，确定最优行驶路径，从而达到提高车辆行驶速度的目的。

（3）实施智能化的控制。车联网技术将传感技术、无线通信技术和智能信息技术结合起来，使车辆管理、决策、控制成为可能。

（一）车联网的定义与基础架构

1. 车联网的由来

车联网来源于对物联网这一概念的延伸，物联网的含义是以互联网为核心，物物相联组成的通信网络。车联网意义与之相似，即在通信协议和数据交互标准之下，通过现代无线通信技术，实现车－车（Vehicle－to－Vehicle，V2V）、车－人（Vehicle－to－People，V2P）、车－路边单元（Vehicle－to－Infrastructure，V2I）及车－互联网（Vehicle－to－Network，V2N）之间进行信息交互，实现对交通的智能化管理，达到"车—路—人—云"的感知协同化发展。

车联网以车内网、车际网、车载移动网络为基础，搭载先进的车载传感器、控制器和执行器，融合定位技术、信息处理技术、无线通信技术和智能决策控制技术，构建高度协同的车联网生态体系。在 V2V 通信中，车辆在向其他车辆发送自身速度、位置等信息的同时，接收来自其他车辆的行驶状态信息，同时结合传感器、摄像头等设备收集到的信息，实现对周围环境状况的感知，辅助驾驶员安全驾驶。

V2V 通信将独立驾驶的车辆紧密联系在一起，形成信息交互共享的车辆自组织网络。对于 V2I 通信，车辆主要与路边单元（Rode Side Unit，RSU）或基站进行通信。在车辆密度较大的场景下，RSU 可为车辆进行路径规划及速度建议。通过 V2I 技术，将"聪明的车"和"智慧的路"结合起来，使出行更加快捷。在 V2P 通信中，每个车载终端与行人携带的移动终端设备进行通信，一方面，行人可获知车辆运行轨迹及速度大小，另一方面，车辆也可提前减速规避人群，保障车联网体系中弱势群体行人的安全。

除此之外，V2P 通信还可用于停车、找车场景中，通过移动终端设备定位车辆位置或者空余的车位。对于 V2N 通信，车辆则主要与云端进行信息交互，实现计算数据的灵活卸载、传输及存储。云平台对收集到的海量数据进行处理分析后可为车辆提供定位、紧急救援、信息娱乐等服务。

2. 车联网架构

按照网络架构划分，车联网体系架构可以划分为三层：感知层、网络层和应用层，具体划分如图 3-33 所示。

（1）感知层。感知层被称作车联网的"神经末梢"，通过车载传感器、雷达以及定位系统的协同感知，将收集到的车内外行驶状态信息、交通状况信息和道路环境信息反馈给驾驶员，驾驶员根据收到的反馈信息作出行驶决策，实现感知数据辅助驾驶的功能。例如，车辆前方防撞预警技术，根据传感器接收到的前方障碍物感知信息，行车人员可以预先作出下一步的行驶决策，防止撞上前方车辆。

（2）网络层。网络层充当车联网的"大脑"，主要通过车载网络、互联网以及无线通信网络分析处理感知层所收集到的数据，实现车联网网络接入、数据分析、数据传输以及车辆节点管理等功能。网络层还为终端用户提供实时的信息交互以及无线资源的分配，达到信息负载的平衡以及异构网络的无缝衔接访问功能。

（3）应用层。应用层是车联网体系架构的最高层，主要为用户提供不同的服务。根据不同用户的需求提供不同的应用程序，例如，车载娱乐、远程监控以及紧急救援等。

从功能上看，车联网主要由端系统和管系统两大部分组成。

（1）端系统。行人端、车端、路端和云端组成端系统。行人因其在车联网环境中安全隐患最大而处于弱势地位，只能通过自身携带的移动终端设备经 V2X 管道收发信息，以此来感知周围交通状况并进行行驶路线调整，保障自身安全。车端是整个车联网的核心，V2X 的含义是以车为主体，与"X"即行人端、路端以及云端进行通信。

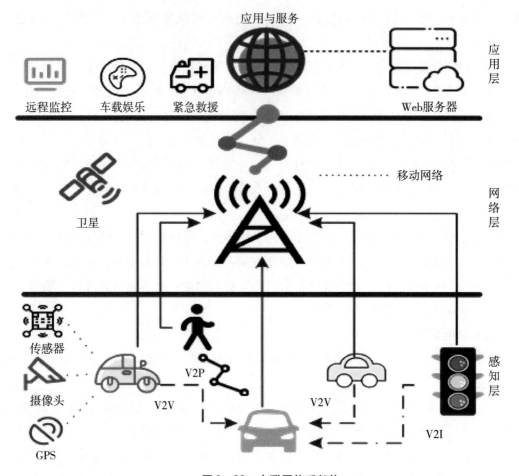

图3-33　车联网体系架构

资料来源：https://mp.weixin.qq.com/s/SJbjnUvrIdNvvM8g9LjBUA。

路端主要通过智能路侧单元为车端、云端和行人端传送交通路况信息，提供辅助交通的数据支持。云端在车联网中承担数据存储、分析和智能决策的任务，承载不同用户的业务需求和数据需求。

（2）管系统。V2X被称作是车联网的"管"，是各个终端进行通信连接、车辆自组织网络与异构网络有效衔接的管道，保证各端之间信息交互的实时性、可服务性以及网络泛在性。目前应用广泛的是LTE-V2X和DSRC两种典型的无线通信技术。前者可以实现网关或基站覆盖范围内所有端之间的通信连接，后者只能实现小范围内车与路端或车端之间的通信连接。

（二）车联网关键技术

1. 传感器技术及传感信息整合

车联网中的传感器技术应用主要是车的传感器网络和路的传感器网络。车的传感器网络又分为车内传感器网络和车外传感器网络。车内传感器网络是向人提供关于车的状况信息的网络；车外传感器网络就是用来感知车外环境状况的传感器网络，比如防碰撞的传感信息，感应外部环境的摄像头。路的传感器网络指那些铺设在路上和路边的传感器构成的网络，这些传感器用于感知和传递路的状况信息，如车流量、车速、路口拥堵情况等。

2. 通信 + AI 及其应用技术

车联网主要依赖两方面的通信技术：短距离无线通信和远距离的移动通信技术，前者主要是 RFID 传感识别及类似 Wi – Fi 等 2.4G 通信技术，后者主要是 GPRS、3G、LTE、4G、5G 等移动通信技术。而 5G 作为新一代通信技术，其拥有的传输速度快、传输数据量大的特点可以满足车联网的应用。

5G 车联网是利用第五代移动通信技术（5G）实现车辆之间、车辆与基础设施之间的高速、低延迟数据传输和通信互联互通。5G 车联网基于新一代的通信标准，采用了更高的频段、更大的带宽和更先进的调制解调技术，实现了更快的数据传输速度和更低的通信延迟。

另外一个值得关注的技术是人工智能（AI）。比如自动驾驶，它就与 AI 技术紧密相连，实现自动驾驶需要 AI 非常强大的算力和非常优秀的算法。在自动驾驶领域中，AI 能综合全路网的交通信息，作出一系列更智能更合理的驾驶决策。

（三）V2X 车联网

V2X 是一种通信技术，可使车辆与环境中的各种元素交换数据，包括其他车辆、行人、基础设施和网络。通过共享信息，V2X 提高交通效率、加强安全、减少污染，并实现高级驾驶辅助系统（ADAS）和自动驾驶。

V2X 包括传感器技术、摄像头识别和无线连接（如 Wi-Fi、无线电频率、LTE 和 5G 技术），可让汽车相互之间、汽车驾驶员之间以及汽车周围环境之间共享信息。

1. 车辆与车辆

车对车通信是指车辆之间的数据交换。这项技术允许车辆共享速度、位置和方向等信息，使它们能够检测到潜在的碰撞、协调行动并保持彼此间的安全距离。

V2V 是 ADAS 和自动驾驶的重要组成部分，它能使车辆作出明智决策，并对路况作出积极响应。

2. 车辆与行人

车对人通信侧重于车辆与行人、骑自行车者或其他易受伤害的道路使用者之间的互动。这项技术通常依靠行人携带的智能手机、可穿戴设备或其他设备来传输他们的位置和移动数据。配备 V2P 的车辆可以利用这些信息识别并避免潜在的碰撞，从而提高所有道路使用者的安全性。

3. 车辆与道路基础设施

车对基础设施的通信使车辆能够与各种基础设施元素（如交通信号、路标和嵌入道路的传感器）进行交互。通过这种连接，车辆可以接收重要信息，此外，V2I通信还能为ADAS和自动驾驶汽车提供有价值的信息，有助于实现更安全、更有效的导航。

4. 车辆与互联网

车到互联网将车辆与更广泛的通信网络（如蜂窝网络或Wi-Fi网络）连接起来。通过这种连接，车辆可以获取实时交通信息、天气更新和路线建议，从而提高行车效率和安全性。

5. V2X车联网技术的优势

（1）提高安全性。实时交换车辆状态信息，可以预防交通事故，如碰撞预警、紧急制动提醒等。

（2）提升效率。可以优化交通流量，减少拥堵，提高道路使用效率，缩短行车时间，降低油耗，减少排放。

（3）增强态势感知。V2X可为驾驶员提供更强的态势感知能力，提醒他们注意可能难以察觉的潜在危险，如盲点中的车辆、低能见度情况下的行人或即将发生的交通堵塞。

（4）支持自动驾驶车。V2X是自动驾驶汽车技术的重要组成部分，它使自动驾驶汽车能够在复杂的交通状况下导航，并与其他道路使用者安全互动。

（5）促进智能城市建设。通过将车辆与城市基础设施和网络集成，V2X可在发展智能城市方面发挥重要作用。

二、智慧公路

公路作为重要的交通基础设施之一，在综合交通运输体系中具有不可替代的基础性作用。截至2023年年底，全国公路总里程已达543.68万公里，在经济社会发展中发挥了重要作用。虽然我国公路网规模居于世界首位，但仍面临着包括交通安全、交通拥堵、交通污染等诸多方面的挑战。

数字化、网络化、智能化的融合发展，对公路运行管理方式也提出了更高要求。建设智慧公路是提升道路安全性、提高运行效率、优化服务管理以及促进绿色发展的重要途径，为此，交通运输部印发《交通运输部关于推动交通运输领域新型基础设施建设的指导意见》《交通运输部关于推进公路数字化转型加快智慧公路建设发展的意见》等行业政策文件，明确提出建设发展智慧公路等智慧交通、基础设施数字化转型的要求，旨在实现人、车、路、环境深度融合以及全业务流程数字化。

（一）我国智慧公路建设现状

近年来，为了支撑车辆自动驾驶、公路运行管理服务，对智慧公路建设展开了新一轮的探索实践，通过引入先进的理念和技术，推动了我国公路数字化转型，为公路领域带来了新的发展机遇。智慧公路试点应用有效提高了我国公路交通运行管理与服务的能力和水平，形成了适合国内发展实际的应用技术体系，提高了人民群众出行的获得感。

2018 年，交通运输部办公厅发布了《交通运输部办公厅关于加快推进新一代国家交通控制网和智慧公路试点的通知》，率先在北京、河北、吉林等九省市开展试点建设。自 2019 年中共中央、国务院印发《交通强国建设纲要》以来，各省市积极开展智慧公路试点、示范项目建设。截至 2023 年 12 月，全国建成、在建和拟建的智慧公路达到 113 条。其中，建设完成的智慧公路为 65 条，总里程约 8232 公里，主要集中在江苏、浙江两省；西南地区的智慧公路集中在四川省；华北地区的智慧公路集中在北京市、河北省、山东省。在建和拟建的智慧公路近 50 条，主要集中在云南、浙江、江苏、广东等省。

从建设内容看，主要涉及基础设施数字化、匝道分/合流区预警、准/全天候通行安全预警、伴随式出行信息服务、机电设备智慧资产管理与智能运维系统建设、智慧服务区、智慧隧道、智慧桥梁、智慧收费站、特殊路段全天候通行、主动交通流管控、车路协同系统、消冰除雪系统等。从投资规模看，不同智慧公路项目的造价存在较大差异，有的造价不足 100 万元/公里，有的造价则超过 1000 万元/公里，但大部分项目造价在 100~300 万元/公里。从建设类型看，主要覆盖东、中、西部不同地区的高速公路、普通公路、长大桥隧和服务区。其中，依托高速公路开展的新基建项目占比为 84%，依托普通干线公路开展的新基建项目占比为 12%。在依托高速公路和普通干线公路开展的新基建项目中，75% 的项目开展了多方向、多领域的探索实践，14% 专注于长大桥隧结构健康监测和安全应急响应，11% 致力智慧服务区的建设。

（二）智慧公路关键技术与应用架构

随着数智技术与公路领域的深度融合，智慧公路以公路基础设施全要素全周期的数字化为基础，依托车辆及作业装备的智能化和网联化，以现代信息技术赋能公路建设、养护、运营、服务、治理等全业务的数字化转型、智能化升级，推动了技术、模式、业态和制度联动创新。智慧公路的关键技术与应用架构包括以下几部分。

1. 融合感知

针对基础设施、交通运行、路域环境三类交通要素进行全域数字化感知，采用雷视一体机、智慧诱导灯、无人机、门架系统等智慧化设备，结合传统外场设备实现车辆运行轨迹、基础设施健康状况、交通事件、车辆信息、路面状态、气象环境等全域精细化信息感知。

2. 传输与支撑

通信传输采用有线、无线通信相融合的传输方式，提供数据传输、信息发布和互联互通的通信基础条件，传输方式包括光纤传输网、4G/5G、融合通信、北斗卫星导航系统等。

3. 数据中枢

数据中枢层设计内容包括全生命周期数据底座、全时域融合算法、共性工具，其中，全生命周期数据底座实现设计、建设、管理、养护、运营、服务全阶段数据连接；全时域融合算法主要为实现智慧化应用提供基础类、管控类和决策类算法支撑；共性工具包括数字底座和数字服务。

4. 智慧应用

智慧应用层包括数字孪生平台、智慧养护运维和智慧运行管理，将既有系统接入智慧服务区、智慧收费站等。智慧应用以通行效率提升、安全运行管控、运营降本增效和美好出行服务为目标，针对具体需求、结合业务场景，依托融合感知、传输保障和数据中枢，实现管理、养护、运营和服务等全业务智慧化。

5. 网络安全系统

网络安全系统涉及网络部署方案、网络安全设计、网络通信安全、安全管理中心、云平台安全等内容，共同为智慧公路系统提供更加坚实的技术支撑和保障，确保智慧公路系统的稳定运行，以提高交通运营效率。

6. 数智化标准规范与制度

数智化标准规范与制度包括数据采集、传输、治理、挖掘等的统一标准，以保障数据互联互通和共享交换，最大限度发挥数据潜在价值。

三、车路云一体化

（一）车路云一体化系统组成及架构

1. 车路云一体化系统组成

"聪明的车"是具有通信能力、融合感知能力和协同决策能力的车载终端。车辆通过自身搭载的智能传感器采集和获取车辆的周围信息，感知行车状态与环境。当前，车辆通过基于蜂窝网的车载无线通信技术（C-V2X）已经具备与路侧设施和云平台之间的互通互信能力。车车通信可以使车辆间彼此交换自身传感器获取的感知数据及自身的驾驶意图，支持多个车辆之间同步和协调各自的行驶轨迹，提高安全辅助驾驶性能。车路通信可以使车辆获取路侧设施发送的交通状态信息、交通管控信息及安全警告信息等。

"智慧的路"是部署在道路两侧的相关设施，主要包括智能交通信号设备、路侧感知设备（毫米波雷达、激光雷达及各类摄像头等）、路侧通信设备和路侧计算设备等。其中，路侧感知设备可以用于对交通流量、交通事件等交通动态信息的精准识别，并对交通参与者进行实时预测、跟踪；路侧计算设备可以为车辆终端承担一部分辅助计算任务；路侧通信设备可以根据当前道路信息及计算任务的结果，通过无线通信网络实现车与路侧设备、路侧设备与路侧设备、路侧设备与云端设备之间高可靠低时延的实时通信功能。

"强大的云"即交通云，能为车、路的多样化交通数据融合提供计算、存储和业务应用等服务，并基于人工智能、大数据分析为智慧城市的交通协调与控制提供有效决策。云控平台可分为边缘云、区域云和中心云。边缘云是最接近道路车辆和路侧设备的云控平台，其负责道路上动态数据的采集和计算，进而对智能网联车提供实时性的基础应用云服务；区域云由多个边缘云汇聚而成，为交通运输和管理提供实时性或非实时性数据计算等多种服务；中心云由多个区域云汇聚而成，根据区域云的数据汇总，从多维度为交通整体业务提供宏观数据分析与增值服务。

2. 车路云一体化系统架构

车载、路侧和云端组成复杂的"车—路—云"车联网系统架构，其又可分为车路协同感知层、网络传输层和云控平台层（见图 3 – 34）。

车路协同感知层赋能交通参与者及云控平台获取道路、车辆、行人和环境等信息。车路协同感知层的下层能够识别并捕捉交通参与者的运动信息和位置信息，从而让整个网络和基础设施做好相应分析及反应动作，提高交通管控系统的运行质量；而车路协同感知层上层则是将相关数据信息进行处理和整合，通过无线通信设备传输到云控平台中。

网络传输层是车路云一体化系统之间互联互通的关键，基于通信协议对车辆终端和路侧设备采集的感知数据进行汇总，向云控平台提供全面的信息传输服务。网络传输层借助平台计算能力和大数据分析算法对数据信息进行处理，提升该车联网系统对实际交通网络的全局感知能力，从而为决策提供依据，并依托交通管控系统对交通资源做好充分调动，提高车联网应用中的信息利用率。

云控平台层是车路云一体化系统的核心，在基于信息感知和网络传输的基础上对数据处理能力和业务信息展示等进行扩展应用，实现对车联网资源的动态调度。未来的车联网系统将产生大规模异构终端接入、海量数据存储与实时查询等功能需求，需要多级分布式平台的部署支持。基于车联网应用的低时延、设备数量庞大且分布式部

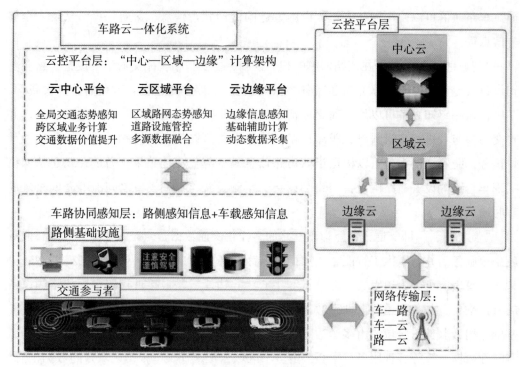

图3-34　车路云一体化系统架构

署等特点，云控平台借助虚拟化系统把多样数据、海量存储信息和网络资源整合构建为资源池，并向车联网用户提供不同等级的服务。其中，云中心平台提供跨区域业务计算、交通数据价值提升和全局交通态势感知等功能；云区域平台提供道路设施管控、区域路网态势感知等功能，在路—云网关实现毫米波雷达、激光雷达及各类摄像头等初步感知，在车—云网关负责车辆终端感知数据和车内数据的上传，在云—云网关实现数据传递；云边缘平台提供边缘信息感知、基础辅助计算、动态数据采集等功能。

（二）车路云一体化关键技术

车路云一体化系统需要以车载、路侧、云端等多源数据融合为基础，依赖车路云协同组网传输的可靠性和效率，借助云端计算和边缘计算对系统整体的通信资源、计算资源进行联合调度优化，其中"感知—通信—计算"三个环节密不可分，相辅相成，共同实现车联网系统安全和效率的最大化。

1. 协同感知系统

网联环境下智能汽车的安全驾驶，很大程度上依赖于准确的环境感知能力。由于单一传感器所含数据类型过于简单，因此难以全面表征环境目标的特征；而多传感器融合技术易遭受自然条件等外界因素的干扰，并未实现高精度、强鲁棒的感知效果；另外，受建筑物遮挡、观测视角有限等影响，车载传感器无法获取全方位、多角度的当前环境信息，因此，要实现高效稳定、安全可靠的多源数据融合感知，还需要综合考虑网联环境下路侧多方位融合感知信息以及云端跨区域、全方位融合感知结果。

随着传感、通信、计算等技术的不断进步，车路云一体化系统可以针对网联环境下多源数据融合感知以及车路云协同感知问题进行深入探索。通过在车载终端部署摄像头、毫米波雷达、激光雷达等多类型感知设备，结合路侧的边缘节点设施，以及云端强大的计算能力，有效弥补单车感知能力的不足。再将云计算/移动边缘计算范式引入车路云协同感知框架中，实现基于车—车、车—路、车—云、路—云的双向融合感知技术，即一体化、全时空、全方位的信息融合感知与数据共享，快速准确地识别目标的类别，检测目标的位置，估计目标的运动状态等信息，为决策和控制提供依据，大幅增强了智能汽车的行驶安全性和交通运行效率。

2. 群体组网通信

车载无线组网传输是实现车—车、车—路乃至车—万物信息交互的基础，也是智能交通与智能网联汽车领域实现协同感知、决策、预警的关键。车联网环境下，车—车、车—路、车—云间的信息传输与数据共享主要依靠高效、可靠的无线通信网络实现。然而，车辆的高移动性将导致网络的拓扑结构快速变化，传统的蜂窝网络和低速移动网络的通信协议难以满足车辆自组织网络中数据群集并发存取的需求。

直通链路是支持设备间直接通信的新型链路，起初在 D2D（Device - to - Device）应用场景下被引入，后来延伸至 V2X 并在其原来基础上进行了扩充和增强。随着 NR - V2X 芯片与模组的逐渐成熟化、商用化，车联网终端设备将更多地采用 NR - V2X 的通信方式实现车路云一体化的高性能连接。除了依托 DSRC、LTE - V2X 等主要面向车路协同的关键通信技术，NR - V2X 的强大连接能力也将在高性能网联通信环境下，推进智能车联网系统进一步加强车辆、道路和云端之间的联系，提供车辆编队、高级驾驶、扩展传感器、远程驾驶等多种服务，实现车辆与路侧的边缘计算卸载应用，降低智能车辆自身的计算能力要求，以较低成本缓解城市交通问题、提升交通系统综合运行效率。

3. 边缘联合计算

随着 B5G 和 6G 时代的到来，数据呈爆发式增长，车路终端自身的计算能力已难以处理计算密集型任务，传统的集中式云计算技术已无法解决智能车联网应用中数据量大、传输延迟高、实时处理性低等瓶颈问题。移动边缘计算作为一种分散式运算架构，可以将应用程序、数据资料与服务的运算处理等原本该由网络中心节点处理的大型任务分解成小块，移至网络逻辑上的边缘节点来处理。边缘侧更接近用户终端，更靠近数据源头，因此可以有效加快数据的处理传输速度，减少时延，提升效率，加强安全隐私保护。区块链技术起源于数字加密货币比特币的分布式总账技术，其具有去中心化、去信任、匿名、数据不可篡改等优势，这种分布式、点对点信任的新型技术框架突破了传统基于中心式技术的局限，在计算机科学、电子商务、数字医疗等诸多学科均具有广阔的发展前景。

为保证数据安全高效传输，车路云一体化系统架构可以引入多接入边缘计算技术和区块链技术，针对多传感器数据融合感知的计算和存储需求，设计基于边缘计算的车—车、车—路间协同计算卸载和数据共享方法。在此基础上，利用路侧边缘计算节点所提供的计算和存储能力，在路侧和云控平台间建立基于区块链技术的安全数据传输和共享机制，设计区块链节点之间稳定高效的节点共识机制，保证网络中融合感知共享数据的一致性和不可篡改性。同时，云控平台可以对基于区块链技术的一体化系统架构进行实时控制，以确保各边缘节点资源能被充分利用，从而提高系统整体运行性能。

（三）车路云一体化应用

2024 年 7 月，工业和信息化部、公安部等部门联合发布《工业和信息化部 公安部 自然资源部 住房和城乡建设部 交通运输部关于公布智能网联汽车"车路云一体化"应用试点城市名单的通知》，北京、上海、重庆、鄂尔多斯、沈阳、长春、南京、苏州、无锡、杭州、合肥、福州、济南、武汉、十堰、长沙、广州、深圳、海南、成都等城市入选，标志着"车路云一体化"进入规模化落地发展的新阶段。

2020 年 9 月，北京启动建设全球首个车路云一体化高级别自动驾驶示范区，通过打通网联云控式自动驾驶关键环节，推进 L4 及以上高级别自动驾驶车辆的规模化运行。2021 年 5 月，依托示范区建设，北京入选首批"双智"试点城市，进一步研究城市智能化道路与数字化平台建设标准，推进智能网联汽车与城市出行、智慧物流与智慧交通融合发展。

经过近 4 年的探索实践，示范区已完成车路云一体化试验环境搭建与小规模部署，建成首个城市级工程试验平台，即将实现 600 平方公里智能网联道路和智慧城市专网覆盖。已落地自动驾驶乘用车、无人配送、自动驾驶环卫等八大类应用场景，完成大兴机场、北京南站、首都机场、京津塘高速等自动驾驶场景拓展，累计部署车辆超过 800 台，自动驾驶测试里程近 3000 万公里，围绕"车—路—云—网—图—安全"形成标准成果 68 项。

北京亦庄示范区作为车路协同技术的重要试验场，经历了从初期探索到深度实施的演变。1.0 阶段属于初步尝试阶段；进入 2.0 阶段后，规模显著扩大，平均每 300 米左右的路口配置超过 1 个 ICU 和近 1.5 个 MEC，实现了车辆行程监控、异常行为检测和事故数据处理等功能。目前正向 4.0 阶段迈进，预计将进一步深化车路协同技术的应用，为自动驾驶车辆提供更加全面和精细的支持。

在车端，有序推进智能网联车端应用。依托大规模测试能力优势，面向自动驾驶测试及量产车场景应用需求，组织企业研发三模 OBU，累计安装 700 余台。

在路端，持续强化路侧基础设施支撑。实现 60 平方公里车路云一体化功能全覆盖，形成功能服务 20 余项，同时持续优化标准路口建设，每路口降本达 46.3%。

在云端，充分发挥云控平台中枢价值。累计接入车辆、路侧、信控、出行服务等 6 大类、200 多个数据项，面向产业及政府部门提供车路云一体化及交通信控优化等应用服务。

在网端，不断夯实通信基础设施建设。融合 5G、C-V2X 和 EUHT 等多种技术，实现 329 个智能网联路口 C-V2X 网络全面部署与 335.6 公里双向城市主要道路 EUHT 网络信号连续覆盖，支撑开展车辆监管、远程驾驶、车路协同等功能，数据传输成功率在 95% 以上。

在图端，深入拓展高精度地图服务能力。支持高精度地图试点建设，扩展至 46 个地图 API，支持提供用户动态提醒、车道级事件提示等功能服务。

在安全端，搭建数据安全保障体系。先后发布国内首个示范区级数据分类分级白皮书与数据安全管理政策，为车端与路端提供主动安全防护。

第五节　网络货运平台

网络货运作为现代物流网络化升级的重要动能，对优化资源配置、促进跨界融合发展、推动运力重构具有积极作用，是助力物流降本增效的重要力量。发展网络货运平台能够充分利用数智化技术提高运输效率，快速匹配货物和车辆，从而显著缩短运输时间，帮助企业降低运营成本；实时监控系统还可以减少事故率，降低保险支出；平台数字化还能有效推动货运规模化，从而更快速响应市场变化和客户需求，为中小型车队和个体司机提供更多机会，增强市场竞争力，这种规模化有助于形成更加多样化和高效的运力结构。

一、网络货运平台发展现状

（一）网络货运平台的发展演进

1. 网络货运平台发展时间演变线

20 世纪 90 年代至 21 世纪初，大量的 B2B 公路货运信息交易网站相继出现，极大地提升了货主与车主之间的匹配效率，从而节省了交易时间与成本。自 2010 年起，技术的不断革新推动了网络货运平台的快速发展。这些创新包括运输管理系统和全球定位系统在物流领域的广泛应用，以及"互联网＋"概念的引入，促使货运平台经历了一次又一次的电子化与信息化升级。

近年来，无车承运人模式的推行进一步加速了网络货运平台的成长。这一模式使平台从单一的信息服务转变为一个更加全面和多维的综合服务体系，形成了线上线下一体化的生态系统。当前，网络货运平台的发展已由早期的野蛮生长阶段转向标准化和规范化的全面发展阶段。

2. 技术阶段演变线

伴随着早期运输企业对物流与货运数字化的探索，网络货运平台通过在线系统成功连接了货主与运输商，开启了信息交流与资源匹配的新篇章。随着物联网、云计算和大数据等技术的快速发展，网络货运平台实现了智能化与资源优化，同时共享经济模式也逐步得到推广。这一系列进步显著提升了交易的便捷性，使网络货运市场逐渐扩展至国际市场。为践行"双碳"目标，网络货运平台通过智能路线规划和电动货车等手段，有效减少全流程的碳排放。此外，区块链和人工智能等技术在物流领域的逐渐应用，进一步提升了网络货运平台在全链条优化与追踪方面的效率与效果。

（二）网络货运平台的分类

随着互联网技术及区块链等技术在物流领域的应用，现在的网络货运平台变得越来越多功能、规范及便利。网络货运平台也逐渐向不同方向实现应用，目前整体上网络货运平台主要分为三大类，分别为控货型、开放型、服务型。

1. 控货型网络货运平台

控货型网络货运平台目前主要是通过平台方对货源的集中控制与分配，来满足企业的物流需求。这类平台通常包括合同物流、大宗/危化品物流以及网络电商等多个领域。

（1）合同物流型。

合同物流型主要满足企业内部的运输需求，通常与早期无车承运人试点企业相关联。企业通过合同物流形成运力规模，但是规模有限，可能不足以满足所有运输需求。运力细分为自由车辆、挂靠车辆等，以实现灵活的运输调度。主要企业有中外运、大田物流、安得物流等。

（2）大宗/危化品物流型。

大宗/危化品物流型主要对特殊的大宗、危化品货源集中控制与分配，大宗货物一般是以煤炭、石油为主的能源产品，以钢铁矿为主的基础原材料，以及农副产品等。

危化品是以易燃易爆或具有强腐蚀性的化工材料为主。典型代表有中国华能、世德集团、青港岛物流等。

（3）网络电商型。

网络电商型如天猫、淘宝、京东等网络货运平台。它们通过平台化操作模式，整合零散运力和集货能力，实现规模化运营，服务于庞大的消费者群体及各级分销商和门店。

2. 开放型网络货运平台

开放型网络货运平台既不是货主，也不是运力供应商，而是专注于货主与运力之间的有效匹配，是面向整体市场开放的，接受自然竞争的第三方企业。这类企业可分为撮合型、承运型、专业型三种类型。

（1）撮合型代表企业。

撮合型以临时性整车订单为主，倾向于做信息撮合，平台自身不参与物流环节；价值是降低货主、司机的交易成本。目前来看，撮合型整车平台已经迎来大结局，代表企业有满帮集团等。

满帮集团是中国领先的数字货运平台之一，由运满满和货车帮这两大公路干线货运平台于 2017 年合并成立，现已在贵阳、南京、北京、上海等地多中心运营。早在 2016 年 7 月，满帮集团便取得了贵州货车帮小贷牌照，12 月正式获批开展小贷业务。目前，满帮集团网络货运平台主要通过货车帮小贷，为货车司机和托运人提供贷款服务。货车帮小贷依托平台大数据及多样化的货运场景，能为司机和货主提供一系列便捷的金融服务，包括 ETC 业务、加油信用、轮胎分期、满运贷和司机贷等产品，全面助力物流行业的高效运转与金融支持。

（2）承运型代表企业。

承运型以计划型整车订单为主，主要倾向于做承运本身，比如快递快运的干线外包业务，业务周期长，但运输时间、线路都相对固定，对运输质量的要求比较高。

福佑卡车是国内最早将 AI 技术商用化的整车运输平台，目前也是唯一施行智能定价的整车运输平台。数字化为广大货主和司机带来便捷准时、高效保障的服务体验的同时，大大提升了平台的运行效率，并降低人工作业成本。

近年来，福佑卡车专注大模型、自动驾驶等前沿领域的研究，与腾讯共创国内首个数字货运大模型，并深度应用到企业内部知识库问答系统、智能客服系统和智能质检系统，提高运营效率和服务体验，打造数字货运新质生产力。通过技术赋能，福佑卡车形成行业领先的履约能力和运营优势，先后与多家 500 强企业及行业龙头建立长期稳定的合作关系。立足快递快运优势领域，福佑卡车延伸拓展业务场景，将全链路履约服务体系复制到新能源、快消等领域，满足客户对柔性灵活、高效流转供应链的需求，助力自身业务高速稳健增长。作为智慧物流领域的独角兽代表，福佑卡车在技术创新、业务布局等方面均取得丰硕成果，获得国内外权威机构的一致认可。

（3）专业型代表企业。

专业型更专注于特殊市场，比如能源炼化、港口配送，或者是局部的、区域内的运力整合。其特点是做差异化竞争，聚焦于一定区域或特殊行业。其中，具有代表性的企业包括：服务于能源危化品行业的拉货宝，背靠山东炼化能源集团，主营山东区域大宗危险品运输；服务于集装箱运输业的滴滴集运，主营天津港及周边的港口集装箱物流业务；山西快成，主要做大宗商品流通，如煤炭、新能源等；恰途、物云通，服务于当地的专线及网点，做区域内的运力整合。

3. 服务型网络货运平台

服务型网络货运平台的显著特点在于多业务线的并行运作，其盈利模式不仅依赖于车货匹配，还包括为客户提供 SaaS 支持、资质申办、税务合规、金融服务、油卡及 ETC 等多种物流解决方案。

（1）园区型平台。

园区型平台以自有物流园区为切入点，这类平台充分利用自身资源优势，直接服务于园区内的专线企业。例如，传化在沈阳、哈尔滨、济南、杭州、长沙、遵义、成都、重庆、福建和贵阳等地建立了多个传化公路港，快速将园区内的专线公司转化为客户，提供运力服务并解决税务合规问题。代表企业有传化、卡行天下、黑豹和天地汇等。

（2）科技型平台。

科技型平台的企业大多数以车载传感器、GPS、SaaS 支持、大数据和车联网等先进物流科技产品为切入点，为物流企业赋能，展现出强大的技术实力。作为各大物流企业的设备供应商，这些平台不仅掌握大量底层运力数据，还能帮助客户搭建数据接口和系统，解决税务合规问题。同时，凭借大数据优势与风控能力，它们还在物流金融与保险等领域大显身手。代表企业有中交兴路和 G7 等。

（3）综合型平台。

综合型平台的企业主营业务不仅限于满足大小货主、物流公司和卡车司机的物流需求，更是为客户提供税务合规、金融保险、车后服务及协助网络货运平台资质申办等全方位综合服务。代表企业有路歌、共生和物润船联等。

（三）网络货运平台对运力重构优化的影响及意义

网络货运平台首先通过大数据、人工智能、5G 等新技术，将车、货、仓储等数据打通,对货物及运力进行重构匹配,可以提升货运效率;其次通过"互联网＋货运"模式,有效整合中小货运企业,能够培育具有竞争力的大型流通企业,提升管理效率;最后通过连通船运、空运和铁路运输系统,有利于推动多式联运组织效率极大提升。

据统计,截至 2023 年 12 月底,全国共有 3069 家网络货运企业,接入社会运力798.9 万辆车、驾驶员 647.6 万人。2023 年全年共上传运单 1.3 亿单,同比增长40.9%。企业数量不断增加,行业规模不断扩大。行业监测数据显示,网络货运平台通过高效匹配车货信息、缩短简化交易链条,能够提高 50% 的车辆利用效率,司机平均等货时间由 2～3 天缩短至 8～10 小时,较传统货运降低 6%～8% 的交易成本。

二、网络货运平台功能技术

(一) 货运大数据智能处理与存储

网络货运是集信息发布、交易撮合、货运结算、诚信监控等功能于一体的综合性一站式运输服务平台。

首先,网络货运业务流程通过综合运用大数据、定位导航、云计算等智慧物流技术,整合运输资源,线上有效匹配运输需求,合理设计运输方案,实现运输过程透明化、高效化管理,可以为货主、实际承运人等线上用户提供一站式服务,提升数据信息的传输速度。与单纯的车货匹配平台不同,网络货运经营者全程承担承运人的责任。其次,网络货运平台在数据收集的基础上,通过云计算和 5G 技术,将海量的货运大数据进行智能加工处理,实现业务、财务管理的快速响应,使其具备经济效益,带来竞争优势。例如,网络货运平台以托运人、实际承运人和收货方为主链,记录交易过程中产生的有关资质认证、订单、合同、单据管理、运输调度等方面的数据,对相关数据进行择优存储,为托运人、实际承运人和平台的信用评估以及车辆智能匹配等作业流程提供基础数据支撑。

(二) 运力供需端智能智配

网络货运平台可能包含多种运力:自有运力、合同运力、车队、个体司机等。通常情况下,其稳定性遵循:自有运力＞合同运力＞车队＞个体司机。网络货运平台对这些不同的运力,以数据的形式进行梳理整合,生成不同的运力画像,并且在运营的过程中,通过数据沉淀,固化和稳定长期合作运力,将不稳定运力稳定化,形成牢靠的运力结构。

对应运力组成的多样化,货源也有不同的运输需求,可简单分成三类:临时需求、稳定需求和优质需求。面对不同的运输需求，平台可通过运力画像，智能匹配更合理的"车—货"配置，并通过大数据信息优势，减少单边运输，减少空驶运力浪费，从而在保证运输服务品质的同时，提高运输效率，从调度上实现物流运营的降本增效。如图 3-35 所示，网络货运平台与金融平台各司其职，由网络货运平台智能处理运力需求与运力的关系；由金融平台与车后电商平台负责相关信息流、资金流的流动运转。

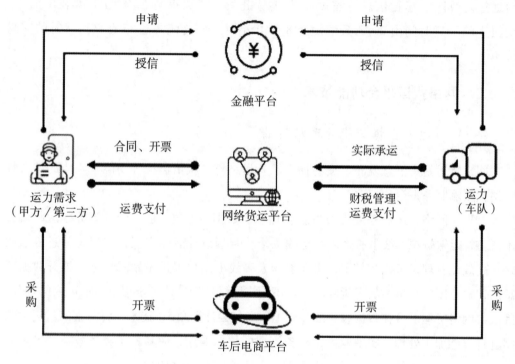

图 3-35　网络货运平台运输生态链

（三）运输可视化管理

运输可视化平台是利用数据可视化和分析技术，为物流企业网络型运输业务"量身定制"的集分析、可视化和预警于一体的服务平台。通过平台的云计算、大数据、人工智能等技术，使运输网络及运营情况直观、简洁地呈现出来。货运平台可视化架构如图 3-36 所示。

（四）应急供给与调配

网络货运平台必须制定完善的应急保障措施，以随时应对突发事件的发生，需要有一套完整的保障体系才能确保道路运输安全，并迅速、高效、有序地做好应急救援

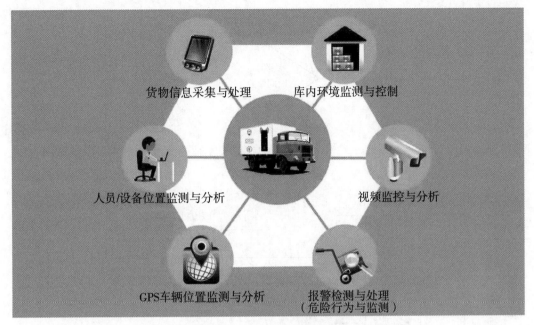

货物信息采集与处理　　库内环境监测与控制

人员/设备位置监测与分析　　视频监控与分析

GPS车辆位置监测与分析　　报警检测与处理
（危险行为与监测）

图3-36　货运平台可视化架构

资料来源：https://mp.weixin.qq.com/s/BXJkV-L1FwQcsw475kjq-Q。

工作。应急保障流程如图3-37所示。具体包括以下内容：建设应急救援处置专业队伍与应急资金保障制度，完善相关的应急管理机制，落实专业人员并加强专业技能教育培训。利用现代信息技术，加强对道路运输事故有关信息的收集、风险分析判断和持续监测。建立准确、及时、快速的突发事件监测、预测和预警工作机制。公布应急救援领导小组办事机构抢救人员电话，保证准确、及时报送信息，不得瞒报、缓报和谎报。信息的发布要及时、准确、客观、全面。

三、网络货运平台典型案例

（一）南网物流

南方电网互联网服务有限公司（以下简称"南网互联网公司"）是南方电网公司下属三级国有全资企业，按照"用户至上、数据驱动、开放共享、合作共赢"的平台思维，打造了赫兹E链-5E平台，赫兹运力平台就是赫兹E链-5E平台的12个子平台之一。

赫兹运力平台是南网互联网公司根据政策指引，在"构建第四方物流增值业务和运力整合平台"进行的重要探索。南网互联网公司从信息全程监控开始，逐步打造运力资源池，同步探索新模式，循序渐进引入运输任务询价、承运企业竞价、承运企业抢单、平台自有撮合等不同的运力交易机制，在强化现有物流业务管控的同时，灵活

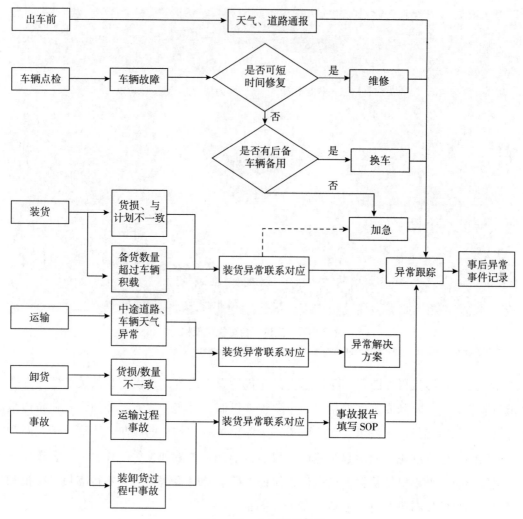

图 3 - 37　应急保障流程

资料来源：https://mp.weixin.qq.com/s/aHKB3j18PPMF - hSzFX1Pxg。

选择运力组织及履约方式，从"物流运输管理"进阶到"物流资源运营"，打造新的经济增长点。详细业务流程如图 3 - 38 所示。

1. 服务体系

赫兹运力平台主要包含全生命周期业务管控体系、运力资源池建设及运力资源管控体系、运力交易撮合体系、平台运营管理体系四部分内容。由南网互联网公司与京东物流达成合作伙伴，共同制定赫兹运力平台面对各种场景的服务体系。

（1）全生命周期业务管控体系。

通过与南方电网公司的电网管理平台对接，承接上游运输需求及运输任务并在平台进行发布；通过运力组织与管理，确定运输任务与承运车辆的匹配关系；通过导航设备、手机 App 等多种途径，实时管理车辆位置，并依托预警、报警机制的建立，对

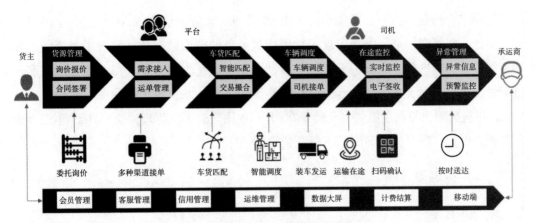

图3-38　赫兹运力平台业务流程

资料来源：https://mp.weixin.qq.com/s/N2szw0I4xNZnEEZDL5vqbQ。

运输任务执行的全过程进行有效管控。

（2）运力资源池建设及运力资源管控体系。

通过合同运力招采、社会运力注册、生态合作伙伴引流等方式，建设和完善运力资源池，帮助南网互联网公司改善当前业务的物流组织形式。建立业务管控体系，引入响应及时率、运输能力、配送及时率、设备货损率、客户服务评价等多维度的考核指标，为承运企业建立综合KPI考评机制，对运力资源进行有效管控。

（3）运力交易撮合体系。

在原有业务管控的基础上，引入运输任务询价、承运企业竞价、承运企业抢单、平台自有撮合等不同的运力交易撮合机制，以便于南网互联网公司根据自身业务、外部业务的不同运输需求，灵活选择运力组织及履约方式，并充分发挥互联网平台"去中间化"的特性，有效降低物流成本。

（4）平台运营管理体系。

从系统机构、人员、角色维护、接口及异常跟踪查询、客服体系建立和专属客服经理等方面建立运营体系，结合当前人工智能、大数据、车联网等技术，聚焦运力交易撮合，闭环商业模式。

2. 平台现状

2022年，南网电网管理平台逐步在全网推广上线，随着上线的推进，赫兹运力平台运单量一直保持大幅增长的趋势。随着业务不断深入，赫兹运力平台除电脑端、手机App端之外，还增加了微信小程序端（打开微信小程序搜索"赫兹运力"），作为移动应用的补充，主要面向收发货人。收发货人可以直接登录小程序收发货，不需再安装App。此外，开通了"赫兹运力客服"微信号和"赫兹运力"微信视频号，部分操作指引性视频已经上传至视频号，便于向用户转发分享。2023年全面开启车货匹配新模式。

近年来，赫兹运力平台实现年运单量 80 万单，入驻供应商 1833 家、承运商 1569 家。历经 3 年运营，平台成功实现了物资配送业务的全面数字化，实现了供应链服务调配管理能力精准化，实现了业务流程自动化和智能化，提升了基层业务处理速度和准确性，进而增强了整体的运营效能和客户服务体验，并获得中国物流与采购联合会"2022 年全国物流与供应链信息化优秀案例"、中国交通企业管理协会"2023 年度货运与物流行业数实融合优秀案例"等行业荣誉。

（二）满帮数字货运平台

1. 服务体系

满帮集团作为国内较早的数字货运平台之一，有着较为全面的平台服务体系，能够紧密联系起货主与司机的联系，推进数字化发展。满帮数字货运平台服务框架如图 3－39 所示。目前，服务体系主要由车货信息匹配服务、货源经纪业务、多元化服务、专业货运服务四部分构成。

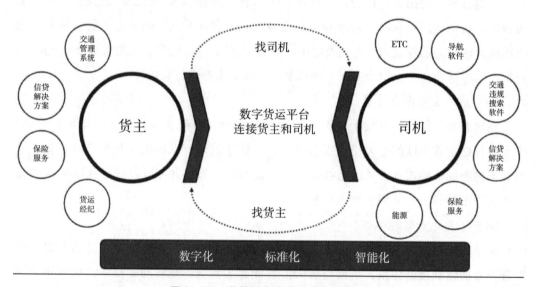

图 3－39　满帮数字货运平台服务框架

（1）车货信息匹配服务。

平台充分发挥自身网络和技术优势，实现智能化的车货匹配和线上交易。该体系帮助企业轻松找到合适的运输车辆，为中小企业提供灵活多样的运力解决方案。通过整合、管理和调度车辆及司机等运输资源，车货信息匹配服务不仅优化了运力配置，还显著提升了产业链的整体效能，为企业的物流管理带来了新的便捷与效率。

（2）货源经纪业务。

该体系为交易双方提供全方位的双向保障，有效解决了线上交易过程中可能出现的货损、加价、延误及资金安全等问题。通过构建全新的交易场景，平台不仅保障了交易的安全性，还增强了透明度和信任度。针对企业用户，平台提供包括税务管理、财务管理、运输管理、车辆管理及调度管理等一系列服务。这些服务帮助企业优化资源配置、降低运营成本并提升工作效率，最终实现降本增效的目标。

（3）多元化服务。

为满足货主和司机的多元化需求，平台联合各类产业伙伴，构建了丰富的增值服务体系。该体系涵盖运输管理系统、ETC 解决方案、能源服务、卡车销售、信用评价及保险服务等，逐步搭建起覆盖公路运输全链条的生态系统。通过这些增值服务，平台不仅满足了用户的个性化需求，还通过大数据驱动的精准分析，为司机和货主赋能，提升了整体物流运营的效率和用户体验，助力物流生态的持续升级。

（4）专业货运服务。

以"省省"为品牌，平台深入拓展同城及短途货运市场，整合社会运力资源，建立了一个具备海量运力储备的综合平台。通过移动互联、大数据和人工智能的深度融合，实现了多种车型的即时智能调度，满足了货主和司机的不同需求。此外，平台还以"运满满冷运"为品牌，专注于冷链货运领域，提升运输效率及一站式综合服务能力。通过充分连接社会冷藏运力资源，依托先进技术实现智能匹配，并为客户提供金融、保险、发票等一站式冷运服务解决方案，从而进一步提升了城市内的物流效率和用户体验。

2. 平台现状

满帮数字货运平台业务覆盖全国 330 多个城市，11 万条线路，年度活跃司机 398 万名，月度活跃货主 265 万人，依托大数据创新，持续推动着公路货运和物流行业的数智化转型升级，服务经济社会的高质量发展。

满帮集团是数字货运平台上绝对的领先者。满帮集团的托运人和货车司机数量均是行业首位，双边网络效应显著，市场份额逐渐扩大。平台一方面深耕城际物流，不断提升算法匹配精度和服务质量保障，另一方面横纵向拓展业务矩阵，横向布局同城货运，纵向渗透货运产业链后端更多增值服务，持续巩固竞争壁垒，有望继续维持领先地位，扩大自身市场份额。

2022 年，满帮集团牵头编制的《公路货运智能匹配系统的温室气体减排量评估技术规范》正式通过评审和发布。这标志着我国公路货运车货匹配领域首个碳减排团体标准正式出台，为货运物流企业提供了核算碳减排量的可行路径，起到了产业引领和示范作用。同年，满帮集团发布了"满运碳路计划"。围绕减碳降碳，加大技术研发投入，不断提升平台算法能力，进一步提升车货匹配效率与精准度。在优化运输组织模式方面，平台继续探索多式联运数字化场景，开放协同，促进产业链供应链高效运转。

同时，升级货运服务产品，大力拓展零担拼车等业务场景，不断渗透物流货运服务触角，促进物流基础设施网络数字化升级。此外，满帮集团还将进一步加大自动驾驶、新能源货车的研发投入力度，以硬核科技赋能低碳、零碳供应链。

（三）中储智运数字供应链平台

1. 服务体系

中储智运一方面在技术、系统研发上大量投入，紧紧跟随信息技术的发展步伐，网络平台服务模式也在不断完善创新，奠定了在"物流＋互联网"领域的领先地位。另一方面，中储智运也建立了一支具有超强专业能力的超千人服务团队，以一流的服务品质和良好的服务体验赢得了广大货主、司机和合作伙伴的信任和支持，为形成出色的市场口碑打下了基础。目前，中储智运数字供应链平台服务体系主要由商贸交易、物流支付、大数据产品、金融产品四部分组成。中储智运数字供应链平台服务模式如图3－40所示。

图3－40　中储智运数字供应链平台服务模式
资料来源：https://mp. weixin. qq. com/s/Qgfe4fciujtt8FVTyM2lig。

2. 平台现状

截至2024年3月，中储智运已整合公路货车运力超过302万辆，涵盖多种车型和车长规格，满足各行业客户不同货品的运输需求。同时，船舶数量超过2.3万艘，服务全国各类生产制造和商贸企业超过3.8万家。业务范围覆盖煤炭、钢铁、矿石、化工、有色、粮食和新能源等重点产业。中储智运数字供应链平台在行业年会中被评为"2023年度货运物流行业创新实践优秀案例"。在新华高峰会上，中储智运荣获"2023年度江苏新质生产力创新示范企业"奖项。

在多式联运业务方面，中储智运的智慧多式联运系统利用"智慧组网路由"物流大数据算法，为客户提供多套物流解决方案，包括"里程优先""时效优先"和"价格优先"。该系统的"一键生成"物流方案，简化了运输流程。通过多式联运系统，货主完成委托运输、过程跟踪、对账、结算和开票等操作，形成唯一的业务单号，无须对接多个承运商，大大提高了运输组织效率。

在供应链业务方面，中储智运深度挖掘平台数据价值，围绕供应链全业务流程，整合商贸、运输、仓储和金融服务资源，创新打造了"物流主导型"数字供应链平台，通过与客户的 ERP 和财务系统联通，实现发货、收货和运价等数据的同步，全面提升客户的供应链管理效率与质量。以徐钢物流项目为例，通过与生产、贸易和物流端系统的打通及数据共享，实现零库存，节约综合成本约 30%。

第四章　仓储技术

近年来，仓储技术的创新发展成为实现物流高效运作的重要驱动力。新型储存技术如飞箱系统和多穿堆垛车，在提升仓储密度、降低能耗和运营成本方面体现出显著优势；借助人工智能和机器人技术，拣选与分拣作业中实现精准高效的货物处理，降低了人力成本和错误率；装卸搬运技术的智能升级提升了作业速度和准确性；仓库管理则融合数字孪生与人工智能等技术，实现数字化与智能化管理，优化库存控制、资源分配和运营决策。

第一节　储存技术

在仓储行业向智能化、自动化与高效化发展的过程中，新型储存技术的出现是关键驱动力。飞箱系统、多穿堆垛车等技术极大地提升了仓储作业效率及整体运营效能。同时，自动化立体库在光伏组件、整车储存和酒类物流等多种应用场景中展现出卓越的性能。本节分别对新型储存技术以及自动化立体库应用的新场景展开介绍。

一、新型储存技术

随着仓储物流行业的迅速发展，企业对高效、灵活和节能的仓储解决方案需求日益增长。在这一背景下，多种新型储存技术应运而生。飞箱系统实现了高密度、高效率的自动化存取；多穿堆垛车结合堆垛机和穿梭车的优势，提供更灵活和成本效益更高的解决方案；新型粮食气膜仓通过先进的保温和气密设计，显著降低运营维护成本，满足高标准储存需求；直流伺服系统实现了高过载、节能、安全性提升，创新解决了物流输送中的能源浪费、定位难、安全性低、维护困难等问题。

（一）飞箱系统

1. 技术概况

飞箱（AirRob）系统由浙江立镖机器人有限公司打造，是一种机器人周转箱处理系统。该系统由飞箱、地面机器人、货架、料箱和工作站组成。该系统主要组成部分的功能如下。

飞箱：在货架轨道上运行，负责料箱的自动化存取。

地面机器人：与飞箱机器人配合，负责将料箱从飞箱上取下运送到指定的工作站或从工作站运送至飞箱。

料箱：用于存放货物，由飞箱进行搬运。

工作站：工作人员在工作站进行货物的拣选、打包等操作。

以出库作业为例，当收到作业指令时，飞箱根据控制系统的指令，自动移动到指定的货架位置，抓取料箱，并搬运至地面机器人处。地面机器人与飞箱协同工作，将料箱能够快速、准确地从货架运送到工作站，以便工作人员进行拣选、打包作业。

2. 技术优势

飞箱系统具有高密度、高效率、高柔性和节能环保四大优势。首先，飞箱系统为高密度设计，巷道堆垛机通道最窄可达 850mm，料箱间距最窄可达 10mm，在有限的空间内能储存更多的货物。其次，飞箱系统运行十分高效，一个飞箱每小时可以处理 150 个料箱，每个工作站每小时可以处理 600 箱货物入库和 600 箱货物出库。同时，飞箱系统对货架的兼容性高，对仓库地面平整度及环境温度要求低，可实现项目现场的迅速部署，能使现有的人工仓库迅速转型为自动库。并且，该系统节能优势突出，单台飞箱工作功率仅为 150 瓦，单个巷道运作功率低于微波炉。

3. 应用成效

飞箱系统在实际应用中表现出色，例如，在斯凯奇的物流中心项目中，通过部署130 多个飞箱、400 多个地面机器人和 30 多个工作站，实现了超过 10 万个料箱的存取能力，同时节省了 2/3 的人工，提高了效率和准确性。

（二）多穿堆垛车

在常见的自动化储存系统中，Miniload 仓储系统和多层穿梭车系统都属于线性设备，安装复杂程度较高。相比之下，CTU（Container Transfering Unit，料箱）货架系统、ACR（Automated Case – handling Mobile Robot，箱式仓储机器人）系统的部署难度较小。在 10m 以下高度的应用场景中，CTU、ACR 这类解决方案对 Miniload 和多穿解决方案产生了一定冲击或替代效应，占据了一部分市场份额。但在高度超过 10m 的应用场景中，Miniload 仓储系统和多层穿梭车系统在成本与性能上仍占据优势。在 10m 以上的应用场景中，Miniload 仓储系统和多层穿梭车系统也有各自的适用范围。Miniload 仓储系统的优势在于低成本和覆盖能力强，单台机器就能管理高达 20m 的空间范围，能够实现垂直空间的有效利用，适用于具有高密度储存需求和高吞吐量要求的仓库。多层穿梭车系统不仅具备速度快、密度高、扩展性强等特点，还能实现"货到人"拆零拣选的缓存和排序。

中鼎集成多穿堆垛车兼具多层穿梭车与堆垛机的优点，可以根据客户流量、货位需求灵活布置，也可叠层配置，出入库效率大于50箱/小时（50米长单巷道），其出入库效率优于堆垛机，成本显著低于多层穿梭车系统，适用于流量需求介于Miniload仓储系统和多层穿梭车系统之间的应用场景，填补了中等流量料箱的密集型储存系统及货到人需求的空白。该多穿堆垛车配置有载货台，通过载货台的提升，可以实现单车完成6层货架的货物存取操作，其配置自研夹抱货叉可以实现双伸位存取货，根据客户的物流场景需求，可以将多穿堆垛车叠层布置。在叠层配6台车、立库高度21米的情况下，可满足单巷道300箱/小时流量。

同时，该多穿堆垛车还具有如下优点：采用滑触线供电，可以在巷道外部切断供电电源，进行设备维修、故障处理，增加了维修的安全性；采用伺服控制，响应速度快，控制精度高；采用扫码器扫码定位，上电后就可以快速读取车体的位置，并实时反馈，无须返回原点，继续执行取放货动作；设备利用率高，提升机可实现多层货物存取，规避了提升机的流量瓶颈问题。

（三）粮食气膜仓

1. 结构特点

传统气膜仓通常用于储存对环境要求相对较低或需要临时储存的货物，如建筑材料、农业物资、煤炭、矿石、化工原料等。中储粮成都储藏研究院与中煤建安集团联合攻关创新研发了"粮食气膜钢筋混凝土圆顶仓"（以下简称"粮食气膜仓"），对传统的气膜钢筋混凝土储仓结构进行了优化，粮食气膜仓外形与浅圆仓相似，如图4-1所示。仓体结构分为三层，由外向内分别为PVDF（Polyvinylidene Difluoride，聚偏二氟乙烯）膜防水层、聚氨酯保温层、钢筋混凝土结构层。粮仓每座高36.1米、直径23

图4-1　粮食气膜仓外观

资料来源：https://mp.weixin.qq.com/s/U-SfNIL6xJG3QajGdes3cA。

米，单仓能储粮 7500 吨。

2. 核心优势

新型粮食气膜仓具有以下优势。

（1）保温隔热和气密性能更好。

气膜仓仓体内部有专门的聚氨酯保温层，且外层体包覆高强度 PVDF 膜。PVDF 兼具氟树脂和通用树脂的特性，具有防霉、防渗等性能，即使是长期处于高湿环境中，也能保持本身的稳定性。PVDF 膜建筑内部完全密闭，不会受到外界潮湿空气的影响，避免粮食受潮发霉、变质。此外，还可以防止虫鼠侵入，避免粮食遭到损坏。同时减少灰尘和异味的侵入，保证粮食的品质。

工艺空洞前期预留并作专门气密处理，密闭性能绝佳，经第三方公司检测，粮食气膜仓 500Pa 半衰期高达 71 分 52 秒，远超高标准粮仓建设要求。同时，粮食气膜仓的防水层、保温层与结构层一体施工，紧密结合，充分发挥聚氨酯保温性能，为低温储粮和气调杀虫技术实施奠定坚实基础。

（2）运营维护成本更低。

粮食气膜仓在工艺上用气膜替代了传统木模板或钢模板；用恒定气压做支撑体系，替代了传统管架支撑体系；用简洁机械式吊挂作业平台替代了传统作业平台；用大量机械作业替代了传统人工作业。其整体造价与浅圆仓相当，良好的保温隔热及气密性能使仓内温湿度基本恒定，人工成本锐减，各项能耗指标降低。同时，粮食气膜仓具有抗飓风、火灾、防鼠防蚁防霉菌效果，后期维护费用低，后期运行能耗预期节约 30% 以上。

（3）安全环保。

粮食气膜仓穹顶建筑能够均匀地分布荷载受力，相对传统结构更坚固耐用，生命周期更长，其承载能力在 500 吨以上。且气膜仓主体施工是在外膜充气完成后的膜内进行，整个过程不受外部环境及天气因素影响，采用混凝土喷射等施工工艺，施工效率较高且环保。

二、自动化立体库应用新场景

随着新能源等行业的蓬勃发展，自动化立体库的应用场景越来越广泛。自动化立体库不仅可以有效提升空间利用率，还能提高作业效率、降低人力成本，减少货物损坏和能耗。自动化仓储系统在不同行业的实践，为未来更多行业的转型发展提供了有力参考。

（一）光伏组件自动化立体库

在全球能源变革和"双碳"政策的推动下，新能源行业蓬勃发展，驱动产业供应链数字化、智能化升级。晶澳科技是业内领先的新能源光伏上市公司，产业链覆盖硅片、电池、组件及光伏电站。随着高效太阳能电池市场需求的日益扩大，晶澳扬州基地 2021 年开始在晶山园区扩建高性能太阳能电池片生产线，并于 2022 年开始建设与智能工厂配套的自动化立体库。

1. 光伏组件储存痛点

仓储成本高：光伏组件体积大、重量超大，地堆储存方式造成土地资源浪费。标准的 156.75 毫米×156.75 毫米光伏组件，体积约为 1.5 立方米，重量为 18~24 千克。地堆储存 1 万块光伏组件需要占地面积超过 1 万平方米。

作业效率低：依靠人工储存及折叠打包，作业时间长、效率低。以托盘（可放 4~8 块组件）为储存和运输单位的传统人工储存方式，每托盘组件的入库作业流程包括折叠箱体、组件分拣码垛、拉包托盘等，每托盘作业时间需要 8~10 分钟。

安全事故风险大：光伏组件主要由玻璃、EVA 胶片、太阳能电池片和铝边框构成。在人工储存和运输中，组件非标准操作的摔落事故时有发生。根据行业统计，人工仓储光伏组件在储存和配送环节的损坏率可达到 0.5% 以上。

2. 技术方案

（1）自动化输送与堆存系统。

项目采用自动化立体仓储结构，配备立柱式堆垛机和输送线，实现自动分拣、码垛和入库操作。立体库由多个货架组成，形成一个大型立方体结构，货架之间留有空隙，供自动机器人和输送带进出作业。组件在生产完成后通过传送带进入仓库区域，自动机器人会逐一拾取组件，扫描识别后按照预先规划的储存位置，将组件精确放置在不同货架上。机器人配备可伸缩的机械臂，能够将组件存放至货架的最顶层。在取货过程中，机器人根据订单指示，从货架的指定位置抓取组件，运送至输送带，组件随后被送至集装区，进行包装与发货。整个入库和出库流程均由自动化系统完成，实现了快速、精准的操作，降低了人工操作中可能导致的损坏风险，显著提升了仓储效率和质量。

（2）机器视觉质检系统。

该系统配备了多个条码扫描仪和外形检测相机，确保储存质量。在输送线上，工业相机会对经过的每个组件进行扫描与拍照。首先，条码扫描仪读取组件背后的条码，获取产品的序号和其他关键信息。其次，外形检测相机会捕捉组件表面的图像，通过特定的软件分析组件是否存在划痕、裂缝等缺陷。所有组件的条码信息和外形图像都被记录在仓储管理系统的数据库中，以确保每个组件的身份和质量状态相对应。如果检测到问题组件，系统将自动发出警报，并指挥机器人将问题组件送至指定区域等待人工检查。这套机器视觉质检系统如同仓库的"眼睛"，确保任何有问题的产品不会进入正常储存流程，从而保证了仓储质量。

（3）仓储管理系统。

仓储管理系统基于旷视科技自主研发的智慧物流软件，精确管理每个储位的货物和状态。该系统与订单配送系统联动，自动规划并调度出库和装车顺序。仓储管理系统如同一份大型的数据库，记录了每个组件的编号、规格、储存位置等信息，并实时更新组件的出入库动态。订单配送系统则与公司物流系统相连接，当接到发货指令时，系统会自动根据组件在仓库中的位置进行排序，并指挥机器人快速取货。通过这一系统的智能管理，确保了库存管理的精确性和集装作业的流畅性，同时实现了仓储和物流的高度自动化与智能化。

3. 项目成效

晶澳科技扬州立体库采用智能立体堆垛储存方式，与传统的地堆储存相比，显著提升了仓储效益。同样数量的光伏组件，仅需约 2500 平方米的占地面积，节省超过 7500 平方米的土地使用量。按照扬州当地厂房每平方米 5 元的租金标准，传统地堆储存每年需支付约 50 万元的仓储成本，而立体仓储每年可降低 35 万元以上的仓储成本。此外，立体仓储在人力成本方面也更具优势。以入库作业为例，传统地堆储存需要约 20 名操作工，而立体仓储需 3~4 人进行监督，大幅减少了人力需求。

除了节省土地和人力成本外，立体仓储还能有效降低叉车运输等燃油能耗，同时减少光伏组件在储存和运输过程中的损坏，进一步降低质量成本。在晶澳科技扬州立体库项目中，自动输送线和堆垛机器人实现了全流程自动化作业。每托盘组件的入库时间缩短至 3 分钟以内，作业效率提升了 2 倍以上。出库和配送环节同样实现了自动化，机器人可以快速准确地抓取指定储位的托盘并运送至运输区域，减少了 70% 的人工搜索时间。高效的自动化不仅缩短了产品在仓储中的平均停留时间，降低了质量风险，还显著提升了企业仓储管理系统的整体吞吐量和处理能力。

在晶澳科技扬州立体库项目中，年产能达到 6GW，每年装箱数量超过 100 万盒。按照人工操作损坏率 0.5% 计算，传统仓储每年可能造成超过 5 万盒组件的报废，损失成本超过千万元。自动化立体库不仅提高了作业安全性，减少了企业运营成本损失，还降低了对环境的潜在影响，增强了企业的可持续发展能力。

（二）整车自动化立体库

安亭作为上海乃至长三角地区的汽车工业重镇，汽车库容缺口压力极大。为满足上汽大众安亭地区整车库容需要，集约土地资源，减小占地面积，增加仓储周转车位数量，安亭整车自动化立体库项目于 2017 年启动。安亭整车自动化立体库占地面积约 233 亩，总建筑面积约 115781 平方米，包含两座整车自动化立体库，可提供 9375 个整车仓储库位，其中，立体库位有 7314 个。总库内的两座整车自动化立体库为 6 层砼钢结构，总高度约 35 米，相当于 12 层楼高度。通过科学的空间规划，优化了土地利用率，库容提升 80%。安亭整车自动化立体库内部如图 4-2 所示。

图 4-2　安亭整车自动化立体库内部
资料来源：https://mp.weixin.qq.com/s/HlecsViZU90Jh0rDm7Hy4A。

安亭整车自动化立体库项目凭借高精度的横移台车系统、精细的搬运装置及智能化的整车管理平台，极大提升了整车存取和物流运作的效率与安全性。

1. 横移台车系统

安亭整车自动化立体库采用机械式停车设备中的平面移动类作为主要设备，每条巷道两端各设 2 个进出车室，兼具人机交互及举升功能为一体，共 28 台一体式提升机，每个楼层搭载横移搬运机器人（见图 4-3），往返于巷道两端，共 84 台横移台车及搬运器。

横移台车系统是现代自动化仓储与物流领域的核心组成部分。在项目中，该系统引入了绝对认址条码技术并搭配先进的伺服功能变频器，通过高精度的条码编码与解码机制，实现了对台车位置的绝对、无累积误差识别。这一特性不仅提升了定位的准确性，还大大简化了定位系统的复杂度，减少了维护成本。同时，横移台车系统能够实现对电机转速、转矩及位置的精确控制，通过接收来自控制系统的指令，动态调整电机的运行状态，以最优化的方式驱动台车移动，从而实现了位置闭环定位。这种闭环控制策略确保了即使在动态环境下，台车也能迅速、准确地到达指定位置，极大地缩短了单次动作的使用时间，提高了整体作业效率。

该系统在实现高效定位的同时，还融入了零速停车、双电机同步技术。这一技术通过精密的电机控制算法，使台车在到达目标位置时能够实现瞬间无冲击停车，有效避免了因惯性作用可能产生的位置偏移或振动，进一步提升了定位的稳定性和安全性。

图 4 - 3　横移搬运机器人

资料来源：https://mp.weixin.qq.com/s/ajT9qUKd89c2Y_ep2J7_9g。

此外，为了确保定位的绝对准确性，系统还增设了二次确认传感器。这些传感器采用非接触式测量原理，能够在不干扰台车正常运行的情况下，对台车位置进行二次校验。一旦检测到任何偏差，系统将立即触发调整机制，自动纠正位置，确保乘用车在台车上的停放安全。

2. 搬运装置

搬运器采用蜗轮蜗杆结构驱动抱夹臂形式夹取轮胎。蜗轮蜗杆传动具有高精度特性，能够实现精密、稳定传动。这对于搬运器在夹取轮胎时保持准确的夹持位置和力度至关重要，确保搬运过程的安全性和可靠性。蜗轮蜗杆传动还具有自锁特性，即在无外力的情况下不易发生倒转。这一特性在搬运过程中尤为重要，可以有效防止因意外情况导致的搬运器失控或轮胎滑落。

抱夹臂装有滚轮，能够减少对轮胎的直接摩擦和损伤。在夹取和搬运过程中，滚轮与轮胎接触，通过滚动摩擦代替滑动摩擦，大大降低了对轮胎表面的磨损和划伤风险。

3. iValon WES 整车管理平台

自动化立体库搭载了安吉智能开发的 iValon WES 整车管理平台。该平台采用高性能、高可用的分布式集群架构，以及低耦合的微服务模块化设计，确保了系统的稳定性和灵活性。系统集成 AIoT（Artificial Intelligence & Internet of Things，人工智能物联网）技术，利用大数据分析技术主动识别并解决业务流程瓶颈问题，支持视觉交互、自动化防错、人工操作监控、设备状态检测、数字孪生构建等，实现了对自动化物流的全面管理。此外，系统提供了一系列自主研发的高效优化算法，包括多设备协同调度、路径优化、储存优化、出库策略等，有效提升物流效率。iValon WES 整车立库设备管理系统如图 4 - 4 所示。

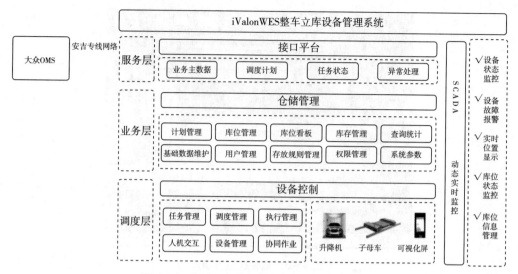

图4-4 iValon WES 整车立库设备管理系统

资料来源：https://mp.weixin.qq.com/s/ajT9qUKd89c2Y_ep2J7_9g。

（三）重载自动化立体库

为实现降本增效，确保物资高效流通，某高端风电齿轮箱研发制造及维修专业企业引入重载自动化立体库，从而有效解决了风电齿轮箱维修中的场地与效率问题；同时，通过搭配数字孪生系统，实现精准管理，使空间利用率和运维效率得到大幅提升。

1. 项目背景

在风电新能源产业中，齿轮箱是风力发电机组的核心机械组件，主要作用是将风轮在风力作用下所产生的动力传递给发电机，并使其得到相应的转速。风电齿轮箱是一个高度复杂的机械系统，主要包含齿轮组、轴轮、箱体、行星架、轴类部件、润滑系统以及其他零部件等部分。风电齿轮箱拆卸后的零部件种类繁多，并且很多零部件都相对较重，例如，单一内齿圈的重量就达到2吨左右。

在风电齿轮箱的维修流程中，不仅需要较大空间来存放备用零部件和进行维修操作，而且由于风电齿轮箱体积庞大，需要特定的维修设备和专业技术人员，对场地条件的要求也相对更高。此外，风电齿轮箱相对较高的故障率和随之而来的高昂维修成本，进一步凸显了合理、高效利用场地资源的重要性。

常州某高端风电齿轮箱研发制造与维修专业企业是国内从事高端齿轮箱及传动系统设计研发制造与齿轮箱绿色再制造的专业企业。此前，该公司的备用零部件和维修作业均在租赁的工厂内进行。增速齿轮箱拆解后的零部件均平铺堆放在车间地面上，以便进行复核；新购置的工件，如齿轮、齿轮轴等，也是采用相同的地堆方式存放在厂房内。这种传统的平面储存方式，不仅会占用大量宝贵的地面空间，也对厂房内的物流效率和作业安全构成一定影响。

2. 项目实施要点

针对该公司面临的问题，北自科技提出了重载自动化立体库解决方案。该项目采用了 2 套载重 3400 千克的单伸位巷道堆垛机系统和 1 套载重 3700 千克的双伸位巷道堆垛机系统，配备 6 台出入库重型台车，并结合智能仓储管理系统、智能监控调度系统以及数字孪生系统。根据场地条件和综合因素，设计了两种托盘货物单元尺寸：1600 毫米 ×1600 毫米 ×1700 毫米，最大载重 3700 千克；2100 毫米 ×2100 毫米 ×900 毫米，最大载重 3400 千克。

项目在实施过程中面临的一个难点是，前期规划时未考虑引入自动化立体库，因此后期建设需要进行相应改善和调整。例如，自动化立体库对地面载荷的要求较高，而该项目地基未做打桩处理。为此，业主与设计院根据北自科技的载荷要求对地基进行了重新核算，并采用加厚的钢筋混凝土层。此外，由于设计院要求混凝土板与建筑承台不得干涉，立体库的宽度被迫缩减。根据原计划，两个 2100 毫米 ×2100 毫米货笼巷道和两个 1600 毫米 ×1600 毫米货笼巷道需要调整为 1 个双伸位巷道，以确保货位数不减少。

针对这些难题，北自科技研发团队经过反复模拟和测算，结合具体业务场景，开发了该行业内首个大尺寸、重载型双伸位堆垛机巷道的智能立体库实施案例。针对货架选型，经过与供应商的反复沟通，最终采用 3 立柱支撑设计，提升了大尺寸货架的经济性，降低了整体投入成本。

该项目还引入了数字孪生技术，用于优化智能仓储管理系统的管理。通过先进的算法预测、优化库存管理及出入库调度，项目提高了吞吐量，缩短了等待时间，确保了重载风电零部件等高价值物资的安全、高效流通。借助数据分析，项目能够识别并消除瓶颈，优化资源分配，平衡设备负载，提升整体资源利用率。此外，数字孪生系统能够实时监控仓库设备的运行状态，包括堆垛机和重载台车系统，及时发现并预警潜在故障，减少停机时间。

3. 应用成效

该传动系统企业自引入重载自动化立体库以来，不仅极大提高了空间利用率和运维效率，降低了维修成本，还通过优化库存管理和货物出入库调度，实现齿轮箱零部件的高效流通与安全储存。同时，数字孪生技术的应用，也让该公司在智能化、自动化方面走在行业前列，为风电齿轮箱维修再制造领域的发展树立新标杆。整体来看，该项目不仅显著提升了企业的经济效益，还带来深远的社会效益。

在经济效益方面，通过引入自动化系统，企业成功降低对人工的依赖，从而显著减少人力成本。在原来管理模式下，由于车间所有零部件是平铺在地面，占地面积大。

为提高管理效率，需要设置多个仓管人员，每月要进行盘库，即使这样，账物不符的情况时有发生。此外，由于自动化立体库能够更有效利用储存空间，使企业减少了仓储空间的需求，进而节省了租金和土地投资成本。

在社会效益方面，自动化立体库能更好地控制储存环境，有助于保护精密设备，延长使用寿命，从而减少资源浪费。借助自动化系统还能显著减轻工人劳动强度，减少因重体力劳动导致的职业伤害，提升工作场所的安全性。

（四）家居零售自动化立体库

1. 项目背景

宜家（佛山）物流分拨中心项目是智能仓储技术在家居零售行业的重要应用。该项目面临非标家居的存取处理、超高堆垛机的设计生产以及高消防要求与经济性等多方面的挑战。尽管项目位于国内，但由于业主是瑞典家居品牌，在项目规划和设计时严格要求遵循欧盟标准和国家标准，并通过 TUV（技术监督协会）认证。

作为华南地区的采购中心，该分拨中心需要具备极高的货物周转能力和巨大的储存容量。此外，宜家产品种类丰富，要求仓库在一年内297天、每天14小时连续工作，对系统的稳定性提出了严格要求。宜家在仓储规划时，希望能支持半托盘、欧托盘、宜家托盘等多种托盘及多规格货物的混合储存与共线输送。这对输送和仓储系统设计提出了较高的技术要求。

自动化立体库不仅用于产品搬运和储存，还需兼容质检、异常提醒、储位调整、盘点、成品入库及退库、销售出库和托盘流转等多项作业功能。经过综合考量，中集天达物流为该项目精心设计了货架高度、轨道和输送路线，采用自动化立体库与平库结合的模式，以满足宜家家居产品的流转和储存需求。

2. 项目概况

该项目建设了近40米高的自动化立体库，满足了超大量级和多规格产品的储存需求，仓储货位超过10万个，配置14台近40米高、运行速度达每分钟240米的超高速堆垛机，并采用多深位储存模式，最大化提升储存效率和空间利用率。中集自主研发的 WMS 与 MFC（物料流控制系统）相结合，通过可视化处理，实现了物流、信息、统计和归档等多功能一体化，使采购、仓储到销售的全过程信息透明化和系统化。通过入库、出库、调拨等功能的集成运用，有效控制并跟踪仓库业务的物流和成本管理全过程。宜家（佛山）物流分拨中心立体库内部如图4-5所示。

作为家居行业的标杆项目，宜家（佛山）物流分拨中心项目成功解决了家居行业高消防和多尺寸需求的技术难题，为未来行业内的立体库建设提供了可借鉴的解决方案，推动了行业自动化仓储的设计和实施进程。

图4-5　宜家（佛山）物流分拨中心立体库内部

资料来源：https://mp.weixin.qq.com/s/mwOWAafSwyvjfyUq2cjEqw。

第二节　拣选与分拣技术

拣选与分拣技术是现代仓储管理的重要环节，直接关系到仓库作业效率、准确性和整体服务质量。随着智能化、自动化技术的飞速发展，人工智能（AI）与机器人等技术在仓储物流领域的广泛应用，为拣选与分拣流程带来了全新的变革。

一、拣选技术

从传统的人工操作到如今的人工智能与机器人技术的广泛应用，拣选技术的智能化与自动化进程正在加速推进。这不仅提升了物流系统的运行效率，也降低了人力成本、减少了错误率，增强了仓储管理的灵活性与精度。

（一）AI技术

1. 技术原理

在传统的物流仓储模式中，拣选工作主要依赖人工操作完成。然而，这种方式存在效率低下及易出错等问题。随着工业自动化的发展，人工智能技术的应用逐渐成为提升生产效率和优化工作流程的关键因素。引入人工智能技术后，自动化拣货系统开始逐渐凸显其优势。该类系统通过集成先进的机器人技术、传感器技术以及机器学习算法，实现对仓库内货物的智能识别、精准定位与高效拣选，极大地提高了拣货效率与准确性。

2. 典型应用

西门子 SIMATIC Robot Pick AI 软件是一款经过预先训练、基于深度学习的视觉软件，可以在运行时对任意物品上的吸盘抓取点作出精确决策。凭借深度学习和视觉技术，SIMATIC Robot Pick AI 为标准工业机器人赋予智能化能力，使其能够在复杂的仓库和生产环境中执行精准的感知与拾取任务。借助 SIMATIC Robot Pick AI，机器人能够自主完成复杂的拣选任务，挑选未知物品并准确地放入运输箱中。

SIMATIC Robot Pick AI 具有高精度拾取、开箱即用等多项技术优势。①高精度拾取：软件可以在毫秒内计算出高质量的拾取点，首次拣选成功率超过 98%。②开箱即用：预先训练的人工智能模型使产品转换无须额外 CAD（Computer Aided Design，计算机辅助设计）训练，能够应对各种复杂场景。③易用性强：用户界面专为现场工程师打造。安装和校准 3D 传感器后，可在 20 分钟内完成引导调试。④模块化兼容：支持多种类型的机器人、3D 视觉相机及真空吸盘，满足不同需求和预算。

（二）机器人拣选技术

1. 空间物流机器人

在当今物流和制造行业中，空间利用率和操作效率是面临的极大挑战。传统仓储管理系统往往受限于地面空间和人工操作，金石机器人推出 T800 – MINI 空间物流机器人（见图 4 – 6），旨在通过创新的空中作业模式来提升仓储管理的灵活性与效率。与传统的地面管理模式不同，T800 – MINI 在空中距离地面 3 米的位置进行操作，利用九轴机器人手臂精准迅速地抓取物品并放入柔性托盘，犹如一台"空中叉车"，实现快速出入库。

图 4 – 6   T800 – MINI 空间物流机器人

资料来源：https://mp. weixin. qq. com/s/EauxuJ81LUMS1N8RQtJKsQ。

该产品旨在为低矮厂房注入新活力，替代传统叉车和人工，采用"框"的模式取代立库仓储。T800 – MINI 无电器控制柜，采用伺服驱动低代码，整合了多个行业技术，使其操作简便，适用于 3 ~ 8 米的层高，负载能力达到 3 吨，最大跨度 15 米，同时无须承轨梁，采用地轨安装方式，无须改造厂房。

自 2022 年发布以来，T800 – MINI 经历了 5 年的研发，已发展至第七代，显示出其技术的原创性与快速迭代能力。其全伺服技术兼容 90% 的托盘尺寸，适应各行业需求。成功案例包括一家地板企业，通过使用 3 台 T800 – MINI，实现了对 7000 多种产品的高效存取和托盘尺寸的全面覆盖；另一家机加工轴承企业在引入该机器人后，库存增加 5 倍，出库效率提升 30 倍，并成功替代了立体库的建设，节省了 15% 的成本。

2. 合并订单拣选机器人

在全球电子商务和零售行业的迅速发展背景下，消费者对订单履行速度和准确性的期望不断提高。随着市场竞争的加剧，传统的仓储和物流模式面临着前所未有的压力。手动拣选不仅效率低下，而且容易出现错误，导致客户满意度下降和退货率上升。美国 Brightpick 公司推出了其最新的自主移动拣选机器人——Brightpick Autopicker 机器人，旨在彻底改变电子商务和杂货订单的履行方式，提升仓储自动化水平。

Brightpick Autopicker 机器人（见图 4 – 7）能够在仓库过道中自主移动，像推车一样从货架上取回储存的产品料箱，并直接从这些料箱中挑选物品进行订单整合。这种设计使机器人无须频繁往返于集中拣选站，从而减少了所需机器人的数量，降低了仓库运营成本。

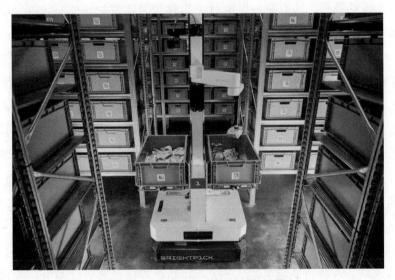

图 4 – 7　Brightpick Autopicker 机器人

资料来源：https://mp. weixin. qq. com/s/KOv8hDejpoNbttaq1iJUpQ。

据 Brightpick 公司称，其完全自主的端到端机器人解决方案的安装时间不到一个月，能够将拣选劳动力减少 95%，并将订单履行成本降低一半。一个典型的 Brightpick Autopicker 机器人车队由 15～100 个机器人组成，所有机器人和履行流程均由 Brightpick Intuition 软件进行协调和优化。

该机器人专为电子商务和杂货零售商设计，适用于各种规模的运营中心。其拣货准确率可达 99.9%，可拣选杂货、化妆品、个人护理产品、电子产品、药品和服装等。使用 Brightpick 解决方案，仓库可以通过 10 英尺高的标准货架将储存密度提高 250%。该机器人正常运行时间高达 99.5%，并且没有单点故障，易于维护。Brightpick Autopicker 机器人还可用于补充储存和整合不同拣选区的订单，能够轻松增加额外机器人以应对季节性高峰的需求。

（三）典型案例

随着线上购物逐渐成为日常生活的重要组成部分，社交平台与电商购物的深度融合，使零售电商的线上交易场景越加复杂。高效的订单及库存管理、仓储物流管理和用户数据分析等环节，将为零售客户提供更精准的营销策略，以应对日益复杂的经营环境。目前，我国零售电商的物流订单履约模式在全球范围内已处于领先地位。"小时达""半日达"以及"次日达"已成为许多电商平台自营店的标准服务。这一现象的背后，反映出以消费者体验为核心的"人、货、场"重构，而仓储物流的建设则是构建这一高效流通链路的基石。海柔创新推出的 HaiPick System 3 系统通过实现更高的储存密度和订单履约效率，助力零售电商行业构建智慧物流配送体系，以灵活的供应链模式满足消费者个性化和多样化的消费需求。

HaiPick System 3 是具备超高柔性、超高储存密度、超高系统效率的订单履约货到人仓储自动化系统。HaiPick System 3 采取"货到人"拣选模式，相较于传统"人找货"模式，更加柔性、高效和安全，同时充分利用仓库储存空间，密度更高、拣货更精准，具备更优的成本效益。仓库完成自动化改造后，借助机器人完成重复、工作强度大的拣选和搬运工作，降低仓库人员劳动强度，创造更安全、舒适的工作环境。HaiPick System 3 可将必要的劳动力成本降低 67%。采用数智化仓储系统进行管理和分析，可有效降低人工出错的风险，有效防止库存不足、缺货等情况，帮助客户轻松了解全盘的仓库运营情况。

1. HaiPick System 3 方案构成

HaiPick System 3 通过两种形态机器人——箱式仓储机器人（ACR）和极速潜伏式顶升机器人（AMR）K50 协同作业，实现超高密度储存的同时，能够最大化提升订单处理速度，如图 4－8 所示。ACR 从货架高位取货放至货架底部的专用架，其最高取货高度可达 12 米，取货深度可达 5 深位，主要用于垂直方向的存放，实现高密度储存。同时，AMR 从货架底部的专用架取出箱子，并以每秒 4 米的极高速度将其运送至工作站，主要用于水平方向的运输，进行快速订单处理。

图 4 -8　海柔 HaiPick System 3

资料来源：https://www.hairobotics.cn/haipick-system-3。

HaiPick System 3 主要由箱式仓储机器人（ACR）、极速潜伏式顶升机器人（AMR）K50、出库/入库工作站、行业标准货架、勾取式料箱、HaiQ 智慧仓储管理平台六大部分构成。

其中，HaiQ 智慧仓储管理平台是海柔创新基于仓储自动化和机器人研发的仓储管理系统，实现"货到人"的拣选技术，基于先进算法对多种设备进行调度和最优资源分配，完成出入库、盘点、理货、搬运等业务，最大优化机器人行走路径和提升订单处理速度。

2. HaiPick System 3 方案优势

HaiPick System 3 以其四大显著优势，帮助企业实现智能化仓储管理。

（1）储存量大，极致空间利用。

HaiPick System 3 实现了极致的空间利用，支持料箱储存背间距为零，并可部署 5 深位储存。该系统在最高 12 米的高度上进行取放货操作，每平方米可储存多达 48 个箱子。天桥货架方案在通道高度达到 6 米以上时，可部署跨梁货架，极大地接近实心储存的效果。同时，可采用分格料箱，即不同种类的小物件，如口香糖、糖果等可以存放在同一料箱；易碎商品可将纸箱原箱放入料箱中储存，防止商品损毁，满足零售企业商品品类多、品类复杂的储存需求。

（2）多机型协同，释放效率潜能。

通过 ACR 与 AMR 的协同工作，HaiPick System 3 充分发挥了垂直与平面维度的优

197

势，实现了最优的项目投资。K50 连接储存区与工作站，拥有 4m/s 的高性能，支持超过 1000 台机器人的混场作业，能够满足超高的业务流量。

（3）人机友好，3~6 倍效率提升。

系统的人机友好设计使拣选作业更加轻松。自动化拣选机器人可以勾连没有标签的料箱，提升 30% 的取放货效率。自主移动机器人在到达工作站前，灵活调整以匹配工人高度，从而完成料箱的顶升，使拣选过程更加顺畅。此外，自主移动机器人搭载激光雷达，实现每 2 秒自动跟车，提高了输送线的供箱速度，工作站的最大效率可达350 箱/小时/人。

（4）柔性部署，灵活适应业务变化。

HaiPick System 3 采用高性能的自主移动机器人连接储存区与工作站，摒弃了复杂的输送线设计，使其能够灵活适应业务变化。系统使用普通跨梁货架，便于搬迁和部署，为企业提供了更大的灵活性。

二、分拣技术

随着货物处理量的迅速增长，传统的人工分拣方式正面临着效率与准确性方面的严峻挑战。为应对这一问题，各类自动化分拣技术应运而生，逐渐成为行业发展的新趋势。从全品类交叉带分拣机，到智能机器人分拣系统，再到结合人工智能与 RFID 技术的行李分拣解决方案，科技的进步正在不断推动分拣流程的智能化升级，向着更高效、精准且稳定的方向发展。

（一）传送带分拣技术

随着包裹量的不断上升，传统 NC（Non - Conformance，不符合规范）件人工分拣效率低、易出错的弊端日益凸显，亟须自动化解决方案打破困境。针对此困境，中科微至打造了全品类交叉带分拣机，全品类交叉带分拣机的出现解决了球形、椭圆形、多角异形等 NC 件的自动化分拣难题，可以高效稳定分拣全品类包裹。设备在有效提升包裹分拣准确率及效率的同时，也为快递行业进一步降低了人力成本和操作风险。

全品类交叉带分拣机由传输皮带、人工扫码上包平台、分拣小车、分拣格口、皮带复位装置等部件构成。设备以双挡板、往复双向旋转式皮带为依托，具有输送 NC 件与双向下料上包的功能，如图 4-9 所示。

该产品具备条码自动读取、包裹位置检测、小车自动复位三大功能。

（1）条码自动读取。

全品类交叉带分拣机配备了先进的条码自动读取系统。人工扫码上包平台配有工业一体机和工控机。工业一体机负责采集包裹图片，并将其上传至工控机进行条码识

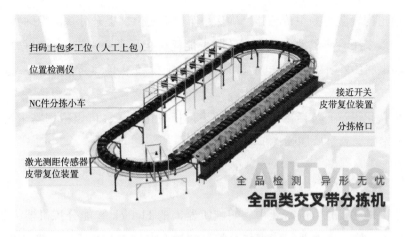

扫码上包多工位（人工上包）

位置检测仪

NC件分拣小车

激光测距传感器
皮带复位装置

接近开关
皮带复位装置

分拣格口

图4-9　全品类交叉带分拣机

资料来源：https://mp. weixin. qq. com/s/yAO3fmc6027CbWqq7WBQMg。

别、显示和计数。这一功能大幅提升了包裹处理的自动化水平，减少了人工干预，提高了工作效率。

（2）包裹位置检测。

在上包平台和弯道支架内均配有位置检测仪，确保包裹的准确识别和定位。上包平台支架内的位置检测仪能够识别小车上是否有包裹并确定其位置；而弯道支架内的位置检测仪则可进行二次确认，防止包裹在过弯时发生移动，确保分拣流程的顺畅。

（3）小车自动复位。

小车自带复位装置及激光测距传感器。包裹下车后，皮带会自行反转进行复位，当挡板到达指定位置并触发接近开关时，皮带停止转动以完成复位功能。此外，在下料口之后的轨道上装有两个激光测距传感器，如小车未成功复位，经过传感器时将自动启动二次复位程序，以保障分拣流程的顺利进行。

相比于传统人工分拣异形件，全品类交叉带分拣机在实际使用中具备以下突出优势。

（1）增设挡板结构，摆脱了对包裹形状的严格要求，帮助包裹平稳运行。相较传统交叉带分拣机，全品类交叉带分拣机的小车两侧增设挡板结构，且小车运行方向的挡板采用固定式挡边并配备防掉落防护罩，摆脱了常规交叉带分拣机对包裹形状的严格要求，这使NC件可以在高达1.5m/s线速的工况下平稳运行。

（2）分拣小车可实现双向自动下料，有效提升分拣效率。小车两侧的双挡板结构使其具备双向下料功能。车载包裹到达指定格口后，小车皮带面转动并带动包裹自动下料，分拣效率得到极大提升。

（3）轨道配置激光测距传感器，确保小车精准复位，提升分拣的准确性。

（4）主线采用自研驱动电机，有效降低能耗。全品类交叉带分拣机采用自主研发的主线驱动电机，小车皮带由电动辊筒驱动，定位精准且运行效率高，能有效降低能耗。

（5）模块化设计，灵活部署。该系统采用模块化设计，可以根据需求灵活并快速地部署于方案中，满足后期弹性扩展需求。

（二）机器人分拣技术

在当今快速发展的物流行业中，蚂蚁机器人的 FlyPick 智能分拣机器人集高效率、高柔性优势于一体，实现低耗能智能分拣，加快仓储物流数智升级。FlyPick 智能分拣机器人如图 4-10 所示。

图 4-10　FlyPick 智能分拣机器人

资料来源：http://www.ant-robots.com/840.html。

FlyPick 智能分拣机器人采用高精度磁导航技术，结合伺服电机驱动系统，具备低能耗、高效率和高柔性等特点。它专为处理小件货品的高效分拣作业设计，能够显著提升物流仓储环节中的工作效率。

在设计上，FlyPick 智能分拣机器人拥有卓越的转向能力，其转弯直径仅为 480mm，能够灵活地在狭小空间内运作。同时，它支持托盘翻转，翻转角度在 45°~75°，适应多种分拣需求。该机器人运行速度可达 2m/s，并且在空载时加速度为 $1.5m/s^2$。此外，配备的声光报警系统为分拣作业提供了安全防护，确保操作过程的安全性。

FlyPick 智能分拣机器人通过翻盘或皮带进行货物搬运，能够负载重量为 5kg 的小件物品，适合在各类仓储和物流环境中进行高效、精准的自动化分拣作业。

（三）典型案例

在现代航空运输中，行李分拣是确保航班准时起降和提升乘客满意度的关键环节之一。随着航空客流量的持续增长，传统的行李分拣方式面临着效率低下、错误率高等挑战。为解决这些问题，范德兰德研发了机场离港转盘行李辅助分拣系统，结合先进的人工智能（AI）、机器视觉与 RFID 技术，实现了行李分拣的自动化与智能化，有效提升了分拣效率，降低了操作难度，如图 4 – 11 所示。

图 4 – 11　基于 AI + RFID 的机场离港转盘行李辅助分拣系统

资料来源：中物联优秀案例。

（1）离港转盘及分拣工人操作逻辑。

离港转盘是机场行李处理系统中的核心设备，主要负责将乘客的行李从行李输送带输送到相应的航班转盘。其工作流程通常为：乘客办理值机后，行李通过输送带系统被送到离港转盘。为了提高效率，通常会将多个航班的行李送到一个转盘上。分拣工人根据行李上的标签信息，将行李从转盘取下后放到航班对应的小车或者放置在指定区域，以便装载到飞机上。最终，行李被装载到指定的航班中，完成整个分拣过程。

在这一过程中，分拣工人需要频繁查看行李标签，确保每件行李都被正确分配到相应的航班。这不仅耗时耗力，还容易因人为因素导致错误分拣。

（2）机场离港转盘行李辅助分拣系统概述。

针对传统分拣方式存在的问题，范德兰德开发了机场离港转盘行李辅助分拣系统。该系统通过集成 AI、机器视觉和 RFID 技术，实现行李的自动识别与信息匹配，并将相关信息实时显示在分拣工人的工作界面上，极大地优化了行李分拣流程。

（3）系统技术构成。

该系统由人工智能与机器视觉、RFID 技术、信息展示三大技术构成。

人工智能与机器视觉：系统配备高精度摄像头，利用机器视觉技术实时捕捉转盘上的行李图像。通过 AI 算法，对行李的形状、颜色等特征进行分析和识别，确保高准确率的行李识别。

RFID 技术：每件行李均配备 RFID 标签，系统通过 RFID 读写器快速获取行李标签号。在行李信息系统里查询行李标签号所对应的航班信息，发送到显示器上显示。

信息展示：系统将匹配后的行李信息实时显示在 LED 条屏或真彩显示器上，这些信息跟随行李转盘同步移动，可以给分拣工人直观的操作提示。

（4）系统优势。

该系统大幅减少了分拣工人手动查看行李标签的频率，有效提升分拣速度，并结合 AI 与机器视觉技术显著提高行李识别的准确性，降低人为操作失误。系统界面友好，操作简便，分拣工人无须复杂培训即可快速上手，降低了培训成本。同时，管理人员可通过系统实时监控分拣过程，及时发现并解决潜在问题，确保行李分拣顺利进行。系统采用模块化设计，具备强大的扩展性，能够根据机场发展需求轻松进行功能扩展和升级。

随着航空运输业的快速发展，行李分拣的自动化和智能化需求日益迫切。范德兰德机场离港转盘行李辅助分拣系统，凭借先进的 AI 和机器视觉技术，结合 RFID 技术和直观的信息展示，成功解决了传统分拣方式的诸多瓶颈，显著提升了分拣效率和准确性。范德兰德致力为全球机场提供高效、智能的行李分拣解决方案，助力航空业迈向更加智能化的未来。

第三节　装卸搬运技术

在物流过程中，装卸搬运的时间及经济成本占比较大，是影响物流效率、决定物流技术经济效果的重要环节。装卸搬运技术的发展对有效降低物流成本具有重要意义。本节重点介绍智能装卸设备与系统、新型搬运设备。

一、智能装卸设备

（一）智能装卸设备概述

1. 定义

智能装卸设备是一种具备自主学习、判断和操作功能的高度集成化设备，主要由行走驱动系统、输送系统、作业执行系统、排列整形系统等部分组成，可广泛应用于物流场站、生产型企业、铁路场站等环境。设备通过对环境信息进行感知、处理，控制各部分实现对各种货物从月台到运载工具之间快速、准确的装载与卸载作业。

2. 智能装卸设备作业模式

（1）单元货物作业模式。

单元货物作业模式的装卸设备通常需要搭载视觉识别系统，采取单个货物识别、单个货物装卸、单个货物传输的方式进行货物的装卸作业。该种作业模式前端作业执行机构一般较为小巧，作业柔性化程度较高，可以适应不同摆放状态货物的作业，但该类设备也存在识别难度大、作业效率低的问题。

目前，该类设备的作业效率处于 500～1000 件/小时，主要代表性企业有兰剑智能、蓝胖子机器人、深圳金奥博、Bastian Solutions（巴斯蒂安解决方案公司）、蓝芯科技等。兰剑智能公司箱式装卸车如图 4－12 所示。

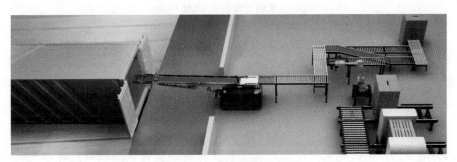

图 4－12　兰剑智能箱式装卸车
资料来源：https://mp. weixin. qq. com/s/XU1ElcwMGWHEeeaTeu－jqA。

（2）整排货物作业模式。

整排货物作业模式的装卸设备采用整排货物装卸、单个货物或者多个货物输送的方式进行装卸作业。该种作业模式前端作业执行机构一般宽度较大，需要覆盖运载工具整个宽度范围。同时，设备柔性化程度较低，无法进行不同摆放方式货物的作业，在卸货作业过程中，对货物摆放整齐度要求较高。但该类设备可以实现整排货物的批量装卸作业，作业效率高于单元货物作业模式的设备。

目前，该类设备作业效率处于 1000～1500 件/小时，主要代表性企业有中车株洲车辆有限公司、美国 Honeywell（霍尼韦尔）、深圳敏锐捷自动化设备有限公司等。其中，中车株洲车辆有限公司 Fast Mover 智能装卸设备是集装卸于一体的设备，如图 4－13 所示。美国 Honeywell intelligrated 全自动高速卸货机器人则是针对快递行业的批量卸货设备，卸货速度高达 1500 件/小时。

（3）半排货物作业模式。

该种作业模式的装卸设备采取两次装卸一排货物的方式，该种模式前端作业执行机构较整排货物作业模式的作业执行机构的宽度窄。该类设备由于半排货物作业，仅

图 4 - 13　中车株洲车辆有限公司 Fast Mover 智能装卸设备

资料来源：https://mp. weixin. qq. com/s/XU1ElcwMGWHEeeaTeu – jqA。

对半排货物的摆放方式和整齐度有一定要求，适应性高于整排货物作业模式的设备，在效率方面要低于整排货物作业模式的设备，部分设备为提高作业效率会采用双作业执行机构交替作业的方式，但该方式会导致前端作业执行机构结构较为复杂庞大。

目前，该类设备作业效率处于 600 ~ 1000 件/小时，主要代表性企业有中车长江铜陵车辆有限公司、上海克来机电自动化工程股份有限公司、国软科技等。上海克来机电自动码垛装车系统如图 4 - 14 所示。

图 4 - 14　上海克来机电自动码垛装车系统

资料来源：https://mp. weixin. qq. com/s/XU1ElcwMGWHEeeaTeu – jqA。

（4）整托货物作业模式。

该种作业模式的装卸设备主要对整托货物带托或者不带托进行装卸作业。由于受到整垛货物规格的影响，通常会造成装车后侧面以及顶面空间的浪费，所以该作业方式大多适用于密度较大货物的装卸。同时，因该方式一次作业货物较多，所以作业效率较高，可达到30min/40ft，主要代表性企业有Trapo公司、龙合智能等。龙合智能极速智能装卸系统整托货物作业模式如图4-15所示。

图4-15 龙合智能极速智能装卸系统整托货物作业模式
资料来源：https://mp. weixin. qq. com/s/XU1ElcwMGWHEeeaTeu-jqA。

（5）整车货物作业模式。

整车货物作业模式是通过整车货物预先出库在装载平台上紧密排列备料，车辆停靠到位后一次性进入车厢装载，3~6min可完成一车货物的装载。该类设备需要在装载平台进行备货，占用空间场地较大，同时由于是整车货物进行装载，对设备及运载工具定位精度、设备与运载工具平行度要求较高。主要代表性企业有Ancra、EZLOAD易载、龙合智能等。龙合智能极速智能装卸系统整车货物作业模式如图4-16所示。

图4-16 龙合智能极速智能装卸系统整车货物作业模式
资料来源：https://mp. weixin. qq. com/s/XU1ElcwMGWHEeeaTeu-jqA。

（二）无人装卸叉车

中科院空天信息创新研究院等多方开展商贸物流园区动态感知与仓配运智能调度课题，建成了不少于5000平方米的快运分拨仓库。该快运分拨仓库运用北斗定位、自动分拣机等多项先进物流设施设备。借助强大的核心技术，无人装卸叉车的应用极大提高了货物装卸搬运效率。

核心技术1：目标托盘精准动态感知。为解决货物位置偏移及货物前后排列且上下垛叠的装卸问题，技术部门基于深度相机的RGBD数据，结合语义分割算法及自主开发的目标托盘后处理逻辑，实现对托盘位置的精准动态感知，如图4-17所示，为叉车的路径规划与托盘的插取提供依据。

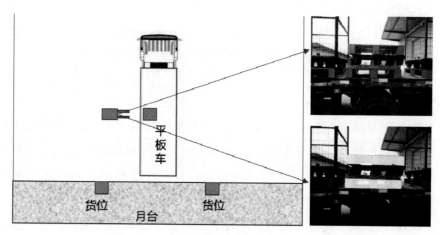

图4-17　叉车对托盘位置的动态感知示意
资料来源：2024湖州仓储年会《切入细分行业　深耕无人装卸领域》。

核心技术2：货车端点识别与定位。为实现非固定货位的装车，克服因车型过多或车辆停靠不到位造成的装车困难，技术部门利用深度相机，结合语义分割算法及数字图像处理技术精准识别出平板车端点位置，如图4-18所示，为装车货位点的计算及装车的实现提供基础，定位精度可达厘米级。

核心技术3：路径规划算法及运动控制算法（见图4-19）。基于装卸车作业场景的空间布局及约束，结合叉车运动学模型，技术部门突破了基于Hybrid A*优化算法的路径规划算法及纯跟踪控制算法的运动控制算法，实现了叉车实时自主路径规划。

应用成果：无人装卸叉车目前已具备工程化应用条件，正在临沂顺和商贸物流园区应用。经实测，装卸一托货物的时间≤2min，13.75m的半挂车两层货物装卸时间≤40min。双车联动装卸车如图4-20所示。

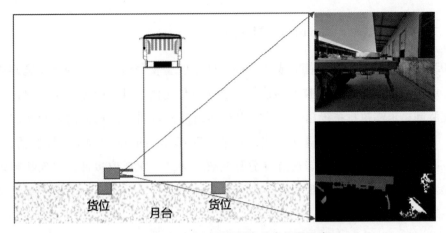

图 4-18 叉车识别平板车端点位置示意

资料来源：2024 湖州仓储年会《切入细分行业 深耕无人装卸领域》。

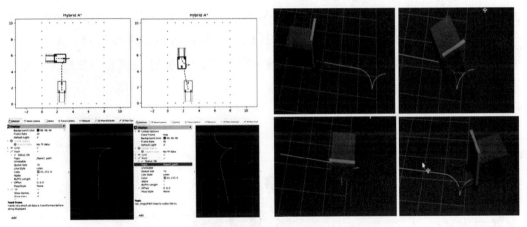

图 4-19 路径规划算法及运动控制算法仿真结果示意

资料来源：2024 湖州仓储年会《切入细分行业 深耕无人装卸领域》。

图 4-20 双车联动装卸车

资料来源：2024 湖州仓储年会《切入细分行业 深耕无人装卸领域》。

（三）自主装卸货 iLoatbot－M 机器人

2024 年 1 月 9 日，赛那德完成 iLoabot－M 下线暨交付仪式。作为自主装卸 2.0 版本，iLoatbot－M 实现了多个技术的迭代：移动平台迭代，可适应更复杂工况，更平稳的高速装卸；末端执行系统迭代，可实现车厢顶部、车厢角落物品的顺利装卸，灵活控制、一次多抓；控制规划算法迭代，基于 SENAD Insight 端到端核心控制器，识别、规划及控制算法进一步升级。通过自适配抓取算法，一次抓取多件，实现装卸效率翻倍；异常处理系统迭代，实现了掉落件自主处理。此外，iLoabot－M 还配备了破损件处理系统和异常件处理系统。

iLoabot－M 装备了感知层，利用 2D 和 3D 相机做眼睛，雷达做触觉，SLAM 自主导航，具备避障、安全启停、落货识别等功能；iLoabot－M 运用 AIGC 产生动作树、BlendMask、PatchDCT、VQ－GAN 等多种 AI 技术，赋能 AI 生产力；iLoabot－M 搭载重负载灵活 7 轴机械臂，可灵活更换执行机构，兼容箱体、袋装货物；ASV 橡胶履带式底盘，适应各种复杂工况，可实现 45°爬坡、跨越 40cm 缝隙和原地掉头等动作。iLoabot－M 组成示意如图 4－21 所示。

01 灵活末端机构
内置真空泵，吸附力强，尺寸可定制，支持多种箱型抓取。

04 激光导航雷达
激光SLAM自主导航至月台进行装卸作业。

02 柔性机械臂
7轴机械臂，车厢内360°无死角抓取，抓取行程最优。

05 视觉3D相机
自主识别货物，引导机械臂抓取作业。

03 履带式底盘
接触面积大，在不平整环境形式相对稳定（地面凹凸、车内导风槽），对车厢局部压强小。

06 360°避障雷达
底盘前后均设有安全型激光雷达避障模块，精确检测障碍物的位置和距离。

图 4－21 塞那德 iLoabot－M 组成示意

资料来源：2024 全球物流技术大会《AI＋机器人赋能装卸数智化的研究与实践探索》。

iLoabot－M 采用了自研垂直模型的数据积累、大数据量的实景训练并结合自研算法模块。其中，Transformer 架构让模型落地垂直领域更有实效：通过海量的通用型语料库预训练后，完成了基础层的预训练模型，如图 4－22 所示，即"大模型"。各基础层的预训练模型，经过各行业专业型语料库的训练，并完成 AI 算法的专业化

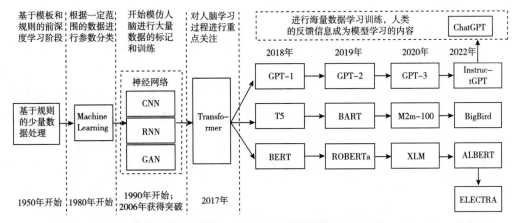

图 4-22 "大模型"构建发展示意
资料来源：2024 全球物流技术大会《AI + 机器人赋能装卸数智化的研究与实践探索》。

提升，最终实现应用层各个面向专业领域的产品落地。"大模型"构建发展示意如图 4-22 所示。

同时，基于 AI 的智能装车算法，iLoabot-M 实现了"资深工人"装卸，更具经济性。API 对接 WMS 同步出库顺序，基于来货信息，考虑最大装载率、稳定性等因素，智能计算装货顺序和货品位姿，如图 4-23 所示；拆垛过程中可对货品计数，实现缺货警告，多货排异。

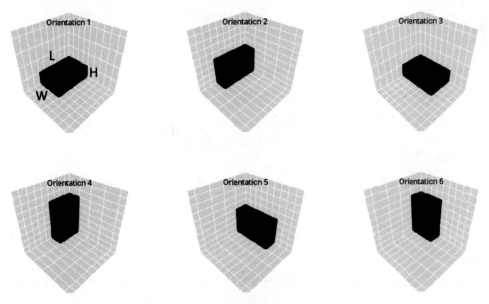

图 4-23 智能计算装货顺序和货品位姿示意
资料来源：2024 全球物流技术大会《AI + 机器人赋能装卸数智化的研究与实践探索》。

二、智能装卸系统

（一）冷链箱式货物智能装卸系统

冷链箱式货物智能装卸系统是运用于物流仓储行业月台场景下，实现箱式货物在托盘和运载工具间自动化装卸的系统解决方案，由装卸设备、伸缩式输送机、消杀设备、拆码垛机四大模块组成，集货物的装、卸功能于一体，不仅可以加快月台运转效率、降低物流成本，还可以降低劳动强度、减少货物损耗。该系统组成如图 4-24所示。

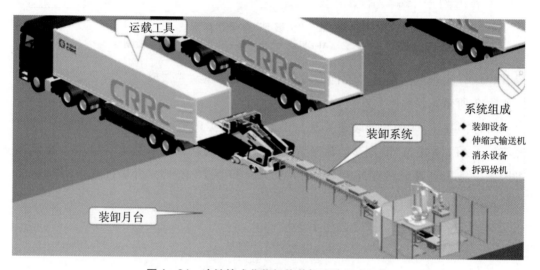

图 4-24　冷链箱式货物智能装卸系统组成示意
资料来源：https://mp. weixin. qq. com/s/Dl1k5pLCKQNXdre1ptfF9g。

（二）澳昆智能装车系统

1. 澳昆智能装车系统组成

（1）卡车定位平台：卡车倒入定位平台后，通过底盘调整卡车的上下左右尺寸，完成卡车的定位。

（2）进托盘链条线：产品通过立体库将所需装车的订单进行出库备料，通过出口链条输送机输送至自动装车平台。

（3）自动装车平台：所需装车的产品备料完成且卡车定位后，产品通过自动装车平台上的叉齿一起伸进车厢内。

（4）托盘限位门架：通过托盘限位门架装置上的模组对托盘进行限位，再把货物底部的叉齿缩回，完成整车的装车。澳昆智能装车系统各模块示意如图 4-25所示。

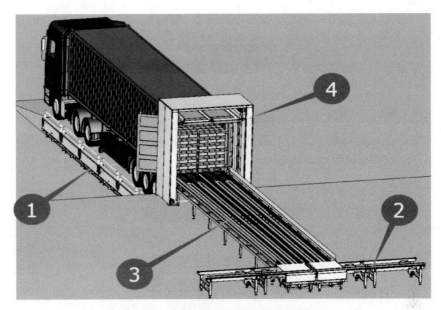

图 4 – 25　澳昆智能装车系统各模块示意

资料来源：2024 全球物流技术大会《装车/卸车机器人——从技术创新到生产应用》。

2. 澳昆智能装车系统核心技术

（1）混装差异化物料数学建模技术。

对于物料在车辆有限空间内排放顺序的合理规划，澳昆开发了订单动态规划模块，将物料的品相、数量和物理参数等信息整合在一个订单中进行规划，在装卸生产运行之前就对每一货箱物料进行虚拟 3D 空间数学建模，并建立物料数据库，同时可以和仓储系统中的订单共享，极大降低了软件及信息通信系统冗余，也降低了错误出现的概率。

（2）物料动态信息处理技术。

将仓储物料、物料供货订单、物料准备、物料在线排序和混装物料装卸信息链打通。进入系统的物料应先通过激光与视觉的检测，以确保物料和数据库中订单的记录一致。步骤如图 4 – 26 所示。

（3）混装差异化物料整合排序技术。

在实际应用中，不仅要考虑空间利用效率，还要面临机器人自动装卸的可操作性、来料顺序、多个卸货点情况下的卸货顺序等多个实际问题。混装差异化物料整合排序技术根据物料信息对应的具体 3D 空间，在线对每一物料进行空间定位处理（坐标和方向），以保证相邻的物料都能够正确地按执行机构控制流程定位和定向。系统主要组件与部署模式如图 4 – 27 所示。

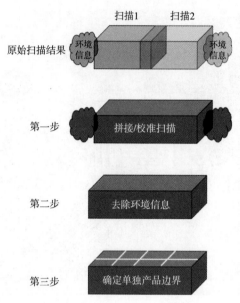

图4-26　物料动态扫描及尺寸分析步骤示意

资料来源：中物联优秀案例。

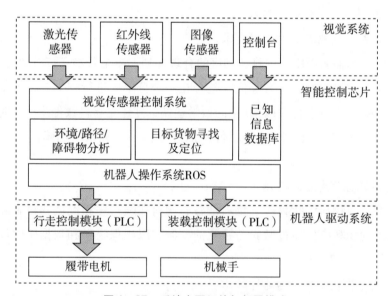

图4-27　系统主要组件与部署模式

资料来源：中物联优秀案例。

（4）混装差异化物料特征参数在线监测技术。

澳昆使用红外线传感器技术进行物料边界识别，如图4-28所示，以快速测试物料的物理特征（几何参数和排列顺序），通过计算和分析形成物料特征参数，与数学模型、物理特征参数进行比对，剔除传送过程中出现差错的物料，从而保障机器人物料装卸工艺的高效执行。

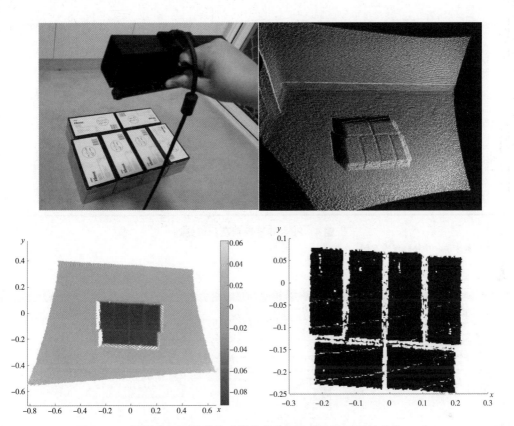

图4-28 澳昆使用红外线传感器技术进行物料边界识别（单位：m）

资料来源：中物联优秀案例。

（5）基于离散回归算法的非规整环境［集装箱、半挂牵引、平（裸）板以及异形车体］快速探测和分析技术。

澳昆提出的非规整环境［集装箱、半挂牵引、平（裸）板以及异形车体］快速探测和分析技术，通过对环境空间几何参数进行快速识别和分析，如图4-29所示，准确导出码放的实际空间位置，通过与数学建模的排序物料所对应虚拟空间进行比对，在装卸总数量不变的前提下，进行局部空间差异部位的修补和更改，并以此建立非规整环境数据库。

（6）基于制导传感机器人实时自动行驶和混码排列规划技术。

这些空间几何参数除了计算分析出物料码放的实际空间和进行局部空间差异部位的修补和更改，也可用作轨迹参数，规划出机器人的实时自动驾驶和运行轨迹坐标指令（见图4-30），进行必要的障碍物避让和混装物料码放位置的前后左右补偿，使物料准确无误地按照预先虚拟建模堆码规划，码放到具体实际空间位置。或者在实

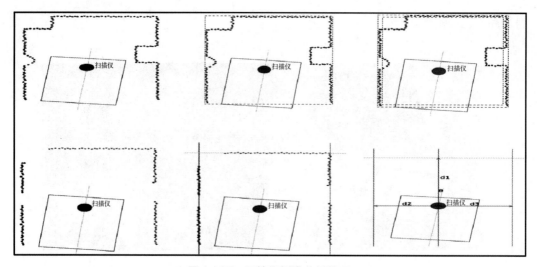

图4-29 环境识别及分析处理

资料来源：中物联优秀案例。

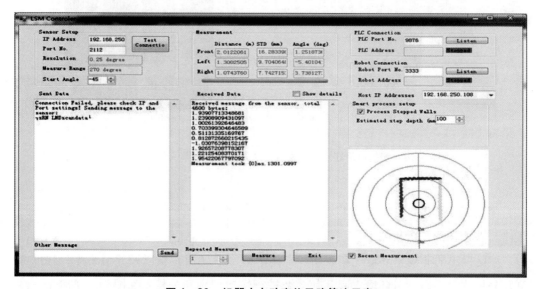

图4-30 机器人自动定位寻路算法示意

资料来源：中物联优秀案例。

际空间位置与虚拟空间比对后，卸下至托盘栈板进行入库处理。

（7）非规整环境混装差异化物品装卸生产运行操作工艺与方法。

把装卸物流链的两个数据端点——物品发货或收货单和产品信息作为两个物流节点参数，通过品相和车体结构、吨位和卸货顺序进行精准的建模分析，最终建立一整套完善高效的编码、排序及装卸操作的技术体系，实现了在物料装卸生产过程中的物料管理和实际装卸生产的具体应用。

（三）齐鲁空天信息研究院智能装卸系统

根据现场作业要求，技术部门开发了适用于无人装卸的叉车调度系统，集成调度管理、任务管理、配置管理及故障管理四大功能，实现多型叉车的管理、调度及异常处理。

同时，智能装卸系统支持与室内仓储系统快速集成，采用分层设计，应用简单的接口调用方式，传递装卸车辆的相关参数，便可实现快速集成。智能装卸系统与室内仓储系统集成示意如图4-31所示。

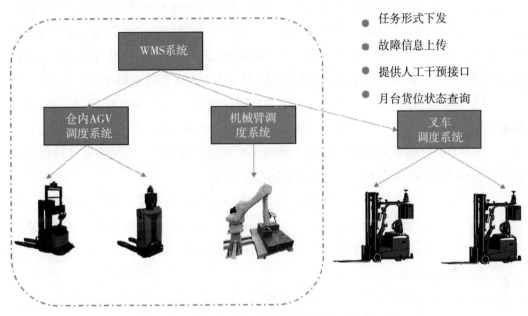

图4-31　智能装卸系统与室内仓储系统集成示意
资料来源：2024湖州仓储年会《切入细分行业　深耕无人装卸领域》。

三、新型搬运设备

（一）直流伺服物流输送系统

目前，物流输送系统仍存在以下问题：物流输送系统负荷多变、频繁启停，对瞬时扭矩需求较大，造成能源的浪费；物流输送驱动电机电压高，安全性低；设计方案存在空间浪费、感官性差和维护困难等问题；系统高速、高载重运行时，货物过冲现象突出，难以精准定位；系统加减速过程中运输平稳性不足，极易发生货物散落或倾斜风险。

兰剑智能科技股份有限公司围绕上述难点问题开展了多年科技攻关，深入研究物流输送系统在电机安全节能优化、关键部件结构设计、分布式通信与供电、驱动控制等方面的内容，突破了高性能低能耗直流伺服物流输送系统的关键技术。

1．系统概况

该产品攻克物流输送系统能源消耗高、精准定位难、运行平稳性差、安全性差、安装维护困难等问题，推动产品创新升级，填补国内在该技术领域的技术应用空白。该产品的应用，帮助了企业提高生产效率，降低设备能耗，减少系统维护时间成本和人力成本，提高系统安全性。直流伺服物流输送系统具有以下技术特点。

（1）高过载高节能：采用超低压直流伺服电机，降低能源消耗。与三相异步电机相比，其过载能力提升了 1 倍、单动力段每小时耗电量降低了 51%。

（2）安全性高：采用超低压直流输送电源，保障了物流输送系统维护的安全性。

（3）维护便捷：提出新型中继通信方式，提高系统稳定性、通信数据量及通信效率；采用分布式通信与供电走线方案，实现物流输送系统模块化，提高调试维护工作效率和便捷性。与三相异步电机的维护时间相比，其维护时间效率提升了 81%。

（4）软硬件自主可控：设计控制卡结构，进行 MOS－fet（Metal Oxide Semiconductor，金属－氧化物－半导体场效应晶体管）、MCU（Microcontroller Unit，单片微型计算机）、DC－DC（Direct Current，直流）电源芯片的国产化替代，自主研发设计伺服电辊筒，实现物流输送系统硬件和软件 100% 自主可控。

（5）精准定位与平稳灵活：研发伺服电机同步运动控制技术，实现了高载重物流输送系统加减速过程中位置的精准控制及平稳运行。在物流输送系统中，与三相异步电机相比，其定位精度提升了 95%、托盘晃动幅度降低了 80%。

2．成果应用情况

本研发成果已服务于军工、医药、新能源、电商、电子、食品等各大行业，并且取得了良好的应用效果。随着各行各业对物流输送系统应用需求的攀升，该研发成果在航天航空等重载应用场景、零售等高速大规模应用场景等具有广阔的应用前景。

（1）通信行业。

某智能产业园的总储存面积约 4 万平方米，可满足百亿规模的储存需求，万级 SKU 数的高效出入库需求。该智能产业园通过应用直流伺服物流输送系统将原材料快速送至各生产车间、楼层、产线的几十个接驳点，并设计足够缓存的输送线，完成生产后通过自动化输送线直接将成品入库，大幅提升了生产作业效率，保证了商品出入库的及时性和准确性。通信行业应用现场如图 4 - 32 所示。

（2）新能源行业（重载）。

某新能源行业油脂库项目应用多款托盘输送全伺服重载产品，其中，托盘链条输送机载重 2000kg、托盘提升机载重 1500kg，顶升移载机载重 1500kg、托盘辊道输送机载重 1500kg，提升了物流输送系统的过载能力，在搬运作业环节取得了良好的应用效果。新能源行业（重载）应用现场如图 4 - 33 所示。

图 4 – 32　通信行业应用现场

资料来源：中物联优秀案例。

图 4 – 33　新能源行业（重载）应用现场

资料来源：中物联优秀案例。

（二）海康潜伏叉取式机器人

海康机器人推出的全新一代潜伏叉取式机器人，具备差速和全向两种运动底盘配置，高度兼容国际托盘，满足不同应用场景的需求，让托盘搬运变得更简单、更高效。

海康潜伏叉取式机器人如图 4 – 34 所示，支持选配差速底盘和全向底盘两种卓越的底盘配置。其中，差速底盘最大运行速度达 2m/s，支持前进后退、动态绕障、栈板识别等功能。全向底盘支持前进后退、左右横移，可以实现 360°移动和转向，在狭窄、复杂的工作环境中可轻松应对各种挑战。

该产品通过了全面的 CE 认证，涵盖了 MD（Machinery Directive，机械指令）机械

图4-34 海康潜伏叉取式机器人

资料来源：https://mp.weixin.qq.com/s/dbrOyzsmJMKNNjm5Suyqug。

安全指令、RED（Radio Equipment Directive，无线设备指令）无线指令以及EMC（Electromagnetic Compatibility，电磁兼容性）电磁兼容指令。其核心组件，包括安全控制器和安全激光，均经过严格的耐久性测试，累计测试了数十万次，具备较高的安全性和可靠性。

全向车型支持极窄巷道的取放货能力，采用国标栈板（1.2m×1m托盘）取放货通道，最窄可缩减至1.5m。与传统叉车相比，这一创新设计显著提升了库容的利用率，增幅超过30%。此外，针对传统托盘摆放中可能出现的角度和位置偏差问题，该机型配备了动态识别功能，能够精确识别托盘，确保每一次取放操作的安全性和可靠性。

海康潜伏叉取式机器人根据多样化的使用场景，可灵活配置"拉取式"和"驶入式"取放货，"拉取式"模式无须额外的配套设备，能够直接与地滚线进行对接，如图4-35所示。"驶入式"模式可直接跨电梯缝取放货，整车通过性能更强，确保能够适应各种复杂的物流环境，满足不同用户的需求。

新一代潜伏叉取式机器人，将无人叉车和潜伏车的优点相结合，可背负国标托盘、非标托盘以及行业属性料架，同时兼顾潜伏车的灵活性。

（三）海豚之星新型迷你搬运机器人

2019年，海豚之星推出一款迷你型AGV搬运机器人——MP10S，主要适用于托盘、料框、料车等各种物料形态，特别适用于工业制造过程中的物料配送、中转仓库等需要频繁运送货物的场所，具有轻小、灵活、通用等特点，极大改变了传统工业搬

图4-35　潜伏叉取式机器人"拉取式"模式下与地滚线对接

资料来源：https://mp.weixin.qq.com/s/dbrOyzsmJMKNNjm5Suyqug。

运领域的面貌。

2024年7月11日，海豚之星在苏州总部发布"小搬Mate2.0"系列新产品，其在外形设计方面延续了"APe15小搬"的小巧车体，所需通道宽度仅为1950mm，最小转弯半径为1290mm，能在狭窄通道运行，释放更多空间用于生产和仓储活动。小搬Mate2.0搭载海豚之星AiTEN FRC-3.0核心AI大脑，如图4-36所示，通过集成先进的传感器技术、人工智能算法和高精度导航，可实现自主感知周围环境、智能规划路线等功能，使搬运效率和作业灵活性显著提升。

图4-36　海豚之星AiTEN FRC-3.0核心AI大脑示意

资料来源：https://mp.weixin.qq.com/s/-SBpv7H_DExjAmCCcoKYsw。

（四）林德紧凑型托盘搬运机器人L-MATIC

林德紧凑型托盘搬运机器人L-MATIC沿袭了林德搬运机器人的高端性能优势，同时在核心技术、安全管理、应用价值等方面进行多维升级，以全面适配不同工况场景下的作业需求。L-MATIC具有以下多个优势。

1. 数智化加码

（1）统一平台控制，兼容各类软件。

L-MATIC的核心亮点在于搭载了全球统一平台车载控制系统和全球统一平台调度系统，双系统加持下设备的通用性和兼容性迅速提高，可与各种类型仓储管理系统无缝对接，保障各端口数据稳定输出，提高性能，让搬运效率更高。

（2）适配全景工况，搬运活力递增。

如图4-37所示，L-MATIC采用超窄的车体设计，可灵活出入生产区、仓储区、配送区等场景，与车间安全门、电梯、传送线等各种狭窄通道精准衔接，完成物料搬运与堆垛作业；触控式显示屏能够全面显示车辆关键信息与数据，让客户及时了解车辆运行状况。同时，实时监控机器人的任务状态和电池状态，利用碎片时间充电，减少集中充电的等待时间，满足客户在不同场景下的充电需求，实现全天候无人化作业。

图4-37　L-MATIC在仓库各区间穿梭

资料来源：https://mp.weixin.qq.com/s/Kpv2k9h2E9z25gHtD6w3dQ。

2. 360°立体防护

（1）多组合传感器，消除潜伏隐患。

该车安全性能堪称一绝。配备独立的安全模块，控制精准，能够独立检测系统的任何失效状况，并采取相应的安全措施，为车辆运行安全保驾护航。同时车身采用多传感器组合避障，从激光雷达、超声波到防撞条，能够全方位实时捕捉周围环境，实现全景监测，让潜藏隐患无处遁形。

（2）自动识别纠偏，缔造搬运艺术。

货叉纠偏功能，可以使车辆更加智能，降低人工在托盘摆放时的要求。根据托盘偏移位置，实时调整机器人行驶路径，轻松取货。

（3）实时智能避障，护航搬运安全。

3D立体防护功能，能够对悬空障碍物进行精准判定，自动驻停并预警；此外，还可根据行驶速度，动态调整安全距离，提高效率的同时满足物流作业复杂工况。除此之外，车辆的行驶、提升、转向，均实现了速度和位置的双回路PID控制，大幅提升了车体运动控制的稳定性和平滑性。

第四节　仓库管理技术

随着仓储业的蓬勃发展，现代化仓库通过集成物联网、人工智能、大数据分析等先进技术，实现仓内物品的自动化与智能化储存、分拣、配送等活动。为适应仓储业新技术的应用，实现更加高效的仓库管理，新的仓库管理技术开始出现。

一、仓库管理数据化技术

（一）称重技术

1. 叉车称重技术

（1）智能电子叉车秤。

智能电子叉车秤是一种能够自动测量货物重量并实时传输数据的电子秤。它通常配备有传感器、数据采集器和无线传输模块，能够快速、准确地测量货物的重量，并可以将数据传输到计算机或移动设备上。智能电子叉车秤具有高精度、高效率、低误差等特点，广泛应用于仓储、配送等环节。其技术实现主要依赖于以下内容。

①数据接口：智能电子叉车秤可以通过数据接口与ERP进行对接，实现数据的实时传输。常见的数据接口包括串口、网口和蓝牙等。

②数据转换：由于数据接口的限制，智能电子叉车秤的数据需要经过一定的转换才能被ERP接收。常见的转换方式包括JSON格式和XML格式。

③网络安全：在对接过程中，需要保证数据传输的安全性，可以采用加密传输等方式来保证数据的安全性。

（2）应用举例：RAVAS（阿瓦斯）叉车秤在医药供应链中的应用。

RAVAS 公司研发了一系列专门用于制药供应链的移动称重系统。从生产到配送，从洁净室到装运区，该移动称重系统可收集关于物料流的持续信息，使制药企业能够优化物料资源的使用效率，并监控其上下游的供应链。

RAVAS iForks 是 RAVAS 公司移动称重系统中的一套秤叉，可以在 10 分钟内安装在任何叉车上，如图 4-38 所示，在不脱离物流过程的情况下对托盘货物进行称重，将叉车变成收集物料流数据的平台。在卸载货运卡车的同时检查入库货物，在生产和仓库之间移动原材料时称重，进行库存控制。在装运区对出库货物进行称重，以便进行验证、规划和避免超载。

图 4-38　配备 RAVAS iForks 的叉车

资料来源：https://www.chinaforklift.com/news/detail/202101/74162.html。

与所有 RAVAS 公司移动称重系统中的设备一样，RAVAS iForks 可与 TMS、WMS 或 ERP 系统连接。通过蓝牙与卡车上或附近的设备连接，或通过用户的无线网络连接。

2. 智能动态称重技术

梅特勒托利多动态自动检重秤 CX Combination 降低了总成本，实现了一站式服务，有效节省安装、维护与维修的时间及成本。通过共享组件，能够尽可能降低备件成本。

C 系列检重秤采用 FlashCell™ EMFR 技术，可在高达 800ppm 的条件下精确称重，实现 100% 重量控制。此外，它还能可靠地分拣灌装不足或不完整的产品，以确保符合称重规定。此外，该系列检重秤采用了 HiGain 检测器，可提供精确的污染物检测，可靠地检测出玻璃、金属、钙化骨以及高密度橡胶和塑料等异物，从而验证产品的安全性和质量。

此外，系统配备了以太网、现场总线和 OPC（Open Platform Communications，开放平台通信）等接口，支持物联网/工业 4.0 倡议，可随时随地分析、控制和访问生产数据。此外，该系统还可与 ProdX™ 数据管理软件进行连接。实物如图 4-39 所示。

图 4-39　梅特勒托利多动态自动检重秤 CX Combination

资料来源：https://www.mt.com/cn/zh/home/products/ProductInspection_1/checkweighing/in-motion-check-weigher.html? page =4。

（二）称重量方多功能设备

基于双目视觉技术和动态称重技术设计的包裹信息检测系统，可解决包裹信息获取难、耗费人力的现实问题。

运用双目视觉技术，可得到包裹的体积信息。当人的双眼观察某个场景时，会对相同的目标场景形成视差，因而能够清晰感知到三维世界信息，而双目视觉技术就是模仿人眼，通过双目相机获取图像信息，计算出视差来感知三维世界的场景重建方法。基于三角测距原理，采用两个镜头对同一目标物体进行同步拍摄，获取这个目标物体下不同视角的二维图像，然后对图像中位于不同成像位置的同一测量点进行立体匹配，找出对应的匹配点，从而获取包含场景三维信息的视差图，以视差图和相机的参数为基础，可以算出每个匹配点的深度信息，从而得到该场景下的三维立体模型。

动态称重，即在包裹于传送带运动时，实时检测包裹随机重量。包裹随机重量是指传送带在运行过程中，某一时刻传送带检测区域所测得的传送带托辊所受到的压力值，可以通过连续采样或者周期采样得到准确的测量值，而传送带的运行速度通常采用测速传感器获得。物体在传送带上某一时刻的重量，则通过该时刻物体的承重和传送带速度的乘积得到。电子皮带秤一般由承重装置、称重传感器、测速传感器、累计器四个部分构成。

完整的包裹智能分拣系统，一般由加速分离区、信息检测区、分拣区三个部分组成，三个部分的数据交互和紧密衔接才能实现包裹的正常分拣。

在系统正常运行的情况下，包裹传送至信息检测区时，由两端光电传感器控制包裹的信息检测过程，系统接收到前端光电传感器的触发信号时，开始对包裹进行动态称重、体积测量等采集任务，后端光电传感器检测到包裹输出时表示完成本次信息检测任务，由系统控制器对包裹数据进行相应处理，通过串口通信将数据发送至上位机交互界面，上位机可监测包裹状况并实现相应的基本控制任务。

根据实际的应用需求，结合场地及作业环节的不同，整体设计需要因地制宜。设计的包裹信息检测系统结构如图4-40所示。

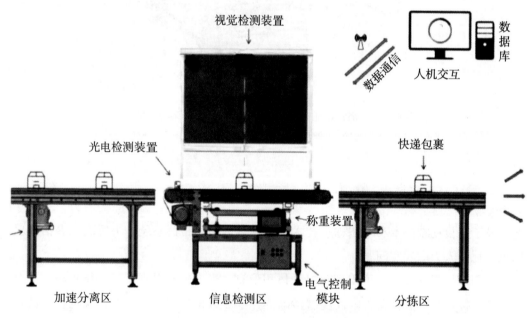

图4-40 包裹信息检测系统结构示意

资料来源：https://mp.weixin.qq.com/s/7PkDCiourMEZ-dzgKH27tQ。

包裹信息检测系统的硬件设计主要分为四个部分：系统控制器、数据检测装置、人机交互上位机、执行机构，具体如图4-41所示。

称重装置的主要作用是对包裹进行动态称重，光电传感器触发信号控制称重过程，将采集到的包裹重量信号进行放大和低通滤波处理，经过A/D转换发送至

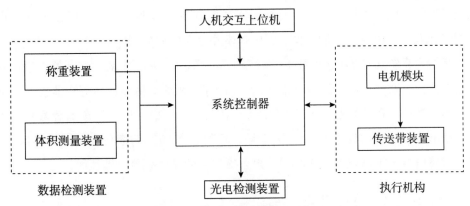

图 4 - 41　系统硬件设计结构

资料来源：https://mp. weixin. qq. com/s/7PkDCiourMEZ - dzgKH27tQ。

STM32 控制器。

体积测量装置的主要任务是对包裹进行体积测量，由光电传感器触发信号控制包裹的测量过程。使用双目视觉技术，将包裹的二维图像信息转换为三维立体模型，进而求取包裹的体积信息。

光电检测装置主要由前后两端的光电传感器组成，其作用是对包裹信息采集过程的控制。前端光电传感器负责识别包裹进入信息检测区并发出触发信号。后端光电传感器是包裹信息采集过程的完成标志。

人机交互上位机通过串口通信和 STM32 控制器进行数据交互，主界面实时显示包裹检测数据，监测系统运行状态，并将包裹信息存入数据库。上位机可对硬件模块进行参数设置，发送的指令信号由 STM32 控制器对指令信号进行解析，实现对系统的启停和速度控制。

系统控制器由 STM32 主控芯片和各模块的硬件电路组成，主要作用是信号的处理和数据通信，初步采集包裹的检测信息，先对其进行滤波等处理；实现和上位机的数据交互，接收上位机指令信号，完成相应的控制任务。

执行机构主要由电机模块、传送带装置组成，主要用于包裹输送任务。STM32 主控芯片是系统控制电路的核心。电机模块通过 RS485 总线和 STM32 主控芯片进行数据交互，实现对执行机构的速度控制。

二、数字孪生仓库管理技术

（一）荆州"检储配"基地

荆州"检储配"基地中，检测与仓储通过智能回廊连接并通过一个智能平台"一键装车"，将所需物料整体平移到货车上，实现智慧检测、智慧仓储和智慧物流运营，大幅提高检测、储备和配送效率。此外，该基地创新开展四维建模，即系统性开展物料建模、智能装备建模、车辆建模、园区建模并建立模型数据库。

数字孪生系统通过 3D 建模技术，对变压器、配电箱、电缆盘、熔断器、避雷器等物料精准建模，对物料仓储进行精准展示。对 AVG 叉车、精准行吊等智能设备精准建模，对运行轨迹、作业数据进行动态显示。对中型、大型、超长等车辆载重和载物空间进行精准建模，精准匹配运输车辆型号、物料在车辆上的摆放位置。对库区仓位、道路、附属设备等精准建模，实时展示出入库物料的具体仓位、路线图。

（二）海柔数字孪生平台

基于 HaiQ 数据平台，海柔自研了数字孪生平台，不仅实现了机器人、输送线和容器等设备数据的实时采集，更支持多个外部系统的数据在一屏内集中展示，帮助仓储管理人员提升管理效率、精准度和风险管控能力。

通过 3D 真实还原设备和库存信息，数字孪生平台可实时、精确映射现实里的仓库环境，包括机器人的行驶路径、运行状态、机器人电量、库位热度、料箱热度等。对鞋服、零售等行业客户而言，出库任务具有较明显的订单波峰、波谷。在闲暇时间，客户可以查看每个箱子是否处于满载或空箱的状态、高需求的订单箱是否已经放在靠近工作站的位置等，如图 4-42 所示。仓储管理人员可提前进行理货，为下一次的出库订单波峰做好准备。

图 4-42　查看空容器分布情况示意

资料来源：https://mp. weixin. qq. com/s/vm8_ p1gcjQQno4s6qhfb9Q。

对于制造业客户来说，从配件的储存，到供料上生产线，需环环相扣地紧密配合。若机器人的拣货出库流程产生卡点，则会造成生产线的效率下降，严重时将影响成品交付。通过数字孪生平台的辅助，当机器人系统出现异常时，平台可快速定位到目标位置并展示异常信息，1秒即可发现问题，无须人力走动排查，如图4-43所示。视频画面支持3D多倍速回放，可以更快定位异常原因。客户既节省了购置摄像头的费用，也方便问题的记录和复盘。

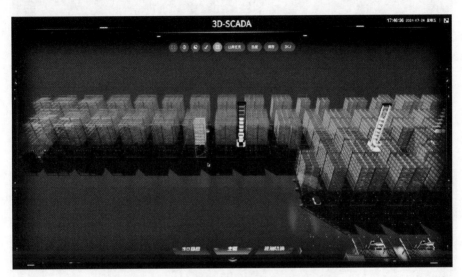

图4-43　快速定位和展示容器信息示意

资料来源：https://mp.weixin.qq.com/s/vm8_p1gcjQQno4s6qhfb9Q。

巡检是智慧仓库、智慧工厂的重要日常工作。流通业场景中，料箱储存和工作站出入库等区域需进行风险排查、设备健康状态检查、效率卡点疏通等工作；制造业场景中，从储存到制造的每个环节，需对设备调度是否顺畅、物料使用是否充分等数据进行实时回收和分析。借助海柔数字孪生平台，客户可实现3D远程巡检，减少运维人员进入机器人工作区的次数。运维人员只需轻松点击屏幕按钮，便可多角度切换监控视角，一键查看某台机器人停止工作的原因、某个装有热销品的料箱是否被放在合适的库位等。

3D远程巡检最大限度地避免了人机混合现场作业，这样既确保了运维人员的安全，又无须中断仓库中的拣货工作，如图4-44所示。

一个仓库里同时部署ACR、AMR以及机械臂等多种自动化设备是行业里的普遍现象。未来，客户可在数字孪生平台集中管理来自不同厂商的自动化设备，降低自动化系统的管理难度、多设备联调的时间成本，提高管理便捷性和灵活性，如图4-45所示。

图 4 – 44　3D 远程巡检示意

资料来源：https://mp.weixin.qq.com/s/vm8_p1gcjQQno4s6qhfb9Q。

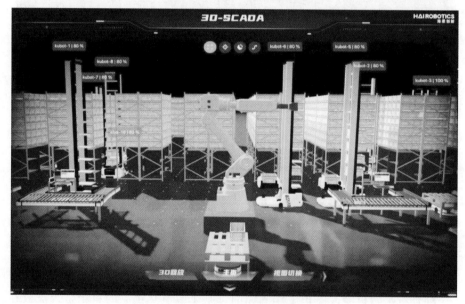

图 4 – 45　多厂商设备集中管理示意

资料来源：https://mp.weixin.qq.com/s/vm8_p1gcjQQno4s6qhfb9Q。

三、人工智能仓库管理技术

（一）亚马逊的"机器人拣选"系统

Amazon Robotics（亚马逊物流机器人公司）主要开发高效的机器和软件，旨在提高亚马逊运营中心的效率。2017 年，Amazon Robotics 成立专门团队，开始了借助人工智能和机器学习（ML）自动执行运营流程的研究工作。

随着该公司对其机器学习项目进行迭代，它求助于 Amazon Web Services（亚马逊云科技）并采用了 Amazon SageMaker（魔法生成器）。Amazon SageMaker 是一项托管式服务，不仅可协助准备、构建、训练和部署高质量机器学习模型，还能解决为了跨多个区域大规模运行推理而构建和管理 GPU 机群的问题。截至 2021 年 1 月，此解决方案已为该公司节省了大约 50% 的机器学习推理成本，将生产率提高了 20%，并且降低了整体成本。

Amazon Robotics 借助其软件和机器自动执行亚马逊运营中心的库存处理流程。该公司的系统包含三个主要的物理组件：移动货架单元、机器人和员工工作台。亚马逊运营中心楼层如图 4-46 所示。机器人将移动货架单元运送到员工工作台，员工将货物放入（装载）或取出（拣选）。

图 4-46　亚马逊运营中心楼层

资料来源：https://aws.amazon.com/cn/solutions/case-studies/amazon-robotics-case-study/。

为减少耗时的箱体扫描工作，Amazon Robotics 构建了一个基于深度学习的计算机视觉系统——Intent Detection System，通过使用云计算将深度学习模型部署到亚马逊运营中心的方式，实现了对系统数百万个装载操作示例视频的训练。训练后的系统可自动识别员工放置库存物品的位置。在收集到足够多的装载操作示例视频之后，Amazon Robotics 尝试将模型架构应用于大型带注释的视频数据集。经过几次迭代之后，该团队可以开始让已部署的模型自动执行流程。

（二）阿里巴巴的"无代码智能预测"系统

阿里巴巴"无代码智能预测"系统，通过 AutoML（自动化机器学习）技术降低机器学习各环节人工介入成本，以自动化、准确率提升为最终目标。通过全自动预测技术 Falcon（见图 4 - 47），致力利用人工智能技术对海量数据处理、分析、挖掘，提取数据中有价值的信息和知识，生成对未来的精准预测。

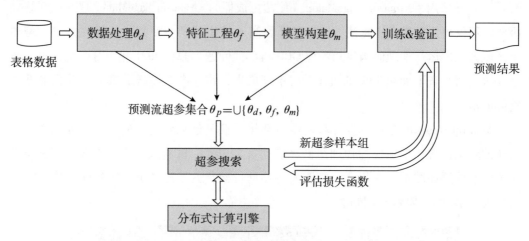

图 4 - 47　阿里巴巴全自动预测技术 Falcon 原理

资料来源：https://www.yun88.com/product/3201.html。

借助"无代码智能预测"系统，企业可更准确地预测库存需求，降低库存成本。根据历史销售数据、季节性因素和市场趋势等因素，预测未来的库存需求。此外，还可以实时监控库存水平，提醒管理人员及时补货，避免缺货或积压现象的发生。

四、系统集成仓储管理技术

在智能制造全场景下，WMS 的定位不仅是仓储管理系统，更作为连接全方案的"类总线""小中台"系统，不仅承接 ERP 的采购订单、委外订单、生产订单，与 ERP 同步订单状态、形成任务池，还承接了 MES 的领料申请、生产报工，同时推送至智库系统，以指挥 WCS 出入库任务。

（一）WMS 主要功能

仅依赖 ERP 往往会存在物流和信息流脱节的情况，存在大量事后补单，从而形成业务和系统两张皮。管理颗粒度缩小后，WMS 的应用可以很好地解决上述问题，提供灵活智能的仓储管理模式。

（1）完整的物料追溯：失效期自动报警、批次信息继承、物料来源明确。

（2）智能的库位管理：源头标识、扫描报警、杜绝错发。

（3）高效的库位管理：空间标识细化、支持混放，提升空间利用率，降低企业成本。

（4）精准的盘库管理：多种盘点方案，提高盘点效率。

（5）严密的过程管理：提醒作业顺序，规范操作行为。

（二）WMS 与各系统的集成关联

1. WMS 与 PLM 系统的关联

PLM（Product Lifecycle Management，产品生命周期管理）系统存储产品的详细设计信息、BOM 信息，以及图文档，WMS 通过访问这些信息来确保正确的库存管理，比如，确认产品的存储条件或者组件的特定要求。当产品设计发生变更时，PLM 系统能够及时更新相关信息，WMS 需要同步这些变更，以确保库存数据与最新设计保持一致。

2. WMS 与 ERP 的关联

①WMS 实时跟踪库存水平，将入库、出库、库存盘点等信息及时反馈给 ERP，以便 ERP 进行库存预警、补货计划等决策支持。

②WMS 处理订单的拣货、打包、发货等操作，将结果更新到 ERP 中，以便 ERP 可以追踪订单状态，并更新销售、客户管理等相关信息。

③WMS 提供物料的实际位置和状态信息，ERP 则基于这些信息来规划采购和生产。

3. WMS 与 MES 的关联

①物料跟踪：WMS 将物料的储存位置、数量、状态等信息同步到 MES，MES 来判断生产过程中所需物料的可用性。

②订单管理：WMS 将订单的创建、拣选、打包和发货等状态同步 MES，MES 可以根据 WMS 提供的订单状态信息来安排生产计划，确保按时完成生产任务。

③库存管理：WMS 实时监控库存水平，低库存时可以通知 MES 调整生产计划或进行采购。

④生产进度与异常报告：当生产进度或质量出现问题时，MES 可以及时通知 WMS，以便调整物流计划、动态调整库存预测和实际库存量，例如，重新安排发货时间或处理不合格产品。

⑤工艺路线与作业指导：WMS 需要 MES 的工艺路线和作业指导信息来安排合适的物料和包装方式，以支持特定的生产工艺要求。

⑥质量追溯：当发生产品质量问题时，MES 可以追溯到相关的物料批次。WMS 通过这些信息可以帮助定位问题物料，并采取相应的措施，如隔离或回收。

⑦设备维护：MES 监控设备状态，预测设备维护需求。WMS 可以据此调整仓库内的物流作业，以适应可能的生产中断。

4. WMS 与 WCS 的关联

①库存管理：WMS 会向 WCS 提供实时的库存数据，确保 WCS 在调度任务时考虑到当前的库存状态。同时，在 WCS 执行任务过程中，库存的变动也需要反馈给 WMS，保证 WMS 中的库存信息始终是最新的。

②任务调度：WMS 生成拣选任务后，可以通过集成将任务发送给 WCS，WCS 根据任务要求和当前设备状态进行任务调度，并控制自动化设备执行任务。任务执行的进度和结果也需要反馈给 WMS。

③设备控制：WCS 负责控制自动化设备的操作，这些操作需要依据 WMS 提供的任务和库存信息来执行。设备的运行状态和故障信息也会发送给 WMS，以便 WMS 可以进行相应的监控和调整。

④出入库管理：WMS 管理商品的入库和出库流程，而 WCS 则负责这些流程中自动化设备的操作。例如，当商品到达仓库时，WCS 会根据 WMS 提供的信息，控制自动化设备进行商品的存放。

5. WMS 与 AGV 的关联

WMS 能够向 AGV 提供实时的库存信息（如货位状态、库存数量等），以确保 AGV 准确无误地完成货物搬运任务；发送任务指令（拣选、搬运和配送），AGV 可以反馈执行状态和进度给 WMS，并根据 WMS 提供的任务信息，结合自身的传感器数据，进行路径规划和优化，以提高搬运效率并减少冲突，同时将货物信息（如目的地、货物类型等）与 WMS 同步。

6. WMS 与 OA 的关联

OA（Office Automation，办公自动化系统）与业务系统的关联一般是单点登录，但深度应用集成后，OA 可以利用 WMS 的库存数量、库位信息、货物状态等数据进行库存预警、采购申请、触发 OA 补货流程。WMS 生成的库存报表、出入库报表等可以被 OA 调用，用于生成月度报告、财务报表等。OA 中的采购申请和供应商信息，可以与 WMS 的库存数据关联，自动触发补货订单。

五、典型案例——海康 iWMS 智能仓储系统

海康机器人沉淀行业经验，深入理解行业应用需求，孵化出行业化产品 iWMS - AUTO、iWMS -3C、iWMS - Logistics，为汽车制造、泛 3C、大流通等行业提供完整厂内智能物流解决方案。

海康机器人与头部企业合作，实践出一套完整的 AMR 整厂物流解决方案，覆盖冲压、焊装、涂装、总装、三电等场景，提供端到端的集成服务，以 iWMS - AUTO 打造汽车行业仓库和产线物流协同一体化系统，持续为行业客户创造价值。

iWMS - AUTO 兼容货架储存、料箱储存、托盘储存等多尺寸链物料储存模式，提供产仓一体化的完整厂内物流功能，覆盖汽车主机厂、零部件及配套厂商的整厂物流配送场景。系统结合库存分配算法、回库推荐算法、热度分析算法等智能算法，降低对生产作业人员的经验、能力的依赖，提高周转频率和精准度；针对线

边流转提供多种用料位/备用位切换模式，提高切换效率，确保切换节拍，支持节拍峰值可达60JPH。料箱式储存适合小件储存，充分利用储存高度提高单位面积储存容量。通过视觉收货、直供送线、排序拉动、线边流转等AMR物流搬运作业，系统可有效提升信息化和自动化水平，将劳动者从简单重复的劳动中解放出来，降低人力成本。

3C行业覆盖手机、电脑、家电、显示面板、半导体等多个细分行业。面对原材料仓、包辅材仓、在制品仓、成品仓等多元化的仓储管理需求，iWMS-3C深入剖析行业，精准提炼业务，打造仓库与产线配送一体化系统，助力行业客户实现仓储管理标准化和智能化。仓配一体协同管理系统打通仓库与产线物流，支持原材料仓库出库，按工单齐套拣选和按产线分拨备料，工单齐套后直送产线线边或物料超市暂存。暂存备料后续响应产线叫料。备料配送至线边后，由人工取料，空载具按策略自动回收，实现真正意义的仓配一体协同管理。

此外，iWMS-3C支持按唯一码、物料、序列号等多维度库存管理策略，实现物料多箱规兼容管理；支持唯一码灵活拆分与合并，实现库存资源的最优配置。此外，系统基于深度学习定制行业出库业务算法，优先整托出库，大幅度减少拆箱拆包等人工处理环节，提升作业效率。为提升立体储存空间，iWMS-3C采用骑楼模式托/箱/件混存管理，规整物料整托地堆巷道式/背靠背式/堆叠式储存，按需组合，在保证出库拣选效率的同时，有效提高了库容。

电商平台、鞋服、生鲜冷链、医药等相关流通行业客户共同有着对响应效率、准确率和柔性的极致追求。基于此，海康机器人打造iWMS-Logistics，在满足库存精细管理的基础上，聚焦出库效率提升。针对TOB（To Business，面向企业）、TOC（To Consumer，面向消费者）、退货等多业态订单，iWMS-Logistics采用开班出库、波次分播出库，支持边拣边播、先拣后播的分播出库模式。组波环节考虑出库订单优先级、截单时间、单多品、SKU相似度等因素。同时，支持按门店、按路线、按目的地等多种属性分播，且支持集货的暂存管理等。

基于AI和深度学习，iWMS-Logistics融合五大智能算法（见图4-48）。其中，入库环节的仓位推荐算法，让物料入库合理分布；智能波次算法搭配库存分配算法，考虑优先级、库存分布、关联性等因素，实现库存最优分配和出库站点均衡指派，助力日上免税行实现日最大出库15万行；在非作业时间段，由AMR智能理库，使每个器具调整到最佳仓位，提高出库效率。

海康机器人与戴维贝拉等行业客户共创快流货模式，入库后直接出库分播，实现"零"库存，效率可达400~500行/小时。针对鞋服SKU种类多且杂乱的退货仓场景，创新性打造续波算法，提高货架命中率，显著提高退货仓出库效率。基于4个开发组

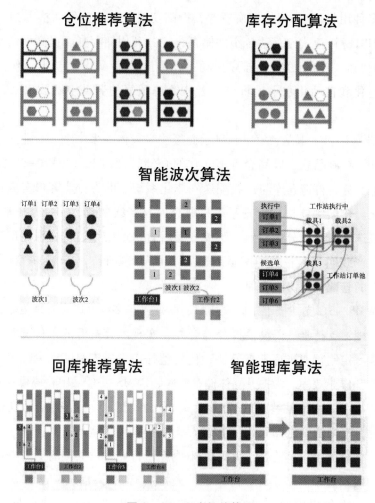

图4-48 五大智能算法

资料来源：https://www.163.com/dy/article/J62VUHS70531NGS6.html。

件、3个可扩展的资源库，形成多个行业系统，iWMS行业功能可做到即插即拔，不同行业的功能互联互通，比如3C常见的按箱管理可以应用到汽车行业，汽车常见的排序拣选也可应用于3C行业。通过打散和重组行业功能，iWMS可按客户需求灵活配置，提供跨行业的知识沉淀和产品功能，为众多细分领域客户提供更优的解决方案和更快的交付服务。

第五章 包装及单元化技术

包装及单元化技术在有效降低全社会物流成本中扮演着重要的引领角色，通过科学合理的包装设计和单元化处理，能够显著优化物流资源配置，提升作业效率，减少物流与材料成本。本章深入探讨绿色包装、包装管理、集装单元化等技术如何助力物流提质增效降本，重点介绍绿色包装的结构创新、材料升级、功能拓展技术，以及包装的智能设计、管理、营销技术和集装单元化技术，通过梳理相关技术的创新路径，展示包装及单元化技术在物流提质增效降本中的最新应用实践，为下一步更高效的物流模式提供支撑和参考借鉴。

第一节 绿色包装技术

随着全球工业化进程的推进，包装废弃物已成为主要的环境污染来源。统计数据显示，全球每年产生超过 1 亿吨的塑料包装废弃物，其中许多难以回收或降解，最终流入垃圾填埋场或海洋，严重破坏生态环境。为应对这一挑战，国家发展改革委等部门印发的《深入推进快递包装绿色转型行动方案》中明确要求采取有效措施，减少包装废弃物并促进可持续发展。同时，消费者对产品包装的期望也在不断提升，在希望包装能够保障产品安全的基础上，正在向追求环保和可持续性等方面进一步发展。在这样的背景下，绿色包装技术应运而生，通过创新材料和设计，实现资源的高效利用、废弃物的减少及环保材料的回收再利用。这项技术覆盖了产品设计、生产、使用和回收等多个环节，主要包括结构创新技术、材料升级技术和功能拓展技术。

一、结构创新技术

结构创新技术的核心在于通过优化包装的设计和结构，使包装在保护产品的同时，减少材料的使用，降低成本，提高包装的可持续性。这类技术主要包括轻量化包装技术、模块化包装技术和柔性化包装技术。这些技术已经在多个领域得到应用，并显示出显著的环保和经济效益。

（一）轻量化包装技术

轻量化包装技术旨在通过优化材料的使用，降低包装的重量，从而减少运输过程中的能耗和碳排放。这一技术的应用尤其适合物流、运输等需要大量包装材料的行业。在全球化供应链中，运输成本和环保压力不断增加，轻量化包装技术应运而生，成为一种高效的解决方案。

1. 邮政轻装箱

邮政轻装箱是轻量化包装技术在快递物流领域的典型应用，体现了环保与高效并行的理念。通过采用低克重、高强度的复合材料，轻装箱在确保抗压性能的前提下，大幅减少了包装箱的材料用量，有效保护了运输中的货物，特别是在长途运输中显著降低了破损率。相比传统的包装方式，轻装箱在设计上更加优化，既实现了箱体的轻量化，又提高了物流过程中的空间利用率，从而降低了单件货物的运输成本，并减少了整体的碳排放量。邮政在关于绿色包装减量化政策及行业实践的汇报中提到，轻装箱的使用每年可使纸张的消耗量平均减少20%以上，同时它还采用了免胶带设计，进一步减少了塑料胶带的使用。这不仅降低了包装过程中的资源消耗，还显著减少了废弃物的产生，减轻了对环境的负担。通过推广这种创新的轻量化包装，邮政在物流链条中实现了材料的高效利用，每年节约了大量的纸张和塑料胶带，大幅提升了包装环节的环保性。

此外，轻装箱的应用还提升了整个物流系统的效率。优化的包装层数设计和空隙率控制，不仅减少了不必要的包装材料浪费，还使仓储和运输过程更加高效，缩短了装箱和配送时间。其循环使用的特点也为快递行业的可持续发展提供了强有力的支持，推动了循环经济的进一步实践。

2. 京东升级"青流箱"

京东物流与知路科技合作推出的青流箱是其绿色物流战略的重要组成部分，致力减少快递包装废弃物，推动循环经济发展，如图5-1所示。青流箱采用可回收的再生聚丙烯食品级材料制成，具备折叠结构，使用时无须胶带，利用电子面单防盗锁定，只有移除面单才能开箱，从而确保货物安全。值得注意的是，青流箱可循环使用50次以上，单次使用成本比传统包装降低30%以上，这大幅提高了成本效益。

此外，京东物流计划逐步推广150万个青流箱循环快递包装，推行共享回收模式，鼓励消费者主动返还青流箱。预计到2024年年底，这一举措将减少超过1亿个一次性包装，包括纸箱、泡沫箱和塑料袋。这不仅减少了资源浪费，也显著降低了碳排放，对环境保护起到了积极作用。

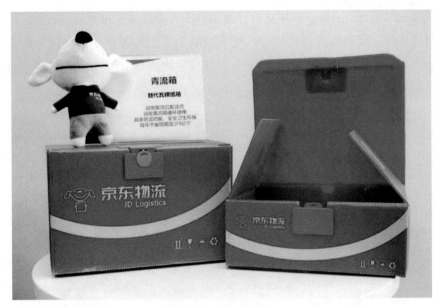

图 5 - 1　京东青流箱

资料来源：https://www.sznews.com/tech/content/2019 - 04/01/content_ 21579441.htm。

（二）模块化包装技术

模块化包装技术通过标准化和可拆卸设计，提升了包装的灵活性和适应性，有效减少材料浪费，广泛应用于电子产品、工业零件等需要个性化包装的行业。可调整的模块化部件使不同规格的产品能够灵活组合，减少了为每个产品定制包装的成本和材料消耗。同时，模块化包装通过节省运输和仓储空间，提高了物流效率，其部件还能重复使用或回收，进一步推动了绿色环保和可持续发展。

1. 中久汽配模块化包装

中久装备智能科技公司在汽车零部件模块化包装的应用中，充分发挥了标准化和模块化设计的优势，显著提升了包装的灵活性与适应性。公司通过将包装上的一些固定功能组件或特殊功能组件进行单元化设计，并以模块的方式组装，从而达成可以简易拆卸换装的效果。这一设计有效降低了企业对定制包装的依赖，减少了生产和管理成本。此外，由于包装部件的标准化设计，装载率得到了优化，显著降低了资源消耗。

通过将数智化平台与模块化设计相结合，中久科技大幅提升了包装方案设计和规划的效率，使方案通过率和实施效率提高了50%以上。规范化、标准化的管理进一步优化了汽车行业的供应链包装管理，帮助企业在环境保护与成本控制上获得了双重优势。

2. 新型塑料围板箱

新型塑料围板箱作为模块化包装技术的新型技术，以其灵活的模块化设计在包装领域脱颖而出（见图5-2）。模块化设计使塑料围板箱能够根据不同需求灵活组装、拆卸和重组，适应不同规格的货物，这不仅大幅减少了为各种产品定制包装的需求，还降低了生产和管理成本。其标准化模块组件可以实现高度兼容性，不同尺寸的塑料围板箱可轻松叠放，极大提高了仓储和运输中的空间利用率。

图5-2　塑料围板箱

资料来源：https://www.51pla.com/chanpin/k8s1o5i6b8y1.html。

模块化的优势还体现在高效的操作上。塑料围板箱的设计使装卸、堆叠、运输过程更加便捷，降低了人工操作的复杂性。部分新型塑料围板箱配备了快速锁扣系统，简化了包装与拆包的流程，进一步提升了物流作业的效率，特别适用于快速响应和灵活供需的行业。

此外，这种塑料围板箱不仅是一个包装工具，还与物联网技术深度结合，通过集成RFID芯片、二维码等，实时监控和管理货物状态。这种灵活且智能的模块化包装方案为企业在库存管理、运输优化和成本控制方面提供了巨大优势，推动了包装行业向更加绿色、高效、智能化的方向发展。

3. 联想ThinkPad包装

联想公司在ThinkPad笔记本电脑包装中也充分展示了模块化设计理念。通过使用可拆卸的泡沫塑料模块，联想能够灵活调整内衬结构，以适应不同型号的笔记本电脑，确保每款设备都能获得最佳保护。这种模块化设计不仅减少了为每种产品定制包装的需求，还有效降低了企业的生产和管理成本。此外，模块化组件可多次重复使用，显著提升了包装的可持续性和经济效益。

在材料选择上，联想不仅减少了对传统泡沫材料的依赖，还更注重环保，采用了可回收材料，如竹纤维和纸质提手。这些材料的使用，结合无胶带封箱和自锁底设计，使包装过程更加简洁高效，提升了物流和仓储操作的便利性，同时减少了废弃物的产生，进一步支持了环保目标。

在物流和运输中，这种模块化设计展现出显著优势。标准化的模块化结构不仅便于堆叠和装卸，还提升了空间利用率，减少了运输过程中产品损坏的风险，进一步降低了物流成本。通过模块化和标准化的结合，联想不仅在包装材料的使用上更加节省，还有效提高了整个供应链的效率和可持续性，不仅为企业节省了开支，也推动了绿色经济的发展。

（三）柔性化包装技术

柔性化包装技术通过使用可变形材料，使包装能够自适应产品的形状，从而减少不必要的空隙和材料浪费。这种技术特别适合形状不规则、重量较轻的易碎品，如电子设备和日化消费品等。其核心原理在于选用高弹性材料，如塑料薄膜、气泡膜等，这些材料能够根据产品的形状自由变化，与产品表面紧密贴合，从而提高包装的稳定性和安全性。

相比传统刚性包装，柔性化包装具备更强的适应性，可以有效减少空隙，避免了过度使用填充材料，提升了包装效率的同时，降低了材料和运输成本。此外，柔性化包装还能有效吸收运输过程中的振动和冲击，提供更好的防护性能。因此，这种技术不仅减少了资源浪费，还在一定程度上提升了产品在运输中的安全性与可靠性，推动了绿色包装的发展。

1. 中久汽配柔性化包装（见图 5-3）

中久科技在汽车零部件的柔性化包装技术中，专注于通过高弹性材料来实现包装的灵活性和自适应性，其柔性化包装的核心在于能够根据不同的零部件形状进行自适应调整，尤其适用于形状不规则的汽车零部件。中久科技通过使用可循环的内衬材料，如 EVA 和塑料薄膜，这些材料能够有效包裹零部件，减少空隙，提升包装的安全性和稳定性。

柔性化包装不仅能有效吸收运输中的振动和冲击，还减少了对传统硬质包装材料的依赖，降低了包装重量和成本。中久科技特别在柔性化包装的通用性和可重复使用性上取得了突破，使包装能够多次循环使用，大大减少了企业在物流和运输中的包装投入，推动了包装的绿色循环和可持续发展。

2. GGKOPP 填充材料

GGKOPP 填充材料同样是柔性化包装技术的优秀创新之一，该材料采用蜂窝状结构，

图5-3　中久汽配柔性化包装

资料来源：《数智启 新业兴 中久科技包装设计和规划中的数智化应用》。

类似于鸡蛋纸箱，能够有效吸收运输过程中外界的冲击，提供卓越的防护效果（见图5-4）。其柔性特点使它可以根据不同形状和大小的商品进行自适应调整，特别适合形状不规则或易碎的物品。相比传统刚性包装，GGKOPP填充材料不仅轻便、易操作，还具备良好的折叠和弯曲性能，能够灵活包裹商品，减少包装中的空隙和材料浪费。

图5-4　GGKOPP填充材料

资料来源：https://aiqicha.baidu.com/qifuknowledge/detail? id=10140004270。

这一柔性化包装材料不仅保护性强，还具备环保优势。其采用的材料可回收，符合绿色包装的趋势，在保证保护性能的同时，减少了对自然资源的消耗。此外，GGKOPP填充材料通过其轻质设计大大降低了运输成本，减少了碳排放，对物流的可持续发展起到了积极作用。其出色的柔性和环保性使其成为易碎品包装中的理想选择，在诸如电子产品、玻璃制品等行业中得到了广泛应用。

二、材料升级技术

材料升级技术的目标是通过开发和使用可循环利用、可降解的环保材料，减少包装材料对环境的负面影响。随着环保法规的日益严格和消费者环保意识的提高，材料创新成为绿色包装技术发展的重要推动力。当前的材料升级技术创新主要集中在循环包装材料和新型环保材料两大领域。

（一）循环包装材料技术

循环包装材料技术通过设计可重复使用、可回收的材料，减少一次性包装的使用，从而降低包装废弃物对环境的影响。这类材料通常具有较强的耐用性和抗破损性，能够在多次使用后继续保持其包装功能。循环包装材料的使用不仅减少了资源浪费，还为企业带来了显著的经济效益。

1. 宝洁空气胶囊循环箱

宝洁公司在循环包装材料技术中的创新应用，特别体现在其新推出的 30% 再生塑料制成的气柱包装中。此技术通过使用宝洁工厂回收的 PE 塑料袋，并经过清洗、粉碎、改性再造粒等多道工序，成功将再生塑料转化为新的包装材料。该循环包装材料不仅符合"再"认证标准，还具备与原生塑料相同的耐用性和防护性能。宝洁空气胶囊循环箱如图 5 – 5 所示。

图 5 – 5　宝洁空气胶囊循环箱

资料来源：《创新消费者端绿色包装打造低碳物流》。

这一包装材料的环保优势尤为显著。使用 30% 再生塑料制成的气柱包装在保护产品的同时，减少了对原生塑料的依赖，降低了生产中的碳排放。此外，气柱包装在物流环节中提供了可靠的抗冲击性，确保商品在运输过程中的安全性。宝洁公司从 2023 年 9 月开始，正式在电商包装中推广该技术，使其成为循环经济的一部分，通过回收和再利用减少包装废弃物。

2. 邮政循环箱和循环袋

邮政循环箱和循环袋作为循环包装材料技术的代表，展示了其在环保和可持续发展方面的创新应用（见图5-6）。这些包装材料采用了可回收的环保材料，能够多次循环使用，减少了对一次性包装的依赖，从而显著降低了包装废弃物的产生。通过在邮件运输、物流和电商等领域的广泛应用，循环箱和循环袋不仅提升了包装的耐用性，还大大减少了运营成本。

图5-6　邮政循环箱

资料来源：《绿色包装减量化政策及行业实践》。

循环箱和循环袋的结构设计注重坚固耐用，能够在多次使用后保持其原有的防护性能。其材料使用再生塑料和生物降解材料，符合循环经济的理念，不仅可以重复利用，还能回收处理，极大地减少了传统包装材料对环境的负担。在邮政行业中，这种包装被应用于包裹、文件袋、邮件快递箱等多种物流场景中，有效降低了纸箱、塑料袋等一次性材料的消耗。

此外，循环箱和循环袋还结合了物联网技术，配备智能身份锁和二维码，能够实现每件包裹的追踪和管理，提升了物流的智能化水平。这种基于电子标签的技术使每件商品都能通过唯一的身份码进行监控，确保其在物流链条中的安全性和追踪的准确性。这一技术的应用，不仅让循环包装更加高效，还符合绿色物流的发展趋势，为行业的可持续性作出了重要贡献。

（二）新型环保材料技术

新型环保材料技术的快速发展，尤其是在绿色包装技术中的应用，正在显著推动包装行业的全面转型。如今，生物降解材料、生物基材料、可再生材料及具备高循环使用性能的材料，已成为包装领域的重要创新方向。这些新型材料在减少对环境的影响方面发挥了显著作用，不仅包括可在自然条件下降解的材料，还涵盖通过多次使用以降低资源消耗的创新材料。

新型环保材料能够有效减少碳足迹，其在生产、使用、回收的全过程中更加符合可持续发展的要求。例如，生物降解材料能够在自然界中迅速分解，避免传统塑料的长期污染；而循环使用的材料则通过其卓越的耐用性与抗损耗性，实现包装材料的多次使用，降低了对一次性材料的依赖，减少了废弃物。相比传统塑料，这些新型材料不仅更轻、更耐用，还具有与传统材料相媲美的防护性能，为许多行业，尤其是食品、医疗和日化等领域，提供了优质且符合环保要求的包装解决方案。

1. 汇立塑料蜂窝板

汇立塑料蜂窝板是一种兼具轻质高强、绿色低成本的创新型包装材料，使用聚丙烯材料，核心结构由蜂窝状芯层和面层组成，具备出色的强度和抗冲击能力。为了满足高端产品对包装容器功能的多样化需求，汇立塑料蜂窝板在面层改性方面拥有丰富的技术储备，可实现防火、防滑、抗紫外线、防静电等多种特殊功能，使其在各类严苛环境下均能保持良好的包装效果。

在结构方面，汇立塑料蜂窝板的结构形式有三层、四层和五层不等，不同结构可根据应用场景需求选择合适的强度（见图5–7）。在厚度方面，汇立塑料蜂窝板涵盖了3～12mm的多种规格，适用于多种物流包装需求。厚度为3～5mm的薄板适合制作蜂窝板包装箱，可承载体积不大、重量在100kg以内的物品；而8～12mm的厚板适用于蜂窝板围板箱，能够承载重量在100～500kg的重型货物。

在实际应用中，汇立塑料蜂窝板包装容器有两种常见形式：蜂窝板包装箱和蜂窝板围板箱。蜂窝板包装箱由蜂窝板薄板制成，突破了传统瓦楞纸箱一次性使用的局限，在优化箱体结构、提升循环使用寿命的同时，显著增强了箱体的抗压强度和耐戳穿性能（见图5–8）。测试表明，蜂窝板包装箱不仅在厚度和重量上有显著优势，还能够适应多次折叠和展开的操作需求，在实际物流运输中的循环使用次数可达50次以上，单次使用成本低于传统瓦楞纸箱，特别适用于工业品重复发货、电商快递和商业配送等领域，这种结构创新大幅提升了包装材料的使用效率，并为行业提供了一个符合绿色包装理念的解决方案。

蜂窝板围板箱的结构由塑料天地盖和蜂窝板围板组成，通过叠装方式实现稳定的

 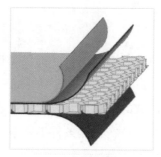 

a.三层蜂窝板结构　　　　b.四层蜂窝板结构　　　　c.五层蜂窝板结构

图5-7　蜂窝板结构

资料来源：《塑料蜂窝板物流包装概述》。

封边：防水防尘　　　热压：不易回弹变形　　　无缝对接成箱

图5-8　蜂窝板包装箱及特殊工艺

资料来源：《塑料蜂窝板物流包装概述》。

承重效果，标准化设计使其承重在350kg以上，最大承重可达800kg。蜂窝板围板箱不仅具有较强的抗压和防护性能，还具备折叠回收功能，可节省75%的储存空间，循环使用寿命超过3年，包装成本相比传统木质围板箱降低40%以上（见图5-9）。这种围板箱尤其适用于食品、医药等行业的标准化物流运输。

图5-9　蜂窝板围板箱及其堆叠状态

资料来源：《塑料蜂窝板物流包装概述》。

汇立塑料蜂窝板通过长效耐用的设计和循环使用的特性，显著减少了一次性包装材料的使用需求，为环保和成本控制带来了双重效益，该材料的推出不仅代表了物流包装行业向着绿色化、减量化的方向发展，也为工业和商业领域带来了更高效的包装解决方案。汇立塑料蜂窝板的使用，充分展示了新型环保材料在提升包装性能、降低资源消耗和推动行业转型中的潜在价值。

2. 邮政新型生物降解胶带

2020年，国家发展改革委和生态环境部联合发布《国家发展改革委　生态环境部关于进一步加强塑料污染治理的意见》，提出到2025年年底，全国范围邮政快递网点禁止使用不可降解的塑料包装袋、塑料胶带、一次性塑料编织袋等。这一政策引发了行业内对环保胶带的强烈需求，如何在确保黏性和耐用性前提下实现环保替代，成为物流行业面临的重要课题。在当前"限塑令"政策的推动下，邮政科学研究规划院有限公司依托多年科研经验，开发出一种新型生物降解胶带，旨在为物流行业提供高效、环保的包装材料升级方案，助力绿色转型。

邮政科学研究规划院有限公司针对传统不可降解胶带的缺点，选用聚乳酸（Polylactic acid，PLA）作为生物基原料，通过先进的双向拉伸技术制成双向拉伸聚乳酸薄膜，并与优化配方的胶黏剂复合，研发出这款新型生物降解胶带。该产品不仅符合国家和行业可降解标准，在黏性、拉伸强度、剥离力等关键性能上也达到了或超过传统胶带的标准要求，同时这种新型胶带在外观上呈现出高透明度和高光泽度，兼具了美观和实用性。

在产品性能上，新型生物降解胶带的断裂伸长率达到97%～126%，显著优于其他常见的环保胶带类型。实验表明，在湿热老化测试中，该胶带的断裂伸长率能够稳定在100%左右，比传统纤维素胶带的性能提升至少3.5倍。通过调整胶黏剂配方和胶层厚度，该产品在初黏力和持黏力上表现优异，初黏性能大于14#，持黏时间超过24小时，完全符合邮政寄递对封装胶带的高标准要求。此外，180°剥离强度均值达到2.7N/cm，即使在多次解卷和封装后也能保持稳定的黏附力，不会出现反黏或翘边等问题。

该材料自2023年开始在北京、上海、江苏、浙江、福建、广东等省市的邮政快递网点进行试点应用。试点反馈显示，新型生物降解胶带在这些地区的实际应用中表现出良好的黏附力和耐用性，完全满足邮政寄递包装的需求。特别是在破损率控制方面，该产品在运输过程中有效减少了包装损坏，提升了邮寄安全性。2024年，邮政集团启动了新型生物降解胶带的大规模推广项目，发布1亿元招标计划，预计将逐步实现全国邮政网点的全面替换。

邮政新型生物降解胶带在推广中不仅具有显著的经济效益，还展现出强大的环保价值。该产品在生产和使用过程中减少了碳排放，其聚乳酸基材来源于植物，可在自然条件下分解为水和二氧化碳，避免了对环境的长期危害，焚烧时热值低于0.85MJ/kg，不会产生有害气体，减少了空气污染。与传统纤维素胶带相比，新型生物降解胶带的成本低10%左右，并且在随后的几年里，随着国内PLA产能的增长，生产成本将有望进一步降低，其优越的性能和低成本使该产品在行业内具备极高的推广潜力，成为邮政行业绿色包装的理想选择。

此外，邮政新型生物降解胶带的研发，进一步落实了《国家发展改革委 生态环境部关于进一步加强塑料污染治理的意见》的政策精神，为物流行业的绿色转型提供了技术支持，该产品不仅在黏附力、抗冲击性、耐久性等方面表现出色，解决了现有环保胶带性能不足的难题，也为快递行业在"限塑令"背景下实现环保包装提供了创新路径。在未来，邮政新型生物降解胶带有望在全行业进一步推广应用，成为替代传统胶带的重要选择，为实现绿色快递、环保包装的行业目标作出贡献。

3. 新芽"蝉翼"拉伸缠绕膜

新芽公司推出的"蝉翼"拉伸缠绕膜是一款集超薄、高性能于一体的创新包装材料。为了在保持缠绕膜原有功能的同时进一步降低生产和使用成本，新芽在材质、生产工艺和设备上进行了突破性创新。"蝉翼"拉伸缠绕膜采用了优质进口的聚乙烯原材料和专利配方，通过 11 层流延成膜技术制成。这种生产工艺确保了缠绕膜的厚度大幅降低，同时保持了其高强度的抗撕裂性、耐穿刺性、良好的透明度以及自黏性。与传统的单层或双层流延缠绕膜相比，"蝉翼"拉伸缠绕膜（简称"蝉翼膜"）不仅厚度更薄，光泽度和表面均匀性也显著提升。

通过使用 11 层流延成膜设备，蝉翼膜能够以更少的材料消耗实现与传统缠绕膜相同甚至更优的包装效果。测试结果表明，8 微米厚度的蝉翼膜在拉伸性能、耐穿刺性和黏性方面均达到了国家标准的要求。在实际应用中，蝉翼膜不仅减轻了包装重量，还提高了每千克缠绕膜的使用米数，从而降低了包装的综合成本。以现场测试为例，12 微米的蝉翼膜与 20 微米的普通缠绕膜进行相同使用场景的对比，蝉翼膜的重量减轻了超过 50%，同时预拉伸膜的每米成本降低了 20%。

在实践经验上，蝉翼膜已经广泛应用于生产、仓储和物流领域，特别是在工厂仓储、托盘封装、物流运输和设备物料储存中表现出色。蝉翼膜能够有效防水、防潮、防尘，确保物流过程中货物的稳固性和安全性，同时避免了运输过程中的损坏。此外，蝉翼膜还应用于仓库和设备的保护，避免积尘、受潮和其他损坏。

在实施效果上，蝉翼膜通过实现塑料材料的减量化，减少了企业的生产成本，同时降低了塑料的使用量，符合绿色包装的发展趋势。企业通过使用蝉翼膜，能够在经济效益上显著获益，同时提升社会形象，推动可持续发展。蝉翼膜的推广价值在于其卓越的抗撕裂性、良好的自黏性以及高拉伸性能，这些特点使其在确保包装稳固性的同时，进一步推动了企业的降本增效与绿色发展理念。

4. AIRplus 回收材质薄膜

AIRplus 回收材质薄膜是一种专为缓冲和保护产品在运输过程中免受损坏而设计的环保包装材料。这种薄膜的核心优势在于其采用了回收材料，主要成分来自消费后的再生塑料。这不仅大幅减少了对原生塑料的依赖，还响应了全球对减少塑料废弃物和碳足迹的环保要求。通过使用再生塑料，AIRplus 回收材质薄膜为包装行业提供了一种既具备高效防护性能，又符合环保标准的解决方案。

在性能方面，尽管 AIRplus 回收材质薄膜使用了回收材料，但其保护能力丝毫不逊色于传统材料。薄膜通过充气形成气泡结构，能够在产品运输过程中为其提供有效的缓冲，防止物品因外界冲击而损坏。这一设计使薄膜具备出色的抗震性和耐冲击性，特别适用于电商物流和其他需要高效保护的运输场景。同时，AIRplus 回收材质薄膜还具备轻量化的特点，能够降低运输中的重量，进而减少物流成本和相关的碳排放。

此外，AIRplus 回收材质薄膜的环保特性不仅体现在材料的使用上，还具有可循环再利用的优点。使用过的薄膜可以通过适当的回收程序重新进入生产流程，进一步减少了包装废弃物对环境的影响。这种循环利用的设计思路与现代企业追求的可持续发展目标高度契合，既满足了对产品防护性能的需求，又实现了环保和经济效益的双赢。

AIRplus 回收材质薄膜已经通过了多项国际环保认证，如 Blue Angel 和欧盟的生态标签认证，进一步证明了其在生产、使用和回收过程中的环保性能。这种薄膜的应用不仅为企业提供了高效的包装解决方案，还为整个包装行业树立了环保与高性能结合的典范。它在推动循环经济发展的同时，也为减少塑料污染作出了实质性贡献。

5. BIO 降解薄膜

BIO 降解薄膜是一种新型环保包装材料，专为解决传统塑料无法自然降解的问题而设计，如图 5 - 10 所示。该薄膜的关键特性是它能够在自然条件下分解，经过一定时间后转化为水、二氧化碳和生物质，不会对环境留下长期的塑料污染。这使 BIO 降解薄膜在环保包装领域中占据重要地位，特别是在需要一次性包装解决方案的行业，如食品包装和电商物流等。

BIO 降解薄膜采用生物基材料制造，如植物淀粉、玉米纤维和聚乳酸等。与传统石油基塑料相比，这些材料在生产过程中消耗的能源更少，碳排放也显著降低，因此被视为更为环保的替代品。在使用过程中，BIO 降解薄膜具备与普通塑料相近的性能，能够提供可靠的包装保护，同时还能在废弃后进入自然降解过程。不同于传统塑料数百年无法分解的问题，这类薄膜在合适的条件下能够在短时间内被微生物分解，对土壤、空气和水资源几乎没有影响。

BIO 降解薄膜不仅能够满足日常物流运输中的防护需求，还在环保法规日益严格的市场环境中展现出强大的竞争优势。各国政府和消费者对可降解材料的需求不断增长，这推动了 BIO 降解薄膜在各种应用场景中的广泛使用。它可以被广泛应用于食品包装、

图 5-10　BIO 降解薄膜

资料来源：http://www.sddrxcl.com/erji/。

一次性塑料袋及其他需要短期包装的产品中，为减少塑料废弃物提供了切实可行的解决方案。

三、功能拓展技术

功能拓展技术通过为包装增添更多的附加功能，使包装不仅具备传统的保护和运输功能，还能够在展示、交互、智能化等方面为企业和消费者提供更多的价值。这类技术的应用提升了包装的多样性和创新性，在现代化市场中备受关注。

（一）商品展示包装技术

商品展示包装技术是一项为品牌提升销售终端展示效果而设计的创新技术，能够有效结合视觉冲击力和功能性包装，提升品牌的市场表现。这种技术的核心在于通过灵活、便捷的包装设计，使商品能够快速、方便地进行展示，同时减少资源浪费和运营成本。通过为商家提供高效的展示方式，商品展示包装不仅能使产品在零售环境中脱颖而出，还能对商品的储存和运输流程起到一定的优化作用。

宝洁公司的即展箱是这一技术的经典应用案例之一。2024 年，宝洁推出了"可重复使用 PDQ 展示箱"，该展示包装能够在展览、商店等不同场景中快速展开和折叠，极大缩短了商品展示准备时间（见图 5-11）。其巧妙的设计不仅保证了展示过程的灵活性和高效性，还支持多种标准化尺寸和循环运输模式，适应不同商品的陈列需求。即展箱还能够通过添加互动元素，如声光电等多媒体设备，为消费者提供更具吸引力的购物体验，这不仅提升了产品的展示效果，还增强了品牌的市场表现力。

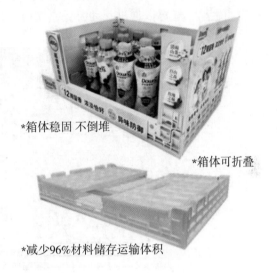

即展可循环PDQ四大优势

多样选择

即刻展示

优质陈列

少浪费更环保

即展可循环PDQ为宝洁公司专利，开放行业使用

*节省90%以上的纸张使用量

*插卡可快速更换

*箱体稳固 不倒堆

*箱体可折叠

*减少96%材料储存运输体积

图5-11　宝洁即展箱

资料来源：《2024物流包装技术案例集》。

更值得关注的是，宝洁即展箱还突出了环保理念。该包装采用了高环保标准的循环材料设计。据宝洁介绍，这款展示箱可以减少90%以上的纸张使用量，显著降低了企业在包装生产和运输过程中的碳排放量，这一创新举措为企业在提高展示效率的同时，也兼顾了绿色环保的要求。

通过这一技术，宝洁展示了其在绿色包装领域的创新成就，即展箱不仅能够为品牌提供经济高效的展示解决方案，还推动了循环包装的进一步发展。这一技术为其他品牌和行业树立了可持续发展的榜样，展现了未来商品展示包装的趋势。

（二）智能交互包装技术

智能交互包装技术是将传统包装与先进的数字技术相结合的一项创新，它通过集成物联网、二维码、NFC标签、传感器等手段，使包装不仅具备保护功能，还能与消费者进行互动，提供多维度的体验。这种技术在信息传递、用户参与、品牌营销等方面带来了全新变革。交互包装能够将品牌故事、产品溯源、使用指导等信息融入包装中，让消费者通过扫描二维码或标签获得实时信息。同时，这种包装还能支持增强现实（AR）、虚拟现实（VR）等技术，实现沉浸式体验，进一步增强消费者与品牌之间的互动。

奥瑞森公司推出的交互包装正是这一技术的典型案例之一（见图5-12）。该公司开发的交互包装结合了AR技术，使消费者能够通过手机或平板设备扫描包装上的标识，直接进入品牌的虚拟世界。通过这一交互体验，消费者可以在虚拟场景中查看产品的详细信息，观看产品的3D展示，甚至参与品牌互动游戏。这一技术不仅让品牌展示更加生动，还可以通过互动游戏或促销活动提高用户的参与感和忠诚度。

图5-12 奥瑞森的交互包装

资料来源：https://baijiahao.baidu.com/s?id=1800568480392540211&wfr=spider&for=pc。

此外，奥瑞森的交互包装还集成了智能溯源功能，消费者通过简单的扫描即可追踪产品的生产过程、物流路径以及真伪验证。这种功能特别适合于食品、化妆品、药品等对溯源和安全性要求较高的行业，有效提升了消费者对产品的信任度。同时，奥瑞森的交互包装还具备可持续发展的特点，采用了可降解和环保材料，减少了包装对环境的影响。这种包装不仅提升了产品的市场竞争力，还展示了公司在环保和数字化方面的前瞻性。

这种智能交互包装技术为品牌提供了更多维的营销机会，通过包装实现了产品、消费者和品牌的多层次连接，显著增强了市场的互动性和用户体验。这一创新方案在化妆品、食品饮料等多个行业中表现出色，为传统包装带来了革命性改变，展示了未来包装行业的未来发展趋势。

第二节 包装管理技术

从包装的全生命周期来看，包装管理覆盖了包装的设计与生产、流通、消费到回收与处置的全过程。随着可持续发展理念的不断深化及新质生产力的发展，为实现包装减量化、可循环化、标准化、无害化的目标，人工智能、射频识别等新技术及电子纸、低功耗芯片等新设备越来越多地应用到包装管理中。

一、包装设计

包装设计的目标是"减量不减质"，减少包装用量，减少废弃物污染。在满足寄递安全的基础上，在合理的减量区间进行减量。包装减量化设计的基本方法包括建立包装强度基准模型、可持续包装设计。建立包装强度基准模型包括研究设计包装强度基准仿真模型及相关影响因素分析。可持续包装设计是指确定包装设计参数，包括物流运输环境模拟参数、运距（配送范围）、包装件堆码状态（规则堆码与混合堆码）、跌落测试方法与参数，振动测试方法与参数、其他个性化、定制化参数等。

（一）包装设计技术概述

1. 包装智能匹配算法

包装智能匹配算法是一种利用优化算法和大数据技术来提高包装效率、减少材料浪费的解决方案。它通过精确计算商品的体积、重量和摆放位置，匹配最合适的包装箱，从而实现包装材料的节省和包装空间的最优化利用。

尺寸优化与材料优化是包装智能匹配算法的重要目标，设计智能匹配算法，自动匹配符合物品要求的箱型及包装方案，输出科学合理的包装解决方案。通过科学计算和设计，可以优化包装尺寸，减少材料浪费。智能匹配算法能够根据输入的商品属性、数量、重量和体积，同时考虑寄递路线、寄递产品（特快、标快）等信息，迅速匹配长宽高尺寸及承重量合适的包装，输出最佳匹配的包装箱箱型方案。这种方法不仅提高了包装效率，还有助于减少资源消耗和环境影响。包装智能匹配算法如图 5-13 所示。

2. 包装强度基准模型

包装强度基准模型是用于评估包装在不同运输和使用条件下承受载荷能力的模型。它通常涉及对包装材料的力学性能、结构设计，以及在实际使用中可能遇到的各种环境因素进行综合分析。在实际应用中，包装强度的评估需要考虑多种因素，包括包装材料的类型（如纸板、塑料、金属等）、包装结构（如箱体、袋装、瓶装等），以及包装在运输过程中可能遇到的各种载荷情况（如压力、振动、冲击等）。此外，还需要考虑包装的环保要求，如使用可回收或生物降解材料。

将寄递运输环境强度以特征化、参数化形式表示，模拟包装所必须满足的运输环境强度指标，构建分层级的包装强度基准值。包装强度基准模型以环境参数（路径、载具等）作为模型输入，可分析影响造成破损的因素，明确描述运输环境的特

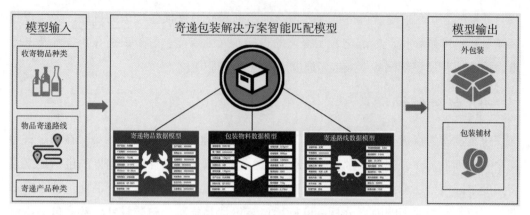

图5-13 包装智能匹配算法

资料来源：《绿色包装减量化政策及行业实践》。

征值，例如，等效跌落高度、最大加速度值、运输振动频率、最大静应力值、运输跌落次数、温度和湿度等指标，并对运输环境的特征值进行量化，从而对寄递运输环境强度进行评价。此外，模型根据输入的内件参数（如某类生鲜农产品）生成内装物特征曲线（包括破损边界曲线、缓冲特性曲线等），确定包装内装物脆值，明确包装材料缓冲特性，结合对运输环境的评价确定包装用量阈值，计算包装最小耗材量，自动输出包装强度基准（高中低强度要求）及包材用量建议，快速制定包装方案和技术参数。通过寄递运输环境强度模型工具应用，推动包装减量优化工作，进一步降低包装成本。

3. 冷链产品包装仿真模型

冷链温控包装需要确保冷链产品在物流流通过程中的安全性、保鲜性和品质稳定性。生鲜农产品冷链温控包装设计仿真系统可替代传统实验与经验相结合的方法，快速评估温控包装保温效果，提升冷链温控包装设计的科学性和便捷性。

冷链温控包装设计仿真系统是针对冷链温控包装设计、制造和调试等环节而开发的专业软件，可以模拟和仿真不同温度、不同距离等环境条件下的物品运输过程，为包装设计和流程控制提供科学依据。影响无源冷链温控包装保温效果的因素众多，包括外界环境温度，保温材料的种类、密度、厚度，蓄冷剂种类、用量，包装尺寸，包装结构，包装的密封性等，通过冷链温控包装设计仿真系统，可快速、准确地评估包装设计方案的可行性，减少实际试验和试错成本，提高包装设计效率和精度，并有效降低了生产过程中的错误和损失。冷链温控包装设计仿真系统模拟运输环境参数预测生鲜农产品在运输过程中的状况，精准设计冷链包装用量。仿真模型综合温度，保温材料特性，包装尺寸、结构、成本等设计，实现极冷、极热及复杂物流温度条件下温度的精准预测，结合包装智能匹配算法，精准控制生鲜农产品包装冷链用量，以实现在整个运输过程中冷链产品一直处在最适储存温度范围内。

冷链温控包装设计仿真系统已经成为国际上包装设计和生产的主流技术之一，在食品、药品、化妆品、生物制品等领域得到了应用，目前在国内仅限于物理模型实验室研发阶段，鲜少成熟应用于实际生产，邮政科学研究规划院已开展温控包装仿真设计相关工作，科学指导温控包装的尺寸设计、保温材料的选用以及蓄冷剂的选配等，提升了冷链温控包装设计的科学性和便捷性，为建立健全邮政农产品寄递包装标准体系提供技术支撑。

（二）应用案例

菜鸟智能装箱算法是菜鸟内部经过多年打磨沉淀下来的一套标准化算法流程，该算法流程深度融合了人工智能与运筹优化等多种技术手段。适用于箱型推荐、整车装载、码头堆垛、舱内布局等多种业务场景，投入使用以来已为阿里节省了数以十亿计的耗材成本。

菜鸟智能装箱算法帮助快递企业选择合适的绿色包装材料和设计方案，能有效减少过度包装，实现包裹"瘦身"，不仅可以推动电商平台的商家和快递公司节约使用包材，还能通过包裹瘦身助力干线运输载货业务降低碳排放，如图 5 - 14 所示。菜鸟采取大数据算法和智能化仓储指导发货打包流程设计，实现快递包装使用量的减少。针对零散商品，菜鸟通过开发智能切箱、装箱算法来减少包装用量，平均减少 15% 的包材使用。卖家只要输入商品的长宽高和历史订单数量，系统就能通过自动摄像机测算商品体积，并结合大数据算法模型优化和设计纸箱型号，推荐最佳尺寸箱型、装箱顺序及摆放样式，实现箱型更匹配、装箱更紧凑、资源配置效率更高，是业内最成熟的包装轻量化解决方案。仅 2023 年"双十一"期间，上海某仓库就节省了塑料和纸箱包装材料 40 万份。2023 年菜鸟应用智能装箱算法为其减少包装材料用量超过 18.4 万吨。

此外，为满足中国大件商品快速增长的出口需求，针对大件商品复杂多变的体积和形状，菜鸟大数据团队近期推出海外仓大件商品解决方案，针对大件商品体积和形状的复杂多变性，借助智能装箱算法，最高提升 15% 的海运货柜装载量，帮助客户降本增效。

二、循环包装管理

循环包装管理是指对可循环使用的物流包装容器（如托盘、周转箱等）进行系统的管理和优化，以提高其使用效率、降低成本，并减少对环境的影响。

图 5-14 菜鸟智能装箱算法应用

资料来源：https://mp.weixin.qq.com/s/_UyR_cwkCrEBtrz8h3IsnQ。

（一）循环包装管理创新技术

物流器具循环包装管理痛点主要包括条码、二维码由人工扫码，效率低、成本高，无法覆盖全流程；RFID电子标签的扫码率低，无法满足工业化要求；需要建基站，布设网关，采集范围受限。要实现对循环包装进行系统管理，需要物联网智能终端全时空、全流程、智能识别物流节点业务；能够自主通信，无须网关和基站；同时在资产全生命周期（5~10年）可持续供电，无须充电换电。

1. 低功耗物联网芯片

工业品物流运输包装的智能化发展潜力与市场价值巨大，但一直没有革命性的突破，数据采集传输的持续供电是主要的障碍。工业品物流运输包装具有批量化、使用寿命长、分布广等关键特征。行业中尝试的充电、换电等技术路线的解决方案会带来更大的成本，在应用中无法实现。要实现托盘、周转箱、循环料架、集装箱等器具的循环共用管理，对物联网设备功耗的要求极为苛刻，芯片厂商的产品也在低功耗方面不断突破。为了实现物联网设备在物流循环资产的全生命周期持续供电，保证数据采集的高稳定性、持续性，物联网芯片全程不断电是器具循环共用全流程管理的基础。

中包物联网科技有限公司"货安达"全系硬件产品凭借独有的超低功耗技术，成为全球唯一规模化应用的实现包装全生命周期持续供电的硬件终端。在保障数据采集传输数量及频率的情况下，可实现资产全生命周期持续供电，无须换电充电，彻底攻克了工业品物流运输包装的智能化的核心支撑技术。

2. 动态组网技术

移动物联网结合动态组网技术是一种在物联网领域中非常重要的技术，它允许设备在没有固定网络基础设施的情况下，通过无线信号动态地建立网络连接。这种技术特别适用于环境恶劣、网络基础设施不健全或者需要快速部署的场景。动态组网技术的核心在于它的自组织能力和自适应性。在移动物联网环境中，设备可以自由移动，网络拓扑结构会随之变化。因此，网络必须能够动态地适应这些变化，以保持连通性和通信质量。基于动态组网技术的移动物联网网关产品，可安装在库区、产线、车辆、器具上，收集并上传覆盖范围内的智能电子标签数据至云平台，体积小，可实现续航5年以上。

3. 非接触式包装状态捕捉技术

非接触式包装状态捕捉技术是一种先进的技术，它允许在不直接接触被测物体的情况下捕捉其状态或变化。这种技术在多个领域有着广泛应用，包括仓储运输、医疗健康、工业自动化、环境监测等；利用多种传感器与独有人工智能算法，实时感知循环包装器具的状态，动态上报出入库、装箱拆箱、发运返空等业务状态，实现物流供应链、包装器具管理的全流程数字可视化；为供应链实现小时级的调度管理提供可靠数据保证，助力物流相关方实时掌握资产运营状况。

4. 数字孪生技术

数字孪生技术是一种将物理实体在数字空间中创建其虚拟副本的技术，通过传感器收集的数据实时更新，以模拟物理实体的行为和状态。前端搭载数据可视化引擎，后台集成风险货损模型、动态规划算法等多种机器学习算法，将智能模组数据进行可视化呈现，将智能循环包装器具动态大数据进行动态业务报表呈现。助力制造业企业打造物流可视化供应链，为物流包装租赁企业赋能循环包装资产价值，协助企业和相关机构掌握供应链上下游企业物流资产全生命周期数据。

5. 多重定位算法

多重定位算法通常指的是在无线通信和传感器网络中，利用多个测量点对目标位置进行估计的一系列算法。这些算法可以根据不同的测量参数，如信号强度、到达时间、到达角度等，来确定目标的位置。

6. 包装智能装载优化

在物流运作过程中，易发生包装箱装载、托盘装载不合理而导致载货空间利用率低的情况，会对物流成本造成比较大的损失。从具体业务操作角度来讲，需要进行端到端的装载优化，涵盖从包装纸箱、托盘或栈板到货柜或集装箱的全领域场景。通过各维度的包装及装载优化，提升装载货物的空间利用率。传统的运筹优化算法、机器学习、深度学习等优化算法的创造性应用，可实现从整箱配给、散件配载装箱到箱型组合码托、托盘配载装柜等多场景的优化。同时，集成基于运单需求履约、在库货品状态和出库包装的最优组合，实现从拣选到装运的端到端智能包装模型和算法。将上述模型和算法封装为微服务方案，能够将 WMS 或智能设备灵活集成、整合。

联晟智达（海南）供应链管理有限责任公司（以下简称"联晟智达"）在包装纸箱、托盘或栈板、集装箱或货柜等领域探索实践了智能包装解决方案，在包装纸箱领域，联晟智达根据发运订单商品品类、数量，计算最佳配载组合，选型最贴合的包装箱，指引运作员完成商品包装，监控实际包装平衡系数的目标水平。在托盘或栈板领域，联晟智达通过自动 3D 测量与称重，获得发运订单每一个包装箱单体的数据，通过云平台的智能模拟演练，计算出最佳的包装箱码托组合，输出码托指南并指引运作员完成商品包装，监测实际包装结果，确保包装平衡系数最小化。在集装箱或货柜领域，联晟智达通过智能码托信息的监测与采集，以及云平台的智能模拟演练，计算出最佳托盘装载组合及选型最经济的集装箱型号，输出装柜指南并指引运作员完成商品的配载发运，确保集装箱最大化装载率。

（二）循环包装管理创新模式

1. 运输包装一体化模式

在传统汽车入厂物流中，零部件在送达整车厂交付前的包装投入及运输环节一直由零部件供应商负责，零部件供应商再将这部分的成本分摊在零部件的销售成本中。在这种情况下，零部件供应商和整车厂是相互独立的利益体，缺乏供应链一体化的合作基础。随着汽车行业的竞争加剧，汽车供应链对全链条的成本和时效要求越来越高，部分整车厂开始尝试与零部件供应商一起在入厂物流环节进行优化，方式有包装租赁、循环取货等，但还是将运输和包装分为独立的两个部分。虽然通过优化，供应链效率有了一定改善，但仍然存在运输装载率和包装利用率低、运输时效性和完好率提升出现瓶颈等问题。

运输包装一体化中的包装管理在于包装设计、包装投入、动态调配和供应链管理，运输管理在于运输采用的循环取货工作模式的设计及规划。汽车零部件物流运输包装一体化项目的目的是将物料的运输与包装两个部分有效地组合应用，以达到降低物流成本、提高服务质量、提高到货准确率、降低库存等效果。物料的运输及包装由同一家企业完成，这样将会使物流整个环节的工作更加顺畅，成本也可以降至最低，还将整车厂与零部件供应商更紧密地结合在一起，有效降低了入厂物流的整体运营成本，让入厂物流的效率和质量得到了提升，也让供应链相关环节在共同目标的前提下降低了成本，从而达到降本增效的最佳状态。从环保的角度看，运输包装一体化模式所投入的可循环包装替换一次性包装，包装的循环和共享有效避免资源浪费，保护了生态环境，实现了低碳减排的可持续发展目标。

2. 子母托盘循环共用模式

托盘在流转过程中易产生托盘丢失的情况，托盘丢失率较高，而循环共用的托盘生产成本较高，一旦高比例丢失，托盘所有方将造成重大持续损失。此外，在托盘循环共用中，还经常会发生托盘回收破损率高、托盘周转率低、托盘管理工作困难等情况。由于以上矛盾存在，目前我国全程带托运输普及率不足，带托运输与倒板散货运输并存。共享托盘与一次性托盘共存的现状，增加了额外管理成本，效率提升不够彻底。子母托盘循环共用模式在全程带托运输中，母托盘不出库，在库内输送、抓取、识别都只针对子托盘，让母托盘厂内闭环循环共用，子托盘上下游供应链循环共享，从而实现一贯化带托运输，避免厂内外场景操作标准化水平不一而影响自动化设备运行，实现库内托盘专业化内循环管理，外部托盘外循环差异化管理。子托盘技术标准要求相对较低，因而成本相对低廉，同时保证子母托盘在立库内部闭环运转，减少下游非标操作的损耗。大多行业都会受季节性影响，出现显著的淡旺季波动，传统自购模式下，企业都会按旺季峰值需求采购大量托盘，但淡季时，就会出现大量托盘资产闲置，既占用了资金，也增加了仓储费用。通过托盘循环共用，可实现物流总成本节约20%左右。企业优化供应链管理，成为降本增效的利器。

2023年2月，深圳市普拉托科技有限公司为广东某石化公司提供的子母托盘循环共用方案投产，经营状况趋稳趋好，社会效益加快显现。推动带板运输可实现物流总成本节约20%左右，其中，节约装卸成本50%，货损率下降10%，提高装卸货效率300%，提高货车周转效率120%，降低了商贸物流企业的物流运营成本，提升了企业经济利润。租赁塑料循环托盘代替购买一次性木托盘，能够很大程度上节省在物流载具上的投入成本。采用可循环的托盘替代传统的木托盘，可减少森林资源砍伐浪费，维护自然界的生态平衡发展。

（三）应用案例

中包物联网科技（北京）有限公司（以下简称"中包物联"）推出的货安达循环包装智能化解决方案是基于应用物联网技术降低单元包装的使用及管理成本，推动其快速推广，同时赋能单元包装数字化价值，打破制造业与服务业数据分割的现状，推动制造业、物流业数据融合，构建数据行业共享平台，进一步实现供应链与物流的数字化、智慧化。

1. 方案概况

中包物联推出的货安达循环包装智能化解决方案是国内首家应用"智能终端+云

平台＋移动应用"的构架，赋能运输包装数字化价值的成熟产品与服务。目前物联网硬件产品应用规模已超过40万台，初步形成了集IIoT、PaaS、大数据AI等基础能力于一体，帮助企业打造物流数字化转型所需的新型、低成本、大规模的数字底座，推动企业用户有效释放物流数据价值，让数据资源转变为数据资产。

中包物联以物联网智能终端、智能循环包装器具、可视化管理平台为数字底座，以资产管理智能化、零件物料数据采集智能化、仓储管理智能化为引擎，全方位降低物流成本，推动制造业与物流服务业的融合与数字化转型。通过加装物联网智能终端，数据上云，实现货物与单元包装的绑定，以及数据自动采集与发送。用户通过中包物联云平台及移动应用程序实现物料从下线、出入库、装载、运输到接收等流转业务全程数字化。中包物联云如图5-15所示，基于单元包装实现各物流节点间的可视化调度与智慧化运营管理。

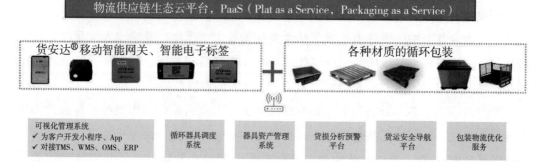

图5-15　中包物联云

资料来源：2024全球物流技术大会PPT。

2. 方案要点

货安达循环包装智能化解决方案基于超低功耗技术、组合传感器技术及移动通信技术，实现单元物流包装智能化，实现连续、全时空、全生命周期物流数据采集。通过后台融合算法等实现单元包装姿态识别、状态识别等，实现提高周转效率、降低丢失率、降低管理成本、优化调度，推动精益制造及企业数字化升级。基于向全社会开放的云平台，构建互联、共享、智能的产业数字化供应链新生态。

作为目前领先的混合物联网技术，货安达通过多种传感器、无线射频、远程通信与AI智能算法，相比较上述几种技术，它独有的低能耗让标签的电池寿命更长，可以实现资产全生命周期的业务数据自动化，通过循环包装器具的全面智能化、物联网化，解决零部件供应链和循环包装全流程的业务智能识别，以及数据传输无人化，真正实现企业的数字化转型，实现包装调度运营管理数字化。

中包物联专为循环物流包装、循环运输载具及厂内、厂外等不同应用场景进行深度研发，如出厂检查、运输在途、仓储/装配/定位、内装货品识别等多种场景。安装在围板箱、上盖、底托、内衬、吸塑盘上的"智能电子标签"，搭载中包物联独家研发的状态感知芯片和智能 RFID 芯片，实现物流供应链、包装器具管理的全流程数字可视化。

3. 方案效益

经济效益方面，目前全部产品都在持续稳定运行，在汽车、锂电、物流、电商、医疗器械、快消品等行业都给出了亮眼的表现，以新能源电池供应链循环包装为例，通过加装货安达系列智能终端的蓄电池总成器具、电池包总成料架以及各式通用围板箱等器具，自主、精准、实时地采集传输其位置、状态、装容、出入库等动态信息，用户通过中包物联云平台远程实现小时级自动盘点与管理运营优化，在库存管理、包装管理人员成本方面节约了 40%。

社会效益方面，中包物联云平台基于大数据、AI 算法、风险模型等，向用户提供物流载具全链条可视化科学管理与调度，可实现循环包装全生命周期的碳足迹可信记录，为行业生态系统参与者推动碳减排、享受碳普惠、建设碳足迹管理体系提供新契机和新的发展空间。作为循环经济的推动者，中包物联为行业内循环包装碳减排、碳足迹追溯等研究与发展提供了可借鉴技术路线及产品依托，倡导并共建运输包装供应链协同生态系统，推动企业数字化转型，实现三通一平，即企业内部各业务数据联通；上下游企业与本企业的数据联通；企业上下游链路的三方服务企业的数据联通以及平台数据共享。中包物联以平台之力，不断为各行业减碳赋能，带动产业链上下游伙伴协同减碳，共同推动社会经济向绿色零碳转型。

三、包装营销

在当今竞争激烈的市场环境中，包装不仅是产品的保护层，更成为一种强有力的营销工具。电子纸显示器技术以其低功耗和可刷新特性，为包装营销带来革命性变化。电子纸显示器技术让包装变身为动态的数字广告牌，通过无线更新内容，减少纸张浪费，实现绿色环保。该项新技术的应用不仅可以提升品牌形象，也为消费者带来了便捷和新鲜感，真正实现了包装与营销的无缝结合。

（一）电子纸显示器

电子纸，也称为电子墨水屏，是一种模拟传统纸张显示效果的技术，以其低功耗、高对比度和护眼的特性，在电子书阅读器、数字标牌、智能手表等领域得到广泛应用。电子纸的概念自 20 世纪 70 年代提出，经过数十年发展，已在多个领域展现出应用潜力。

它采用先进的电子纸显示器技术，通过微胶囊中的带电颜料粒子在电场作用下移动，实现文字和图像的显示。电子纸具有低功耗、高对比度、可读性强、对眼睛友好等优点，特别适用于电子书阅读器、数字标牌、智能手表等设备。与传统液晶屏相比，电子纸在阳光直射下依然清晰可见，且在不刷新屏幕时几乎不消耗电力，有助于延长设备的电池寿命。

电泳显示技术、胆固醇液晶显示技术和电湿润显示技术是电子纸显示器技术的核心技术。电泳显示技术通过微胶囊电泳实现黑白或彩色显示。胆固醇液晶显示技术利用胆固醇液晶分子在无背光条件下展现高对比度。电湿润显示技术则通过电场控制液滴，达到高反射率和彩色显示效果。

（二）包装营销场景

复海（上海）物联网股份有限公司（以下简称"复海"）经过5年的技术研发和运营试点，以及全链路的闭环验证，形成了整套循环包装体系和运营方案。由复海研发专利"智能R锁"赋能的RBOX智能循环箱，可多次循环使用，实现低碳环保的目标，从商家发货到包装回收、多次利用，复海具备成熟的回收网络和方案，以落到实处的运营及用户引导，让"可持续生活"成为触手可及的现实。复海电子纸显示器具有多种营销场景应用，如图5-16所示，与传统包装不同的是，电子纸显示器作为智能快递面单、快递可循环包装显示媒介，可以替代快递物流场景中的纸质面单，可显示收件人信息、快递单号、条码等信息，方便快递员等快速辨识查找。此外，电子纸显示器可以搭配软件系统使用，可随心定制面屏上的图案，并通过语音播放、定制图案等方式丰富商家营销方式，高效转化客户流量。

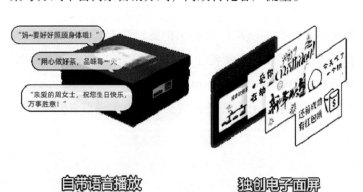

图5-16 复海电子纸显示器营销场景应用

资料来源：https://www.fuhaibox.com/recycle/product? selectID = RecycleDetail。

电子纸显示器类纸、轻薄、超低功耗特性与 RFID 等无线技术、传感器进行组合，形成的电子面单不仅可以提高快件处理的效率，同时为自动分拣提供了信息保障，可广泛应用于智慧物流等新兴场景。正常情况下，复海研发的"空气胶囊循环箱"可以使用 150 次以上，循环封套可以使用 200 次以上，封套上面的电子纸标签可以使用 10 万次以上。在循环包装的赛道上，复海正积极扩大产品应用范围，彰显企业绿色转型的决心。复海智慧循环箱每次使用可减排约 0.275kg，由此蕴含巨大的碳权价值，且可对接碳交易平台。

截至目前，复海牵头并参与 3 项国家标准、2 项行业标准、1 项团体标准制定工作，取得专利 39 个，其中，发明专利 8 个、实用新型专利 28 个、外观设计专利 3 个。

第三节　集装单元化技术

集装化是指用集装器具或采用捆扎方法，把物品组成标准规格的货物单元，以便进行装卸、搬运、储存、运输等物流活动的作业方式。集装单元化具有诸多优势，其能够实现物流作业的机械化与自动化；便于物流各环节的衔接，简化物品数量检验和清点交接，减少差错；减少重复搬运次数，缩短作业时间，提高作业效率。

一、集装箱

集装箱是指具有足够强度，可长期反复使用的适用于多种运输工具而且容积在 $1m^3$ 以上（含 $1m^3$）的集装单元器具。集装箱具有统一的尺寸和规格，在不同的运输方式（如公路运输、铁路运输、水路运输和航空运输）之间进行快速装卸和转运更加便利。集装箱的设计旨在提高货物运输的效率和安全性，同时减少运输过程中的损耗。随着我国"散改集"持续推进，粕类饲料原料通风集装箱、40 英尺多用途双层集装箱、20 英尺散粮专用集装箱等新型集装箱不断推出。

（一）通风集装箱

2024 年 6 月 13 日，全国首列散装粕类饲料原料通风集装箱专列从广深铁路物流中心石龙站启程驶向湖南，专列满载的 16 个新型通风集装箱是国铁集团货运部组织研发打造的装运粕类货物的专用通风集装箱。一直以来，饲料行业的发展与农村经济发展紧密相连，饲料的质量和供应直接影响到我国养殖业的效益。该新型通风集装箱装运的货物为种子油饼（粕），俗称豆粕，粕类饲料原料（如豆粕）是饲料的主要原料之一，主要以散粕形式投料。散装粕类饲料原料通风集装箱如图 5 - 17 所示。

广铁集团管内豆粕主要分布在东莞、阳江、茂名、湛江、岳阳等沿海、沿江地区，

图 5-17　散装粕类饲料原料通风集装箱

资料来源：https://mp. weixin. qq. com/s/y0En5sReTlwWtgCZoCNcRg。

目前已经形成了涵盖粮食进口、粮油仓储、加工的全链条产业集群。过去，广铁集团管内豆粕以公路运输为主，约占 91.1%，水路运输约占 7%，2022 年，仅阳春、岳阳北站以整车运输方式发运袋装豆粕 23 万吨，约占 1.9%。但是因豆粕在密闭环境中容易分解积热导致自燃，属于危险货物，因受载运工具功能限制及规章要求，在此之前，铁路仅以棚车方式运输。

为持续大力推进公转铁，广铁集团积极响应国家"碳中和"政策号召并争取铁路增运上量。我国豆粕年产量为 6932.5 万吨，其中，粤湘琼地区主要粮油企业年生产约豆粕 1228 万吨，运输前景广阔。广铁集团以市场需求为导向，针对集团管内豆粕市场运输需求情况，首次提出豆粕进箱的运输方案。此粕类专列的开行，打破了粕类货物不能采用集装箱铁路运输的技术壁垒，开创了粕类货物运输新模式，推动了粕类大宗货物运输"公转铁"，助力了全国养殖企业降本蓄能，为乡村振兴提供了新动能。

豆粕以散装入箱的方式运输，可促进物流成本的降低。一方面，采用通风集装箱运输豆粕类产品相比传统的袋装可节省至少 25 元/吨的包装材料成本。另一方面，散装豆粕入箱采用铁路运输可降低运输成本，优化了豆粕装袋、搬运等工序，综合计算可节约 10 元/吨的运输成本。

为确保方案可行，2024 年年初，广铁集团货运部及广州货运中心组织成立专项团队，针对豆粕市场情况、物流方式、生产工艺、铁路运输条件、运输成本、公转铁可行性等进行调研，为通风集装箱的研究设计提供参考依据。与传统的铁路通用集装箱不同，新型通风集装箱箱体两侧侧壁靠近顶部位置设有通风口，从而箱内空气形成对流，通风效果良好，可有效解决粗类货物在运输途中积热的问题，降低自燃风险，同时还具有防雨、防异物进入等功能，确保所装货物的品质状态良好。

新型通风集装箱常态化投入使用后，预计一年可以新增铁路运量150万吨，这一新举措不仅是铁路运输方式的一次创新性突破，更是在全球气候变化、碳中和的浪潮中，中国铁路积极响应、积极作为的生动写照。广铁集团将持续贯彻新发展理念，进一步以绿色化、低碳化为导向，积极开拓业务新路径新模式，以差异化高质量服务为客户供应链稳定保驾护航。

（二）40英尺多用途双层集装箱

40英尺多用途双层集装箱是一种特殊设计的集装箱，它具有更高的空间利用率和灵活性，该集装箱利用车架托盘的形式，可以将车架水平抽出后直接在箱外进行车辆的绑扎，绑扎完成后利用叉车将车架推入箱内即可完成固定，操作简单，装车效率高，是国内首个可一次性装载4台汽车的集装箱。考虑到大型车辆的尺寸，集装箱一层净高1970mm，二层净高1810mm，可以满足全尺寸运动型多用途汽车（Sports Utility Vehicle，SUV）、多用途汽车（Multi－Purpose Vehicle，MPV）等大尺寸商品汽车的运输需求。除了运输汽车外，这种集装箱还可以装载多种干货。当4件车架取出后堆叠存放，箱体可以提供100立方米的容积，适合运输电视机等轻泡货物，提高航线的经济效益。

40英尺多用途双层集装箱由上海泛亚航运有限公司牵头提出了定制双层运车架集装箱的需求，由上海寰宇启东箱厂设计开发，并于9月顺利下线，由上海泛亚航运有限公司投入内贸航线进行运输测试。

相比传统的"集装箱＋运车架"的形式，40英尺多用途双层集装箱具备以下优势。

一是操作简单，装车效率高。目前汽车市场新车型尺寸普遍越来越大，箱内绑扎操作困难大。针对尺寸较大的车辆，传统的集装箱加运车架的形式一般只能运输3辆或甚至2辆汽车。40英尺多用途双层集装箱利用车架托盘的形式，将车架水平抽出后直接就可以在箱外进行车辆的绑扎，绑扎完成后利用叉车将车架推入箱内即可完成固定。整体操作成熟后，单组人员操作至少节约70%的装车时间，而且双开门的设计可以实现两端同步操作，达到效率最大化。

二是装车空间大。在项目设计阶段，启东箱厂按照大型商品车的尺寸标准进行设计，集装箱一层净高1970mm，二层净高1810mm，该集装箱箱型可容纳4台汽车，同时配备可拆卸的坡道板，适合各种轴距运输车辆，涵盖大部分家用车型，可以基本实现全尺寸 SUV、MPV 等大尺寸商品汽车的运输需求，提高了海运出口的装载运输效率。

三是集装箱可用于装载不同类型的货物，普适性强。40 英尺多用途双层集装箱除可装载汽车外，还可以装载多种干货。集装箱内的 4 件车架可以取出后堆叠存放，取出车架后的箱体可以提供 100 立方米的容积。

（三）20 英尺散粮专用集装箱

2024 年 9 月 4 日，随着一声汽笛鸣响，全国首列开顶式集装箱粮食运输专列缓缓驶出连云港港东粮公司装车线，标志着连云港开辟的开顶式集装箱散粮运输新模式开启。

该专列采用的 20 英尺散粮专用集装箱由连云港港、徐州铁路公司、中铁公司三方联合自主研发，20 英尺散粮专用集装箱的顶部设有一个可以自动控制的滑盖，可允许散粮从顶部直接装入箱内，提高了装卸效率，该集装箱的满载率较高，每个箱子可以装载约 30 吨散粮，此外，使用该型集装箱不仅可实现零污染、零损耗装车，而且减少了不必要的人工成本和物料成本，全程密闭运输，更符合海关对进口大豆的监管需求。

这不仅是我国铁路干散货集装化运输装备领域的一次重大突破，也是推动海铁联运发展，加强铁路与港区协同共进的重要举措。作为全国五大粮食物流通道之一，连云港港始终将服务好中西部和中亚地区的粮食进出口需求作为重中之重，自 1993 年启动散粮作业以来，已逐步形成辐射黄淮海、服务中西部、连接中亚地区的国际粮食物流中心和小麦过境货物中转基地。为更好地适应当前物流业加"数"跑的发展趋势，连云港港加快发展新质生产力，致力打造更加先进、高效的集装化运输模式。

二、托盘

托盘是指在运输、搬运和储存过程中，将物品规整为货物单元时，作为承载面并包括承载面上辅助结构件的装置。托盘是物流系统最基本的单元化平台装置，能将零散的货物集合成规格统一、标准一致的货物单元，便于装卸搬运、仓储管理和运输配送的机械化作业，广泛应用于生产、运输、仓储和流通等领域，与集装箱一起被认为是"20 世纪物流产业中两大关键性创新之一"，对于提高物流效率、降低物流成本具有重要作用。

（一）组合托盘

组合托盘是一种由多个部件组合而成的托盘，它可以根据需要进行拆卸和重新组装，具有很高的灵活性和适应性。组合托盘通常由铺板和支腿组成，铺板可以设计为多层结构，中间层为蜂窝芯，两侧分别固定连接上层板和下层板，这种结构能大幅提高铺板的强度和刚度，同时减轻自身质量。组合托盘可以使用多种材料，如低压高密度聚乙烯和低压高密度聚丙烯等材料，这些材料具有良好的耐热性、耐寒性、化学稳定性。在物流领域，组合托盘可以替代传统的木质托盘和金属托盘，减轻搬运工作的负担，提高搬运效率；在仓储领域，可以有效防止霉变、虫蛀等问题，保障货物的质量；在运输领域，其轻质特性可以减少运输成本，提高运输效率。

小蚁托盘的新型组合托盘采用模块化设计，可以根据工况需求定制尺寸和载重，根据货物设计托盘尺寸，最大化利用运输空间，灵活适配各行各业。模块化的设计使得托盘在零件损坏后可以更换或修理，无须替换整块托盘，从而大大减少综合成本。此外采用模块化的设计可实现需求的快速响应，整块托盘由各部件灵活组合而成，无须重新开模，生产工期短，灵活性强。该型托盘材料强度高，其使用聚氨酯和玻璃纤维，通过热固工艺挤出成型，材料强度高，贴合保护货物，减少货损。

小蚁托盘的新型组合托盘改变了传统的一次性包装模式，其以循环共用为核心理念，通过引进全新物联网和云计算等技术，成功开发了智能托盘循环共享模式，针对光伏产业的特殊性，从硅料、硅棒、切片、硅胶、玻璃、边框到最后的成品组件所涉及托盘领域都设计了量身定做的产品及运营模式，为光伏全行业供应链体系提供低碳新思路，为工业企业提供低价高效的供应链解决方案，符合可持续发展的共识。该新型组合托盘由复合材料和低碳废旧叶片制成，采用新型复合材料作为原料，托盘性能更加稳定，避免霉变、虫害和掉钉掉屑，应用更广。由于其材料特性，托盘强度比传统塑料托盘高 3 ~ 4 倍，比木托盘高 10 倍，可更大幅度减少了货损成本，同时采用新型复合材料的托盘的重量同比塑料托盘轻 40%，运费更省，其使用时间长达 10 年以上，每片小蚁托盘一年可累计减排 622.76kg 二氧化碳，相当于 34 棵树一年的碳汇量。

（二）智能托盘

智能托盘是一种集成了传感器、无线通信技术和数据分析功能的托盘，能够实时监控托盘的位置、状态以及其上所承载的货物信息，并通过无线网络将这些数据传输到云端进行分析和处理。

智能托盘较传统托盘具有诸多优势，一是可实现实时监控：智能托盘能够实时监控托盘的位置、状态以及货物信息，帮助企业及时掌握物流动态，做出更加明智的决策。二是能够提高运作效率，智能托盘能够自动化地收集和分析数据，减少人工操作和数据处理的时间，加快物流速度，提高运作效率。三是降低风险，通过实时监控和数据分析，及时发现和解决潜在的问题和风险，例如检测货物的丢失、损坏或者不当操作。四是优化库存，智能托盘收集的数据可以帮助企业更准确地预测和调整库存水平，避免库存积压或缺货，提高库存周转率。五是提升可持续性，通过实时监测和数据分析，优化物流过程，降低对环境的影响，例如检测和优化运输路径，减少空驶和拥堵情况，降低碳排放和能源消耗。

小蚁托盘从材料创新、技术创新、功能创新角度出发，在传统循环共用体系的基础上升级建立智能托盘循环共用体系，为供应链减碳注入新生力，诠释了托盘在智慧物流向智能化和数字化转型中的新方案。小蚁托盘在物联网领域持续加码，推出智能托盘管理系统，依靠其自主研发的托盘芯片，可实现托盘数量、地理位置、使用状态等与用户紧密相关的信息自动持续更新，摆脱对人工的依赖，其定位功能可精确到10m 以内，并从客户的体验出发，开发小程序打造全流程的可视化，如图 5 – 18 所示。小蚁托盘的智能托盘产品内置的终端对容器和集装器具等进行编码、绑定、追溯，通过与基站连接实现数据的实时传输，数据通过基站上传至云平台，平台与物流企业管理信息系统（Management Information System，MIS）对接，可实现产品出入库状态的自动更新、在库的智能管理以及在途运输的可视化管理。

图 5 – 18　小蚁托盘

资料来源：https://mp. weixin. qq. com/s/4 – KNwzA5Qqwz4dYmvrF5ng。

三、周转箱

周装箱是指用于存放物品，可重复、循环使用的小型集装器具。周转箱是现代化物流运作中不可或缺的工具，它具有标准化和可循环使用的特点，帮助物流企业提高物流运作效率，降低物流运作成本。

（一）可折叠周转箱

可折叠周转箱是一种设计用于在不使用时能够折叠起来，从而节省储存和运输空间的周转箱箱型。可折叠周转箱在不使用时可以折叠为较薄的形状，体积大减，大约只有使用时的 1/5，从而节省仓储空间。由于折叠后的体积减小，运输空箱时占用的空间也相应减少，这有助于降低运输成本。可广泛适用于多种行业，如工业、建筑业、物流业、零售业等，用于存放和运输各种产品，如果蔬、日用品、工业零部件等多种产品。

集保是全球最大的周转箱与托盘共享租赁服务提供商，其最新推出的可折叠周转箱提供了更大的容量和最大化的可折叠性，以提高效率。可折叠周转箱的容量为 708升，承重能力达到 750 千克，这有助于提高运输利用率。该型可折叠周转箱由 97% 的回收塑料制成，为可持续发展树立了新标准。它专为满足包装、黏合剂、电子商务和合同包装等行业的需求而量身定制，并提供更大的容量和最大化的可折叠性，以提高效率。此外，该型可折叠周转箱的设计优先考虑改善客户的人体工程学和安全性，同时融入多种创新设计功能，以促进人工和自动化操作和流程，同时在空箱回运时，周转箱可折叠起来，由此增加空周转箱的运输能力，从而提高循环共用效率。

可折叠周转箱的数字化为各自供应链中的运输提供了可视性。通过数据收集，可以深入了解周转箱的位置、使用模式和周期时间，让客户能够发现提高效率和更好地管理业务运营的机会。集保还可以根据客户提供的具体数据，对公司改用这种周转箱后所能节省的二氧化碳排放量进行生命周期分析。

优衣库海外智能仓采用可折叠周转箱作为货物流通的主要容器载具。该周转箱的最大亮点在于其可折叠性，折叠后高度为 89mm。以 600mm×400mm×350mm 的规格为例，折叠前后的高度比例约为 1:4，因此非常适合长途运输或是海外项目需求，因为它能极大地节省仓储空间，降低运输成本。此外，优衣库海外智能仓利用箱式仓储机器人系统，通过与自动化立体库、机器人作业等智能设备的无缝集成，采用周转箱（料箱）实现货物的快速存取、分拣和输送，显著提高仓储效率和准确性。

在电商业务的高速发展中，大促及换季上新等业务高峰期引发的集中退货现象，极大地加剧了逆向物流的处理压力。这一趋势对仓储作业人员、场地面积以及库存周转率均提出了更高要求。特别是服装行业仓储，正面临着库存管理复杂化、分拣作业效率低以及逆向物流处理压力大的多重挑战。可折叠周转箱可根据个性化订单的需求进行定制和标记，帮助企业在拣货、包装和发货等环节中快速识别和处理货物，减少人为错误，提高客户满意度。在周转箱（料箱）上安装 RFID 电子标签或二维码，可以实现自动化存取和分拣，还可以实时记录箱子位置、状态和货物信息，并将这些数据传输到后台管理系统。服装行业物流仓储效率的提升涉及仓储的每一环节。在此过程中，自动储存、分拣、搬运设备与周转箱的紧密结合，共同构建了服装智能仓储的整体框架。智能控制系统贯穿仓储过程，实现各个工序的智能、自动、精确管理与对接，从而显著提升管理效率，并大幅减少人力投入。

（二）充气式循环保温箱

在冷链运输中，目前常使用的泡沫箱价格较高，不防摔，不耐压，且只能使用一次，泡沫箱用完即丢，对环境与资源造成危害。泡沫箱虽然已经开发出可降解材质，但是市面上使用最多的仍然是一次性泡沫箱，这种一次性材质需要数十年才能降解。由于泡沫箱本身并不能承受太多的重量，为了加固泡沫箱，在包装时需要在泡沫箱外部使用大量胶带；同时为避免物品的晃动，在包装时需置入气袋式填充物，由此产生额外的环境污染与资源浪费。

充气式循环保温箱耐摔抗撞，可循环使用，保温效果好，价格便宜。其由外而内的构造是"外壳—空气—内胆"的承重模式，当充气式循环保温箱装载物品，注入空气后，就如同保温杯的构造一般。以冰块为例，在其所属空间中，若空间中环境温度高于冰块温度，冰块就会吸收该空间中空气的温度，使空间中的空气变冷，而冰块开始融化，直到达到"平衡温度"。如果冰块所处的空间的温度相同，若空间越小，则冰块与同一空间中的空气的"平衡温度"就会越接近冰块的温度。此外，内胆与外壳之间的空间越大，则箱外的环境温度就越不容易影响箱内的产品。充气式循环保温箱的操作方式就是将空气注入外壳与内膜（内胆）之间，将物体紧紧包裹，如此意味着，物体的所属空间将会被压缩到最小，而外壳与内膜之间的空间将会扩展到最大，成为每一个物品承载时都可以达到"保温"的最佳状态。此外，为了与使箱外的空间不影响到箱内空间，充气式循环保温箱将上下箱沿口置入硅橡胶，确保内、外空间的隔离状态。充气式循环保温箱采用更具有保温功能的隔热膜，其保温效果较普通膜高出约50%。

派轻易环保科技有限公司所提出的派轻易充气式循环保温箱目前处于开发阶段，实验效果明显。相同冰袋置入泡沫箱后，约24小时全部融化。派轻易充气式循环保温箱的应用较泡沫箱不仅提升运输物品的安全性，还可以提高冷链产品的保温效果，降低耗材的使用成本。更重要的是，派轻易充气式循环保温箱可循环使用，取代目前冷链运输中常用的一次性泡沫箱，更加绿色环保。

（三）智能周转箱

智能周转箱是一种集成了智能技术和物流管理系统的货物储运容器。它可以使用

RFID 技术或者近场通信（Near Field Communication，NFC）技术实现物品的识别与跟踪定位，同时可以实时监测箱内温湿度以及存储物品信息等。通过与云平台的连接，可以实现全生命周期的数据跟踪，方便管理和追踪，实现智能化的物流储存管理，它具备自动识别、追踪以及实时监控等功能，能够显著提高物流运输的效率和安全性。智能周转箱已经成为物流行业和供应链管理的关键工具，可为企业降低物流成本、提高运作效率。智能周转箱内置智能芯片，可智能跟踪。

上海箱箱智能科技有限公司（以下简称"箱箱共用"）创新推出的"蓝绿双循环"智能包装解决方案，如图 5 - 19 所示，通过一箱一码"箱联网"技术，不仅实现了化工与食品包装领域的明确区分，还实现了包装材料的选用、生产制造、物流运营的运输、储存、清洗的全链路数字化，极大地提升了管理效率，构建了环保安全的智能包装循环服务体系。截至 2023 年，箱箱共用已在中国部署 30 个中心仓、200 个前置仓、2500 家上下游服务网点，基于 LBS 位置感知和 AI 算法，具备仓、配、调等全面服务能力，并在全国范围内，可实现 100km 运营网点全覆盖、8 小时极速救援与快速物流响应等服务。

箱箱共用通过"工业设计 + 专利 + 制造 + 智能化 + 数字化 + 标准化 + 循环服务"全产业链自主创新战略，持续构建绿色发展基石。通过信息化、工业化的深度融合，箱箱共用自主研发循环包装行业软硬一体化结合的智能数字化平台系统，将多维数据整合产品化，形成更为集约化、个性化循环服务方案。同时通过数字化技术和气候目标的有机结合，箱箱共用自主研发"碳见"碳管理平台，为企业提供覆盖物流包装碳足迹监测、碳减排认证与碳交易等领域的全生命周期零碳解决方案，赋能企业供应链低碳化转型。全球独家实现了集智能物流包装研发、制造、物联网、循环共享服务、在线碳核算、AI 智能分析于一体的绿色供应链循环服务，推动了循环包装产业技术的普及，极大降低了化学品、生物制药、液体食品、日化品等先进制造企业供应链碳排放和生产制造成本，成为散装液体行业的包装服务新标准。

通过各行业物流包装、物联网、循环管理等综合研发能力，以及 5G、大数据、AI 辅助决策等创新技术，形成了"智能包装 + 循环服务"一体化绿色供应链解决方案，为中国中车、海尔集团、沃尔玛、美的等来自新能源、新材料、汽车及家电零部件、生物医药等领域近 2000 家全球知名和行业头部企业提供智能工业包装技术和循环运营服务，先后在灯塔工厂"博世无锡工业园""美的微清灯塔工厂""欧莱雅苏州尚美碳中和工厂""海尔中德智慧园区"等工业园区和制造工厂成功试点。

箱箱共用在研发创新、数字化能力、自主知识产权、运营服务能力等方面具有全方位竞争优势，拥有从产品定义到场景落地的生态闭环能力。依托箱箱共用工业智能物流包装循环共享服务平台，"蓝绿双循环"智能包装解决方案在国内外散装液体行业

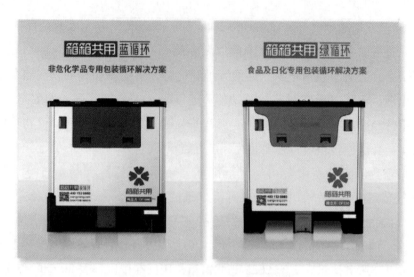

图 5-19 箱箱共用循环周转箱

资料来源：https://mp.weixin.qq.com/s/a7_JsaJZ2eOEsiN_UBNwBQ。

得到广泛应用，不仅降低了企业的包装成本，提高了物流效率，还显著减少了碳排放，符合 ESG 可持续发展战略。其成功应用将带动整个产业链的绿色升级，促进循环经济的发展，为产业的可持续发展贡献力量。

（四）《绿色产品评价 物流周转箱》国家标准

2024 年 7 月 1 日，由中国物流与采购联合会等单位起草的国家标准《绿色产品评价 物流周转箱》（GB/T 43802—2024）开始实施，该标准的实施应用将有利于建立统一的绿色产品标准、认证、标识体系，有效降低物流成本，提高经济运行效率。物流周转箱是物流作业环节中支撑实现物流单元化和机械化的标准包装容器和装载单元，被广泛应用于农副产品、商超配送等领域。《绿色产品评价 物流周转箱》国家标准给出了物流周转箱绿色产品及其生产企业的基本要求，并从资源、环境、品质三个方面提出了物流周转箱绿色产品的评价指标要求和鼓励性要求，引领物流周转箱产品的绿色升级。《国务院办公厅关于建立统一的绿色产品标准、认证、标识体系的意见》提出要建立统一的绿色产品标准、认证、标识体系。对物流周转箱开展绿色产品评价，有利于引导物流周转箱产品的绿色升级，促进绿色循环共用助力"双碳"目标实现。

该标准规定了物流周转箱绿色产品的评价要求和评价方法，适用于物流中使用的塑料周转箱的绿色产品评价。该标准对生产企业以及各类周转箱产品提出基本要求，要求生产企业无重大安全事故，污染物排放合规性和无重大环境污染事件，能源和水资源节约与高效利用等，要求食品塑料周转箱、瓶装酒、饮料塑料周转箱等类别的周转箱符合对应标准的具体要求。该标准也对生产企业与周转箱产品提出鼓励性要求，例如，鼓励生产企业在产品损毁废弃后进行合理的回收处理，编制节能降碳报告等；鼓励产品中添加再生塑料等。此外，该标准将物流周转箱绿色等级分为绿色标杆产品与绿色产品两个等级。

该标准的实施可促进物流周转箱绿色产品的应用，有助于物流业高质量发展；引导物流周转箱生产企业以绿色低碳和全生命周期理念改进产品设计和生产，减少产品碳足迹；对标国际相关法规和标准的先进水平，促进我国物流业与国际接轨，推动物流企业服务于国际大循环。

第六章　物流信息与数字化技术

近年来，信息与数字化技术在物流领域应用愈发广泛，网络货运、数字仓库、无接触配送等"互联网＋"高效物流新模式新业态不断涌现，离不开底层技术的革新：大数据技术的存储和处理能力进一步增强，提高了企业分析调配资源能力；物联网技术借助新型定位技术实时跟踪监控货物、实现智能仓储管理，减少了货物损耗与人工成本；云技术提供资源共享和弹性扩展，确保数据安全并促进协同办公；数字孪生技术创建虚拟模型，模拟优化了物流设施与流程；数字化供应链技术实现供应链协同与信息共享，推动了全流程数智化，提升了供应链韧性；新兴的脑机接口、量子计算等技术在物流领域也有广阔应用前景。这些技术共同引领物流提质增效降本，赋能推动物流行业发展。

第一节　大数据技术

随着互联网、物联网及5G技术的迅猛进步，以及电子商务与社交媒体的蓬勃发展，企业与组织所生成的数据量正以前所未有的指数级态势激增。传统的数据存储手段在面对如此庞大的数据规模时已显得力不从心，特别是那些使用频率相对较低却占用大量存储空间的历史数据。在此背景下，数据仓库与数据湖作为新兴的存储解决方案应运而生。数据仓库能够有效地将历史数据从业务系统中剥离出来，实现专门的储存与管理；而数据湖则以较低的成本支撑起海量数据的存储需求。

当前，企业界日益认识到数据的巨大价值，并渴望深入挖掘数据中蕴含的潜在信息，以推动业务的创新与持续发展。面对实时数据分析需求的日益增长、数据多样性的复杂挑战、企业信息系统的分散状态与数据整合需求，以及数据质量与数据治理的高标准要求，数据仓库与数据湖构建了一个全新的平台。这一平台为数据科学家与分析师提供了广阔的探索与分析空间，使他们能够自由地挖掘数据，揭示新的业务机遇与模式，为企业的发展注入新的活力。

一、数据仓库

（一）概念

1. 定义

数据仓库概念的奠基者比尔·恩门（Bill Inmon）于 1990 年首次阐述了数据仓库的理念，并随后于 1991 年出版的专著《建立数据仓库》中，对数据仓库给出了明确的定义：数据仓库系指一种以主题为导向、高度集成、性质相对稳定且能够记录历史变迁的数据集合体，其核心价值在于为管理决策提供强有力的支持。

数据仓库作为一种专为辅助决策制定流程而精心设计的数据管理架构，其运作机制涉及从多个异构数据源中采集数据，进而通过数据清洗、转换及集成等流程，以统一的格式存储于系统之中，这一过程即业界所熟知的数据仓库建模。此架构旨在为企业构建一个中心化的数据存储平台，内含经过整理与统一的数据资源，从而有效支撑复杂的数据分析任务、业务智能报告编制、数据挖掘活动以及决策辅助实践。从某种程度上来说，数据仓库在数据供给层面体现了一种"计划经济"式的严谨与有序。

2. 核心组件

（1）数据 ETL（Extract－Transform－Load，抽取、转换、加载）流程。

此环节为数据仓库构建的核心步骤，旨在自多元化数据源中萃取数据，随后实施必要的清洗与格式化转换，最终将处理后的数据载入数据仓库。此流程对于保障数据的质量与一致性发挥着至关重要的作用。

（2）数据存储架构。

通常依托 RDBMS（Relational Database Management System，关系型数据库管理系统）实现数据存储。在数据仓库中，数据依据特定模式（如星型模式、雪花模式）组织，旨在提升查询与分析的效率与便捷性。

（3）数据访问层级。

该层级涵盖广泛的查询与报表工具，以及更为先进的数据分析与数据挖掘平台。此层级使终端用户能够便捷地从数据仓库中检索所需信息，执行深度数据分析，并生成各类报告。

（4）元数据管理体系。

元数据是指对数据仓库中数据的描述性信息集合，涵盖数据来源、格式规范、内容概述、数据模型细节以及 ETL 操作的日志记录与历史追踪等。元数据在数据仓库系统的管理、数据治理框架的构建以及辅助用户理解数据仓库内容方面扮演着至关重要的角色。

（5）管理与监控工具集。

此类工具集专注于确保数据仓库系统的性能稳定、数据加载流程的高效、数据质量的卓越以及系统安全性。其功能范围广泛，包括对数据仓库操作的实时监控、性能调优、数据备份与恢复策略的制定与实施等。

（二）层次架构

数据仓库作为企业庞大数据集的管理工具，承担着转换、迁移数据并向终端用户展示的职责，提供了一套全面的存储机制。为了扩展数据仓库的功能与效能，多种架构方法得以应用。然而，在其最根本、最核心的层次架构中，可明确划分为以下四个层级：首层为原始数据层，即数据的源头，紧接着是数据仓库的架构形态，随后是数据的采集、汇聚、净化及转换过程，最外层则为应用分析层。数据仓库层次架构如图6-1所示。

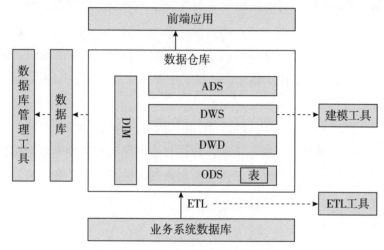

图6-1　数据仓库层次架构

资料来源：https：//mp. weixin. qq. com/s/h7x_ Sd-dUVJLQeHrJwAvkg。

二、数据湖

（一）概念

数据湖作为当前备受瞩目的概念，正被众多企业积极构建或纳入其战略规划之中。然而，关于数据湖的具体定义，不同企业间存在差异性理解。

Wikipedia将数据湖阐释为一种系统或存储机制，专门用于存放数据的自然/原始格式，常见形式为对象块或文件。在企业范畴内，数据湖通常被视为全量数据的唯一存储载体，涵盖了由原始系统直接生成的原始数据副本，以及为各类任务（如报表编制、数据可视化、高级分析及机器学习）而转化的数据。数据湖内数据类型多样，包括关系型数据库中的结构化数据（以行列形式呈现）、半结构化数据（如 CSV、日志、XML、JSON）、非结构化数据（如电子邮件、文档、PDF 等）以及二进制数据（如图像、音频、视频）。值得注意的是，当数据湖因缺乏有效管理而退化时，将形成数据沼泽，这类数据资源对用户而言可能难以访问或无法提供足够价值。

AWS（Amazon Web Services，亚马逊云科技）对数据湖的定义则更为精练，将其描述为一个集中式存储库，能够按需存储任意规模的结构化和非结构化数据。在此存储库中，数据可保持原样存储，无须事先结构化处理，并支持运行多种类型的分析，从控制面板和数据可视化到大数据处理、实时分析及机器学习，以助力更明智的决策制定。

（二）特征

尽管数据湖的定义繁多，但核心特性大致可归纳如下。

（1）数据存储能力。数据湖需具备足够的数据存储容量，以容纳企业或组织内的所有数据。

（2）数据类型兼容性。能够存储海量的任意类型数据，包括但不限于结构化、半结构化和非结构化数据。

（3）原始数据保留。数据湖中的数据应保持其原始状态，作为业务数据的完整副本，反映其在业务系统中的原始形态。

（4）数据管理。需具备全面的数据管理能力，包括元数据管理，以有效管理数据源、数据格式、连接信息、数据模式及权限等要素。

（5）分析能力。应支持多样化的分析能力，如批处理、流式计算、交互式分析及机器学习，并提供任务调度和管理功能。

（6）数据生命周期管理。数据湖需具备完善的数据生命周期管理能力，不仅存储原始数据，还需保存分析处理过程中的中间结果，并记录数据的完整处理历程，以便用户追溯任意数据的来源和演变过程。

（7）数据获取与发布。数据湖应能支持多种数据源，实现从数据源中高效获取全量或增量数据，并规范存储；同时，能将数据分析处理结果推送至适当的存储引擎，满足不同应用的需求。

（8）大数据支持。包括对超大规模存储的支持以及可扩展的大规模数据处理能力，以应对大数据环境下的挑战。

（三）基本架构演进

1. 第一阶段

在初始阶段，Hadoop 作为处理大规模静态数据（即离线数据）的核心技术，受到了广泛的认可，并开始逐步被大范围应用。Hadoop 体系结构中，HDFS（Hadoop Distributed File System，Hadoop 分布式文件系统）扮演着数据存储的核心角色，其庞大的存储能力如同一个巨型的数据仓库；而 MapReduce（以下简称 MR）则构成了数据处理的基本框架，其处理能力犹如一座高效运转的工厂。为了进一步提升这一"工厂"的运作效率，业界相继开发了一系列辅助工具，以优化数据处理流程。然而，随着数据量的激增和处理需求的提升，MR 在处理速度上的局限性逐渐显现，促使人们开始探索新的计算模型，如 Tez、Spark、Presto 等，这些新兴技术显著提升了数据处理的速度，并促使 MR 逐步向更为灵活的 DAG（Directed Acyclic Graph，有向无环图）模型演进。

2. 第二阶段

随着时间的推移，数据处理的实时性需求日益凸显，传统的 Hadoop 离线处理模式已难以满足这一要求。在此背景下，流式计算引擎应运而生，如 Storm、Spark Streaming、Flink 等，它们能够实时地处理和分析数据流。然而，实践表明，单纯依赖流式计算或离线计算均无法全面满足复杂的应用需求。因此，业界提出了 Lambda 架构，该架构巧妙地融合了离线计算和实时计算，确保了无论采用何种处理方式，最终的数据处理结果均保持一致。Lambda 架构如同一座桥梁，连接了离线与实时计算的世界，为数据处理提供了更为灵活和高效的解决方案。

3. 第三阶段

进入第三阶段，随着技术的不断演进，人们发现 Lambda 架构虽然强大，但其将离线计算和实时计算分离的处理方式增加了开发的复杂性。为了简化开发流程，业界开始更多地采用流式计算来处理所有数据。流式计算因其天然的分布式特性和良好的扩展性，成为处理大数据的理想选择。通过调整流式计算的并发度和时间窗口等参数，可以灵活地实现离线计算和实时计算的效果，从而满足了更为复杂和多变的数据处理需求。

综上所述，从 Hadoop 到 Lambda 架构，再到 Kappa 架构的演变过程，标志着大数据平台在处理能力上的不断飞跃。如今，大数据平台已经发展成为企业/组织处理全量数据的核心平台。除了专门用于存储业务数据的关系型数据库外，几乎所有的数据都被纳入大数据平台进行统一处理和分析。这一趋势不仅提升了数据处理的效率和质量，也为企业的数字化转型和智能化升级提供了强有力的支撑。

4. 典型数据湖的参考架构

大数据基础架构的不断演变，实质上凸显了一个核心观点：在当今的企业与组织内部，数据已被广泛认可为一项至关重要的资产。为了更有效地利用这些数据资源，企业与组织需采取以下关键措施。

（1）长期原样保存数据。确保数据的原始性和完整性，便于未来分析和利用。

（2）实施有效管理与集中治理。通过统一的管理体系，提升数据的质量和可用性。

（3）提供多样化的计算能力，满足不同类型数据处理需求，提升数据处理效率。

（4）面向业务提供统一数据视图。构建统一的数据模型和处理结果，便于业务部门快速获取所需信息。

在此背景下，数据湖应运而生。它不仅具备大数据平台的基础功能，还更加注重数据的管理、治理以及资产化能力。具体而言，数据湖系统的实现需要包含一系列数据管理组件，其组件参考架构如图6－2所示。这些组件包括数据接入、数据搬迁、数据治理、质量管理、资产目录、访问控制、任务管理、流程编排、元数据管理。

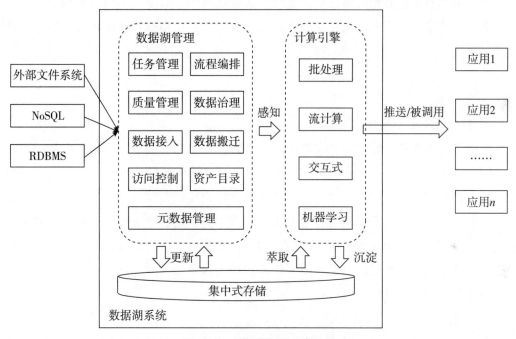

图6－2 数据湖组件参考架构

资料来源：https://blog.csdn.net/weixin_43970890/article/details/106522155。

三、数据仓库和数据湖的区别

虽然数据仓库和数据湖两者都是用于存储、管理、分析企业级大量数据的解决方案，但是数据仓库和数据湖的区别在于数据结构、处理方式、时效性和安全性等方面。企业需要根据自身需求和实际情况来选择合适的解决方案管理数据。

（一）数据结构

1. 数据仓库处理结构化数据

这些数据通常是从企业的各种业务系统（如 ERP、CRM）中抽取出来的，并且经过了高度的清洗、转换和集成过程。数据以表格的形式存储，具有明确的模式定义，例如，在关系型数据库中，表的列定义了数据的类型和语义。在一个销售数据仓库中，"订单表"有明确的列，如订单编号、客户编号、下单日期、产品编号、数量、金额等，每个列的数据类型是预先定义好的，数据的格式和内容都符合严格的要求。

2. 数据湖可处理多类型数据

数据湖能够存储结构化、半结构化和非结构化数据，包括数据库中的表数据（结构化）、日志文件（半结构化的 JSON 或 XML 格式）、图像、音频和视频文件（非结构化）等。数据以原始格式存储，不要求有严格的模式定义。例如，一个企业可以将服务器日志数据直接存储到数据湖中，这些日志数据可能具有不同的格式和内容，并且可能没有预先定义的模式，企业在后续需要分析的时候再根据具体需求确定如何处理这些数据。

（二）数据处理

1. 数据仓库需提前处理数据

数据在进入数据仓库之前，需要经过复杂的 ETL 过程。抽取阶段从各个数据源获取数据，转换阶段对数据进行清洗、标准化、聚合等操作，使数据符合数据仓库的模式要求，最后加载到数据仓库中。这个过程通常是定期执行的，例如每天或每周抽取一次数据，并且 ETL 过程是高度定制化的，根据预先确定的业务规则和数据仓库的架构进行。例如，在将销售数据从多个门店的数据库抽取到数据仓库时，需要将不同门店的数据格式统一，可能还需要将不同货币的销售额转换为统一的货币单位，然后按照数据仓库的表结构进行加载。

2. 数据湖可存储原格式数据

数据可以以原始形式直接存储到数据湖，不需要严格的预处理。当然，在某些情况下也会进行一些简单的数据清洗和转换，但总体上对数据的处理相对比较宽松。数据的处理可以在需要使用数据的时候根据具体的分析目的进行。例如，当数据科学家想要分析用户在网站上的行为数据时，他们可以直接从数据湖中获取原始的日志数据，然后在分析过程中根据自己的需求进行数据清洗（如去除无效的日志记录）、转换（如将时间戳转换为日期格式）和建模（如构建用户行为路径模型）。

（三）数据时效性

1. 数据仓库的更新有延迟性

由于 ETL 过程是定期执行的，所以数据仓库中的数据可能不是实时的。例如，对于每日更新的销售数据仓库，当天的销售数据可能要到第二天才能完整地加载到数据仓库中，这种延迟在一些对实时性要求不高的决策场景中是可以接受的，但对于需要实时数据的应用场景可能就不太合适。

2. 数据湖支持摄入实时数据

数据湖可以更好地支持实时或近实时的数据摄入。特别是对于流数据，如物联网设备产生的数据、网站的点击流数据等，可以直接存储到数据湖中。例如，一个智能交通系统的数据湖可以实时接收车辆传感器传来的数据，如车速、位置等，这些数据可以立即存储到数据湖中，并且可以通过实时数据处理技术（如 Apache Flink）进行处理，以支持实时的交通监控和路况分析。

（四）数据安全性

1. 数据仓库的安全风险较低

数据在进入数据仓之前会经过抽取、转换、加载等处理过程，数据已经被清洗、转换和整合，相对来说数据的规范性和一致性较高，初始的安全风险相对较低。因为经过处理的数据更容易识别和管理，其中可能存在的恶意代码、异常数据等安全隐患在 ETL 过程中可能会被发现和处理。

2. 数据湖包含各种潜在风险

数据湖可以存储各种原始格式的数据，包括结构化、半结构化和非结构化数据，这些数据未经处理或转换，可能包含各种潜在的安全风险。例如，非结构化的文本文件、图像、音频等数据可能携带病毒、恶意脚本等，而且由于数据的多样性和原始性，很难在数据存储时就全面识别和排除这些安全隐患。

四、典型案例——云恋科技智慧物流园区的产业互联网平台创新应用

（一）案例背景

在 2020 年 3 月召开的政治局会议中，政府明确提出了加速推进新型基础设施建设的战略要求，其核心聚焦于以 5G 通信技术、工业互联网平台、大数据中心、人工智能等七大关键领域为主导的"信息网、能源网及交通物流网"这三大信息数字化基础设施产业链的构建与发展。随着物流园区逐步迈入智慧化发展的新纪元，它们正逐步转型为产业要素的汇聚与整合平台，亟须通过高效手段，实现电子商务、物流服务、信息技术、金融服务等多个产业间的资源协同与优化配置。同时，依托数字化建设手段强化园区的物理基础设施，以进一步提升园区的吸引力，为更多优质品牌企业的入驻奠定坚实基础。

当前，众多企业已深刻洞察到智慧物流园区所面临的潜在机遇与严峻挑战，纷纷

致力于探索符合自身发展需求的解决方案。然而，从市场现状来分析，大部分智慧物流园区的参与者仅能在特定垂直领域内提供服务，尚不具备从整个供应链层面出发，提供综合性、全链条、一体化的解决方案的能力。

（二）案例简介

1. 主要内容

云恋科技针对某大型国有物资集团的运营特性及区域经济环境，精心构建了一个专为该集团物流园区设计的产业互联网平台，该平台融合了"综合电商平台＋仓配一体化管理体系＋供应链金融服务"三大核心模块。物流园区提供的业务范围广泛，不仅涵盖了大宗及冷鲜货物的仓储、物流中转、快递分拣配送、运输配送、分拣包装、装卸搬运等基础物流服务，还包括综合批发、流通加工、信息处理等增值服务，以及车辆辅助、办公与生活配套设施等全方位服务。通过搭建此产业互联网平台，云恋科技有效整合了地区内的物流资源，并为众多中小型物流及商贸企业提供了一站式服务，如仓储装卸、冷链物流、供应链金融、综合保险、餐饮服务、商务办公、产品展示交易及物流信息交易等，成功引领超过 1000 家中小企业实现集约化、规模化发展。该物流园区已成为全国范围内的标杆示范单位。

（1）在 B2B 产业链综合电商平台方面，云恋科技采用了 O2O 模式，实现了 B2B 电商货源的集中采购、代理销售、自营业务及撮合交易等多种交易模式，并建立了供应商的全生命周期管理和质量考核体系。平台特色在于提供行业资讯咨询与代理采购服务，并辅以线下展厅的产品展示与技术交流环境。依托共享的仓储设施、物流配送服务及金融服务，该平台致力于打造区域内最专业的 B2B 电商供应链整合与服务平台。

（2）仓配一体化平台以物流控制塔 EPLD（Erasable Programmable Logic Device，可擦除可编辑逻辑器件）为中枢，通过 EDI（Electronic Data Interchange，电子数据交换技术）和开放的 API（Application Programming Interface，应用程序编程接口）接口，将 TMS、WMS、OMS 等信息系统整合为一个统一的整体，从而实现了从采购、生产、销售、仓储、配送到分销等供应链信息的无缝流转。基于 Hadoop 技术的大数据分析平台，云恋科技构建了物流大数据的商务智能应用方案，建立了高效的数据仓库与 ETL 能力，涵盖了 12 个企业级数据仓库，处理了超过 1000 个调度任务，并应用了 20 多个聚类与分类算法场景。物流控制塔使仓储的入库与出库流程能够无缝对接至运输托运单，收发货人信息及货物信息能够无缝集成至运输系统，从而高效实现了从供应链到配送运输的一体化运作。

（3）在"供应链＋金融"服务平台方面，云恋科技充分利用区块链技术的独特优势，针对传统业务中的痛点进行解决，并对现有业务流程进行优化，实现了全业务流程及周边供应链金融、物流、仓储的线上化支持。该平台涵盖了商品的订单管理、货物在途运输监控、货物仓储管理、货物贸易关系建立、货物提取出库流程、第三方机构监管以及融资申请等核心环节的业务数据。随着业务的不断拓展，这些核心环节的业务数据将逐步实现全量上链。在全面支持业务运作的基础上，云恋科技的平台还实现了与外部合作伙伴、监管机构及资金提供方业务系统的跨区域、跨机构、跨系统的高效便捷对接。

2. 项目功能

（1）物流园区的开发主体及运营管理机构，通过整合端到端的物流园区整体解决方案，并与云计算、大数据、物联网等先进技术深度融合，借助物流控制塔 EPLD 系统，实现了 ERP、TMS、WMS 等管理系统的无缝对接，从而显著提升了物流园区的整体运营效率，并对园区内的各类资源实施了精细化的分类管理策略。

（2）物流园区具备对入驻企业的车辆信息、货物信息、仓储信息、流通加工信息、配送信息及支付结算信息的实时掌控能力，能够为入驻企业提供全面、无缝的物流信息配套服务。

（3）物流园区不仅限于对内部企业的管理，还能有效管理外部物流客户。通过实时监控托运货物的具体位置与运输进度、存储货物的基本状况及预计到达时间、流通加工货物的加工进度及完成时间、配送商品的基本信息等关键数据，园区能够优化车辆调度方案与运输路线规划，进而提升按时送货率。

（4）物流园区引入了金融机构，在线提供供应链金融工具，以此增强对园区客户的资金风险控制。通过金融杠杆效应，降低供应链各端客户的资金占用成本，提升其资金使用效率，并同步促进业务量的增长。

（5）物流园区通过资源汇聚，构建了物流、商流、信息流、资金流四流合一的综合服务能力。依托产业互联网平台丰富的仓储需求资源、仓配服务资源以及产业链上下游的网络资源，并结合供应链金融等配套服务，物流园区已转变为一个集各要素于一体的综合服务平台，实现了物流、商流、信息流、资金流的深度融合与高效协同，从而全面提升了物流园区的综合服务能力。

（三）案例成效

该平台致力为入驻企业提供全面的政策保障支持，涵盖优越的软件环境、高品质的硬件配套设施、供应链金融服务以及全天候、一站式的服务体系。通过实现物流运输与管理的标准化、智能化及自动化，有效降低了全产业链的运营成本，并显著提升了运营效率。

1. 构建"大物流、大数据、共融通"的综合格局

凭借专业的团队运营、精准的商户信息整合以及高效的多方资源调配，实现了运输总量的显著提升，达到 420 万吨；同时，物流货物的集散与周转效率也整体提高了 30%。此举对于优化城市物流布局、缓解交通拥堵以及提升资源利用效率均发挥了至关重要的作用。

2. 推出"区块链 + 供应链金融"平台

2021 年，正式推出"区块链 + 供应链金融"平台，并成功对接多家银行机构。截至目前，该平台已完成交易额 28 亿元，主要服务于西北、华东、华南地区的上百家中小贸易商和加工制造企业。其中，以应收账款和订单融资为核心的供应链金融业务已累计形成超过 5 亿元的业务规模，涉及 15 家企业。平均放款周期根据具体项目而定，在 3～7 个工作日。

3. 已与多家企业建立合作关系

该平台积极吸引国内外知名的物流企业和大型电商企业入驻，目前已与总计超过 100 家大中型物流和仓储企业建立了合作关系，并与 10 余家银行等金融机构实现了紧密合作。

该方案致力于打造一个以冷链物流、快递物流、新零售、供应链基地以及城市配送为主要特色的高端物流产业集聚区和供应链创新示范区。此举不仅具有良好的社会效益，同时也带来了显著的经济效益。

（四）案例创新点

1. 融合区块链共识算法，强化供应链金融信息可靠性

"供应链 + 金融"服务平台通过运用区块链技术及其共识算法，能够实时更新并记录数据的最新动态，向所有参与方全面展示完整的物流流程，从而确保信息的真实性与可靠性。在记录过程中，每笔数据均被赋予时间戳，有助于信息的精确定位，同时，任何对节点数据的篡改都将留下痕迹，有效遏制了信息被非法修改的风险。

2. 运用智能合约确保交易合规执行，降低履约风险

智能合约集成了多种状态、预设规则、触发条件以及特定情境下的应对方案，并以代码形式存储于区块链的合约层。其独特之处在于，一旦达到约定的条件，智能合约将自动触发并执行预先设定的操作。这种仅依赖于真实业务数据的智能履约方式，不仅确保了在无第三方监督的环境下合约的顺利执行，还从根本上排除了人工虚假操作的可能性。

3. 打破数据孤岛，构建共享协同的信息平台

在传统的供应链管理中，商品信息、物流信息及资金信息等关键数据在供应链的

各个节点上呈现割裂状态，无法实现顺畅的流转。而区块链技术以其支持多方参与和信息交换共享的特性，促进了数据的民主化，整合了分散的数据源，为基于供应链的大数据分析提供了坚实的基础，进而实现了大数据征信与风控的有效性和可靠性。

4. 提升融资效率，数字化系统优化运营流程

传统融资效率受限的主要因素包括前期审核与风险评估的烦琐、业务多级登记审批的复杂以及打款手续的冗长等，加之高昂的各类费用，进一步加剧了中小企业的融资成本压力，并降低了效率。而基于区块链和供应链金融的模式，则打破了传统融资模式的局限，从成本控制和运营速率提升两方面同时着手，推动了一种可信且共赢的供应链金融发展模式升级。

"供应链+金融"服务平台的创新之处在于，它利用区块链技术实现了"业务数据的数字化、数据资产化、数据链上存储以及金融场景的应用化"。为解决风险控制问题，该平台以区块链技术为核心，构建了产业链金融的业务平台和信用机制，对原有的平台、产业生态以及供应链管理模式进行了深刻的改造。在这一过程中，产业链上的所有参与者（包括银行、商贸企业、多级物流企业等）均以分布式记账模式参与交易，使平台的交易信息、单据信息、物流信息以及支付信息等高度透明，从而确保了链上所有行为、合同以及票据的可追溯性。

五、发展趋势

无论是数据仓库还是数据湖，其核心解决的问题均聚焦于数据的存储、检索、处理、分析及应用等关键环节。随着需求侧的不断演变与发展，数据湖与数据仓库被赋予了更高的期望：实现内部整合，以同时满足数据访问使用的灵活性与高性能需求。因此，湖仓一体（Lake house）近年来逐渐成为业界关注的焦点。Lake house 采用开放式架构，不仅建立在数据湖低成本的数据存储架构之上，还融合了数据仓库的数据处理与管理功能，为商业决策提供有力支持。从某种程度上说，数据湖产品的持续迭代与升级，正是朝着湖仓一体化的趋势不断迈进。随着企业及组织加速向云端迁移，以及数据分析需求的急剧增长，湖仓一体分析方案正逐步成为下一代数据分析系统的核心构成。

（一）湖仓一体的概念

Databricks 公司于 2020 年率先倡导并阐述了"湖仓一体"的概念，将其构想为一个创新的、开放的数据管理架构。该架构旨在融合数据湖的灵活性、成本效益及可扩展性优势，与数据仓库在数据管理和事务处理方面的卓越能力。据 Armbrust 等的定义，湖仓一体是一种基于低成本且直接可访问的存储数据管理系统，它不仅继承了传统分

析型数据库管理系统的管理和性能特性，如事务管理、数据版本控制、审计追踪、索引机制、缓存优化以及查询性能提升，还进一步拓展了其应用范围。值得注意的是，当前学术界与业界对于湖仓一体的概念尚未形成统一且成熟的界定，多数相关研究均倾向于引用 Armbrust 等的这一权威性阐述。

（二）湖仓一体的主要特征

1. 事务支持

在企业 Lake house 环境中，针对多数据管道同时读取和写入数据的需求，通过 ACID 事务的支持，确保多方在同时读取或写入数据（通常使用 SQL）时的一致性与准确性。

2. 模式执行与治理

Lake house 采用独特方式支持模式的执行与演变，兼容 DW 模式架构，如星型/雪花型架构。该系统能够对数据完整性进行推理，并具备强大的治理与审计机制。

3. BI 支持

Lake house 允许直接在源数据上使用 BI（Business Intelligence，商业智能）工具，以减少数据陈旧性，实现低延迟，并降低在数据湖与仓库中操作数据副本的成本。

4. 存储与计算分离

通过将存储与计算分离，使用独立的集群，使系统能够扩展到更多并发用户和更大规模的数据使用场景。

5. 开放性

Lake house 采用开放和标准化的存储格式，并提供 API 以及多种工具和引擎，包括机器学习和 Python/R 库，支持高效直接访问数据。

6. 支持多种数据类型

Lake house 能够存储、优化、分析和访问多种数据类型，包括图像、视频、音频、半结构化数据和文本，满足新数据应用程序的需求。

从 Linux Foundation 启动开源 Lake house 项目，到 Data bricks 新增 Delta Engine 以增强 Lake house 服务能力，再到 Apache Iceberg 的广泛采用以及 AWS Lake Formation 的推出，不难看出，湖仓一体化已成为主流服务商积极探索的方向。同时，随着国内外厂商纷纷加入开源生态，推动其不断成熟，数据湖与数据仓库之间的关联日益紧密。在数据湖中，数据仓库的核心能力正得到不断增强，以适应现代化的需求。

第二节　物联网技术

在当今数字化浪潮的推动下，感知技术、网络与通信技术以及数据处理技术的飞速发展，正以前所未有的方式重塑着物联网的生态系统。从 UWB（Ultra Wide‑Band，超宽带）定位与蓝牙信道探测等前沿感知技术的精准定位与高效互联，到星闪与卫星通信技术的全球无缝覆盖与高效数据传输，再到边缘计算与大模型技术的智能处理与决策支持，这些技术不仅极大地提升了物联网的感知精度、连接广度与数据处理能力，更为物联网的智能化、高效化、全球化发展奠定了坚实基础。它们相互融合、相互促进，共同推动着物联网向更加智能、更加灵活、更加广泛的应用场景迈进，开启了物联网新时代的无限可能。物联网技术不仅在精确控制物流过程、优化资源配置、提升服务质量等方面发挥优势，还在实现物流企业数字化转型过程中发挥重要作用。

一、物联网核心技术

（一）定位感知技术

1. UWB 定位

UWB 作为一种先进的无线通信技术，利用极短脉冲信号进行数据传输，具有高精度和高抗干扰性。UWB 定位技术主要通过 TDOA（Time Difference of Arrival，时间差测距）、TOA（Time of Arrival，到达时间测距）以及 AOA（Angle of Arrival，到达角度测距）等算法，精确捕捉信号在不同空间节点间传播的时间差异，从而实现目标的精准定位。

在物流领域内，UWB 室内定位技术作为一种创新的应用，为货物、设备或人员的精确追踪提供了有力支持。通过部署 UWB 基站与标签，构建一个详尽的室内位置地图，并利用三角测量等先进手段，实时捕捉并计算目标物体的准确坐标。这一技术的应用，显著提升了仓储管理、货物追踪及分拣流程的效率，尤其在复杂多变的室内环境中，其亚米级的定位精度优势明显。

UWB 精确定位技术与 RFID、条码识别、GIS 等先进技术相融合，获取从货物装卸、码盘、厂内运输、入库、移库直至出库等各个作业环节的实时位置信息以及作业人员信息等，从而实现对制造企业整体供应链中人、车、物、料的全方位追踪、高效调配与协同作业。

制造企业借助 UWB 定位技术等采集内部物流管理各环节的数据，并将这些位置信息直观地展示在软件系统平台上，模拟生成逼真的三维动态场景。在此基础上，结合大数据算法，实现任务智能派发、路线优化规划及智能导航等物流管理功能，进一步推动制造业物流向智能化、高效化方向迈进。

2. 蓝牙信道探测

蓝牙信道探测支持以连接为导向的双向测距，可通过在设备之间支持多达 4 个天线路径最大限度地减少多路径效应，并且可保护距离测量免受中间人攻击。蓝牙信道探测技术的成熟与应用，与使用接收信号强度在低功耗蓝牙设备之间进行的现有测距相比，是蓝牙技术的重大突破。

蓝牙信道探测不仅提升了测量的精确度和效率，还显著增强了数据传输的安全性。通过基于相位的测距和往返时间测量，以及支持多达四个天线路径的设计，有效降低了多路径效应的影响，确保了测量结果的可靠性。同时，蓝牙信道探测与 AOA 和 AOD（Angle of Departure，出发角度测距）技术的结合，为室内定位、资产跟踪等应用提供了前所未有的精准度，为用户带来了更加便捷和安全的体验。

蓝牙信道探测的引入推动互联无线智能设备的性能和效率提升，主要针对两类应用程序：定位和接近感知。在定位方面，蓝牙信道探测很好地融合了精确和便利的优势，在仓库管理中可以跟踪货物移动并进行库存控制，帮助提高仓库管理系统的效率并进行系统优化。在接近感知方面，信道探测技术有助于优化地理围栏应用并提高网络的性能和可靠性。

（二）网络与通信技术

1. 星闪

星闪技术作为新一代无线短距通信技术的典范，具备低时延、高可靠、高同步精度、支持多并发、高信息安全和低功耗等特性。星闪无线通信系统由星闪接入层、基础服务层以及基础应用层三部分构成。星闪接入层也被称为星闪底层，服务层和应用层构成了星闪上层。其中，空口接入层技术是星闪无线通信系统的核心。星闪接入层分为 G 节点（管理节点）和 T 节点（终端节点）。每个 G 节点可管理一定数量的 T 节点，并为其覆盖下的 T 节点提供连接管理、资源分配、信息安全等接入层服务，G 节点和与其连接的 T 节点共同组成一个通信域。

为灵活应对多样化的应用场景需求，星闪接入层为星闪上层提供两种无线通信接口：SLB（Spark Link Basic，星闪基础接入技术）和 SLE（Spark Link Low Energy，星闪低功耗接入技术）。具体而言，SLB 技术采用正交多载波波形，支持极低时延无线帧传输以及多用户低时延接入系统，主要用于对时延、可靠性及同步精度要求高的业务场景。而 SLE 技术则采用单载波传输，结合 Polar 信道编码提升传输可靠性，并通过精简广播信道功能和业务，减少潜在拥塞，支持更高速率、无损音频传输和数百量级节点接入。

星闪技术顺应多应用领域产业发展趋势，在智能汽车领域优势明显。星闪无线360°全景环视系统可实现系统组件间的全无线化通信，摄像头可在车身灵活部署，解决了营运车辆因结构复杂引起布线困难以及线缆易损耗等问题。凭借星闪的精同步、低时延、高可靠等特性，星闪无线360°全景环视系统可以实现牵引车与挂车间大带宽视频传输，灵活支持甩挂运输，并支持多路高清图像的高质量拼接。由于无须部署线缆，该系统也大幅降低了安装难度并节省了线束成本，节省安装部署时间超过90%，降低人工成本超过75%。

2. 卫星通信技术

卫星通信技术利用人造地球卫星作为中继站，以转发无线电波的形式，实现两个或多个地球便面的通信站之间的通信。卫星通信系统由通信卫星和通过该卫星连通的地球站两部分组成。卫星通信具有覆盖范围广、通信容量大、传输质量好、组网方便迅速、便于完成全球无缝链接等众多优点，极大地拓展了通信的接入维度，从传统的地面接入，进阶至空、天、地、海全方位接入，是建立全球个人通信的重要手段，解决了传统地面网络无法覆盖的偏远地区和海洋等区域的通信问题，为实现物联网的全球覆盖打下基础。

卫星通信系统包括低轨道卫星通信系统、中轨道卫星通信系统和高轨道卫星通信系统。目前用于组建卫星物联网的通信卫星，一般运行在中低轨道（高度500～36000km）。其中，低轨卫星通信技术尤为重要，具有传输时延低、接收终端可手持化等优势。国企、民企都有一些低轨卫星星座计划，比如国家队的虹云工程、鸿雁星座、星网集团立项的星网工程，计划建设一个包含12992颗卫星的庞大星座系统。在民企方面，国内银河航天、吉利旗下的时空道宇等，都有各自的低轨通信卫星星座计划。

2023年4月，3GPP（3rd Generation Partnership Project，第三代合作伙伴计划）完成5GR17标准的冻结，引入了卫星通信的新特性，对面向非地面网络的5GNR（5G New Radio，5G新无线）提供支持，包括智能手机、支持eMTC（enhanced Machine - Type Communication，增强型机器类型通信）和NB - IoT（Narrow Band Internet of Things，窄带物联网）的物联网设备等都可以实现低速率的卫星通信。未来，发展空天地一体化架构的网络将会是下一代6G移动通信标准的一个明确方向。

（三）数据处理技术

1. 边缘计算

物联网边缘计算，是为了解决物联网局部的实时控制和本地化智能控制，而引入边缘计算范式的一种新型计算场景。物联网边缘计算主要包括终端设备、物联网局域网络、边缘节点、边缘云、边缘应用、边缘接入平台、边缘数据等。

在物联网环境中，物联网终端普遍计算能力和安全防护能力较弱，存在比较严重的安全问题。边缘计算范式引入物联网环境中，给物联网的安全防护带来了机遇。可以采用可信计算安全、轻量化安全容器、零信任安全、SASE（Secure Access Service

Edge，安全访问服务边缘）、人工智能安全、区块链安全等技术，通过引入边缘安全防护节点强化局部物联网的设备入网认证管理、行为模式安全、基于密码的访问控制，从而使局部物联网的安全性大大提升。

物联网边缘计算在交通运输这类需要实时执行控制和局部智能化的行业有广泛的应用和发展。在智能交通系统中，边缘计算可用于实时处理交通流量、路况等数据，实现交通信号灯的智能控制、交通拥堵的实时疏导，提高道路通行效率。在车路协同上，车辆与道路基础设施之间通过边缘计算进行实时通信和协同，为自动驾驶提供支持，如车辆实时获取道路信息、交通标志等，提高行驶安全性和效率。在物流业中，边缘计算可以提高运输效率和安全性，例如，在物流车辆上使用边缘计算技术可以实现实时监控和路径优化，以及智能配送和签收等应用。

2. 大模型技术

大模型是指具有大量参数和复杂结构的机器学习模型，能够处理海量数据、完成各种复杂的任务，如自然语言处理、计算机视觉、语音识别等。大模型通过训练海量数据来学习复杂的模式和特征，具有更强大的泛化能力，可以对未见过的数据做出准确的预测。大模型本质上是一个使用海量数据训练而成的深度神经网络模型，其巨大的数据和参数规模，实现了智能的涌现，展现出类似人类的智能。

大模型不仅提升了物联网的感知能力，更构建了强大的智能决策中枢。通过多模态融合，物联网设备能够综合处理来自视觉、听觉、触觉等多源信息，实现情境感知与理解。在此基础上，大模型运用其强大的推理能力，做出超越传统规则系统的复杂决策，推动制造业、物流、能源等行业的自动化、智能化水平迈上新台阶。

大模型与物联网的深度融合，还在催生一系列物流领域的新业态、新模式。例如，通过对历史交易记录与市场波动趋势的深度学习，对未来商品需求量进行预估，避免过剩库存造成资源浪费。这些新型解决方案不仅革新了既有业务流程，更为企业创造了新的增长点，有力推动了产业链的整体升级。

二、物联网与其他技术的融合

（一）物联网 + AI

1. AIoT（AI + IoT，人工智能物联网）发展现状

（1）AIoT 2.0 时代的到来。

2024 年是 AIoT 2.0 时代的开端。AIoT 2.0 是在 AIoT 1.0 实现了所有没有入网、不能自动汇报、不能透明化管理的哑设备互联互通后的一次自然迭代，在设备实现广泛互联互通的基础上，人工智能物联网行业的工作重心转向让大量的、主流的设备智能、

升值的高效新阶段。

智能物联 AIoT 1.0 是互联互通时代，使此前没有连接能力的哑设备接入物联网。全方位地革新了产业链、价值链运行模式，初步带来场景化的智能化体验，驱动行业数字化转型，促进产业发展从价值链模式向价值网络模式跃迁。

在 AIoT 2.0 中，通信被视为智能连接，提供通感智值一体化服务，为客户带来更深刻的变革和价值。产业架构发生变化，从过去的"端—边—管—云—用"升级为"通感智值一体化"。这不仅是技术层面的融合，更是一种跨学科、跨领域的综合演进，涉及通信、感知、智能与价值的深度整合。技术要素从过去的彼此"协同"向深度"融合"过度，从供应侧的技术划分走向需求侧的能力整合。

（2）从云端到边缘的算力迁移。

在物联网行业初期，智能算法主要部署在云端，这带来了快速迭代和灵活的终端部署等优势。然而，随着物联网的迅速发展，许多智能应用变得越来越复杂，原本部署在云端的模式已无法满足行业的发展需求。特别是智能物联网的应用逐渐从小数据传感器发展到机器视觉等更为复杂的感知方式，对本地音频和视频采集提出了更高的要求。现在许多物联网芯片搭载了更强大的 AI 算力，这使 AI 算力从云端向边缘过渡成为可能，为硬件设备提供商提供了更多选择。而数据的本地运算不仅能够大大节省带宽，提高及时性，而且本地化可以更快速地响应，数据安全性也相对云端更有优势。

（3）生成式人工智能的应用。

GenAI（Generative Artificial Intelligence，生成式人工智能）应用到物联网领域。GenAI 可以根据训练数据生成高质量的内容，尤其是文本、图像等。通过模拟各种生产场景和预测需求波动，GenAI 模型可以有效降低库存水平，同时确保资源的可用性并考虑需求波动。

在 GenAI 与物联网的交融发展中，两者展现出相互促进、相辅相成的强大动力。物联网的复杂性在 GenAI 的赋能下得以简化，加速了从设备互联到智能生态的构建进程，为物联网的广泛部署铺设了更加高效便捷的路径。同时，GenAI 的崛起极大地激发了物联网数据的需求与潜力，通过深度挖掘与分析，进一步凸显了物联网技术与数据资产的核心价值。

尽管当前物联网厂商在 GenAI 领域的布局尚处于初级阶段，应用场景相对有限，但正如物联网的发展历程，随着网络规模的持续扩张和用户体验需求的不断升级，GenAI 的潜力将被更充分地挖掘，其在物联网领域的角色也将日益凸显。

2. 在物流领域的应用

（1）增强的数据集成和信息共享。

AIoT 技术使各种运输方式的信息化系统可以实现数据的开放共享。通过部署统一的数据平台和使用标准化的数据交换格式，信息如始发终到时刻、晚点信息等可以在运输服务提供者之间无缝流通。这种数据的透明度和可访问性将大幅提高多式联运的效率和可靠性，减少因信息孤岛造成的服务中断和客户不满。

（2）智能化交通管理系统。

利用 AIoT 技术可以构建更智能的交通管理系统，这些系统能实时监控和管理城市交通流量、公共交通系统的运行状态。例如，通过实时数据分析，交通管理系统能自动调整交通信号灯的工作模式，优化车流量分配，减少交通拥堵。此外，AIoT 也能增强车联网系统的功能，提升道路安全和运输效率。

（3）个性化和定制化的物流解决方案。

AIoT 技术能够提供深入的数据分析和预测，帮助物流公司提供更加个性化和定制化的服务。例如，通过分析消费者行为和市场趋势，物流公司可以提前调整运力和库存，以满足特定地区或市场的需求变化。这不仅可以提高客户满意度，也能减少运输成本和时间。

（4）自动化和机器人技术的集成。

AIoT 的进一步发展将推动更广泛的自动化应用，特别是在仓库管理和末端配送领域。自动化仓库系统、无人驾驶运输车辆和配送无人机都将成为常态。这些技术的应用将极大地提高物流作业的效率和精确，并降低人力成本和操作错误。

（5）绿色和低碳物流。

随着全球对环保和可持续发展的重视，AIoT 技术也将在推动绿色物流方面发挥重要作用。通过优化运输路线、提高装载效率和使用清洁能源，AIoT 有助于减少物流运输中的能耗和碳排放。此外，智能系统可以监测和管理物流设备的能效，确保设备在最佳状态下运行，进一步减少环境影响。

（6）供应链的透明度和弹性。

AIoT 技术可以增强供应链的透明度和弹性，尤其是在应对突发事件和市场变化时。利用 AIoT 的实时数据监控和分析能力，企业可以快速响应供应链中的任何问题，从而减少供应链中断的风险，并在面临外部挑战时保持运营的连续性和效率。

（二）物联网 + XR

XR（Extended Reality，扩展现实），是指通过计算机将真实与虚拟相结合，打造一个可人机交互的虚拟环境，这也是 VR（Virtual Reality，虚拟现实技术）、AR（Augmented Reality，增强现实）、MR（Mixed Reality，混合现实）等多种技术的统称。通过将三者的视觉交互技术相融合，为体验者带来虚拟世界与现实世界之间无缝转换的"沉浸感"。

1. 关键技术

（1）VR 技术。

VR 技术又称虚拟实境或灵境技术，是 20 世纪发展起来的一项全新的实用技术。虚拟现实技术囊括计算机、电子信息、仿真技术，其基本实现方式是以计算机技术为主，综合利用三维图形技术、多媒体技术、仿真技术、显示技术、伺服技术等技术手段，借助计算机等设备产生一个逼真的三维视觉、触觉、嗅觉等多种感官体验的虚拟世界，从而使处于虚拟世界中的人产生身临其境的感觉。随着社会生产力和科学技术的不断发展，各行各业对 VR 技术的需求日益旺盛。VR 技术也取得了巨大进步，并逐步成为一个新的科学技术领域。

（2）AR 技术。

AR 技术，即增强现实技术，是一种将虚拟信息叠加到现实世界的技术。广泛运用多媒体、三维建模、实时跟踪及注册、智能交互、传感等多种技术手段，将计算机生成的文字、图像、三维模型、音频、视频等虚拟信息模拟仿真后，应用到真实世界中，两种信息互为补充，从而实现对真实世界的"增强"。用户可以通过佩戴 AR 眼镜等设备，看到现实世界中原本不存在的虚拟物体和信息。这种技术在教育、游戏、零售、工业等多个领域都有广泛应用。例如，在零售领域，消费者可以通过 AR 技术虚拟试穿衣物或预览家具摆放效果，提升购物体验。

（3）MR 技术。

MR 技术即混合现实技术，在虚拟环境中引入现实场景信息，让现实世界和虚拟世界产生联动，以增强用户体验的真实感。MR 通过空间定位技术、全息投影技术、人机交互技术、传感技术，混合显示为用户提供了"实中有虚"的半沉浸式环境体验。通过跟踪用户的运动和位置，并将数字信息叠加在现实世界的场景中，实现数字信息与现实世界的无缝衔接。MR 技术的优点在于它能够保留现实世界的感知，并将数字信息融入现实世界中，从而创造出一种全新的、增强的现实体验，在游戏、医疗、工业、教育等领域都有着广泛的应用。

2. XR 技术在物流领域的应用

（1）仓库管理。

XR 技术可以帮助仓库作业进行智能化升级，如通过 AR 眼镜与智能手持设备助力货物快速定位与追踪，结合电子标签技术，实现货物位置与移动轨迹的实时掌握。自动化拣货流程通过 AR 技术优化，提升拣货效率与准确性。XR 与物联网的融合可以让库存管理更加精准高效，通过强化自动补货与需求预测功能助力仓库运营优化。

（2）物流运输。

物流运输领域借助 MR 技术实现货物在途全程可视化，结合传感器实时监控货物状态。AI 与 XR 技术可以为物流配送赋能，进行路径优化，降低运输成本，提升效率。通过 AR 技术制作的驾驶员辅助系统可以提供丰富路况信息与安全导航，增强驾驶安全性与效率。

（3）物流可视化。

VR 技术通过构建三维模型展示物流配送网络，有利于管理者直观地了解配送网络的布局、运行状况以及存在的问题。借助模拟和预测技术，物流企业可以优化配送网络设计，确保每个配送环节均高效进行，提高运营效率。

（4）物流设备维护。

XR 技术帮助物流公司实现物流设备的远程监控，将终端设备与软件平台相结合，将物流设备的结构等信息，以三维的形式展示给操作人员，确保故障能够被及时察觉并迅速处理。同时通过虚拟培训手段提升员工对设备操作及维护的熟练度，进而增强设备的运行稳定性和使用寿命，降低因操作不当导致的损失。

三、典型案例——京东物控2.0 AIoT 监管仓方案

（一）方案背景

当前大多仓库场景对人工管理依赖严重，在管理的标准化、合理化方面均有待提升。AIoT 监管仓系统在不影响生产的前提下对仓库进行升级改造，通过安装或接入存量的传感器、摄像头等设备，实现对仓库场景多要素数据采集与分析，利用 3D 大屏进行可视化呈现，并对异常情况进行自动告警。实现对仓库的远程、全面、透明、智能管理。

（二）方案组成

京东物控 1.0 具备 5G 智能调度云边端一体化、全终端、数据融合、全链路、数字孪生、共建生态等特性，可以管理和接入供应链物流全环节的终端，对供应链物流各环节的数据采集分析，能够精准洞察问题环节，及时加以改进。

京东物控 2.0 在 1.0 的基础上全面升级两大核心能力：更懂仓库的 AI、更强大的仓储数字空间构建工具。基于京东物控 2.0 核心能力升级，京东物流打造了 AIoT 监管仓解决方案。升级后的京东物控具备从感知（物联采集）、理解（AI 分析）、与物理世界孪生互动（3D 数字孪生呈现）、到优化控制（智能控制）的闭环 AIoT 技术服务。

京东物控 2.0 方案组成如图 6-3 所示。

1.3D 数字孪生呈现：仓储数字空间的革新构建

京东物控引入了自主研发的 3D 灵境技术，作为仓储数字空间的核心构建工具。该技术已积累超过 300 个高精度三维模型，通过一键绑定物理世界对象编号，实现了生

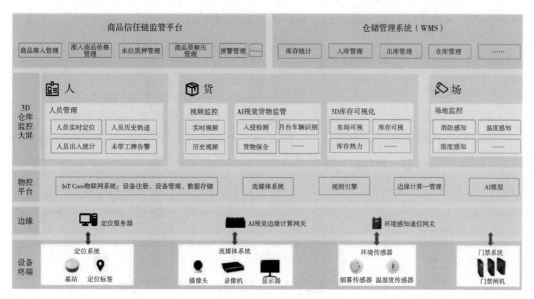

图6-3 京东物控2.0方案组成

资料来源：京东物控。

产全景的实时数据驱动监控。其可视化界面不仅展示了设备状态、作业动线等关键信息，还支持嵌入监控视频、指标面板等多源数据，为用户提供了一站式运营洞察平台。此次升级，3D灵境新增了自动化项目动画制作、库存热力图分析、以及3D场景自由漫游等功能，极大地拓展了数字孪生的应用边界，助力客户在仓储规划与运维监控方面实现端到端的智能化管理。

2. AI分析：深化仓库智能识别与决策能力

AI分析模块是京东物控的另一功能，它集成了从基础规则过滤到深度数据挖掘，再到神经网络智能识别的全链条服务。除了成熟的设备异常检测和预测性维护算法外，该模块还致力构建能够全面感知仓库内人、车、货、场等所有对象的智能模型。通过自动标注数据引擎与垂类数据的迭代训练，实现了对仓库环境的全方位智能感知。此次升级，京东物控进一步推出了云边一体化的图像识别、视觉盘点计数、视觉对象追踪等高级服务，为智能盯货、智能估货、异常入侵检测、暴力分拣预警、人员行为追踪等仓储管理场景提供了强有力的技术支撑。

3. AIoT监管仓方案：打造透明高效的仓库监管新生态

基于物联网采集、AI分析、数字孪生、智能控制等核心技术，京东物控精心设计了AIoT监管仓解决方案。该方案旨在通过数字化改造，降低动产质押的人力成本，提升货物监控的可靠性与透明度，同时为企业降低生产融资的门槛与成本。通过部署传感器、摄像头等智能设备，实现对仓库内多要素的全面数据采集与分析，确保货物及其存储环境得到智能化管理。该方案采用SaaS模式，无须本地安装服务器，用户可随时随地通过云端平台查看仓库实时情况，极大地提升了监管效率与灵活性。

（三）客户应用及成效

1. 项目概况

2023年12月，由广德市政府与京东物流共同打造的广德市金融监管专仓正式开仓。该项目由广德市商务局牵头，京东物流携手广德经开集团，利用AIoT技术对原有仓库进行数智化改造，实现对货物及其储存环境的智能管理，确保货物在仓的"防换""防丢""防损"。该金融监管专仓的交付与应用，帮助资方在当地快速落地开展动产融资业务，为当地企业提供放款快、利息低的融资服务，有效改善当地企业融资难问题。

2. 项目成效

（1）仓储运营升级结合物联网技术导入，为仓库金融监管降本增效。

京东物流金融监管专仓解决方案提供从前期业务咨询、仓内布局规划，再到金融监管专仓的人—货—场监管系统的整体构建服务。方案的核心是对质押物进行"控货"管理，京东物流金融监管专仓的"控货"能力全部基于自研的京东物控平台实现。在仓内运营管理的基础上，安装/接入存量的传感器、摄像头等设备，利用京东物控平台进行统一的数据采集、分析与呈现，提供3D库存可视、远程视频监控、AI货物监管、人员进出管理、场地环境感知、智能告警推送等功能，实现对仓库"人、货、场"全方位监管，解决方案如图6-4所示。而质押货物的解押、出库等动作均需由资方统一发放指令，不仅提供了相应的风险信息和事件预警功能，还能有效提升风控水平，降低监管成本。

图6-4　金融监管专仓解决方案

资料来源：京东物流官网《金融监管专仓 | 助力广德智能供应链中心全面升级》。

（2）实现全流程可视可控，监管全流程可追溯。

京东物控平台通过将AIoT系统与WMS系统的交叉验证，不但解决了系统与实际不符的风险，还能够完整采集质押品质检、入库、在库监管、异常告警、出库全流程信息，实现全流程可视可控，提供可追溯的"物的信用"。

（3）各种条件下均能精准识别，深化 AI 仓储场景应用。

基于京东物流各类型数千仓库场景数据训练，京东物控平台打造了全面的仓储场景视觉 AI 能力，包括边界布防、货物保全、货物盘点、库门监管、标识物监管、人员定位等。

京东物控平台的 AI 模型针对仓储场景各种情况有很好的适应能力，如能够适应仓库内不同天气及时段的光照变化，屏蔽灰尘及反光地面、镜面等环境干扰，实现在各种条件下均能精准识别。

四、物联网未来发展趋势

物联网快速发展，未来将立足物联网产业发展节奏、各行业物联网的应用现状，围绕网络、应用、标准、产业、服务、安全等工作，夯实物联网底座、提升产业创新能力、深化智能融合应用、营造良好发展环境，系统推进物联网应用规模拓展和产业生态繁荣。实现移动物联网应用场景的深度覆盖、移动物联网终端连接数的突破，并支持建设移动物联网产业集群。

此外，随着物联网新技术、新产品、新模式的推出，物联网标准化需求不断涌现，亟须加强物联网标准工作顶层设计，完善物联网标准化技术组织。将筹建物联网标准化技术委员会、优化标准供给结构、统筹各类标准研制，并建立全产业链标准协作机制，推动产业升级优化。

在相互连接的世界，物联网是数字技术影响力的见证，重塑各行各业并驱动全球社会经济变革。为促进世界各国物联网数字经济共同发展，减小数字鸿沟，呼吁世界各国打破物联网数字经济创新发展的壁垒，加强高新科技开放创新合作，共同创造智慧地球世界家园。世界各国政府机构和企业共同打造全球万物智联的数字经济市场体系，共同协商制定世界万物智联的数字经济国际公约，实现真正的万物互联互通。

第三节　智能云技术

过去十多年，在政策引导和产业界的共同努力下，我国云计算发展已从概念期进入创新活跃、广泛普及、应用繁荣的新阶段，取得了积极进展。而在生成式 AI、大模型的算力与应用需求刺激下，云计算市场保持长期稳定增长，并带来了技术的革新。传统的通用云计算正加速与人工智能融合，升级成为依托人工智能技术的智能云，给物流业也带来了新的机遇。

一、智能云服务体系

云计算可以通过网络将大量计算资源、存储资源和应用资源集中起来，形成一个可以提供各种服务的计算平台。这个平台上的资源可以根据用户的需求进行动态分配和调整，实现了计算资源的共享和高效利用。智能云指的是将人工智能技术应用到云平台上，通过云计算的方式为用户提供智能化的服务。这种服务可以是语音识别、图像识别、自然语言处理等各种形式的人工智能应用。通过云智能，用户可以在任何时间、任何地点、通过任何设备获取到所需的服务。

智能云体系包括 AIIaaS（Artificial Intelligence Infrastructure – as – a – Service，智能云基础设施服务）、AIPaaS（Artificial Intelligence Platform – as – a – Service，智能云平台服务）、MaaS（Model – as – a – Service，模型云服务）、AISaaS（Artificial Intelligence Software – as – a – Service，智能云应用服务）四大板块。

（一）AIIaaS

AIIaaS 以智算资源为核心，依托对智算资源的融合提供智能云服务，并使用调度管理工具充分发挥智能云资源池能力。在传统模式的 IaaS 中，云资源池以通用计算为主体，随着全球 AI 大模型的井喷式发展，智能算力需求增速远超芯片性能提升和产能扩张速度的上限。其中以 GPU（Graphics Processing Unit，图形处理器）为代表的芯片成为提供智能算力的主力军，借助云计算能够实现零散智算资源集中与纳管的优势，各大云厂商纷纷在智算领域进行布局，形成千卡、万卡智能云集群，AIIaaS 成为云计算新范式——以云服务的方式提供可便捷获取的智能算力。云计算与智算资源融合形成的智能云能够为大模型训练和推理提供充足的算力资源，已经成为促进人工智能领域发展的坚实技术底座。

（二）AIPaaS

随着大模型技术的火热以及云计算技术的发展，打造智能算力、通用算法和开发平台一体化的新型智能云工程平台成为云服务商竞相发力的方向。智能云工程平台在传统的云服务基础上融合智算资源，更加注重平台在智算服务开发能力的丰富和创新，为人工智能的发展提供更加高性能的计算、更加智能的运维、更加稳定的平台性能和更加灵活的应用生成能力。

AIPaaS 提供丰富的 AI 组件和模型及算法仓库，让用户模块化、定制化进行人工智能开发。AIPaaS 通过融合强大的智算资源，提供高效的开发工具、通用模型仓库、私域模型仓库以及集成高质量的数据集，为满足人工智能从零开始训练大规模模型、处理复杂计算任务的需求提供了强有力的支撑。平台丰富的算法库、数据集和开发工具，通过自动化的流程管理和优化，降低了人工智能应用的开发门槛。平台内置的通用大模型和私域模型，还可以实现模型的开箱即用，提高开发效率。这些平台还提供丰富的数据集，包括公开数据集和定制数据集，帮助开发者进行模型训练和测试。

AIPaaS 是一站式模型开发训练推理部署平台，成为大模型时代应用生成的加速器。随着模型规模的不断增大和复杂度的不断提高，其对计算资源和开发效率的要求也越来越高。AIPaaS 在智算资源的加持下，提供一站式的大模型开发部署流程，包括数据预处理、模型训练模型评估、模型部署等。这些流程可以通过自动化工具进行高效执行，减少了开发者的重复劳动，提高了开发效率。这种集中化的资源管理、自动化的流程执行、高效的协作方式、弹性扩展的能力，为大模型时代的人工智能应用生成提供了强有力的支持。智能云工程平台继承了传统通用云平台开发和部署流程的优势，支持多用户协作开发，不同的开发者可以同时在平台上进行工作，通过版本控制等工具进行代码和数据的共享和协作，这种高效的协作方式可以加快模型的迭代和优化速度，提高模型的性能。

AIPaaS 提供安全稳定的运行环境，为人工智能模型开发提供支撑和保障。AIPaaS 通过多层次的安全保障和稳定性措施，确保了 AI 模型从训练到部署的整个过程都处在一个安全、可靠的环境中。在安全方面，智能云工程平台全面考虑了数据安全、模型安全、通信安全、平台安全、网络安全和算法安全等多个维度。通过数据加密、访问控制、模型鉴权、算法认证、入侵检测与防御等手段，防止了未经授权的访问和恶意攻击。同时，平台还对 AI 模型进行了严格的安全防护，防止了模型被篡改或滥用。这些安全措施共同构成了一个全方位的安全体系，为 AI 模型的开发和应用提供了坚实的保障。在稳定性方面，面对大规模集群训练中断频繁、恢复时间长、重复训练等困境，智能云工程平台通过容灾建设、可观测性和混沌工程等手段，确保了平台的稳定性和可靠性。

（三）MaaS

MaaS 将复杂的 AI 模型应用开发能力进行标准化封装，为用户提供了一个便捷化的模型服务平台。在传统模式下，大模型的训练、推理和部署通常需要庞大的底层算力、丰富的训练数据以及先进的模型算法支撑。此外，数据管理、模型安全、应用编排、性能监控等环节也需要大数据、云原生、网络安全等复杂技术的支撑。这些因素不仅增加了企业的技术投入和运营成本，也限制了 AI 技术的广泛应用。然而，MaaS 的出现彻底改变了这一局面，它在 AIPaaS 的基础上通过标准化封装，深度整合计算资源、模型算法资源以及数据管理、模型安全、应用编排、性能监控等能力，形成了面向应用开发的覆盖训练、推理到部署的全生命周期模型服务方案，用户只需通过 API 和 SDK 即可进行模型服务的调用和使用。这种一站式的服务模式为用户提供了便捷化的模型服务体验，极大地降低了用户管理模型和开发应用的门槛，使 AI 技术成为物流企业可以轻松利用的工具。

（四）AISaaS

AISaaS 推动 AI 技术深入行业企业，助力用户快速应用 AI 服务。SaaS 是云技术的综合体现和应用形式，通过结合云与 AI 技术，面向企业与各行业需求开发，包装形成开箱即用的 AISaaS，为用户提供便捷的 AI 服务入口。SaaS 与 AI 的深度融合不仅加速 AI 本身的创新和训练过程，而且极大地拓展了 AI 技术的应用边界。一是 SaaS 模式助力 AI 理解业务细节。AI 技术实现大范围应用，需要深入了解行业业务的运作机制、业务流程和痛点难点。与深入各个业务领域的 SaaS 紧密合作，有助于 AI 能够深度融入业务需要，解决实际问题。二是 SaaS 模式推动用户快速接入 AI。SaaS 即开即用的业务模式帮助快速部署落地生产级的可用 AI 能力，避免为搭建 AI 基础设施和组建研发团队投入大量成本，并且 SaaS 模式按需使用、按量付费的收费方式也降低了用户的智能化成本。三是 SaaS 模式提供高质量业务数据提升模型质量。SaaS 服务商通过积累的大量业务数据训练 AI，使其提供的人工智能服务能够根据用户需求和市场趋势持续迭代更新，使用户在没有充足数据训练的情况下，也能享受经过完善训练后的 SaaS 化智能服务。

AISaaS 赋能垂直行业快速转型，适应市场变化。面向垂直行业的 SaaS 服务可以对特定行业的需求提供高度定制化的解决方案，结合大模型等 AI 技术后，能够更好地理解行业特有的数据特征和业务需求，从而提供更加精准的服务。如在物流领域，通过结合智能分析的供应链管理 SaaS，预测市场需求变动，优化采购计划，实现供应链的快速响应和灵活调整，降低物流成本，提升整体供应链效率。如某大型零售公司的补货系统，通过分析销售数据、节假日、天气预测等因素调整订单内容和频率，确保库存在客户满意度和周转率之间实现平衡。

二、应用——百度智能云智能调度引擎

（一）产品介绍

百度智能云智能调度引擎以强大的算法能力为核心，以百度地图为载体，以云计算、大数据为基础，通过灵活配置约束条件、大规模计算的算法优势，来为不同物流模式下的各种场景提供优质解决方案，帮助合作伙伴在智能调度、路径优化、排单派

车、仓库选址等真实场景下，做到成本最优，效果显著，其产品架构如图6-5所示。同时，百度智能云智能调度引擎可以结合货运的独特属性，规避五限信息，推荐更准确有效的路径，从而帮助合作伙伴真正做到降低运营成本，提高物流效率。利用自研的 AI 算法，百度智能云智能调度引擎可以在分钟级时间内运算出满足各项业务需求的最佳运输方案，综合考虑车型、运输地、收货时间窗等约束，选择最合适的车型和路线生成成本最优的运输调度方案。其在技术方面和产品方面都具有独到优势。

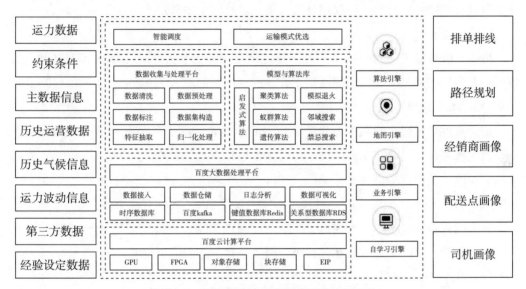

图6-5　百度智能云智能调度引擎产品架构

资料来源：https://cloud.baidu.com/product/ils.html。

1. 技术优势

与同类型其他产品相比，百度智能云智能调度引擎的技术优势明显，利用领先的分布式计算，比以往更专业、更灵活，能支持超大规模且复杂度极高的物流场景。

（1）专业的优化效果。

百度智能云研发了高级自适应邻域大规模搜索算法，通过自适应选择退火模型、禁忌搜索等多种混合式启发算法，性能优于单一的遗传算法、蚁群算法等，持平多项世界纪录，拥有多项专利技术。

（2）超大规模片区求解。

针对超大规模（5000个点）的无限车队多点规划问题，自主研发了基于大数据并运用机器学习算法的自适应规划算法，能根据地理位置、货量分布、车辆运载能力等多个影响因素将超大规模问题进行分解，导致对超大规模的 VRP（Vehicle Routing Problem，车辆路径问题）进行高质量路径规划成为可能。

（3）领先的分布式计算。

利用领先的分布式计算技术，实现多集群多节点并行求解，支持高并发高容错能力，能在较短的时间内可靠地解决大规模的多点路径规划问题。

（4）灵活的适应性。

支持多仓多车型大规模路径规划，支持多种优化目标自定义、覆盖物流业务常见约束条件。还支持距离计算方式自定义，以及多种距离度量方式，包括球面直线、欧几里得以及地图导航与实时路况结合的大规模多维时空距离矩阵。

2. 产品优势

借助百度智能云强大的技术实力，智能调度引擎为企业带来了四大产品优势，在数据、算力、结果和全要素上都区别于普通的调度产品。

（1）数据准确。

结合百度地图强大的数据制作团队以及百度智能云天工特有的数据反馈通道，无论是在一线城市，还是在偏远山村，都可保证道路基础数据在短时间内得到有效改善，为物流调度的精准性提供数据保障。

（2）算力强大。

强大的智能调度引擎，可快速生成千万级路网数据，支持多个不低于6000点位的配送任务同时计算，计算时间在分钟级，极大缩短了用户的等待时间。

（3）结果精准。

综合考虑运输车辆的不同类型，国家对车辆的限制政策以及未来路况的预测，有效规避禁行、拥堵路段，规划最优路径；针对不同行业的运输特点以及企业对城配司机的特有要求，可对规划结果进行私有定制（如最大时速、避让特有路段等限制），从而使计算结果更加符合企业的真实场景。

（4）全要素在线。

依托物联网平台的基础服务，实时掌控车辆信息、货物信息并给用户提供高质量的可视化展示。结合运输计划，可对司机在运输过程中的行为进行有效监控，并对司机的异常驾驶行为进行有效监控、预警。

目前，百度智能云智能调度引擎已经应用于零售、烟草、危化品等行业，为客户带来了显著的效果，节省人力成本80%以上，降低运输成本40%左右。

（二）实践案例

1. 帮助一汽物流优化整车盘点模式

一汽物流与百度智能云合作，运用无人机航拍取代人工盘点。在优化过程中，在一汽物流汽车检测模型设计过程中，需要考虑数据量不足等问题，百度智能云首先选用基于物体检测模型的网络结构。该网络已经利用相似场景的数据进行了预训练，通过迁移学习技术将百度智能云技术积累并快速建立汽车检测场景的特征提取网络，利用其提取出的特征，进行定位和分类的网络。

特征提取之后，需要选取数据，进行训练。此次合作选取区域建议模块，主要用于在原图中提取出一些检测候选区域。这种模块的选取，在减少运算量、降低训练难度的同时，提升了精度。

经过多次的数据训练，无人机准确识别率提升至100%。通过无人机不仅能够轻松识别车辆信息、车辆数目、实拍照片中场地划线区域或标注区域点位，生成区域内商品车停放位置示意图，还可与已有整车仓储定位管理系统进行对接，并互通数据，按照系统提供的数据生成模拟点位图，与生成的点位示意图进行对比，并得出相关结论。

2. 帮助唯捷城配一键智能排线

针对调度和配送效率低问题，唯捷城配引入了百度智能云联合百度地图共同推出的物流地图，这不仅提高了路线规划的质量，还提高了客户整体的满意度。首先，物流地图的私有图层，可以根据唯捷城配服务的门店与路线进行自定义标注，在地图上标记门店的禁停区、可停车区等特殊化的信息，还能对实时收到的路段施工、禁行等信息进行标识。App中嵌入了相应的物流地图导航的软件开发工具包，司机可以在接收到配送任务时利用可视化地图模式查看配送路线并进行导航，物流地图可根据车型提前规避限高、限行、限重和禁区等路段。解决了调度对于司机行驶路线的监管问题，同时也提高了司机的配送效率。

针对配送过程的监控和预警问题，唯捷城配引入百度鹰眼轨迹管理服务，对司机的轨迹位置进行实时监管，及时获取司机的位置信息和每个司机的真实行驶轨迹，通过地理围栏监控，实现了司机的自动签到和位置的智能提示与预警，减少了司机对App的操作次数，提高了驾驶的安全性。并且调度人员可以通过可视化的界面查看和回放司机的行驶轨迹，方便对司机行驶路线进行分析，实现进一步的路线调优，极大地提高了整体运营的服务质量。

针对城配领域的调度问题，唯捷城配通过使用百度智能云智能调度引擎，实现一键智能排线，可从重量、体积、时间、行驶距离、装载率等多个维度考虑，满足不同客户的排线需求，结合百度专有的物流地图，实时避开五限线路（限高、限重、限宽、限轴、限行），使唯捷城配为客户提供高质量服务的同时也为客户大大节省了时间和配送成本。

通过百度智能云智能调度引擎赋能，唯捷城配保障了路线的合理性和高效性：解决了调度对于司机行驶路线的监管问题，同时也提高了司机的配送效率。这不仅提高了路线规划的质量，还提高了客户整体的满意度。通过可视的实时监控让管理更精细：

引入百度鹰眼轨迹管理服务，方便对司机行驶路线进行分析，提高了整体运营的服务质量。智能排线，构建智能化物流配送：唯捷城配通过使用百度智能云智能调度引擎，为客户提供高质量服务。

3. 帮助河北港口集团打造智慧港口

在河北港口集团的云计算数据中心项目中，百度智能云采用了专有云 ABC Stack 超融合版解决方案，用创新打造极简、稳定、高性能的超融合新架构，包含私有云、混合云、托管云的整体解决方案，提供从本地到云端、从私有云到混合云完整的云计算方案与服务，为数字化转型构筑稳固的基石，且能有效节省投资成本、缩短应用上线时间、降低运维复杂程度，帮助用户解放生产力，专注业务创新。

通过"上云"整合相关数据后，百度智能云领先的 AI 技术可以对数据进行智能化处理，提升数据价值，最后帮助港口实现数据治理、智能管理，这将为港口运营服务、港口物流服务、通关服务体系建设等智慧港口建设提供坚实的基础。届时，港口物流各环节信息可实现智能感知、实时采集、数据共享，可为上百家港口上下游企业提供信息服务，极大提升了港口物流信息透明度和港口物流效率。

百度智能云参与建设的云计算数据中心可以节省 40% 的硬件投入，提高 30% 左右的设备利用率，降低 30% 左右的能耗。云计算数据中心的投入运行，将逐步集中分（子）公司自有服务器、网络应用系统到云服务器，各分（子）公司向云计算数据中心申请定制化网络和计算服务。目前，云计算数据中心已经搭载了网厅电商平台、客户服务 App 和其他智慧港口相关的应用系统。

三、智能云技术发展趋势

随着数字中国建设持续深化，产业变革不断加速，云计算作为人工智能、大数据等数字技术产业底层助力的重要性将日益凸显，正在成为持续推进新一代科技革命和产业变革的关键技术引擎，加速新质生产力发展，构筑国家竞争新优势。未来数年，云计算在提升人工智能算力、算效等方面的价值将被接续发掘，并深度影响社会发展、产业变革、人类生产生活。聚焦云计算产业，将呈现如下趋势。

一是战略上，全球主要国家本土云计算战略仍将继续升级，全球云计算开放度或将收紧。随着人工智能算力成为全球性紧缺战略资源，云计算的算、调一体属性将天然使其成为解决算力供应问题的最优方式，是决定人工智能竞争胜负的关键。美欧等地区一方面将持续提升云计算在本土领域的战略价值，推升云计算对其政务、工业、制造等行业的价值供给，另一方面出于国家安全和战略优势考虑，将不断收紧对外国厂商和外国用户的政策包容度，这一趋势预计在当前国际形势下会得以延续。我国将持续聚焦云计算赋能价值，助力企业数字化智能化发展。

二是路径上，云计算产业关注点不断上移，将更加侧重提升易用、安全、稳定、优化等精细化管理水平。经过十余年发展，云计算产业发展已至成熟阶段，主要表现为市场增速稳定、核心技术成熟、竞争格局稳定、产业链条完整。云计算底层技术已基本完善，产业发展特征推动其发展重点上移，应用现代化、稳定性保障、云原生安全、云成本优化、行业云平台等云计算"工程实施"层面的内容将越发成为今后发展的核心关注点。模式上，"云＋AI"服务模式创新发展，将开启云计算产业智能化新纪元。技术侧，云计算加速融合，算网云调度操作系统推动算力、网络、云计算协同发展，加速高效互联的算力互联网体系构建，算力标识、高性能传输协议 RDMA 等核心技术将成为创新发展方向。服务侧，人工智能技术演进正加速算力结构变革，智能算力成为未来算力主要竞争点，"计算能力＋AI 服务能力"的智能云计算将成为关键，智能云服务技术和应用发展成为趋势。应用侧，MaaS、AISaaS 以标准化、便捷化等为特征的云计算基础设施封装 AI 能力，将极大地推进人工智能大模式的落地应用，成为未来数年的发展重点。

第四节　数字孪生技术

近年来，数字孪生技术在生产管理等方面取得了长足的进展，促进了物流供应链管理水平的提升，把供应链数字化提升到新的高度。数字孪生技术和仿真有着密切的联系，但比传统仿真有着更强的功能。在海量数据的支撑下，结合物联网、人工智能等技术，数字孪生在物理世界和数字世界之间建立了密切联系，能对实体产品和服务进行全生命周期追踪，为智慧物流提供了新的发展模式和决策支持。

一、关键底层技术

数字孪生过程中涉及多种技术，建模、渲染、仿真是数字孪生的关键技术，分别负责从不同层次构建模型，让模型更贴近现实。同时，数字孪生体需要和物理实体保持全生命周期状态的同步更新，要求数据实时同步，因此大数据处理、云计算以及人工智能等成为必不可少的底层技术支持，保证数据流通、实时交互。

（一）大数据处理技术

数据是数字孪生的实现基础。数字孪生系统需要处理和分析来自物理实体的海量数据，数字孪生中的孪生数据集成了物理感知数据、模型生成数据、虚实融合数据等高速产生的多来源、多种类、多结构的全要素/全业务/全流程的海量数据。大数据处理技术能够高效地存储、管理和分析这些数据，提取有价值的信息，为数字孪生模型提供准确的数据支持。通过大数据处理技术，数字孪生系统可以实现对物理实体的实时监测和仿真，提高系统的运行效率和可靠性。

此外，大数据处理技术还能够支持数字孪生系统的预测和优化功能。通过对历史数据的分析和挖掘，大数据处理技术可以预测物理实体的未来行为和趋势，为决策和优化提供科学依据。这种预测和优化能力对于提高生产效率、降低成本具有重要意义。

（二）人工智能技术

人工智能是数字孪生生态的底层关键技术之一，其必要性主要体现在数字孪生系统中的海量数据处理、系统自我优化两个方面，使数字孪生系统有序、智能运行，是数字孪生系统的中枢大脑。

通过与人工智能技术深度结合，促进信息空间与物理空间的实时交互与融合，数字孪生得以在信息化平台内进行更加真实的数字化模拟，并实现更广泛的应用。将数字孪生系统与机器学习框架结合后，可以根据多重的反馈源数据进行自我学习，从而实时地在数字世界里呈现物理实体的真实状况，并能够对即将发生的事件进行推测和预演。数字孪生系统的自我学习不仅可以依赖传感器的反馈信息，也可以通过历史数据或者是集成网络的数据学习，在不断自我学习与迭代中，模拟精度和速度将大幅提升。

（三）物联网

数字孪生需要对物理空间进行精准的数字化复现，并通过物联网实现物理空间与数字空间之间的虚实互动。在数字化仿真阶段，数据的传递并不一定需要完全实时，数据可在较短的周期内进行局部汇集和周期性传递，物理世界对数字世界的数据输入以及数字世界对物理世界的能动改造基本依赖于物联网的高精度传感器，通过无线网络实时收集机器数据和状态，将物理资产变为数字资产。

物联网是数字孪生的载体，数字孪生是物联网的底层逻辑，二者相辅相成。一方面，物联网为数字孪生的数据流和信息流提供参考架构；另一方面，数字孪生是物联网发展应用的新阶段。数字孪生之所以变得越来越受欢迎，是因为它能够显著降低物联网生态系统的复杂性并提高效率。

（四）云计算

云计算是数字孪生实现的重要基础设施，允许实时存储和处理来自资产及其数字孪生模型的大量机器数据。建模、渲染、仿真所带来的庞大数据的处理需要采取云端结合的方式，才能更好地在保证算力的情况下提升处理速度。

数字孪生系统复杂功能的实现很大程度上依赖于其背后的计算平台，实时性是衡量数字孪生系统性能的重要指标，因此，基于分布式计算的云服务器平台是其重要保障。同时，优化数据结构、算法结构等同样是保障系统实时性的重要手段，如何综合考量系统搭载的计算平台的计算性能、数据传输网络的时间延迟以及云计算平台的计算能力，设计最优的系统计算架构，满足系统的实时性分析和计算要求，是其应用于数字孪生的重要内容。平台计算能力的高低直接决定系统的整体性能，作为整个系统的计算基础，其重要性毋庸置疑。

（五）APIs 和开放标准

APIs 和开放标准在数字孪生技术中扮演着至关重要的角色。它们不仅是连接物理世界与数字孪生体的桥梁，还促进了不同系统、平台之间的无缝集成与高效协作。APIs是一组定义了软件组件之间交互的规则和协议。它允许不同的软件系统相互通信，分享数据和功能。APIs 可以被视为软件应用程序之间的桥梁，使开发者能够利用现有的功能，而无须从头开始构建。开放标准是指以公开、透明和非专利的方式制定的技术规范，其目的是促进技术共享和创新，提供更大的互操作性。

在数字孪生技术的应用中，APIs 和开放标准共同支持了从数据采集、处理、分析到决策反馈的全链条优化。通过 APIs，数字孪生系统能够轻松接入各种物联网设备、传感器等数据源，获取实时、丰富的物理世界数据。而开放标准则确保了这些数据能够在不同系统间自由流动，被不同应用程序所利用，确保了不同厂商、不同技术体系下的数字孪生系统能够遵循统一的规范和协议，实现数据的互操作性，避免了技术壁垒和孤岛现象。这种灵活性和可扩展性极大地提升了数字孪生技术的应用价值，使其能够广泛应用于智能制造、智慧城市、智慧医疗等多个领域，助力企业实现数字化转型和智能化升级。

APIs 和开放标准是现代技术领域中不可或缺的关键技术。它们共同构成了数字孪生等复杂系统的基础，促进了不同组件之间的通信和协作，提高了系统的整体性能和可靠性。

（六）增强现实、混合现实和虚拟现实技术

增强现实、混合现实和虚拟现实技术对数字孪生技术具有关键性的推动作用。这些技术不仅丰富了数字孪生的交互方式，还极大地扩展了其应用场景和价值。增强现实技术使用户能在现实环境中直接叠加数字孪生的虚拟信息，这种直观的数据可视化方式提供了即时反馈，有助于决策者深入洞察复杂系统和流程。与此同时，混合现实

技术融合了虚拟与现实世界的界限，为用户带来沉浸式体验，使数字孪生体的操作和模拟变得前所未有的直观和精确。虚拟现实技术则构建了一个全虚拟的环境，让用户置身于数字孪生世界之中，进行深入交互与测试，这对于优化设计方案以及进行精确模拟等方面发挥着至关重要的作用。这三种技术各自独立又相辅相成，共同推动了数字孪生技术的发展，拓宽了其应用领域并提升了其价值。

这些技术能够为数字孪生提供直观、生动的可视化界面，提高用户对物理世界的感知能力，使决策过程更加直观和高效，共同促进了数字孪生技术在设计优化、故障预测、运维管理等多个领域的深入应用，提升了决策效率和准确性，推动了行业的智能化发展。

二、在物流领域的应用

（一）北自科技智能物流数字孪生系统

北自科技智能物流数字孪生系统通过数字孪生等数字技术与智能物流深度融合，打通数字基础设施、贯通数据资源，加快提升数据资源规模和质量，有效释放数据要素价值，实现车间物流产线三维可视化监控与虚实交互的自动化生产作业、装备及产线故障诊断与预测、生产作业策略自适应调度优化、增强现实远程运维协作以及虚拟现实沉浸式培训，从而实现复杂物流装备全生命周期的智能管控，如图6-6所示。

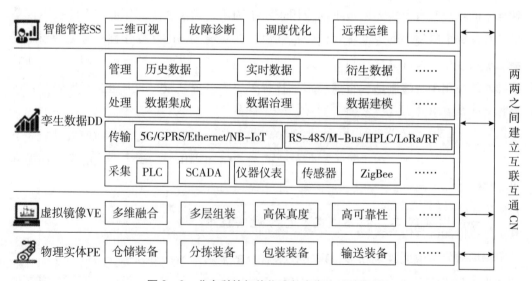

图6-6 北自科技智能物流数字孪生系统架构

资料来源：https://mp.weixin.qq.com/s/bWQ9rvx712uAl3pRa7G5GA。

化纤工业是纺织产业链稳定发展和持续创新的核心支撑，是国际竞争优势产业，也是新材料产业重要组成部分。传统卷装作业存在工人劳动强度大、效率低、混批降等损耗大等问题，常规自动化设备难以替代人工作业，因而成为化纤行业进一步转型升级的瓶颈。北自科技自主研发设计的智能物流数字孪生系统应用于化纤工业，通过技术、工艺、装备、系统和解决方案等的创新、研发和应用，首次构建了贯穿化纤长丝制造物流全流程系统，包括全自动落丝卷装智能转运、平衡暂存与智能外观在线检测、智能包装、成品智能存储、综合信息管理及 MES 系统，研制了高性能落丝机、转运机器人、自动裹膜机、龙门码垛机器人等多种高端数字化智能装备，突破了丝饼信息多点绑定和多重校验技术、多等级丝饼和纸箱智能分拣技术、机器人末端执行器柔性化技术等关键技术，实现了化纤制造过程物流的自动化、信息化、智能化。

北自科技智能物流数字孪生系统梳理卷装作业工艺，凝练关键技术，提出适应全流程作业的智能制造新模式。结合刚柔耦合特性，研发直角坐标落卷机器人、在线智能检测装备等专用设备；采用模块化设计，构建适应多品种要求的硬件系统。提出机器视觉检测算法与标准，实现外观在线智能检测；运用多源异构数据分析技术，开发实时智能管控系统，实现高效智能化作业。建立纺织车间数字孪生管控系统，实现三维可视化监控；分析物流设备故障模式，利用智能算法建立学习模型，进行故障预测与诊断，实现实时监测控制。为化纤长丝生产车间智能化奠定了坚实基础。目前，已实现大规模产业化应用，成为大容量化纤长丝工厂建厂必选，经中国纺织工业联合会鉴定，整体技术达到国际先进水平，打破了国外企业装备在中国化纤长丝自动化生产领域的垄断，替代了进口，并形成系列理论应用创新成果，填补了行业空白。

北自科技依托物流信息与数字化技术，融合数字孪生技术，研发出智能物流数字孪生系统，并在装备、产线及供应链三个层面进行了深入应用。随着 5G 通信、边缘计算、人工智能等新技术的广泛普及，物流数据的采集与处理效率及准确性显著提升，为数字孪生技术的实际应用奠定了更为坚实的基础。

（二）顺丰科技数字孪生中转场

目前，数字孪生技术在物流的中转分拨环节被广泛应用。对于物流行业来说，中转分拨是其普遍面临的复杂场景之一。通过构建高度真实的虚拟数字孪生体对场地的真实分拣情况进行仿真模拟，平台依靠数据与算法输出了更优的分拣计划，大大提升了中转场的分拣验证效率。

数字孪生与小件分拣融合是一条必由之路。以小件分拣计划为例，过去传统做法是，由经验丰富的资深管理人员人工制订分拣计划，但受限于验证环境的缺乏、验证周期较长、耗费人力物力等原因，人为制订分拣计划的优化效果存在较大上限。而基于数字孪生的全新优化方法，可以在逼真度达99%以上的虚拟孪生体中每天验证数千次，既高效可靠又突破了优化的瓶颈，分拣效果更优。在现实中转场小件分拣机的多个作业班次上验证，可增加超过8%的半圈落格的件量，且在相同件量下可缩短超过10%的分拣时长，在固定分拣时长下可实际提升超过8%的平均产能。综合应用数字孪生技术以推进物流发展与升级，使物流不再是瓶颈，这不仅提升了效率与服务质量，还可能开辟出全新的市场。

目前顺丰科技已经成功构建了中转场数字孪生分拣线，建立了高度逼真的物流自动化设备孪生体及数字孪生平台，为物流中转场提供了端到端的高度逼真的孪生验证环境。已完成上百个数字孪生分拣机模型搭建，小件分拣计划优化数字孪生解决方案已在全国数十家中转场部署应用。顺丰利用数字孪生技术，优化了运营策略，提高了产能，降低了成本，解决了业务中的实际问题，实现了物流中转场的智能运维，其小件分拣计划的数字孪生体示意如图6-7所示。

图6-7　顺丰科技小件分拣计划的数字孪生体示意
资料来源：https://mp. weixin. qq. com/s/xbPKDlflrc1hDvjSkUWPzw。

总体来说，使用数字孪生技术构建的数字孪生中转场，对场地的真实分拣情况进行仿真模拟，实现了几乎零成本、高质量的切换。快速反馈与优化，让数字孪生场地输出的分拣计划工序更流畅、布局更合理，中转场的产能得到了迅速提升，包裹在中转场流转的速度大幅提升，大大提高了分拣效率，降低了分拣成本，提高了分拣质量。

（三）云镜数字孪生系统

在数字孪生机场这一场景中，数字孪生技术结合大数据、仿真、AI、VA视觉分析等技术，构建云镜数字孪生系统，通过对地理信息、建筑模型、作业实体、航班/物流、分拣设备及业务规则等物理机场运作数据的全流程数字化映射，使物理机场与数字孪生机场数据同频交互和同步迭代优化，实现机场空侧机坪、快件分拣中心、机场陆侧交通运输三大业务板块的打通与协同联动，打造"事前规划预演、事中动态调整、事后复盘优化"的完整闭环。云镜数字孪生系统整体框架如图6-8所示。

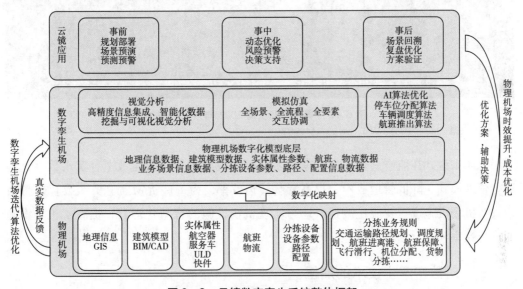

图6-8 云镜数字孪生系统整体框架

资料来源：https://mp.weixin.qq.com/s/xbPKDlflrc1hDvjSkUWPzw。

鄂州花湖机场是国内首个专业货运枢纽机场。云镜数字孪生系统广泛应用于鄂州花湖机场从规划、建设到运营阶段的多种场景，为机场设计选型方案评估验证、资源优化配置、安全高效运行等重要决策提供有力支撑。鄂州花湖机场有着2.3万平方米的机场货运站、近70万平方米的转运中心、124个机位及2条3600米长、45米宽的跑道，如图6-9所示。在建造过程中，不只是要求建设速度，更有对质量的精细追求：场道工程"零返工"。利用建筑模型信息化（Building Information Modeling，BIM）技术，取代依靠二维图纸施工的传统模式，线上提前预演，线下精准施工。在实体机场建成之前，一个数字孪生机场就已诞生——工程师在电脑程序中用4000万个构件搭建起一个三维机场模型，数据量高达150G，细到直径为10毫米的钢筋都能在设计图中精准呈现。

图6－9　鄂州花湖机场2021年规划效果

资料来源：https://www.sohu.com/na/444454136_362042。

总体来说，在航空领域，数字孪生可对机场设施进行智能化改造，实现数字化的运行管理模式，降低管理成本，提高货物转运效率，为每件货物插上了"数智翅膀"；通过对机场设施进行智能化改造，还可实现机场设施的智慧化运营，提高了机场设施的运行效率和安全保障水平。

三、对数字孪生技术的展望

（一）多学科与多方向融合，引领创新应用新篇章

1. 跨学科知识交汇，推动技术革新

数字孪生技术的发展正逐步展现出其跨学科融合的特性，使模型在模拟和分析过程中能够更加准确地捕捉系统的关键特征，从而提高了模型的准确性和可靠性。同时，这种跨学科的知识融合也为技术的持续革新和发展开辟了广阔的道路。它激发了不同学科之间的创新灵感，推动了新技术和新方法的不断涌现，为数字孪生技术在各个领域的广泛应用奠定了坚实的基础。

2. 多领域技术融合，拓展应用边界

数字孪生技术正逐步与多种新技术和新方向进行融合，进一步拓展其应用边界。与虚拟现实、增强现实等技术的结合，为用户提供了更加直观和沉浸式的交互体验，使数字孪生技术的应用场景更加丰富多彩。与大数据、云计算等技术的结合，实现了

数据的实时采集、处理和分析，提高了数字孪生的实时性和准确性。这种数据驱动的技术融合，不仅为数字孪生技术的应用提供了更加可靠的数据支持，也为其他数据密集型领域的发展提供了新的思路。与人工智能技术的结合，更是实现了更加智能化的决策和优化支持。通过引入 AI 算法和模型，数字孪生技术能够更加精准地预测和模拟系统的运行状态，为工程师提供更加科学的决策依据。

（二）通用平台构建与标准化推进，加速数字孪生技术普及

1. 通用软件平台搭建，降低技术门槛

为了广泛推广数字孪生技术并显著降低其应用成本，未来将加强通用软件平台和工具的研发。这些平台将不仅提供便捷、高效的数字孪生建模、仿真及优化工具，还将致力简化操作流程，降低技术使用的复杂性。通过这些平台，用户将能够快速构建和验证数字孪生模型，无须具备深厚的专业知识背景，从而有效降低技术应用的门槛。这些平台将集成先进的算法和技术，支持用户进行高效的模型创建、修改和优化，提高工作效率，缩短项目周期。同时，平台还将提供详尽的用户指南和教程，帮助用户快速上手，掌握数字孪生技术的核心概念和操作方法，进一步降低技术学习和应用的难度。

除了提供便捷、高效的数字孪生建模、仿真及优化工具外，未来通用软件平台还将提供丰富的数据接口和扩展功能，以满足用户根据实际需求进行定制和扩展的多样化需求。这些平台将支持用户与不同系统、设备进行数据交换和集成，实现数字孪生模型与其他系统的无缝连接。同时，平台还将提供强大的扩展功能，允许用户根据具体应用场景和项目需求，进行个性化定制和扩展。这些功能将包括模型参数的调整、数据格式的转换、新算法和技术的集成等，以满足用户在不同领域的多样化需求。通过提供这些丰富的数据接口和扩展功能，通用软件平台将为用户提供更加灵活、高效的数字孪生技术解决方案，推动数字孪生技术在各个领域的广泛应用和深入发展。

2. 标准化体系构建，规范技术发展

为了引导数字孪生技术朝着更加规范化、标准化的方向发展，未来将重点加强通用标准的制定工作。这些标准将全面覆盖数字孪生的建模、数据库建设、数据交换等关键环节，旨在明确各个环节的技术要求和操作流程，确保不同系统和平台之间的互操作性和兼容性。通过制定这些标准，为数字孪生技术的发展提供明确的指导和规范，避免技术发展的混乱和无序。这些标准将充分考虑数字孪生技术的特点和需求，确保其在实际应用中的有效性和可行性。

通过推广这些标准，可以推动不同系统和平台之间的数据交换和集成，实现数字孪生模型在不同场景下的无缝迁移和复用。这将有助于降低技术应用的门槛和成本，

促进技术的广泛应用和持续创新。同时，推广通用标准还可以提升数字孪生技术的兼容性和互操作性，使不同厂商、不同领域之间的数字孪生模型能够相互识别和交互，从而推动数字孪生技术在智能制造、智慧城市、智慧物流等领域的深化应用和发展。通过加强通用标准的制定和推广，为数字孪生技术的规范化、标准化发展提供有力保障，推动其健康、有序发展。

（三）从多领域到安全防护，专业发展开创发展新局

1. 数字孪生渗透各个行业，打造领域特色解决方案

数字孪生技术将逐渐渗透到各个领域，形成具有领域特色的数字孪生解决方案，为传统行业的转型升级注入新的活力。数字孪生技术正以其独特的优势和广泛的应用前景，成为推动各行各业创新发展的重要力量。随着技术的不断成熟和应用的不断深化，数字孪生技术将在未来发挥更加重要的作用，为人类社会的可持续发展贡献更多的智慧和力量。

2. 数字孪生融合安全领域，开拓安全防护新路径

数字孪生技术在信息安全领域展现出了巨大的应用潜力。通过构建数字孪生模型，专家们可以模拟和评估网络攻击的可能影响及后果，这一特性为网络安全防护提供了强有力的支持。传统的网络安全防护往往依赖于被动的防御措施，如防火墙、入侵检测系统等，而数字孪生技术则能够主动预测和评估潜在的安全威胁，从而采取更为精准和有效的防护措施。这种技术的应用，不仅提高了网络安全防护的效率和准确性，还为网络安全策略的制定和优化提供了有力的数据支持。

在物理安全方面，数字孪生技术同样发挥着重要作用。通过模拟和预测设备的故障和失效模式，数字孪生技术为设备的维护和保养提供了有力的支持。这种技术的应用，可以显著降低设备的故障率，延长设备的使用寿命，提高设备的可靠性和稳定性。此外，数字孪生技术还与智能制造、智能服务等领域进行了深度融合。在智能制造领域，数字孪生技术可以用于优化生产流程、提高生产效率、降低生产成本；在智能服务领域，数字孪生技术则可以用于提供个性化的服务方案、提升客户体验。这种跨领域的融合，不仅推动了制造业和服务业的转型升级，还为创新发展注入了新的动力。

（四）机遇与挑战并行，发展前景广阔

在机遇方面，数字孪生技术正以前所未有的力量推动着各行各业的变革。在制造业，它成为优化生产流程、提高生产效率的关键工具，助力企业实现智能制造的转型升级，大幅降低生产成本，提升市场竞争力。

与此同时，目前中国数字孪生行业主要面临四大挑战：一是厂商商业模式不成熟，主要体现在客户需求端较低迷，产品高定制化需求导致供给厂商盈利困难；二是行业内缺乏统一的标准体系，数字孪生数据、产品、项目落地等标准体系有待完善；三是数字孪生对高性能计算、显示技术等基础支撑技术要求较高，且基础软件和渲染引擎仍依赖国外厂商；四是数据能力方面，挑战体现在数据准确性无法保证，数据处理能力弱、可靠性低以及数据安全性易受攻击等。

尽管面临着诸多挑战，但数字孪生技术的发展前景依然广阔。随着技术的不断进步和应用场景的不断拓展，数字孪生将在未来发挥更加重要的作用，为人类社会带来更多的便利和效益。

第五节　数字化供应链

推动数字化供应链发展是实现经济转型升级、增强国家竞争力的重要途径。工业和信息化部等三部门联合印发《制造业企业供应链管理水平提升指南（试行）》，要求企业制定有效的供应链数字化策略、加强供应链管理系统建设、提高供应链数字化运用能力，从企业层面为数字化供应链的发展提供了具体的指导和要求。

美国数字供应链研究院（Digital Supply Chain Institute，DSCI）在《供应链白皮书》中，对数字化供应链作出了明确的定义：它是一个以客户为中心的平台模型，企业借此可以获取并最大限度地利用不同来源的实时数据，它能够进行需求刺激、匹配、感知和管理，以提升业绩并最大限度地降低风险。《数字化供应链通用安全要求》对数字化供应链进行定义，即在数字化条件下，以客户（消费者）为核心、以价值创造为导向、以数据为驱动、以平台为依托，供应商、制造商、经销商、服务商以及客户（消费者）等供应链合作伙伴多线连接，数据、资源、资金等高效协同、柔性供给的供应链全新形态。

一、数字化供应链技术架构

（一）概述

《数字化供应链体系架构》界定了数字化供应链的核心关键赋能技术体系。①基于数字化装备的供应链操作执行技术，该技术依托于先进的数字化工具与设备，确保供应链各环节的精准执行与高效运作。②基于先进工业网络的数字化供应链互联感知技术，利用高度集成的工业网络体系，实现供应链信息的实时互联与全面感知。③基于工业互联网平台的数字化供应链业务控制技术与建模分析技术，借助工业互联网平台的强大算力与数据分析能力，对供应链进行精细建模与深度分析，同时实施精准的业务控制策略。④数字化供应链安全可信技术，该技术专注于构建供应链的安全防护体系，确保信息的机密性、完整性与可用性，维护供应链的稳定性与可靠性。以上各项技术共同构成了数字化供应链技术架构的基石，为供应链的智能化、高效化运行提供了坚实的技术支撑。数字化供应链的技术架构如图6-10所示。

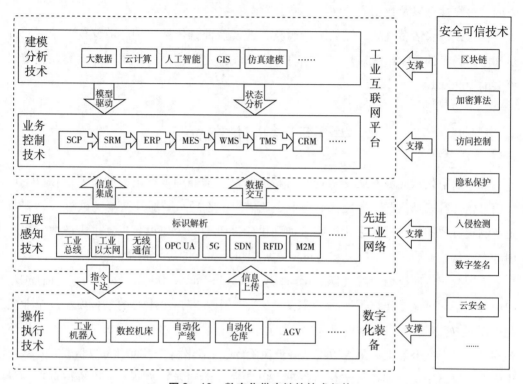

图6-10　数字化供应链的技术架构

资料来源：《数字化供应链体系架构》。

（二）数字化供应链操作执行技术

数字化供应链的操作执行技术，其核心精髓在于全面实现采购、生产、物流、销售及退回等供应链全链条业务活动的智能化执行与自主优化功能，进而显著提升供应链的响应速度及整体运营效率。该技术体系广泛涵盖了一系列先进的自动化与智能化设备与系统，具体包括以下5项关键要素。

1. 工业机器人

依托先进的编程与感知技术，工业机器人能够精准执行装配、搬运、检测等一系列复杂任务，有效替代人工在高强度、高精度或存在安全隐患的作业环境中进行工作，从而显著提升生产线的自动化与智能化水平。

2. 数控机床

作为智能制造领域的核心设备，数控机床通过高度集成的数控系统与传感器技术，实现了加工过程的精确控制与实时监测，确保了产品质量的稳定提升与持续优化。

3. 自动化产线

通过深度集成多种自动化设备及先进的控制系统，自动化产线能够连续、高效地完成从原材料投入至成品产出的整个生产过程，显著提升了生产效率与生产的灵活性。

4. 自动化仓库

借助自动化立体库、智能分拣系统等尖端设备，自动化仓库实现了货物的快速存取与精准管理，进一步优化了库存结构，显著降低了运营成本。

5. AGV

AGV 凭借先进的导航系统与避障技术，能够在仓库、车间等复杂环境中实现自主导航与精准定位，高效完成物料搬运与配送任务，显著提升了物流效率与作业安全性。

（三）数字化供应链互联感知技术

数字化供应链的互联感知技术，其核心效能聚焦于无缝衔接供应链各业务节点，并实时捕捉各类资产与产品的状态数据，旨在达成供应链的全面透明化与智能化管理目标。此技术体系深度融合了多种前沿的通信与识别技术，具体涵盖以下 7 个方面内容。

1. 标识解析技术

该技术通过为产品、设备等分配唯一且不可复制的身份标识，并依托标识解析系统实现信息的即时检索与全程追溯，从而确保供应链信息的精确无误与可追溯性。

2. 工业总线与工业以太网技术

作为工业现场通信的基石，它们构建了设备间高效、可靠的数据传输通道与指令下发机制，为供应链的实时动态监控与协同作业提供了稳固的通信支撑。

3. OPC UA 技术

OPC UA（Open Platform Communications Unified Architecture，开放平台通信统一架构）技术通过支持跨平台、跨行业的数据交换与互操作性，实现了供应链信息的无缝集成与共享，促进了信息流的畅通无阻。

4. 5G 技术

凭借其超高速带宽、超低时延与广泛连接的特性，5G 技术为供应链的远程监控、实时调度与智能决策提供了前所未有的通信保障，显著提升了供应链的响应速度与决策效率。

5. SDN 技术

SDN（Software Defined Network，软件定义网络）技术利用虚拟化技术实现了网络资源的灵活配置与按需服务，显著增强了供应链的灵活性与可扩展性，为供应链的动态调整与优化提供了技术支持。

6. RFID 技术

通过非接触式的自动识别方式，RFID 技术能够快速、准确地识别与跟踪产品与资产，显著提高了供应链的透明度与响应速度，为供应链的精准管理提供了有力保障。

7. M2M 通信技术

M2M（Machine to Machine，机器对机器）通信技术实现了设备间的直接通信与协同作业，促进了供应链的自动化与智能化水平的大幅提升，为供应链的智能化管理奠定了坚实基础。

（四）数字化供应链业务控制技术

数字化供应链的业务控制技术，其核心效能聚焦于全面调度、严格管控与实时监测计划、采购、生产、物流、销售及退回等一系列供应链业务活动。此技术体系深度依托工业互联网平台，借助一系列与供应链业务控制紧密关联的云化软件与工业应用程序，以实现高效的业务控制。具体涵盖以下 7 个方面内容。

1. SCP

SCP（Supply Chain Planning，供应链计划）系统承担着供应链整体规划与优化的重任，通过精确预测与周密计划，确保供应链各环节能够高效协同，实现资源的最优配置。

2. SRM

SRM（Supplier Relationship Management，供应商关系管理）系统专注于供应商的选择、评估与管理，致力加强与供应商的沟通与协作，进而提升供应链的稳定性与可靠性，为供应链的顺畅运行提供坚实保障。

3. MES

MES（Manufacturing Execution System，制造执行系统）作为生产现场的核心控制系统，负责生产计划的执行与监控，确保生产过程的有序进行与产品质量的持续稳定，为生产的高效与优质提供有力支持。

4. ERP

ERP（Enterprise Resource Planning，企业资源计划）系统整合企业内外资源，实现信息流、物流、资金流的全面集成与统一管理，为供应链的决策与优化提供精准、全面的数据支持。

5. WMS

WMS（Warehouse Management System，仓库管理系统）负责仓库的日常运营与管理，通过精确控制库存与物流，显著提升供应链的响应速度与运营效率，为供应链的流畅运行提供坚实后盾。

6. TMS

TMS（Transportation Management System，运输管理系统）专注于物流运输的规划与执行，通过优化运输路径与资源调度，有效降低物流成本，提升客户满意度，为供应链的物流环节提供高效、优质的服务。

7. CRM

CRM（Customer Relationship Management，客户关系管理）系统通过深入分析客户需求与行为，提升销售与服务的精准度与满意度，进而增强供应链的市场竞争力，为企业的持续发展提供有力支撑。

（五）数字化供应链建模分析技术

数字化供应链的建模分析技术，其核心效能聚焦于实现供应链的预测性分析、动态仿真及柔性计划的精准制订。此技术体系深度融合并高效运用了多种前沿技术，具体包括以下 5 个方面。

1. 大数据技术

该技术通过全面收集、系统整理与深入分析海量的供应链数据，能够精准揭示数据间的内在联系与潜在规律，为供应链的预测性分析提供坚实的数据支撑，进而助力企业精确洞察市场动态与未来趋势。

2. 人工智能技术

借助机器学习、深度学习等先进的人工智能技术，供应链能够实现更为智能化的预测与决策，显著提升预测的准确性与效率。同时，人工智能技术还能根据实时数据动态调整计划，确保供应链的灵活性与快速响应能力。

3. GIS 技术

GIS 技术能够直观、清晰地展示供应链的地理分布与物流路径，为供应链的动态仿真提供强有力的可视化支持。借助 GIS 技术，企业能够优化物流网络布局，有效降低运输成本，进而提升供应链的整体运营效率。

4. 云计算技术

云计算技术为供应链的建模分析提供了强大的计算与存储资源，支持大规模数据的快速处理与分析。同时，云计算的弹性扩展能力确保了供应链在面临突发情况时能够迅速调整资源分配，从而保障供应链的稳定性与可靠性。

5. 仿真建模技术

通过构建供应链的仿真模型，企业能够模拟各种复杂场景下的供应链运作情况，为柔性计划的制订提供科学依据。仿真建模技术有助于企业提前发现并解决潜在问题，进而提升供应链的抗风险能力与韧性。

（六）数字化供应链安全可信技术

数字化供应链的安全可信技术，其核心宗旨在于大幅度提升数字化供应链的安全防护效能与可信程度，确保供应链各关键环节的数据安全无虞、交易诚信可靠及系统稳健运行。

1. 区块链技术

凭借分布式账本与智能合约的独特优势，区块链技术能够实现数据的不可篡改性与透明共享性，有力遏制数据造假与欺诈行为的滋生，显著增强供应链的透明度与可信度。

2. 加密算法技术

通过运用先进的加密算法，对数据进行严密的加密处理，确保数据在传输与存储过程中的绝对安全，有效防范数据泄露与非法访问的风险，为供应链的数据安全构筑起坚不可摧的屏障。

3. 访问控制技术

依托严格的访问权限管理机制，确保仅有经过授权的用户方能访问敏感数据与系统资源，从而有效杜绝未授权访问与数据泄露的隐患。

4. 隐私保护技术

采用差分隐私、联邦学习等先进的隐私保护技术，在充分保障数据价值得以有效利用的同时，切实保护用户隐私权益，显著增强供应链的隐私保护能力。

5. 入侵监测技术

通过实时、精准地监测与分析网络流量与系统日志，及时发现并有效阻止潜在的入侵行为，确保供应链系统始终处于安全稳定的状态。

6. 数字签名技术

利用数字签名技术对数据与交易进行权威、可靠的签名认证，确保数据的完整性与交易的不可否认性，有力提升供应链的交易诚信水平。

7. 云安全技术

紧密结合云计算的独特特性，采用云防火墙、云安全审计等先进的云安全技术，为供应链提供全面、动态、高效的安全防护，确保供应链在云环境下始终保持安全稳定。

二、数字化供应链应用场景

（一）零售行业中的数字化供应链

数字化转型正深刻影响着当今社会的各个领域与行业，其中零售业作为先驱，自21世纪初电商崛起以来，已历经颠覆性变革。新零售模式下，人、货、场三大要素全面重构升级，推动零售新业态迅猛发展。然而，供应链作为零售业的关键环节，正面临前所未有的挑战。

贝恩公司报告显示，消费者需求多样化导致订单碎片化、产品定制化加剧，给生产端带来巨大压力。传统规模化、批量生产方式逐渐式微，新品生命周期缩短，消费者对缺货容忍度降低，使预测、库存控制及生产弹性面临严峻考验。同时，消费者对时效要求的提升促使供应链缩短，仓库布局贴近终端，涌现出前置仓、门店仓等新模式。但这些前置仓的容量有限，增加了运营难度与成本，渠道融合与订单碎片化也对传统仓储管理构成挑战。此外，运输规划复杂性与"最后一公里"配送成本高也成为亟待解决的问题。

面对上述挑战，制定创新的数字化供应链解决方案至关重要。企业可通过数字化手段改善服务与设施，提升客户满意度。具体而言，零售商可结合自身运营状况，在关键环节进行监测与数据收集，通过内外协同实现系统整合，利用大数据分析、人工智能等技术提升预测准确度，优化物流路径规划。云服务在降低基础设施成本、实现实时数据访问等方面发挥重要作用，助力高效库存管理、优化用户体验及提升盈利能力。例如，借助云计算，零售商可全面了解库存状况，实现实时数据访问与同步，提升管理效率。

此外，边缘计算与区块链技术也在零售业得到应用。边缘计算通过门店摄像头识别顾客，提供定制化信息与优惠，提升客户体验。区块链技术则提高安全性、效率与透明度，助力产品追踪与分散存储。

（二）制造业中的数字化供应链

制造业作为全球经济的关键支柱，当前正面临多重严峻挑战。一方面，熟练劳动力的显著短缺加剧了人才竞争，推高了企业工资成本；另一方面，社会压力对制造业的影响日益增强，消费者不仅要求制造商提升透明度与可持续性，还期望产品能超越其期望。制造透明度要求制造商记录、维护并广泛共享海量数据，这虽提升了供应链的可见性，但也对数据安全性提出了更高要求。同时，气候变化引发的环境威胁促使环境法规趋严，从生产、排放到运输等各环节均面临运营挑战。此外，消费者对制造商及其供应链的可持续性提出了更高期望。

为应对上述挑战，制造业正加速推进供应链的数字化转型。这一转型旨在通过新一代信息技术全面覆盖设计、生产、管理、销售及服务等各个环节，并利用数据分析与挖掘技术实现精准控制、监测、检测与预测，从而在缩短研发周期、增强采购实时性、提升生产效率与产品质量、降低能耗及快速响应客户需求等方面发挥重要作用。

目前，制造商正积极投资并加强采用包括人工智能、虚拟现实、机器学习在内的新兴数字技术，以强化供应链，驱动增长与效率提升。汽车行业作为数字化转型的典范，通过大量投资工业 4.0 技术和数据驱动流程，显著提高了效率与生产力。航空航天行业同样利用数字技术优化供应链管理、简化设计流程并加速新产品上市。

尽管劳动力短缺等挑战依旧存在，但数字技术的应用将助力制造商提升韧性、效率与盈利能力。数字化转型不仅是制造商在激烈竞争中保持领先地位的关键，也是其在日益数字化的全球市场中占据重要地位的重要途径。通过持续的技术创新与应用，制造业将不断克服挑战，实现可持续发展。

（三）物流与运输行业中的数字化供应链

物流作为供应链管理不可或缺的组成部分，专注于规划货物从生产者至最终消费者的移动与储存过程。其在确定如何以最具成本效益的方式获取、储存资源，并将其安全、高效地运输至最终目的地以满足客户需求方面，扮演着举足轻重的角色。

随着交易量的不断攀升与消费者要求的日益多样化，物流提供商必须不断提升自身的灵活性、速度与可靠性，并致力创新交付解决方案的研发，以期满足当前客户对于可靠交货时间、长时间运行、优质交付、实时跟踪、灵活及个性化服务以及快速退货处理等方面的期望。然而，降低运输成本始终是物流行业面临的一大难题。近年来，全球运输成本持续攀升，给维持利润率带来了巨大挑战，其中，燃油价格的上涨对运输成本的影响尤为显著。此外，运力紧张与司机短缺问题也成为困扰物流行业的一大顽疾。

透明度与可见度在物流行业中同样具有举足轻重的地位。客户期望能够时刻掌握货物的位置信息与运输进度，实现全程透明化追踪。与此同时，可持续发展议题在物流行业中日益凸显其重要性。在物流的每一环节中，都应牢记可持续发展目标，努力实现绿色物流。

当前，物流行业已深刻认识到数字化转型的重要性，纷纷加强数据化管理，提前部署，并着力增强供应链的韧性。例如，通过部署无人车、无人机、智能机器人等智能硬件设备，实现运输、仓储、配送等全环节的自动化作业，有效降低成本，提升效率。此外，通过物流供应链各要素的物联网化，实现全程可视化与信息集成共享，进而推动全链互联网化与数字化的进程。

三、数字化供应链发展趋势

（一）当前面临的挑战

有效的数字化供应链对于满足组织日益增长的业务需求至关重要，然而，众多组织在构建与优化数字化供应链时面临诸多挑战。据麦肯锡数据显示，当前仅43%的供应链实现数字化，导致大量潜在机遇被错失。尽管部分企业已在数字技术应用上取得一定成果，并计划在不足领域加大投资，但多数组织在充分利用供应链数字化方面仍面临系统性障碍与其他挑战。

首先，挑战为预算限制。数字化供应链的实施成本高昂，需在技术、培训及基础设施上投入大量资金。普华永道2023年供应链数字化趋势调查报告指出，近半受访者认为预算限制是主要障碍。此外，高管更关注短期优先事项与挑战，而非推动供应链转型与创造长期价值的行动与投资。

其次，安全与隐私保护也是一大难题。随着数字化转型深入，更多关键数据在全球供应链中共享，由第三方处理与存储，网络风险随之上升。如何确保数据安全与隐私性成为供应链风险管理计划的关键。

再次，数据管理与协调也面临挑战。供应链流程涉及多阶段与多方参与，数据治理流程缺失可能导致数据质量低下、孤岛现象及错误，给企业带来管理负担与收入损失。同时，数据交换错误也会影响业务决策与沟通。

最后，供应链变革也是一大挑战。数字化转型不仅涉及技术革新，更需组织结构、业务流程与商业模式等多方面变革。此外，成功实施还需具备相关技术与管理知识的人才，而在技术人才短缺的行业，找到合适的人才尤为困难。同时，现有员工可能对变革持抵触态度，导致应用缓慢。

（二）未来发展趋势

当前，随着企业接受度的提升，数字化供应链正稳步增长。数字化供应链利用数字化手段，显著提高了供应链的速度与效能，不仅为企业创造了经济效益，更在宏观层面深刻影响着国民经济循环的速度与质量。展望未来，供应链与数字化的深度融合将催生出新的发展趋势。

一是供应链协同深化。数字化供应链正快速发展，自动化与人工智能技术的广泛应用将成为其显著特征。机器人与自动化系统将在仓库管理、订单履行及运输等领域发挥更大作用，人工智能系统将助力优化供应链运营。此外，数字化供应链将更加集成与协作，通过共享平台、技术，以及行业标准和协议，实现供应链各部分前所未有的紧密合作。

二是供应链韧性与灵活性提升。国际冲突等事件对全球供应链造成了严重冲击，提升供应链的韧性与灵活性已成为当务之急。数字化供应链与供应链韧性紧密相连，通过数字化技术，企业能够实时监控供应链运作，进行预测分析，有效应对突发情况，提高供应链的抗风险能力。

三是供应链安全性强化。数字化供应链涉及大量敏感信息与数据，网络安全风险不容忽视。企业必须加强网络安全防护，提升数据安全保障水平，建立供应链安全管理体系，实施安全评估与管控，确保供应链的安全稳定运行。

四是供应链可持续发展。可持续发展理念在数字化供应链中将持续深化，企业将采用更环保的技术与实践，并将可持续性指标纳入供应链运营。这不仅有助于企业的长期发展，还能提高企业的市场竞争力和管理效率，推动产业链供应链的健康发展。

四、典型案例——菜鸟物流科技数字化供应链的实践与应用

（一）业务全景

菜鸟集团作为阿里巴巴集团的重要组成部分，其业务领域广泛覆盖国际物流、国内物流以及科技等多个方面，深度涉足跨境快递、国际供应链、海外本地物流服务等众多细分市场。菜鸟集团矢志不渝地推进数智化、产业化和全球化的战略部署，以此全面促进用户体验的优化、绿色物流的推广、应急物流体系的完善、高质量就业机会的创造以及社区服务水平的提升。

（二）物流科技能力

菜鸟物流科技在自动化与数字化供应链领域展现出了卓越的能力，积极对外输出其在设计、硬件、产品、算法、技术、工程等多个领域的深厚科技实力。凭借长期积累的算法、数据与系统能力，菜鸟致力推动企业供应链的数字化改革进程，为企业提供全方位、一站式的自动化解决方案。同时，菜鸟充分利用物联网技术的优势，打造了一系列以 RFID 系列、LEMO 系列等为代表的智能硬件和软件综合解决方案，这些方案极大地简化了物流作业流程，提升了作业效率，确保了物流运作的高效与顺畅。

（三）供应链数字化转型

首先，菜鸟运用大数据与算法对线下资源进行优化配置，实现数智化转型。其次，它打通全价值链的数据流通，构建大数据平台，实现全面的数据化管理。最后，菜鸟

将线下物理世界映射至线上，创建数字孪生体，完成向数字化的深度迈进。菜鸟供应链数字化转型思路如图6-11所示。

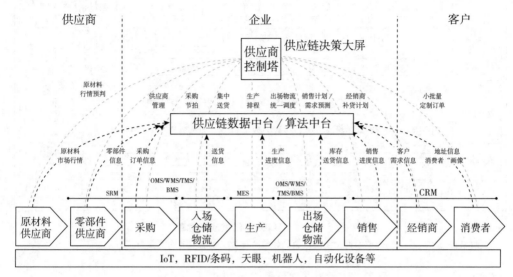

图6-11 菜鸟供应链数字化转型思路

资料来源：2024全球物流技术大会演讲《菜鸟物流科技数字化供应链的实践与应用》。

供应链控制塔是数字化转型的核心要素，它凭借大数据与先进算法实现资源配置的优化，显著提升了供应链的运作效率。该控制塔集成了可视分析、预警协同以及智能决策等多重功能，能够迅速响应并解决供应链中出现的各类问题。通过实现多系统间的数据互联互通及全流程的数据整合，它能够量化业务成果，细化业务过程，并深入探究业务问题的根源。菜鸟数字化在实际应用中，通过引入供应链控制塔，成功实现了供应链效率的提升、成本的降低以及资源利用率的优化。菜鸟数字化供应链功能如图6-12所示。

（四）方案应用

1. 运输优化——某整车物流智能调度算法方案

当前，整车调度工作完全依赖于手动分单模式，这一方式不仅效率低下，而且工作负荷沉重。随着整车2B/2C业务的迅猛发展，运营部门不得不通过大幅扩招，人员规模预计需达到50人，以满足业务支持的需求。此外，当整车运输出现异常状况，需要重新规划路线时，当前采用Excel进行时间和成本评估的方法不仅效率低下，而且准确性难以保证。更为关键的是，整车及零部件在途运输的信息目前无法实现实时跟踪和预警，这无疑增加了运输过程中的不确定性和风险。同时，整车及零部件的交接过程仍然大量依赖纸质单据，信息化程度不足，这在一定程度上制约了供应链管理的效

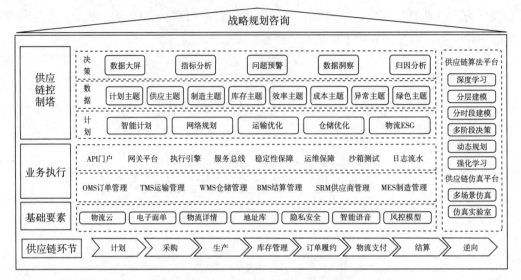

图 6 - 12　菜鸟数字化供应链功能

资料来源：2024 全球物流技术大会演讲《菜鸟物流科技数字化供应链的实践与应用》。

率和准确性。

基于此，菜鸟应用 AI 算法以提升整体运营效率和服务质量，解决方案如图 6 - 13 所示。

智慧物流平台全方位支撑柳州河西东部及西部工厂、宝骏工厂、青岛工厂、重庆工厂以及印度尼西亚公司的运营，有效管理着每年超过 200 万台车辆的全球供应链数字化业务。该平台凭借智能派单系统、车辆智能调度机制，以及集成北斗技术的硬软一体化定位系统，成功实现了供应链流程的全面线上化与无纸化操作，极大提升了客户体验。

此外，智慧物流平台还为上汽通用五菱的整车及零部件运输提供了全程可视化监控服务，确保了货物在途状态的实时透明。在运营部门，原本规划需 50 人执行的 2C 业务，现已通过高效管理由 10 人团队圆满完成，同时保障了业务的稳定运作。

为进一步优化运输调度，菜鸟引入了可视化仿真平台，该平台通过更加智能化的算法与高效能的调整策略，显著提升了运输调度的精准度与效率。

2. 需求预测——某合资车企售后零部件智慧调达项目

调达供应链在零部件业务链中扮演着至关重要的前端角色，其核心职责在于精准把握并预测客户的需求动态。为此，企业需构建高效的信息反馈机制，确保客户需求信息的实时传递与准确解读。在此基础上，企业需要运用先进的库存管理方法，科学制定库存策略，以平衡库存成本与供应效率。同时，企业也需积极与供应商紧密协作，依据订单计划精细安排交付流程，确保零部件按时、按质、按量送达，共同维护供应链的顺畅与高效。调达供应链说明示意如图 6 - 14 所示。

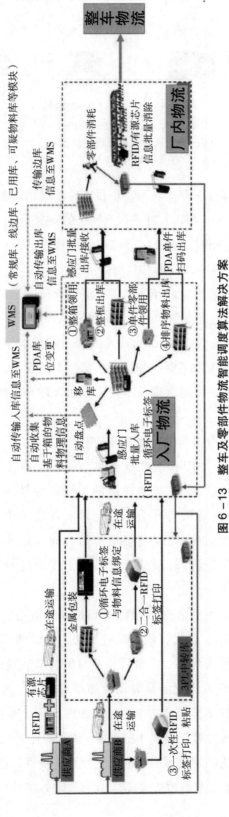

图 6-13　整车及零部件物流智能调度算法解决方案

资料来源：2024 全球物流技术大会《菜鸟物流科技数字化供应链的实践与应用》。

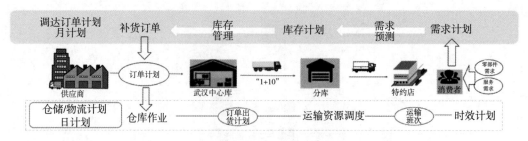

图6-14 调达供应链说明示意

资料来源：2024全球物流技术大会演讲《菜鸟物流科技数字化供应链的实践与应用》。

为确保一次性满足率并提升库存周转率，项目实施了灵活的备货机制，根据各库存保有单位（Stock Keeping Unit，SKU）在各级仓网中的安全库存需求以及周转率等关键属性，动态调整库存策略。同时，项目实时监控库存状态，一旦发现局部呆滞或缺货情况，立即触发调拨机制，实现库存的共享与优化配置。

为降低供应链成本，项目致力以最经济的库存资金维持既定的服务水平，及时识别并处理临近呆滞的库存，通过紧急订单处理策略挽回销售份额。

此外，通过流程化的库存管理、场景化的标签体系，以及数字化运营小组的组建，有效提升了工作效率。充分利用数字资产和经验价值，不断完善策略迭代机制，建立了量化仿真与择优决策的体系，使库存规模及构成更加合理，实现了库存管理的持续优化与升级。

3. 智能装箱——某制造企业智能码托和集装箱装箱项目

在当前的发运流程中，各类产品被堆叠于集装箱内进行运输，而这一堆叠过程高度依赖于仓库员工的个人经验，导致较高的不确定性及成本浪费现象。针对制造型出口企业而言，在码托装箱的环节中，亟须实现装箱单的自动生成以及码托模型的电子化可视，同时，也要确保集装箱单的自动生成与堆叠模型的电子化可视，以此来推动打包装箱流程的标准化，并最大限度地提升打包装箱的空间利用效率。

首先，在订单码托之前，就实施全局最优的码托规划策略，旨在从全局视角出发，最大化提升空间利用效率。其次，依托先进算法，提供链路联调的可视化装箱方案，确保托盘装箱过程的精准与高效。最后，针对集装箱装箱的特定规则与需求，提供灵活的配置选项，以实现最优化的集装箱装箱指导方案。可视化码托装箱方案示意如图6-15所示，可视化集装箱装箱方案示意如图6-16所示。

装载率实现了10%的增长（基于装载体积与规定体积的比例），同时，装载工人的作业效率也提升了20%。算法展现出了高度的稳定性和灵活性，能够有效应对作业人员调整、收货要求变更、运输细节修改以及需求节奏波动等多种变化。项目还优化了

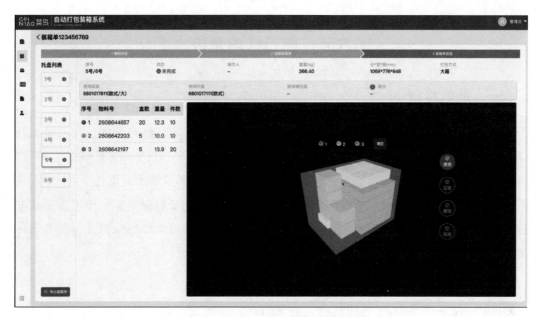

图6－15　可视化码托装箱方案示意

资料来源：2024全球物流技术大会演讲《菜鸟物流科技数字化供应链的实践与应用》。

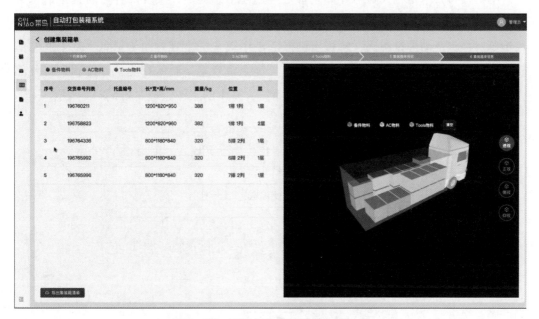

图6－16　可视化集装箱装箱方案示意

资料来源：2024全球物流技术大会演讲《菜鸟物流科技数字化供应链的实践与应用》。

在途物资的信息数据管理，通过开放API接口，实现了与WMS、TMS及MES等信息平台的无缝连接。在此基础上，项目对物料信息与发货时间进行了统一规划，促进了生产、销售及运输环节之间的协同处理，从而发挥了更大的整体价值。

第六节　前沿性信息技术

一、脑机接口

脑机接口的应用领域包括在医疗领域助力神经系统疾病监测与治疗；在人机交互领域通过与混合现实和人工智能等技术深度融合，推动新一代人机交互模式变革等。作为一种新技术，脑机接口技术仍处于起步阶段，我国对其发展十分重视。《中华人民共和国国民经济和社会发展第十四个五年规划和 2035 年远景目标纲要》中提出要瞄准脑科学等前沿领域，实施一批具有前瞻性、战略性的国家重大科技项目，包括类脑计算和脑机融合技术研发等。

（一）脑机接口发展现状

1. 技术原理

脑机接口技术是在大脑与外部设备之间创建信息通道，实现两者之间直接信息交互的新型交叉技术。它通过记录装置采集颅内或脑外的大脑神经活动，通过机器学习模型等对神经活动进行解码，解析出神经活动中蕴含的主观意图等信息，基于这些信息输出相应的指令，操控外部装置实现与人类主观意愿一致的行为，并接收来自外部设备的反馈信号，构成一个交互式的闭环系统，基本的工作原理如图 6-17 所示。

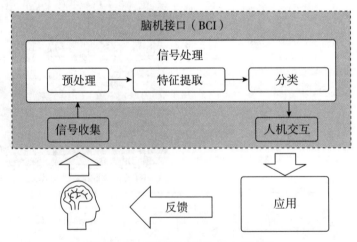

图 6-17　脑机接口的基本工作原理

资料来源：https://www.tisi.org/frontier-technology-trends/2024/。

（1）信号收集。

脑机接口通过传感器采集人脑的电活动或另外的生理信号。最常用的信号收集方式是脑电图（Electroencephalogram，EEG），可以通过电极放置在头皮上记录大脑皮层的电位变化。其他的采集方式还包括脑磁图（Magnetoencephalography，MEG）、功能磁共振成像（Functional Magnetic Resonance Imaging，fMRI）等。

（2）信号处理。

信号处理步骤包括信号预处理和特征提取。由于在采集过程中存在眼动伪迹、肌电干扰、工频干扰等非神经元噪声以及与目标信号无关的神经元噪声，需要对收集到的原始信号进行预处理，以去除噪声、滤波和增强感兴趣的信号成分。预处理包括滤波、去除运动伪影、伪差等步骤，可以提高信号质量和可靠性。再从预处理后的信号中提取特征，以捕捉与用户意图或认知状态相关的信息。常用的特征提取方法包括时域分析、频域分析、小波变换、时频分析等，实际场景中会根据具体的应用和信号类型选择合适的特征提取方法。

（3）人机交互。

建立脑机接口的最终目的是人机交互。通过信息转译技术，将大脑中的神经信号直接转化为外部设备的控制指令，实现对设备的控制；同时设备通过信息反馈机制将其运动状态、环境变化等信息实时转化为大脑可理解的信号，促进大脑对外部设备的精准调控与适应。这种机制确保了用户能够实时感知到设备的运动反馈，调整控制策略，进而实现更加自然、流畅的交互体验。

2. 分类

根据传感器或电极植入部位不同，脑机接口主要分为非侵入式、侵入式以及部分侵入式三类。

（1）非侵入式脑机接口。

非侵入式脑机接口指在头皮外侧以无创的方式采集脑信号，主要使用头皮脑电和功能近红外信号等信号收集技术。脑电图作为有潜力的非侵入式脑机接口已得到深入研究，这主要是因为该技术良好的时间分辨率、易用性、便携性和相对低廉的价格。但该技术的一个问题是它对噪声的敏感，另一个问题是使用者在工作之前要进行大量的训练。

（2）侵入式脑机接口。

侵入式脑机接口指通过神经外科手术将电极等信号记录装置植入脑内特定部位，实现精准定位的高通量神经信号采集的脑机接口技术。侵入式脑机接口一般通过神经外科手术将采集电极植入大脑颅腔或灰质中，采集到的神经信号信噪比和空间分辨率较高，但手术操作风险较高，且易引发免疫反应并形成愈伤组织，从而导致采集的信号质量变差。

（3）部分侵入式脑机接口。

部分侵入式脑机接口一般植入颅腔内，但是位于灰质外。其空间分辨率不如侵入式脑机接口，但是优于非侵入式。其另一优点是引发免疫反应和愈伤组织的概率较小。皮层脑电图的技术基础和脑电图相似，但是其电极直接植入大脑皮层上、硬脑膜下的区域，可以收集到更加准确、丰富的信号。

为避免电极植入大脑引起损伤，目前脑机接口系统多采用非侵入方式采集脑电波脑机接口，即从头皮表面记录神经活动信号。与侵入式脑机接口相比，非侵入式具有低成本、低风险、操作简单、易使用等优势，同时用户对非侵入式 BCI 的接受度也远高于侵入式和部分侵入式脑机接口。

（二）物流领域应用前瞻

脑机接口技术在智能物流中的应用主要包括三个方面：一是通过脑机接口技术，实现对物流设备的远程控制；二是通过脑机接口技术，实现对物流路径的智能规划；三是通过脑机接口技术，实现对物流任务的智能分配。脑机接口技术的应用，可以有效提高物流效率，降低物流成本。其具体应用在运输管理、仓储管理以及末端配送等场景。

以目前相对最为成熟的运输管理场景为例，运输过程中，通过让驾驶员佩戴专业设备，可以监测驾驶员的脑电波，预测驾驶员的行为和决策，从而提前进行运输路线的规划和优化，提高运输效率；还可以监测驾驶员的疲劳状态和注意力集中程度，及时预警并采取措施，降低运输过程中的事故风险。

脑机接口产业联盟于 2024 年 4 月发布了《2024 脑机接口产业创新十大案例》，其中，山西帝仪通安科技有限公司（以下简称"帝仪科技"）的产品"便携式脑机接口驾驶安全智能防控系统"可以通过智能脑电帽实时采集驾驶员的脑电信号，利用人工智能算法精准识别驾驶员的疲劳状态，在驾驶员发生过度疲劳驾驶之前提前预警，可有效预防交通事故的发生。

2020 年 6 月起，针对入园企业多、开工项目多、货运车辆多等特点，山西转型综改示范区启用"便携式脑机接口驾驶安全智能防控系统"，为 48 家企业 866 辆渣土车、砼业车陆续配置了便携式脑机接口驾驶安全智能防控系统，基于脑电波监测、面部识别等实时图传技术，构建起事前提醒预警、事中及时报警、事后有据可依的全方位疲劳驾驶预警体系。预警触发后，系统会自动录制视频、抓拍照片，上传至设在综改交警大队和运输企业的监管平台。此外，该系统还会对驾驶员分心驾驶、超速、不按规定车道行驶等违法行为进行实时自动预警。接到预警后，运输企业值班人员会及时与驾驶员联系，提醒驾驶员注意交通安全。2021 年重点车辆智能预警监控平台疲劳驾驶预警 55846 次，2022 年为 18113 次，2023 年为 8478 次，脑机接口技术助力企业驾驶员违法率及事故率大幅下降。

在仓储管理场景，脑机接口技术可以用于控制仓储中的自动化设备，如无人搬运车和智能分拣系统。工作人员可以通过脑电信号来指导这些设备完成货物的搬运和分类，提高仓储效率和安全性。在末端配送环节，脑机接口技术可以帮助快递员通过脑电信号控制配送车辆或无人机，实现更快速、更准确的货物投递。

（三）发展趋势

1. 技术的发展趋势

（1）技术多样化与融合发展。

未来 5 年，脑机接口技术相较于传统的单一技术路线，多模态信号融合将成为研究热点。通过融合如人工智能、机器学习、深度学习和神经科学等多种技术，来提升信号采集、处理和解码的精度。特别是非侵入式技术，将在各个领域进一步拓展应用。

（2）非侵入式脑机接口的商业化与普及。

非侵入式脑机接口在可穿戴设备领域的发展尤其迅速，未来将成为脑机接口商业化的主要方向之一。头戴式、眼镜式等轻便的非侵入式设备可能会普及，应用于健康监测、智能家居、脑疲劳检测等领域。这些设备的发展将受益于传感器技术的进步和AI 算法的优化，使更高精度、低功耗和易用性的产品成为可能。

（3）脑机接口与人工智能的深度结合。

人工智能在信号处理、模式识别、语言解码等方面对脑机接口的提升作用显著。未来，人工智能将更加深度地参与脑机接口系统中，从数据采集、特征提取到高效解码和实时反馈，极大地提高了设备的响应速度和用户体验。特别是在解码自然语言和运动意图的研究中，深度学习算法的不断优化将加快脑机接口的实用化进程。

2. 面临的伦理问题

由于脑机接口技术直接与人脑交互的特殊性，随着技术的逐步发展，其伦理问题将越加凸显。包括隐私保护问题、人格完整性问题以及责任归属问题等诸多方面。

（1）隐私保护问题。

脑机接口技术需要采集大量的个人神经信息，如大脑活动信号等，这些信息对个人隐私而言具有高敏感性。同时，这些信息一旦泄露或被非法获取，可能会导致个人隐私被侵犯，甚至被用于犯罪目的。如何保护这些数据不被滥用，防止认知监控和数据泄露，是一个重要的伦理挑战。

（2）人格完整性问题。

脑机接口技术可能会影响个体的自我认同和人格边界。随着脑机接口给使用者带来越发便捷的辅助效果，这项技术还有可能会使患者产生过度依赖，导致使用者忽略了自身本有的识别能力。这一问题在侵入式脑机接口的应用过程中尤为明显，植入电极的行为本身就会对患者造成不可逆的影响。例如，植入手术过程中可能发生感染，随着时间的推移脑内会逐渐形成包围电极的疤痕组织，电极长期使用后功效会显著下降等，且使用者也需要通过脑机接口与外部设备合作训练一段时间之后，才能精准控制外部设备实现目标。而在训练过程中，其思维习惯或多或少会发生变化，甚至性格都有可能发生改变。

（3）责任归属问题。

随着 BCI 技术的发展，如何界定责任成为一个复杂问题。例如，如果脑机接口设备的性能不稳定或出现故障，导致用户行为违背自身意愿，责任应如何归属？这需要明确技术使用中的法律责任和道德责任。

因此脑机接口技术需要国家进行引导规范。国家科技伦理委员会人工智能伦理分委员会研究编制了《脑机接口研究伦理指引》，提出了"保障健康、提升福祉""尊重被试、适度应用""坚持公正、保障公平""风险管控、保障安全""信息公开、知情保障""支持创新、严格规范"等基本原则，旨在为指导脑机接口研究合规开展，防范脑机接口研究与技术应用过程中的科技伦理风险，推动该领域健康有序发展，研究提出脑机接口研究的伦理指引。

二、量子计算

量子计算以量子比特为基本单元，利用量子叠加和干涉等原理实现并行计算，有望在解决计算复杂问题过程中提供指数级加速，具有重大战略意义和科学价值，我国高度重视以量子计算为代表的量子信息领域发展，通过组建国家实验室和实施重大科技专项等措施推动形成全面科研布局。2024 年《政府工作报告》中提到，在积极培育新兴产业和未来产业领域，制定未来产业发展规划，开辟量子技术、生命科学等新赛道，创建一批未来产业先导区。而在物流领域，量子计算应用主要聚焦组合优化问题，以更优方案实现路线规划和物流装配，提升效率，降低成本。

（一）物流领域应用发展趋势

量子计算的核心在于量子力学中的叠加和纠缠特性。传统计算机通过 0 和 1 的二进制系统进行运算，而量子计算机的量子比特可以同时处于 0 和 1 的叠加状态。这意味着量子计算机能够在同一时间内处理多种可能性，大幅提升计算速度，允许两个或多个量子比特之间的状态彼此关联。这就使得量子计算机能够在更高效的条件下传递和处理信息。

在组合优化问题的传统求解流程中，一般先对业务问题使用建模语言/工具进行数学建模并将模型保存在优化文件中，然后将文件导入优化求解器，使用求解器内置的优化算法来求解问题。

在量子计算求解过程中，其高效的并行处理能力尤为突出。传统计算方式在处理复杂优化问题时，往往受到串行计算的限制，计算效率较低。而量子计算基于量子比特的叠加特性，能够实现多个计算任务的同时处理。在量子计算中，一个量子比特可以同时处于多个状态，这使量子计算机能够在同一时间探索多个可能的解空间。这种并行处理能力使量子计算在处理大规模优化问题时，能够以指数级的速度提高计算效率。在物流路径优化、资源分配等复杂问题中，量子计算可以迅速遍历众多可能的方案，快速找到最优解。与传统计算相比，其处理速度和效果都有了质的飞跃。

量子计算在解决复杂优化问题中也展现出独特的优势，其中解决特定问题的量子算法更是关键所在。特定问题的量子算法能够针对复杂优化问题的特点进行精准设计和优化。例如，在组合优化问题中，量子退火算法通过利用量子隧穿效应，能够在较短时间内找到近似最优解。这种算法在物流路径规划、资源分配等领域具有重要应用价值。又如量子近似优化算法，它能够处理大规模的组合优化问题，为解决诸如生产调度、网络优化等实际问题提供了新的思路和方法。此外，量子搜索算法在无序数据库中能够实现快速搜索，对于在海量数据中寻找特定信息具有显著优势。这些解决特定问题的量子算法，不仅提高了计算效率，还为解决传统计算方法难以应对的复杂优化问题开辟了新的途径。

（二）案例：玻色电子相干光量子计算机 AGV 调度

由于自动化和智能化的普及，AGV 调度问题在物流、运输和生产领域有着广泛的应用。随着 AGV 数量的增加，传统的计算方法难以满足大规模调度的需求。在此基础上，北京玻色量子科技有限公司（以下简称"玻色量子"）联合大连海事大学研究提出了通过量子计算技术如何来解决 AGV 的调度问题。玻色量子自研的相干光量子计算技术具有强大的计算能力，特别是在组合优化问题的求解上表现出性能优势，大幅提高了 AGV 调度的效率和自动化水平，实验结果表明，与经典计算方法相比，基于玻色量子自研的相干光量子计算机真机——天工量子大脑 100，平均可节省 92% 的计算时间。

计算能力上，玻色量子自研的"天工量子大脑"具有 100 个计算量子比特，达到国际领先水平，"天工量子大脑"可以解决最高超过 100 个变量的数学问题，并实现了上百规模光量子之间的"全连接"控制，具备完整的可编程能力，即对应不同的应用场景和不同算法，硬件无须修改，完全通过软件配置即可实现可扩展、可编程，充分利用光量子计算优势，极大地降低了实际问题的建模复杂度。

求解速度上，"天工量子大脑"的求解速度比经典优化算法平均加速超过 100 倍。量子计算机的计算加速度是体现量子优势的重要指标。经过数十个实际案例的测试验证，相比于经典优化算法，求解速度比经典速度平均加速超过 100 倍，而相比暴力破解的穷举法，算力优势提升了多个数量级。

结果准确性上，"天工量子大脑"的平均求解结果优于经典优化算法的 120%。在计算复杂度越高的问题上，量子计算的优势越发明显。类似于 AI 大模型的"涌现"能力（当孤立的每个能力被以某种方式突然组织起来的时候，却爆发出很强大的能力），当量子计算机的计算规模提升之后，大规模量子计算的实用量子优势逐步"涌现"，100 量子比特目前达到了这一转折点。

1. AGV 调度问题

近年来，一些物流行业龙头企业已经进行了技术改造。例如，零售巨头亚马逊以及中国电子商务公司京东等都建立了庞大的智能仓库，其中使用了大量 AGV 执行货物的运输作业。此外，AGV 还广泛应用于自动化码头、智能工厂等应用场景，极大地提升了作业效率，降低物流成本。

为了满足应用场景的需求，AGV 的并行工作量不断增加，这给 AGV 调度带来了很大的难度。AGV 调度问题是十分困难的组合优化问题，使用目前的普通台式电脑与超级计算机来求解，精确算法可以生成好的解决方案，但其计算时间非常长，使其无法用于大规模问题。非精确算法表现出良好的效率，但经常收敛到局部最优，在短时间内提供高质量的调度解决方案成为一项重大挑战。这类组合优化问题却是量子计算的擅长领域。

2. 解决方案结果

AGV 调度问题根据不同的场景和考虑因素有多种分类。例如，考虑任务的时间窗口、调度和路径的联合优化、与其他设备的配合、计费策略等。研究人员简化了复杂场景下 AGV 调度问题规模，保留了 AGV 调度问题的本质。在此基础上，构建了 AGV 调度模型。研究人员提出了基于混合整数规划的经典 AGV 调度模型，使用经典计算机求解；又提出了基于二次无约束二元优化（Quadratic Unconstrained Binary Optimization，QUBO）形式的点模型和弧模型，使用"天工量子大脑"求解。最终求解情况如表 6-1 所示。

表 6 – 1　　　　　　　　　　不同模型与计算机求解结果

示例	目标	混合整数规划模型（经典计算机）		点模型（天工量子大脑）		弧模型（天工量子大脑）	
		时间	结果	时间	结果	时间	结果
4 – 2	总行程时间	15.6	52.82	2.00	—	2.25	52.82
5 – 2	总行程时间	31.2	57.77	1.00	—	—	—
6 – 2	总行程时间	93.7	60.11	0.75	—	—	—
7 – 2	总行程时间	234.3	65.35	0.73	—	—	—
4 – 2	完工时间	15.6	44	—	—	2.3	44

资料来源：https://mp. weixin. qq. com/s/9feSSc1GWP97sBvotH – BgQ。

从表 6 – 1 可以看出，天工量子大脑得到的解都是最优解，且相干光量子计算机的计算速度远快于经典计算机，平均节省了 92% 的计算时间，特别是当问题规模增加时，其所需的时间不会像经典计算机那样显著增加。证明相干光量子计算机在解决 AGV 调度问题和类似组合优化问题方面已经初步具备了实用量子优越性，未来具有巨大的应用潜力。

量子计算在 AGV 调度问题上的应用，不仅展示了玻色量子的相干光量子计算机的巨大潜力，也为物流自动化的未来发展提供了方向。随着量子计算技术的不断成熟，量子计算领域公司将联合其他领域合作伙伴，构建"量子计算 +"实用化场景，依托量子计算生态产业链，使它将在物流等更多领域发挥革命性的作用，推动社会进入一个更加智能和高效的新时代。

第七章 物流运筹与算法

物流运筹与算法作为核心技术之一，在提升物流效率、降低物流成本方面发挥着至关重要的作用。通过精准的数据分析和预测，搭建满足场景的模型，多目标优化与平衡、大规模模型的快速求解能够有效处理订单、调度资源、规划路径、优化网络和供应链。物流运筹与算法能帮助企业快速响应市场变化，提高服务水平，为客户提供更加个性化的体验。因此，积极应用物流运筹与算法进行创新赋能，不仅能够助力企业构建更为灵活高效的供应链体系，也是推动整个物流行业向智能化、精细化转型的关键所在。

第一节 订单处理优化

订单处理优化是指通过运筹算法，将原来处理客户需求信息的流程实现优化，是提高企业运营效率、降低企业运营成本、提升企业服务质量和增强企业竞争力的重要方法和手段。

一、订单处理优化问题描述

（一）订单处理优化问题简介

物流订单处理优化是指通过各种优化技术和方法，提升订单从接收、处理到配送的整体效率，减少成本并提高客户满意度的过程。这一过程涉及多个环节和复杂的决策，如订单分配、库存管理、路径规划和车辆调度等。优化物流订单处理的主要目标包括降低运输成本、缩短配送时间、提高资源利用率以及确保及时、准确的订单交付。

（二）订单处理优化问题常见优化目标

物流订单处理优化可在多个环节进行，不同环节的优化目标也有所差异。

订单接收与处理环节：在订单接收与处理环节，订单的优化主要以快速、准确地接收和处理客户订单，确保订单信息无误并及时进入处理流程为目标。常见的优化方法包括对订单优先级进行排序、订单数据的及时清洗与验证以及搭建自动化订单处理系统。

库存管理环节：在库存管理环节，订单的优化主要以优化库存水平、避免缺货和过剩库存、确保及时供货为目标。常见的优化方法包括利用时间序列分析、机器学习等方法构建库存预测模型，采用动态库存策略以及供应链上下游库存协同优化的策略。

仓储管理环节：在仓储管理环节，订单的优化主要以提升仓库运作效率、优化货物存储和拣选流程为目标。常见的优化方法包括对仓库布局优化进行优化，利用 WMS 的相关数据对自动化仓储设备作业内容进行优化。

路径规划与车辆调度环节：在路径规划与车辆调度环节，订单的优化主要以确定最优的配送路线和车辆调度方案、减少运输成本和时间为目标。常见的优化方法包括利用整数线性规划、动态规划、遗传算法、蚁群优化、禁忌搜索等模型以及算法对路径和车辆的调度进行优化。

客户服务与逆向物流环节：在客户服务与逆向物流环节，订单的优化主要以提高客户满意度、优化退货处理流程，避免正向、逆向物流作业交叉冲突为目标。常见的优化方法包括逆向物流管理和退货流程优化。

（三）订单处理优化问题常用算法

订单处理优化是物流作业、供应链管理中的关键性环节，对于提高生产效率和降低成本至关重要。为了实现订单处理的优化，可以采用一些算法，不同的算法有不同的适用场景，也存在其各自的优缺点。

1. 先来先服务（First Come First Serve，FCFS）算法

FCFS 算法是最简单的一种订单处理优化算法，在这种算法中，订单按照其到达的先后顺序进行调度。当一个订单到达后，就立即开始执行直到完成，然后继续处理下一个订单。这种算法的优点是简单易实现，并且可以保证公平性，所有订单都按照其到达时间进行处理。但同时也具有明显的缺点，没有考虑订单的紧急程度和执行时间的长短，可能导致一些紧急的订单等待时间过长，影响整体的作业效率与服务质量。

2. 最小完成时间（Shortest Processing Time，SPT）算法

SPT 算法是一种根据订单的执行时间长短进行调度的算法。在这种算法中，将执行时间最短的订单放在最前面进行处理，以此类推。这种算法的优点是可以最大限度地减少订单的等待时间，提高整体的订单处理效率。但缺点是没有考虑订单的紧急程度和处理的顺序，可能导致一些紧急的订单被延迟处理。

3. 最早截止时间（Earliest Due Date，EDD）算法

EDD 算法是一种根据订单的截止时间进行调度的算法。在这种算法中，将截止时

间最早的订单放在最前面进行处理，以此类推。这种算法的优点是可以最大限度地保证订单按时完成，减少订单的延误。但缺点是没有考虑订单的执行时间和顺序，可能导致一些执行时间较长的订单被放在后面，影响了整体的订单处理效率。

4. 遗传算法（Genetic Algorithm，GA）

GA 算法是一种基于生物进化原理的优化算法，其通过模拟遗传过程的选择、交叉和变异等操作，不断优化订单处理的结果。这种算法的优点是可以同时考虑多个因素，包括订单的执行时间、截止时间和紧急程度等，从而找到最优的订单处理方案。但是缺点是算法实现复杂、计算量较大。

5. 萤火虫算法（Firefly Algorithm，FA）

FA 算法是一种启发式算法，灵感来自萤火虫的闪烁行为。它通过模拟萤火虫之间的吸引和追逐行为来搜索最优解。在订单处理优化问题中，萤火虫算法被用来解决如何合理地将一批订单分成若干个批次，从而以最大限度地提高运输效率和降低成本。每个订单被视为一个"萤火虫"，通过调整订单的批次分配方式，使"萤火虫"（订单）之间相互吸引，从而找到最优的分批方案。

综上所述，订单处理优化具有多种可选择的优化算法。在实际应用中，可以根据不同的需求和条件，综合考虑订单的执行时间、截止时间和紧急程度等因素，选择合适的算法来进行订单的优化。同时，可以根据实际作业的具体情况，对算法进行改进和优化以满足实际需求。

二、订单处理优化主要应用场景

（一）运输订单处理优化

随着我国生活水平的不断提高，人们的出行需求逐步增加，网约车数量也随之增长。2024 年上半年，网约车司机数量已超过 710 万人。网约车的订单处理通过合理规划行程和调度车辆进行优化，对提高平台的订单接单率和服务效率具有重要作用。

1. 场景描述

网约车的市场主体主要包括三部分，分别为乘客、平台、司机。网约车市场的基本交易行为可以简单理解为一次乘客下单、平台派单、司机接单并完成出行服务的过程。网约车平台本质上是一个共享信息、提升司乘匹配效率的线上实时交易平台，其供给方是司机，需求方是乘客。在现实场景中，随着每时每刻的时空变化，需求在不断变化，供给同样也在变化。如果平台不加以调控，就很难做到司乘双方基本匹配，会存在很多区域供需不平衡的情况。针对供需不平衡问题，平台需采取多种措施，提升其交易效率和服务质量。

对于乘客来说，大部分乘客只关注打车需求的及时性和价格，当打车需求无法得到及时满足时，乘客往往会选择多平台下单，以此来增加供给；对于司机来说，司机只关注接单的数量以及每单的价格，因此存在大量司机注册多个平台账号的情况，以增加其接单的数量。虽然网约车平台提高了乘客司机供需信息的实时匹配效率，部分缓解了供给和需求的错配问题，但时空维度上还是存在大量的供需不平衡问题。如上下班高峰、节假日、大型集会等特定场景，造成了需求大于供给的情况。

2. 场景特点

（1）供给和需求波动大。

在需求方面，需求波动主要随时空变化而变化，主要体现在比较有规律的上下班高峰和平峰的波动、正常周末和工作日的波动。此外，需求还与某个时空的特定场景有强相关关系，如秋季开学、台风天、大型演唱会等，这类特定场景繁多且各不相同，并对需求的影响较大。

在供给方面，因司机作为服务方有跟随订单量的变化而变化的趋势，受上下班高峰期、节假日、冷热区等影响，所以供给波动和需求的波动具有一定的类似性。但由于司机存在多平台接单，有效运力难以定义；司机群体里存在全职兼职、新手老手混合等情况，使供给波动更大。

（2）供给和需求不平衡。

供给和需求不平衡主要是在指某个时空点供大于需或者需大于供的情况。从出行平台的角度来看，供需不平衡的情况可以再细分为供需的错配和整体性的供给或需求过少。

3. 关键技术

网约车订单的处理优化主要有以下几种关键技术。

一是平滑方法。对于供需变化比较平稳的场景，采用移动平均法或者指数平滑法等平滑方法对订单进行优化能取得较为良好的效果。

二是基于梯度提升决策树（Gradient Boosting Decision Tree，GBDT）的回归预测模型。近年来，机器学习模型尤其是基于 GBDT 的回归预测模型在工业领域被大范围使用，由于其优秀的精度、可解释性及稳定性在供需场景中对下一个时间片供需关系的预测效果较好。

三是传统的时序预测模型。由于供需场景中的供给和需求数据本身具有时间属性，因此在某些场景下采用时序预测模型较为匹配，比较简单易实现的有自回归积分滑动平均模型（Autoregressive Integrated Moving Average Model，ARIMA）或 Facebook 企业的"Facebook prophet"模型。由于时序预测模型的预测方法较为简单，其预测能力有限。

四是基于 Transformer 的时序预测模型。相较于传统的循环神经网络（Recurrent

Neural Network，RNN）、卷积神经网络（Convolutional Neural Network，CNN）两种模型，Transformer 模型不需要处理输入序列的时序关系，就能够更好地捕捉序列间的全局关系，提高模型的性能。

（二）配送订单处理优化

随着我国消费水平的提升、互联网技术的普及以及物流体系的完善，加上人们消费习惯的改变和生活节奏的加快，餐饮外卖市场迅速崛起，成为餐饮行业的重要组成部分。相关统计数据显示，2023 年中国在线餐饮外卖行业市场规模为 15254 亿元，外卖配送也是订单处理优化的典型场景之一。

1. 场景描述

在外卖配送场景中，主体主要包括顾客、商家、平台和配送员。在该场景中，顾客在外卖平台上下单，商家通过平台接受订单，同时商家通过平台发布包括取送货地点、货物种类数量和预计配送时间等的配送需求信息，平台通过订单分配的方式或让配送员抢单的方式将配送订单分发给相应的配送员。配送员在接收相应的配送订单后，需要到商家取货并送达顾客以完成配送订单。

在整个外卖配送的场景中，由于配送订单的发布具有实时性，每个订单都有相对应的取送货地，并要求在尽可能短的时间内完成，因此具有很强的匹配性和时效性。同时，考虑到高峰期配送订单数量庞大、地理位置分散、配送员具有动态性且随机分布等特点，要寻求配送成本低、顾客满意度高的订单分配与路径规划方案就具有极大的挑战性。

2. 场景流程

外卖平台配送订单的交互场景和处理优化过程可以具体描述如下。

第一步，平台生成数据。顾客和骑手在使用平台业务系统和骑手端等用户平台时，会产生订单数据和骑手数据，然后发送给智能派单系统。订单数据包括订单下单时间、订单中商家和顾客位置等；骑手数据包括骑手的负载数据和骑手状态数据等。

第二步，配送订单处理优化决策。智能派单系统在接收了订单和骑手数据之后，开始对配送订单进行处理优化决策。配送订单的优化决策涉及动态实时优化、扰动管理、运筹优化、机器学习、仿真分析等多个方面的内容。配送订单优化的数据驱动主要是指通过机器学习进行更多数据的挖掘，比如商家出餐时间数据、节点之间的距离数据、骑手服务水平数据、顾客签收时间数据等。

第三步，分配优化结果。智能派单系统对配送订单进行优化决策结束后，优化决策的结果会分配给相应的骑手，骑手按照指定的订单配送路径执行任务。

第三步结束之后，系统会随着时间的推移自动进入下一个配送订单优化决策阶段，再次进入第一步，直至最后一轮调度。

3. 配送订单处理优化算法机理

外卖平台配送订单的处理优化算法机理是指对静态的配送订单处理场景进行建模和求解的过程，涉及机器学习、运筹优化和仿真分析三个方面。其中，机器学习进行数据挖掘以及模型和算法的改进，运筹优化提供订单分配和配送路径优化的基本模型和算法，仿真分析对模型和算法进行评估以及参数调整。

（1）外卖平台配送订单处理优化的机器学习。

外卖平台配送订单处理优化的数据驱动主要体现在利用机器学习进行时间参数的估计，为运筹优化提供更多智能派单所需的数据，提升订单处理优化的效果。一般而言，外卖平台配送订单处理优化的订单履行时间包括四个部分：骑手到商家的路径时间、骑手在商家的等待时间、骑手从商家到顾客的路径时间、顾客的订单签收时间等。准确估计这些时间对外卖平台订单处理优化至关重要，而且需要利用机器学习进行估计。

外卖平台配送订单处理优化机器学习一般有五大步骤（见图7-1）：数据收集、数据抽样、数据初步处理、特征值分析和机器学习模型选择和构建。

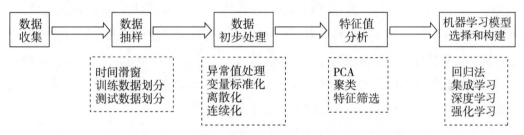

图7-1　外卖平台配送订单处理优化机器学习的步骤

（2）外卖平台配送订单处理优化的运筹优化。

外卖平台配送订单处理优化的运筹优化是指对静态外卖平台配送订单处理优化场景的优化决策，包括订单分配和配送路径优化，如图7-2所示。

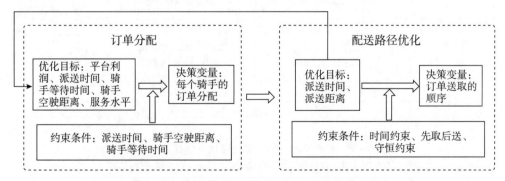

图7-2　外卖平台配送订单处理优化的运筹优化

外卖平台的订单分配问题是一个多目标动化问题，需要同时考虑平台、骑手、商家和顾客四个方面，具体包括平台利润、订单派送时间、骑手等待时间、骑手空驶距离、订单服务水平等。

外卖平台的配送订单处理优化不能无条件选择接单派送，需要综合考虑骑手在承诺时间内具有送达的可能性。如果订单中商家离用户太远、骑手在商家的等待时间过长，或者骑手出发的位置与被分派订单中的商家距离太远，都会影响订单的履行时间从而导致超时。因此，外卖平台配送订单处理优化应该满足一些基本的约束条件：订单中的商家与顾客的距离、骑手可以开始执行新任务的时间、骑手在商家的等待时间、骑手去取餐的空驶距离等都应设置一个上限。

外卖配送路径问题与订单分配的目标有一些区别，侧重于订单执行顺序的优化。由于订单分配问题五个目标函数中的订单服务水平和平台利润等与配送路径执行顺序无关，因此外卖配送路径问题的目标函数为订单配送时间、骑手等待时间、骑手空驶距离三个方面。

（3）外卖平台配送订单处理优化的仿真分析。

仿真分析是对机器学习和运筹优化效果进行测试和评估的重要手段。通过仿真分析模块，可以对不同的配送场景进行模拟仿真分析，不仅能够对机器学习模块进行参数估计和未来需求预测，而且能够对运筹优化模块的订单分配问题和配送路径问题进行准确评估和优化，从而实现高效的策略选择和决策（见图7-3）。另外，高精度的配送仿真系统还能够对配送订单处理优化相关的上下游策略进行辅助优化，包括配送范围优化、订单结构优化、运力配置优化、配送成本评估等。

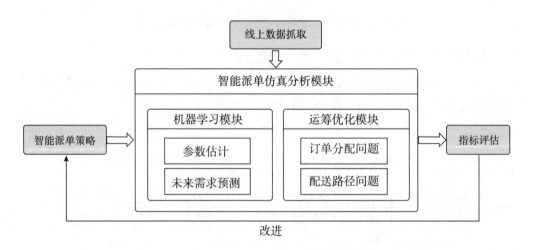

图7-3　外卖平台配送订单处理优化仿真分析流程

资料来源：余海燕，蒋仁莲《基于众包平台的外卖实时配送订单分配与路径优化研究》。

（三）仓库拣选订单处理优化

1. 仓库拣选订单处理优化主要场景与特点

（1）卷烟仓库拣选订单处理优化场景与特点。

①卷烟仓库订单拣选的特点与设备应用。

订单拣选是卷烟仓库最为核心的工作，其复杂程度高、用工人数多，受到多种因素的制约，也是仓库物流系统设备中投资比重最大的一个环节。具体而言，卷烟订单拣选的主要任务就是将不同品牌、不同规格的卷烟，按照客户订单的要求，以条为单位进行分拣、包装，包括备货、开箱分拣、打码、包装、贴标签、码垛等步骤。

从特点来看，卷烟产品有着较好的标准化基础，物流运作的计划性很强。首先，卷烟的规格和种类较其他货物品类少，一般仓库所处理的卷烟规格在100~400个，而且卷烟的件、条包装极为规整。其次，卷烟产品的客户数量以及每个客户的订单量也是较为固定的。这些因素使卷烟订单拣选有着鲜明的行业特点。

从设备应用来看，卷烟订单拣选经历了从人工分拣向大规模、高速、自动分拣的历程。最初，卷烟的分拣主要由人工来完成，在20世纪90年代的各个卷烟销售送货单位有着广泛的应用；随着销售量的增长和技术的发展，卷烟仓库引入了亮灯自动拣选系统（Pick-to-Light，PTL），使人工分拣的作业效率和准确率大幅提升，但由于分拣集成度不高，订单的处理主要考虑的是工位的作业平衡以及送货路线的排序，拣选策略也比较简单；随着自动化程度的不断提升，部分仓库开始采用先进的自动分拣设备，单个仓库的作业量大幅提升。

②卷烟订单拣选策略的构成。

卷烟物流系统是一个复杂的物流体系，不仅有多个不同功能的信息系统，负责处理订单接收、任务处理、车辆配载、路线排程、运行监控等任务，而且大量先进的自动化物流设备也被广泛应用，自动化立体库、AGV、机械手、自动开箱、高速分拣、图像识别、飞行打码、高速包装等技术的应用，在提高作业效率的同时，也保证了分拣的质量。

由于物流作业环环相扣、高速衔接，因此在处理订单拣选作业时，不仅要考虑分设备的特点，还要综合平衡仓储和出货的衔接，分拣策略以及任务分配的复杂程度大幅提升。一个完整的分拣策略应包含拣选模式选择、任务调度策略、备货策略、烟仓优化策略等。

（2）汽车零部件仓库拣选订单处理优化场景与特点。

①汽车零部件拣选作业对象。

汽车零部件进行拣选作业时，除对汽车零部件进行拣选，还需要对相关的包装进行选择。

对汽车零部件进行拣选时，拣选对象按体积或重量可划分为大物零件与中小物零件。其中，中小物零件通常采用塑料箱或纸箱进行包装，以便人工或自动化设备整箱搬运或拣选；大物零件采用围板箱、金属器具等包装形式，重量较大，整箱搬运货物拣选需要机械设备（如液压车、传统叉车、无人叉车、AGV等）进行配合。

对相关包装进行选择时，从不同角度对包装类型进行分类，将会对拣选造成不同的影响。从包装循环性来看，包装可分为可循环包装与一次性包装，可循环包装涉及返空箱，一次性包装涉及垃圾回收；从包装材质来看，包装材料主要包括塑料箱、纸箱、金属器具、围板箱等；从使用范围来看，塑料箱多用于中小零件的包装，金属器具、围板箱多用于较大零件的包装，而纸包装在各种规格的零件中均有使用；从功能划分来看，包装可分为通用型包装与专用型包装。通用型包装可用于多种零件盛放使用，包装内一般没有隔断或内衬，对拣选作业影响较小；专用型包装是特定包装，根据零件的属性、外观、特殊要求进行设计，对拣选作业影响较大。

②不同物流节点的零部件拣选特点。

对于集散中心而言，其为最上游的集货分拨环节，向上游对接供应商送货或循环取货，向下游衔接干线运输，零件多以整箱或整托的形式缓存。由于干线运输时间长，每个订单至少为一个送货周期需求量，拣选作业以整箱或整托的形式完成出货任务。

对于本地仓储中心而言，其承接异地零件干线运输后的存储任务，存储周期较长，存储量较大。拣选要求多取决于下游超市缓存中心的要货原则与物流模式。本地仓储中心多以整箱的形式进行拣选，用量大的零件以整托的形式拣选出货。同时，部分零件如标准件，单一包装收容数巨大，以单箱的形式拣选同样会增加内物流的库存压力与面积压力，因此在拣选作业前，需对该类零件进行包装转换，以小箱、少量的形式拣选出货。

对于超市缓存中心而言，其为零件上线前的最后一环，无论是推动还是拉动要货逻辑，都需要在保证零件质量的前提下，将正确品种、正确数量的零件，在准确的时间范围内完成拣选，并配送至生产线旁。超市缓存中心是整个物流供应链中，除线旁库存外最低库存量的一环，也是拣选准确性、时间要求最严格的一环。根据生产模式不同，零件的拣选模式主要可分为批量上线看板模式、零部件成套供应（Set Parts Supply，SPS）拣选模式、排序模式等模式。

对于全国备件中心而言，其存储品种最全，存储量最大。拣选多为不拆箱的批量拣选，但备件覆盖的车型多、零件品类多，拣选存在一定的难度。

对于区域备件中心而言，其直接对接每一个区域的多个4S店，直接根据4S店的日订单进行实时配送，鉴于订单需求，拣选均为到单个零件的拆零拣选，因备件品类多、零件包装尺寸各异，拣选及包装难度较大。

2. 仓库拣选订单处理优化常用模型

（1）线性和混合整数规划模型。

自动化系统中的许多设计和操作决策可以使用线性规划（Linear programming，LP）或混合整数规划（Mixed Integer Programming，MIP）模型进行优化。例如，LP 模型和 MIP 模型可用于优化系统形状，获得正确的存储策略选择，调度和排序订单，以及建立订单批处理规则。

对于以上模型，元启发式算法能够在较短的时间内提供近似最优解。元启发式算法是从所有可能的可行解决方案中找到最佳解决方案，较为通用的元启发式算法包括遗传算法、禁忌搜索、模拟退火和自适应大邻域搜索算法等。

（2）旅行时间模型。

旅行时间模型可以直观体现出物资从一个位置移动到另一个位置所需的时间量。例如，在"货到人"自动化拣选情况下，旅行时间模型可用于获得货物存取时间的闭式解。旅行时间模型较为简单，其劣势在于在多个资源之间的交互、多个资源的并处理场景下，会存在某些要素捕捉不全的情况。

（3）排队网络模型。

排队网络模型常见的分类有开放排队网络（Open Queuing Network，OQN）模型、封闭排队网络（Closed Queuing Network，CQN）模型和半封闭排队网络（Semi - open Queueing Network，SOQN）模型。

在开放排队网络模型中，待选订单从外部到达系统在不同节点接受服务后离开系统，其在预估订单吞量时作用明显。然而通常情况下，系统中的资源数量、容量有限，限制了模型的计算。在封闭排队网络模型中，有限的资源数量施加了相关约束，但该模型则会导致低估客户真实的等待时间。而在半封闭排队网络模型中，其可以准确地捕捉外部事务等待时间。通过构建"同步站"的方式，将客户订单与资源队列中的可用资源进行配对。

三、订单处理优化典型应用案例

（一）网约车智能听单托管

1. 网约车智能听单托管问题背景

网约车供需不平衡是网约车运营长久以来存在的问题，供需的不平衡对乘客等待时间、司机利用率以及平台收益产生了显著的负面影响。导致供需不平衡的原因涉及以下两个方面。

一是供需生成的时空分布存在一定的不均衡性，通过供需匹配以及空驶调度策略的合理设计可在一定程度上缓解时空不平衡性。二是司机听单设置不合理导致不同类型司机和乘客之间的不均衡。例如，订单被细分为多种类型，以满足不同乘客对价格、时效以及服务质量的需求；司机根据其车型和服务质量被划分为特惠快车、经济型以及优享型车辆。不同类型司机的接单能力差异导致同一时空下不同类型需求的满足度不一致。

因此，急需构建一套有效的智能听单系统，辅助司机在特定时间以及供需模式下开启某种听单模式，以进一步提高车辆利用率、缓解供需不平衡，从而增强其竞争力。构建智能听单托管系统是一项极为复杂的任务，其复杂性主要来源于以下几个方面：首先，司机听单设置与当前供需分布存在密切关联；其次，为每位司机进行决策时需要考虑到司机对听单设置的个体偏好；最后，个体行为会影响自身收益以及其他司机的匹配概率，需要考虑司机群体之间的竞争需求和复杂的博弈关系。

2. 网约车智能听单托管核心优化方法

网约车智能听单托管的核心优化方法主要包括以下两大核心技术。

其一是为司机听单设置偏向性模型，通过对实时数据和历史数据的深入挖掘得到了司机特征和市场特征，将其输入并采用逻辑回归模型预测司机在未来某时间段内打开一口价听单设置的概率。

其二是为平台视角决策各类司机开启一口价听单设置比例模型。根据司机是否同时在多个平台上工作、活跃程度以及司机类型，将司机群体分为八类。首先，结合当前供需数目、司机所在区域、时间信息等因素构建神经网络，预测每类司机在未来一段时间内接单的概率。基于训练好的预测模型，通过神经优化器使平台以系统均衡或者最大化系统供给匹配率为目标，确定每类中打开一口价听单设置的司机比例。结合最优开启比例和司机听单偏向性，优先为对一口价订单接受程度更高的司机打开一口价听单设置，从而实时得到每位司机的最优听单决策。

（1）相关模型标定。

司机听单设置偏向性模型的目的是基于司机的历史行为判断在某个特定的供需分布下司机听一口价订单的概率。司机的听单偏向性主要受到供需模式、所处时间和车辆能源类型的影响，前两个因素影响了司机的匹配率以及等待时间，能源类型则影响了运营成本。模型以包括系统评分、历史听一口价时长和历史上线时长在内的司机特征，各类需求和供给数量等市场特征作为自变量，采用逻辑回归模型预测各司机听一口价订单比例是否大于某一阈值。

（2）基于 ConvLSTM 的深度学习预测模型。

为实现智能听单托管服务，需要构建对于不同类别司机的接单概率预测模型。构建相关神经网络，网络以高维数据作为输入，预测每一类司机在决定是否开启一口价后的接单概率。其中输入数据包含所在网格编号、租户编号、16 类司机数量、7 种订单到达率、当前时间点、是否为工作日，以及全局时空供需信息地图。并特别地运用了卷积长短期记忆网络（Convolutional Long Short-Term Memory，ConvLSTM）处理全局时空供需信息，提取供需关系的时空特征。

（3）ConvLSTM 与六边形网格编码技术。

在处理全局时空供需信息时，运用了两个关键技术。第一个是 ConvLSTM 网络，它是卷积神经网络与长短期记忆网络的结合。其中每一个 ConvLSTM 单元的结构与传统的长短期记忆网络（Long Short-Term Memory，LSTM）单元一致，区别是 ConvLSTM 用卷积连接代替了原本的全连接，以更好地发挥卷积网络处理图像的优势，提取供需信息的空间特征；由于 ConvLSTM 的主体结构与 LSTM 一致，它也可以发挥 LSTM 网络处理时序信息的能力。第二个技术是六边形网格编码，网约车业务场景通常使用 Uber H3 六边形地图的编码格式，无法直接使用传统的二维矩阵编码储存单元格之间的位置关系。但通过三维坐标编码，可以完全保留空间位置信息，原本的二维地图便转化为三维矩阵的编码形式。

（4）神经元优化器。

在构建并训练完成预测模型后，需要进行最优决策，优化司机端供给结构，决定司机开启一口价与不开启的最优配比。在搭建智能听单系统的过程中使用了神经元优化器技术，其基于"预测—优化"框架和无显示表达的"黑箱"预测模型，优化预测模型的输入，最大化目标函数。相比传统的优化模型，它可以有效应对不可知的"黑箱"，并充分发挥神经网络反向传播的更新机制和批量训练的模式，利用高性能 GPU 进行硬件加速。

3. 网约车智能听单托管优化效果

通过测试，网约车智能听单托管系统成功接单比例的预测结果平均均方误差收敛至 0.03，证明该系统的实际应用将会产生较好效果。此外，系统分别以最大化系统总收益、司机收益均衡、最大化系统总收益同时考虑司机均衡为三种优化目标进行测试，均实现了系统总收益的提高。其中，最大化系统总收益在每个地图单元格中司机数量为 20～50 时表现最好，可提升总体收益 6%～8%。

（二）百度地图智能物流 Milk-Run 算法

1. 百度地图智能物流 Milk-Run 算法简介

（1）百度地图智能物流 Milk-Run 算法简介。

Milk-Run（循环取货）是当前供应链管理中被广泛应用的物流运输策略模式，其对于运输准确性和成本效益都有极高的要求。在执行 Milk-Run 策略时，物流调度人员需要有极强的统筹能力，能在满足客户生产线要求的情况下兼顾资源（仓库面积、车辆数等）的最大化利用，合理安排订单处理与执行顺序，降低企业的物流成本。在此背景下，百度地图智能物流自主研发了一整套 Milk-Run 算法，该算法服务可以通过简洁的 API 接口，轻松对接企业的内部系统，企业可将需要计算的任务及业务约束要求（仓储成本、车辆成本、时间要求等多维度约束条件）传输给 Milk-Run 算法，依托于百度的强大算力资源快速的计算出符合业务要求与成本要求的运输订单处理优化方案，借助该算法服务，企业不仅能有效减少物流循环取货的成本、提升整体运作效率，而且能大幅增强供应链的响应速度和应变能力，从而在激烈的市场竞争中占据先机。

（2）百度地图智能物流 Milk-Run 算法挑战。

尽管 Milk-Run 的循环取货模式能够显著地稳定配送节拍、降低物流成本、减少排放和延误，但研发 Milk-Run 算法需要克服诸多技术难题，包括但不限于如下内容。

挑战一：复杂数据处理与运输环境感知。物流配送环境动态多变，货车道路条件、交通状况及天气等因素均会影响 Milk-Run 算法的准确性与物流运作效率。Milk-Run 算法需处理多维度数据，并融合物流地图的动态交通信息进行配送排程的计算，这就需要有强大的数据处理能力、道路感知能力和高性能计算资源。

挑战二：配送需求多样性与协作复杂性。不同配送订单任务具有独特需求与约束，涉及货物重量、体积、形状与温度等多个因素，同时对于不同的取、送节点又会涉及配送中心、运输公司、客户、供应商等多个协作参与对象，这就需要具备良好的协调和运作机制，以确保参与各方之间的顺畅合作。Milk-Run 算法需灵活应对多样化的业务约束、成本因素等复杂条件以满足客户要求

挑战三：法规与政策考量。国内不同地区由于区域性质，如交通法规等法规与政策限制有所不同，Milk-Run 算法需遵循相关法规并充分考虑政策因素，确保合规运作，降低潜在风险。

2. 百度地图智能物流 Milk-Run 算法主要功能

借助强大的技术开发和广泛的测试，百度地图智能物流 Milk-Run 算法能够实现以下功能。

功能一：专属启发式优化算法。有别于常规算法仅能够支持单天订单与车辆进行排单，该算法能克服多种因素组合带来的算法复杂性指数上升的问题，可根据月维度的长周期订单和车辆，综合考虑多车型、车辆路线、多趟次、月台使用、仓储成本等维度，输出满足生产平准化要求且综合成本最低的路线分配方案，具体可以细化到每

天的路线计划、月台分配、仓储占用等详细结果。

功能二：专属实时物流地图数据。依托百度物流地图强大的专属货运数据能力，该算法能够实时规划出适应各类货车的行驶路线。通过结合实时的路况信息，该算法能够辅助企业更灵活地调整路线，确保货车行驶的高效性和安全性。此外，该算法还提供精确的行驶距离和时间估算，助力物流企业实现更加高效精准的订单与运输管理，进一步提升运营效率和客户满意度。

功能三：灵活多样的配置能力。该算法提供针对汽车物流场景的丰富成本参数配置能力，包括车型固定费用、单位里程费用、高速费用、附加费用等运输费用参数，月台费用、又车费用、仓储面积费用、搬运人工费用等仓储费用参数，以及车辆出发时间、最大行驶时间、供应商工作时间、仓库工作时间、动态卸货时间等约束条件，共计可支持20多项详细参数设置，支持根据实际业务进行灵活调整。

功能四：生产平准化需求的深度契合。该算法通过强大的计算能力计算出以月为维度的整体订单运输方案。针对每条路线能够提供稳定且高效的取货计划，确保生产用料的平准化，充分满足实际应用的需求。同时，对于每天的多趟次车辆路线，算法精准控制回仓时间间隔，实现订单货物的平准化到达，从而有效降低仓储成本。

这一算法全面满足了到货频率、到货时间及到货货量等多维度的平准化要求。在保持高度平准化的基础上，算法进一步提升了车辆的装载率，显著降低了总体费用成本，为企业带来了实质性的效益。

3. 百度地图智能物流 Milk – Run 算法实际应用

在汽车行业，由于零部件品类繁多且需求量巨大，为了降低仓储成本，制造厂商通常采用小批量、多频次的订货策略，同时也给订单的处理优化带来了巨大的挑战。为满足生产需求，物流运输需在位置、货量和时间等多个维度保持均衡。通过 Milk – Run 模式进行物流运输组织，不仅能确保车辆的高满载率，减少空载浪费，提高空容器周转效率，从而降低物流成本；还能实现到货均衡化，降低人员和设备成本，化物流流程，提高管理精度。

在实际应用中，百度地图智能物流 Milk – Run 算法服务通过 API 方式接入某汽车供应链公司的内部系统后，该企业只需将计算的任务及业务参数传输给 Milk – Run 算法，便可进行更高效率的计算。该企业自应用百度地图 Milk – Run 算法后，车辆装载率提升至95%，单位运输成本降低达30%以上。

第二节 资源调度优化

资源调度优化主要关注如何有效地分配和管理有限的资源，以满足不断变化的需求，从而提高系统性能和效率。随着云计算和大数据技术的发展，资源调度优化问题变得尤为重要。资源调度不仅涉及如何根据任务的需求和资源的状态进行决策，还包括通过合理的调度算法实现资源的优化配置，以提高系统的整体效率。

一、资源调度优化问题描述

（一）资源调度优化问题简介

资源调度优化的基本原理包括根据任务的需求和资源的状态进行决策，通过合理的调度算法实现资源的优化配置，从而提高系统的整体效率。在云计算环境中，资源调度优化的挑战包括应对任务的多样性和资源的动态性，同时需要考虑资源的利用率、负载均衡、任务优先级等多个因素。当前研究主要集中在调度算法的优化和调度策略的探索，以及新技术如深度学习、强化学习在资源调度中的应用。

随着5G、物联网等新技术的普及，资源调度优化的需求和场景将更加复杂多样。未来的研究将更加注重实际应用的性能和效果，推动资源调度优化技术的不断创新和发展。资源调度优化的应用案例包括云计算中心、边缘计算等领域，通过实际应用案例的介绍，可以深入了解资源调度的具体实践和效果。

（二）资源调度优化问题常见优化目标

资源调度优化问题涉及在分布式环境中，根据应用需求和资源状态动态地分配与调整计算、存储、网络等资源，旨在提高资源利用率和系统整体性能，常见优化目标包括最小化资源空闲时间、最大化服务质量和响应速度、降低运营成本等。

其中，最小化资源空闲时间指的是通过有效调度，减少资源的未使用时间，提高资源的利用率；最大化服务质量和响应速度指的是确保服务能够快速响应，提供高质量的服务体验；降低运营成本指的是通过优化资源分配，减少不必要的资源消耗，从而降低运营成本。

以上优化目标的实现，依赖于先进的资源调度算法和策略，如静态预分配、动态调整、抢占式调度等，以及考虑负载均衡、虚拟机迁移技术等策略，以适应不断变化的应用需求和资源状态，提高系统的整体性能和效率。

（三）资源调度优化问题常用算法

1. 路径优化算法

路径优化算法是图论与网络分析的关键技术，旨在找到给定网络中的最优或最短路径。Dijkstra和A-star算法是著名的最短路径算法，其中，Dijkstra算法基于贪婪策略，适用于带权有向图的单源最短路径问题；A-star 算法结合了全局搜索与启发式信息的优势，通过估计到目标节点的代价指导搜索方向，提高搜索效率。以城市地图路径规划为例，Dijkstra 算法能够找到两节点间的最短路径，A-star 算法能够引入启发式信息提高最短路径的搜索效率。

2. 任务智能调度算法

任务智能调度算法是指通过优化资源分配和任务调度来显著提高物流效率，常用方法有遗传算法、模拟退火算法和蚁群算法。其中，遗传算法是模拟自然界的遗传进化过程，通过种群中的交叉和变异操作探索最优解，在资源调度中可优化车辆路径和货物装载，以最小化总行驶距离或最大化资源利用率；模拟退火算法是借鉴金属冶炼中的退火过程，以一定概率接受劣质解，从而跳出局部最优，在资源调度中有助于全局搜索，优化配送路线或任务调度顺序；蚁群算法受蚁群觅食行为的启发，通过信息素的释放与更新指导搜索过程，在资源调度中可优化配送路线，模拟车辆间的协同行驶。

3. 数据挖掘与预测性物流算法

在现代物流管理中，数据挖掘与预测性物流算法至关重要。它们探索数据关联、揭示时间序列模式，利用机器学习为物流提供强大预测和优化工具。数据挖掘可以识别项目的相关性以优化库存布局和联合配送；预测性物流算法可以对物流需求、运输时长和库存变动进行预测，通过分析历史数据洞察季节性趋势、周期性波动及其他影响物流的因素，提供更精准的规划和调整。

4. 智能仓储算法

智能仓储算法是现代物流的关键技术，通过集成先进技术和算法，显著提升仓储效率。货物分配算法、智能拣选系统和智能储架系统是智能仓储算法的核心应用领域。其中，货物分配算法可以考虑货物关系、货架位置和实时交通状况，对仓库货物的流动和拣选进行优化，确保货物快速、高效地移动；智能拣选系统可以利用机器学习预测拣选顺序，减少拣选时间并提高准确性；智能储架系统可以通过自动化和智能化技术提升存储和监控能力。通过以上应用，智能仓储算法可以显著提升仓储效率、减少人工错误、降低库存成本、缩短订单处理时间、提高客户满意度。

二、资源调度优化主要应用领域

（一）载运工具调度优化

在物流运输业务中，调度环节的存在，可以有效地实现运力的合理分配。载运工具的调度本质上为运输业务中货物与运力的匹配。载运工具调度优化的核心：一是提高派车的准确度，为货物匹配出最优的运送车辆；二是提高操作的便捷性，减少大量人工操作的调度现状；三是数据的积累及可视化展现，历史数据的宏观和微观展示均可以在多个环节对调度策略进行优化指导。

1. 载运工具调度的两个主要模式

载运工具的调度模式主要分为抢单和派单两种。其中，抢单的逻辑较为简单，即将符合条件的活动放到资源池中，司机根据自身情况自行筛选以及预定订单。该种模式的优势是可以加强对司机个人情况的评价与监管，为匹配策略的完善提供数据支撑；其弊端在于容易造成订单及运力分配的不均匀，无法对司机收入利润和客户服务等方面进行管控。此外，抢单模式不够灵活，司机自由度较大，难以做到精细化管理。

派单具有简单和深入两种不同的逻辑。较为简单的派单逻辑即为通过调度人员，对所掌握的订单选派合适的司机，订单与司机匹配成功则为调度过程结束。较为深入的派单逻辑则将在以上派单方式的基础上，综合考虑司机时间、信用评价、服务水平、路径规划等因素，将订单与司机进行匹配，由于该方式所需要处理的数据量较为庞大，通常采用自动调度或智能调度。

2. 载运工具调度考虑的主要因素

载运工具调度考虑的因素主要有以下几方面：司机作息、运输是否可成立、定向匹配、司机偏好、司机收入、平台利润、平台报价、第三方服务等。要精确量化以上条件，必须对司机"画像"、车辆基础信息维护、地址"画像"三部分数据进行建模分析。

其中，司机"画像"需要标记司机的收入要求、运输偏好、远途近途、运输习惯休息时间等；车辆基础信息需要如车辆核定载质量、车辆轴数、燃油类型、污染物排放标准等信息，从而对判断运输能否成立进行数据支撑；地址"画像"则需要对能否走国道、是否有山路、是否有高台等属性进行判断，作为运力筛选条件使用。

3. 载运工具调度的主要模型和算法

（1）载运工具调度的主要模型。

载运工具调度的主要模型为调度顺序模型，即建立一个匹配的顺序模型，将相关条件顺次排列并依次匹配，触发到对应条件即停止匹配。以简单顺序模型为例，其考虑的主要条件顺序为司机作息、定向匹配、司机收入。

第一优先级：司机作息。即保证司机有能力接单，如果司机正处于在途状态或需要休息状态，则调度无法成立。简单举例，如司机正在履行一个往返150公里的订单，系统通过相关数据默认可以当天返程，则系统将会认定为该司机可以继续执行第二天的订单任务。

第二优先级：定向匹配。即合约司机或固定路线司机优先匹配，如专线司机只在某一条路线固定线路上提供运输服务，则系统将在其作息允许的基础上，直接匹配分派。但定向匹配需要考虑到定向匹配司机可用数量为 0 时的特殊情况，系统需要触发正常匹配逻辑，否则会导致无车可派的情况。

第三优先级：收入。即司机收入和公司平台收入。大部分运输公司和司机的合作模式都会有保证最低收入的限制，因此系统会在自动调度中将收入作为匹配的影响因素之一。

（2）载运工具调度的主要算法。

载运工具调度的相关算法通常会在细分行业中或特定场景下寻找调度的最优方案，如城市配送、干线配送或医疗行业、服装行业等，综合路径、路况、路桥费等因素。常用的调度算法包括遗传算法、蚁群算法等。

遗传算法是一种模拟自然选择和遗传机制的优化算法，其具体来说主要通过以下步骤进行载运工具车辆的调度：①个体编码，将载运工具车辆的行驶路线和配送计划转化为染色体编码，例如使用二进制编码或者排列编码。②初始化种群，随机生成一组初始染色体，作为种群的初始状态。③适应度函数，定义适应度函数，即评价染色体的好坏程度。在载运工具车辆调度中，适应度函数可以根据载运工具车辆的行驶距离、时间、成本等综合因素进行评价。④选择操作，根据适应度函数对种群进行选择，从中选择适应度较高的染色体进行进化。⑤交叉操作，将选出的染色体进行交叉操作，生成新一代染色体。⑥变异操作，对新一代染色体进行变异操作，以增加种群的多样性。⑦替换操作，将新一代染色体替换原始种群中适应度较低的染色体，以保证种群的进化方向。⑧迭代操作，重复进行选择、交叉、变异和替换操作，直到达到预定的停止条件，例如达到最大迭代次数或者适应度达到一定的阈值。

蚁群算法是一种基于模拟蚂蚁觅食行为的优化算法，其具体主要通过以下步骤进行载运工具车辆的调度：①蚂蚁模拟，将载运工具车辆视为蚂蚁，通过模拟蚂蚁的觅食行为来寻找最佳的配送路径和配送计划。②路径选择，蚂蚁在搜索过程中，通过释放信息素和选择路径的方式，寻找最佳的路径。释放信息素的方式是将信息素分布在路径上，选择路径的方式是根据路径上的信息素浓度进行选择。在载运工具车辆调度中，信息素可以表示为载运工具车辆的行驶距离、时间、成本等综合因素。③更新信息素，当蚂蚁完成路径选择后，需要将路径上的信息素进行更新，以影响其他蚂蚁的选择。在载运工具车辆调度中，可以根据载运工具车辆的行驶距离、时间、成本等综合因素，更新路径上的信息素浓度。④重复迭代，重复进行路径选择和更新信息素操作，直到达到预定的停止条件，例如达到最大迭代次数或者信息素浓度达到一定的阈值。

（二）仓储工具调度优化

AGV、无人叉车、四向穿梭车、机械臂等设备是常用的仓储工具。其中 AGV 在制造业、物流和医疗保健等领域中已被广泛应用，在提高生产率、降低劳动力成本、减少碳排放等方面展现出显著优势，是智能仓储工具的典型代表。仓库中 AGV 的高效运行离不开调度优化。AGV 调度系统由运输网络、生产系统、存储系统、AGV 车队和控制系统组成。其中，运输网络连接所有的取货点和交付点，AGV 车队根据控制系统的指令，从一个取货/交付点移动到另一个取货/交付点，以实现在正确时间将正确数量的正确物料搬运到正确位置。在此过程中，存在车队规模和流程设计等诸多策略以及调度、路由和排程等运作层面的问题待解决。高效的仓储工具调度方案可以提高整个仓储系统的运作效率，有效避免生产和物料搬运过程中的延迟，降低整体运作成本。

（三）配送工具调度优化

随着电子商务的迅猛发展，物流行业面临着前所未有机遇，同时也给物流配送模式和配送工具带来了巨大的挑战。物流无人机作为一种新兴的物流配送方式，因其快速、灵活、成本效益高等特点，逐渐成为物流配送领域的重要研究方向。然而，物流无人机资源调度问题复杂，涉及多目标优化、动态环境适应性、实时决策等多个方面，传统的调度方法难以满足实际需求。

物流无人机调度优化问题是路径规划问题的拓展与延伸，在调度过程中重点关注更为实时的多机配送任务分配、地面保障资源安排等内容，综合考虑可用配送时间、保障设施容量、充电换电设施布局等要素的无人机调度问题是当下研究热点。其中既包括车辆—无人机混合调度、无人机机群调度等问题，也包括对充电、仓库、起降场等设施布局的研究。最近的一些研究中，已开始将城市环境中的不确定影响因素（如风场、高大障碍物、禁飞区、坠地伤人等第三方风险等因素，以及充电站、重复访问节点、货物补给点等因素）纳入约束条件之中。物流无人机资源调度优化问题的研究具有重要的理论意义和实际应用价值。首先，物流无人机资源调度优化问题的研究有助于推动物流行业的技术创新和转型升级，提高物流配送的效率和质量。其次，物流无人机资源调度优化问题的研究有助于促进智能优化算法的发展和完善，推动智能优化算法在更多领域的应用。未来，整合物流仓库位置、机队规模、电池充电、非线性能耗、无人机故障等更为复杂要素的调度优化模型将成为新的研究重点。

三、资源调度优化典型应用案例

（一）逗号科技物流产业园区智能动态调度算法

1. 产业园区智能动态调度挑战

为了应对产业园区"无中心仓""网状""动态实时"的物流需求，满足其建设调度作业信息化管理体系，实现车队在不同工厂间动态流转、高效完成运输，以及为生产部门提供有效、优质的配送服务的要求，逗号科技通过构建 C – ROS 物流智能决策算法，提升产业园区动态调度水平，应对以下产业园区内实际存在的业务挑战。

第一，目前产业园区仍采用传统电话、微信聊天、E – mail 等方式进行下单，对订单的智能化管理和快捷记录造成了巨大的挑战；第二，目前产业园区的调度方式较为落后，仍依靠人工对车辆的实时位置进行手动定位并进行任务指派，调度效率较低；第三，受限于人工调度能力，仅少量车辆实现"动态调度"，70% 以上的车辆仍按照固定线路运行，资源未充分释放；第四，产业园区内的信息流转不便，各物流环节信息获取效率低，用户无法了解订单实时状态。

2. 产业园区智能动态调度解决方案

（1）以稳定的运力应对不稳定的需求。

产业园区中的各生产部门之间的物流需求存在明显的波峰波谷，如何用稳定的运力保障园区生产的有序进行，是产业园区智能调度面临的首要问题。逗号科技 C – ROS 物流智能决策算法通过数学建模，充分理解产业园区中生产部门各类订单的服务要求并进行合理调度。具体调度方案包括：在资源空闲时段提前下达的预约订单；第一时间响应紧急订单；适当拼载非紧急订单以实现运输效率最大化等。

（2）基于动态订单和实时定位的动态车辆调度。

逗号科技 C – ROS 物流智能决策算法基于车辆当前的实时位置以及剩余任务，对产业园区的车辆进行智能实时调度，将运输需求下发给最合适的司机。在实际运用中，C – ROS 物流智能决策算法中的动态配载引擎每间隔 3 分钟自动发起智能配载计划，为待配载的订单计算最优派车方案与装载方案，司机直接在微信小程序端接收任务通知，实现全自动智能派车，极大地提升了配载与配送效率。

（3）复杂业务约束下的生产物流智能调度。

产业园区内的物流需求涉及复杂的生产业务约束，逗号科技 C – ROS 物流智能决策算法兼容了产业园区内的复杂业务约束，例如：货物之间的互斥关系（原料与设备不能同时运输）、货物与车辆之间的匹配关系、货物的摆放姿态限制（玻璃类物体需要侧向摆放的限制）、货物的三维装载（货物需要在十余种不同尺寸的容器中进行装载）、司机的技能要素（部分订单需要司机通过叉车配合作业）、司机的上下班时间、工厂的上下班时间、工厂卸货码头数量、不同车型的成本差别、大单拆分成多趟的业务逻辑、多提多送关联衔接任务等。

（4）全天候电子路网，预测未来动态路况。

逗号科技针对运输城市，对路网数据进行全天候跟踪收集，并通过 C – ROS 物流智能决策算法，构建了多时段动态蜂窝路网，以正六边形"蜂窝"替代独立坐标点，快速辐射并覆盖目标城市，实现海量级路网数据的轻松存储和读取，根据不同时间段路网的波动情况，分时段获取路网，有效减小站点预计到达时间和实际到达时间之间的偏差，对未来路况进行动态预测。

（5）集成车辆GPS定位跟踪数据，获取最佳订单分配方案。

逗号科技的C-ROS物流智能决策算法基于车辆GPS数据，对未分配订单合理的配积载方案。C-ROS物流智能决策算法结合车辆的实时行驶路径和途径节点，以及每个节点的提、卸货时间等信息，快速给出最佳订单分配方案。算法能够准确地规划各类货车的实际可行驶路线，可有效避开限行区域、收费路段、躲避拥堵等，相较于人工具有更高的效率和准确性。

3. 产业园区智能动态调度方案应用价值

借助逗号科技的C-ROS物流智能决策算法，产业园区的智能动态调度水平显著提高，较为良好地实现了产业园区物流数智化优化的目标：一是通过融合智能算法，产业园区显著提高了调度效率，无人化实时调度达到3分钟/次；二是通过智能决策算法，产业园区的车辆周转效率显著提高，运输成本显著降低，车辆单日行驶里程下降28%；三是通过智能决策算法，产业园区成功搭建可视化看板，实现车辆在途监控、实时异常管理，整体管理水平得到提升。

（二）钢铁生产制造企业计划智能调度

1. 钢铁生产企业以计划为核心的智能调度

钢铁工业作为国民经济的重要基础产业，是建设现代化强国的重要支撑。我国高度重视钢铁行业高质量发展，鼓励钢铁企业大力发展智能制造。通过将先进制造技术与新一代信息技术深度融合，不断加速钢铁企业向数字化、网络化、智能化方向拓展，进一步提高效率、降低成本。高炉炼铁、转炉炼钢及"铁—钢界面"之间的铁水运输是长流程钢铁生产工艺的"生命线"，在生产全过程中的重要性不言而喻，其顺行状态不但会影响到铁水运输过程的稳定性，而且会对高炉系统、转炉系统的生产组织甚至设备运行产生影响，从而直接导致生产效率降低、吨钢综合能耗增加、成本攀升，严重制约钢铁行业绿色低碳可持续发展。因此，充分运用新一代信息技术，通过调度策略的总结与归纳、算法的解析与映射、精细化管控的实施、软件及硬件系统的设计应用，全面提高"铁—钢界面"铁水调度智能化水平。可以实现铁钢各工序间在时间、品质、供需量、温度等多维度的动态匹配、高效协同，做到钢铁企业"铁—钢界面"铁水调度的管理数据化、调度智能化、运输无人化，保障钢铁企业重点工序生产的高效顺行，达到节能、降碳、降本、提效的效果。

2."铁—钢界面"铁水调度业务的难点

受设备级别多样化、铁水成分要求多样化、铁钢产量匹配难度大、物流系统复杂性高等多因素影响，铁水调度存在诸多难点：一是高炉出铁时间、铁水预处理及输送时间与转炉炼钢的冶炼时间不匹配；二是铁水承载器具拉运铁水的重量与转炉炼钢入炉铁水的需求量不匹配；三是不同时段高炉铁水成分与炼钢转炉对铁水成分要求不匹配；四是同一企业内部不同级别高炉生产节奏、受铁设备容量不统一，以及对应的转炉或电炉生产设备生产节奏、需铁水数量不匹配；五是高炉出铁及运输至炼钢车间后的铁水温度与入炉对铁水温度的要求不匹配；六是连接高炉、转炉车间的运输系统提供运输服务不均衡；七是相关设备维修的偶发性与生产连续性不匹配；八是，钢铁企业属于离散型、连续型相混合的复杂生产方式，工艺烦琐、工序较多、物流体系庞大，生产不确定因素较多，都有影响铁水调度顺利执行的风险。

3.钢铁行业"铁—钢界面"铁水调度智能化发展现状及问题

（1）发展现状。

现阶段，国内钢铁企业铁水调度业务环节智能化发展参差不齐。因受企业建设的时间、企业内部各工序设备级别复杂程度、企业整体信息化和数字化发展程度等因素的影响，国内钢铁企业铁水智能调度发展不平衡，大部分钢铁企业已经逐步开始采用信息化技术，辅助铁水调度业务，包括对运输车辆进行实时跟踪定位、实时测温、实时看板等，但是以上功能仅起辅助作用，铁水调度工作依然沿用人工操作的模式。面对企业高炉出铁频次、鱼雷罐或铁水罐数量众多的情况，面对多个炼钢车间对铁水温度、成分、重量的不同需求情况，以及相关工序的众多工艺操作及设备情况，调度员在缺少便捷、快速、优化的调度算法程序等计算机系统辅助情况下，很难编制出更合理、更优化的铁水调度计划。

（2）存在的问题。

①铁水调度存在局限性问题。

因不可避免地受人工调度方式的影响，鱼雷罐车或铁水罐能够满足工序间"一时"的生产需要，但缺少全局角度的判断，统筹整体调度目标，并及时给出全局最优的调度方案。

②铁水运输设备运用局限性问题。

铁水调度作业执行最重要的为机车车辆或特种铁水运输设备、鱼雷罐或铁水罐及铁路进路调度、铁水汽运输送通路的交通顺畅问题。现阶段部分钢铁企业存在机车工作量分配不合理、作业衔接性不足、鱼雷罐或铁水罐运用较多等问题。同时，炼铁区域铁路咽喉与炼钢区域铁路咽喉受铁水输送、机车走行、调车作业业务纷繁复杂等情况影响，均存在线路资源较为紧张的问题，造成输送铁水车辆待避让、迂回的情况时有发生，无法实现提高调车作业、运输设备利用率的目标，从而影响"铁—钢"的有效衔接，间接影响铁水调度的准确性、铁水温降、铁水罐运用数量等。

③现有铁水调度模式的预判性不足。

受人工调度局限性的影响，铁路机车车辆及铁水罐等设备存在大量等待的情况，造成铁水调度无法按照时刻表准确运行，造成铁水供应不及时、铁水温降较大等问题，甚至影响连铸环节的生产节奏。

④人工编制调度计划工作强度大、重复性强，效果不尽理想。

人工编制调度计划重点依靠调度人员积累的经验，对于多约束多目标问题依靠人员脑力很难实现结果最优，且不同调度人员的调度思考方式迥异，存在执行结果的差异化和不稳定性。同时，繁重的调度工作也造成调度人员的劳动强度过大，调度效果存在波动。

4. 铁水智能调度系统的应用效果及实例

（1）总体效果。

铁水智能调度系统的应用，解决了现场人工调度存在的随意性与片面性较大、缺少预判性、效率低下及难以保证结果最优的问题，实现了铁水调度各种计划快速有效的编制与调整，保证了生产顺利稳定进行。同时，能够有效控制铁水温降，提高铁钢紧密衔接度，降低能源损耗，降低运行成本。最终实现了以下成果：一是缩短了各种计划编制与调整的时间，有效降低了调度员的工作强度，提高了工作效率；二是优化了高炉产能，使高炉的日平均产铁量与其最大产能的比率显著提升；三是由于铁水物流供需的平衡，在炼铁厂各座高炉日平均产铁量提高的同时，也提升了与其相匹配的炼钢厂的日平均产量；四是罐次的铁钢对应率得到提高，减少了现场原有的、不必要的预备罐，铁钢对应率提高，包罐采购保养维护费用降低；五是罐次的平均等待时间下降，减少了铁水预处理剂的使用量，同时缩短了铁水的预处理时间，减少了铁水的温度损失，加快了包罐车的周转。

（2）应用案例。

宝山基地 SmartHIT 系统：中国宝武宝山基地开发应用 SmartHIT 系统，实现了鱼雷罐运输无人化。宝山基地运输部通过 SmartHIT 系统的实施，在宝山基地制造部、炼铁厂、炼钢厂的协同支撑下，通过1号、2号高炉实施配罐优化，提升炼钢受铁作业节奏，实现铁水在铁钢界面的快速流转。系统实施后，SmartTPC 平均周转率达到 5.56 次/日，单日最高达到 6.15 次；平均运行时间减少 3.75 分钟，平均效率提升 18.9%。同时，SmartTPC 具备自动加盖保温功能，实现铁水温降最小化。

山钢日照分公司铁水调度系统：山钢日照公司铁水调运系统利用物联网、信息、无线通信、智能识别、自动跟踪等技术，实现了铁水车联系无死角、准确定位跟踪，跨越多个平台，打破信息孤岛，将"铁—钢界面"紧密衔接，铁水运用科学、预判及时、组织有序、人工作业强度降低。同时，显著降低铁水温降，运用汽车运输铁水、减少关口干扰、缩短运输路程、一罐到底、减少折铁等方法，铁水温降相对于传统工艺减少 $42 \sim 120℃$，使吨钢效益增加 1.2 元左右。

鞍钢铁水智能调度平台：鞍钢铁水智能调度平台集成铁水调度数据，实现了对铁水运输过程的实时跟踪、全程监控，提高了铁水罐周转率，提升了钢铁冶炼系统生产效率，生产组织更加顺行。铁水智能调度系统正常运行，将过程温度、时间及位置等监测数据精度控制在合理范围内。经计算，系统上线后铁水入转炉温度可提高 $10℃$ 以上，吨铁可节约 2.28 千克，减排二氧化碳 5.93 千克。

第三节 车辆路径优化

车辆路径优化问题（Vehicle Routing Problem，VRP）是物流运筹优化领域中的关键问题之一，它涉及如何高效地规划车辆的配送路线，以满足客户需求的同时，最小化运输成本。在实际应用中，车辆路径优化问题面临的挑战包括处理大规模问题时的计算复杂性、满足实际运营中的多样化约束以及实时或动态条件下的路径调整等。为解决这些问题，研究者们开发了多种算法，包括精确算法、启发式算法和元启发式算法。

一、配送路径优化问题

物流配送是指按用户的订货要求，在配送中心进行分货、配货，并将配好的货物及时送交收货人。配送路径优化是物流配送中的一个重要问题，目的是在满足所有客户订单需求的前提下，通过合理规划配送车辆的行驶路线，以达到降低运输成本、提高配送效率的目的。配送路径的选择是否合理，对加快配送速度、提高服务质量、降低配送成本及增加经济效益都有较大影响，它根据不同的应用场景和需求，衍生出多种特定的优化问题。

（一）城市绿色配送路径优化

在"碳达峰、碳中和"的大背景下，货运物流的全面绿色低碳转型已成为不可逆转的趋势。为实现这一目标，推广新能源货运配送车辆是实现城市配送绿色低碳转型的核心举措之一。依据《新能源汽车产业发展规划（2021—2035 年)》等纲领性文件指导，各地政府积极响应，纷纷出台政策，鼓励和支持企业采购和应用新能源配送车辆。以武汉市为例，在创建全国绿色货运配送示范城市实施方案中明确提出，到 2025

年城市配送领域新增及更新车辆中新能源电动汽车占比力争达到80%。这些政策不仅促进了新能源电动汽车的应用普及，还有效降低了城市配送的碳排放量。

随着新能源电动汽车技术的提高，越来越多的第三方城市配送物流公司采用新能源电动物流车进行配送，但城市道路交通网络日趋复杂，新能源电动物流车路径优化作为一类特殊的路径优化问题，电池容量有限，需要在特定的充电站充电，受行驶时续航电量约束条件和行驶中途寻找充电站充电需求的影响，路径优化模型的复杂性与求解难度大大增加。

1. 问题描述

在已知物流配送区域内有一定数量的配送点和充电站，从物流中心出发，若干辆新能源电动物流车对所有配送点进行货物配送，在配送过程中，综合考虑配送点的分布和充电站的地理位置，当新能源电动物流车的电池余量不足完成剩余配送，则寻求最适合的充电站进行充电，以满足配送任务，考虑总路程、时间窗口和总时间的多目标优化问题。在配送过程中，需要综合考虑以下关键要素，如表7-1所示。

表7-1 新能源电动物流车路径优化问题关键要素

分类研究要素	问题种类
配送中心数量	单配送中心与多配送中心的问题
配送车辆种类	统一车型与多种车型的问题
客户要求配送时间	无时间窗和有时间窗约束的问题
配送服务方式	仅送货、仅取货与既送又取的问题
车辆载重情况	满载与非满载的问题
充电策略	完全充电、部分充电与换电策略的问题

新能源电动物流车的路径优化是一个涉及多目标、多约束的复杂决策过程。在实际问题研究中，往往需要将这些关键要素有机结合，以找到既能满足客户需求，又能实现成本最小化、时间最优化的配送方案。

2. 模型构建

模型旨在通过优化新能源电动物流车路径，实现区域内总配送成本的最小化，目标函数构建主要包括三部分：①车辆使用成本，包括电动车的固定使用成本；②车辆运输成本，包括电动车的慢充和快充成本以及运输成本；③碳排放成本，基于车辆行驶里程和单位里程碳排放率计算的碳排放成本。

模型受到一系列严格约束条件的限制。①确保每位客户均能被服务且仅被服务一次；②每辆配送车辆在整个配送周期内最多只能使用一次，以避免重复派遣；③通过流量守恒约束确保车辆在各节点间的进出达到平衡，维护系统的稳定性；④还需确保车辆所承载的服务需求量不超过其额定载重量，以保障运输安全与效率；⑤针对电动车，特别设定了电池电量管理规则，即车辆从配送中心出发时满电量，到达客户处不消耗电量（仅考虑行驶过程中的电量消耗），离开充电站时电量相应增加，且充电过程需遵守充电电量约束，即充电量不得超过电池容量和剩余电量；⑥模型还需考虑时间窗约束，确保车辆能在客户指定的时间范围内到达，以满足客户需求的时间敏感性。

3. 优化算法

路径优化常用算法分类如图7-4所示。精确算法在面对规模较小、相对简单的数据案例时比较适用，并且可以在可接受的一定时间内得到问题的最优解。但它并不适用计算难度较大、规模较大的数据案例，当数据案例的规模不断增大时，其计算量与存储空间也会随之急速增长，此时精确算法已经无法对此类问题进行求解，启发式算法应运而生。启发式算法是在人们可接受的空间和时间内通过归纳过去的经验和实验分析方法来寻找次优解或是一定概率情况下找到最优解。而元启发式算法融合了随机算法和局部搜索算法，是解决全局优化问题的常用方法。元启发式算法具有灵活性，在搜寻能力上也比启发式算法更为强大。因此，在处理路径优化问题时，大多是学者更热衷于选择元启发式算法来更高效地解决路径优化问题。而在元启发式算法中，新兴演化技术的群体智能优化算法成为学者们的研究焦点。群智能优化算法的基本原理

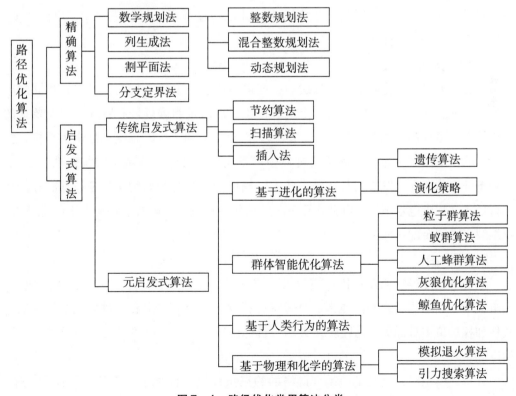

图7-4　路径优化常用算法分类

是人们观察自然中猫群、鸟群、蚂蚁群、狼群、萤火虫等动物群体间的信息交流和合作等行为，模拟动物群体的智慧行为，提出算法达到优化目的，获取问题的全局最优解。

综上所述，城市配送绿色物流发展趋势不可逆转。在交通运输部的政策引导和"碳达峰、碳中和"目标的推动下，物流企业正积极推行绿色配送模式，通过采用新能源电动物流车、优化配送路线、提高装载率等措施来实现降本增效和绿色低碳转型。未来，随着技术的不断进步和政策的持续完善，城市配送绿色物流将迎来更加广阔的发展前景。

（二）冷链物流路径优化

冷链物流专注于对温度敏感的商品（如生鲜食品、药品等）的配送，这些商品在运输过程中需要维持在特定的温度范围内，以确保其品质和安全。因此，冷链物流路径优化不仅要考虑传统物流中的成本和时间因素，还需特别关注产品的保鲜需求和运输过程中的温度变化。冷链物流路径优化问题（Vehicle Routing Problem in Cold－Chain Logistics Distribution，VRPCLD）是车辆路径问题 VRP 的变体之一，已引起学界的日益关注。目前，研究学者对 VRPCLD 的多种类型展开了丰富研究，如考虑动态需求、时变路网、温度控制、配送时间等现实因素，并以运输成本、行驶距离、客户满意度、碳排放等角度进行目标优化。

1. 问题描述

冷链物流路径优化问题可以描述为：配送中心有一定数量且最大载重量相同的电动冷藏车和燃油冷藏车，需要为多个地理位置、需求量明确且带有服务时间窗要求的客户配送冷链商品，综合考虑环境、客户、企业三方利益，以总成本最小为目标，找到最优的车队路径方案。在此优化过程中，需充分考虑电动冷藏车的特殊性：首先，每辆电动冷藏车在出发前均处于满电状态，确保能够执行初始配送任务；其次，若在执行任务过程中电量不足，电动冷藏车需灵活前往预设的充电桩进行充电至满电状态，以继续完成剩余配送任务。

2. 模型构建

混合车队冷链物流路径优化模型以总成本最小化为目标，总成本包括固定成本、充电成本、运输成本、制冷成本、时间窗惩罚成本、货损成本和碳排放成本，并通过线性加权法将多目标优化问题转化为单一目标函数，以反映决策者对各项成本的不同偏好。

在构建模型时，设定了一系列严格的约束条件以确保配送过程的可行性和效率，具体约束如下：车辆载重约束，保证了每辆车装载的货物不超过其最大载重量，以保障行车安全；节点访问约束，确保每个客户被且仅被一辆车访问一次，并从配送中心出发最终返回；电量约束，特别针对电动车辆确保其行驶和充电过程中的电量充足；时间窗约束，要求车辆在客户指定的时间窗内完成服务，早到或晚到都可能产生额外的成本或客户不满；车辆数约束，使用的配送车辆总数不能超过可用车辆的最大数量，涉及车辆资源的合理分配；路径连续性约束，确保每条路径都是连续的，即车辆在服务完一个客户后，必须驶向下一个客户点，不能出现跳跃或重复访问；返回配送中心约束，车辆在完成所有任务后，可以选择返回任何一个配送中心，而不是必须返回出发的配送中心。为了应对生鲜配送的特殊性，模型特别强调了制冷成本和时间窗的严格性，以保证货物的时效性和新鲜度。此外，模糊需求约束通过可信性测度理论处理客户需求的不确定性，防止因超载导致的服务失败。时间惩罚成本约束则进一步强调了准时服务的重要性，而碳排放成本约束通过考虑了车辆运行过程中产生的碳排放成本，以响应低碳环保的要求。

3. 优化算法

在解决混合车队冷链物流路径优化问题时，选择合适的优化算法至关重要。这些算法需要根据问题的规模和特性，平衡求解质量和计算效率。表 7 - 2 是一些常用的优化算法，它们各自具有独特的优点、缺点和适用范围。

表 7 - 2 常用算法优缺点对比

分类	名称	优点	缺点	适用范围
精确算法	分支定界法	搜索效率高，结果最优	计算过程耗时	组合优化问题
	动态规划法	能求解目标函数最优值	变量增加，计算难度增大	小规模问题
启发式算法	遗传算法	适用性高，可解多种实际车辆路径问题	结果不一定是最优解	复杂类优化问题
	蚁群算法	全局搜索，正反馈性和协同性	时间长，需要调整变量	多目标优化问题
	禁忌搜索算法	求解速度快	依赖初始解，初始解最优则结果更好	时间窗约束问题
	模拟退火算法	可直接观察求解模拟结果	无法保证最优值是全局最优	复杂类优化问题

精确算法通常适用于求解小规模问题，对于更大规模或更复杂的冷链物流路径优化问题，启发式算法因其求解速度快、适用性广而更受欢迎。这类算法通过一定的启发式规则来指导搜索过程，虽然不能保证找到最优解，但能在合理的时间内找到足够好的解。在实际应用中，通常会根据问题的具体需求、数据规模、时间限制和计算资源等因素，综合考虑各种优化算法的优缺点，选择最适合的算法或算法组合来求解混

合车队冷链物流路径优化问题。

（三）应急物资配送路径优化

在突发事件背景下，面对时间紧迫的救援需求与复杂多变的道路状况，如何安全且高效地调配应急救援物资至各个需求点，成为决策者亟须解决的关键问题。应急物资配送路径优化，作为一种特殊且极具挑战性的车辆路径问题，其核心在于如何在确保物资及时送达的前提下，优化车辆行驶路线。与常规车辆路径优化问题不同，应急救援过程中，通行时间被视为首要且决定性的考量因素，因为每一分每一秒的节约都可能直接关系到救援效果与受灾人员的生命安全。因此，当前的研究重点聚焦于通过综合考量最短通行时间、路径可靠性以及可能的交通拥堵、道路损坏等突发因素，设计并优化应急物资配送路径，旨在实现应急物资的快速响应与精准投送，最大限度地提升应急救援的效率和成效。

1. 问题描述

在应急物流网络中产生 V 个节点，包括 P 个配送中心与 M 个需求点，配送车辆需要在时间窗内将救灾物资送往需求点。假设应急配送中心有一定数量的配送车辆为物资需求点配送应急物资，车辆从应急配送中心出发，途中经过若干个物资需求点完成配送任务，最后返回应急配送中心。

因为重大突发事件的不确定性和不可控性，会导致整个应急物流的系统会发生动态变化，根据重大突发事件对应急物资配送造成的干扰效应，可以把干扰事件划分为三大类，如表 7-3 所示。

表 7-3　　　　　　　　　　应急物资配送路径优化干扰要素

干扰事件	研究要素
时间窗变化	因为某一事件导致对应急物资的需求时间延迟或提前
需求变化	伴随着衍生灾害和次生灾害，导致物资需求量、种类产生变化
配送运力变化	车辆损坏、车辆数目有限等扰动；道路损毁、道路拥堵等扰动，需要启用其他运输工具等

考虑实际情况中可能出现的扰动因素和保证物资分配合理性的紧迫度因素，确定最佳配送方案使得总的配送时间和配送成本最小。

2. 模型构建

针对多应急物资种类、多配送中心的物流网络，以配送时间和配送成本最小为目标，建立了动态变化的带时间窗约束的应急物资配送路径优化模型。

由于应急物流系统的突发性和不可预知性，采用三角模糊数来描述需求点对物资的需求量，并设置了双重时间窗机制：惩罚时间窗和硬性时间窗。硬性时间窗确保所有车辆必须在此时间内到达，而惩罚时间窗则用于计算因迟到造成的额外成本。每条道路由于其地形、与受灾中心的距离、道路等级等因素的不同也会有不同的受损情况。

应急物资配送路径优化模型为多目标规划模型，目标函数为最小化应急物资配送时间和最小化应急物资的总配送成本，包括固定成本、运输成本和违反时间窗的惩罚成本。

模型有系列约束条件：车辆载重限制，确保每辆车配送的应急物资总量不超过其最大载重能力；需求量满足，保证每个需求点的物资需求得到满足，即分配给需求点的物资量不超过其需求量；车辆数目限制，使用的配送车辆数目不超过可用车辆的总数；配送车辆返回约束，配送任务完成后，所有车辆都需要返回到起始的配送中心；车流平衡约束：每个需求点进入和离开的车辆数目相等，确保车辆流动的平衡；双时间窗约束：车辆到达需求点的时间必须在该点的时间窗限制内，若在应时间窗和惩罚时间窗间到达将产生惩罚成本；扰动度量约束，对配送路径的扰动度量进行约束，以最小化扰动对配送路径的影响。

3. 优化算法

在现代启发式算法的研究和应用中，有五种常用的算法，它们各自具有独特的优缺点，并适用于不同的问题场景，归纳总结如表7-4所示。

表7-4　　　　　　　　　　　　现代启发式算法优缺点比较

算法	优点	缺点	适用范围
禁忌搜索算法	搜索效率高，应用性强	对初始解有依赖性	适用于求解带时间窗的车辆路径问题
蚁群算法	具有正反馈性、易于与其他算法结合	求解速度慢、易陷入局部最优	适用于解决复杂优化问题
模拟退火算法	受约束小、鲁棒性强	得出结果易达不到最优	适用于对已有路径优化
遗传算法	收敛速度快、全局搜索、鲁棒性强	对初始解要求高、易早熟、收敛时间慢	适用于复杂的多目标优化问题
粒子群算法	求解运算速度快、可进行系统参数运算	容易产生收敛早熟	适用于连续组合函数的求解

二、自动化立体库内路径优化

自动化立体库作为物流自动化系统的一个核心和枢纽，具有很高的空间利用率和很强的出入库能力，是物流系统实现物流合理化的关键所在。自动化立体库内路径优化问题涉及货物在仓库内部的搬运和存储，以及货物从仓库到配送车辆的装载过程。

（一）堆垛机路径优化问题

堆垛机是立体库中的主要搬运设备，由于仓库的搬运量很大，而堆垛机容量又有限，堆垛机在整个物流周期中的行驶时间占比较大，如果堆垛机的调度不当，会严重影响堆垛机的工作效率，进而直接影响立体库的整体效率。因此，针对堆垛机路径的优化成为提升仓库运作效率的关键环节。具体而言，堆垛机路径优化旨在通过科学规划堆垛机在执行货物进出库任务时的行走轨迹，确保其拣选作业过程中行走的路径达到最短，从而最大化减少无效移动，提升作业效率与仓库的整体运作效能。

1. 问题描述

堆垛机路径优化问题主要是指在给定一系列货物出入库任务的情况下，通过合理的路径规划，使堆垛机在执行这些任务时行走的总路径最短或总时间最少。以双端口布局的紧致化仓储系统为例，在这种系统中，堆垛机需要执行单一作业（Single Cycle，SC）和复合作业（Dual Cycle，DC），即在一个作业周期内完成一次入库或出库（SC），或同时完成一次入库和一次出库（DC）。研究的目标是最小化堆垛机完成所有出库或入库任务的总作业时间，以提高系统的存储效率和作业效率。

2. 模型构建

模型的主要目标是最小化堆垛机完成所有出库和入库任务的总运行时间。具体来说，目标函数是最小化堆垛机从一个任务到另一个任务的移动时间，包括从出库端口或入库端口到指定货位的移动，以及在完成每个任务后的等待时间。

模型受到系列约束条件的限制：货架布局限制，堆垛机的移动受到货架布局的限制，只能在货架间的巷道内移动；载重限制，堆垛机每次搬运的货物重量不能超过其最大载重能力；时间窗约束，某些货物的存取可能有时间要求，堆垛机需要在特定时间内完成作；堆垛机运动参数限制，堆垛机的运动包括水平和垂直两个方向，其运动速度、加速度等参数受到物理限制；对称作业限制，该条件适用于双端口布局仓库，堆垛机在轨道中能够左右对称作业；复用出库位置限制，在出库任务完成后，该位置可以作为后续入库任务的位置；等待时间限制，在堆垛机执行任务时，动力输送装置将货物运送至货格单元的前端，堆垛机可能会产生等待时间，这个时间被假设为一定值。

3. 优化算法

由于堆垛机路径优化问题往往具有复杂性高、约束条件多的特点，元启发式算法如遗传算法、粒子群优化算法、蚁群算法等因其能在合理时间内找到接近最优解的能力而广受欢迎。其中，传统遗传算法因其简单和有效而被广泛应用，但存在局部搜索能力弱、搜索速度慢和过早收敛等缺点。为了克服这些缺点，研究人员提出了基于蚁群－改进遗传算法的路径寻优策略。这种策略结合了蚁群算法的快速搜索能力和改进遗传算法的全局搜索能力。蚁群算法优化初始种群，利用其快速搜索能力为遗传算法提供高质量的起点。然后，改进的遗传算法在迭代过程中不断优化路径，通过交叉和变异操作引入新的路径，并通过选择操作保留优秀的路径。这种结合方法不仅提高了算法的搜索速度，还增强了算法的全局搜索能力和解的多样性。此外，这种混合算法还可以通过动态调整参数来进一步提高性能。例如，可以根据种群多样性动态调整变异率，以避免过早收敛，并在搜索过程中保持种群的多样性。同时，可以引入局部搜索策略，以在迭代过程中对最优解进行局部优化，进一步提高解的质量。

（二）AGV 路径规划问题

随着物流业的迅速发展，物流仓库的规模不断扩大，为了提升工作效率，各个物流仓库纷纷采用 AGV 作为主要的仓储运输工具。AGV 是一种无人驾驶的自动化车辆，具备自主感知、智能决策和自主行动的能力，成为实现智能、高效物流管理的重要工具。AGV 的工作效率直接影响着整个物流仓库的生产能力。

目前，AGV 的路径规划主要分为全局路径规划和局部路径规划，全局路径规划算法主要有可视图法、单元分解法、神经网络、蚁群算法、遗传算法、栅格法等；局部路径规划算法有人工势场法、粒子群优化等。目前，栅格法是一种广泛应用于实践的路径规划方法，因其计算简单、易于编程等优势，在实践中得到了广泛应用。

1. 环境地图建模

物流仓库存在各种各样的元素，比如可行区域、各种机器、货物存放区、墙体等。但是对于 AGV 而言，只需要区分可行区域和障碍（如各种机器、货物存放区、墙体等）即可。环境地图模型的准确性和复杂程度会影响路径规划的决策效率和响应速度。常见的环境地图建模方法包括可视地图、拓扑地图和栅格地图。

栅格图法是近年来被广泛采用的 AGV 环境模拟方法，如图 7-5 所示，它将空间环境分成相同大小的格子，一些有障碍物的格子和其他开放的格子。每个栅格可以被标记为可通行或不可通行，根据环境信息填充地图。一般的栅格地图，白色部分表示为 AGV 可行区域，黑色部分表示为障碍（各种机器、货物存放区、墙体等）。栅格大小的选择很重要，过小会增加内存使用量，而过大会减少精度和影响路径规划。在栅格地图上，起点到终点之间连续的可通行栅格构成 AGV 的一条可行路径。栅格图法是一种简单高效、易实现且易于观察的建模方法，适用于复杂环境下的路径规划。因此，大多数研究人员采用栅格法建立二维平面地图模型，并通过算法实现 AGV 路径规划模拟。

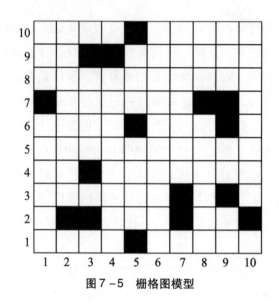

图7-5　栅格图模型

2. 单 AGV 路径规划

单 AGV 路径规划问题属于单源路径寻优问题，目的是找到指定起点至指定目标点满足某些限制条件的最短路径。无障碍地图中的单 AGV 路径规划，考虑因素只有路径长度。有障碍地图中的单 AGV 路径规划。除路径长度，还要考虑避免碰撞。单 AGV 路径规划栅格如图7-6所示。

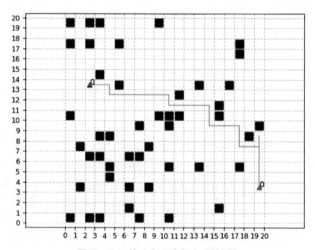

图7-6　单 AGV 路径规划栅格

资料来源：https://mmbiz.qpic.cn/sz_ mmbiz_ gif/BAM7U1Eum9ibnzzETTSoLVicmSiczeRbZochvN1yF2190Xdc M5lglu4YkHia3pr6Fy9dUSneuf46usKgO0gP9dTVzQ/640？wx_ fmt = gif&from = appmsg&tp = webp&wxfrom = 5&wx_ lazy =1&wx_ co = 1。

3. 多 AGV 路径规划

多 AGV 无碰撞路径规划隶属于多源路径规划问题。多 AGV 路径规划要考虑三个方面的问题：判断 AGV 起点到目标点之间是否存在可行路径；规划每台 AGV 的路径并保证路径是无冲突、无死锁的；规划的路径应使总体运行效率达到最优。无障碍地图中的多 AGV 路径规划中，主要考虑 AGV 个体路径长度外，避免个体之间发生碰撞。有障碍地图中的多 AGV 路径规划中，除考虑 AGV 个体路径长度和避免个体之间发生碰撞外，还要考虑避开墙体。多 AGV 路径规划栅格如图 7 - 7 所示。

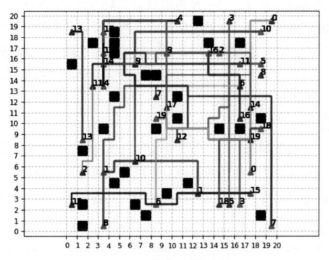

图 7 - 7 多 AGV 路径规划栅格

资料来源：https://mmbiz.qpic.cn/sz_ mmbiz_ gif/BAM7U1Eum9ibnzzETTSoLVicmSiczeRbZocQNSKY9XtA9Nfk TabiaK1JicDYXgkXfkibcZ98PCn2OpF3dfafj8Klk4AQ/640？wx_ fmt = gif&from = appmsg&tp = webp&wxfrom = 5&wx_ lazy = 1&wx_ co = 1。

4. 优化算法

从问题属性来看，AGV 路径规划问题关键难点在于多个智能体能够同时沿着路径行驶，同时保证不发生碰撞，属于 NP - 难组合优化问题。因此，近年来大量工作开始聚焦于使用机器学习方法赋能多智能体路径搜寻问题的研究，以期加快求解速度、提升求解质量。

适用于 AGV 路径规划的算法很多，许多研究人员基于栅格法提出了各种经典算法，常见的有 A* 算法、Dijkastra 算法、D* 算法、D* Lite 算法、JPS 算法（Jump Point Search）和 LPA* 算法（Lifelong Planning A*）等。算法根据不同层面的导航需求被划分为全局路径规划（负责从整体上规划从起点到终点的路径，如蚁群算法、D* 算法、遗传算法、粒子群算法等）和局部路径规划（负责在局部区域内规划无碰撞、符合 AGV 运动学特性的路径，如人工势场法、动态窗口法等）两大类。在全局路径规划的各种算法中，A* 算法是一种在静态场景中求解最短路径的有效启发式算法，具有很强的适用性，是被广泛采用的全局路径规划方法。原始的 A* 算法规划的路径还存在一些不足，包括节点冗余、转折点多、转折角度较大、不能动态避障、安全性低、不满足 AGV 运动特点等问题，因此需要对 A* 算法进行优化或与其他算法相结合，规避上述缺陷。

（三）循环取货路径优化问题

仓库内循环取货路径优化问题是指在仓库内部规定的时间周期内，安排一组取货车辆（如叉车、托盘搬运车等）从仓库内的特定起始点出发，按照预先设定的路线顺序前往多个货物存储区域取货，最后返回起始点的路径优化问题。取货车辆在沿着既定的取货路线依次到达各货物存储区域进行取货操作时，除了要满足该路径规划中的各类路径限制条件外，还需考虑取货过程中的装载问题，务必确保车辆能够将路线中各存储点的待取货物全部成功装载。

1. 问题描述

已知仓库内循环取货的起始点、各类货物的具体存放位置、取货车辆的相关使用成本等信息，依据仓库的生产或作业计划，为取货车辆设计合理的取货路线进行货物提取，使车辆从起始点出发，在满足各类路径约束的前提下，经过若干货物存储区域取货后最终回到仓库内循环取货的起始点，完成整个取货流程。

2. 模型要点

模型以最小化取货成本为目标，综合考虑车辆载荷、装载约束、仓库内各存储区域的作业时间窗约束等因素，建立了仓库内循环取货模式下的路径优化问题模型。约束条件主要包括：①起终点约束，即所有取货车辆都必须从虚拟起始点出发并最终回到虚拟终到点；②流平衡约束，确保车辆在每个货物存储区域装载的货物量与该区域的货物需求相匹配；③服务约束，要求每个货物存储区域都能被服务，且只能被一辆车服务一次；④车辆载荷约束，限定每辆车装载货物的总重量不得超过车辆的最大载重量；⑤时间窗约束，保证仓库内循环取货各路线上的车辆都能满足货物存储区域被服务的时间窗要求；⑥时间连续性约束，维持被服务的相邻货物存储区域开始服务时间的正确大小关系；⑦装载约束。

其中，关于不同维度的货物装载问题主要以研究问题需考虑的装载约束为依据，一维约束一般是指货物长度、货物体积、货物重量等一维参数体现在对货物装载方面的约束，通常较为简单直接；二维约束则体现在如二维切割问题等考虑面积等约束的问题中；三维约束则包括货物稳定性约束、货物摆放方向约束、货物重叠约束等三维空间约束。

3. 优化算法

仓库内循环取货路径优化研究问题可简化为带有软时间窗和库存约束的车辆路径优化问题，关于该类优化问题的求解的研究还处于发展阶段。蚁群算法是一种较为通用的并行算法，容易与其他的算法进行结合，通过迭代搜索可以得到较好的初始解，但是经常会因为搜索局部最优路径时信息素大量积累而陷入局部最优，导致搜索结果不符合要求。而禁忌搜索算法凭借灵活的记忆功能和藐视准则，是一种局部搜索能力很强的全局迭代寻优算法，能够接受次优解，不会陷于局部最优，但会过度依赖初始解，两种算法思路各有优势，经过相互结合和改善，能够有效地提高算法的效率和性能。

三、物流无人机路径优化

（一）物流无人机路径优化热点综述

随着科学技术的快速发展，无人机呈现出服务多样化的特点，为了使无人机更加适应复杂环境、安全自主的完成指定任务，合理的规划无人机飞行路径尤为重要。物流无人机路径优化，是指在满足自身性能约束、环境约束包括考虑避障、节省能源、最短时间等诸多条件下，确定无人机从起点到终点的最佳飞行路线的过程。

物流无人机路径优化问题包括了环境建模、路径搜索、路径平滑等重要环节。常见的研究有最小化运行风险研究，最小化运行成本研究，空域环境建模研究以及无人机路径规划算法优化研究。物流无人机路径优化框架如图7-8所示。

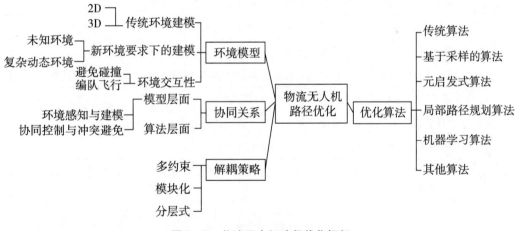

图7-8　物流无人机路径优化框架

环境建模方法直接影响路径优化算法的性能和效果，其本质是通过图论进行数学表示，通过对真实环境的抽象化处理，将问题空间的表示作为协同规划的约束条件，将真实环境的障碍转换为逻辑上实现避障的问题空间。环境建模方法如表7-5所示。

表 7-5   环境建模方法

方法	维度	确定性
Voronoi 图	2D	已知
栅格地图	2D/3D	已知
数字高程图	3D	已知
实时建图	3D	未知
点云图	3D	未知
不规则地图	2D/3D	已知

路径规划与任务分配在任务执行的效率和效果上起着决定性的作用，任务分配约束是确保任务能够高效、公平地分配给各无人机，保证任务在规定的条件下完成；无人机约束主要考虑在进行路径规划时无人机自身软硬件设备的限制因素；协同规划约束需综合考虑约束条件及其耦合关系，以实现多无人机协同规划的高效优化和执行。物流无人机路径优化约束条件基于多目标优化问题的特性，可分为三种约束条件，如表 7-6 所示。

表 7-6   物流无人机路径优化常见约束条件

约束类型	约束条件	含义
任务分配约束	任务分配约束	确保每架无人机没有被重复分配任务
	任务执行约束	确保每架无人机上所有任务被执行
	任务优先级约束	不同场景下任务执行紧迫度决定任务优先级
	任务时间约束	任务需在规定时间内完成
	任务连续性约束	无人机在完成任务后需要足够的时间和资源去执行下一个任务
无人机约束	最大路径约束	飞行长度小于最大飞行航程
	最大爬升角	飞行高度差与水平投影长度的比值小于最大角度
	最小转角半径	实际转弯半径大于最小转弯半径
	最小离地间隙约束	避免无人机在飞行过程中与地面发生碰撞，飞行高度大于最低飞行高度
	性能约束	载重小于负载重量的上限，以确保无人机飞行安全和稳定
	燃料	保证每架无人机完成任务后的剩余燃料大于可以安全降落的最少燃料
协同约束	空间约束	任意两架无人机间的距离，大于最小安全距离，小于最大通信距离
	时间约束	无人机群到达任务点所需要的时间在所需到达时间集合内
	威胁	无人机之间或者无人机与障碍物之间的安全距离大于无人机之间或者无人机与障碍物之间的安全距离的中心距和飞行安全距离之和
	冲突约束	无人机在飞行路径上与障碍物之间的角度差距保持在无人机与障碍物之间可能的最小夹角和最大夹角范围内

对于求解物流无人机路径优化问题，研究人员多从规划算法的基本思想、协调与合作和优化目标等方面进行分析总结，得出物流无人机路径优化问题的解决方案。物流无人机路径优化常用算法对比如表 7 - 7 所示。

表 7 - 7　　　　　　　　物流无人机路径优化常用算法对比

算法类别	算法	改进方向	优点	问题类型
基于采样	RRT	引入并行扩展策略	最小化总飞行时间或能量消耗	多约束优化
		基于学习的 RRT	减少任务计算时间	多约束优化
	APF	与一致性控制相结合	基于无人机间虚拟立场的避碰	动态避障
		DRL - APF	可应用于变化环境	动态避障
	PRM	Gaussian PRM	优化采样空间	搜索覆盖
		对稳定性进行改进	减少节点间连接距离	搜索覆盖
	Voronoi	结合其他路径规划算法	提升整体路径规划的效率和效果	搜索覆盖
基于图搜索	A*	多目标 A* 算法	协同规划提高安全性和效率	多约束优化
		扩大搜索节点	快速在静态环境下获取路径	搜索覆盖
		结合 DWA	实现动态避障	动态避障
基于启发式算法	Dijkstra	调节权重	适用于动态系统	多约束优化
		融合算法	取长补短提高算法效率	动态避障
	ACO	融合 DE 算法	精英化蚁群策略	多约束优化
		引入 3D 模型视点	增强无人机之间的协作性	多约束优化
	PSO	采用协作式方法	考虑了通信约束问题	其他问题
		DE 与 PSO 相结合	较好的实时性与稳定性	搜索覆盖
		结合能量模型优化	提高了路径规划的可行性	多约束优化
	ABC	引入贪婪算法	最小化作业时间	多约束优化
		引入对抗学习	通过提高最优观测避开障碍物	多约束优化
	GA	分布式 GA 算法	优化时间内建立搜索目标函数	搜索覆盖
		协同优化的算法	通过罚函数处理多重优化	多约束优化
	SA	引入自适应回火机制	得到更短的路径长度	多约束优化
		结合自适应 GA 算法	平衡全局探索与局部优化能力	多约束优化
	DE	引入自适应调整策略	全局搜索能力强	多约束优化
		引入时间优先策略	提高任务完成效率	多约束优化
		引入预测模型	提高对动态环境的适应能力	其他问题

算法类别	算法	改进方向	优点	问题类型
基于启发式算法	GSA	最优化路径长度	提高探勘与开发的平衡	多约束优化
		融入运动编码	使无人机应对运动目标	动态避障
基于学习的算法	RL	DRL – BP	可用于实际环境	搜索覆盖
		引梯度算法	解决随机性避碰问题	动态避碰
	DL	双深度 Q 网络	路径更优	搜索覆盖
		GPA – BP	算法效率更高	多约束优化
	IL	分布式 IL	感官知觉到控制的最有效映射	其他问题
		DL 与 IL 相结合	解决无人机初期运动限制	其他问题
基于控制的算法	MPC	分布式 MPC	实现无通信情况下的预测避碰	其他问题
	NMPC	最优感知 NMPC	实现感知系统和控制的契合	动态避障
其他算法	VO	冲突解脱算法	感知动态路径规划	动态避障
		冲突解脱蚁群算法	多机冲突解脱模型	多约束优化
	ILP	数据采集算法	在线无人机轨迹获取	其他问题

（二）多无人机路径优化问题

多无人机路径优化是指为一组无人机在特定环境中规划出既安全又高效的飞行路径，以确保它们能够顺利完成任务。这一过程中，需要考虑多个因素，包括飞行距离、能量消耗、地形环境、障碍物位置、无人机之间的协同以及任务需求等。

1. 问题描述

无人机为提高任务效率和任务完成度，必须优先考虑安全性，规划的路径必须避免与其他无人机相撞，且有足够的灵活性去躲避障碍物和其他干扰区域，还需考虑最短路径问题，即消耗最少能量。由于执行任务的环境复杂多变，如何提高无人机的避障、避撞和跟踪精确度是当前研究的重点。

2. 模型构建

多无人机路径优化模型设计了五个指标成本函数，包括目标跟踪成本、路径光滑成本、机间避撞成本、机间通信成本和避障成本。

目标跟踪成本函数优先考虑无人机与目标之间的距离。距离越近，跟踪成本越低；距离越远，跟踪成本越高。无人机必须在规定的时间内对目标进行跟踪，同时需要对无人机的速度和加速度进行限制以保持目标的可检测范围内。

路径光滑成本函数通过计算路径的二阶导数（即加速度变化）确保无人机飞行路

径的平滑性，减少控制输入的急剧变化。优化路径的曲率、路径长度的变化率等指标使无人机的飞行路径更加平滑。

机间避撞成本函数使用 Sigmoid 函数来避免无人机之间的碰撞。Sigmoid 函数具有平滑的过渡特性，当无人机之间的距离小于一定阈值时，避撞成本迅速增加，从而迫使无人机调整飞行路径以避免碰撞。

机间通信成本函数确保无人机之间能够有效交换目标信息。通过优化通信延迟、通信丢包率等指标提高无人机之间的通信效率和可靠性。

避障成本函数确保无人机能够避开障碍物和干扰区域。通过优化障碍物距离、障碍物密度等指标，使无人机能够安全地绕过障碍物和干扰区域。

3. 常用算法

多无人机路径优化问题为大规模多约束优化问题。大规模问题意味着搜索空间庞大，多约束优化问题意味着搜索空间复杂，可行域在搜索空间中分布不均匀。以上两点叠加将为问题求解带来极大困难，因此在设计算法时需要尤其注重算法的求解效率及算法搜索可行域的能力。

当前研究大多集中于多阶段求解与多子种群求解两类设计思路。其中多阶段求解算法将随迭代搜索进程改变搜索策略，即在搜索前期使用随机性更强的策略在搜索域中广泛探索最优解可能存在的局部最优域，并在搜索后期使用聚集性更强的策略对找到的局部最优域进行精确开发。多子种群求解算法则为不同子种群分配不同搜索任务，围绕质量较高的个体进行最优解开发，同时令质量较差的个体继续探索可能存在的其他局部最优域，为种群提供多样性，以避免早熟收敛。

（三）车辆无人机协同配送路径优化

车辆无人机协同配送，是指车辆和无人机配合为客户点提供物流配送货物服务。无人机有着智能、经济、速度快、成本低、不需要考虑地面上的交通状况以及无须考虑地面上障碍物的阻碍等优势。但是，无人机也有其局限性，无人机受限于其航程较短，无法适用于长途运输，并且其有效载荷能力低，只能运输小件包裹。而物流车虽然运输成本高、运输速度慢，但其优势在于可以进行长距离运输且载重量大，可以很好地弥补无人机的缺陷。车辆无人机协同配送模式可以将物流车和无人机各自的优势成分发挥，起到更好的效果，更有效降低物流派送成本。

1. 问题描述

车辆无人机协同配送路径优化问题是指在一定约束条件下，合理规划无人机联合车辆从配送中心出发至全部客户点的全部路径，从而降低物流成本、缩短运输时间并且让客户满意的优化问题。

车辆与物流无人机协同作业，随货物前往配送点。车辆从仓库出发到达配送点后发射物流无人机，物流无人机在配送点对周围的客户点逐次进行货物自主派送服务，派送完成后返回到车上装载待送的客户包裹并同时进行电池更换以确保续航。车辆继续行驶至下一个配送点进行相同作业，车辆装载无人机会在最后一个派送任务结束后回到中心。

2. 模型构建

车辆无人机协同配送优化模型目标函数考虑无人机的飞行成本、固定成本和车辆的行驶成本总和最小。决策变量主要包括两部分：①车辆配送路径，车辆从仓库出发，访问客户点并返回仓库的路径；②无人机配送路径，无人机从车辆上起飞，配送货物到客户点并返回车辆的路径。

主要考虑约束如下：①无人机起飞、降落点在车辆路径中的顺序约束。通过约束无人机起飞点和降落点在车辆路径中到达的时刻，判断不同客户点在车辆配送路径中的顺序。②无人机能量消耗约束。无人机的飞行速度受其载重的影响，根据无人机配送时电池能量消耗公式，得到无人机飞行速度的模型。无人机在执行配送任务时需要消耗的能量不超过其电池的最大能量。③载重约束。车辆和无人机的载重量不得超过其最大载重能力。④服务约束。每个客户点只能由一个车辆机组服务一次。

3. 优化方法

车辆无人机协同配送路径优化问题属于 NP – hard 问题。求解该问题的主要方法可以分为精确算法和启发式算法。此外，Gurobi、CPLEX 等商业求解软件对数学模型进行求解时采用的也是精确算法。相关研究中通常以商业求解软件求解结果和求解所需时间为基准验证基于问题特性定制的算法的求解精度和求解效率。

自适应大邻域搜索（Adaptive Large Neighborhood Search，ALNS）算法是一种用于解决车辆路径问题的元启发式算法，该算法拓展能力优异，在车辆和无人机协同配送路径优化问题上得到广泛引用。ALNS 算法基于邻域搜索的思想，在组合优化问题中，邻域通常定义为通过对当前解进行一个邻域操作而得到的所有解的集合。ALNS 的邻域操作包含破坏和修复两组算子，破坏算子会从当前解中移除一些元素，而修复算子则重新构建这些被移除的元素，从而形成新的解。在搜索过程中，ALNS 允许在一个邻域操作中使用多个破坏和修复算子，并动态地调整每个算子的权重。这样的搜索方式使 ALNS 能够记录并学习哪些邻域操作是更有效的，然后使用这些操作更频繁地探索邻域。其研究结果表明，相比于商业求解软件 CPLEX、Gurobi 等，该算法在配送路径的求解上具有优异的性能，并且可有效节省求解时间，即使是在大规模问题当中，该算法依然可以较大程度地优化初始解。

第四节 配送网络优化

配送网络是商品流通的基础设施，其高效、稳定运行对经济社会发展至关重要。配送网络通常可抽象为由一系列点和边组成的网络。其中，每个点可以代表需求地、供应地、转运中心或者配送中心等，每条边代表两点之间的物流运输活动。

一、服务网络设计

服务网络是建设在物理网络上，由运输节点和衔接节点的运输服务组成的一种逻辑网络，综合考量了起讫点信息、物理运输路径、中间停站信息、运输服务类型、容量、服务时间等多方面因素，从而确定合理的运输组织方案和恰当的运输方式选择。

服务网络设计为运营人员提供了解决如何将货物从出发站合理运输至目的地的有效优化方法，旨在为货物运输服务提供者制定中长期的规划方案，以提高货物运输的效率和质量，降低运输成本和风险，满足客户需求和市场竞争。

（一）问题概述

服务网络设计是为了使运输服务的供给和需求双方的目标利益达到最大限度的均衡，在优化运输公司运能资源的同时，最大限度地满足货主的运输需求。因此，服务网络设计考虑所有线路上的流量分配、服务水平的要求和运输服务的特性，甚至运营方式，也就是在战术层面进行规划，主要从以下五个方面进行规划。

（1）在一定的运输资源和网络结构下，选择满足货物运输需求的运输方式组合。

（2）根据运到期限和成本的要求，考虑服务能力的约束，确定货物运输路径的选择，确定中间节点的中转方案。

（3）考虑服务能力的约束，以及运输路径上运输工具的规模和编组单元结构的约束，合理分配货运量。

（4）根据货运量和运输服务情况，指定运输服务的时刻表，满足运输需求，控制成本。

（5）考虑运输工具的利用效率，还需解决运输工具的调配问题。

服务网络设计（Service Network Design，SND）可划分为频率服务网络设计（Frequency SND，FSND）和动态服务网络设计（Dynamic SND，DSND）。

1. 频度服务网络设计

频度服务网络设计着重考虑站点能力条件下，确定服务类型、服务频率和服务路径。运输企业对运输资源的空间优化配置问题是频度服务网络设计模型主要需要解决的内容。频率服务网络设计根据频率在模型中的作用可划分为两类：一类是频度作为决策变量的模型，频率在模型中被定义为决策变量；另一类是频度作为导出量的模型，模型求解完成后，再计算各个服务的频率。

2. 动态服务网络设计

在静态服务网络模型的基础上还可以进行进一步的优化，通过在网络模型中引入时间维度信息构建出的一种基于时空网络的模型叫作动态服务网络模型，这种模型可以实现运输资源在时间和空间上的修正，解决运输过程中难以控制运输总成本以及运输方式和路径难以确定等问题。虽然动态服务网络设计问题所需的计算规模因为时间维度的引入有所扩大，但是其问题的涵盖面更广，能更好地更贴近于运输企业的运营。

（二）建模方法

服务网络设计是在所有运输资源的约束下，以总成本为最小目标，从运输弧集合中选择运输弧构成运输径路，直到满足所有节点间的运输需求。

1. 频度服务网络设计模型

构建频度服务网络设计模型，首先需要定义运输物理网络，包括节点集合和节点间的运输通道集合；其次需要明确每队起讫点的运输需求，定义运输服务集合，包括服务的路线、场站集合、服务弧段集合和服务特征；最后需要建立数学模型。

频度服务网络模型的目标函数通常是最小化总运营成本，包括给定频度运行服务网络的总费用（固定费用）和使用选择路径运送各种商品的总费用（可变费用）。在实际应用中，还可根据需要考虑时间延迟费用、服务可靠性惩罚费用、碳排放成本费用等。约束条件需满足容量限制约束、流量守恒约束、非负流量约束、服务频度整数约束等。

2. 动态服务网络设计模型

构建动态服务网络设计模型，首先需要定义时间周期，确定规划的时间范围，并将其划分为多个时间段，例如分钟、小时、天、周等；其次定义运输物理网络，包括节点集合（如仓库、配送中心、客户位置）和节点之间的运输通道集合（如道路、铁路、航线）；定义每个时间段内的起讫点的运输需求；最后建立数学模型。

动态服务网络模型的目标函数通常为最小化总成本，包括车辆运营成本、在途运输成本和延误成本等。模型包含系列约束条件：集结中心的集货约束、节点的流量平衡约束、集货运输方式的选择约束、时间窗口约束以及运输工具和节点的运量约束等。

（三）优化算法

针对服务网络设计领域所建立的模型包括混合整数规划模型、整数规划模型、

0-1规划模型、双层规划模型四类，由于建模时考虑服务类型、服务频率、固定成本、可变成本、货物需求、能力约束等因素，加之交通网络规模往往较大，尤其是涉及时空网络或者多层网络时，所建模型的变量及约束条件数量非常庞大，给问题求解带来很大困难。针对此类问题，当规模较小时，采用隐枚举、分支定界等方法精确求解，或者利用商业软件求解。当问题规模较大时，求解大多采用启发式算法，其设计过程通常会基于智能优化、列生成、拉格朗日松弛或线性松弛等方法中的一种或多种展开。

1. 基于智能优化的启发式算法

这类算法模拟自然界的某些现象或过程，如遗传算法（Genetic Algorithm，GA）模拟生物进化过程，通过选择、交叉和变异等操作不断迭代优化解；蚁群算法（Ant Colony Optimization，ACO）模仿蚂蚁寻找食物路径的行为，利用信息素更新机制寻找最优路径；粒子群优化算法（Particle Swarm Optimization，PSO）则基于鸟群觅食的群体行为，通过粒子间的信息共享和位置更新来寻找全局最优解。智能优化算法在处理复杂约束和大规模问题时表现出色，能有效避免陷入局部最优。

2. 基于列生成的启发式算法

列生成算法主要用于解决大规模线性规划问题，特别是在整数规划模型中具有较好的效果。在服务网络设计优化中，它通过逐步生成变量列（如运输线路、服务方案等）来构建和优化模型。应建立一个受限的主问题，通过求解主问题得到部分变量的取值，然后根据这些取值构建子问题，子问题用于寻找新的有利列（即可能改善目标函数值的变量列）。将找到的新列添加到主问题中，重复这个过程，直到找到最优解或满足停止条件。例如，在规划铁路货运列车的开行方案时，列生成算法可以根据不同的站点组合、运输时间和需求情况，逐步生成最优的列车开行线路列，从而确定最合理的列车运行计划，提高运输效率和服务质量，同时有效地控制成本。该算法不直接处理整个解空间，而是动态地生成那些最有希望改善当前解的列（即决策变量的可行解），并逐步构建出最终的最优解。这种方法通过减少计算量，提高了求解效率。

3. 基于拉格朗日和线性松弛的启发式算法

拉格朗日松弛算法通过将原问题中的复杂约束条件松弛到目标函数中，形成一个较容易求解的松弛问题。通过求解松弛问题得到原问题的一个下界，然后通过不断调整拉格朗日乘子来逼近最优解。在服务网络设计中，对于一些难以直接处理的约束条件，如运输能力限制、时间窗约束等，可以采用拉格朗日松弛算法进行处理。例如，在考虑铁路货运站的货物装卸能力限制时，将该约束松弛后，可以更方便地进行运输路径和服务计划的优化，然后通过适当的调整策略来满足原始的约束条件，得到一个可行且较优的解决方案。

线性松弛算法则是将整数规划问题中的整数约束松弛为线性约束，从而将问题转化为一个线性规划问题进行求解。虽然线性松弛问题的解可能不是原整数规划问题的可行解，但它可以提供一个较好的上界，并且通过与其他算法（如分支定界法）结合，可以有效地求解整数规划问题。在铁路服务网络设计的资源分配问题中，线性松弛算法可以用于快速估计资源分配方案的最优值范围，为后续的精确求解或启发式搜索提供指导。

二、设施选址优化

设施的选址决策往往会对企业的运营成本、市场竞争力以及社会资源的配置效率产生深远影响。设施选址优化问题是组合优化问题，其研究可追溯自 20 世纪 60 年代，由于应用场景不同，研究目标也不同，如考虑总费用最少，服务点与需求点的距离最近等。现在，设施选址优化问题已经有非常多的模型，比较常见的有单一设施选址、多设施选址、层次性选址、P 中值问题、P 中心问题、覆盖问题等。

（一）问题描述

基于设施选址优化问题的规模、复杂度和目标层次的不同，选址问题主要分为单一设施选址、多设施选址和层次性选址。

（1）单一设施选址。

单一设施选址模型是指在一个区域内选择一个最优的位置来建设物流设施，以满足整个区域的物流需求。该模型适用于规模较小、需求相对集中的场景。通过选择一个最佳位置，可以最大限度地减少运输距离和成本，提高物流效率。

（2）多设施选址。

多设施选址模型用于确定多个设施（如多个仓库、多个零售店等）的位置，以满足一定的服务需求并优化特定的目标。与单一设施选址模型相比，其决策变量增多，模型更加复杂，需要考虑设施之间的相互关系、服务范围的划分以及整体的系统最优性。

（3）层次性选址。

层次性选址模型考虑了设施的层次结构，即不同层次的设施之间存在着服务关系。例如，在物流配送系统中，可能存在区域配送中心、城市配送中心和基层配送站等不同层次的设施。其特点是需要综合考虑不同层次设施之间的运输成本、库存成本、运营管理成本等因素，以及上下层设施之间的协同工作，以实现整个系统的总成本最小或服务效率最高。

基于优化目标的不同，设施选址优化问题主要分为以下三类。

（1）P 中值问题。

P 中值问题旨在从给定的候选设施位置中选择 P 个设施，其优化目标是使所有需求点到其最近设施的加权距离总和达到最小。这里的加权距离可以根据实际情况进行设定，例如考虑运输成本、时间成本等因素对距离进行加权。在多个设施为众多需求点提供服务时，合理地分配需求点到各个设施的连接关系，以实现整体的运输或服务成本最小化。

（2）P中心问题。

P中心问题的目标是选择P个设施，使所有需求点到其最近设施的最大距离达到最小。它侧重于保障服务的公平性和可靠性，即要确保每个需求点都能在相对较短的最大距离内获得服务。这种问题的核心思想是通过合理布局设施，降低需求点所面临的最不利服务距离，以提高整体服务的稳定性和可靠性。

（3）覆盖问题。

覆盖问题分为最大覆盖问题和集覆盖问题。最大覆盖问题是在给定的设施数量或预算限制下，选择设施位置，使覆盖的需求点数量最大；集覆盖问题则是选择最少的设施，使所有需求点都被覆盖。覆盖问题的核心在于确保需求点能够得到设施的服务覆盖，重点关注设施的覆盖能力和资源利用效率。

（二）经典选址问题建模方法

1. P中值问题选址模型

模型目标旨在小化所有需求点到其最近设施的加权距离总和。模型需要考虑三类参数：一是需求点位置集合，即所有需要服务的地点的集合；二是潜在设施位置集合，即所有可能建立设施的地点的集合；三是加权距离，即需求点到潜在设施位置的距离，可能根据实际情况进行加权。

在模型构建中，设定了以下决策变量：设施选择决策，对于每个潜在的设施位置，定义二进制变量，表示是否选择在该位置建立设施；需求点到设施的分配决策，对于每个需求点和每个潜在的设施位置，定义二进制变量，表示需求点是否被分配到该设施。

模型引入了系列约束条件：需求点服务约束，每个需求点必须被分配到一个设施；设施数量约束，选择的设施数量必须等于P；设施分配依赖性约束，如果需求点被分配到某个设施，则该设施必须被选择。

2. P中心问题选址模型

模型目标旨在是最小化服务所有需求点的总成本。模型需要考虑三类参数：一是需求点位置集合；二是潜在设施位置集合；三是距离，即需求点到潜在设施位置的距离。

在模型构建中，设定了以下决策变量：设施选择决策，对于每个潜在的设施位置，定义二进制变量，表示是否选择在该位置建立设施；需求点到设施的分配决策，对于每个需求点和每个潜在的设施位置，定义二进制变量，表示需求点是否被分配到该设施；最大距离决策，定义变量来表示所有需求点到其最近设施的最大距离。

模型引入了系列约束条件：需求点服务约束，每个需求点必须被分配到一个设施；设施选择依赖性约束，如果需求点被分配到某个设施，则该设施必须被选择；最大距离约束，确保最大距离变量大于或等于所有需求点到其分配设施的距离；设施数量约束，选择的设施数量必须等于 P。

在实际应用中，可能还需要考虑其他因素，如设施的运营成本、维护成本等，这些都可以通过添加额外的参数和约束条件来实现。

3. 集覆盖问题选址模型

模型目标满足覆盖所有需求点的约束下，最小化所选设施的总成本。该目标可以通过两种方式达成：一是选择一组设施，使所有需求点至少被一个设施覆盖，同时使这组设施的总成本（包括建设成本和运营成本）最小；二是在满足覆盖需求的前提下，尽可能减少所选设施的数量，使设施数量最小化。

模型决策变量是对于每个潜在的设施位置是否选择在该位置建立设施。模型需要考虑四类参数：一是需求点位置集合；二是潜在设施位置集合；三是设施建设成本，即每个潜在位置建立设施的成本；四是覆盖范围，即每个设施能够覆盖的需求点范围。模型必须满足覆盖约束，即每个需求点至少被一个设施覆盖。

（三）常用算法综述

1. 拉格朗日松弛算法

拉格朗日松弛算法是一种基于规划论的松弛方法，其思想为：对于 NP—hard 问题，在现有的约束条件下很难求得最优解。但在原有的问题中减少一些难约束条件后，求解问题的难度就大大降低，从而在多项式时间内求得减少难约束条件后问题的最优解。对于整数线性规划问题，将难约束吸收到目标函数后，问题又变得容易求解。此外，实际的计算结果证实拉格朗日松弛算法所给的下界较好，且计算时间可以接受。同时，可以进一步利用拉格朗日松弛的原理构造基于拉格朗日松弛的启发式算法。因而，拉格朗日松弛算法在选址领域得到广泛应用。

拉格朗日松弛算法是迄今为止选址算法中使用较为频繁的一种算法。然而，拉格朗日松弛算法难以求解难约束过多的情况，并且，当问题规模不断扩大时，随着计算时间的大幅增加，拉格朗日松弛算法在计算精度上的优势将变得没有意义。

2. 贪婪算法

贪婪算法在对问题求解时，不是从整体最优上加以考虑，而是寻求仅在某种意义上的局部最优解。贪婪算法不是对所有问题都能得到整体最优解，但对范围相当广泛的问题他能产生整体最优解或者整体最优解的近似解。

贪婪算法根据问题的背景可采用两种策略：贪婪相加和贪婪减少。贪婪相加策略的基本思路为：假设解集为空集，逐个将未进入当前解集中的设施候选点进行对比，将对改善目标函数最明显的设施候选点加入解集中，这样循环进行，对于集覆盖问题而言，达到所有的需求点全覆盖为止，对于最大覆盖问题而言，达到规定的设施数目为止；贪婪减少策略的基本思路为：将所有的设施候选点加入解集中，对比解集中所有的设施候选点，将对目标函数改善最不明显的设施候选点除去，这样循环操作，对于集覆盖问题而言，直到如果再去掉一个设施候选点，将出现有需求点不被覆盖的情况时为止，对于最大覆盖问题而言，直到剩余的候选点只剩下规定的设施数目为止。

虽然贪婪算法在解决许多优化问题中都有成功的案例，但其本身也存在不足，如只考虑眼前的问题，而对将来发生的情况不予以考虑，从而导致容易陷入局部最优，以及算法的收敛性较差，需要很长时间才能找到最优解等。

3. 遗传算法

遗传算法是一种启发式算法。遗传算法的基本思想是模拟自然环境中生物的优胜劣汰、适者生存的进化过程而形成的一种具有自组织、自适应、全局性的概率搜索算法。该算法是从代表待优化问题潜在解集的一个初始种群开始，按照适者生存和优胜劣汰的原理，进行遗传与变异，逐步产生出适应度越来越好的个体。在每一代中，根据问题域中个体的适应度的优劣，选择一些适应度高的个体，在优化过程结束后，将末代种群中的最优个体进行解码，即可得所求优化问题的近似最优解。

遗传算法是一种基于自然选择和遗传变异等生物进化机制的全局性概率搜索算法，其具有信息处理的并行性，应用的鲁棒性，操作的简明性等特点，是一种具有良好普适性和应用广泛的优化算法。但也有其自身的不足之处，如收敛速度慢、容易产生早熟收敛等。

三、选址和路径联合优化

设施选址优化问题和车辆路径优化问题是高度相互依赖的，是任何高效和具有成本效益的供应链的关键部分。设施的位置在很大程度上影响着设施与各个需求节点之间的分配路径设计。通过协同优化这两个相互关联的要素，可以实现整个物流系统或供应链的最优性能。它不仅是分别对选址和路径进行单独优化，更是将两者作为一个整体进行系统性的分析和优化，充分考虑它们之间的相互影响和制约关系。

（一）问题概述

选址—路径联合优化问题（Location – Routing Problem，LRP）是运筹学和物流优化领域中的一个经典问题，旨在同时优化设施选址和车辆路径规划。LRP 综合了设施选址问题（Facility Location Problem，FLP）与车辆路径问题（Vehicle Routing Problem，VRP），因此涉及两个层次的决策：选择服务设施的位置，以及为客户分配路线和车辆。

LRP问题可描述如下：在给定客户位置和配送中心（仓库）可能位置的情况下，确定配送中心（仓库）的数量、位置和配送车辆的运输路线，实现总成本最小化目标。总成本包括配送中心（仓库）建造和运营成本、车辆运输成本等。目前关于LPR问题的研究相对比较多，可以依据研究问题的角度和求解方法进行分类，如表7-8所示。

表7-8　　　　　　　　　　　　　LPR分类标准

分类标准	A	B
物品流向	单向	双向
供/需特征	确定	随机
设施数量	单个设施	多个设施
运输车辆数量	单个车辆	多个车辆
车辆装载能力	不确定	确定
设施容量	不确定	确定
设施分级	单级	多级
计划期间	单期	多期
时间限制	无时间限制	有时间限制
目标数量	单目标	多目标

（二）建模方法

选址—路径联合优化问题中，为解决物流系统总成本最小化问题，构建了双层规划模型，分别从选址和车辆路径两个层面进行考虑。

1. 上层模型

上层模型（选址模型）：决定在哪些位置建立配送中心，以及如何从工厂向这些配送中心分配货物。这个模型考虑了配送中心的建设和运营成本、货物运输成本、车辆启动及人员成本。配送中心的建设成本涉及土地购置、设施建设、设备购置等一系列费用，这些成本会因选址地点的不同而有所差异。运营成本与从工厂到配送中心的货物运输距离、运输方式、货物量等多种因素相关。车辆启动成本包括车辆的启动损耗、燃料消耗等费用，人员成本则涵盖司机工资、管理人员薪酬等。这些成本在每次运输过程中都会产生，并且与配送中心的选址和货物分配方式有关。

模型约束条件包括：①设施容量限制：每个选定的设施能够处理的货物或服务量是有限的。②设施数量限制：选定建设的设施数量是有限的。③车辆容量限制：每辆车能够装载的货物数量有限，超出容量会导致成本上升甚至无法完成任务。④车辆路径长度限制：每辆车的行驶距离或时间通常有上限，不能超过设定的最大值。

2. 下层模型

下层模型（车辆路径模型）：在给定配送中心位置的情况下，规划车辆从配送中心到客户的最优路径，以最小化运输成本。从配送中心到客户的总运输成本是下层目标函数的核心。这包括车辆启动成本和人员成本，以及车辆在运输过程中产生的燃料费用、道路通行费用等。例如，车辆行驶的距离越长，燃料费用越高；运输的货物量越大，可能需要更大的车辆或多次运输，从而增加人员成本和车辆启动成本。

模型包含系列约束条件：①客户服务约束：每个客户只能由一个配送中心服务。这是为了确保服务的准确性和高效性，避免出现多个配送中心对同一客户重复服务或服务不及时的情况。②车辆路径约束：每辆车只从一个配送中心出发，这保证了车辆的运输路径具有明确的起点，便于管理和规划；车辆不经过其他配送中心，避免了不必要的迂回运输，提高了运输效率。③车辆容量限制：车辆的载重能力有限，超出容量会导致成本上升甚至无法完成配送任务。④距离约束：配送中心到客户的距离小于设定的距离上限。这是为了控制运输时间和成本，避免车辆因行驶距离过长而增加燃料消耗和运输时间，同时也能保证货物能够及时送达客户。⑤车辆启动和人员成本约束：车辆启动成本和人员成本被考虑在总成本中，与上层模型的相关成本共同构成了整个物流系统的成本。

通过双层规划模型的构建，上层模型确定配送中心的选址和货物分配，下层模型规划车辆路径，两者相互关联、相互影响，共同致力于实现整个物流系统总成本的最小化目标。

（三）算法求解

LPR问题求解算法大体可分为两类：一类为精确算法，另一类为启发式算法（见图7-9）。

（1）精确算法。

在以上算法中，最为常用的是整数规划（包括混合整数规划），而效率最高的算法是分支定界法，它可以在较短的计算时间内解决多至80个节点。但是采用分支定界法的必须在其模型中限制设施的数量，一旦所涉及的规模扩大，此算法就不适用。

（2）启发式算法。

启发式算法为LPR问题提供了有效的求解方法，通常包括以下四种策略的组合：定位分配优先，运输路线安排次之；运输路线安排优先，定位分配次之；节约/插入法；巡回路线改进/交换法。节约/插入法和巡回路线改进/交换法常用于解决LRP问题

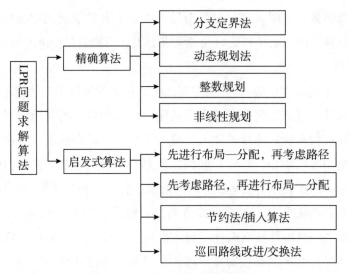

图7-9 LPR问题求解算法分类

的子问题。在这些算法中，巡回路线改进/交换算法应用更为广泛。

四、典型案例：顺丰"轴辐式"网络化运营战略——以鄂州花湖国际机场为例

（一）鄂州花湖国际机场背景信息

鄂州花湖国际机场（Ezhou Huahu International Airport，IATA：EHU，ICAO：ZHEC），位于中国湖北省鄂州市鄂城区燕矶镇、沙窝乡、杨叶镇交界处，西北距鄂州市中心约16千米、南距黄石市中心约15千米，为4E级国际机场、亚洲第一座专业性货运枢纽机场。2024年，3月19日，国务院批复同意鄂州花湖国际机场对外开放，成为全国首个获批对外开放的专业性货运枢纽机场。

1. 基本情况

截至2024年6月8日，鄂州花湖国际机场国际货邮吞吐量已突破10万吨。9月8日8时04分，单周国际货运航班首次突破200架次，每周可为中外经贸往来提供近13000吨航空运力。截至2024年10月，已开通货运航线73条，其中国际货运航线22条，国内货运航线51条，辐射亚洲、欧洲、美洲、非洲的国际航线网络正由"串点连线"向"组网成面"转变。

鄂州花湖国际机场航空货站面积2.4万平方米，紧邻旅客航站楼的正南侧，为两层建筑，包括普货货运区、快件货运区。国际货运区，位于机场北端，总用地面积5.9万平方米，总建筑面积2万平方米，包括公共国际货站、海关指定监管场地、保税物流中心（B型）、海关集中查验中心等。转运中心设有67.8万平方米的分拣中心以及分拣转

运系统设备等，还有 4.1 万平方米的海关、安检、顺丰公司办公业务用房及配套设施设备用房；分拣中心为超大单体建筑，"工"字形构造，处理能力可达每小时 50 万件。

2. 历史沿革

2013 年 6 月，顺丰集团筹划在中国中西部地区建设货运门户枢纽机场。2014 年，顺丰集团选址鄂州并启动项目。2016 年 4 月 6 日，选址获中国民用航空局正式批复。2020 年 8 月 24 日，国家发展和改革委员会、中国民用航空局将其建成亚洲第一个专业性货运机场上升为国家战略；同年 12 月 31 日，顺丰航空基地开建。2021 年 1 月，机场定名为"鄂州花湖机场"；同年 9 月，机场被顺丰集团同意由湖北机场集团主导运营；2022 年 7 月 17 日，机场正式通航。2023 年 1 月 6 日，航空口岸获批临时对外开放；3 月 20 日，顺丰国际货站正式启用；4 月 1 日，开通首条国际航线；9 月 5 日，完成国内货运航线转场（武汉转至鄂州）；11 月 3 日，开启国际快件业务。2024 年 5 月 15 日，获中国民用航空局批复更名为"鄂州花湖国际机场"；2024 年 6 月 6 日，开通首条国际定期第五航权货运航线；2024 年 8 月 3 日，迎来首个 F 类机型波音 B747 - 8F，标志着该机场迈入运行 F 类飞机时代。

（二）顺丰以鄂州枢纽为核心持续放大航空优势

1. 网络布局转变

航空货运以快取胜，快捷运输以"点对点"直航为优。但是"点对点"直航带来的问题是满载率不高和到发不平衡。承运人一方面要满足客户及时送达的要求，另一方面要解决运输规模效应的经济性问题，全球运输业在不断追求单位货运成本降低的重载化和满载率指标。

顺丰在鄂州航空转运中心投产前，空网主要是点对点的网络，无法满足综合成本最低的要求；投产后，顺丰逐步将部分航线切换至鄂州枢纽，整个空网布局逐渐变成了以鄂州机场为中心的轴辐式网络。轴辐式网络链路进一步简化，依托核心枢纽节点与其余节点相互联系，能够以更少的航线连接城市。这一网络布局的优化，还将带来时效件服务范围的显著拓展，有效弥补了以往因航线不足而只能走陆运的局限，而且稳定性也会提高，吨公里成本下降也让顺丰时效件的定价更具有弹性与灵活性，从而能够进一步扩大顺丰与竞争对手在时效方面的优势。"轴辐式"网络化运营模式将航线辐射区域内航空货源在鄂州汇集编组后，通过货源与航空运力精准配置，最大限度提高货机实载率，降低航空运输成本。较传统"点对点"模式，"轴辐式"网络化运营模式提高货机实载率 10%，降低航空运输成本 18%。

2. 长远规划及成效

从长远来看，顺丰计划通过鄂州枢纽推出成本效益高、覆盖广且时效性强的新产品以扩大市场。例如，新启用的荣耀鄂州中心仓，结合了鄂州枢纽的一体化供应链能力，为荣耀备件提供全国仓储配送服务。依托顺丰的全国航线网络，该中心仓实现了对 100 个重点城市 24 小时及 300 个重点城市 48 小时内的高效物流履约。

鄂州地处全国经济地理中心，由生鲜产品原产地飞往鄂州的航班集中在凌晨运行，平均飞时约 2 小时，生鲜货物落地后可进行"空陆中转"，衔接鄂州枢纽高效的地面处理流程，进入陆运、冷链运送环节；或进行"空空中转"，"站内换乘"顺丰航空其他全货机航班，飞往更远端的消费市场。顺丰航空链接鄂州枢纽的生鲜航线已密集开飞，包括海口、揭阳、深圳等至鄂州的"荔枝航线"，青岛、烟台、大连等至鄂州的"樱桃航线"，台州、杭州、宁波等至鄂州的"杨梅航线"，乌鲁木齐至鄂州的"葡萄航线"，无锡至鄂州的"水蜜桃"航线等，航线数量、生鲜品类、生鲜货量较 2023 年同期均有显著增长，鄂州枢纽的运行优势逐步显现，为顺丰航空生鲜运输提供"加速度"。

随着季节的更替、时令生鲜消费规律的变化，接下来顺丰航空还将开通由西南、华东、西北等区域飞往鄂州的"松茸航线""大闸蟹航线""牛羊肉航线"等生鲜航线，充分发挥"鄂州枢纽＋"模式的效率优势、规模优势，融入顺丰特色经济项目，为各地特色农产品"促销售、树品牌"提供优质、稳定的航空物流服务，促进生鲜电商与三农产业发展，助力乡村振兴。

（三）顺丰深入产地打造"一体化冷链仓配"物流模式

顺丰除依托航空资源外，还在产区的深度布局：以产地仓为重点，推动产地仓与协同仓、城市前置仓的数字化协同，实现农产品物流体系的互联互通。以牛羊肉等高保鲜要求的生鲜品为例，顺丰开创性地推出了"一体化冷链仓配"模式。该模式通过在原产地和主要市场地分别设立"产地仓"与"城市前置仓"，采用批量发货和集中配送的策略，有效减少了多级转运带来的成本，同时缩短了运输时间。顺丰"一体化冷链仓配"物流资源如图 7 - 10 所示。

此外，在产地仓模式的前端环节，顺丰设立了生鲜预处理中心。这些中心具备预冷、清洗、分级分选、冷库冷藏、一件代发和专业包装等一系列服务功能，能够在最短时间内为牧农提供支持，从而实现牛羊肉产业资源的高效协同和成本降低。可以说，这些布局、模式实际上都是需要成本、技术和长期投入才能实现。

例如，顺丰去年推出的"顺丰城市服务"平台，主推"打造 360 分钟美好城市生活圈"，包含面向 B 端客户的"仓配一体服务"和 B 端、C 端都可用的同城快递产品"同城半日达"。针对 B 端的"仓配一体服务"采用"多地分仓＋密集中转枢纽＋上仓下中转"的模式，满足商家的高效仓配需求；而"同城半日达"则依托顺丰独有的多班次配送能力和创新营运模式，在时效快递领域处于领先地位，提供平均 6 小时送达

图 7 - 10 顺丰"一体化冷链仓配"物流资源

资料来源：https://q4. itc. cn/q_ 70/images03/20240716/8f58d8baf39e4f69bf61e5675d132a4e. jpeg。

的快速服务，目前已经覆盖超过 200 个城市。

第五节 供应链优化

一、运筹学在供应链领域的典型应用

运筹学在需求预测与管理、库存分配与补货、生产计划与调度等方面发挥着重要作用，通过精准地预测市场需求的变化趋势、优化库存的分布和补货时机，提高资金周转率和库存管理效率，科学安排生产任务等，实现供应链各环节的协同运作，降低整体运营成本，提高供应链的响应速度和灵活性。

（一）需求预测与管理

物流需求预测是根据物流市场的需求状况以及相关影响因素，利用一定的经验判断、技术方法和预测模型，应用合适的科学方法对反映市场需求的指标以及发展的趋势进行预测。其目的是对物流资源进行合理配置，在物流系统规划中占据着重要地位。

1. 需求预测与管理的重要性

需求预测与需求管理是供应链管理中至关重要的环节。

首先，需求预测是供应链管理的基础。通过分析历史数据、市场趋势和客户反馈等信息，企业可以预测未来的市场需求，并制订相应的供应计划。例如，电子产品制造商可以根据过去几年的销售数据和行业趋势，预测下一个季度某款产品的销售量，并相应地调整生产计划和配送线路。

其次，需求管理是有效应对需求波动的关键。市场需求往往会受到季节变化、促销活动和新产品发布等因素影响。因此，企业需要灵活地调整供应链，以满足需求的变化。例如，服装零售商在换季到来前可通过与供应商的紧密合作与提前准备，快速增加库存，以确保在高峰期供应充足，从而满足消费者的购物需求。

在需求预测与需求管理中，数字化技术的应用发挥着重要作用。数字化技术能够收集海量的数据。例如，通过物联网设备，企业可以实时获取货物的位置、运输车辆的状态（如速度、油耗等）、仓库的库存水平等信息。这些详细且实时的数据为运筹学模型提供了丰富的输入。通过先进的数据分析工具和人工智能技术，企业可以更准确地预测市场需求，并实时监控需求变化。例如，在线零售商可利用大数据分析和机器学习算法，根据用户浏览和购买行为，预测潜在的需求和趋势，并及时调整库存和配送线路。

2. 常用的物流需求预测方法

时间序列预测方法是最为常用的物流需求分析与预测的方法。其是一种历史资料延伸预测，也称为历史引申预测法，是以事件数列所能反映的社会经济现象的发展过程和规律性，进行引申外推，预测其发展趋势的方法。由于大量物联网数据采集设备的接入、多维数据的爆炸增长和对预测精度的要求愈发苛刻，经典的参数模型以及传统机器学习算法难以满足预测任务的高效率和高精度需求。近年来，以卷积神经网络、循环神经网络和 Transformer 模型为代表的深度学习算法在时间序列预测任务中取得了丰硕的成果。基于深度学习的时间序列预测算法发展脉络如图 7-11 所示。

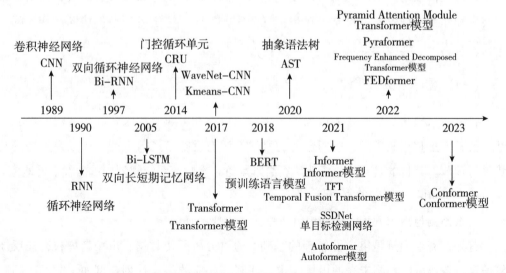

图 7-11 基于深度学习的时间序列预测算法发展脉络

Transformer 类算法如今广泛用于人工智能领域的各项任务，在 Transformer 基础上构建模型可以突破以往算法的能力瓶颈，可以同时具备良好的捕捉短期和长期依赖的能力，有效解决长序列预测难题，并且可以并行处理。Transformer 类算法总体分析如表 7-9 所示。

表 7-9　　　　　　　　　　　　Transformer 类算法总体分析

算法	改进方式	优势	局限
trafficBERT	在 BERT 的双向 Transformer 结构基础上，通过分解嵌入参数化改进	更有效确定每个时间步前后状态之间的相关性，泛化性强，便于迁移学习	在真实值出现剧烈下降趋势时，预测能力稍显不足，无法准确预测下降幅度
AST	引入对抗损失函数，将 Transformer 嵌入对抗神经网络，使用 sparse Transformer 模型，采用 alpha_entmax 计算稀疏注意力权重	对抗训练可以从全局的角度改善时间序列预测，能捕捉到时间序列数据稀疏性倾向的依赖关系，提高了模型鲁棒性	注意力图中参数值影响较大，分配过于稀疏的注意力来学习底层关系会降低性能，分配过于密集的注意力会浪费注意力在不相关的步骤上，导致性能较差
Informer	采用 ProbSparse 自关注机制、自注意力提炼和生成式解码器	降低了计算复杂度，降低了内存消耗量，更适用于长序列的预测	在预测曲线的波峰波谷处仍有较大的误差，难以应对长序列越来越高的精度要求，降低计算复杂度但牺牲了信息利用率
TFT	采用可解释性更好的时间自注意力解码器，利用特定的组件来选择相关特征，并利用门控层来抑制不必要的特征	能有效应对多元异构的输入，逐层筛选非必要的特征，去噪能力明显，可以更好地捕捉到长期依赖，在实现高性能的同时兼顾可解释性	在数据曲线的波动性较低时，对过去的输入给予同等的注意力权重，对于关键信息的特征提取能力受限
SSDNet	采用 Transformer 架构来学习时间模式，提取潜在组件并估计 SSM 的参数，它应用 SSM 生成具有非平稳趋势和周期性成分的可解释预测结果	结合了无须密集特征工程以及从时间序列推断共享模式的优势和 SSM 模型的可解释性，准确度高	难以捕捉到结构化较差的时间序列数据中的时间模式

算法	改进方式	优势	局限
Autoformer	增加了时序拆解模块，修改了自注意力模块，提出了能更好挖掘数据规律的自相关机制	明显降低计算复杂度并可以更好捕捉特征信息，在明显没有周期性的数据集中预测准确率改进较大	过度依赖寻找时序数据的周期特性，不适合对周期性较弱的数据集上训练
FEDformer	提出了周期项趋势项分解混合专家机制的频率增强的分解 Transformer，用 Fourier 增强块和 Wavelet 增强模块替代自注意力模块和交叉注意力模块	在长期序列预测任务中，可以捕捉到其他基于 Transformer 算法无法捕捉到的时间序列的全局视图，且计算成本低，鲁棒性强	对于频率很高的时间序列，该算法的整体计算成本较高，同时会产生大量的冗余信息
Pyraformer	设计了一个带有二叉树跟随路径的分层金字塔注意模块，以捕获具有线性时间和内存复杂度的这一不同范围的时间依赖性	内存消耗小，能利用小内存设备高效完成单步和超长多步预测，且批次训练时间很短	难以捕捉到结构化较差的时间序列数据中的时间模式
Conformer	融入傅立叶变换、多频率序列采样、周期项趋势项分解、标准化流等多个优化	提升了长周期预测的效率和稳定性，时间序列预测以生成的方式产生，抗噪声能力强	难以捕捉到结构化较差的时间序列数据中的时间模式

目前，由于在错综复杂的长序列预测任务中自注意力机制可能存在较大误差，部分 Transformer 类算法在保留编码器－解码器架构的同时，开始重新审视注意力机制的作用。例如，Informer 等在降低复杂度的同时选择牺牲了一部分的有效信息；Conformer 使用局部注意力与全局的 GRU 进行功能互补；Pyraformer 在相对较低的配置下依然表现出不错的性能，一定程度上缓解了 Transformer 类算法设备要求高的问题，适合在欠发达地区普及使用。

（二）库存分配与补货策略

对于企业而言，供应商、工厂和分销转运中心等站点的供应网络本身已经具有多层级网络结构。当考虑到具体每一种物料的管理时，每一站点的每一物料与相应的运输、组装等供应关系构成的库存网络通常结构复杂，节点数目众多且相互影响。即使一个供应网络结构看似简单，当考虑多种物料的管理时，网络结构的复杂性将成指数级增长。供应网络由外部需求（消费者）驱动，下层（下游）节点向上层（上游）节点订货，然后上游节点向下游节点供货。库存管理直接影响着企业的生产效率、运营成本以及客户满意度。

近年来，大数据和人工智能技术的发展带动了大量企业向数据化和智能化转型。基于实时、精细市场数据的智能化决策已经逐步成为提升企业竞争力的关键因素。除了历史销售数据，企业现在能够获取大量特征来辅助库存决策。例如产品品类、产品生命周期、外部竞争信息等。如何利用多维度的数据获得更优的库存决策，是当前运营管理领域的热点研究问题，也是数智化时代企业要赢得竞争所必须面对的挑战。随机服务模型（Stochastic Service Model，SSM）和承诺服务模型（Guaranteed Service Model，GSM）是两种用于管理多级库存系统的策略优化模型。它们主要用于处理库存网络中的不确定性，尤其是在需求和供应提前期方面。

1. 随机服务模型（SSM）

随机服务模型是一种基于概率的库存管理方法，它考虑了需求的随机性以及供应提前期的不确定性。在 SSM 中，每个库存节点都有一个期望的服务水平，这个服务水平定义为在任何给定时间内，需求能够得到满足的概率。SSM 的关键特点是它通过概率分布来描述库存节点对下游需求的响应时间。该模型的适用于需求波动较大且难以预测，或以概率方式管理库存风险的场景。

随机服务模型的目标函数旨在最小化长期运营成本。成本构成通常包括持有成本、（与库存水平相关的成本，包括资金占用成本、仓储成本等）、缺货成本（当库存无法满足需求时产生的成本，包括失去销售机会的成本、客户服务水平下降的成本等）以及订货成本（与订货行为相关的成本，如订货固定成本和每单位商品的订货变动成本）。

在随机服务模型中，约束条件通常包括：库存平衡约束（确保在任何时间点，库存水平与需求和补货行为保持平衡）、服务水平约束（确保在给定的时间内，库存能够满足一定比例的需求，即达到预定的服务水平）、库存水平约束（包括库存的上下限约束，如最大库存水平和最小库存水平）以及补货提前期约束（考虑到补货行为可能存在不确定性，需要在模型中考虑补货提前期的随机性）。

2. 承诺服务模型（GSM）

承诺服务模型是一种确定性的库存管理方法，它通过为每个库存节点设置一个明确的承诺服务时间来确保需求的满足。在 GSM 中，无论需求如何变化，每个节点都承诺在特定的时间内满足下游的需求。这种方法通常假设需求有一个已知的上限，并且节点需要持有足够的库存来满足这个上限内的需求。该模型的适用场景包括：企业需求相对稳定、企业能够对需求进行较为准确预测、企业需要确保高服务水平的业务。

承诺服务模型的目标函数旨在最小化整个库存网络的总成本。成本构成通常包括：安全库存成本（与持有额外库存以满足需求波动相关的成本）、订货成本（与订货行为相关的成本，包括订货的固定成本和变动成本）以及运输成本（在多级库存系统中，不同节点之间的运输成本）。

在承诺服务模型中，约束条件主要包括：服务时间约束（确保每个节点能够在承诺的服务时间内满足下游的需求）、库存水平约束（确保每个节点的库存水平不低于安全库存水平）、需求满足约束（确保在任何情况下，需求都能在承诺的服务时间内得到满足）以及网络结构约束（考虑到库存网络的结构，确保库存在网络中的流动符合实际的供应链结构）。

（三）生产计划与调度

生产计划与调度是供应链管理中的核心环节，旨在通过优化生产资源配置，提高生产效率，降低成本，满足市场需求。

1. 先进计划与排程（APS）系统

APS（Advanced Planning and Scheduling）系统是一种高级计划和排程系统，专门用于支持制造业、物流和供应链管理等领域的计划和调度活动。APS系统通过解决生产计划和排程问题，优化生产资源的配置，提高生产效率和客户满意度。

APS系统通常设定多个优化目标，包括交货时间、库存成本、生产效率、工作人员满意度等。企业可以根据自身需求，设置和调整合适的优化目标。例如，最小化生产周期、最大化设备利用率、最小化库存成本等。APS系统需要考虑多种约束条件，包括机器加工约束、工序顺序约束、运输约束、装配顺序约束等。这些约束条件确保生产计划的可行性，避免资源冲突和生产瓶颈。

2. 典型生产调度问题

流水车间调度问题（FSP）：如图7-12所示，流水车间调度问题是指在流水车间环境下，有一系列工件需要经过一定的加工工序，并在这些加工工序上使用一组机器设备完成加工，每个工件需要在每个机器上按照固定的顺序完成加工。其目标是对工件的加工顺序进行规划，得出最优的生产调度方案。

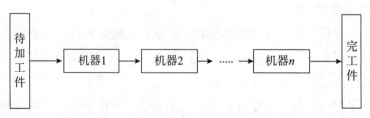

图7-12　流水车间加工流程

并行机调度问题（PMP）：如图7-13所示，并行机调度问题中，加工系统中有多个工作相同的机床，每个工件只有一道工序，工件可以在任意一台机床上进行加工。其目标是在多台机器上合理分配工件，以最小化总加工时间或最大完工时间。

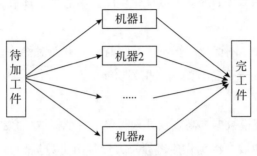

图7-13　并行机调度加工流程

混合流水调度问题（HFSSP）：如图7-14所示，混合流水调度问题结合了流水车间调度问题和并行机调度问题的特征，涉及多个流水作业工作站和多台并行工作的机器。其目标是在保证生产效率的同时，使资源最有效地利用，满足顾客的需求。

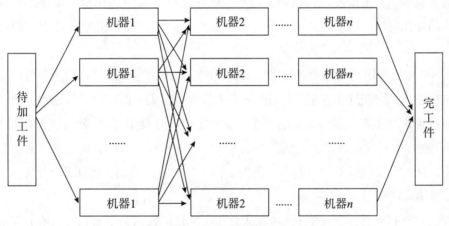

图7-14　混合流水调度加工流程

在工业4.0的背景下，生产调度优化面临着更高的要求。例如，针对高性能轴承等复杂机械零部件的生产过程，其制造工艺复杂，锻造、车削、磨削、热处理等工序相互关联，一道工序的延迟或失误都可能影响整个生产进度，需要通过优化工序排序、运输规划和装配顺序来实现车间调度的节能目标。主要目标包括最小化最大完工时间、总碳排放量和磨削液使用量，以提高生产效率和环保性能。

（四）典型案例：阿里巴巴开源 DeepRec 大规模稀疏模型

DeepRec（PAI-TF）是阿里巴巴集团的大规模模型训练引擎，也是预测引擎，广泛应用于淘宝、天猫、阿里妈妈、高德、淘特、AliExpress、Lazada 等，支持了淘宝搜索、推荐、广告等核心业务，支撑着千亿特征、万亿样本的超大规模稀疏训练。DeepRec 虽然最初设计用于推荐系统和广告系统，但在供应链领域同样具有广泛的应用潜力。通过运筹学的方法，DeepRec 可以优化供应链中的多个环节，提高整体效率和客户满意度。

DeepRec 在分布式、图优化、算子、运行时分等方面对稀疏模型进行了深度性能优化，同时提供了稀疏场景下特有的嵌入相关功能。

1. 技术分析

DeepRec 支持大规模数据的高效预处理，包括特征提取、数据清洗和格式转换。这在供应链管理中尤为重要，因为供应链涉及大量的历史数据和实时数据，如订单信息、库存状态、运输记录等。它提供了针对稀疏模型领域的"嵌入变量"功能，使用户可以轻松构建大规模稀疏参数的模型结构。此外，还提供了"嵌入变量"一系列演进功能，分布式优化，运行时分优化，图及算子优化，从模型效果以及训练吞吐两个方面进行性能优化。DeepRec 利用 TensorFlow 和 PyTorch 的并行计算能力，支持大规模数据集的高效训练，缩短模型迭代周期。这对于供应链中的实时优化至关重要，可以快速响应市场变化。DeepRec 提供了多种评估指标，帮助用户评估模型的性能，确保优化效果。

DeepRec 支持用户根据业务需求添加新的网络层或优化算法，这使企业可以根据具体的供应链场景定制优化模型。DeepRec 在大规模数据集上的高效训练能力，使其能够在供应链管理中处理复杂的优化问题，如大规模库存优化和多级供应链网络设计。DeepRec 提供了从模型训练、评估到线上预测的一站式解决方案，简化了从研发到生产的流程。这对于供应链管理中的实时决策支持十分有效，可以快速部署优化方案。

2. 应用场景

在需求预测方面，DeepRec 通过深入分析历史销售数据、市场趋势、季节因素、促销活动以及宏观经济环境等多维度信息，能够构建精准的预测模型，实现更准确的需求预测。例如星巴克的 Deep Brew 平台可依据商品热度和销售频率自动配置特征维度，调整不同商品库存，节省成本。在运输路线规划方面，DeepRec 通过对大量的运输数据进行分析，包括货物重量、体积、运输目的地、交通状况、运输成本等因素，运用先进的算法和模型，为企业规划出最优的运输路线，提高运输效率。在供应商选择和管理方面，DeepRec 可以对供应商的历史表现数据进行全面分析，包括交货准时率、产品质量、价格稳定性、售后服务等多个指标，综合评估供应商的绩效表现。根据评估结果，企业选择最优质的供应商合作伙伴，建立长期稳定的合作关系，同时加强对供应商的风险管理和监督，确保供应链的稳定运行。在电商供应链个性化推荐方面，Deep-

Rec 能够根据客户的历史购买行为、浏览记录、搜索关键词、兴趣偏好等丰富的信息，为每个客户构建个性化的用户"画像"。基于这些"画像"，DeepRec 为客户提供精准的商品推荐，从而提高用户的参与度和满意度，进而提升推荐效果和平台的商业价值。例如热门微博推荐系统采用了 DeepRec 框架提升训练与在线推理的性能，进而提升推荐效果。在生产计划优化与风险识别方面，DeepRec 综合考虑市场需求预测、原材料供应情况、生产设备产能、生产成本等多种因素，为企业制订更加合理的生产计划。通过优化生产流程和资源配置，提高生产效率、降低生产成本、确保产品按时交付。

不同企业因自身需求、数据和业务场景的差异，在实际应用中需结合具体业务数据对 DeepRec 进行模型训练和调整，以实现供应链管理各方面的优化，达到最佳效果。

二、供应链优化模型与算法研究热点与方向

在当今全球化的商业环境和复杂多变的市场形势下，供应链优化模型与算法的研究正朝着多个关键方向发展，其中"智能化""绿色化""韧性化"不仅是当前的研究热点，更是引领未来供应链发展的重要方向。这些方向的研究对于提升供应链的效率、可持续性和应对风险的能力具有至关重要的意义。

（一）智能化

1. 自适应优化算法与深度学习的融合

在供应链优化领域，自适应优化算法展现出强大的实力。它能够根据实时数据动态调整优化策略，例如，顺丰科技在供应链优化中采用了自适应优化算法，通过构建多层级多通道需求预测模型，有效提升了预测准确性，并在计算性能方面实现了显著提升。同时，将自适应优化算法应用于深度学习模型的训练过程，能够提高模型的性能和训练速度。深度学习在计算机视觉、医疗数据分析、自然语言处理等众多领域取得显著成就，在供应链优化中也展现出巨大潜力。通过自适应优化算法调整学习率等参数，可以让深度学习模型更好地适应供应链中的动态变化。

2. 领域自适应算法

领域自适应算法是自适应优化算法在特定场景下的进一步发展。当面对不同域之间的数据分布差异问题，即"域偏移"时，领域自适应算法发挥关键作用。

领域自适应算法的研究场景可按照不同维度进行划分，如图 7 - 15 所示。

首先，从是否有监督来看，分为无监督域适应、半监督域适应和弱监督域适应。无监督域适应中，源域有大量带标签数据，目标域只有无标签数据，目的是利用源域标签信息提升模型在目标域无标签数据上的性能。半监督域适应下，目标域既有少量

带标签数据又有无标签数据，关键是同时利用这些样本进行模型训练。弱监督域适应则针对源域数据有噪声的情况，减少噪声对模型迁移的负面影响。其次，按参与域数量可分为单源域适应、多源域适应和多目标域适应。单源域适应最为常见，从一个源域向一个目标域迁移。多源域适应中，多个不同源域的数据需综合起来更好地适应目标域。多目标域适应要将源域知识迁移到多个目标域，解决不同域之间的数据分布差异。最后，从同构与异构领域分类，同构领域自适应中，源域和目标域数据样本特征空间和标签空间相同且维度一致，主要挑战是减少数据分布差异。而异构领域自适应中，源域和目标域特征空间不同，甚至标签空间也不同，挑战更大，需要进行特征变换或映射。

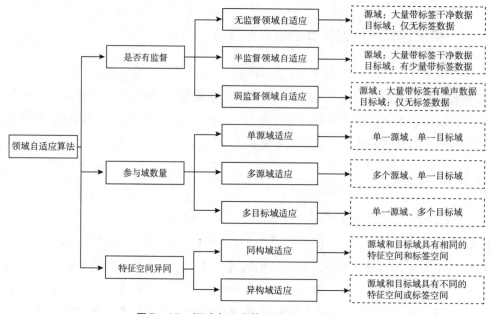

图 7-15　领域自适应算法的研究场景分类

3. 大语言模型与演化算法协同优化

语言模型凭借强大的自然语言理解和生成能力，在解决复杂供应链优化问题方面潜力巨大。语言模型是对自然语言的概率分布进行建模的工具，其目的是预测给定文本序列的下一个单词或字符的概率。大语言模型则是在深度学习发展到一定阶段，利用大规模的文本数据和强大的计算资源训练出来的复杂语言模型。与传统的优化算法大多依赖人工设计有所不同，大语言模型可以自动学习并辅助优化算法求解，从而有针对性地对不同领域的优化问题生成求解方案。具体来说，大语言模型辅助求解优化问题有两种方法。一种是作为黑盒搜索算子，将优化问题转化为自然语言描述输入大语言模型，生成候选解，经过解码和评估反馈不断迭代出更好的解；另一种是利用其强大的表示和生成能力，生成针对特定问题的新颖优化算法，通过收集经典算法对大语言模型进行微调，让它为新问题生成定制化求解算法。

（二）绿色化

1. 绿色供应链网络优化设计

绿色供应链网络设计是实现供应链绿色化的一个关键环节。研究者们致力于通过优化供应链网络结构，实现资源的高效配置与环境影响的最小化。具体研究方向包括以下三点。

（1）多目标优化模型。构建多目标优化模型，综合考虑经济成本、环境成本和社会成本，寻求在满足经济效益的同时，最大限度地降低环境负担。例如，通过线性加权法、理想点法等方法解决多目标优化问题，确保模型的实用性和有效性。

（2）逆向物流网络设计。随着循环经济理念的普及，如何高效回收产品并将其重新纳入供应链成为研究焦点。逆向物流网络的设计需要考虑回收站点的选择、回收物品的分类处理以及再制造过程的优化等，确保资源的循环利用。

（3）低碳运输模式选择。研究如何通过优化运输方式（如多式联运、电动车辆等）以减少温室气体排放，同时保证运输效率和服务质量。这不仅需要考虑运输工具的选择，还包括路径规划、时间安排等因素，以实现最低的环境影响。

2. 绿色生产与库存管理

在生产与库存管理中融入绿色理念，是实现供应链绿色化的重要途径。关键研究方向包括以下三点。

（1）绿色生产调度。利用运筹学方法和仿真技术，对仓库位置、规模和内部布局进行科学设计。选择交通便利、能源供应充足的地点建设仓库，减少货物运输距离和成本。合理规划仓库内部的货架布局、货位分配和通道设置，提高空间利用率，降低货物搬运距离和次数，从而减少能源消耗。通过引入绿色生产约束条件（如能耗限制、污染物排放标准），结合遗传算法、粒子群优化算法等智能算法，实现生产任务的绿色调度。研究者们正在探索如何在保证生产效率的同时，减少能源消耗和环境污染。

（2）环保材料与包装设计。研究如何利用可降解材料、循环利用材料等环保材料，减少原材料消耗和废弃物产生。同时，探索轻量化、模块化等绿色包装设计原则，降低物流过程中的环境影响。这方面的研究不仅关注材料的选择，还包括包装设计的创新，以适应不同的物流需求。

（3）智能库存控制。利用物联网技术实时监测库存状态，结合机器学习算法预测市场需求变化，实现精准补货，减少过度生产和库存积压带来的资源浪费。智能库存控制不仅提高了供应链的灵活性，还减少了资源的无效占用。

3. 绿色供应链金融

绿色供应链金融是指金融机构通过提供绿色信贷、绿色债券等金融服务，支持供应链上企业实施绿色转型。

（1）风险评估模型。开发适用于绿色供应链的风险评估模型，准确识别和量化绿色项目潜在的环境风险和经济风险，为金融机构提供决策依据。这需要综合考虑项目的环境影响、经济效益和社会效益，确保评估的全面性和准确性。

（2）激励机制设计。探索有效的激励机制，鼓励供应链上下游企业采取绿色生产方式，比如通过提供利率优惠、补贴等方式，减轻企业绿色转型初期的资金压力。激励机制的设计需要平衡各方利益，确保政策的有效性和公平性。

（3）透明度与追溯性。利用区块链技术提高供应链信息的透明度和可追溯性，增强消费者对绿色产品的信任感，推动绿色消费市场的形成和发展。区块链技术的应用不仅可以提高供应链的透明度，还可以防止假冒伪劣产品的流通，保护消费者的权益。

（三）韧性化

1. 韧性供应链网络设计

韧性供应链网络设计是提高供应链抗风险能力的基础。研究者们致力于通过优化供应链网络结构，减少潜在的中断风险，提高系统的恢复能力。具体研究方向包括以下三点。

（1）多级供应链网络设计。构建多层次、多节点的供应链网络，通过增加冗余节点和备用路径，提高网络的鲁棒性。研究者们利用图论和网络优化算法，设计出能够在多种情景下保持高效运作的供应链网络。例如，通过引入多级库存策略，确保在某一节点出现故障时，其他节点能够迅速接管，减少供应链中断的风险；通过引入不确定集，模型可以考虑不同情景下的需求和供应变化，从而设计出更稳健的供应链网络。

（2）动态网络调整。研究如何在突发事件发生后，快速调整供应链网络结构，恢复供应链的正常运作。动态网络调整模型需要考虑实时数据和预测信息，确保调整方案的可行性和有效性。鲁棒动态优化方法通过考虑未来的不确定性，确保调整方案在最坏情况下的性能最优。研究者们利用鲁棒优化技术，开发出能够实时调整供应链网络的算法，提高供应链的响应速度和恢复能力。

（3）区域供应链协同。通过建立区域供应链协同机制，提高区域内企业的协作水平，共同应对突发事件。研究者们探索如何通过信息共享、资源共享和风险共担，增强区域供应链的整体韧性。

2. 风险管理与供应链协同

风险管理是提高供应链韧性的关键环节。研究者们通过开发先进的风险管理模型和预测算法，帮助企业在事前识别和应对潜在风险。具体研究方向包括以下四点。

（1）风险评估模型。构建多维度的风险评估模型，综合考虑市场风险、供应链风险、自然灾害风险等，为企业提供全面的风险评估。研究者们利用贝叶斯网络、蒙特卡洛模拟等方法，提高风险评估的准确性和可靠性。

（2）预测算法。开发基于大数据和机器学习的预测算法，提前识别供应链中的潜在风险点。研究者们利用时间序列分析、深度学习等技术，实现对市场需求、供应链中断等事件的精准预测。例如，利用深度学习算法预测市场变化和供应链中断事件，提前采取应对措施，减少潜在损失。

（3）供应链协同平台。构建供应链协同平台，实现供应链各环节的信息共享和协同作业。利用区块链、大数据等技术，确保信息的真实性和及时性，提高供应链的透明度和效率。利用物联网、地理信息系统等技术，实现供应链的全程可视化管理，提高供应链的透明度和可控性。

（4）智能合约。利用智能合约技术，自动执行供应链中的合同条款，减少人为干预和错误。研究者们探索如何通过智能合约实现供应链的自动化管理和优化，提高供应链的响应速度和灵活性。例如，通过智能合约技术，自动执行供应链中的合同条款，减少人为干预和错误，提高供应链的效率和可靠性。

三、AIGC 在供应链优化中的表现

人工智能生成内容（Artificial Intelligence Generated Content，AIGC）是人工智能 1.0 时代进入 2.0 时代的重要标志。人工智能 1.0，是以卷积神经网络模型为核心的计算机视觉技术，机器开始在计算机视觉、自然语言理解技术等领域超越人类，并创造了显著的价值。人工智能 2.0 模型不仅可以学习文本和图像数据，还可以从语音、视频、自动化硬件传感器数据，甚至 DNA 或蛋白质信息等多模态数据中学习，建构机器超强大脑的运行能力，甚至不只是生成，而逐步达到具有预测、决策、探索等更高级别的认知智能。人工智能技术从 1.0 时代到 2.0 时代的能力飞跃，是从特定到通用，从信息处理到创作生成的飞跃。AIGC 是指基于生成对抗网络、大型预训练模型等人工智能的技术方法，通过已有数据的学习和识别，以适当的泛化能力生成相关内容的技术。AIGC 被认为将影响整条价值链，重塑企业并激发新的增长潜力，增强供应链的可持续性和韧性。

（一）基本概述

AIGC 的发展历程可以分成三个阶段：早期萌芽阶段、沉淀积累阶段和快速发展阶

段，如图 7 - 16 所示。AI 产业链主要由基础层、技术层、应用层三大层构成。其中，基础层侧重于基础支撑平台的搭建，包含传感器、AI 芯片、数据服务和计算平台；技术层侧重核心技术的研发，主要包括算法模型、基础框架、通用技术；应用层注重产业应用发展主要包含行业解决方案服务、硬件产品和软件产品。

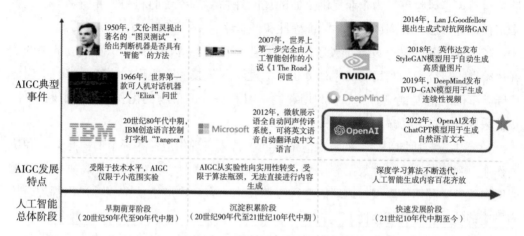

图 7 - 16　AIGC 发展历程

资料来源：https://i - blog.csdnimg.cn/blog_ migrate/b8a786788a1e05ec0e09c46bee9cbade.png。

　　调研归纳发现，国内 AIGC 产业链结构主要由基础大模型、行业/场景中模型、业务/领域小模型、AI 基础设施、AIGC 配套服务五部分构成，并且已经形成了丰富的产业链。

（二）技术架构

1. 底层算法为基

　　AIGC 的底层算法包括深度学习、自然语言处理、图像处理等技术。深度学习是 AIGC 实现自主生成内容的关键技术，通过构建深层神经网络模型，模拟人类的学习和创作过程。自然语言处理技术可以对文本进行语义理解和生成，使 AIGC 生成的文本更加准确和流畅。图像处理技术可以对图像进行分析和生成，为 AIGC 生成的图像提供更多的细节和创意。

2. 开发架构支撑

　　AIGC 的开发架构包括数据准备、模型训练和模型优化等环节。数据准备是 AIGC 生成内容的基础，需要收集和清洗大量的数据，并进行标注和预处理。模型训练是 AIGC 实现自主创作能力的关键环节，通过使用大量的训练数据，利用深度学习算法对模型进行训练，使其具备理解和生成内容的能力。模型训练过程中需要考虑到模型的结构设计、参数调优等问题，以提高生成内容的质量和多样性。模型优化是为了提升

AIGC 的生成效率和性能，通过对模型进行精简和优化，减少模型的计算复杂度和存储空间，提高 AIGC 在不同平台上的应用性能。

3. 应用层输出

AIGC 的应用层输出包括文本生成、图像与视频生成、音频生成等多个方向。在文本生成方面，AIGC 可以生成各种类型的文章、故事、新闻等内容，满足用户的不同需求。在图像与视频生成方面，AIGC 可以生成各种风格和主题的图片和视频，为用户提供更加丰富多样的视觉体验。在音频生成方面，AIGC 可以生成各种类型的音乐、配音等内容，为用户带来更加丰富的听觉享受。这些生成内容可以应用于娱乐、传媒、电商等多个领域，为用户带来全新的体验和价值。

（三）产业模式

1. 上游基础层

上游基础层包括数据、算法及模型、算力等要素。数据是 AIGC 生成内容的基础，需要收集和标注大量的文本、图像、视频和音频数据，构建丰富多样的训练集。算法及模型是 AIGC 实现自主创作能力的核心，需要研发和优化深度学习算法，设计适合 AIGC 的模型结构，并进行模型训练和优化，以提高生成内容的质量和多样性。算力是保证 AIGC 高效运行的基础，需要具备强大的计算能力和存储资源，以支持大规模数据处理和模型训练。

2. 中游应用层

中游应用层涵盖了文本生成、图像与视频生成、音频生成等多个应用方向。这些应用方向可以根据不同的需求，进行定制化开发，满足不同领域的创作需求。例如，在文本生成领域，可以开发各种类型的写作工具和内容生成平台，为用户提供快速、高质量的写作服务。在图像与视频生成领域，可以开发虚拟场景生成工具和特效制作平台，为影视制作和游戏开发提供更多的创作元素。在音频生成领域，可以开发音乐制作工具和语音合成平台，为音乐创作和配音制作提供更多的创作可能性。

3. 下游终端用户层

下游终端用户层包括内容创作平台、内容终端和第三方内容服务机构等。内容创作平台提供给用户使用 AIGC 进行创作的工具和平台，包括在线写作平台、虚拟创意工作室等。内容终端是用户获取和消费 AIGC 生成内容的终端设备，包括智能手机、平板电脑、智能电视等。第三方内容服务机构提供与 AIGC 相关的服务和支持，包括内容审核、版权保护、技术支持等。

（四）京东云大模型深度融入供应链业务流程

京东云大模型，也称为言犀大模型，是京东云推出的一款具有产业属性的人工智能模型。京东云提供从硬件基础设施、智算集群到 MaaS 服务的一站式大模型服务能力，致力于从更强算力、更大存力、更加易用和更低门槛等方向发力，推动大模型在产业中的落地应用。

1. 持续深耕大模型技术

（1）提高算力。

京东提出的大模型价值评判公式为算法×算力×数据×产业厚度的平方。在算法架构上，言犀大模型采用分布式训练框架（Megatron + DeepSpeed），并通过京东自研向量数据库 Vearch 为大模型提供长期记忆。Vearch 能够支持百亿级向量数据的高性能检索，延时降低到毫秒级，目前已被超过 100 家大中型企业用户用于大模型预训练，降低了 80% 的推理成本。

对于商用大模型而言，生成内容的准确性至关重要。言犀大模型的效果在实体属性抽取准确率上达到了 96%。早在 2020 年，京东就开始自研算法，首创了基于领域知识注入的预训练语言模型 K – PLUG，不仅提高了推理速度，还大大降低了模型部署的成本。

在算力方面，京东在 2021 年构建了全国首个基于 DGX SuperPOD 架构的超大规模计算集群——天琴 α，算力总规模达到 135TFLOPS（每秒浮点运算次数），推理提速 6.2 倍，推理成本节省 90%，成为大模型背后强大的算力支撑。

（2）发布技术产品。

京东云围绕企业使用通用大模型、开发热门应用，发布了京东云企业大模型服务、言犀智能体平台、智能编程助手 JoyCoder、言犀数字人 3.0 等三大智能平台、五大领先技术产品。从基础设施到 Agent 应用（人工智能服务），构建了全场景的大模型服务能力，持续推动大模型落地产业。京东云构建的全场景大模型如图 7 – 17 所示。

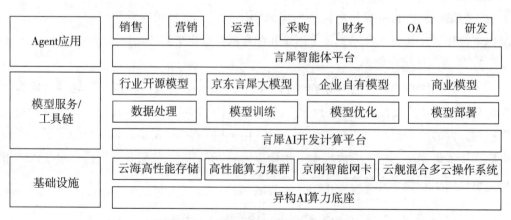

图 7 – 17　京东云构建的全场景大模型

京东云企业大模型服务：支持一站式打造企业专属大模型，将垂直领域知识注入模型中的同时，不损失模型的通用能力，且更加经济适用。

言犀 AI 开发计算平台2.0：内置20余种开源模型和丰富的数据集，并提供100余种算法和工具链，为客户提供低门槛、高性价比的大模型开发服务。

京东云大模型安全可信平台：涵盖超过200种特有的红蓝对抗攻击手法，并覆盖监管合规要求的全部31类风险类型，风险分析准确率高达95%以上。

京东云云舰 AI 算力云：支持多地域分布式算力的统一调度，提供高性价比的算力供给。

新一代分布式存储云海3.0：在性能层面持续提升，可支持千亿级参数 AI 大模型，4K 随机写 IOPS 达到1000万级，平均延迟在100微秒级，更好地支持大模型落地应用。

2. 降低使用门槛

为了满足多样化的需求，京东云在发布的言犀 AI 开发计算平台中，将开发大模型的底层能力解耦，为大模型开发和行业应用落地提供了定制化、"丰俭由人"的解决方案。例如，言犀智能体平台作为一站式 AI agent 开发平台，无论用户是否有编程基础，都可以在该平台上低成本快速搭建基于 AI 模型的各类快捷应用。目前平台已接入数十个大模型，活跃的智能体超过3300个，还沉淀了一百多个行业解决方案模板，支持行业应用快速落地。

具体而言，言犀平台有三类交付方式，保障不同类型客户需求。

（1）API 调用言犀 MaaS 服务：支持使用平台提供的其他主流开源模型。

（2）公有云 SaaS 版：提供一站式模型开发、训练和部署的能力，支持那些没有 API 调用能力的用户，以最小化的成本实现行业大模型的开发和部署。

（3）私有化交付版本：对数据安全有特殊要求的客户，可以采用私有化交付版本，实现数据完全本地化。

3. 依托供应链深入产业

京东在多个领域都形成了完整的数智供应链，包括零售、物流、健康、金融、客服、采购、营销等，每年数百亿的智能交互数据为大模型提供了丰富的"产业基因"。言犀大模型融合了70%通用数据和30%数智供应链原生数据训练。这些数据来源于京东服务的千万自营商品 SKU、5000万工业品 SKU、超过800万家活跃企业客户（其中，世界500强企业超过90%、全国"专精特新"中小企业近70%），以及全国超2000个产业带的真实需求。这些长链路、复杂协同的优质数据为大模型提供了充分"养料"，加速其在实体产业落地和实现产业应用。

（1）零售行业。

AIGC 营销工具"京点点"，帮助商家一键生成商品图，支持多种视觉元素道具，还能生成商品卖点文案、商品种草文案、直播脚本等，并具备商品短视频、AI店铺运营等多场景生成能力。其生成图片的采纳率可达65%，生成营销文案的准确率达95%以上，服务了众多商家，帮助提升经营转化。

（2）物流行业。

"小哥终端智能助手"已服务近35万京东自有配送员，它可以回答各种物流相关问题，如货物处理规程、安全操作标准、客户服务要求等。快递员只需动动嘴，就能通过该助手将送货通知直接发给客户，极大地提高了快递员的工作效率。

"京东物流超脑"实现了多模态大模型对物流场景内容生成和创作的交互升级。例如，在交互层面，用户无须具备专业建模能力，可直接描绘希望呈现的仓储布局效果，系统将快速生成三维可视化方案，并能根据用户描述进行局部调整；在决策层面，它可以高效进行不同布局对比、归因分析和方案推荐，通过大模型分析、理解当前仓储3D模型的异常运营问题，给出改善性建议，变被动调整为主动干预，显著提升运营效率。

"智能配送车"已研发至第六代，集成了高精度定位、融合感知、行为预测、仿真、智能网联等10大核心技术。其搭载了感知大模型、高精地图自动化生产、轻地图技术等，能够适应多场景，提升配送效率。目前京东物流已在近30座城市开展智能配送车的运营，服务范围覆盖社区、商圈的快递配送和揽收。该车货箱容量提升4倍，续航里程提升80%，可减少充电频次，提升配送体验。

（3）健康行业。

"京医千询"基于行业内首个实物与服务相联通、知识与数据相融合的医疗大模型，免费智能医生"康康"可提供专业、有温度的健康咨询服务；专属个人医助可以支持病情收集、诊断推荐、治疗方案推荐、病情解释、智能病历等功能，全流程辅助医生提升问诊效率。例如，京东健康皮肤医院基于大模型的AI辅诊准确率超过95%。

第八章 特色物流技术

当前，我国物流需求品质随产业结构升级而变化，汽车、冷链、危化品、医药、服装、酒类等特色产业和应急、快递、航空、供应链金融等场景的发展对物流的专业性与服务效率提出了更高的要求，亟须开发特色物流新技术、拓展新应用，以适应市场发展的新需求，有效降低成本、提升效率和水平。

第一节 汽车物流技术

汽车物流以汽车产业相关产品为服务目标，实现原材料、汽车零部件、汽车整车以及售后配件等的实体流动和空间转移，为整个汽车产业链提供物流支持，在汽车产业链中，汽车物流贯穿始终，从零部件供应商到制造商的零部件采购物流、从制造商到经销商的整车物流和整车仓储以及从经销商到消费者的销售物流等各个环节。本节从汽车物流的包装、供应链、系统解决方案等不同领域介绍汽车物流新发展情况。

一、汽车物流包装技术

（一）安吉智行汽车物流包装技术发展背景

2022 年 8 月，安吉智行本着以客户为中心、推进包装管理的持续优化的理念，开始为新能源汽车提供关于主机厂的标准包装共享管理方案，着力打造含设计、投入、供应链管理为一体的标准包装共享管理模式，实现标准包装在主机厂各供应商间的统一标准、统一投入、统一调配。项目之初，通过调研发现零部件供应商自投包装存在以下问题。

一是各供应商投入的包装规格、颜色不统一，无法实现供应商之间的共享，造成包装投入量较大，应对生产计划波动的弹性较小。

二是客户投入的包装无法与其他主机厂的包装实现共享。

三是供应商自投包装，整个供应链中没有专门的包装管理团队和有效的管理模式，造成包装的丢失和破损严重。

为了解决以上问题，本着提高标准包装的可共享性、提高供应链信息流的传递效率、降低包装浪费的目的，安吉智行携手客户共同推进了标准包装共享项目。通过现场的调研，与客户的沟通，并与现场规划团队多次交流，并充分借鉴其他主机厂的标准包装共享管理模式经验，摸索搭建了适合客户的共享管理模式。

（二）多主机厂多客户之间标准包装共享

在传统的主机厂包装管理过程中，往往存在一些技术标准上的壁垒，具体体现：不同主机厂之间的包装标准不同步，零部件供应商投入的包装无法在不同的主机厂之间实现包装的共享；各主机厂之间的生产计划波动造成大量的冗余包装浪费。

针对上述主要问题点，不同的主机厂客户统一由安吉进行标准包装的统一投入，统一共享调配，使用的包装标准和包装相同，打破不同主机厂之间的标准壁垒。基于此创新，鉴于目前安吉在现有客户的统一包装投入，可实现两个不同主机厂客户7个生产基地工厂之间的标准包装共享，可以在最大限度上实现包装的共享力度，节约包装的投入量，同时可以保证两个主机厂客户的生产计划调整可以得到最快速的包装调配支持，实现真正绿色环保的包装供应链供应管理模式。

（三）成效总结

1. 包装投入逻辑的创新

客户标准包装共享项目在调研的阶段，充分借鉴了安吉在其他主机厂客户的包装投入经验，并与客户进行了充分有效的多次沟通，共同搭建了适应于客户的精益的包装投入逻辑，并与客户共同探讨确认了不同参与标准包装共享供应商，确认了以供应商的供货模式及距离客户工厂远近作为重要投入参数，并结合各车型的生产节拍，确认每家零件合作伙伴在整个零件供应链中的包装投入策略和逻辑，经过一年的运作沉淀，确认了该投入逻辑的精益有效，能够在保证生产供应链稳定性的前提下，最大限度地节约包装的投入量。

2. 包装管理系统的创新

该项目采用的是客户提供的 CMS 管理系统，在项目启动之初，系统的开发工作刚刚结束并实现上线，但部分功能模块成熟度较低，运作的实践效果较差，基于此，安吉空箱管理团队与客户物流部及系统开发团队，共同沟通，对标安吉在现有 OEM 客户的 CMS 系统，发掘系统功能模块的优化点，不断地通过迭代优化，实现了 CMS 系统在整个供应链包装管理过程中重要创新与转变，确保了生产的稳定性，主要需要改善以下两点。

一是打通零件管理系统与包装管理系统之间的接口，实现零件合作伙伴通过零件发运的数据自动系统反推出包装的发箱数据，并将相关的发运信息系统自动实现发箱，规避了书面包装流转单在供应链中的应用，同时也保证了系统数据的交接准确性。

二是通过系统功能模块的优化，实现满箱下线后，零件扫描后，实现包装自动在CMS系统中的状态由满箱转化为空箱库存，改变了人为盘点系统操作转化的操作模式，不仅减少了运作的工时，还大幅提高了包装系统数据的准确性和状态转移的及时性。

3. 新能源主机厂包装管理模式的创新

标准包装共享模式在客户的应用是行业内新能源汽车主机厂的首次应用，顺利实现了该模式从传统汽车主机厂到新能源汽车主机厂的模式复制与应用，为后续其他新能源主机厂在包装管理方面提供了充足的实践经验。通过该模式的推进，实现了客户在包装管理板块的成本下降幅度达到20%，且实现了同其他不同客户主机厂之间的包装共享互动，极大地提高了统筹覆盖主机厂的生产抗波动性，大大降低了包装的丢失率和破损率及投放数量，可实现年度碳排放减少约8000吨，为绿色物流注入了新鲜能量。

该项目的成功推进，打破了包装在不同主机厂客户之间无法共享无法流通的壁垒，实现标准包装安吉统一投入、统一管理、统一调配，不仅能够稳定响应各个主机厂生产计划变动，还能大大节约整个行业内的包装投入量。另外，该管理模式在客户的应用成功，给其他的主机厂客户可以带来包装管理经验上的探索沉淀，进一步验证了该模式的有效性和绿色环保性，为其他主机厂提供了借鉴，若后续整个国内较多主机厂统一实现此模式，对于包装的投入节省将会是历史性跨越，同时是汽车物流在绿色物流的道路上迈出的重要一步。

二、汽车物流供应链技术

（一）一汽－大众天津工厂供应链发展背景

汽车行业是一个复杂的制造业，其供应链涉及产品设计、零部件采购、生产制造、物流配送等多个环节。一汽－大众天津工厂作为主机厂，生产5款车型，共有国内供应商295家，5768种国产零件，31个进口件原产国，959种CKD零件，供应链网络节点多。但随着中国乘用车市场变化加速，新能源汽车销量逐年攀升，燃油车市场不断下降，一汽－大众天津工厂的产量也在不断下降，供应商的盈利能力降低。2022年园区部分供应商是亏损状态。面对市场的变化，如何在当前低产量的背景下降低供应商运营成本提升盈利能力，进而保障主机厂的供货成为研究的重点。当前存在的主要问题包括以下两部分：

一是终端市场变化大，为更好地适应市场变化，主机厂生产计划频繁变动。在牛鞭效应下，供应商端的生产、原材料准备等波动加剧。

二是供应商生产过程精益性不足，浪费较多，存在较大优化空间。

面对上述问题，天津工厂始终坚持以市场为导向，坚持创新驱动，开放合作，坚持共生共构，通过供应链价值共创，从主机厂生产计划数字化引领、准时化供应商管理平台提质增效、供应商生产过程极致挖潜三大模块，充分发挥好主机厂的龙头作用，帮助供应商降本增效，构建主机厂与供应商同呼吸、共命运的新生态格局。

（二）主机厂生产计划数字化引领

随着中国乘用车市场变化加速，比亚迪、长安、吉利等自主车企强势崛起，终端市场竞争越发激烈。受叠加疫情影响，2021—2022 年天津工厂生产计划调整 182 次。需求端频繁调整，需求的异常波动造成整车生产、供应商备货、零件质量频繁波动。其次传统的销售到生产的单向信息传递，响应市场速度慢，信息差导致产销平衡过程中增加额外的沟通成本。为突破上下游数据壁垒，搭建产销分析管理平台，加强产销一体化，提升生产稳定性。通过精准排产，供应商可以按照订单顺序进行物料与计划的精准匹配。通过同步车序上线，降低线边与供应商库存。

1. QuickBI 产销分析管理平台

汽车生产供应链链条长，但生产计划因缺乏全链条数据，对终端市场了解不足，造成订单预测与实际需求有差异；其次销售需求输入频繁变更，生产计划频繁调整，供应商备货困难，生产物流成本浪费，订单交付延误。为此通过搭建一汽 – 大众 QBI 产销分析平台（见图 8 – 1），突破上下游数据壁垒，利用销售跟踪、库存结构、订单旅程、交付周期等分析预警，洞察市场变化，加强产销一体化，敏捷响应客户需求。

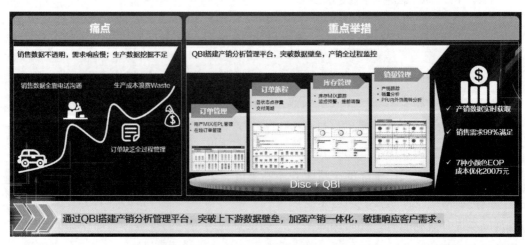

图 8 – 1 一汽 – 大众 QBI 产销分析平台示意

资料来源：一汽 – 大众天津工厂。

2. 在线车序精准管理

整车厂会根据销售需求编制总装的日生产计划，再根据总装的日生产计划倒排焊装的日生产计划。汽车车身在焊装/总装车间将按照焊装/总装排序顺序进行上线，同时供应商将依据焊装/总装上线顺序进度进行供货。通过同步上线车序，可以提高整车装配质量，降低线边与供应商库存。车序的制定往往采取以下原则：全月配置均衡、焊装车型集中、涂装大颜色均衡小颜色集中、总装小时配置均衡四个原则进行编排。

（三）准时化供应商管理平台，信息共享效率提升

从 2022 年开始，乘用车市场竞争激烈，需求端频繁调整，结合疫情等突发情况，造成供应链波动不稳，准时化供应商供货困难。通过分析准时化供货全过程，及与供应商、计划员、其他整车厂业务对标，多角度识别痛点，识别出供应商人员管理不足、计划发布效率不高、计划下钻层级不足三个痛点。依托宜搭、Python 等数字化的开发工具，在准时化供应商供货领域，开发库存管理模块和人员管理模块，将订单计划转化为零件日计划，利用大数据思维深入掌握供应商关键、核心岗位分布及产能预判。基于准时化管理平台，实现供应商的人员、库存管理，打通最后 1 公里，节省工时 1000 小时/年，备货错误导致缺件停台及锁车控制为 0。

（四）供应商生产过程极致挖潜

从 2022 年开始，天津工厂产量不及预期，各供应商盈利情况不理想，如何进一步降低生产成本使主机厂与供应商互利共赢，成为新的问题。基于此，深入供应商生产现场，从原材料准备、生产制造过程、运输、交付等各个环节，寻找潜力点辅助供应商降本。通过现场走访调研，确立外饰供应商排产优化、线束供应商建储优化、整车配置优化三个措施。

1. 外饰供应商排产优化

富维东阳是保险杠供应商，对颜色的排产非常敏感，颜色排产精益与否对其生产成本、效率、质量等影响巨大。当前天津工厂一共有 20 种颜色，其中月产小于 50 辆份的小颜色占比 50%。受颜色种类繁多影响，富维东阳每天换色 100 次，由此带来的直接成本高达 4000 元，并导致 1.5 小时换色停台损失。识别到富维东阳痛点后，生产计划联合涂装车间、销售公司、7 家外饰供应商联合开展小颜色集中排产项目，攻克质量风险、客户等车抱怨、供货风险等难题，实现 10 种小颜色每月集中 1 次进行生产。由此带来富维东阳每天换色次数由 100 次下降至 50 次，年节约成本 50 万元，生产效率提升 3%，同时降低库存资金占用近 10 万元，如图 8-2 所示。

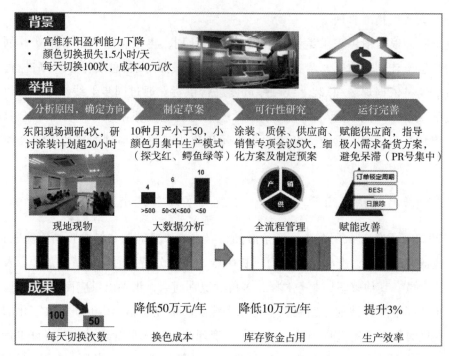

图8-2 换色率优化

资料来源：一汽-大众天津工厂。

2. 线束供应商建储优化

住电线束作为大众发动机线束及各类车门转接线束供应商，涉及172种零件，零件品种多，配置复杂，需要提前3~4周建储式生产，以保障主机厂供货。此种生产模式对生产计划的精准解读要求非常高。当前住电线束在生产准备方面主要存在以下问题：①长期生产需求及需求变动不能准备把握，建储式生产存在偏差情况，占用大量资金甚至出现呆滞报废风险；②短期需求分解准确度不够不及时，紧急供货情况时有发生，不仅浪费人力、物力，生产组织也不稳定。针对以上问题，一汽-大众联合住电线束从三方面入手：①搭建专项沟通机制，针对住电线束特殊需求，提前3~4周给出建储建议；②协助住电线束建立准时化发动机线束BOM与订单六位码配置一一对应关系，提升建储准确性；③利用数字化手段制作拆车小程序，精准确定两周内看板零件的需求。通过以上手段，住电线束可精准识别需求，大幅稳定生产秩序，每月生产效率可提升5%，降低库存资金占用10万元。

3. 整车配置优化

涂装工艺在实际生产时会进行多种颜色的喷涂切换，频繁切换不仅会造成漆料浪费，也会对喷涂质量造成风险。通过数据平台，对近一年的销量进行全面分析，从内外饰配置、区域经销商终端折扣、订单交付时间等角度充分了解市场需求变化。在与8家外饰供应商逐一沟通后，外饰供应商普遍认可目前的颜色集中排产方式，但仍面临小需求颜色过多备料复杂等问题。针对小颜色品种过多问题，推进小需求颜色取消，最终实现取消探岳家族海迷蓝/山青灰、Q3 家族探戈红/鳄鱼绿/环礁蓝 5 种小需求颜色。2023—2024 年预计帮助供应商实现近 70 万元成本优化。

三、汽车物流智慧解决方案

（一）上汽通用五菱智慧解决方案项目背景

2022 年，上汽通用五菱汽车股份有限公司（以下简称 SGMW）启动了产业链智能协同平台的建设。这个平台的整体建设目标是"融合云边网，三链一中心"。"云边网"是以"一朵云、一张网、N 个边云"为基础，构建的新一代的数字基础设施，通过这个基础设施的建设为"一个中心、三个链"提供更加稳定、更加可靠的基础环境。"一个中心"指卓越运营数字化平台 EODP，EODP 以市场和用户为导向，通过全链路关键业务数字化的"数据闭环"驱动生产和经营，实现营销数字化、工厂数字化、物流数字化、管控数字化及决策数字化，对实销、库存、生产进行动态分析管理，及时判断销产存计划的合理性、科学性，实时分析并调整。随着数智化转型的深入推进，传统物流业务模式面临着转型升级的巨大压力和挑战。

主要面临以下痛点：一是通过唯一码标签执行料箱级精准可追溯的库存管理，增加了人工逐箱扫描标签进行收货、出库的工作量，效率低下且易错漏扫；二是多品种、小批次生产模式深化，车型配置数量繁多，在产零件型号种类多，传统的超市料架、落地存储模式难以满足快节奏变化的生产需求，物流场地和物流运作成本面临巨大挑战；三是包装器具数量多、周转环节多、编号不清晰，导致盘点困难，料架问题难以及时跟踪关闭，管理效率不高；四是物流设备数量多、品牌种类多、分布范围广、定位困难、依靠传统人工管理，设备使用效率不清晰，调度优化困难；五是物流区域有多个执行系统驱动运营，业务数据分散，人工分析指标效率低，运作过程中的问题难以及时发现，业务沉淀下来的大数据没有得到价值变现。

（二）主要创新研究

1. 基于视觉的智能收发货

针对人工手持 PDA 逐箱扫描标签效率低下，排查差异箱码耗时耗力，叉、拖车工排队等待扫描导致通道拥堵等问题，方案采用视觉扫描方式实现物料在运动状态下自动收货和出库，代替人工扫描显著提升工作效率，并且系统自动合成拼图提示异常箱码，结合声光报警，帮助员工及时发现问题，快速定位异常标签。在智慧无人仓的输送线上，创新性地使用三面视觉扫描的方式，准确识别阴阳标签并流转到异常口，同时也降低了供应商粘贴标签的难度。

2. 基于 RFID 无线射频识别的自动收发货

对于外形尺寸较大，或者标签槽安装位置在料架前后侧的大件物料，左右侧扫描的视觉扫码门并不适用这一场景。为了提升这类物料的收货效率和料账准确率，方案采用物联网技术中的 RFID 射频识别技术实现物料的自动收、发货。

首先，供应商使用 RFID 手持终端将物料二维码与器具 RFID 标签绑定，并将数据自动上传至内外部 RFID 管理系统。当业务系统将需求任务（拉动单）下发给外部 RFID 管理系统后，供应商使用 RFID 手持终端扫描预发货物料，并发运至 SGMW 仓库。其次，在收货和出库的必经通道上安装 RFID 读写器，业务系统提前将供应商送货单信息（或返空任务）下发给内部服务器 RFID 管理系统，并同步给 RFID 改造的叉车车载平板，由改造叉车判断并自动完成相应的任务。最后，RFID 改造叉车司机点击车载平板上的收货功能，叉车叉取物料经过读写器时自动识别物料收货，并将物料信息自动写入系统送货单，再将数据回传给业务系统，完成收货流程。出库功能类似，改造叉车司机接收到出库任务单后，点击车载平板上的出库功能，物料经过对应 RFID 读写器时即可将物料进行自动出库。RFID 读写器和 RFID 收货如图 8－3 所示。

图 8－3　RFID 读写器和 RFID 收货

资料来源：安吉智行物流有限公司。

3. 基于 ACR 多层料箱机器人的智慧无人仓

随着重庆基地车型配置和订单品种越来越多，在有限的仓储面积下，传统的超市料架和地堆存储模式难以满足敏捷制造的生产需求，同时人工拣料存在错拣、漏拣导致的停线风险，物流场地、物流运作成本与生产响应都面临巨大挑战。基于以上痛点，引入 ACR 多层料箱机器人技术和高柔性高密度立体库，探索物流存储、出入库等全链路自动化、智能化、数字化、无人化，进一步推动物流与生产制造的深度融合和创新发展，保持产业链、供应链稳定。

ACR 多层料箱机器人的应用，实现了小件物料到货后从入库接驳、配送至立体货架到出库整个物流环节的搬运无人化，实现传统的"人拣货"拣选模式转变为高效准确的"货到人"智能拣选模式。料箱机器人采用多层背篓式设计，一次性存取多达"8+1"个货箱，单次运输可实现对多批次、多 SKU 进行拣选和搬运，大大提高订单命中率，机器人采用动态调宽货叉技术，可根据箱体大小，动态调整货叉宽度，为不同尺寸的箱体提供拣选和搬运工作。配合基于强大 AI 算力的智慧管理平台，机器人（见图 8-4）可根据箱体尺寸自动分配最优储位，保证货位间距最小，最大限度提升货架存储利用率。

图 8-4　ACR 智能搬运及拣选机器人
资料来源：安吉智行物流有限公司。

4. 基于 ZETA 低功耗广域物联网技术的包装器具管理平台

物流包装器具数量多、周转环节多、编号不清晰导致盘点难以执行、问题料架难以快速关闭，管理效率不高。团队基于纵行科技的低功耗广域物联网技术，给重点料架装上智能 ZETA 标签，结合网关和包装器具管理平台，实现料架的自动盘点、进出记录、流转溯源、出入库异常报警、丢失告警、异常料架闭环管理、自动输出资产报表等功能。相比 RFID 标签，ZETA 标签在传输距离层面，具有公里级广域覆盖、低功耗、穿透性强、读取成功率高的优势。

5. 基于网关和传感器技术的物流设备运行效率监控

物流设备的运行效率评估一直是物流规划工程师的重点和难点，传统的人工测时方法对于非周期非固定线路的设备效率测算并不准确，并且费时费力。因此，采用物联网中的网关+传感器技术，给所有叉、拖车设备安装加速度传感器，采集设备的启停、加速信号，自动生成设备使用率和使用效率报表，结果比人工测算更加直观、快捷、可靠，协助工程师进行线路优化和效率提升。

（三）项目对行业的贡献

随着互联网技术的飞速发展和新一代数字技术的涌现，汽车行业正逐步进入数智化转型时代，在数智化转型过程中，企业可能会面对各种挑战和困难。本项目针对汽车物流行业普遍面临的五大痛点进行了相关的研究探索，应用了一套行之有效的解决办法，为汽车物流行业发展智慧仓储提供了样例，这些方案低投入、高产出、易拓展，具有极强适应性和推广性，为行业物流树立了典型模范案例。

第二节　冷链物流技术

我国冷链物流市场正处于快速发展阶段，市场规模持续扩大。随着消费者对新鲜食品和医疗产品品质要求的提高，冷链物流技术正经历着一系列新兴技术的革新，朝着智慧化、绿色化、标准化的方向快速发展。本节将结合当前的发展形势、趋势和热点，从仓储、运输和智慧化管理三个方面介绍冷链物流技术。

一、冷链物流仓储技术

在仓储方面，冷链物流仓储技术正从传统的静态存储向动态、智能化的方向发展。例如，通过使用冷库无人叉车技术，可以实现自动化的货物搬运和存储，提高作业效率并减少人工成本。此外，冷库拣选技术的创新，如采用自动化的拣选系统，能够提升拣选的速度和准确性，同时降低作业中可能出现的错误和损耗。

（一）冷库库门及装卸平台

装卸区是冷库中非常重要的区域，是连接外部环境和冷库之间的唯一接口。冷库装卸区主要由月台、连接月台与车厢的装卸平台、库门、密封系统四大部分组成。装卸区的设计必须与冷链物流运作特点相匹配，才能保证整个作业流程的高效。

1. 冷库保温滑升门

冷库保温滑升门是一种常见于冷库或冷藏库的门类，它的核心作用是提供必要的保温和密闭效果，以保持冷库内的低温环境。这种门通过电动机驱动，实现门板在轨道上水平滑动升起或降落。目前冷库保温滑升门在食品、医药、化工等行业得到了广泛使用，能够满足对低温储存环境的严格要求。

冷库保温滑升门的设计注重实用性和耐用性，其运行平稳且噪声小，具备良好的保温性能和防风防尘效果，同时也具备防腐蚀的特性，能够在恶劣的环境下长期使用。

门框采用铝合金型材，强度高、不易变形，外形美观，经久耐用；门扇内部则填充了聚氨酯材料，这种材料由聚氨酯压力注射机一次发泡成型，确保了其组织密实，无缩泡现象，使门面平整美观，厚度适中，约为40mm。

冷库保温滑升门主要由四部分构成。一是传动系统，由工业门、电机、传动轴、平衡系统、钢丝绳、钢丝绳轮等部分组成，负责门的开启和关闭动作；二是门体系统，由门板、铺轨、直轨、弯轨、小窗、小门、五金配件等部分组成，构成了门的主体结构；三是操作系统，由控制箱、遥控器等部分组成，便于用户对门的开启和关闭进行控制；四是安全系统，由钢丝绳防断装置、扭簧防断装置、光电自动控制装置等部分组成，这些装置确保了门的安全运行，防止意外发生。冷库保温滑升门如图8-5所示。

图8-5　冷库保温滑升门

资料来源：https://zhuanlan.zhihu.com/p/694617886。

冷库保温滑升门主要有四个方面的特性优势。一是安全性，配备门体防卡手装置和安全气囊，以及红外线传感功能，确保在门体下落过程中，一旦感应到人或物体，门控系统即自动反弹，防止挤压事故；配合钢丝防断裂装置，可以保障门体在运行过程中的安全性，有效预防意外情况的发生。二是密封性，每扇提升门都配备了底部和顶部的密封条，结合轨道与门板间的侧部密封条，形成了一个全面的密封系统，可以有效地起到保温和防尘的密封作用。三是抗风性，门板内部经过特别加强处理，并辅以加强配件，使工业门即便面对12级大风也能保持稳定，确保冷库在恶劣天气条件下的可靠性。四是透光性，矩形或椭圆形设计的双层隔热玻璃，外部包围柔性橡胶的透视窗口，提供了良好的采光性和透明度。

2. 充气式门封

充气式门封通常和冷库保温滑升门组合使用，能够有效隔绝冷库内部和外部环境，从而显著降低热量流失和外部温度的影响。这种组合不仅提升了冷库的保温性能，还提高了能源使用效率，进而减少了运营和维护成本。更重要的是，该组合还有助于确保存储货物的品质与安全。

充气式门封（见图8-6）主要用在大型冷库的装卸货区域，主要作用是填补冷库门和门框之间的缝隙，防止外部空气渗入，减少冷热交换。充气式门封由门封条、充气袋和控制装置等部分组成。门封条安装在冷库门与门框的接缝处，充气袋和控制装置安装在门体或门框上。装卸货物时，控制装置会驱动充气袋充气膨胀，促使门封条与门框紧密贴合，有效堵塞任何缝隙。这种设计阻止了外部空气的进入，最大限度地减少了热量损失和温度波动。充气袋采用特殊材料制造，具备出色的保温性能和弹性，能够适应不同尺寸的缝隙和各种门体形状，确保了密封的可靠性。

图8-6　充气式门封

资料来源：https://mp.weixin.qq.com/s/4fNt8UkjLXW33jrlknB1PQ。

3. 液压装卸平台

装卸平台也被称为"登车桥"，是连接月台与货车车厢之间的桥梁。当货车停靠到位后，通过调整装卸平台的高度可以搭接到货车车厢，叉车、地牛等装卸货设备可以通过装卸平台顺畅地进出车厢，进行高效的货物装卸作业。装卸平台与滑升门、门封的组合使用可以有效解决冷库装卸中的密封问题。装卸平台安装在冷库滑升门的内侧，门关闭后直接落至基坑底部，隔断室内与室外的空气对流，从而实现装卸货的全密封设计，减少冷库中的能量损耗。液压装卸平台是一种简单快速的装卸货设备，与冷库配合使用的装卸平台多为翻板式液压装卸平台以及伸缩式液压装卸平台。

翻转式液压装卸平台因其结构简单、使用方便而成为市场上的主流产品。它的搭接板长度一般在 400 ~ 500mm，基坑深度为 550 ~ 600mm。然而，当货车满载货物时，如果翻转式液压装卸平台的搭板缺乏足够的展开空间，伸缩式液压装卸平台便成为更佳的替代方案。

伸缩式液压装卸平台以其运转速度快、定位精确而在冷链物流项目中备受青睐，其外观如图 8 - 7 所示。它与断冷桥装卸口设计的配合使用，通过特殊基坑设计，有效阻断了由平台冷桥导致的冷量流失，从而减少了冷库的能耗。在低温穿堂区域，通过充气门封的设计，可以在穿堂内打开货车门，确保货物在整个装卸过程中始终保持冷链状态，与外界环境完全隔绝。这种无断链装卸口设计是近年来逐渐成熟并深化的解决方案，它不仅保留了断冷桥装卸口阻断冷量流失的特点，还通过深化设计，实现了与月台、车型等因素的优化组合。

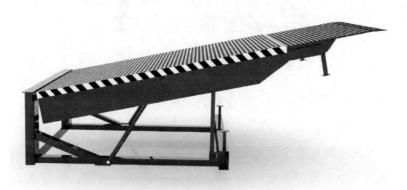

图 8 - 7　伸缩式液压装卸平台
资料来源：https://mp.weixin.qq.com/s/4fNt8UkjLXW33jrlknB1PQ。

4. 柔性货位灯及信号灯

在冷库中装卸货物时，确保充分的照明和安全指示是非常重要的。柔性货位灯为此提供了理想的解决方案，如图 8 - 8 所示。这种灯具的特别之处在于其柔性臂设计，能够实现 360°无死角的旋转，使光线可以根据需要调整至理想位置。此外，灯光的亮度也可以调节以适应不同的工作环境和作业需求。这些特性使柔性货位灯不仅方便实用，而且耐用，能够为装卸货过程提供全方位的安全照明。与此同时，信号灯在装卸作业中也扮演着至关重要的角色。它们为工作人员和车辆提供了清晰的指示，确保了装卸过程的顺利进行。通过信号灯的安全指示，可以有效避免安全事故的发生，保障冷库作业的安全。

（二）冷库无人叉车

传统冷库作业高度依赖人工，这不仅对人体健康构成威胁，同时也限制了冷库的

图8-8 柔性货位灯

资料来源：https://mp.weixin.qq.com/s/4fNt8UkjLXW33jrlknB1PQ。

工作效率和产品品质的保障。随着智能化技术的普及和冷库规模的扩张，冷库作业模式转型已成为行业发展共识。在这一背景下，冷库无人叉车作为提升冷链物流效率的关键技术，正被越来越多的冷库和配送中心采纳。

然而，无人叉车在冷库环境中的应用面临不少挑战。首先，低温环境对无人叉车核心组件造成的影响，如激光传感器、电池等在极端低温下容易受损，电池的性能也会受到影响，导致容量下降和充放电效率降低。此外，冷库内外的温差易形成的水汽和冰雾会干扰激光雷达，影响导航的精确度；同时，冷库地面湿滑也会影响无人叉车的行驶稳定性和作业效率。其次，冷链物流中商品的多样性和复杂性，以及冷库环境的多变性，都对仓储物流管理的灵活性和适应性提出了更高的要求。

针对这些挑战，一些行业领军企业，如仙工智能，已经开发出了适应冷库环境的无人叉车解决方案，如图8-9所示。这些解决方案通常包括以下几个方面。一是核心控制器方面，采用能够支持在-30~55℃的温度范围内使用的控制器，可适应冷库工作环境，用于冷库内部的搬运与拣选作业。此外，控制器惯性测量单元具有打滑检测和打滑修正功能，能够通过先进的算法减少打滑带来的影响。二是车平台模块方面，车体结构选择高强度耐低温材料，确保在低温下仍能保持良好的机械性能和结构稳定性；车体表面进行防腐蚀和防水处理，防止冷库中的湿气和冷凝水对车体造成损害。三是感知模块方面，配备耐低温、含加热功能的激光产品，以保证低温环境下的正常运行并减少水汽和冰雾对激光传感器性能的影响。此外，通过设计智能环境适应系统，可实现对场景和温度变化趋势的智能判断，自动调节环境条件，以消除激光发射面的水雾和冰霜，确保激光传感器在低温环境下的高效运行，提升导航和避障性能。四是能源模块方面，选用低温专用电池，支持冷库无人叉车在低温环境下的运行及充电。五是外设模块方面，通过采用防滑装置增加了轮胎的抓地力，结合特殊材料和设计，提升移动机器人在湿滑地面运行时的稳定性。六是其他电气组件方面，车体内部的线束及电气组件采用专门为低温和冷凝环境设计的特殊材料，这些材料经过包括耐低温试验、冷凝环境下的性能评估以及长时间运行的可靠性测试，可保证在极端环境下使用的稳定性和可靠性。

图 8 - 9　仙工智能耐低温版无人叉车

资料来源：https://baijiahao.baidu.com/s? id = 1806877533387843410&wfr = spider&for = pc。

（三）冷库拣选技术

在冷库拣选技术革新应用领域，顺丰供应链与极智嘉货架到人拣选 PopPick 解决方案的合作案例值得关注，如图 8 - 10 所示。顺丰供应链某智能仓为华东各省近千家门店提供快速精准的食品冷链物流服务。随着业务量的激增，传统的人工拣选和集货模式已经无法满足快速、准确的出货需求，亟须解决效率、精准度和保鲜三方面的痛点。因此，顺丰供应链引入极智嘉货架到人拣选 PopPick 解决方案，对食品冷链越库及集货场景进行一体化智能升级，以实现更快速、更高效、更智能的供应链物流服务。

该解决方案的最大亮点在于创新实现了拣选与集货的一体化。通过极智嘉智能系统的精准匹配，货物和订单箱根据不同配送线路自动分配至 PopPick 工作站，极大简化了员工的操作复杂性，提升了拣选的效率。商品拣选完成后，PopPick 工作站自动完成订单箱的集货作业。因此，该方案将原本独立的拣选和集货流程融合为单一作业，创新实现"拣选与集货一体化"。此外，PopPick 工作站能自动对接输送线，支持订单全天候无人出库发货，进一步提升了物流效率。这些创新不仅提升了操作效率，还优化了员工在低温环境下的工作条件，减少了操作的复杂性，同时确保了冷链食品物流的高准确性和品质要求。

图8-10　PopPick 食品冷链解决方案

资料来源：https://tech.ifeng.com/c/8bnQmWxd7Vw。

该解决方案投入应用，使顺丰供应链的智能仓在冷库拣选与集货流程上实现了革命性的优化，它通过一站式服务简化了作业流程并节约了超过 15% 的仓库面积。效率方面，PopPick 工作站将作业效率较人工方式提高了 3 倍，整体吞吐量也增加了 30%，确保了 3 小时内完成商品的精准、快速拣选，保障了食品在仓库作业环节的安全与新鲜品质。同时，该方案还减少了员工在低温环境中的作业时间，提升了员工的幸福感。此外，PopPick 工作站助力实现了全仓的节能减排，展现了现代物流技术在提升操作性能的同时，也兼顾了人性化和绿色发展的理念。

二、冷链物流运输技术

在运输方面，各种运输装备和容器是支撑冷链物流运输高效运作的关键技术。本节将从铁路物流运输装备、公路物流运输装备，以及冷链物流运输单元箱三个方面进行介绍。

（一）铁路物流运输装备

为积极推动铁路现代物流体系建设，满足个性化铁路运输需求，中铁特货物流股份有限公司在国家铁路集团的强力支持下，携手中车集团的子公司，共同研发了一系列创新的冷链物流技术装备。这些装备以其卓越的性能和可靠性，满足了我国铁路冷链物流运输的需要。自 2024 年 5 月起，BX70B 型集装箱专用平车和 BH1 型铁路隔热保温车开始下线交付，标志着铁路冷链物流装备的一次重大升级。

BX70B 型集装箱专用平车全长 26.366 米，如图 8-11 所示，在国内通用铁路货车中车体长度排名前列。该车可实现全路网空重车运用，车辆适用场景广泛。此外，该车采用了一车多箱的运输模式，突破了传统 X70 型集装箱车 1 车 1 箱的局限，运输组织更加灵活高效。车辆铺设集中供电线缆，可为冷藏集装箱等需要外供电源的运输装备传送电力，进而实现冷链物流多式联运全程不断链，提高冷链运输品质。

图 8-11　BX70B 型集装箱专用平车

资料来源：https://mp. weixin. qq. com/s/HCf-tCKMcYyMczp6LmR3Zg。

BH1 型铁路隔热保温车（见图 8-12）的车体各大部件均创新采用整体发泡结构，内板采用无缝结构技术，支撑件采用非金属材料替代木材，大大提高了整车隔热性能及其可靠性。BH1 型铁路隔热保温车主要用于牛奶、啤酒和矿泉水等食品和其他货物的运输，能够保障整个运输过程中货物运输的品质。此外，该装备采用信息化技术，可远程监测车内温度，进一步提升了信息化程度和服务质量。

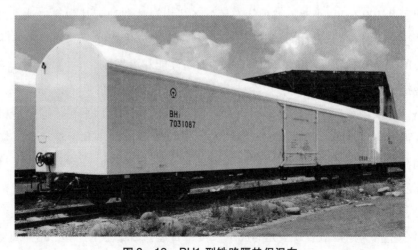

图 8-12　BH1 型铁路隔热保温车

资料来源：https://mp. weixin. qq. com/s/HCf-tCKMcYyMczp6LmR3Zg。

（二）公路物流运输装备

2024年5月30日，潍柴新能源商用车旗下高端品牌蓝擎正式发布"冷链1卡"绿色高效物流解决方案，如图8-13所示。蓝擎"冷链1卡"兼具高时效、大容积、长续航和重载优势，适用于城市配送、短途城际、中长途城际等冷链物流应用场景。

图8-13　蓝擎"冷链1卡"

资料来源：https://www.chinatruck.org/news/202406/11_118869.html。

在续航能力、三电系统及辅助驾驶功能等基础性能方面，蓝擎"冷链1卡"均展现出行业领先水平。该车型采用135度大电量电池，提供超过400公里的长续航能力，同时搭载了艺达集成桥电机，具备120千瓦的最大输出功率和360牛·米的峰值扭矩，最高车速可达100公里/小时。此外，车辆配备了由潍柴弗迪刀片中置电池、汉德电驱桥和潍柴多合一控制器组成的顶级三电系统，以及第三代新能源高顶驾驶室＋平地板以及丰富的安全驾驶辅助功能，确保了车辆的高性能和可靠性。

在冷链物流运输方面，蓝擎"冷链1卡"搭载行业领先的智能冷冻冷藏设备。基于潍柴新能源商用车车辆系统管理平台和潍柴智科物联网管理平台，通过冷链智能终端设备、温湿度传感器、门磁，车辆能够实时监控温湿度信息和关键事件，实现温度报表、超温分析、报警统计等模块的全维度监控，以及全程追踪冷藏货物，确保冷藏货物的品质和安全。

此外，蓝擎"冷链1卡"在经济性方面也表现出色，其冷藏续航里程达到300多公里，每公里可为用户节省0.7元的成本。按每日运营200公里计算，用户每年可节省运营成本约4.3万元，三年TCO（总体拥有成本）可节省约12.9万元。

（三）冷链物流运输单元箱

冷链物流运输单元箱可以满足普通货车运输冷链货物的需求。松冷科技依托其强大的研发生产能力，研发出多项保温系列产品，在冷链物流运输单元箱领域具有显著的竞争优势。以该企业研发的5℃恒温智能包（见图8-14）为例，其具有多项优良性能。一是精准温控，均衡平稳。采用5℃固态高效相变蓄冷板，通过相变材料的相变过程实现精准温度控制，保证药品等温度敏感货物在运输过程中的温度稳定。二是长效保温，性能高效。该恒温智能包的设计能够有效隔绝货物与外部环境直接接触，防止温度极端变化，同时充分利用相变材料的显热和潜热，延长保温时间。三是智能控温、透明可视。结合数学建模和软件开发，实现保温时间的智能计算和实时监控，使箱内温度管理更加透明和可控。四是无须释冷，快速装箱。无须复杂的预冷过程，蓄冷剂或冰板冷冻后可直接与智能包组合使用，简化装箱流程，提高效率。五是节省空间，方便周转。该恒温智能包可展开平铺，减少对冷藏空间的占用，方便预冷、周转及返箱。六是多功能性、多样搭配。该恒温智能包可单独用于短途配送，或与多种外保温箱配合使用，提供灵活的冷链解决方案，满足不同客户的个性化需求。

图8-14　5℃恒温智能包

资料来源：http://www.solee56.com/cn/baowen.html。

三、冷链物流智慧化管理技术

华鼎冷链科技通过自主研发的华鼎云SaaS平台，实现了冷链物流服务的数字化创新与智慧化管理。该平台将传统的冷链物流转变为一个在线化、智能化、可视化的服务体系，通过整合报货App、WMS、OMS、TMS、ERP、POS（销售点系统），以及上、下游客户端等八大类 18 项子系统，如图 8-15 所示，为用户提供一键下单、支付、查询、收货等便捷服务。华鼎云 SaaS 平台的 18 个子系统覆盖了从生产到消费的整个链条，构建了一个全面的冷链物流信息网络。这个网络与线下的仓储和运输基础设施相结合，形成了华鼎冷链的云仓网。数字化系统的应用提高了冷链物流各个环节的精准调控能力，实现了高效率的物流服务。

华鼎的云仓网是一个开放系统，允许工厂自有仓库和社会化仓库通过软件部署接入，实现数据的互联互通，提升仓储利用率和操作效率。配送时效方面，华鼎在各省会城市设立中心仓，覆盖周边 300 公里范围，确保货物能够在 5~7 小时内送达终端门店、在 24~48 小时内完成配送。库存管理方面，华鼎的云仓网采用数字化仓储系统，取代了人工管理，实现了数据的无纸化传输和全国仓储的统一管理，将库存准确率提升至 99.98% 的同时，有效解决了传统冷链物流仓库之间数据不互通导致盘存工作烦琐困难的问题。在货物周转方面，华鼎冷链科技的周转天数远低于行业平均的 30 天，平均为 20 天。

总体来看，作为服务平台，华鼎冷链科技的核心价值在于利用数字技术与冷链物流的深度融合，为客户提供定制化的高效供应链解决方案，提高交易效率，降低成本，促进上下游企业共生共赢，并推动整个冻品行业的数字化和智慧化升级。

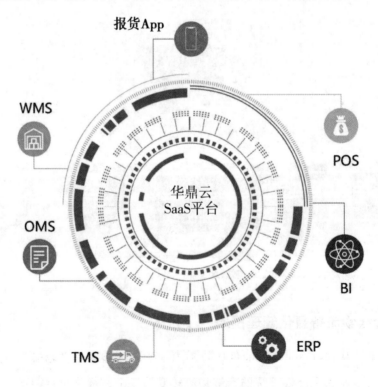

图 8-15　华鼎云 SaaS 平台构成示意

资料来源：https://business.sohu.com/a/625291094_121378245。

第三节　危化品物流技术

危化品物流行业是指涉及危险化学品的储存、运输、中转等物流活动的行业，具有高风险、高门槛、高附加值等特点。随着全球化工产业的快速发展，危化品物流行业的重要性日益凸显，危化品运输、存储、装卸和管理等环节的物流技术也在快速迭代更新。

一、危化品物流运输技术

（一）耐蚀合金钢液罐车

危险品具有特殊的物理、化学性能，运输过程中如果防护不当，极易发生事故，并且事故所造成的后果较一般车辆事故更加严重，2023 年我国危化品道路安全事故共发生 280 起，危化品运输面临着严峻而复杂的挑战。面对危化品的高安全要求，化工物流装备技术更新换代刻不容缓，中集强冠等龙头企业不断推出安全性能更高的专用车辆，中集强冠全新一代危化品液罐车创新应用车架全承载式无副梁车架结构技术、主挂一体化协同制动技术、罐体尾部三级防撞技术、罐体内外加强结构技术等技术，直击行业安全痛点，为危化品运输保驾护航。

1. 车架全承载式无副梁车架结构技术

中集强冠危化品液罐车结合国内道路情况创新设计全承载式无副梁车架结构，使罐体的应力大幅降低，能够彻底解决罐体及其附件开裂问题。全/半承载式罐体应力对比如图 8 - 16 所示。

图 8 - 16　全/半承载式罐体应力对比

资料来源：https://www.chinatruck.org/news/202406/153_118967.html。

2. 主挂一体化协同制动技术

中集强冠研发的主挂一体化协同制动技术实现了主挂联合制动，使制动距离缩短

10%；同时实现了主挂制动力分配，能够规避推头甩尾，极大提升了车辆行驶稳定性。

3. 罐体尾部三级防撞技术

中集强冠危化品液罐车设计了罐体尾部三级防护，全面保护后部罐体及尾部阀门。具体来看：一级防护是指高强钢尾部保险杠和远超国标的缓冲距离，提供罐车被追尾时首要防护；二级防护是指独有的工字大梁结构，为车架提供足够的刚性，应对重大尾部冲击；三级防护是指罐体与托架通过装配式螺栓连接，有效吸收极限碰撞能量，达到卸力的作用，避免罐体被撕裂。

4. 罐体内外加强结构技术

危化品运输过程中可能会有运输振动、液体晃动等，刚性不足的罐体会发生微量变形，长期积累会产生开裂风险。中集强冠危化品液罐车运用了符合法规要求的罐体内外加强结构技术，罐体的外部有7道"Ω"形罐体外部加强圈结构，当车辆侧翻或被剐蹭时，对罐体起到缓冲和减少摩擦的作用；罐体的内部再根据罐体容积差异，设计差异化内部加强圈和防浪板结构，有效避免罐体被挤压时突变的结构刺破罐体的风险。最终罐体整体刚性大幅提升，整体强度提升1.2倍、抗扭刚度提升1.6倍、耐负压能力提升1.8倍。

（二）活塞式空气悬架

空气悬架是一种使用空气弹簧作为弹性元件的悬架系统，它能够主动调节车身高度和悬架的软硬程度，以适应不同的驾驶需求和路况条件，主要由空气弹簧、减振器、导向机构、空气供给单元（包括空气压缩机、单项阀、气路、储气罐等）以及高度控制阀等组成。近年来，危化品运输车辆厂家也在主动安全和被动安全方面做了大量工作。

以湖北优软为代表的活塞式空气悬架，如图8-17所示，在车辆"防侧翻"方面取得了技术突破，主要是在活塞式空气悬架里面设置很多阻尼阀，通过载荷不同自动调整它的阻尼，能够实现车辆在一次下压、一次反弹的时候将车身抑制。来自国家汽车质量监督检验中心（襄阳）《空气悬架性能试验检测报告》显示，活塞式空气悬架满载行驶的左右晃动比是左倾1.8°、右倾2.3°；囊式空气悬架满载行驶的左右晃动比是左倾8°、右倾8.7°。结果表明活塞式空气悬架可以有效地防止车辆侧翻。

二、危化品物流储存技术

危险化学品种类繁多，物理化学性质不同，大多具有危险特性，若不做好安全储存，发生各种恶性事故的风险较大。尤其是甲类危险化学品，具有易燃易爆，较强氧化性及还原性，对人体有毒害性、放射性、腐蚀性等危险特点，所以对甲类危险化学品的储存量、储存方式等要严格遵守《常用化学危险品贮存通则》《易燃易爆性商品储

图 8 - 17　湖北优软活塞式空气悬架

资料来源：https://mp. weixin. qq. com/s/9q70rGm5HEkUddv3jzugow。

存养护技术条件》《化学品分类和危险性公示通则》《危险货物品名表》《建筑设计防火规范》等中的相关规定。

可移动式危险化学品储存箱是近年来在我国开始流行的新型存储方案，既可以帮助企业解决危化品必须按照相关法规安全贮存的要求，又可以尽可能降低企业保管成本。以雷盾安全可移动式危险化学品储存箱为例，如图 8 - 18 所示，从箱体材质来看，主体是钢制结构，夹层内含 A 级阻燃材料岩棉，起到防火保温的效果，防火时间可达到 4 小时。从箱体结构来看，箱体下方设有漏液槽，防止危险液体渗漏，污染环境；箱体设置泄爆口，材质为轻质屋面板，当压力大于 560Pa 时，泄爆口自动弹开，压力降低后，再自动回落。此外，还配有温度湿度及可燃气体探测器、静电消除系统等安全防护设备，全面提高可移动式危险化学品储存箱的安全性能。

三、危化品物流装卸技术

运输危险化学品的特种车辆有极其严格的行业规范要求，每次装卸货都要经历车牌识别、人员防护穿戴识别、装前称重等繁杂的流程，存在效率低下、危险性高等缺点。以硫酸为例，加酸站的数字化水平普遍较低，日常作业需要 4~5 名员工进行操作，进厂装酸车辆除了登记车号、罐号、三证编号等信息，装卸前后的空车、结算过磅都要漫长的排队等候时间。最新出现的自动装酸系统极大提高了危化品装卸效率和安全水平，成为危化品物流技术的应用新典范。

图 8-18 可移动式危险化学品储存箱

资料来源：https://mp.weixin.qq.com/s/sW3zhFcz2zodTUX0Ej7MvA。

以罗克韦尔自动装酸新系统为例，该系统打通了客户供应链系统、灌装区域管理系统和硫酸灌装系统，实现了车牌识别、门禁管理、鹤管对位、自动装酸、自动结算等系列智能化作业，全面构建了安全、绿色、高效、稳定的"智慧装酸"新模式。如图 8-19 所示，对酸罐车司机和操作员而言，司机直接在智能工厂供应链系统输入个人信息、车辆信息以及装酸总量进行预约，预约成功后，便可进入指定区域"一键操作"自动装酸，无须再次核对身份证信息和装酸量，只需 15 分钟就可以装满 30 吨，极大简化了操作流程。安全也达到新高度，人员进入现场如果没有正确穿戴劳保用品，或者装酸液位到达高位，都会触发安全管理系统报警，自动锁定装酸程序、激活防溢流装置联锁等，更好地保障装酸精度和人身安全。通过某冶炼行业龙头企业的应用证明，程序自动控制能够完全替代原本手动装车作业，装酸量由 2500 吨/天提高至 3000 吨/天，效率和安全得到全面提升。

图 8-19 自动装酸系统应用示意

资料来源：https://mp.weixin.qq.com/s/9qsnVnuX7Lf0tQqghq3XfQ。

四、危化品物流管理平台

安全是危运行业的生命线，近期安全事故频发、食用油混装等事件的曝光，暴露出以往危化品运输企业在经营管理中存在的管理粗放问题，加强安全管理已成为行业发展的当务之急。在这种背景下，各类危化品物流管理平台应运而生，着力解决危化品运输监管难度大、事故风险多等难题，下面介绍寿光市危化品运输全程信息化监管平台。

寿光市大数据中心联合交通运输局、公安局，以大数据时代下的业务融合应用、危化运输数据挖掘以及人工智能深化为主线，结合寿光市危化品运输现状，充分利用现有的基础设施与支撑环境，采用规则引擎、"互联网＋"、大数据、云计算、AI 视觉、边缘计算、物联网以及移动通信等技术，打通交通、公安、应急等部门数据，加强对异地经营车辆、外地途经车辆的安全监管，实现对危化品道路运输的全过程信息化监管，提升全市危化品道路运输安全管理水平。

（一）监管系统实现智慧化管理

危险化学品道路运输全过程信息化监管系统打通了交通、公安、应急等相关部门数据，危化品运输车辆自进入寿光境内至离开寿光边界实行全过程监管，车辆行驶过程中，监管平台对车辆运行轨迹监控分析，对车辆运输过程的违章行为提前预警，发现违章车辆，信息自动推送至附近联合执法检查站点，由检查站点进行现场查处。

（二）智慧停车场严度与温度并存

开发绿色智慧停车系统，提供车辆信息报备、车辆定位、车辆叫号等服务，同时配套了必要的安全设施，包括消防系统、易燃气体报警系统、监控系统等，确保每一辆危化品车辆都在监控范围之内。同时，出于人性化考虑，停车场配套建设完善的基础服务设施，为驾驶员提供休息、进餐和放松服务，创造安全舒适的运输条件。

（三）源头管控降低安全隐患

对危化品的装卸、应急处置这两个薄弱环节进行重点管控，督促危化品生产运输企业、充装场所安装声光报警检测和作业区视频监控，并将其接入平台，对监控视频实时抽查；同时进一步完善应急处置预案，加强专业救援队伍专业性的建设，做到未雨绸缪，一旦不幸发生危化品运输车辆碰撞、失火、泄漏等安全事故，确保能够迅速反应，快速处置，减少损失，尽最大力量保障广大人民群众的生命财产安全。

（四）智能道路实现全域化监管

将国道 G308（寿光境内全段）、省道 S309（寿光境内全段）、省道 S226（寿光境内全段）、省道 S224（荣乌高速寿光东出入口至滨海边界段）、羊田路（全段）、安顺街（全段）、三号路（羊临路至省道 S226 段）、寿尧路（国道 G308 以南段）、羊临路（省道 S309 以北段）等 9 条道路划定危险化学品运输车辆指定通行路线。按照每 6 公里至少一处治安卡口的标准，单方向每 500 米有 1 处高清视频监控，配套搭建电子围栏、电子警察，高标准建设全域化智能监控，确保治安卡口全部具备雷达测速功能，部分具备测温功能，电子警察全部加装后置环保卡口，实现对过境危化品运输车辆的全程精细化管控。

（五）检查站点为防护提供屏障

10 处检查站点全部建设功能用房，并配有执勤车辆，实现 24 小时全天候执勤，同时加强重点路段管控，严查严纠危化品运输车辆超速超载、不配备押运员、运输介质不符、未经批准进入禁行区域、较长时间停靠、路边随意停车等交通违法行为。城区警务站由公安特警队员驻守，严防危化品运输车辆闯禁行驶入人员密集的区域。2024年以来，共检查车辆 1.2 万余车次，查处严重交通违法行为 450 余起，查控违法嫌疑人员 36 人。

第四节　医药物流技术

医药物流包括医药产品供销配环节中的验收、存储、分拣、配送等专业流程，涵盖了从供应链管理到产品安全送达医院、药房及患者手中的每一个环节。这一过程不仅要求严格的温控环境以保持药品、疫苗及其他医疗保健产品的质量和功效，还需提供实时跟踪服务，严格确保产品安全。围绕当前医药物流技术的发展热点及趋势，本节从医药物流仓储技术、医药物流拣选技术以及医药物流智慧化管理技术三个方面展开介绍。

一、医药物流仓储技术

近年来，医药物流中心规模大型化、订单碎片化、集成智能化的发展趋势越来越明显，医药物流仓储自动化解决方案和技术装备加速创新发展，智能化运作水平不断提高。

以大参林医药集团股份有限公司（以下简称"大参林"）的医药物流中心建设为

例，当前医药物流智能化仓储技术向着数字化、智能化、现代化的方向不断升级。大参林以发展连锁药店为主，目前门店数量达 16151 家，业务范围覆盖 21 个省份、自治区及直辖市，并积极开发如医药电商、智慧药房等新的增长渠道。为对医药仓网物流进行科学合理规划，大参林建立了"中央仓 + 大区仓 + 地区仓"为主的物流仓网体系，共建设有 35 个仓库，仓储总面积超过 34.9 万平方米，通过利用可视化信息系统，完成了从药品采购、入库、储存、出库的全流程可追溯管理，实现仓库总发货满足率达 99%，发货差错率低于 0.008%。大参林高效的医药物流仓储服务，主要受益于其科学合理的智能化物流仓规划设计，以及对于智能播种分拣矩阵系统、灵动穿梭小车、AI 视觉精准复核等技术的融合应用。

在医药物流智能仓规划设计方面，大参林提出了四代智能仓的发展理念。第一代智能仓，大参林基于市场上流通的智能物流装备，并没有进行大量投入，而是选择先试点、再投产，从医药物流零散作业入手，在已经建设并投入应用的广东汕头仓库进行试点，通过应用智能交叉带分拣播种系统、智能仓储管理复核系统等实现部分作业环节的自动化、智能化升级，尽可能地降低仓库试错成本。第二代智能仓，大参林结合自身业务特点，应用了托盘立库与料箱库双结合的形式，实现了柔性化的托盘存储、料箱存储以及拣选作业，以此为基础规划了广西南宁仓库、黑龙江哈尔滨仓库。第三代智能仓，大参林全面融合了智能工厂、智能物流、供应链深度优化及远程监视等前沿技术，打造集成现代化管理与智能化操作于一体的综合性物流体系，建设了江苏南通仓库。此外，大参林也正在规划和建设第四代智能仓，即企业智能中央仓，该仓选址于广东佛山，不仅负责对企业在全国仓库内的商品进行调配，还将作为大参林医药物流未来技术输出的研发中心。

在医药物流仓储技术装备创新应用方面，以大参林江苏南通智能物流中心（见图 8 - 20）为例，其主要应用了高密度立体存储、播种分拣矩阵系统、多穿输送线、灵动穿梭小车系统、AI 视觉精准复核等技术，实现了高效的药品分拣、出入库等流程。该物流中心一期涵盖三个楼层，通过自动化输送线将三层的作业空间进行连接。

该智能物流中心通过合理利用三层楼的作业空间，实现了功能上的相互配合以及作业流程的顺畅衔接。一楼主要实现自动发货分拣、退货入库、空箱供给、收货散件入库上线等作业，分拣效率可达到 3500 件/时，并且创新运用了螺旋输送机，解决跨楼层输送带来的成本问题，如图 8 - 21 所示。二楼主要实现集货出库功能，配置了 6 个集货出库口，为满足每个箱件并排出库需求，设计了具备箱件分离功能的输送线，并在末端设备读码，保证包裹信息精确无误上传至系统中。三楼布局了多样化的作业线路，包括高效的拆零出库线、拆零回库线、空配送箱供给线、人工拣选线、换箱复核

图8-20 大参林江苏南通智能物流中心

资料来源：https：//www.sohu.com/a/804896007_121336997。

来料环线、空箱回流线、集货入库线等，通过两套先进的智能播种矩阵分拣系统，实现高效、精准的药品分拣作业。

图8-21 螺旋输送机

资料来源：https：//www.sohu.com/a/804896007_121336997。

该智能物流中心主要有以下三方面的技术亮点。一是应用智能播种分拣矩阵系统实现了分拣模式的革新。该智能物流中心智能播种分拣矩阵系统共设置12条供包暂存线，并根据药品特征定制百余个分拣格口，设计矩阵式布局，实现单次分拨多个种类商品，效率突破10000行/小时。二是应用AI视觉实现了分拣作业的精准复核。通过应用基于深度学习与核心视觉算法的AI视觉复核系统，将其与智能播种分拣矩阵系统融合创新，实现在一次快速扫描中，同时完成多数量物品的精准识别、药监码自动采集，以及信息的比对与即时矫正，极大提高了复核效率与准确性，实现了运营逻辑处理的简单化。三是搭建了高效多穿出入库输送系统。为满足多穿立体库复杂、高密度出入库需求，同时保证支持跨楼层、大容量作业，该智能物流中心通过灵动穿梭小车精准对接播种分拣小车的方式，集成多穿集货入库、拆零出库回库、换箱复核、人工拣选及空箱供给回流等多流程于一体，通过智慧软件平台的智能调度，实现跨区域、跨楼层作业的无缝协同，确保了系统整体的高效运转与可扩展性。

二、医药物流拣选技术

随着医药零售物流规模持续扩大，拆零业务占比持续升高，医药物流拣选效率面临着更高要求，医药物流拣选自动化、智能化技术装备也正在加速创新发展，逐步经历了从纯人工纸单拣选、手持设备辅助拣选、电子标签拣选、多穿系统货到人拣选、货箱到人拣选等过程，不断提升医药物流与供应链的可视化和协同性。本节主要对箱式仓储机器人（Automated Case – handling Mobile Robot，ACR）与潜伏式顶升自主移动机器人（Autonomous Mobile Robot，AMR）组合拣选技术、A字架智能拣选技术等目前行业内应用较多的医药物流拣选技术展开介绍。

（一）ACR 与潜伏式顶升 AMR 组合拣选技术

ACR 具有操作颗粒度小、订单命中更精确、设备柔性好、存储密度高、人效提升显著等特点，能够有效应对医药行业 SKU 多、品类品批和效期管理难度大、拣选效率低等问题，提高医药物流的效率、降低成本。ACR 凭借其产品优势，开始逐步在包括医药批发、医药零售、器械生产、医院终端等在内的医药物流仓储中应用，越来越受到企业青睐。

海柔创新设计了超高密度智能拣选新模式，以 ACR 与极速潜伏式顶升 AMR 的组合方案应用到医药物流行业，减少对大量输送线的依赖，实现通过柔性机器人完成出库、入库、订单箱流转。该组合方案如图 8 – 22 所示，主要具有四大优势：一是部署方案柔性，能够灵活适应业务变化；二是 ACR 与 AMR 接力作业，在垂直与平面维度各取所长，实现多机型高效作业，支持上千台机器人混场调度，能够满足超高业务流量；三是存储密集，实现了空间的极致利用，料箱存储无背间距，支持 5 个料箱深位部署，最高 12 米取放货，每平方米存储多达 48 箱；四是人工交互友好，AMR 在工作站可以灵活匹配工人高度完成料箱顶升，并且搭载激光雷达，能够实现与输送线的供箱速度匹配。

在实际应用方面，海柔创新服务于某大型药品制造和分销企业，为其打造智能仓，

图 8 −22　ACR 与潜伏式顶升 AMR 组合拣选方案

资料来源：https：//www. hairobotics. cn/haipick − system − 3。

引入超高密度智能拣选新模式，如图 8 − 23 所示。该智能仓共配置 6 台 ACR、17 台极速潜伏式顶升 AMR、1 个入库工作站、3 个出库工作站。该模式有效提高了仓储库容以及出库效率，通过运用 740 平方米的仓储面积，提供 8848 个储存位置，出库效率达到 280 箱/小时，同时使拣选作业更加精细化，减少了员工检错货物的概率，有效提升了线边制造效率。

图 8 −23　某大型药品制造和分销企业应用海柔创新方案

资料来源：海柔创新《HaiPick System 3 超高密度智能拣选新模式_ 宣传册》。

（二）A 字架智能拣选技术

A 字架智能拣选技术是指通过 A 字架设备、拣选输送系统及信息系统的配合，实现订单商品的自动弹射和投箱，从而实现商品的自动拆零拣选的技术。A 字架智能拣选技术适用于小型包装的快速分拣，主要用于分拣外形规则的小件物品，广泛应用于医药、化妆品和烟草等行业。

北京伍强智能科技有限公司（以下简称"伍强"）推出的 A 字架拣选系统已在医药物流行业中得到成熟应用，并成功申报国家实用新型专利《一种新型 A 字分拣机及自动投箱拆零拣选系统》。如图 8 - 24 所示，伍强 A 字架拣选系统由 A 字架斜坡式滑槽、输送系统等构成，均采用模块化设计，可实现系统快速部署和落地。此外，A 字架拣选系统采用补货与拣选分离式设计，能够实现作业低峰期补货，作业高峰期进行自动拣选，优化了仓库中的人员投入，并大幅度提升了作业效率。

图 8 - 24　A 字架斜坡式滑槽

资料来源：https://www.vstrong.com/product/5#pro。

A 字架拣选系统的拣选流程为：信息系统根据订单分配药品拣选任务，输送系统搬运料箱依次通过 A 字架斜坡式滑槽，通过精准的时间控制，A 字架斜坡式滑槽内对应数量的药品自动弹射到料箱中，从而完成药品订单的拣选作业，如图 8 - 25 所示。伍强在广东速仓科技物流中心部署应用 A 字架拣选系统，实现了药品的自动拆零拣选，拣选效率可达每小时 1500～2000 箱。

图8-25　Ａ字架智能拣选设备拣选过程

资料来源：https://www.vstrong.com/product/5#pro。

（三）拆零矩阵拣选技术

在近年来的医药零售物流中心建设中，客户对自动化物流系统的拆零拣货效率、柔性化等均提出更高要求。基于对这类需求的深刻理解和专业的软硬件研发能力，凯乐士在拆零矩阵拣选技术创新和应用创新方面进行了较多尝试。

在广西某医药零售物流中心，凯乐士设计了拆零矩阵拣选系统，配置6个订单箱到人拣选站，主要负责中药的储存和电子标签拣选作业，并引入创新流利式货架集货方式，在分拣滑道背后进行集货作业，如图8-26所示。该方案主要有两方面的优势，一是订单箱到人的过程中，实现了用AGV到无动力滑道自动取货的方式进行出库集货，从而破解了拣选站数量较多情况下需要使用大量输送机带来的高成本、低柔性难题；二是应用流利式货架集货方式，可节省用于畅销品、异型品、退货区的额外面积。总体上看，该方案实现了单个拣选站的播种效率达500行/小时，单台AGV的集货效率达85箱/小时，能够充分满足该医药零售物流中心的作业效率要求。

三、医药物流智慧化管理技术

随着信息技术飞速发展，医药物流智慧化管理已经成为必然趋势，包括仓储管理、运输管理以及物流全流程管理等环节。这不仅提高了药品流通的效率和准确性，还有助于降低成本、保障药品安全，并且通过数据分析和预测，能够更好地响应市场需求，实现供应链的优化。

图 8 - 26　某医药零售物流中心采用拆零矩阵拣选及 AGV 自动集货

资料来源：https://baijiahao. baidu. com/s？ id = 1795644823374632672&wfr = spider&for = pc。

（一）华润三九国有制药集团物流云平台

对于传统药品生产企业来说，数字化转型不仅是提升生产效率、降低成本、保障质量的重要手段，更是适应市场变化、推动企业创新发展的关键战略。以华润三九医药股份有限公司（以下简称"华润三九"）物流云平台为例，对与制药企业的物流管理平台进行介绍。

华润三九通过建设公司级物流云平台，致力达成拉通物流业务端到端的流程，实现"可预知、看得见、管得住、配得准、送得快、可追溯"的目标。云平台主要有 2 个优化方向，一是优化业务能力，以管理制度和信息系统为载体，促进业务流程规范化和标准化；二是实现数据标准化，使软件系统集成、自动化设备信息交互均依赖于统一的数据口径和标准。

华润三九物流云平台通过运用先进的信息技术手段，对仓库的进、销、存等业务进行全面、精准地管理，提高企业的物流运作效率，为制造、商业、财务等信息系统提供及时、真实、可靠的数据。物流云平台业务系统集成架构如图 8 - 27 所示。

华润三九物流云平台由总部统一部署，主要具备入库管理、在库管理、出库管理等十大功能模块，其中总部平台级功能 4 个，现场仓库业务级功能 6 个，如图 8 - 28 所示。

华润三九物流云平台采用"云网边端一体化架构"，将云计算、专业网络、边缘计算和端设备计算融合在一起，以实现高效、可靠、安全且具有良好用户体验的系统。云平台的建设遵从华润三九信息安全管理基线，生产网与办公网隔离。结合特定业务场景制定安全策略，重点关注身份认证、安全审计、文件追踪、文件加密、文件权限、

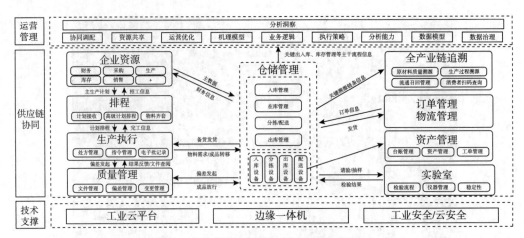

图8-27　物流云平台业务系统集成架构

资料来源：2024全球物流技术大会演讲《大型国有制药集团物流云平台建设经验分享》。

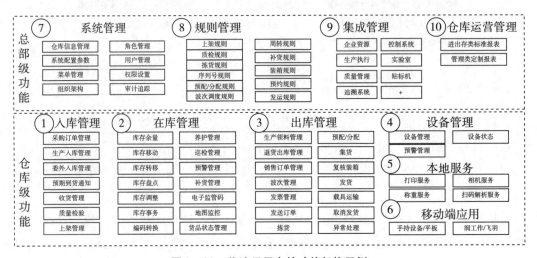

图8-28　物流云平台的功能架构示例

资料来源：2024全球物流技术大会演讲《大型国有制药集团物流云平台建设经验分享》。

数据权限、网闸等。

（二）物流源的医药品冷链跟踪管控方案

医药物流中冷链运输管控至关重要，生物制品、疫苗、血液等，都需要在严格的温湿度控制下保存和运输。因此，为了确保医药品的有效性和安全性以及满足有关部门的法规要求，医药冷链运输过程的管控尤为重要。

物流源提供了一套医药冷链可视化跟踪、温控和追溯解决方案，能够满足多温区、全方位的药品、医药试剂、医疗器械等冷链运输环境的温湿度变化监控。具体而言，物流源通过自研的物联网货物跟踪设备——电子回单，绑定医药品运输，可以实现实时采集并监测真实轨迹、状态和温湿度等数据。同时物流源为企业提供智能物流运输管理系统，一方面用于管理医药冷链运输全过程，另一方面可以自动汇总、存储医药冷链物流的相关数据，方便查询和追溯，帮助企业实现医药品冷链运输全过程的质量控制和溯源。

物流源的医药品冷链跟踪管控方案的主要优势在于能够实现医药品冷链运输全程可视化跟踪，以及温湿度的实时监控。电子回单实时跟踪医药品冷链运输从发货、停留、到货到签收全过程各环节，实时监测医药品温湿度变化，失温、异常停留、串货等实时预警，实现运输全程可视化管控，监控医药品运输的品质和安全。

第五节　服装物流技术

2024 年我国服装行业经济运行延续回升向好态势，但受国内外市场需求不足、竞争加剧等因素影响，企业生产经营压力依然较大。电商的崛起冲击了传统零售模式，消费者对服装品质、设计和个性化的需求不断升级，也对物流效率提出了更高要求。

面对生产成本上升、市场竞争激烈和消费需求多变的挑战，传统的服装物流模式已经无法满足现代服装行业的需求，服装企业需要积极拥抱服装物流技术，以降低成本、提高效率、提升竞争力，才能在充满变革的市场中站稳脚跟，更好地满足消费者日益增长的需求。

一、服装物流仓储技术

服装仓储是服装物流的重要环节，其主要目标是高效、安全地存储服装产品，并根据需求快速、准确地进行拣选和配送。为了实现这些目标，服装物流仓储技术近年来得到了快速发展。

（一）服装仓储管理系统

WMS 是服装物流仓储信息化的核心，它可以对仓库的库存、出入库、拣选、配送等环节进行管理，实现仓库管理的自动化、智能化。WMS 可以帮助服装企业提高库存管理效率、降低运营成本、提高客户满意度。WMS 详细功能可参考表 8 - 1。

表 8 - 1　　　　　　　服装仓储管理系统（WMS）功能介绍

序号	功能	详细说明
1	库存管理	对不同款式、尺码、颜色、生产批次等的服装进行分类存储和管理，并实时跟踪库存变化。 提供多样的库存盘点方式，提高库存数据的准确性。 通过库存分析功能，帮助企业制定合理的库存策略，降低库存成本

序号	功能	详细说明
2	出入库管理	管理货物进出库流程，确保货物安全、准确地出入库。 自动生成出入库单据，提高工作效率。 通过出入库数据分析，了解货物流转情况，优化仓库布局和流程
3	拣选管理	优化拣选路线，提高拣选效率，确保拣选准确性。 支持多种拣选方式，如批次拣选、波次拣选、订单拣选，满足不同需求。 通过拣选数据分析，优化拣选流程，提高拣选效率
4	其他功能	仓库安全管理：监控仓库环境，防止安全事故发生。 员工管理：管理仓库员工，记录工作时间和工作内容。 数据报表：生成各种报表，帮助企业进行数据分析和决策

WMS 在服装行业的应用需要有针对性地进行设计，以满足服装行业独特的需求。例如，服装行业 SKU 繁多、库存周转率高、需要多渠道配送、退换货率较高，以及受季节性影响较大等特点，都需要 WMS 提供相应的解决方案。因此，服装行业的 WMS 除了基本的功能外，还需要具备尺码/颜色/款式组合管理、批次管理、服装尺寸匹配、退换货流程优化等特殊功能，以帮助企业更有效地管理库存。

中通云仓科技将数字孪生技术应用于 WMS 开发，打造了服饰一号仓智慧仓储管理平台（见图 8 - 29）。该平台利用算法技术，实现了线上化自动计算成本最优方案、自动波次策略、无人化托管波次、优化拣选路径、自动化设备生产排程以及升级改造现有自动化拣选设备等功能，有效降低了仓储成本，提高了拣选效率和自动化设备利用率，助力服装企业快速响应市场需求，满足消费者多元化的需求。

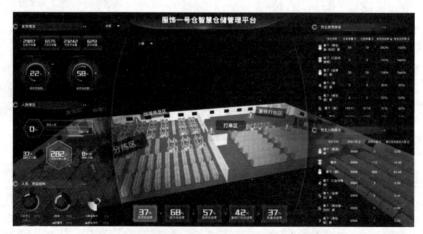

图 8 - 29 服饰一号仓智慧仓储管理平台示意

资料来源：2024 服装物流与供应链行业年会《中通云仓鞋服行业全生命周期全渠道数智化解决方案 0807》。

WMS 是现代服装物流仓储的重要工具，它可以帮助服装企业提高效率、降低成本、提升竞争力。随着技术的不断发展，WMS 的功能会越来越强大，应用会越来越广泛，为服装行业的发展提供更加强大的支持。

（二）自动化仓储设备

在服装行业，为了应对快速变化的市场需求和提高仓储效率，自动化仓储设备的应用越来越广泛。这些设备能有效地解决传统仓库人工操作效率低、错误率高、成本高等问题，同时也有助于提升仓库管理水平和服务质量。

1. 自动化立体库

服装行业需要存储大量不同款式、尺码和颜色的服装，因此需要高密度的存储设备，以提高仓库的存储容量和空间利用率。自动化立体库利用高密度存储和自动化的存取设备，可以有效地提高仓库的存储容量和空间利用率。在服装行业，自动化立体库可以用来存储不同款式、尺码和颜色的服装，并根据需要进行快速存取。

2. 自动导引车

服装行业需要快速响应市场需求，因此需要快速存取的设备，以确保货物能够及时配送到客户手中。AGV 是通过导航系统引导在仓库内自动行驶的搬运设备，可用于货物搬运、拣选、配送等环节。在服装行业，AGV 可以用于将服装从收货区运送到存储区，或将拣选好的服装运送到打包区，提高货物运输效率。

3. 自动分拣系统

服装行业需要将不同款式、尺码和颜色的服装分拣到不同的区域，因此需要精准的分拣设备，以减少错误率，提高效率。自动分拣系统利用先进的识别技术和机械设备，能够自动识别货物种类、数量和目的地，并将其分拣到不同的区域。在服装行业，自动分拣系统可以用于将不同款式、尺码和颜色的服装分拣到不同的货架或配送区域，提高分拣效率，并降低人工成本。

4. 穿梭车系统

穿梭车系统是一种高密度存储系统，利用穿梭车在货架之间快速穿梭，实现货物的存取。在服装行业，穿梭车系统可以用来存储大量不同款式的服装，并根据需要进行快速存取，提高仓库的存储容量和存取效率。

5. 案例：海澜之家高级制衣车间

福玻斯物联网科技有限公司为海澜之家物流园打造了服装行业标杆项目，项目位于江苏省江阴市，主要为海澜之家提供定制西装的原材料存储、配送以及半成品裁片箱的流转服务。该项目涉及设备有堆垛机立库系统、潜伏式 AGV、机械手、多穿料箱 AGV 立库系统及其输送线系统。其中，福玻斯使用了即插即用 i – Conveyor IoT 输送系统和 i‒Shuttle System 多层穿梭车系统，这两个系统都体现了高效率、高精度的特点，并使用了福玻斯自主研发的 i‒Pro 平台，实现了设备间的即插即用，极大地简化了系统调试流程，缩短了项目落地时间。

i‒Conveyor IoT 输送系统通过在每段输送机上插入 IoT（Internet of Things，物联网）控制芯片，实现了不同厂商设备间的兼容，真正做到了即插即用，并通过云端数据监控，实现更智能化的管理。i‒Conveyor IoT 输送系统如图 8‒30 所示。

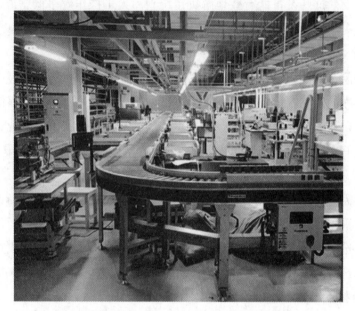

图 8‒30　i‒Conveyor IoT 输送系统

资料来源：http://www. phoebus‒iot. com/cp_ iotssxt。

i‒Shuttle System 多层穿梭车系统则采用了多层穿梭车技术，能够在狭小的空间内实现高密度存储，并提供高速、高流量的物流处理能力，其出入库处理能力相比传统仓储系统提升了 5～10 倍，能够有效解决高速高流量系统的瓶颈问题，满足服装行业快速响应市场需求的需要。i‒Shuttle System 多层穿梭车系统如图 8‒31 所示。

通过使用这些先进的自动化仓储设备，海澜之家物流园项目成功打造了服装行业的标杆案例，为服装企业提供了高效、智能的仓储解决方案，提升了生产效率和市场竞争力。

二、服装物流柔性供应链技术

服装行业瞬息万变，消费者需求日新月异，产品生命周期不断缩短，市场竞争激烈。传统供应链模式僵化，难以应对市场变化，导致库存积压、生产效率低下、成本居高不下，最终影响企业盈利能力和市场竞争力。为了在快速变化的市场环境中立于

图 8 – 31　i – Shuttle System 多层穿梭车系统

资料来源:http://www. phoebus – iot. com/cp_ iotssxt。

不败之地，服装企业迫切需要构建柔性化供应链。柔性化供应链具有快速响应市场变化、提高生产效率、缩短产品上市时间、提升产品质量、增强市场竞争力等优势，是企业持续发展的关键。

柔性供应链是指能够根据市场变化和客户需求，快速调整生产、供应和配送环节，以满足不同需求的供应链模式。它强调供应链的适应性、灵活性、快速反应能力和协同合作能力。

（一）数字化平台技术

数字化平台是将供应链各个环节的数据整合到一个统一的信息系统中，实现信息共享和实时监控的平台。它利用了云计算、大数据、物联网、人工智能等先进技术，将传统供应链的各个环节数字化，并通过数据分析和预测，实现供应链的智能化管理。简单来说，数字化平台就像一个"智慧大脑"，通过数据分析，平台可以帮助企业了解市场需求、优化生产流程、提升物流配送效率，最终实现供应链的柔性化和智能化管理。数字化平台的应用，将传统供应链的"信息孤岛"打破，实现信息互联互通，使各环节能够实时协同，提高供应链的整体效率和效益。

数字化平台在服装物流柔性供应链中扮演着至关重要的角色，它如同供应链的"神经中枢"，将各个环节紧密联系，整合供应链各个环节的数据，实现信息共享和实时监控，从而赋能供应链的灵活性和效率。

致景科技致力打造数字化纺织服装产业生态，以科技赋能行业升级。该企业从产业链上游的纺织面料制造环节切入，通过"全布"平台，利用物联网和 SaaS（Software as a Service，软件运营服务）系统打造了"飞梭智纺"，以 AI 技术驱动织造工厂降本增效。

在产业链中游，致景科技搭建了"百布"平台，以"AI＋大数据＋智能硬件"为手段，解决面料采购过程中"找布难""找布慢"的问题，提升交易效率。

为了进一步赋能下游服装品牌商，致景科技构建了"天工"平台，提供从设计到打版、大货生产的一站式柔性供应链服务，推动纺织服装行业实现"小单快反"。

此外，致景科技自主研发的 Fashion3D 软件将数字技术应用于服装设计领域，通过 3D 数字样衣建模，在线协同审版，提高推款效率，有效解决传统线下样衣制版制作、运输、重复制版等问题。Fashion3D 软件界面如图 8 – 32 所示。

图 8 – 32　Fashion3D 软件界面

资料来源：https://k. sina. com. cn/article_ 5787187353_ v158f1789902001rhba. html。

更进一步，致景科技利用服装行业大数据，采用 AIGC 技术，构建了 AI 大模型，并将其应用于智能设计系统 Fashion Mind。该系统结合先进的推荐算法和深度学习技术，重新定义了服装设计工作流，为行业带来全新的设计理念和工作模式。

以佛山鑫威纺织厂为例，该厂在引入数智化系统"飞梭智纺"后，实现了全程进度跟踪，整体效率提高 30%，异常停机时间减少 35%，出入库出错率近乎为零，实现了降本提质增效，在机台管理、预警管理、订单管理、工厂管理和人效提升等方面均实现了有效提升改进。

（二）数字供应链＋敏捷制造

在快时尚浪潮席卷全球的今天，传统的服装供应链模式已难以满足市场需求。快速变化的流行趋势、消费者个性化需求和日益激烈的市场竞争，迫使服装企业寻求更灵活、更高效的供应链解决方案。数字供应链和敏捷制造的结合，为服装行业带来了新的希望。

1. 数字供应链，赋能服装物流柔性

数字供应链是基于数据和科技的力量，将服装供应链的各个环节串联起来，实现更高效、灵活、透明的管理。它能够有效地帮助服装企业应对快速变化的市场需求，提升供应链的整体效率。

数字供应链的关键在于数据的采集、分析和应用。通过收集和分析来自各个环节的数据，例如市场需求、流行趋势、库存、生产进度、物流信息、客户反馈等，可以帮助服装企业更精准地预测市场需求，制订更合理的生产计划，优化资源配置，最终实现降低库存成本、提高生产效率、减少浪费。数字供应链能够实现供应链内各环节的信息实时共享，让企业对整个供应链流程有更清晰的掌控。这样，企业能够及时了解各个环节的进展情况，迅速发现问题，并及时采取措施。

2. 敏捷制造，助力服装物流快速响应

敏捷制造，是指制造企业采用现代通信手段，通过快速配置各种资源（包括技术、管理和人员），以有效和协调的方式响应用户需求，实现制造的敏捷性。敏捷制造与服装行业关系密切，可以说是服装行业实现转型升级的关键要素之一，是服装企业在快速变化的市场环境下，为了提升效率、快速响应市场需求而采取的一种生产模式。它强调灵活性和快速响应能力，能够帮助服装企业快速推出新产品，满足消费者不断变化的个性化需求。

敏捷制造模式要求将产品设计、开发、生产周期缩短，实现快速产品开发能，通过数字化设计工具、简化流程和快速迭代，快速推出符合市场需求的产品，同时将传统的设计、打样、生产流程进行整合，实现同步进行，缩短整体开发时间。

敏捷制造模式能够根据市场需求的变化，灵活调整生产计划，实现柔性生产，满足消费者不断变化的个性化需求。采用模块化设计，方便地组合不同模块，快速生产出不同款式和尺码的产品；采用小批量生产的方式，减少库存积压，降低库存成本，并能够快速调整生产计划，满足市场需求变化；利用自动化生产设备，快速调整生产线，生产不同款式和尺码的产品，提高生产效率。

快时尚品牌例如 SHEIN（希音）、ZARA（飒拉）等，已经将敏捷制造融入供应链体系中，快速响应市场需求，推出新款产品。

3. 数字供应链＋敏捷制造，产生协同效应

数字供应链和敏捷制造的结合，能够实现高效的协同效应，共同推动服装行业转型升级。数字供应链就像一条高速公路，将供应链上各个环节紧密连接在一起，而敏捷制造则是这条高速公路上的跑车，能够快速、灵活地应对各种变化。敏捷制造能够快速响应市场变化，数字供应链则能够为敏捷制造提供快速、准确的信息支持。利用数字供应链的信息分析能力，可以快速识别市场需求的变化，如流行趋势、消费者喜

好等，为敏捷制造提供参考，及时调整生产计划。数字供应链能够快速将市场需求信息传达给工厂，工厂根据信息快速调整生产计划，生产符合市场需求的产品，从而实现快速响应市场变化。

4. 案例：SHEIN 持续构建柔性供应链

SHEIN 作为全球快时尚领域的领军企业，其成功的关键因素之一就是将数字供应链与敏捷制造深度融合构筑柔性供应链体系，并成功地将"小单快反"模式运用到极致。SHEIN 的数字供应链系统能够实时收集和分析来自全球的市场数据，包括流行趋势、消费者偏好、竞争对手动态等，并快速将这些信息传递给生产部门，以便及时调整生产计划，快速推出符合市场需求的新款产品。同时，SHEIN 还利用数字化技术优化供应链流程，通过自动化仓储管理系统提高仓库效率，通过智能物流系统优化运输路线和时间，从而实现快速、高效的供应链运作。

SHEIN 的敏捷制造体系则以"小单快反"模式为核心，通过灵活的生产线布局、模块化设计、小批量生产等方式，能够快速生产出符合市场需求的产品。SHEIN 的生产线能够快速切换生产不同款式和尺码的产品，并根据市场需求调整生产数量，最大限度地减少库存积压，提高产品周转率。

SHEIN 的柔性供应链体系，不仅能快速满足消费者对新产品的需求，更能有效降低库存风险，提高资金周转率。SHEIN 的案例表明，通过将数字供应链与敏捷制造理念，可以实现快速、高效、灵活的供应链体系，从而满足消费者日益多样化和个性化的需求，在竞争激烈的市场环境中取得成功。

三、服装逆向物流技术

随着电子商务的快速发展，服装行业也迎来了新的挑战。其便捷性让消费者更容易购买服装，但也带来了退货率上升的问题。服装行业退货率普遍较高，一些平台甚至可以达到50%以上，远高于其他行业。这主要是因为服装产品具有很强的个性化和主观性，消费者对尺寸、颜色、款式等方面的要求较高，如果不能完全满足需求，就会选择退货。而处理退货需要涉及物流、仓储、检验、维修等多个环节，成本较高，而服装行业的利润率本来就比较低，高退货率会严重挤压利润空间。基于以上问题，逆向物流技术对服装行业至关重要，服装企业需要积极运用逆向物流技术，优化退换货流程，提高效率，降低成本，实现资源循环利用，最终提升客户满意度，促进企业可持续发展。

（一）塔斯克退货仓自动化解决方案

塔斯克助力鞋服企业打造退货仓自动化解决方案，有效应对电商业务高速发展带来的退货压力。该企业面临着鞋服行业退货件数占比增加、商品季节性强、时效要求迫切等问题。鞋服行业退货商品数量激增，传统的人工搬运模式效率低下，仓库空间利用率也面临挑战。为了解决这些问题，塔斯克为该企业提供了软硬件一体化智能物流解决方案，打造更加柔性、敏捷的供应链体系。该方案包括退货商品质检、托盘搬运机器人（Autonomous Pallet - handling Robot，APR）搬运（见图8-33）、料箱搬运机器人（Autonomous Container - handling Robot，ACR）上架入库（见图8-34）等环节，有效提升了退货处理效率，提高了仓库空间利用率。该项目实现了退货周转率提升150%，释放80%劳动力，提升20%库容率，体现了塔斯克在自动化、信息化、可视化方面的优势，为鞋服企业逆向物流转型升级提供了有效的解决方法。具体环节如图8-35所示。

图8-33 托盘搬运机器人搬运

资料来源：https://mp.weixin.qq.com/s/UDwJUvQVK1xjd0DorHX4UA。

图8-34 料箱搬运机器人上架入库

资料来源：https://mp.weixin.qq.com/s/UDwJUvQVK1xjd0DorHX4UA。

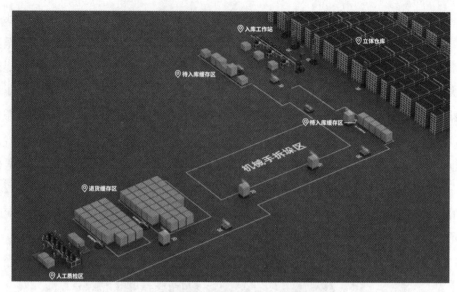

图 8 −35　退货仓自动化解决方案的环节

资料来源：https://mp.weixin.qq.com/s/UDwJUvQVK1xjd0DorHX4UA。

（二）丽迅物流天津逆向中心

丽迅物流基于多年鞋服行业的逆向处理经验，此次天津逆向中心，采用三层环形结构自动化设备，如图 8 − 36 所示，天津逆向中心采用三层环形结构自动化设备，贯穿返品的入库登记、拆包上线、质检打理、异常处理、废料分流、集中码盘、二次上架等全流程作业环节，并通过自主研发的信息管理系统，实现供应链上下游各节点之间逆向货品处理信息共享，提升了返品处理效率。该中心还配备了 52 个质检台，配备高清摄像头，质检全程可溯，每小时产能2300 件，满足返品在 4 ~ 24 小时内快速上架，大大提高了货品二次上架时效和库存最大化共享，增加了客户在不同渠道的销售概率。

图 8 −36　三层环形智能输送线

丽迅物流天津逆向中心依托数字化品相管理，可对电商、门店、经销商等全渠道逆向货品进行入库登记、拆包检验、打理转良、瑕疵分类、二次上架等逆向全托管服务，标准化的精细质检，有效提高返品转良率，帮助客户实现逆向货品的集约管理和快速周转。

四、典型案例：特步（安徽）智能工厂

（一）特步集团，服装行业"智"造新引擎，以柔性快反满足多元需求

作为中国国产运动鞋服行业的龙头，特步集团一直坚持"以消费者为中心"的经营策略，并持续洞察消费需求和消费行为的变化。随着消费者衣橱的丰富化以及对细分场景、时尚化、个性化、舒适性穿搭的更高需求，服装企业需要打造柔性快反体系，以快速响应市场变化，满足多元化的消费需求。

特步（安徽）智能工厂是特步集团数字化转型的典范，其自主研发的柔性全控智能制造解决方案"无界"，正是特步集团对柔性快反理念的具体实践。"无界"将服装生产的所有工序100%数字化，打破了不同系统间的数据壁垒，实现了生产线的灵活组合。这意味着特步可以根据订单需求，自由组合不同生产线，实现单条生产线突破品类限制，快速完成从夏季T恤到冬季棉服等不同产品的生产，真正做到柔性快反，精准满足消费者需求。

（二）特步（安徽）智能工厂的智能化表现

智能裁剪车间。AGV智能立库系统能够在"黑灯"状态下精准完成裁片的存储和取货，实现高效的物料管理。

智能吊挂系统。如同"高铁"轨道的智能吊挂系统，将布料、成衣、质检、熨烫等环节有机串联，提高了生产效率。智能吊挂系统如图8-37所示。

机械臂智能分拣。机械臂智能分拣系统能够实现自动化分拣，提升出库效率，并为未来服务零售、电商等多渠道订单做好准备。机械臂智能分拣如图8-38所示。

新质劳动力。智能化生产降低了劳动负荷率，员工从操作工转变为技术人员，并建立了工匠机制，激励新一代产业工人的生产积极性。

特步集团长期投入数字化建设，从最初的业务数据化到搭建统一业务中台，再到建立全球统一ERP系统，最后建立消费者运营中台（Customer Data Platform，CDP）和商品智能系统，特步集团的数字化程度不断提升，最终构建了一个高效的供应链体系。

特步（安徽）智能工厂是特步集团数字化转型的重要成果，它将生产、物流、管理等环节打通，实现数据实时共享和分析，有效提高了供应链效率，助力特步集团更

图 8-37　智能吊挂系统

资料来源：https://business.sohu.com/a/779358644_121119291。

图 8-38　机械臂智能分拣

资料来源：https://business.sohu.com/a/779358644_121119291。

好地满足消费者需求。特步集团的数字化转型之路，为中国服装行业提供了一个可借鉴的案例。在这个充满变化的时代，企业只有拥抱数字化，才能更好地满足消费者需求，实现持续发展。

第六节　酒类物流技术

酒自古以来都在中国人民日常消费中保持重要地位，随着中国酿酒行业供给侧改革的加速，酒类产业正呈现产能优化与结构调整、产业结构优化的趋势，未来将围绕品质提升、科创提升、文化提升、消费提升、服务提升方面推进高质量发展。酒类物流是产业发展的重要支撑，涉及采购、生产、销售等方面，具体如图 8－39 所示。然而酒类物流过程中依然存在系列突出矛盾有待解决，如变质、破损、串货、供应链信息割裂等。为解决这些问题，我国酒类物流技术正朝着智能化转型、精细化管理、一体化运作等方向快速发展。

采购物流
- 原粮
- 包材
- 辅材
- 仓储
- 运输
- 金融

生产物流
- 原粮运输与储存
- 包材存储转运
- 包辅材JIT配送
- 线边仓管理运营
- 成品仓储与转运
- 年份酒仓储管理

销售物流
- 产地仓管理
- 分拨仓管理
- 城配仓管理
- 干线运输
- 落地配送
- 城市配送

回收物流
- 酒糟运输
- 再生物运输
- 逆向运输

园区运营
- 产线物流管理及运营
- 物流园区管理及运营
- 智能调度人、车、货、仓、路

业务运营
- 订单、仓储、运输、客服
- 物流商、车队、司机
- 月台、设备、设施、道闸、安防

图 8－39　酒类物流技术示意

资料来源：2024 全球物流技术大会 PPT《李鸿宝：酒类物流供应链的发展机遇与挑战》。

一、智能化转型—酒类自动存储系统

酒类行业在物流环节普遍面临物流作业效率低的问题，主要原因在于智能化物流技术应用不足，例如，仓储服务扫喷码操作主要依赖于手持终端、喷码机等简易机械设备，未实现自动化作业，容易出现故障导致作业不连贯；酒商与仓储服务商的信息系统割裂，造成酒商无法与仓储服务商的信息系统及时对接，信息的融合处理需要额外人工进行二次操作。目前已有大量企业在酒类仓库、工厂等场景，结合酒类货物特点，探索应用智能物流系统，例如，古井贡酒在 2020 年 3 月启动酿酒生产智能化技术改造项目，总投资 89 亿元，包括了酿酒生产区、储酒及勾调区、包装物流区、生产设备购置与安装、辅助配套区等；五粮液在 2022 年 4 月开工建设“高质量倍增工程”技改扩能项目，该项目总投资近 300 亿元，涉及扩大优质原酒产能、增强储存能力、提升智能化装备水平等，仅成品酒包装及智能仓储配送一体化项目预计投入高达 86 亿元。下面以兰剑智能为例介绍酒类自动存储系统的典型应用，兰剑智能围绕白酒生产制造过程中的基酒库、包材库、成品库、制曲搬运、成品装车等场景，探索应用了自动立体仓、自动导引车、堆垛机等构成的物流自动化解决方案，为酒业智能制造体系建设和高质量发展提供有力支撑。

（一）基酒库：跨多楼层自动化密集存储系统

实现基酒环节的自动罐装和自动出酒，是整个白酒物流体系里最具挑战性的难题。兰剑智能针对该难题进行创新研发，与某知名酒企联合打造了跨多楼层的基酒自动化密集存储系统，在基酒库最难的灌酒和出酒环节实现了自动搬运、自动灌酒、自动出酒，将基酒库的整个效率实现跨越式提升，从而有效提升了该酒业仓库的存储密度和运作效率，如图8-40所示。

图8-40　跨多楼层基酒自动化密集存储系统示意
资料来源：https://mp.weixin.qq.com/s/KDBTCPmqgcoP9j7fO2nRSg。

（二）包材库：多功能区自动化密集存储系统

包材库的特点在于种类多、流程长，兰剑智能综合应用了堆垛机、托盘四向穿梭车、全伺服托盘输送系统、有轨制导车辆（Rail Guided Vehicle，RGV）以及相应仓库管理系统（Warehouse Management System，WMS）/仓库控制系统（Warehouse Control System，WCS）软件，让优势系统处理擅长业务，满足不同业务流程的需求，实现包材的高密度存储。另外还可配置跨楼层托盘提升机，用于包材库与夹层、灌装线的互联互通，可实现包材的补给及余料的返库等自动化作业，如图8-41所示。

（三）成品库：协同作业自动化密集存储系统

兰剑智能结合酒类企业营销方式的变化，将企业端需求和消费者端需求进行整合，应用自动立体库，通过双工位堆垛机、出入库托盘输送系统、拆垛机械手、拆打包带设备、伸缩皮带机以及WMS/WCS系统等，实现成品酒整托入库、库间流转、整托发货、整箱发货、尾盘回库和空托流转的自动化作业，大大提升了整个物流系统的运作效率，如图8-42所示。

图 8-41 多功能区自动化密集存储系统

资料来源：https://mp.weixin.qq.com/s/KDBTCPmqgcoP9j7fO2nRSg。

图 8-42 协同作业自动化密集存储系统

资料来源：https://mp.weixin.qq.com/s/KDBTCPmqgcoP9j7fO2nRSg。

二、精细化管理—酒类物流服务平台

　　酒类产品具有货值高、易破碎等特点，导致酒类企业对物流安全问题高度重视，然而变质、破损、丢失、串货等安全问题在仓储、搬运、运输中转及配送过程中时有发生，酒类物流管理问题成为酒类物流技术探索热点，酒类物流服务平台应运而生。中交兴路以道路货运安全为出发点，立足于自主研发的物流科技能力平台，持续激活以人、车、货、企、场为核心要素的物流大数据应用潜能，深入酒企采购物流、生产物流、销售物流全链路，通过数字化赋能和产业赋能，驱动酒业供应链物流的高质量发展，目前已服务五粮液安吉物流、泸州老窖联众供应链、华润雪花啤酒、蓝牛酒业等酒类企业。

（一）在途可视化管控

在途可视化管控方面，中交兴路重点打通公、铁、水物流节点，助力酒类企业全面把控货物的在途运输状况，并对货物的异常风险快速作出响应。在占比最大的道路运输中，通过 AI 技术对车辆动态信息的分析，能够以极低的成本和极高的效率，精准锁定行车路线偏离、异常停靠等现象，为企业进一步查证"偷换串"、跨区销售等违法行为提供关键线索，保障货物的安全与可追溯。

（二）厂区数字化物流

在厂区物流数字化方面，中交兴路针对进厂物流车辆难以一体化统筹管理，进而造成厂区拥堵、装卸货效率低下的痛点，依托地图测绘、卫星导航、物联网等技术，提升车辆进厂作业的效率，改变厂区物流以线下人员被动管理为主的粗放经营状态。一方面，进厂车辆可通过预约排队、按需叫号，基于地理围栏有序进入厂区，通过移动端导航准确行驶到指定区域完成作业内容；另一方面，酒类企业可同步掌握进厂物流车辆的基本信息、实时位置和滞留情况，实现对车辆的有序管控。

（三）运力池构建

在运力池构建方面，中交兴路以自有运力和外协运力的实时可视化管理为切入，帮助酒类企业根据采购和销售的需求，实现对货运车辆的精准匹配。运力池系统重点针对货运车辆的实时位置、车型、车长、常跑路线、是否有固定货源、空满载率、目的地预测等属性进行标签化处理，可帮助调度人员快速检索和匹配适合车辆，完成货物与运力的高效精准对接。

（四）物流车辆智能调度

物流车辆智能调度方面，中交兴路以在途可视化管控、运力池构建、厂区数字化物流为基础，进一步打通酒类企业的订单管理系统、运输管理系统、仓储管理系统和计费管理系统等全业务系统数据，实现对生产经营节奏的全方位感知。当订单生成时，调度系统可联动仓储情况判断是否增加对原材料的采购需求；已确定的采购需求则进一步对接运力资源，同步联动厂区开启进厂预约作业，为下一步生产做准备；酒类产成商品再通过运力对接，完成干线、城配运输流程进入经销商和消费端渠道。当市场或订单发生不可预期的变化时，调度系统能够将信息实时触达至各业务环节及物流端，配合管理决策将风险和损失降至最低。

（五）安全评分系统

在安全评分系统方面，中交兴路依托物流大数据构建了针对货运车辆的安全评分系统。目前，评分系统围绕驾驶行为、道路特征、运营强度三大维度，将风险评分分为 A（优秀）、B（良好）、C（正常）、D（轻危）、E（危险）、F（高危）六类。酒类企业可通过该标准，直观判断承运车辆是否满足安全需求。评分系统及相关风险评测模型，目前已成熟应用于保险行业，成为国内主流保险公司在承保重载货车保险业务前进行定价决策与核保的必要工具。

三、一体化运作—酒类供应链解决方案

随着酒类产业高质量发展和同行竞争加剧，客户不仅对 24 小时内快速发货、低破损率、库存安全管理等供应链运营质量要求高，还对多平台订单处理能力、解决资金占用难题、以及实现 B/C 同仓多渠道管理提出了更高的要求，因此酒企供应链水平的重要性更加凸显，越来越多的酒企开始选择深度牵手专业物流公司，以供应链组织能力的提高加强对产业链各环节的把握，五粮液旗下的安吉物流就是数字化赋能酒水智慧供应链的优秀代表。安吉物流专注于酒水公铁水联运、仓干配一体化服务和供应链管理、国际业务，是国家 5A 级综合物流企业、全国供应链创新与应用示范企业，全国首批数字化仓库企业试点单位。

（一）实现对生产物流智能化管理，高效连接五粮液供应链信息流

安吉物流通过建立智慧物流可视化系统（见图 8-43），可以实现生产物流业务全线上可视化、透明化、智能化管理，保障生产物流任务高效、安全执行。建立安吉智能调度引擎，合理匹配物流订单与承运商、车辆、集装箱等运力资源，进一步提升车辆运行效率，提升运力资源使用率，有效降低物流成本。通过北斗定位、射频识别（Radio Frequency Identification，RFID）、移动视频等物联网技术实现人、车、箱、货可视化管理，降低物流安全风险。

（二）引进物流信息化平台，扎实推进干线运输全线上化管理

为了凸显公司信息技术核心竞争力，配合公司干线运输物流业务转型升级，迎合"互联网＋"的管理思路，安吉物流通过引入成熟、先进的物流信息化平台，实现多业务模型运作和管理体系的运作模式架构，具体包括：配合安吉各区域配送中心、网点的建立，建成集全国干线运输、仓储、金融物流、城际、城乡与城市配送、河运、铁运多次联运以及货代的物流运营网络体系。通过信息化管理，公司生产物流、三方物

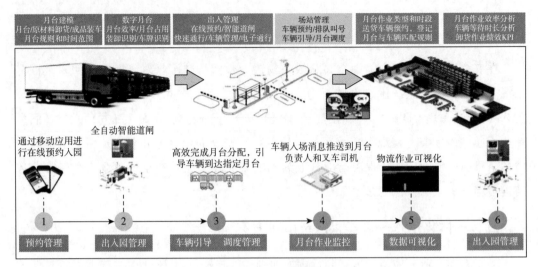

图8-43 智慧物流可视化系统实现业务场景

资料来源：https://mp.weixin.qq.com/s/LNcLGXPlVp9_auevf0nrsQ。

流、零担快运物流、货代物流、"互联网+物流"等多种物流运营模式日趋完善，各类业务迅速拓展。公司物流运作、物流管理得到进一步规范，对物流计划、执行、管控的能力得到全面提升。五粮液集团成品酒物流各环节效率、客户满意度近两年分别增长0.46%、0.5%；物流运输单位产值燃油消耗量同比降低4.65%；单位产值维修成本同比降低13.13%；单位产值人工成本同比降低3.67%。干线物流可视化系统业务应用场景如图8-44所示。

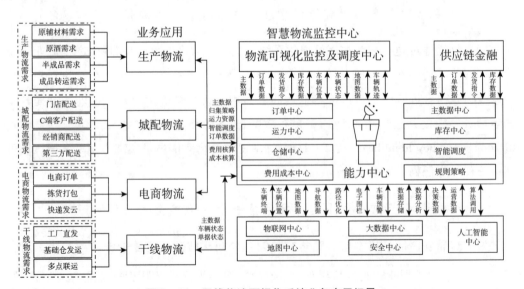

图8-44 干线物流可视化系统业务应用场景

资料来源：https://mp.weixin.qq.com/s/LNcLGXPlVp9_auevf0nrsQ。

（三）创新开发业务平台，大力促进安吉城配系统的推广

安吉物流配送系统是安吉自主研发的信息化平台，通过该平台司机、调度、管理人员仅需使用浏览器、手机微信小程序便可对运单、运输任务、车辆信息、个人信息等信息化数据做处理，无须下载其他应用。同时安吉物流配送系统的功能可以将司机、承运商、中转点及安吉物流运输系统有效地进行整合连接，通过该系统可以实现对物流运输配送业务全过程透明化的管理，也可以及时有效真实地监控并反映出整个运单运作过程中的信息流、物流、商品流等，有效地提高物流配送管理的有效性、及时性、全面性。

（四）改造智能高标仓，实现电商自动化仓储管理

现阶段安吉物流已投入使用电商 WMS 仓储管理系统，建立条码化制造信息追溯体系，实现线上入库、出库作业、库位调拨、库存调拨、实时库存同步、虚拟仓管理、订单加解密等自动化功能，有效控制了仓内作业成本，并跟踪仓库业务的操作。

第七节　应急物流技术

近年来，全国范围内突发的公共事件屡见不鲜，我国自然灾害以洪涝、地质灾害、干旱、风雹、低温冷冻和雪灾为主，地震、台风、沙尘暴和森林草原火灾等也有不同程度发生。2024 年上半年，各种自然灾害共造成全国 3238.1 万人次不同程度受灾，因灾死亡失踪 322 人，紧急转移安置 85.6 万人次；倒塌房屋 2.3 万间，损坏房屋 27.9 万间；农作物受灾面积 3172.1 千公顷；直接经济损失 931.6 亿元。这也逐渐暴露出我国应急物流管理协同效率低的问题，具体表现为由于信息化程度低导致物资需求、运力调配、指挥协调、信息对接等事项难以获得高效的协同。

2023 年 3 月 8 日，中共中央总书记、国家主席、中央军委主席习近平在出席十四届全国人大一次会议解放军和武警部队代表团全体会议时强调，加快构建大国储备体系，提升国家储备维护国家安全的能力。大国储备体系建设与战略作用的发挥，离不开应急物流，必须夯实应急物流能力支撑。加快构建大国储备体系，就是要进一步解决"储什么、谁来储、怎么储、如何用？"其中，解决"如何用"的问题，重点就是要解决"物畅其流"，国家储备由"静态"转为"动态"，确保物资动用和保障中物流顺畅的问题。完善我国应急物流保障体系是一项系统性工程，需要通过信息共享、环节衔接实现对各个环节之间的资源进行平衡和调度，提高我国应急物流保障的能力和效率。

一、应急物流信息技术

应急物流作为应对突发事件、保障生命财产安全的重要手段，其技术的发展水平

直接关系应急响应的速度和效率。近年来，随着科技的飞速发展，应急物流技术与装备迎来了前所未有的发展机遇。物联网、大数据、人工智能等先进技术的广泛应用，不仅提高了应急物流的信息化、智能化水平，也极大地提升了应急响应的精准度和时效性。同时，各类新型运输工具、仓储设备以及自动化分拣系统的不断涌现，也为应急物流提供了更有力支撑。

应急物流信息保障系统主要包括：应急通信指挥平台、卫星导航系统、卫星遥感系统、应急物流信息平台等，为应急物流机械化、信息化、智能化提供信息基础保障。

（一）应急物流指挥平台

应急通信指挥平台由执行应急通信、信息采集、现场指挥等任务的应急通信指挥车、综合应急通信车、小型卫星基站车、125W 短波通信车、800M 数字集群应急通信车、1.8 米 KU 频段卫星车、无人机高空基站、海事卫星通信系统、卫星通信系统等组成，实现应急突发事件现场的临时通信保障、应急指挥通信保障和现场应急指挥功能，根据不同应急用途完成多种应急通信和应急指挥任务。

1. 区块链助力构建应急物流指挥平台

区块链是多边平台经济下的产物，其去中心化的数据结构能够有效解决应急物流管理中物资供应商、政府管理机构、捐赠者、慈善机构和受赠民众等主体之间互相陌生且缺乏信任的问题。依托区块链技术，建立能够追踪、溯源的应急物资调度管理平台，实现物资统筹管理和有序调度。在技术上，区块链具有实时记账功能、信息公开透明，且在应急数据管理上具有不可篡改的特性以及时间戳能力。应将区块链技术引入我国应急物流管理，无论从前端应急物资的生产、采购、储存，还是到后端的运输、中转、配送以及逆向物流等各个环节，都能实现应急物流全程的可追溯，保证应急物资质量。在内容上，应基于区块链技术构建智能应急物流管理系统作为政企联通的紧急运输调度指挥平台，平台包含物资信息记录、物资供需管理和物资调度管理三个子平台。经过区块链防伪认证后，企业进入智能应急物流管理系统的供给模块，根据物资需求方录入的需求信息，供给匹配模块通过智能合约进行自动匹配，将相应的物资信息发送到调度管理平台，网络配送优化模块计算出最优配送路径。整个环节的数据信息会全部都记录在区块链的各个节点，由各个节点进行全方位监督，确保整个应急物流环节高效有序进行。

2. 物联网助力完善应急物流保障体系

物联网技术的运用能够对应急物流各环节之间的资源进行平衡和调度，实现应急物流管理协同效率的整体提升。物联网技术的核心是互联网，利用互联网或者局部网络等通信技术将传感器、控制器、机器、人员和物品以特定的方式联系起来，实现人与物、物与物之间的联系。将物联网技术运用于应急物流管理系统设计中，能确保整个系统中每个环节之间都能够紧密衔接，保证物资采购、运输、储存、装卸、搬运、包装以及配送等活动的顺利进行。通过对海量静态和实时动态应急数据进行分析、精准测算和全局优化，可科学就近调度和合理分配各类应急资源装备，快速智能地匹配服务应急救援实际需要，为国家综合指挥调度系统提供决策分析支持。对物资进行可视性跟踪和溯源，并且对运送物资的车辆进行导航和定位，可确保应急物资能够及时到达物资需求端，保证应急救援活动顺利进行。

（二）卫星导航系统

卫星导航系统是增强自然灾害风险防范与化解能力的时空基础设施，其凭借全天时全天候观测、测量精度高、实时性强等优势，对地质灾害隐患点的地表形变进行高精度监测，将位置信息融入自然灾害防治过程中涉及的人员、装备或设施，建立监测设施、救援设施、救援人员之间的联系，有效提升自然灾害防治的指挥调度与协同处置能力。

（三）卫星遥感系统

卫星遥感系统是对自然灾害进行监测、预警、评估的空间支撑设施，为自然灾害防治工作提供重要的信息，凭借空间基础设施的立体观测、广域覆盖等优势，在自然灾害防治的监测、预警、评估、响应、决策、救援等环节发挥重要作用。卫星遥感系统由遥感卫星和地面的测控系统、运控系统及数据处理系统组成。近年来，我国卫星遥感服务体系已基本形成，包括"高分""资源""减灾""海洋""风云"等系列遥感卫星，构建种类齐全、功能互补、尺度完整的卫星观测体系，有效提升了自然灾害综合防治与救援处置能力。

（四）应急物流信息平台

应急物流信息平台是贯穿应急物流各个环节，承担信息收集、共享、交互、加工和应用等功能，解决应急物流中需求、资源和过程"迷雾"的主要手段，支撑应急物流指挥组织有效整合信息，实现信息共享互通、不同主体协同合作、做出正确决策，确保应急物流组织指挥快速、高效，实现应急物流实时控制，应急物资精确投送。完善的应急物流信息平台主要包含数据层、算法层、传输层和应用层，实现突发事件监测及发布、应急物流预案管理、应急物资需求预计、应急物流资源管理、应急资源调度、应急物流辅助决策、应急物流可视化等功能模块。应急物流管理与指挥部门通过应急物流信息平台及时了解应急物资的来源、需求和供给，实时掌握储备物资、运力资源的数量和分布，实时掌控物资运输情况等信息，实现应急资源需求建模与报送、应急物资采购计划建议方案提报、应急物资运用指令下达、物资调拨运输跟踪监管、物资发放与回收等环节全链条掌控，强化集约化统一管理，提高物资供应、调度、配送流程效率，大大减少了灾害和紧急情况下的损失。

二、应急物流仓储技术

应急物流仓储技术针对应急仓储功能及其特点，应用于仓储系统中，提高仓储应急反应水平，主要包括仓储数智化、应急仓库及储备布局优化、应急入库及存储、应急分拣及出库等技术。物流技术在应急物资储备中的应用主要体现在以下几个方面。

（一）仓储数智化

应用 RFID、5G、区块链等物联网关键技术，实现仓储数据全方位感知和共享，包括应急物资信息、设备运行状态、仓库环境状态、出入库作业数据等，实现仓储作业及管理全流程的数字化，提高仓储作业管理的速度和精准度。同时引入高效作业的装卸、搬运、存储、分拣与拣选设备，如拆码垛机器人、AGV、自动化立体库、电子标签拣选货架、自动分拣线等，实现仓储作业的机械化、自动化，减少人力，满足应急仓储作业的高效化要求。

在此基础上，通过 WMS 并应用大数据分析、优化算法和人工智能等预测不同类型市场或应急事件发展态势、物资需求种类、物资消耗速度等，分析判断仓储系统各资源能力及负载水平，从系统平衡和优化角度实时制定出仓储动态作业计划和人机协作方案，并通过 WCS 对仓储系统进行可视化运行和控制，实现仓储的智能化。整个仓储系统的运行具有思维感知、推理判断、学习、演绎等智能特性，具备自行解决仓储运行中问题的能力，仓储系统人力、设施、设备和物资等各种资源得到最大化利用，仓储平时服务水平和急时应对水平达最佳状态。

（二）应急仓库及储备布局优化

在城市郊区，优化布局建设集仓储、分拣、加工、包装、交易等功能于一体的基地、应急仓库、城郊大仓等，具有平时服务城市生活物资中转分拨，急时可快速改造为应急物资和生活物资中转调运站、接驳点或分拨场地。应急仓库内部布局应满足急时应急物资接驳、调配和人员隔离需求的三区三通道功能布局，即外区（车辆洗消、垃圾收集、污水处理、人货隔离）、内区（货车停放、物资装卸、存储、分拣配送的物流作业）、缓冲区（甩挂或司机交换场地、检验检疫与卫生通过）；外来人员通道、本地人员通道、货物通道，三区三通道边界应有明显标识和物理隔断。"平急两用"各功能区宜预留扩展场地。

优化"中央—省—市—县—乡"五级应急物资储备布局，按规模、品种适度原则，不断推进自然灾害救助物资储备库的建设，储备库、储备点向基层前置，与有关企业建立了应急联动机制，综合运用实物储备、协议储备、产能储备等多种方式。按国家防灾减灾救灾委员会办公室指导意见，2025 年年底，力争实现全国县级储备库（点）覆盖率达到 100%，2030 年前，力争实现多灾易灾地区乡镇级储备库（点）全覆盖。

（三）应急入库及存储技术

通过人机协同入库、平急转换设施入库、集装（组合包装）入库及存储等技术，实现急时的大规模、高效入库。人机协同指平时采取时效稳定、限定的自动入库装备进行入库，急时将人力操作的入库装备或其他自动化入库装备加入进来，利用仓库入库功能区预留扩展场地开展人机协同并行作业，大幅提高入库时效；平急转换设施入库指在急时将平时入库输送装置进行转换，如平时通过穿梭车模式将物资送到堆垛机入库，急时将几个巷道的入库通道进行转换，变成人力驾驶叉车将物资送到堆垛机，实现穿梭车＋人驾叉车协同高效入库；集装（组合包装）入库及存储指按组合包装、托盘、集装箱为基本单位进行入库和专区存储，实现急时高效入库。

（四）应急分拣及出库技术

通过存储分拣一体化以及出库缓存技术，将出库前的分拣提前在存储阶段就完成，或将平时平面分拣区域立体化自动化，出库前按订单高效完成分拣任务并重新打包后，将其放入缓存系统暂存，一有应急保障需求，就能快速响应，按客户按车集中出库。

也能通过设施转换与人机协同出库技术实现。平时应用自动化出库装备如输送机结合穿梭车的模式实现物资出库，在应急模式下，需要大批量物资出库时，拆掉穿梭车护栏，堆垛机把出库物资搬运到卸货站台，输送机送到端头，人力驾驶叉车直接到输送机端头取货，实现大量、快速出库。

对于已按组合包装、托盘、集装箱为基本单位进行储存的货物，急时出库时按整包、整托、整集装箱高速出库。

三、应急物流运输技术

应急物流运输技术通过优化模型和智能算法等解决应急物流运输中的运输方式选择、运输路径选择、运输路网管理等问题，实现提高运输效率和网络运行效率的目标。

（一）多式联运技术

根据应急事件、物资特性和运输可行性等，应急物资通常需要经过多种运输方式相互衔接才能最终运达目的地。多式联运技术根据应急物流的环境条件和需求，构建多式联运优化模型，制定出各种运输方式的优化组合和衔接方式，实现应急物资安全、高效运输。

（二）运输路径选择技术

应急物流运输路径选择技术是以最小化救援时间、最大化应急响应能力、运输距离最短化、路径复杂性最简化等为目标，充分考虑应急物流运输过程中的不确定因素，如路况不确定性、路况修复不确定、库存动态变化、需求不确定、时间不确定等一些未知因素影响，构建满足时间紧迫性、系统冗余性、分配公平性等要求的应急运输路径规划模型，并通过智能求解算法，选择出实现应急运输时间最小化和效益最大化之间平衡的运输路径。

（三）路网优化管理技术

应急运输路网优化管理技术相较于应急物资运输路径优化而言是从更加宏观的角度，实现对应急运输网络的系统性优化。主要从物流网络节点的角度出发，分析关键节点并加强管理，以提升整个应急运输网络的韧性。同时，也有从物资调度方面进行分析，通过建立动态优化决策框架模型、多周期应急物流运输网络优化模型等方式，实现应急物流运输网络运行效率提高的目标。

四、应急物流技术装备

（一）储装运一体化系统

储装运一体化系统由1辆卡车、1辆拖车和2个可拆卸集装托架组成，卡车上配有液压装卸系统，每个托架有15吨的装载能力，2个托架上可装6~24个应急物资托盘，在无任何其他设备辅助下，一名驾驶员较短时间内即可快速完成装卸作业。该系统减少了装卸环节、装卸时间和对装卸设备及人员的需求，同时又能随机迅速转移，起到应急仓库作用，满足应急物资机动保障需求。

（二）自动托盘装载机

自动托盘装载机（见图8-45）是一种灵活、紧凑的重型叉车物流机器人，特别适用于军事物流和应急物流，非常适合在野外崎岖环境中搬运重型货物，可最大限度地减少货物装卸和运输需求，同时提高速度、适应性、效率和安全性。可在各种地形上运输重型和笨重的货物，从崎岖不平的未铺砌表面到仓库地板，可自主拾取和运输

463L重型托盘和标准仓库托盘，并利用航路点跟随在崎岖地形上导航。设计紧凑、轻便能够轻松地通过狭窄的空间，如仓库头顶门、飞机尾部和机身下方，能够通过远程控制或预编程进行可重复操作，在户外配送中心、应急物流、航空货运等领域发挥重要作用。

图8-45　自动托盘装载机（Autonomous Pallet Loader，APL）

资料来源：https://www.stratom.com/apl/。

（三）无人运输装备

在应急物流领域中应用的无人运输装备主要包括：无人机、无人车、无人船、机器狗等。

无人机类型多样，如多旋翼无人机、固定翼无人机、无人直升机等。通过无人机，运输时间可以缩短65%左右，实现应急物资的快速配送，尤其在常规陆路运输条件不具备的灾区、山区，只有通过无人机才能够快速、安全地实现应急物资"最后一公里"的送达。

无人车在应急物流领域中具有广泛应用。无人车可以不间断工作，特别适合公路条件具备情形下的持续、大规模应急配送，可以显著提高配送效率，减少人力投入，降低交通事故风险，并能根据需求快速部署和扩展。在疫情等公共卫生事件发生时，无人车配送可减少人员接触，大大降低了病毒传播风险。

无人船主要应用于水面事故及洪涝灾害中，可以快速抵达事故地点及水淹地区，进行船体、被淹车辆及基建等外观检查、评估损害程度，且安全性高，可通过无人化监测，提前评估复杂水况，保护救援人员安全。便于在狭窄水域部署，深入灾区腹地，为被困人员提供救生圈、庇护物资、医疗救护包等应急物资，同时可承担喊话、照明等重要辅助角色。

机器狗采用四足运动核心技术，适应更为复杂和多变的地形，可以随意调整步态，爬上陡峭的台阶、轻松跨越障碍，基本能够完成任何情形下的应急物资配送任务。在救灾中，机器狗能够凭借其强大的负载和跨越能力深入险地进行搜救工作。可以携带救援物资、医疗设备，甚至搭载摄像头或传感器，实时传输受灾区域的情况，极大提高了救援效率。

在实际的应急物流保障中，上述各类无人运输装备还可以根据情况灵活配置组合，共同完成应急物资配送任务。如无人机＋机器狗配送模式，无人机可以作为空中投送平台，完成远程运输任务，而机器狗则可以在地面完成"最后一公里"配送任务。通过无人机，将机器狗送到灾害发生地，后端通过链接（譬如卫星等通信手段），直接远程操控机器狗，完成勘察、破除障碍物、运送救援物资等行为，还可以将灾情瞬息万变的各种态势传回指挥部支撑救援决策。

（四）探地雷达车

探地雷达车是应急管理部防汛抢险急需技术装备揭榜攻关专项之一——"巡堤查险技术装备"的核心成果，能够快速、高效、无损地获取地下35米内的地质物性相关信息。在堤防巡查排险工作中，驾驶探地雷达车能够快速、准确识别内部空洞、蚁穴、管涌通道等隐患区域位置，监测堤防决口渗漏实时变化，实施安全动态监测，探地雷达车的现场作业情况如图8-46所示。

（五）无人机巡堤查险智能装备——智巡AR10

应急救援力量首先使用应急智巡无人机在空中快速巡查堤防背水坡险情，再通过巡堤查险车、智能勘测机器人对堤坝内部进行精细勘测，同时利用光纤险情探测仪对堤坝安全进行持续动态监测，实现对管涌、渗漏等堤防险情全方位、立体式勘测。应急智巡无人机为应急管理部防汛抢险急需技术装备揭榜攻关专项的核心成果，由国家自然灾害防治研究院牵头研制。这是国内外首次成功将无人机遥感技术用于堤防险情巡查的装备产品。

"智巡AR10"集成了可见光、热红外和激光雷达等多传感器，结合自主知识产权的险情智能识别技术，实现了管涌、渗漏、塌陷等堤防险情的全方位检测。"智巡AR10"无人机如图8-47所示。"智巡AR10"在应急现场实战中得到了测试验证。2023年4月，协助广东省佛冈县在潖江流域进行巡堤巡查，成功发现4处管涌点，

图 8 – 46　探地雷达车

资料来源：https://www.thepaper.cn/newsDetail_ forward_ 27335648。

图 8 – 47　"智巡 AR10" 无人机

资料来源：http://www.ninhm.ac.cn/content/details_ 35_ 4496. html。

指导地方政府及时做了应急处置，消除了风险隐患。2023年8月，支撑国家防办工作组在牡丹江开展巡堤查险工作，及时发现3处管涌点、2处渗漏点，获得了相关部门的高度认可。"智巡AR10"将会改变传统人工巡堤查险效率低、成本高、风险大的缺点，让巡堤查险变得更快速、更精准、更安全、更智能。

（六）堤防险情隐患快速巡查空中成套技术装备

"堤防险情隐患快速巡查空中成套技术装备"利用无人机高效巡查优势，集成了可见光、热红外、激光雷达等多种传感器，攻克了堤防管涌渗漏人工智能辨识算法关键技术，解决了海量数据实时传输、多源数据融合和一体化设备集成等难题，实现了对堤防大面积渗漏、管涌险情等大范围高精度的快速巡查、自动辨识与智能预警，能够做到及早发现险情，避免小险变大险，有效防范化解中小河流堤防溃口重大风险，无人机圩堤管涌险情巡查结果如图8-48所示。

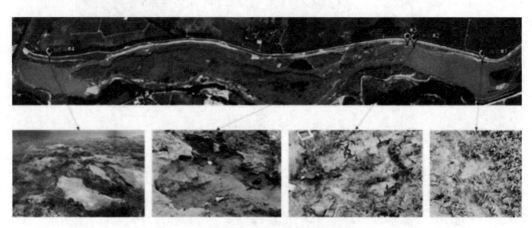

图8-48　圩堤管涌险情巡查结果

资料来源：http://www.ninhm.ac.cn/content/details_35_4016.html。

五、典型案例

（一）"应急使命·2024"

为深入贯彻落实习近平总书记关于应急管理的重要论述，扎实推动做好防大汛、抗大洪、抢大险、救大灾应急准备，国家防汛抗旱总指挥部办公室、应急管理部、浙江省政府于5月10日在浙江金华等地联合举办超强台风防范和特大洪涝灾害联合救援演习，代号"应急使命·2024"。

演习模拟超强台风"海神"正面登陆浙江宁波象山沿海，演习在金华设主演习场，在杭州、宁波设分演习场，共投入国家综合性消防救援队伍、解放军和武警部队、应急管理、公安、交通运输、水利、住建、自然资源、卫健、渔政、海事、铁路、电力、通信、燃气、危化等专业救援力量以及社会应急力量约8000人，动用直升机4架、翼龙无人机1架，部分船舶、指挥车辆、救援装备器材，以及铁路、航空、公路运力资源，如图8-49所示。

图8-49　演习调动的运输资源

资料来源：https://mp. weixin. qq. com/s? ＿ ＿ biz ＝ MzI2ODUyNjQ5Mg ＝ ＝ &mid ＝ 2247588441&idx ＝ 1&sn ＝ 1958a886fa9a62540d28f287bea95243&chksm ＝ eaedecaadd9a65bc71e178fd71516d07649627d46280a334228e960d3c786a85 d8e1d2a03900&scene ＝ 21#wechat＿ redirect。

国家危险化学品应急救援上海石化队作为参演力量之一，选派60名队员跨区域参加紧急拉动、机动投送、野战宿营、通信保障、油气管道泄漏抢险等科目，在预定时间内，完成18顶野战帐篷搭建任务。在通信保障科目中，上海石化队充分应用卫星便携站、侦检无人机、5G远程通信等技术装备，快速寻星、极速链接，全速形成高空、地面一体化通信网络空间运行体系，展现出现代通信保障技术应用于抢险救灾的强大优势，如图8-50所示。

图8-50　应急物资调度

资料来源：https://mp. weixin. qq. com/s? ＿ ＿ biz ＝ MzI2ODUyNjQ5Mg ＝ ＝ &mid ＝ 2247588479&idx ＝ 1&sn ＝ 728364c0b6cd9796130c1170574502c7&chksm ＝ eaedec8cdd9a659a3031bd5532a0a6cf8212edaaf21877cf7fbb591916661db65 c45cd01d3f9&scene ＝ 21#wechat＿ redirect。

在"应急使命·2024"演习中，物流技术的应用不仅限于传统的运输和通信手段，还涉及了大数据、物联网等先进技术的综合运用，以及不同物流运输方式的衔接配合和应急物资储备的精细管理。

大数据、物联网等先进信息技术在演习中发挥了重要作用。通过分析历史灾害数据、天气信息和地理信息系统（GIS），指挥中心能够更准确地预测灾害影响范围和强度，从而提前部署救援力量和物资。大数据分析还帮助优化了救援路径和物资分配方案，确保救援资源能够高效地到达最需要的地区。物联网技术的应用则体现在对救援物资和设备的实时监控和管理上。通过为物资和设备配备传感器和跟踪器，指挥中心能够实时掌握它们的地理位置、状态和消耗情况。这种实时监控不仅提高了物资管理的效率，还减少了浪费，确保了救援行动的连续性和有效性。

在物流运输方式的衔接配合方面，演习展示了多模式联运的优势。例如，直升机和无人机的使用实现了空中快速运输，特别适合于地形复杂或道路不通的地区。同时，铁路和公路运输则提供了稳定的后勤支持，确保了大批量物资的持续供应。不同运输方式之间的有效衔接，极大地提高了救援物资的送达速度和范围。

应急物资储备的管理能力也有了极大程度的提高。演习中，通过建立中央化的物资储备数据库，实现了对全国范围内救援物资的统一管理和调度。这些物资储备不仅包括食品、药品、帐篷等基本生活物资，还包括特种设备如挖掘机、救生艇等。通过精细化的库存管理和预置协议，确保了在紧急情况下能够迅速调配所需物资。

"应急使命·2024"演习中物流技术的应用涵盖了从大数据分析、物联网监控到多模式联运和应急物资储备的全方位管理。这些技术的综合运用不仅提升了救援效率，也为未来应急管理工作提供了更加科学和智能化的解决方案。

（二）数智化"医药动员中心"

重庆医药集团和平物流有限公司（以下简称"重药物流"）围绕"平时抓经营、急时抓保障、平急结合"原则，建设出数智化"医药动员中心"，可有效实现平急转换，提供应急医药物流保障。

1. 平时抓经营

做好"平时抓经营"，是"医药动员中心"的高质量发展的基础。整个中心由自动立体库、多层平库组成，其中自动立体库高度集成托盘立体库（见图8-51）、箱式立体库（见图8-52）、多层穿梭式密集库等。多层平库分四层，配置有国内医药物流首例出库缓存系统，且自动输送线及分拣系统穿梭连接于各楼层，可实现物资的快速出入库及分拣整合。

2. 急时抓保障

做好"急时抓保障"，利用电子标签拣选系统（Digital Picking System，DPS）取代拣货单，多任务高并发辅助拣货人员作业，大幅提升拆零拣选效率与准确率。利用

图 8-51　托盘立体库

图 8-52　箱式立体库

AGV 货到人拣选系统，实现应急物资任务的高速稳定地执行，大幅提高拣选效率。

同时配置有国内医药物流首例出库缓存系统，如图 8-53 所示，核心硬件为 4 套多层穿梭车箱式立体库，主要用于整件商品、重新打包商品出库的临时存储，箱通过输送线进入缓存系统暂存，调度配载后，按车按客户集中出库。缓存系统将集货区由平面集货转变为立体集货，大幅缓解集货区压力。系统自动记录出库商品信息，进行集中集货出库，同时进入该系统的商品为自动存取，减少了人工干预，减少出库分拣线集货人员，提高出库集货装车综合效率，节约集货区空间，确保现场有序，缓存系统分拨效率达 2000 箱/小时。

图 8 - 53　出库缓存系统

资料来源：《中国应急物流发展报告（2014—2024）》。

3. 平急结合

考虑到药品、医疗器械具有一定有效期的特点，平时需要考虑正常的消耗和轮换，急时需要考虑预先的储备和及时的供应。将托盘级堆垛机系统与多深位密集库（见图 8 - 54）结合起来进行建设，实现了仓储分拣一体化，也能实现平时服务的快速拣选出库和应急保供时的快速整托、整箱出库。

图 8 - 54　多深位密集库

资料来源：《中国应急物流发展报告（2014—2024）》。

重药物流同上述一系列措施，将现代化物流设施设备与信息系统深度融合，打造出数智化"医药动员中心"，大幅提升应急医药物流保障能力。

（三）突发公共事件应急平台

国家突发公共事件应急平台，是以国务院为中心、省级和部门为节点的国家应急平台体系。通过对应急突发事件的监测监控、预测预警、信息上报、辅助决策和指挥调度等，实现协同处置、合理应对，提高国家、省、市等应急业务部门的应急处置效率。应急平台建设过程中为应急物资、救援人员配备具有北斗/GPS 的定位导航终端，实现对应急资源的实时位置监控与指挥调度。

（四）空地无人投送系统

中国邮政集团有限公司重庆市分公司（以下简称"重庆邮政"）按照"平时是信使，战时是战士"的理念，在既有强大的有人、地面投送能力的基础上，建设空地无人投送系统，实现日常保障能力与应急保障任务完美融合。在平时，无人投送系统可满足经营发展和服务需要；在战时和紧急状态下，可满足国防和应急需求，打造出一支关键时刻信得过、拉得动、冲得出、打得赢的投送支撑队伍。

1. 无人机投送

重庆邮政贯彻落实党中央、国务院关于发展低空经济和新质生产力的要求，增强低空领域服务能力，培训一批无人机飞行控制人员，并获得了中国民用航空局颁发的《民用无人驾驶航空器运营合格证》。

2024 年 7 月，重庆邮政围绕"巫山脆李"组织了无人机运送飞行，实现巫山脆李从生产基地直飞巫山机场，再搭乘邮政航空货运专机从巫山机场飞向全国各地，首次实现"空空联运"。相比通过山区公路运输，时间缩短 80% 以上。

2024 年 10 月，重庆邮政在巴南区中坝岛开通市内首条常态化无人机邮路，单次最高可运载 100 千克。该无人机邮路实现"两进两出"：即将邮政信函、报刊、包裹等邮件和各家社会快递公司快件共同配送进岛，同时将岛上的各类邮件和农产品等便捷运输出岛，岛上居民享受到与城市居民同等的邮政、快递服务，其应用的无人机如图 8－55 所示。

2. 无人车投送

2024 年 9 月，重庆邮政试运行无人车投递，单车容量 5 立方米，单次充电行驶里程可达 200 公里，工作情景如图 8－56 所示。

3. 战时、急时保障

在战时和紧急状态下，无人机、无人车可按照国防和应急任务需要，就近或转场

图 8–55　邮政无人机

资料来源：《中国应急物流发展报告（2014—2024）》。

图 8–56　邮政无人车

资料来源：《中国应急物流发展报告（2014—2024）》。

至任务空域或地面区域，承运、投送战斗和应急物资。根据任务需要，无人机可执行空中巡检巡查侦查任务，快速将空、地图像信息回传后方，为战略决策提供实时信息；也可执行物资投送任务，将国防和应急物资快速投送至需求点。在疫情等特殊情况下，无人机可前出执行投送任务，实现无接触投递，降低传染风险。

第八节　快递物流技术

随着电子商务的发展及居民消费需求的增长，我国快递行业发展势头良好，业务量不断增加、服务质量不断提升，围绕分拣、配送等关键环节的快递物流技术也在向着数智化、绿色化等方向快速创新发展。

一、快递物流技术发展趋势

（一）科技助力提质增效

电子商务、新零售等新模式的崛起，使消费端对于物流服务时效性要求越来越高，加之人口红利退潮、一线用工紧缺等因素，对物流体系的运转带来极大挑战。在此背景下，国内快递物流行业对于智慧物流的需求越发旺盛，向数字化、智能化进阶。物流数字化发展的机遇已然到来。对于物流企业而言，未来的竞争已不再单纯依靠业务扩张和"价格战"，而是专注于仓储智能化、平台信息化的深耕。

（二）绿色物流驶入快车道

近年来，可持续已成为各行各业的发展趋势，并日益成为业务的重要组成部分。2024 年，可持续物流将继续从环境要求转变为商业成功的关键因素。越来越多的企业已经将 ESG（环境、社会、治理）纳入业务版图，包括依据合作伙伴的可持续发展实践做出商业决策。2022 年顺丰正式发起业内首个"零碳未来"计划。2023 年全球智慧物流峰会上，菜鸟 CEO 万霖提出，ESG 是物流行业的新趋势。近几年，京东也在 ESG 方面采取了一系列先行措施，以实现可持续的长期发展目标。

（三）低空网络加速建设

快递企业也在积极布局低空经济，运营发展步伐加快，机队体系不断丰富，低空网络建设持续推进，2024 年上半年我国天水、滨州、无锡、西安、珠海等地陆续开通低空无人机航线，为农产品寄递、跨城物流提供更多运输选择。

二、快递自动分拣技术

近年来，快递分拣向智能化、智慧化方向发展日趋明显，随着客户需求与业务形态变化向细分化方向发展，即小件分拣和大件分拣两大类别，逐渐出现以传统输送分拣设备为主的自动化分拣系统和以智能 AGV 和机器人设备为主的柔性分拣系统两大技术方向。

（一） 自动输送分拣设备

自动输送分拣功能主要由摆轮分拣机、交叉带分拣机、窄带分拣机、拨片式分拣机等自动分拣设备搭配供包系统、扫码系统等辅助设备共同实现，随着行业竞争加剧和物流技术进步，单纯的自动分拣已经不能满足快递行业需求，自动输送分拣设备的智能化、柔性化水平不断提高，也出现了一些新型窄带分拣机、条码识别技术等。

1. 中科微至单件分离系统

单件分离是在包裹进入各种自动化分拣线前的必备流程，主要功能是将混堆的包裹自动分离、整位、拉距排队，使杂乱的包裹按照指定间距变成单排阵型有序通行，依次进入各种自动化分拣设备。经过单件分离处理之后的包裹，在接下来经过其他分拣设备时，能够有效降低误差率，提高分拣成功率和包裹处理效率。单件分离系统采用视觉识别技术，并控制单元的独立运动实现包裹分离，如图 8 - 57 所示，一般由输入段、发散分离段、居中段和拉距段这 4 个部分组成。输入段主要通过传感器检测包裹有无，控制皮带机启停，将包裹输入系统。发散分离段利用相机识别包裹位置，发送信号给可编程逻辑控制器（Programmable Logic Controller，PLC），控制伺服电机将包裹发散分离。居中段将分开的包裹居中，确保它们在进入下一段时位于中心位置。拉距段通过光电感应计算包裹间距，对不满足设定值的包裹进行间距补偿，完成单列排序。

图 8 - 57　中科微至单件分离系统

资料来源：https：//baijiahao. baidu. com/s？ id =1792122911689883698。

中科微至的单件分离系统凭借深度学习、图像处理、包裹跟踪与精准控制等技术，实现了高效、准确的全自动供件。其具有三大优势。一是高精度识别，采用深度学习和图像处理技术，实现对各种类型包裹的高精度识别；系统能够准确识别出信封、纸箱和软包等不同物品，识别准确率高达 99.9% 以上。二是自动分离与排列，集成了先进的包裹跟踪和间距计算算法，确保包裹能够被准确分离并按照要求排列，为自动化分拣提供可靠支持。三是模块化设计与高效分离，采用模块化设计，支持多相机联合识别，通过图像拼接等技术扩大识别范围，保证稳定的分拣成功率；大件最高分离效率可达 7200 件/小时，小件最高分离效率可达 10000 件/小时。

2. 中邮科技面单多语言识别技术

传统的面单识别技术对国际快递的适用性较差，中邮科技最新研发的面单多语言识别技术可应用于系统无信息、多种语言的快递面单的地址识别。其结合视觉识别技术、翻译技术、地址识别技术和自动化处理技术等先进手段，基于地址库实现面单信息采集翻译的自动化处理。目前，该技术应用在国际函件批译环节，搭配场景专用的光学视觉识别器件，将实现英文面单识别到地址信息并翻译成中文面单的功能，为批译环节作业提供了巨大支持。现有案例的月处理邮件为 100000 件，翻译准确率可达 90% 以上，单个面单翻译耗时在 60 ~ 100 毫秒。

（二）机器人柔性分拣设备

基于快递物流客户高效、准确的分拣需求，分拣机器人系统应运而生，可大量减少分拣过程中的人工需求，提高分拣效率及自动化程度，并大幅度提高分拣准确率。目前我国投入使用的机器人柔性分拣设备主要包括有轨制导车辆（Rail Guided Vehicle，RGV）分拣机器人、AGV 分拣机器人。

1. AGV 分拣机器人

AGV 主要原理是通过电磁、光学或其他自动导引装置，沿着设定好的路径行驶，完成各种物料运输任务，就像是一个聪明的小车，能够在没有人操控的情况下自主运行。AGV 分拣机器人最大优点在于灵活，轮式运动设计让它不受固定轨道的限制，可以在各种场地、道路和空间内自由行动；无论是仓库、生产线还是机场港口，只要有需要运输的地方，AGV 都能大展身手。

蚂蚁机器人最新研制的 FlyPick 智能分拣机器人由 AGV 机身和托盘组成，托盘翻转角度达到 45° ~ 75°，当到达指定格口时通过翻盘实现分拣，具有高效率、高柔性、高回报、快交付、省空间等优势，如图 8 - 58 所示。另外在实际应用中由 FlyPick 智能分拣机器人、智能分拣桌和机器人控制系统（Robotic Control System，RCS）等组成蚂蚁机器人高速智能分拣系统，可随需增减平台机器人桌和调整分拣格口数量，模块化设计，具有灵活的定制化能力，满足不同客户的需求；适用于订单波次拣选、门店补货（按门店分）、退货处理（按 SKU 分拣上架）等场景，适合于快递、零售、商超、鞋服等众多行业的正向分拣与逆向分拣需求。

图 8 –58　蚂蚁 FlyPick 智能分拣机器人

资料来源：https://mp. weixin. qq. com/s/cS81e83DObv0DQf3Hzv8LA。

2. RGV 分拣机器人

RGV，全称 Rail Guided Vehicle，即有轨制导车辆，也称为有轨穿梭小车。与 AGV 不同，RGV 的运行依赖于固定的轨道。这种设计使 RGV 在特定场景下能够发挥巨大的作用。RGV 分拣机器人最大优点在于稳定快速，RGV 沿着预设的轨道运行，加速度和移动速度都比较快，适合运送重型工件；而且由于导轨固定，RGV 行走平稳，停车定位精度高，控制系统简单可靠。

申通最新发布的千向 RGV 分拣机器人就是专为快递仓配一体化产品应用场景量身定制的产品，如图 8 – 59 所示。在实际使用中，通常会有 2 ~ 3 台分拣机同时工作，但是每个小车行驶的路径都是由 AI 算法和路径规划系统规划的最优、无碰撞路径，相比传统的交叉机跟分拣机，RGV 分拣机器人系统占地面积缩小 50%，可以实现 100% 的全自动分拣，分拣效率提升 30%。

图 8 –59　申通千向 RGV 分拣机器人

资料来源：https://mp. weixin. qq. com/s/JqeTsA2KNdZh – eqy76wHiA。

三、快递末端配送技术

末端配送是快递物流技术创新应用的热门场景，无人车、无人机、智能柜、24小时无人值守菜鸟驿站等大量应用，让快递业面临前所未有的变革，逐步由"劳动密集型"行业向"智慧型"行业转变。随着快递末端配送技术创新趋于稳定，快递末端配送的场景创新快速发展，空地一体化无人配送、地下物流配送等新模式快速发展。

（一）空地一体化无人配送

无人机配送是一种基于无人机技术的配送方式，可以实现快速、灵活的空中配送；与传统的地面配送相比，无人机配送具有更快的速度、更广的覆盖范围和更低的成本。智能快递柜是一种自助式的快递收发设施，用户可以通过手机 App 或者二维码等方式自助取件或者寄件，大大节省了用户的时间和精力；同时，智能快递柜还可以实现24小时无人值守，提高了快递柜的利用率和安全性。以上两种快递末端配送技术已经取得丰富的应用经验，在此基础上丰巢创新推出了无人机接驳柜，搭配无人机可实现24小时自动化配送，有效提高派取效率，降低人力成本，如图 8-60 所示。

图 8-60 丰巢无人机接驳柜

资料来源：https://mp. weixin. qq. com/s/X4eO2evghVw-b5YJ8wCUzw。

丰巢空地一体化无人配送模式主要流程是：接驳柜在与无人机的协作过程中，当无人机运载货物抵达接驳柜上方时，接驳柜通过智能物联感知，自动开启顶罩装置。无人机下降自动校准，无缝对接，完成"机"+"柜"自主投递。在接收到取件码之后，可灵活安排时间前往接驳柜取件。接驳柜与无人机的完美协作，得益于各自出色的产品特性。丰巢无人机接驳柜支持对接多种无人机机型，具备19个货箱位，支持高货物吞吐量，可以有效地存储和流转货物。可以 24 小时不间断运行，支持高频次的自动起降，从而实现高度自动化的即时配送。无人机拥有精准的降落系统，配备下视毫米波避障雷达和下视双目智能避障功能，能够安全降落。能够在严苛的气象条件下正常运行，抵御七级大风和大雨。也能进行远距离操作，确保安全运营，运行总里程达到 60 万公里，支持异地起降。无人机与接驳柜协作，实现了城市内高效调配，合理利用闲置的低空资源，有效减轻地面交通的负担，进而节约资源和节省成本，极大地缩短了道路运输时间。

（二）地下物流配送

地下物流是指利用地下空间建设货物运输和配送的设施和设备，以实现城市内各种货物的有效配送和分拣。地下物流的概念最早可以追溯到 20 世纪初，主要是利用隧道轨道车或者管道系统运送邮件和包裹，美国芝加哥隧道公司是最早利用隧道组成的地下运输网络运输包裹的公司；受芝加哥隧道公司启发，伦敦地下邮政铁路于 1927 年开始运行，采用无人驾驶方式利用地下隧道网络运输邮件。

放眼世界，地下物流并非新概念，但我国城市地下物流还处于起步探索阶段。2019 年 9 月，中共中央、国务院印发《交通强国建设纲要》，要求积极发展城市地下物流配送。《北京城市副中心控制性详细规划：2016—2035 年》也明确提出要利用设施服务环建立地下物流配送干线系统。北京市交通委的 2023 年交通工作计划中，提出探索利用轨道交通非高峰时段开展物流配送，北京 4 号线、9 号—房山—燕房线被选为首批试点。目前，上海、浙江金华、天津等地也纷纷跟进探索地下物流。其中，浙江金华当地金轨快运专班还制定了《金轨快运高铁通禁止和限制承运物品目录》，并通过提前签订附带安全协议、安检前置等，为快递安全打上多层保险。

作为全国首例利用城市轨道交通非高峰时段富余运力运输快递的试点项目，这次北京是在不影响列车发车和停站时间、不影响乘客出行、不进行设备设施改造的基础上，通过固定线路、专人押运的方式组织快递运送。2023 年 9 月 23 日临近上午 9 时，一辆绿色邮政厢式货车停在地铁六里桥站 B 口外，4000 份报纸刊物分成 16 捆被卸下车后，装进两个专用手推车，之后一路来到 9 号线站台。邮政工作人员推着手推车，来到了车头 1 号门位置，这里也是"快递坐地铁"的专属上车位置。一趟地铁抵达，工作人员迅速推车进车厢，在车厢顶端固定好。这批纸质印刷品，将在工作人员护送下，由六里桥站上车，经过换乘房山—燕房线，在燕山站下车，再经路面运输送到燕山地区居民手中。相比于过去全程靠货车运输的方式，改走地铁接力运输后，上午 11 时就可以送达，比过去提前至少 1 个小时。随后几天，北京地铁 4 号线试点，在平均满载率低于 50% 的工作日非高峰时段开展快递运输试运营；顺丰同城快递于 12 时 30 分和

15 时 30 分，分两个批次，由西单、国家图书馆和魏公村站上车，运送至海淀黄庄站下车，如图 8－61 所示。

图 8－61　北京地铁配送模式

资料来源：https://mp. weixin. qq. com/s/8N3OFJCsTi3pTTAjAi－IPQ。

第九节　航空物流技术

随着全球航空业的快速发展，贸易国际化、全球化的加快以及居民消费的迭代升级和消费习惯改变，跨境电商、冷链、快件和特种货物等保持高速发展态势，航空运输需求大幅增加，航空货源结构发生了本质变化，我国航空物流业目前已进入发展机遇期和转型升级期，如何抢抓发展新机遇，通过各类新型技术赋能，实现我国航空物流跨越式发展是当下的重要工作。

一、航空物流四维航迹精细化管制

四维航迹与传统管制员对空话音管制方式不同，四维航迹精细化管制利用数据链通信技术实现空地一体化管制，即地面空管自动化系统的"大脑"与飞机飞行管理系统的"大脑"直接通过数字化指令信息进行实时交互，实现对飞行全阶段航迹的精确智能管理，通过空地系统的高度集成，可有效降低管制员、飞行员的工作负荷，避免管制指挥的"错忘漏"，提高管制安全保障水平。

（一）四维航迹技术实现数据精准可控

按照传统的飞机运行指挥模式，管制员需要语音告知飞行员具体指令。飞行员在收到管制员指令后复诵，管制员再监听飞行员复诵，以确保指令准确，如此一来一回至少需要超过 10 秒的时间。然而，在采用了四维航迹技术后，整个流程将大为不同——在地面，管制员只需点击鼠标即可将发布指令；在空中，这条指令会直接传到飞机上，飞行员可以在屏幕上看到更标准的数字指令。这种技术不仅可以降低因口误而发错指令的概率，在出现问题时也更容易及时进行更正。

四维航迹技术的核心在于时间精确可控，采用基于经度、纬度、高度和时间 4 个维度的精确数据，能够让飞机运行更安全。通过对航班起飞、爬升、巡航、近进、着陆等全阶段进行精细化控制，四维航迹运行能够实现"定点定时"飞行，时间精度从分钟级乃至 10 分钟级，提升至 10 秒容差之内。

在此背景下，提高自动化水平是避免大面积航班延误、降低成本的有效路径之一。近年来，基于四维航迹的运行是民航局以及民航局空管局非常重视的新技术应用之一，也是智慧民航、智慧空管建设的具体应用场景之一。自 2016 年以来，在民航局、民航局空管局等行业主管部门的指导下，多家民航相关企业进行深度合作，经过 3 年多的产学研用协同攻关，研制出了一系列四维航迹信息处理系统（ATN 数据链处理系统、四维航迹管制自动化系统等）。与此同时，为验证该技术的系统能力和管制运行程序，2016—2018 年，空客公司与中国联合项目团队以及管制运行单位开展了多层次、全方位的模拟仿真验证工作。

（二）四维航迹技术实现飞行轨迹预测控制

在运行时，航空器之间需要根据所在高度保持适当的安全距离。由于空管部门、机场、航空公司以及航空器等采用的信息参照不尽相同，管制员在进行指挥时必须将数据传输与损耗所带来的信息滞后考虑在内，为安全距离留出空间。在四维航迹技术的支持下，每架飞机的数据能够被提前确定下来，这不仅能够提高空中交通的可预测性，也能更好地保障飞行安全。除此之外，根据优化后的路线飞行，飞机还可以减少燃料使用，在降低成本的同时减少二氧化碳排放。

航路间隔的优化需要空管部门、机场、航空公司、航空器之间共享航迹动态信息。统一使用四维航迹进行管理，能够极大地提高安全裕度，提升管理效率，让飞机运行更加安全。对于飞行来说，四维航迹的价值在于为所有系统提供相同的数据参照。在推算出四维航迹后，航空器飞行管理系统（Flight Management Computer System，FMS）会将相关数据传送给空管、航空公司运控中心以及流量管理系统等，保证所有相关方在闭环内参照相同数据。依据现行标准，四维航迹技术最多可计算 128 个航迹点。

在飞行过程中，飞行管理系统接收到管制数字化指令后，将结合飞机实时数据动态更新预测航迹，从而增强航迹预测能力，实现对飞机的精准预测和控制。而在精准预测和控制背后，则是复杂的系统工程，涉及机载航电系统、地空数据链与空管信息系统等升级改造。值得一提的是，空客公司已开发出了符合适航要求的航电系统。有了配备航电系统的飞机，地面的空中导航服务提供商（Air Navigation Service Provider, ANSP）将能够更准确地预测交通流量。

对于空管保障部门来说，四维航迹飞机数据能够为管制容量释放更多空间。据悉，四维航迹飞机数据将被应用到各种管制自动化工具中，为指定空域甚至更远区域的交通监控、组织和排序服务，有效降低管制员的工作强度。

四维航迹技术不仅能够让管制员更加了解飞行员的意图，还可以增强冲突探测、交通态势感知、容量与需求平衡、复杂性管理等能力。例如，在冲突探测中，两架飞机可能在场面滑行、航路飞行等过程中发生冲突。地面空管人员在获取两架飞机的四维航迹数据后，可及时比对分析，提前预判可能出现的问题，及早指挥避让，从而大大提升安全裕度。此外，对多架飞机的态势感知，涉及流量管理、容量与需求平衡，这不仅是对单一飞机的管理，更是对飞行体系的宏观把控。

二、数字孪生赋能大兴机场航空物流

（一）创新引领，搭建可视化运维平台

自开航以来，北京大兴国际机场积极落实民航局《推进四型机场建设行动纲要（2020—2035年）》《推进新型基础设施建设五年行动方案》等文件要求，将航站楼打造成有温度、可感知、会融合的生命体，既拥有像大脑一样自进化的智慧管理平台，也具备集合感知、分析、决策等智慧能力的神经系统网络。基于建设阶段创造的良好条件以及航站楼"有机生命体"的设想，大兴机场积极探索"云存、云联、云享"数据传输新模式，利用楼宇自控系统将暖通空调、照明、电梯、行李系统等多元化的产品组合起来，探索构建服务美好出行和满足运维需求的绿色低碳、安全舒心、降本增效的智慧航站楼"有机生命体"。

机场航站楼供能服务覆盖面广，生产运行系统复杂多样，人员流动及聚散状态不可预知。而与之相伴而生的则是多系统数据碎片化、跨专业定位与分析难以融合、资源配置不均衡等问题，这些问题在一定程度上掣肘后疫情时代机场数字化转型进程以及一线运营团队智慧化服务能力提升。

为此，大兴机场通过多项举措增强全员经营意识，提升创新能力，整合内部资源，引入外部科研力量，成立"基于BIM和GIS融合的一体化运维平台架构"项目组。同时，大兴机场借助物联网、BIM建模、微服务等技术，搭建可视化运行管理平台，以提高运行数据采集的自动化程度、机电系统与需求的匹配度以及运行资源的利用效率，

探索自控系统多能感知、预测研判、协同运行和智能决策的创新技术路线。

按照项目总体规划，大兴机场计划取得发明专利两项、软件著作权两项。目前，发明专利"一种基于航站楼 GIS 和 BIM 模型的可视化配电管理方法"和"一种智能照明调节方法、系统及计算机存储介质"已进入申报环节，软件著作权"航站楼智能照明调节管理控制系统 V1.0"和"航站楼 BIM 模型可视化配电管理系统 V1.0"已分别于 2024 年 2 月 22 日和 2 月 23 日完成登记并正式获得登记证书。

构建电力资源时空底座是其中的一项重要工作。项目组以数字孪生智慧机场总体规划为蓝图，针对能源系统中对信息关联度及组织管理能力要求较高的电力资源，利用 BIM 模型编码系统唯一性的特点，编制建筑构件、电力机房、电气干线、末端电箱等基础构建 ID，将真实世界的电力资源分布情况一一映射在 BIM 模型和数据库中，实现电力资源的三维可视化展示；与此同时，打破航站楼电力运行监控系统与配电系统的数据壁垒，在完成数据清洗、治理、分类的基础上，建立电力系统专项数据库，不仅将各类构件整合在一个三维空间里，更可以随时对电力系统做"三维彩超"，精准、直观地展现第一现场原貌并作出诊断分析，辅助人工进行控制决策。

面对不断变化的用电需求，除适配与兼容外，"大数据库"系统也会自主分析状态变化趋势。未来，随着机器学习技术的发展，项目组将持续优化系统路线规划及数据研判等功能，从数据层面不断提升航站楼电力资源管理效率，拓展智能决策广域，"让机器能理解、会思考"成为现实。

（二）算法支撑，创造数字化空间

一直以来，大兴机场通过创新算法构建智控网络。基于大兴机场航站楼照明回路设计特点与不同空间自然光照数据采集结果，一线运营团队将照明系统分区分时精细化控制策略作为动态调节手段。然而，此类实操局限于人工调光控制层级，与实际需求匹配仍存在一定时间差。

鉴于此，项目组在搭建可视化平台的基础上，将照明系统迁移到数字化空间，在三维场景中进行自然光照算法模拟，运用 Revit、Rhino、Grasshopper 等多种辅助工具建立了自适应无极调光控制模型，既实现了航站楼照明系统光源远程控制，又可依托算法的可靠性实现根据时段、光照、人流等预设数据的自动调节。

与传统群控方案相比，自适应无极调光模式采取的是单灯控制策略，每一盏灯都有独立的"绽放"方式，一簇又一簇花灯在光感上呈现出平滑而柔美的过渡，在提供给旅客温馨舒适的视觉感受的同时，也极大提高了设备应用效能，是节能增效、绿色降碳的有效措施，为绿色机场建设助力。

万物互联聚合多样生态。与照明系统有所区别的是，项目组在空调系统可视化展示与智能控制方面则采用了无线监控技术：创新利用大兴机场私有云平台，部署空调机组云端控制系统，实现了对两台试点空调机组的远程监视与个性化温度控制。"云＋"技术的应用极大地降低了传统系统智慧化升级难度，可以低成本将建筑设备短平快地接入远程控制系统，为位置离散、服务标准有差异、设备品类不一的个性化需求提供专项方案，成为智慧化运行的重要手段。

（三）智慧开放，构建科技减碳生态圈

在航站楼基于 BIM 和 GIS 融合的一体化运维平台架构研究项目一期成果基础上，大兴机场正持续推进智慧机场建设。

一方面，引入"外脑"，联合科研院所深度合作，完善创新成果内涵与表现形式，加快前期研究成果的效益转化，助力专利成果在民航领域商用推广；另一方面，修炼"内功"，基于楼宇自控系统在数字孪生方面先行先试的成功案例，系统性整合资源，开发关键系统状态实时感知、运行模拟、故障预测、自适应智能调控等功能，以满足多场景、多任务、联动式资源管理的实际需求，实现能源系统智慧化运行。

2022 年，大兴机场按计划推进楼宇自控系统与航班生产运行系统、行李转盘分配系统等互联互通方案实施，丰富"云＋"技术应用圈，探索能源系统航班联动控制模式。从原先聚焦单一系统、单一环节、单一旅客区的能源控制，拓展到旅客全流程、可连续、多系统的并行控制，通过运行数据深度挖掘和智能分析，实现科学决策、自主动态调整，进一步推动系统运行状态更健康、运行保障资源更集约、运行管理更高效。

作为"双碳"战略的关键一环，大兴机场将以运行需求为导向，加快研究适合大兴机场航站楼的碳排放标准，以智慧能源管理作为科技减碳的发力点之一，汇聚各系统构建减碳生态圈，产生良好的社会效益，打造行业标杆。

"云＋"模式的启用提高了楼控智慧化管理平台的数据赋能价值。未来，大兴机场将继续探索传统自动化控制技术与云平台、大数据分析及人工智能等创新技术的深度融合，稳妥推动新型基础设施项目落地，优化楼控数据服务，挖掘运行数据价值，最终实现数据赋能楼宇"生命"的智慧化管理目标。

三、典型案例：东航物流引入无人仓配技术

（一）直面挑战，破解出入库烦琐与库容受限难题

东航物流作为知名物流企业，一直负责承运相当数量的易燃易爆危险品，诸如生物制药产业所需的液态气体等货物。考虑到危险品具有易燃易爆特点，采用传统人工

作业方式在仓库里查找货物、运输出库需要尽量避免触碰以减少风险，所以东航物流货运站的危险品仓库一直采用按危险品品类分区平铺的方式存放货物，以减少工作人员翻找的次数。

这一方式不仅操作烦琐、效率不高，而且为确保货物安全，工作人员全程必须做到轻拿轻放：一批危险品货物运抵浦东机场完成通关检查后，需要先利用人工叉车叉取货物送到待入库区，再由人工进行入库登记并手动分配库位，接着用人工叉车叉取到相应库位，完成货物入库操作；出库环节更复杂，先由代理人提交提货申请并提供运单号，再由货站操作人员根据运单号找出当时的入库记录，查找出这份运单所对应的存放库位，最后才能通过对讲机通知叉车司机去指定位置提取货物、运到待提货区，完成危险品出库操作。

伴随东航物流混合所有制改革，以及航空物流市场货物品类的新变化，如何在保障安全的基础上引入新技术，提升危险品仓配的出入库和空间利用效率，成为企业积极关注的课题，东航物流智能化无人仓配系统研发由此启动。

（二）智慧赋能，引入自动叉车＋激光导航技术

近年来，无人仓配技术在物流行业逐渐兴起，但既有方案通常是以电商、快递业态为主要服务对象，不能直接满足东航物流的需求。东航项目团队在前期调研中发现，机械臂、小型无人驾驶仓配设备等在电商、快递领域应用颇多。对于一批较重的货物，往往采用集装器和打板仓储模式，其中对安全平稳运输要求特别高的航空物流尤其是危险品航空物流不能直接套用。更合适的参考对象反而是在现代制造业领域，不少汽车厂商等制造业企业的现代化仓储空间，物品的体积和重量、仓储配送的空间和路线都更接近航空物流情况。

有了探索方向后，东航物流无人仓配系统项目团队选定了技术路径：使用动力更强的举升堆垛式 AGV 自动叉车机器人进行搬运，利用同步定位与建图激光导航系统，对物流仓库进行自动路径规划，实现智慧仓储的全程无人化操作。而与精准的激光导航定位、高效的 AGV 自动叉车相呼应的危险品仓储空间布局，也不再为了减少翻找而局限于地面，而是可以依靠货架向空中要地方。东航物流这一项目的仓库布局由此确定为包括 3 台 AGV 自动叉车机器人、24 排货架、共 600 个库位的仓库设计方案。

在软件层面，东航物流研发团队完成了无人仓储与东航物流所属货站上位系统的数据对接，能实现危险品出入库信息交互，并利用光电感应技术感应货物实际是否入库；而路线规划算法软件和智能避障算法软件则能与导航设备相结合，为 AGV 自动叉车设计和确定仓库里的最优运行路线与摆放危险品的最优库位。

值得一提的是，围绕民航对安全的特殊要求，东航物流还对 AGV 自动叉车的供电

方案有针对性地作了调整，由铅酸蓄电池改为安全裕度更高的磷酸锂电池；充电模式也从低电量时自动充电改为电量低于一定阈值后系统自动通知 AGV 自动叉车驶出库房到达指定位置，并安排工作人员更换电池，以达到航空物流库房高安全标准，同时避免了电池充电起火情况的发生。

（三）升级库容，助力东航物流运行提速

随着无人仓配系统在东航物流浦东机场西货运区危险品仓库的建成启用，依托货架存储，将仓储空间增至原来的 2.5 倍。原本需要 10 多名叉车司机、工作人员的操作流程变为智慧化无人运行，避免了个人疲劳、疏忽可能导致的安全风险，同时使入库、出库模式发生根本性变化，仓库运行安全与效率得到显著提升。

在入库环节，到港货物完成通关、驳运到待入库区域，操作人员扫码并确认货物信息后，无须呼叫叉车司机，而是通过操作系统向 AGV 自动叉车发布指令。通过数据接口读取货物信息后，系统会自动分析出该货物最适合放置的库位，AGV 自动叉车会前来自动叉取货物，按照系统设计的路线运输、摆放，完成入库作业。

在出库环节，代理人前往仓库现场或者通过移动端小程序提交提货申请后，无人仓配系统按照收到的运单号，根据入库时系统自动登记的信息，找到所要提取货物的库位，调度 AGV 自动叉车前去取货，完成出库作业。

在浦东机场西区货站危险品仓库率先启用无人仓配系统的基础上，东航物流还将围绕该系统所研发的货物自动定位功能，将其引入西区部分生鲜冷链仓库，方便冷库操作人员以更短时间准确定位货物、改善工作环境。而在东航物流建设的新一代货站内，AGV 自动叉车预计将在货物出港环节得到全面应用，从而更好地提升物流效率。

第十节　供应链金融技术

随着科技的飞速发展，金融技术正逐渐渗透金融行业的各个角落，但供应链金融传统征信和现场尽调等传统的业务模式仍具有较高使用度，物联网、人工智能和云计算等新兴技术应用效果不及预期，供应链金融技术应用面临场景复杂、数据互联和隐私保护三大挑战。应用场景复杂意味着海量数据处理与数据互联，这就要求实现数据高效流通的数据处理技术和充分共享的数据云平台技术。且由于供应链金融链条中涉及的企业众多，数据隐私的风险问题有时甚至会扩大至整个链条，从而引发重大金融问题，因此数据隐私保护技术在供应链金融中也至关重要。

一、数据处理技术

（一）多模态数据处理

1. 技术介绍

在供应链金融领域，对大量非结构化数据的处理和分析一直是行业面临的重要挑战，多模态数据处理因其在视觉感知和问答、理解和推理等各种应用中的卓越表现，正在获得越来越多的关注。

多模态数据处理是指在一个系统或模型中同时处理多种类型的数据，例如文本、图像、音频等。通过对多类型数据的处理，多模态数据处理以模拟人类信息理解与表达的方式，结合图像识别、金融大模型等前沿技术，可以提取出更多有用的特征，实现在金融场景下多类型数据源的综合处理及运用，为金融机构的智能风控、客户营销与智慧化运营，提供多模态情感计算支持，从而更好地理解和处理复杂的问题。

在实际应用方面，多模态大模型技术可通过自监督的方式实现对于海量无标注数据的学习，其自身的泛化能力支持特定场景少量数据的标注学习及微调，目前该项技术在人工服务监督评价、智能语音输入、反欺诈及不良贷款识别、情感捕捉与个性化营销等方面得到深化应用。

2. 供应链金融场景的应用

供应链金融领域中，多模态学习的应用主要体现在三大方面：一是供应链金融数据的多模态整合。供应链金融数据包括交易量、财务报表、新闻文章、社交媒体等多种类型。多模态学习可以帮助投资方更好地整合这些不同类型的数据，从而提高预测准确性。二是金融风险评估。多模态学习可以帮助投资方更好地评估金融风险，例如信用风险、市场风险、利率风险等。三是投资决策支持。多模态学习可以帮助投资方更好地支持投资决策，例如股票、债券、基金等投资组合的选择和调整。

3. 未来发展趋势

随着技术能力的提升，未来具备跨模态应用及学习能力的模型或将为供应链金融业带来更全面的多模态应用。多模态技术的应用将改善传统模型的信息收录方式，利用更加丰富的感知通道模拟人类的理解和表达，推动通用人工智能技术的泛化应用。同时多模态数据处理技术也面临着一定的挑战，多模态学习需要整合不同类型的金融数据，这可能会带来数据质量和一致性的问题；多模态学习模型可能具有较高的精度，但它们的解释性可能较低，这可能会影响其在金融领域的应用。

（二）低代码平台应用

1. 技术介绍

低代码开发平台是一种可视化快速搭建软件应用的开发平台。通过拖拽、拼接等方式，在只编写少量代码或不写代码的情况下，将通用的资产组件快速组装为所需应用，从而实现快速交付和产品迭代，同时有助于解决应用系统过多带来的信息孤岛问题。

低代码平台的概念于 2014 年首次提出，在近几年的发展中，主要经历了三个阶段。一是低速发展期，这段时期内尚无成熟的产品，但是部分 CRM（客户关系管理）、BPM（业务流程管理）、ERP（企业资源计划）厂商已经具备部分低代码能力。二是快速成长期，伴随着 DevOps、分布式、云原生等技术的不断发展，低代码平台的能力也日益成熟。三是高速井喷期，随着移动互联网的普及以及企业数字化转型的加速，软件开发需求爆炸式增长，生产力已跟不上企业日益增长的业务需求。

低代码开发平台底层基于云架构，支持容器化部署方式，有着友好的可视化界面、一键部署的运行环境以及高度可扩展性，能够降低开发门槛，打通信息孤岛，赋能 IT 人员，加速数字技术发展。

2. 供应链金融场景的应用

低代码平台应用技术能够将供应链金融业务的开发逻辑下沉到平台侧，在金融大模型的加持下覆盖更多中长尾金融场景的应用，实现数字化解决方案开发部署效率的提升。其主要应用场景主要包括以下六个方面。

（1）客户服务自动化。低代码平台使金融机构能够快速部署在线客户服务系统，包括移动银行应用和自助服务门户，从而提升服务效率和客户满意度。

（2）风险管理的动态监控。利用低代码平台，金融机构可以构建实时监控系统，自动收集和分析市场和信用风险，确保风险控制的及时性和有效性。

（3）内部审计流程的优化。低代码平台自动化内部审计流程，使审计人员能够专注于更有价值的分析工作，提高审计质量和效率。

（4）投资决策的灵活支持。通过低代码平台实现投资管理系统，快速响应市场变化，为投资者提供个性化和数据驱动的建议。

（5）贷款流程的自动化。低代码平台简化了贷款申请、审批到放款的整个流程，提高了贷款处理的速度和准确性。

（6）报表生成与数据分析。金融机构利用低代码平台快速生成监管和内部管理所需的报表，同时深入挖掘数据，为决策提供支持。

目前低代码平台已在工商银行内管类、工具类等多个系统中进行了落地试点，在围绕业务数据的增删改查等业务逻辑较为固化的场景中实现快速上线。

3. 未来发展趋势

随着金融行业数字化转型进程的推进，金融科技产品的技术研发与业务场景间的融合更加密切，低代码技术通过提供可视化的开发工具和预先构建模块，搭建起适用于金融业务的敏捷开发平台，在满足机构数字化转型过程中诸多开发需求的同时，实现机构金融业务效能的提升。在以往的低代码产品建设中，产品的可视化能力、基础组件的构成及产品与业务的适配效果是低代码厂商间竞争的核心，而如今随着产品应用能力的增强与业务场景的多样，产品功能层面的竞争已逐渐成为过去，是否有能力沉淀行业 Know-how、实现复杂场景的敏捷开发成为低代码产品的最新需求，随着 AICG、金融大模型等前沿技术在金融领域应用的逐步成熟，大模型加持下的低代码开发平台将实现更全面的业务场景覆盖，自然语言交互能力在低代码模式下的智能搭建与应用将进一步降低产品的使用门槛，通过需求描述自动生成简单应用的产品模式将成为可能。此外，金融大模型对于金融行业内数据、算法、场景模式的积累将为低代码平台的模块、组件、框架的优化提供有力支持，生成式 AI 对于需求代码的自动式生成将极大提高低代码平台的使用体验，助力业务向金融科技产品应用的达成。

二、数据云平台技术

（一）"云边端"协同与边缘计算

1. 技术介绍

边缘计算是指把简单的、需要实时计算和分析的过程放到离终端设备更近的地方，以保证数据数据处理的实时性，同时也减少数据传输的风险。"云—边—端"协同与边缘计算类似，更加强调架构，终端负责全面感知，边缘负责局部的数据分析和推理，而云端则汇集所有边缘的感知数据、业务数据以及互联网数据，完成对行业以及跨行业的态势感知和分析。"云—边—端"的协同能够充分发挥云计算与边缘计算的优势，满足供应链金融领域对于充分泛在算力的需求。

边缘计算系统通过云、边、端的三方协同，实现了云计算和物联网的深度融合，避免了大量不必要的敏感数据跨网传输，可应用于金融机构智慧网点、智慧安防等场景建设中。对于供应链金融行业来说，云端与边缘端的技术开源与架构解耦将成为"云—边—端"协同落地应用的重要一环，也为后续复杂业务场景的定制化开发奠定了基础。

2. 供应链金融场景的应用

"云一边一端"协同通过对资源、数据、应用的协同管理来进一步提升金融数据的安全性。在资源协同方面，针对边缘硬件的多样性和资源局限性进行抽象和管理，以确保上层金融应用能够高效、方便地利用底层硬件的计算和存储能力。同时，全局视角的资源调度能够优化边缘节点的资源利用，满足金融行业对实时性和有效性的高要求。数据协同则针对边缘计算中数据量大、隐私数据需本地处理的特点。在边缘侧对数据进行清洗、分析和整合等实时处理，确保金融数据的准确性和时效性。处理结果协同上报云端数据库，则能进一步提升数据的安全性和可访问性。应用协同是边缘计算的核心，它让金融行业能够方便地从云端向边缘灵活部署应用，降低应用生命周期运维管理的难度。这对于快速响应市场变化、提升客户服务质量和加强风险管理至关重要。

3. 未来发展趋势

供应链金融的智慧化变革已成为新形势下金融行业创新业务服务模式与产品、优化客户体验、提质增效的一大阵地。如何在金融业转型过程中充分发挥边缘计算等新技术的价值，引领行业数字化转型新趋势，成为供应链金融业面临的共同课题。边缘计算与5G、云计算、人工智能等技术深度融合，必将爆发巨大的创新潜力，催生新型服务模式和金融产品，全面提升服务水平。

（二）"一云多芯"融合云平台

1. 技术介绍

随着金融服务场景化、客户需求多样化，多元算力、多模态应用将成为一种新常态，金融行业未来的数据中心基础设施将长期保持着多技术路径并存的情况。而"一云多芯"除了实现多元异构算力的统一池化管理、统一调度之外，未来还有望逐步实现云平台多层资源的解耦，为智慧金融的发展带来更多便捷。

"一云多芯"技术的特点首先是云平台与硬件资源的解耦，实现与平台良好的硬件兼容能力，非常契合金融行业多种硬件并存的情况；其次，云平台IaaS与PaaS解耦，实现分布式事务框架、微服务框架、分布式数据库、大数据和人工智能等对资源的高效利用；最后则是应用数据与云平台解耦，在分布式架构下应用数据通过存算分离、对象存储等模式与云平台解耦，实现应用数据的自由跨云迁移。

随着"云计算"和"算力"深度融合，异构的底层硬件、客户操作系统及支撑软件等进一步加深了算云融合的复杂性，带来了底层架构多芯多栈的问题。"一云多芯"是解决异构复杂性技术难题的重要技术，在整个产业链中起到承上启下、贯穿生态的重要作用。"一云多芯"可实现从底层硬件到上层云原生应用的多芯全栈式适配兼容，是构建信创云、金融团体云底层架构的重要保障。

2. 供应链金融的应用

随着金融行业"上云用数赋智"进程的推进，金融业务场景的复杂性以及金融机构上云进程与软硬件产品选择的不同，导致目前金融行业存在多条技术路线并存的情况，而"一云多芯"作为能够实现在同一云端支持不同 CPU 芯片的混合部署的云平台协同技术，通过对源代码的架构编译、容器化封装、表转化部署的方式，实现多家金融机构、多类应用场景、多种软件产品的云端部署。在金融团体云建设与信创化浪潮中，"一云多芯"可解决信创应用适配 N 个操作系统与 M 个 CPU 架构的 $N \times M$ 多选的难题，有效地将数智化转型过程中的工程化挑战，以多样化算力帮助金融行业实现金融团体云建设。

目前行业内较为成功的案例为工行金融信创云平台，该平台在兼容适配性方面的工作涵盖硬件和软件两大内容。一是硬件方面，具体体现在具备多芯兼容的特点，一套云平台内可以同时包含 Intelx86、鲲鹏芯片、海光芯片等异构芯片服务器。具体表现为 IaaS 层计算节点可兼容适配主流的 Intelx86 芯片、海光芯片和鲲鹏芯片服务器，其中 Intelx86 芯片、海光芯片支持在计算资源池内混部，实现了异构芯片资源池统一管理和集中调度。存储和网络节点均兼容适配主流 Intelx86 芯片、鲲鹏芯片服务器。此外，网络接入设备（包括交换机、防火墙等）均兼容适配主流国产网络设备。二是软件方面，通过在引入国内领先云产品的基础上进行深度国产化适配改造，其中自研 PaaS 平台基于基础设施云平台供应的 Intelx86 芯片、海光芯片及鲲鹏芯片云主机搭建相应的容器集群，并由 PaaS 管理平台统一调度，具备覆盖 Intelx86、海光芯片、鲲鹏芯片等多种芯片的应用级调度部署、弹性伸缩及故障恢复能力。在操作系统方面，满足云主机、裸金属及容器等计算服务全面兼容麒麟 v7/v10 操作系统的能力，同时配套适配高斯 DB 及 iSQL 等国产或自研数据库，以及东方通等国产中间件后，具备从硬件设备到云主机、容器、分布式存储、数据库、操作系统、中间件等全栈国产化适配能力。

在建设效果方面，目前工行云上信创芯片服务器使用规模已超过 5000 台，已供应超过 20600 个信创容器，为业务系统信创转型打下坚实的技术底座，有效支撑了客户信息、会计核算、实物贵金属、大资管综合管理系统、中间业务管理系统及办公信息化等多个业务系统全栈信创转型工作，其中工行办公系统已全面实现单轨运行，实物贵金属业务系统使用占比为 100%。

3. 未来发展趋势

"一云多芯"的终极目标是实现应用与芯片架构的彻底解耦。这需要硬件、云以及应用等产业链上下游的共同协同，完善异构架构下有效算力的量化方法，以支持应用在不同架构处理器间的等价切换。共同推动应用与云基础设施的一云多芯相结合,打造垂直一体化方案,实现应用层面的跨架构无感知切换。在标准和测评方面,联合专业软件测评机构及产业链上下游生态,形成"一云多芯"行业标准。

三、数据隐私保护技术

随着金融行业对于数据流通共享需求的提升与数据合规应用监管的严格,隐私计算作为保障"数据可用不可见,用途可控可计量"流通范式的支持技术,在数据密集型产业合规运营中的作用愈发重要,但在实际应用中,面对复杂的技术栈部署、产品形态与应用环境,如何平衡技术在性能、安全性与通用性方面的表现,充分释放隐私计算能力、实现真正的大规模商用成为隐私计算行业发展面临的重要课题。

(一) 可信执行环境

可信执行环境(Trusted Execution Environment,TEE)是硬件中的一个独立的安全区域,由硬件来保证 TEE 中代码和数据的机密性和完整性。也就是说,TEE 是硬件服务提供商应用硬件在现实世界中构造的安全计算环境。可信执行环境原理示意如图 8 - 62 所示。应用 TEE 实现隐私增强计算的过程包括以下三个步骤。

步骤 1:各个参与方将自己的数据通过安全链路传输给 TEE。

步骤 2:TEE 在保证机密性和完整性的条件下完成计算任务。

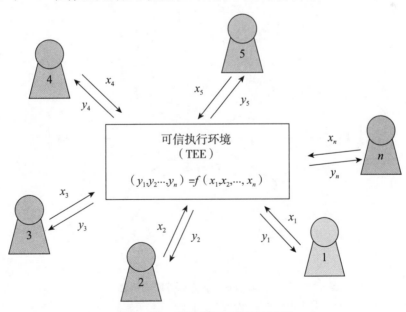

图 8 - 62　可信执行环境原理示意

资料来源:https://www.199it.com/archives/1409714.html。

步骤3：TEE通过安全链路将计算结果发送给各个参与方。

利用TEE的方案是大规模业务场景复制的基础。同时，软硬结合的一体机的产品形态是基础设施类最好的产品形态，隐私计算一体机通过可信硬件与高性能软件的结合提升隐私计算技术的易用性，为金融机构提供一站式隐私数据保护方案。

在提升隐私计算技术的可用性、易用性方面，将可信硬件与高性能软件相结合的隐私计算一体机，通过软硬件结合的方式构建从硬件、固件、操作系统到应用软件的一站式隐私保护计算解决方案，应用可信硬件的支持保障隐私计算系统的高效平稳运营，为金融机构提供开箱即用、安全可证的数据可信流通服务。随着《隐私计算一体机技术要求》的出台，隐私计算一体机产品在参考架构、功能需求、性能需求、安全需求等多方面获得了标准化、专业化的技术标准支持，在降低行业内协作成本的同时实现更大规模的产品应用与落地推广。

（二）安全多方计算

安全多方计算（Secure Multi-Party Computation，MPC）是密码学中的定义，在无可信计算方的情况下，多个参与方各自持有秘密输入，并可完成对某个函数的计算，但每个参与方最终只能得到计算结果和能从自己输入和计算结果中推出的信息，其他信息均可得到保护。安全多方计算原理示意如图8-63所示。

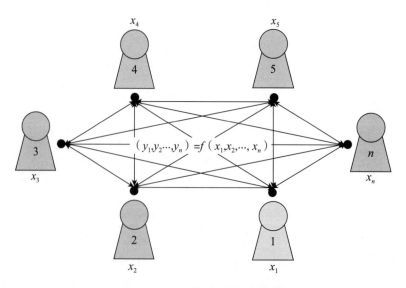

图8-63　安全多方计算原理示意

资料来源：https://www.199it.com/archives/1409714.html。

（三）联邦学习

联邦学习（Federated Learning，FL）是一种多个参与方在保证各自原始私有数据不出数据方定义的私有边界的前提下，协作完成某项机器学习任务的机器学习模式。根据隐私安全诉求与训练效率的不同，可以通过 MPC、同态加密（Homomorphic Encryption，HE）、差分隐私（定义见下文）等多种方式实现联邦学习。联邦学习原理示意如图 8 - 64 所示。

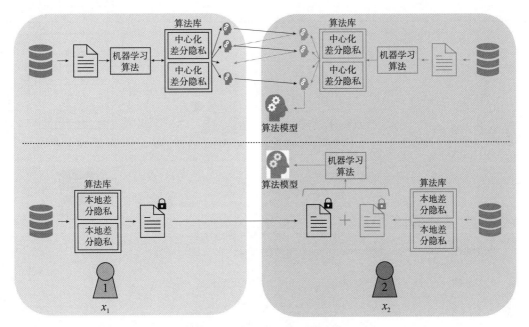

图 8 - 64 联邦学习原理示意

资料来源：https://www.199it.com/archives/1409714.html。

（四）差分隐私

差分隐私（Differential Privacy，DP）是一种基于对数据引入随机扰动，并从理论层面度量随机扰动所带来的隐私保护程度的隐私保护方法。根据随机扰动方式的不同，DP 分为在原始数据层面进行随机扰动的本地差分隐私（Local Differential Privacy，LDP）和在计算结果层面进行随机扰动的中心差分隐私（Central Differential Privacy，CDP）。差分隐私原理示意如图 8 - 65 所示。

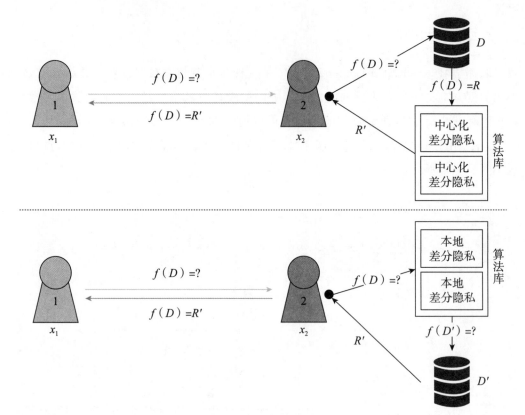

图 8 - 65　差分隐私原理示意

资料来源：https://www.199it.com/archives/1409714.html。

第九章　国外物流技术

2024 年前三季度我国社会物流总费用与 GDP 的比率下降到 14.1%，但与美国、欧洲、日本等西方发达国家和地区 6% ~ 7% 的水平仍存有一定差距。而这些发达国家和地区正是得益于在物流装备、物流信息、物流管理技术以及综合物流技术运用方面有着持续的创新和突破，加强了物流业整体的数字化、智慧化、绿色化和标准化程度，进而实现了较低的社会物流总费用，并创造较高的 GDP。

第一节　美国物流技术

当前美国物流行业正在经历结构性调整，供应链的灵活性和效率成为企业应对市场波动的关键，多元化承运商和优化成本策略也成为企业维持竞争力的重要手段。2024 年 3 月举办的美国亚特兰大物流展览会（MODEX）展示了超过 1175 家领先供应商的制造和供应链解决方案，寻求从传统设备到可持续性再到自动化、机器人技术和新兴技术等各种运营解决方案。2024 年 6 月，美国供应链管理专业协会（Council of Supply Chain Management Professionals，CSCMP）发布了《第 35 次美国物流年报》，报告显示，2023 年美国商业物流成本 2.4 万亿美元，同比下降 10.9%，占 GDP 比例为8.7%。随着市场环境的不断演变，为了确保物流成本的有效控制与供应链的强大稳定性，美国物流行业正在不断进行技术迭代和创新。

一、热点及新兴技术发展情况

（一）物流装备技术

1. Robovan 电动无人驾驶车辆（见图 9 - 1）

2024 年 10 月 10 日，特斯拉发布了两款最新的无人驾驶电动车型：Cybercab 和 Robovan，两款产品不仅体现了特斯拉对未来城市交通的大胆构想，也代表了其对技术与设计的高度整合。其中 Robovan 的设计理念旨在为城市交通提供更高效的解决方案，适用于短途的城市出行，还可以用作货物运输工具，从而大幅提高车辆的利用率。

Robovan 的外观如图 9 - 1 所示。

图 9 - 1　Robovan 电动无人驾驶车辆

资料来源：https://www.foxnews.com/tech/elon - musk - unveils - teslas - robovan - robotaxi - humanoid - robots。

Robovan 的外观设计独特，融合了未来科技与复古元素，既保留了工业设计中的圆润感，又引入了现代科技的金属质感与线条美学。银色金属车身配以简约的黑色装饰线条，两侧平行的灯带增强了未来感。在车内设计方面，Robovan 完全取消了方向盘、脚踏板以及其他控制器，乘客无须再担任驾驶者的角色，而是能够专注于车内的工作、娱乐或休息。这种设计标志着未来交通工具角色的转变，不再以驾驶为中心，而是聚焦于乘客的舒适与效率。Robovan 最多可乘坐 20 人，也可以作为轻型货车使用。其每英里的运行成本仅为 10~15 美分（折合人民币 0.71~1.1 元），极具竞争力。

特斯拉的自动驾驶技术依赖于其自主研发的 Tesla Vision 系统。与其他厂商采用 LiDAR（LightLaser Detection and Ranging，激光探测及测距系统）不同，特斯拉坚持视觉系统优先的策略。Tesla Vision 通过摄像头、雷达和超声波传感器的数据融合来感知环境，辅以 AI 驱动的自动驾驶算法实现车辆的自主决策。然而，Robovan 的自动驾驶技术面临巨大的技术挑战，尤其是在复杂的城市环境中。自动驾驶车辆必须在行人、车辆密集的情况下保持高精度的反应速度。Robovan 的未来成功取决于其算法能否在城市场景中具备足够的灵活性与安全性，以应对复杂的交通状况。

Robovan 的发布标志着特斯拉公司在未来城市交通和物流领域的又一次大胆尝试。尽管当前 Robovan 面临技术、法规和市场接受度的多重挑战，但它所代表的电动化、智能化和可持续发展理念可能会对未来交通运输业与物流业的发展产生深远影响。

2. Vayu 无人配送机器人

随着电子商务和网络零售的进一步发展，每天都会有大量的消费者依赖快递来为自己配送日用百货、电子产品、鞋帽服装、食品药品等商品，预计到 2027 年，美国 23% 的零售购买将在网上进行。但由于劳动力成本相对偏高，飙升的配送数量伴随的就是居高不下的单次配送成本。为了降低物流配送环节的成本，来自美国加利福尼亚州的 Vayu Robotics 公司推出了全球首款基于 AI 基础模型的公路无人配送机器人来探索配送降本之道，其外观如图 9 - 2 所示。

图 9 - 2　Vayu 无人配送机器人

资料来源：https：//www. iotworldtoday. com/robotics/ai - powered - delivery - robot - slashes - costs - by - ditching - lidar - aaaa。

传统的无人配送车依赖于较昂贵的激光雷达传感器和软件模块进行工作，而这类无人配送车只能根据预先设定好的路线运行，导致相应的设备和模块只能完成同类型的配送任务，而无法根据环境变化处理新的场景。Vayu Robotics 的无人配送机器人则相反，其将基于变压器的移动基础模型与无源传感器相结合，采用公司自主研发的 AI 移动软件进行导航，从而无须预先设定路线图，也无须配置昂贵的 LiDAR 传感器套件即可在商店内或城市街道上导航，并在车道或门廊上卸载包裹，完成配送任务。该技术主要基于三个核心：生物学启发的传感器摄像头 Vayu Sense、移动基础模型 Vayu Drive 和多功能无人配送机器人本体 Vayu One，综合技术集成可以使无人配送车能够在复杂和动态的环境中高效运行。

Vayu Sense 传感器摄像头将人工智能技术和传感技术集成到一个成本相对 LiDAR 较低的机器视觉系统中，外观如图 9 - 3 所示。它采用专有的全光传感器，内置 AI 来探索光的多个维度，产生比典型 RGB 相机更全面的数据集，同时产生的成本也在相同水平。Vayu Sense 在高分辨率深度和精度、小物体检测、负空间和其他复杂条件下的感知能力表现出色，例如弱光、眩光、雾、高动态范围场景以及玻璃和水的反射等环境。

Vayu Sense 传感器摄像头是 LiDAR 的低成本、高质量替代品，同时相较于市场中其他同类产品也具有一定优势，如与英特尔 RealSense 产品的对比如图 9 – 4 所示。其应用场景包括：汽车、AMR、无人机、仓库机器人、零售、物体测量等。

图 9 –3　Vayu Sense 传感器摄像头

资料来源：https://www.vayurobotics.com/solutions/vayu – sense。

Vayu Sense　　　　　　　　　　　　　Intel RealSense

图 9 –4　Vayu Sense 与 Intel RealSense 使用效果对比

资料来源：https://www.vayurobotics.com/solutions/vayu – sense – development – kit。

Vayu Drive 移动基础模型是一个以模拟优先方法开发的机器学习模型，其允许机器人在多种操作领域内进行表示学习、行为规划和快速迭代。该模型使用真实世界数据和模拟数据进行训练，并依赖于 Vayu Sense 传感器摄像头收集数据。与大语言模型类似，Vayu Drive 是一个端到端的神经网络，它基于输入和输出的标记进行操作。其中输入是多模态的，来自摄像头的图像标记、机器人执行指令的指令标记以及显示道路级导航路径的路线标记。与其他模型不同的是，Vayu Drive 的"状态"概念是随着时间的推移逐步建立起来的，并随着收到的每一个额外的输入框架而更新，这允许在不减慢处理速度的情况下拥有大量的上下文窗口，在边缘设备上运行时每秒可处理 10 帧画面。同时，这种"基于视觉"的导航方法（又名"在线地图绘制"）意味着无须依赖高清地图输入就可实现自主导航。

上述两种技术被集成在了 Vayu One 无人配送机器人中，用来实现配送功能。Vayu One 外形是四轮电动送货舱，高 1 米，长 1.8 米，宽 0.67 米，尺寸相对小巧，因此在前往客户的路上不会对其他交通造成太大阻碍。Vayu One 的最高时速可达 32 公里/小时，其电池组的单次充电续航里程据报道在 96～112.6 公里。其存储舱可以存放 100 磅（约 45 千克）的货物，并且可以通过对货舱的调整增加到 200 磅，能够满足大部分日常货物的配送需求。客户通过应用程序下单后，Vayu One 就会装载货物并自动前往客户地址，一旦到达交货点，Vayu One 就会在人行道或车道边停下来，通知客户取货，并打开侧门，用机械臂取出指定的包裹。目前 Vayu One 已获得了在美国公共道路上运行的监管许可，可以合法地与汽车共享道路，大幅提升了配送效率。Vayu One 配送试验场景如图 9 - 5 所示。

图 9 - 5 Vayu One 配送试验场景

资料来源：https://newatlas.com/robotics/vayu - one - autonomous - delivery - robot/。

3. Palion Lift CR1 AMR 叉车（见图 9 - 6）

叉车在物流系统中扮演着非常重要的角色，是物料搬运设备中的主力军，广泛应用于港口、货场、工厂车间、仓库、流通中心和配送中心等。而随着自动化制造业和现代物流业的飞速发展，AGV、AMR 等技术快速涌现，叉车与这些技术的融合发展便成了重要的新趋势。目前市场中已经有大量的融合 AGV 技术的无人叉车产品，但将 AMR 技术与叉车融合发展的产品相对较少。来自美国宾夕法尼亚州专注于提供 AMR 物料搬运解决方案的 Seegrid 公司推出了最新的升降式 AMR 叉车——Palion Lift CR1，通过将叉车设备与 AMR 技术融合，以应对制造、物流和仓储等领域的客户在自主物料搬运方面不断变化的挑战，并旨在将工厂或仓库内从事单调乏味工作的员工解放出来，完成一些更具附加值的工作。

图 9 - 6　Palion Lift CR1 AMR 叉车

资料来源：https://seegrid.com/autonomous - mobile - robots/lift - cr1 - amr/。

Palion Lift CR1 的举升高度可达 4.5 米，具有处理高密度存储以及堆叠多个托盘货物的能力；其有效载荷能力可达 2 吨，使其可以承担从空托盘到非常重的货物的搬运任务。同时，Palion Lift CR1 也允许工人手动操作，使其在某些特殊环境下仍然可以完成基础任务。在适用范围进一步扩大的同时，Palion Lift CR1 也具备 AMR 的通用特点，如下所示。

先进的自主导航：Palion Lift CR1 将 Seegrid 公司自研的导航技术和安全传感器套件进行综合集成，使其通过内置传感器和算法便可实现环境感知、地图构建和路径规划，而无须依赖于预设的导航设施和固定路径，因此具有更高的灵活性和适应性，可在动态环境中高效运行，包括能够精确安全地通过仓库中的各类通道或避开路径中的障碍物等。

可扩展的灵活部署：基于自主导航特点，Palion Lift CR1 可在不改变原有物流设施布局的情况下无缝衔接集成到已有的物流流程中，快速适应高度动态的工作环境，从而满足不断变化的业务需求，并且不会影响已有物流流程的日常运转。

显著的效率提升：AMR 具有可以执行多种物流任务的特点，可以根据需求自主地在仓库或工厂中移动、定位和完成特定操作。因此通过设定自动化物料搬运任务，由 Palion Lift CR1 自主执行，可以简化关键操作、提高物流操作的准确性、降低运营成本、最大限度地减少事故风险，并最终表现为仓库整体效率的提高。

Palion Lift CR1 是 Seegrid 公司研发的第二款集成 AMR 的搬运设备，与 2022 年推出的 Palion Lift RS1 前移式堆垛机合并为一个产品组合，其可广泛应用于制造业和物流业的相关物品搬运、转运任务中。Palion Lift CR1 的推出进一步印证了叉车与 AMR 技术的融合发展趋势，尖端技术的集成重新定义了仓库自动化的可能性，在提供高度灵活、自由扩展解决方案的同时，改善了员工的工作体验。

4. NexSys AIR 无线充电技术

当前 AGV 在仓库货物搬运、大规模定制化生产的智能工厂和某些特殊环境中已经得到了广泛应用，但其应用数量的增加和应用场景的拓宽，也对 AGV 充电产品提出了"更快充电、更强续航、更加安全"的要求。当前传统的 AGV 充电方式为接触式充电，其需要用电缆和充电触头将车辆与供电系统连接，以直接对其进行充电。这种充电方式虽然可提供较大的充电电流来实现快速充电，但缺点是不适用于频繁充电，且多次使用后存在充电触头磨损，需要定期更换。另外，接触式充电还存在安全隐患，如可能产生电火花或暴露部件无法在低温、潮湿、易燃易爆等环境下正常工作等。在此背景下，无线充电便成了一种适用性更广、更加安全的充电方式，来自美国宾夕法尼亚州的工业蓄电池制造商 EnerSys 公司就推出了一款 NexSys AIR 无线充电器，其专为各种 AGV 设计，无须物理连接即可充电，其外观如图 9-7 所示。

图 9-7　NexSys AIR 无线充电器

资料来源：https://mp. weixin. qq. com/s/G66Np7zd0Jwc - GERpVD4hQ。

NexSys AIR 无线充电器能够为传统的浸没式铅酸电池、纯铅薄板电池和锂离子电池充电，并可处理各种型号的 AGV，在自动化仓库系统中具有更高的适应性。同时，NexSys AIR 无线充电器的占地面积较小，可以分布在各种物流设施内的不同位置，如未放置货物的下端货架内、货架中间、仓库内的空地等，这给物流设施的布局设计提供了更强的灵活性，也给需要充电的物流设备的动线设计提供了更高的自由度。该无线充电器的下端配备了一个非接触式的充电垫，同时也需要待充电 AGV 的电池配备有相同规格的充电垫。当 AGV 需要充电时，只需移动到 NexSys AIR 无线充电器附近，将两片充电垫对齐，即可开始无线充电，充电场景如图 9 - 8 所示。该种无线充电的方式提供了一种相对更可靠且无须人工操作的充电服务，同时消除了传统接触式充电的磨损消耗成本和烦琐的维护工作。NexSys AIR 无线充电器还具有直观的触摸屏控制和环境检测功能，包括异物检测（Foreign Object Detection，FOD）和活体检测（Living Object Detection，LOD）功能，在充电过程中如果检测到有工人或其他设备距离过近，则会暂停充电，有助于保护工人和设备，提高了安全性。

5. Mytra "六向穿梭车" 技术

用于物流仓储领域的自动搬运技术之所以在融资困难的大背景下，依然能吸引资本的关注，在于其能够立竿见影地提高效率。据统计，全球范围内只有 5% ~ 10% 的仓库实现自动化，其中大部分仓库的基本运作方式仍与一个世纪前相同。与此同时，由于工作内容单调且辛苦，仓储行业的劳动力供给正在快速缩减。有研究指出，在欧美国家，仓库每年的员工流动率达到 49%，有些企业更是高达 150%。因此对于以穿梭车为代表的仓储技术而言，这是一片有确定需求的广阔市场。目前国内外各厂商的四向穿梭车产品已经打磨得比较成熟，利润似乎已经微乎其微，许多人都认为，四向穿梭车已经没有创新的空间，行业将进入价格战的后半场。但近期，美国加利福尼亚州的 Mytra 公司推出的一款仓储机器人设备有机会引领下一波仓储技术的进化潮。

Mytra 公司在仓储领域推出的这款全球首创的仓储设备是通过托盘单位、模块化的矩阵框架以及相应的 AI 调度软件构建的一个可搬运多类型货物的、可扩展和高密度的密集存储系统，该系统的新颖之处在于，存放货物的托盘单位可以在 3D 框架结构内，往任意方向自由移动。它既能与四向穿梭车一样在一个平面横向移动，也能在垂直方向上搬运货物，而无须提升机的辅助。因此可以根据这个特性将其形象地称之为 "六向穿梭车" 技术，全向移动也意味着更高的运作效率与更小的占地空间。

该系统中托盘单位的外观如图 9 - 9 所示，其最大载荷可达到 3000 磅（约 1361 千克），保证了其负载各类货物的强大适应性。托盘单位的四个角分别搭载了 11 个摄像头，托盘内部还安置了高灵敏度的陀螺仪和无线通信系统，使托盘单位可以在系统内安全准确地进行导航。而托盘单位的任务安排由 Mytra 公司自研的 AI 调度软件通过路

充电垫

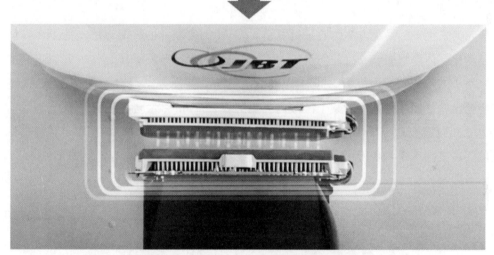

图 9 - 8　NexSys AIR 无线充电器的充电过程

资料来源：https：//www. youtube. com/watch？v = VsMXupex0pw。

径优化和库存管理等功能处理后决定，提高了决策的科学性。

将托盘单位集成起来的模块化矩阵框架通过钢材打造，在成本较低的基础上提高了框架的精度和强度。每个框架最小单位由最简单的上下底座和四根支撑架组成，没有附加动力装置和可移动的部件，使该框架易于维护。同时，该框架具有模块化的特征，可以根据需求无限加装。且由于框架最小单位为长方体，因此可以根据客户仓库的不同条件组装成不同形态，极大地提高了仓库空间利用率。

Mytra "六向穿梭车" 系统由模块化的托盘单位和矩阵框架组成，具有极高的灵活性，当每个单位的移动方向限制由 "四向" 拓展到 "六向" 时，货物的存取路径数量

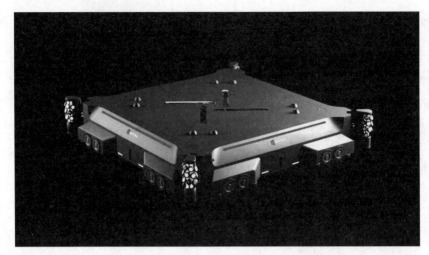

图9－9　Mytra"六向穿梭车"的托盘单位

资料来源：https：//www. mmh. com/article/mytra_ new_ warehouse_ robotics_ company_ founded_ by_ ex_ tesla_ and_ rivian_ leaders_ launches。

便呈几何式上升，最优方案的数量也更多。在 AI 调度软件的智能算法支持下，任何一个自动化立体库都能够支持任何规模的 Mytra"六向穿梭车"系统运作，并以极高的速度从格子内检索和运送货物。同时消除相互碰撞的路径方案，避免造成"交通堵塞"或将托盘单位困在立体库的某个区域内。据计算，Mytra"六向穿梭车"系统与目前市场上"四向穿梭车"技术相比，可节省高达88％的工作时间。Mytra"六向穿梭车"系统部署场景如图9－10所示。

图9－10　Mytra"六向穿梭车"系统部署场景

资料来源：https：//mytra. ai/。

总体来看，Mytra"六向穿梭车"系统具有可定制性、可塑性、可扩展性和高密度性，可实现复杂的托盘和货物处理自动化，而无须承担叉车、托盘搬运车、传送带、升降机和其他仓库自动化设备混合使用的复杂性。这种简单性得益于三个关键突破：一是简化产品，Mytra"六向穿梭车"系统仅包含托盘单位、矩阵结构和边缘智能软件三个独立组件，简化了部署过程，降低了成本并避免了单点故障；二是全向移动，Mytra"六向穿梭车"系统是首个允许从任意单元到任意相邻单元进行全方向移动的系统，实现了物理极限的最大灵活性；三是软件创新，Mytra"六向穿梭车"系统软件平台可实现多环节优化，并不断学习和改进，以适应客户需求。

（二）物流信息技术

来自美国加利福尼亚州的 Helm. ai 公司业务主要面向高端的高级驾驶辅助系统（ADAS）、Level 4 自动驾驶和机器人技术的 AI 软件开发。近期该公司推出了生成式 AI 模型 VidGen–1 及 WorldGen–1，对于预测任务、生成式模拟和无人驾驶技术的发展都具有重要意义，给物流运输环节的科技创新提供了全新的机遇。

1. VidGen–1 模型

通过将创新的深度神经网络（Deep Neural Networks，DNN）架构与 Deep Teaching（一种高效的无监督训练技术）相结合，VidGen–1 模型经过数千小时的各种驾驶视频训练后，可以创建逼真的驾驶场景视频序列。这些视频的分辨率为 384×640，可变帧速率高达每秒 30 帧，长度可达数分钟，既可以在没有输入提示的情况下随机生成，也可以通过单个图像或输入视频进行提示。预测视频中的下一帧类似于预测句子中的下一个单词，但维度更高，而生成驾驶场景的逼真视频序列代表了自动驾驶最先进的预测形式，因为它需要准确地模拟现实世界的外观，并将意图预测和路径规划作为堆栈最高级别的隐式子任务，这种能力对于自动驾驶至关重要。

VidGen–1 模型能够生成不同地理位置、多种摄像机和车辆视角的驾驶场景视频。该模型不仅可以生成高度逼真的外观和时间一致的物体运动，还可以学习和重现类似人类的驾驶行为，生成自车和周围主体按照交通规则行事的运动。该模型模拟了全球多个城市各种场景的真实视频片段，涵盖城市和郊区环境、各种车辆、行人、自行车、十字路口、转弯、天气条件（如雨、雾）、照明效果（如眩光、夜间驾驶），甚至还能准确反射湿滑路面、反光建筑墙壁和自车引擎盖上的光线。与传统的非人工智能模拟相比，VidGen–1 模型能够快速生成预测视频，并具备复杂的现实行为，其可以应用于 AMR、自动采矿车和无人机等物流运输和配送设备。VidGen–1 模型生成的逼真东京街景视频如图 9–11 所示。

2. WorldGen–1 模型

WorldGen–1 模型是一种基于多传感器的生成式人工智能基础模型，旨在模拟整个自动驾驶汽车堆栈。该模型综合了传感器技术和感知数据，预测高度逼真的车辆和行人行为，并简化了自动驾驶系统的开发和验证。

WorldGen–1 模型同样利用创新的生成式 DNN 架构和高效的 Deep Teaching 无监督

图 9 – 11　VidGen – 1 模型生成的逼真东京街景视频

资料来源：https://www.therobotreport.com/helm－ai－launches－vidgen－1－generative－ai－model－autonomous－vehicles－robots/。

训练技术，覆盖自动驾驶堆栈的每一层，包括视觉、感知、激光雷达和里程表。该模型同时为环视摄像头、感知层的语义分割、激光雷达前视图、激光雷达鸟瞰图和物理坐标中的车辆路径生成真实的传感器数据。通过在整个自动驾驶汽车堆栈中生成一致的数据，WorldGen－1 模型可以从自动驾驶汽车的角度准确地复制现实世界的场景。此外，WorldGen－1 可以根据真实摄像头数据推断出多传感器数据集，从而增强摄像头数据集的丰富性并降低数据收集成本。此功能可以增强现有数据集，为自动驾驶系统提供更全面的训练集。

除了模拟和推断之外，WorldGen－1 还可以根据观察到的输入序列预测行人、外界车辆和自车的行为，并生成长达数分钟的真实时间序列。这可以创建各种潜在场景，包括罕见的极端情况，并支持高级多智能体规划和预测。WorldGen－1 模型生成驾驶场景如图 9 – 12 所示。

（三）物流管理技术

1. Convoy 货运资源管理平台

自新冠疫情以来，美国卡车市场经历了巨大的转型。目前美国卡车运输市场由近 3 万名卡车货运经纪提供商，以及超过 75 万名卡车承运商组成，其中，超过 96% 卡车承运商的车辆少于 10 辆，资源的分散也导致美国卡车市场面临着运力资源难以与需求匹配、司机滞留问题严重、运营成本上升等问题。针对此，美国供应链数字货代公司 Flexport 推出了 Convoy 平台，该平台通过链接大量卡车车主、小型承运商、托运人和运

图 9 − 12　WorldGen − 1 模型生成驾驶场景

资料来源：https://selfdrivenews.com/helm − ai − unveils − innovative − worldgen − 1 − ai − model/。

输代理商，为客户提供近乎实时的可视化、卓越的时效性以及具有优势的运价服务，实现端到端的自动化货运管理，为卡车货运经纪提供商提供高度灵活、全天候运营、追踪可视化的独特运力资源库，帮助卡车货运车主、承运商更高效地运营，使其能轻松预订和管理货物，保持车辆持续运转。Convoy 平台应用程序界面如图 9 − 13 所示。

图 9 − 13　Convoy 平台应用程序界面

资料来源：https://mp.weixin.qq.com/s/wy0QDK6NPuxA989_ ulX6OA。

卡车货运经纪提供商能够利用 Convoy 平台最大限度地扩充其卡车承运商团队的覆盖范围和运营效率，并将以往需要人工操作的工作自动化，包括：承运商协调、审查、状态更新、文件管理和付款。通过使用该平台，卡车承运商的采购、运输管理成本降幅高达90%，同时扩大在美国的覆盖范围。Convoy平台利用基于取证数据的机器学习模型，帮助卡车货运经纪提供商监控卡车承运商的风险并减少欺诈、盗窃和不安全的行为，从而协助其扩展网络，同时大幅降低风险。

Convoy平台为卡车货运市场的运营效率带来了长尾效应，在一定程度上解决了卡车货运经纪提供商难以和大量小型卡车运输承运商有效合作的普遍痛点，促使这些小型卡车承运商转向以应用程序为中心的运营管理方式。

2. Corvus Robotics 自主库存管理技术

有数据统计，全球仓库市场未来将以7.7%的复合年增长率增长，并在2030年达到1.26万亿美元，而仓库市场的发展会带来库存管理领域的新挑战。当前企业普遍采用通过扫描条码的定期人工盘点库存方式，但工人很难对整个仓库进行全面盘点，盘点结果并不准确。而库存统计结果的不准确可能致使仓库产生较大的经济损失，还会造成订单延误等后果。为了实现更为精细准确的库存管理，美国加利福尼亚州的Corvus Robotics公司推出了自主库存管理系统，将无人机、数据收集、数据分析、生成式AI、计算机视觉、物联网等技术进行高效集成，建立起了一套以无人机为载体的自主库存管理技术。

硬件方面，无人机系统被称为Corvus One，其外观如图9-14所示。该无人机翼展长度为2.5英尺（约76.2厘米），可以较为灵活地在一般货架间的通道中运行。Corvus One无人机系统利用计算机视觉和生成式AI来了解仓库环境，借助障碍物检测功能，Corvus One无人机能以0.9~1.3米/秒的速度安全飞行，不会堵塞通道或干扰其他工作流程，必要时还能预防性上升，避免与人、叉车或其他物流设备发生碰撞。Corvus One无人机配备了条码扫描仪，可以读取托盘或纸箱正面任何位置的条码，还可以利用计算机视觉来定位托盘，并计算托盘上的物品数量。收集到的所有库存信息都与WMS进行联通和协调，协助人来完成持续的库存管理。与许多需要基准标记或AprilTags（一种二维条码）进行导航的AMR不同，Corvus One无人机使用自定义的算法来独立绘制地图并进行设施导航，这使仓库除了着陆垫外，不需要改动任何基础设施即可快速简便部署，管理成本低廉。近期Corvus Robotics公司对该系统进行了更新，通过每台无人机配置的灯光系统以照亮机载扫描仪和摄像头捕捉的场景，这使无人机群可以在夜间的熄灯仓库，或者在没有人员活动且关闭照明的区域执行任务，从而降低仓库的能源成本。每架Corvus One无人机每小时可以扫描200~400个托盘，包括充电时间。在地面上，这个速度可能与人工操作相当。但当查看离地面较高的库存时，对人工操作来说，难度会成倍增加，而无人机会保持恒定的扫描速度。据粗略计算，Corvus One无人机盘点库存的速度比人工操作快10倍。

图 9 – 14　Corvus One 无人机

资料来源：https://www.therobotreport.com/corvus – robotics – series – a – round – drone – inventory/。

在软件方面，无人机所搭载的 Corvus Cubic 盘点技术包括空货位检测和货位空间优化两个主要功能，如图 9 – 15 所示，其中空货位检测功能允许无人机在运行时查找空货位并进行位置释放，更新 WMS；货位空间优化功能则是通过检测货位上的托盘是否可以通过重新排列或合并货物来提高空间利用率。

图 9 – 15　Corvus Cubic 盘点技术

资料来源：https://www.corvus – robotics.com/cubic – audits。

系统内置的 AI 和机器学习模型可以使系统在部署后，随着时间推移逐步自我优化，持续提高库存管理的效率和质量。在数据存储方面，该库存管理系统提供了本地网络和云存储数据的不同选项。Corvus One 无人机系统可以将库存盘点信息在可视化软件中展示，如图 9 – 16 所示。

Corvus Robotics 开发的自主库存管理系统展示了无人机技术与 AI 技术在仓库库存

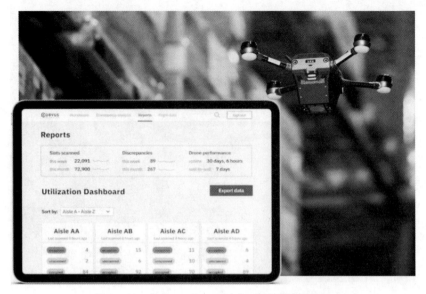

图9-16 Corvus One 无人机系统可视化软件

资料来源：https://www.corvus-robotics.com/corvus-one。

管理中交叉融合的趋势。无人机在仓储设施周围飞行，收集每个托盘位置的重要信息，并将其与 WMS 记录进行比较。这种实时可视性为库存管理人员的日常运营提供了显著优势。该系统的易于部署性、自我学习性和技术交叉融合性也为物流管理技术的发展提供了创新的思路。

二、技术应用案例

美国零售巨头沃尔玛作为全球较大的零售商之一，其出色的物流与供应链管理成了众多企业效仿的标杆。而优秀的物流系统正是得益于沃尔玛在物流技术上的不断投入，从物流设施设备、信息技术到管理技术，沃尔玛通过将各类物流技术综合集成运用，不断激发整个企业的物流和供应链创新活力。

（一）物流装备技术在沃尔玛运营中的应用

在物流装备方面，沃尔玛与 Fox Robotics 公司合作，将 FoxBots 自动叉车部署在配送中心中，用以移动货物托盘，或者部署在一些线下门店，用以提供货物，如图9-17所示。经过测试，FoxBots 自动叉车可以通过使用 AI、机器视觉和动态规划等技术来安全准确地装卸托盘。

而在物流设施方面，自动化配送中心通常能够集大量物流技术于一体，自动化配送中心的应用程度是反映企业物流发展水平的典型外在表现。沃尔玛在加利福尼亚州、得克萨斯州、南卡罗来纳州、伊利诺伊州和新泽西州新开设五个新鲜食品自动化配送

图 9 - 17　沃尔玛部署 FoxBots 自动叉车

资料来源：https://foxrobotics. com/our - product/。

中心，主要技术应用集中在配送中心的新建、扩建和改造上，进一步满足了高效、完善、快速的商品交付需求。这些自动化配送中心的货物存储量和单位时间处理量均达到了传统配送中心的 2 倍及以上，高效的货物处理能力能够应对快速增长的线上商品订单需求。自动化配送中心内部场景如图 9 - 18 所示。对于沃尔玛来说，这一重大举措不仅标志着其在线上零售业务上的重大突破，也预示着沃尔玛正在加速实现线上线下融合的全渠道销售战略。

图 9 - 18　沃尔玛自动化配送中心

资料来源：https://www. cnbc. com/2024/07/10/walmart - to - open - five - automated - distribution - centers. html? &qsearchterm = walmart% 20is% 20opening% 20five。

（二）物流信息技术在沃尔玛运营中的应用

在信息技术方面，沃尔玛通过沃尔玛商务技术公司（Walmart Commerce Technologies）向所有企业提供 AI 物流产品——路线优化（Route Optimization），作为 SaaS（Software as a Service，软件即服务）解决方案，如图 9 – 19 所示。该产品可为各种规模的企业提供使用 AI 驱动的软件来优化驾驶路线，通过综合考虑时间、地点和交货窗口等多重因素有效减少行驶里程。通过使用该技术，沃尔玛减少了 3000 万英里不必要的行驶里程，并优化了路线，绕过了 11 万条效率低下的道路，从而减少了 9400 万磅的二氧化碳排放。

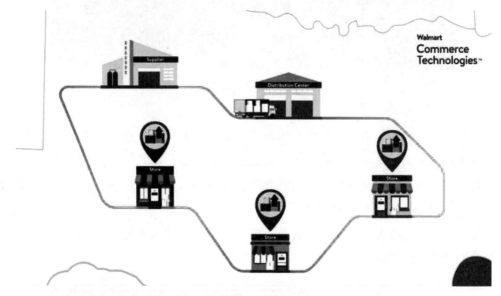

图 9 – 19　沃尔玛 Route Optimization 产品

资料来源：https://chainstoreage. com/walmart – sell – its – ai – logistics – tool – other – businesses。

（三）物流管理技术在沃尔玛运营中的应用

在物流管理方面，沃尔玛提供一项全方位物流服务——沃尔玛物流履约服务（Walmart Fulfillment Services，WFS），涵盖仓储、分拣、配送以及退货等多个环节，旨在为卖家提供高效、便捷的物流解决方案。其一大亮点在于其高效率与低成本。据沃尔玛官方数据统计，通过引入自动化仓储系统和智能分拣技术，WFS 实现了订单处理速度的大幅提升和人力成本的显著降低，并通过规模化经营进一步降低单位商品的物流成本。WFS 还提供了完善的售后服务体系，通过 WFS 发货的订单，沃尔玛将代卖家处理产品的后续问题，如退货换货等。这种一站式服务不仅减轻了卖家的运营负担，还提升了消费者的购物体验。

在 2024 沃尔玛市场卖家峰会上，沃尔玛宣布 WFS 向所有商家开放，涵盖多渠道解决方案，包括履约订单、管理退货、再包装服务以及加急运输。这意味着卖家将能够利用沃尔玛的仓储、交付和订单退货服务来履约在沃尔玛以外平台的订单。沃尔玛将费率保持在比竞争对手平均低 15% 的水平，能够吸引大量希望降低物流成本、提高物流效率的卖家。除了价格优势，沃尔玛还向卖家开放其承运商网络，汇集货物以进行整车运输，进一步优化卖家的物流体验，特别是需要运输大件货物或整车货物的卖家。通过沃尔玛的优先承运商计划，卖家现在可以以特价运送商品，无论是小件还是整车货物。物流服务已经成为卖家选择平台的重要考量因素之一，沃尔玛通过开放 WFS，不仅为卖家提供了更多选择，也为自身在电商市场的竞争中增添了有力筹码。

第二节　欧洲物流技术

近年来，欧洲物流行业面临着物流需求持续增长、供应不足以及卡车司机紧缺和老龄化加剧等现实挑战，物流行业成本也在不断上涨。自新冠疫情导致全球供应链中断以来，供应链的弹性成为物流领域的首要目标，而俄乌冲突等黑天鹅事件的出现进一步增加了供应链风险。为了应对这些挑战，科技与可持续发展成为欧洲企业技术创新的关键。提升物流与供应链的可持续性、智能化、安全性和弹性，成为行业关注的重要内容。

一、热点及新兴技术发展情况

（一）物流装备技术

近年来，欧洲物流装备技术正在不断演进。在仓储领域，自动化和机器人技术在仓库和配送中心的应用越来越广泛，成为提升效率和减少对人工依赖的重要手段，如 AGV 和自动存取系统（Automated Storage and Retrieval System，AS/RS）等设备已经在许多大型物流中心得到了广泛应用。在运输领域，电动重型货车的广泛应用也逐渐成为物流装备技术发展的一个重要趋势。如英国正积极推进到 2040 年实现新型重型货车零排放的目标。根据市场预测，英国电动卡车市场在 2020—2026 年将实现 70% 的年复合增长率，预计到 2026 年将达到 2167 辆。亚马逊已经率先在其英国车队中引入了 5 辆电动重型货车，这些车辆每年行驶 10 万英里，成功减少了超过 170 吨的碳排放。为支持这些长途电动卡车的运行，英国还在努力建设全国性的架空电线网络，作为到 2050 年实现运输部门脱碳计划的一部分。法国也在通过大规模的政策支持，推动电动和混合动力汽车的生产与充电基础设施的发展，以促进短途卡车运输的电动化。在绿色物流发展方面，欧洲议会通过了《包装与包装废弃物法规》（Packaging and Packaging Waste Regulation，PPWR）以及《欧盟零毁林法案》（EU Deforestation Regulation，EU-DR）这两项重要法案。PPWR旨在统一欧盟成员国对于包装及包装废弃物的管理，推动包装材料的再利用和回收，以有效应对日益增长的包装废弃物问题。EUDR则重点关注减少森林砍伐和推动可持续的土地利用，从源头上减少物流和供应链对环境的影响。这两项法案共同为物流技术的合规和可持续发展设定了更严格的要求。而装卸搬运、拣选等领域可以通过以下几个具体技术来展现欧洲物流装备技术的发展情况。

1. TAWI集装箱卸货机

在仓储和货物处理领域，物流装备技术的创新也同样值得关注。瑞典TAWI公司推出了一款专为狭小空间设计的集装箱卸货机，旨在提升仓储物流效率并改善员工安全。

TAWI集装箱卸货机具有多种先进功能，该设备由符合人体工程学的真空提升单元、折臂轨道系统、操作平台和传送带组成。凭借其触发式控制器，操作人员可以在不用主动施加任何外力的情况下单手利用真空提升单元提升和移动重量达50千克的货物，并且比手动搬运的速度更快。其折臂轨道系统具有侧向及前后移动能力，允许真空提升单元能够水平抓取包裹或材料，将其从集装箱或箱式卡车的顶部卸货。该装置是相对独立的、可移动模块化设计，由三相电力或可选的电池组供电，满足无线移动。TAWI集装箱卸货机设计紧凑，非常适合在卡车和集装箱等狭小空间内使用，并且配备轮子和电池供电系统，允许其在设施内的不同地点轻松移动。使用TAWI集装箱卸货机为集装箱卸货的场景如图9-20所示。

TAWI集装箱卸货机的另一个突出特点是其操作平台可以根据需要升降，以实现最佳的作业高度，并配有安全护栏和内置的稳定系统，即使在坡度上操作也能确保安全。这些功能共同降低了工作人员重复性劳损和疲劳的风险，并提高了员工的生产力。此外，TAWI集装箱卸货机的用户友好性也得到了广泛赞誉，操作人员可以使用遥控器来控制设备以及控制面板，使作业人员可以在码头和集装箱内外操纵集装箱卸货设备，或在工厂内部移动，并且可以部署到集装箱装卸以外的工位中使用。其直观简洁的控制系统使操作变得简单，无须对操作人员进行特殊培训，内置的安全功能也有效减少了事故发生的概率。这些设计细节确保操作人员能够自信地进行工作，并利用TAWI公司提供的全面培训和支持，确保设备能够无缝集成到现有的工作流程中。

2. Rovoflex拣选机器人

自动化拣选技术也是物流装备的一个重要发展方向，奥地利TGW Logistics Group公司开发的Rovoflex拣选机器人就是这一趋势的代表。Rovoflex拣选机器人系统是一个高度灵活的自动化输送和排序系统，结合了自动化机器人、智能软件和先进的传感器

图 9 −20 使用 TAWI 设备为集装箱卸货

资料来源：https://www.tawi.com/zh−hans/products/container−unloading−equipment−zh−hans/container−unloader/。

技术，能够根据客户的具体需求进行定制，它的设计理念是为了适应快速变化的市场环境，提供快速、可靠和成本效益高的物流拣选解决方案，可以应用在电子商务、食品杂货、时尚鞋服、工业和消费品等多个行业。

Rovoflex 拣选机器人是 AI 驱动的自学习机器人，应用了先进的拣选技术，并通过 AI 不断改进拣选过程。如果机器人未能抓取到物品，则会自动重试，这就持续保障了持续拣选的性能和可靠性。集群智能能够通过将每个 Rovoflex 拣选机器人的经验融入集群中来优化机器人模型，这在提高拣选质量方面发挥着至关重要的作用。Rovoflex 拣选机器人配备的传感器可以实时测量货物的尺寸，从而消除了需要人工对主数据更新和维护的需求。Rovoflex 拣选机器人的作业数据集成在 RovoFlex 应用程序中，可以允许操作人员实时查看作业情况，包括对关键绩效指标（Key Performance Indicator，KPI）和 SKU 的全面统计和分析，从而实现对仓库作业的有效监控和管理，同时适应快速变化的市场需求。

基于这些功能，Rovoflex 拣选机器人可以实现每小时超过 1000 件货物的处理量，不仅确保了拣选的高度准确率从而按时完成订单，同时以低压轻柔地处理货物，最大限度减少了退货情况，提高了客户满意度。此外，Rovoflex 拣选机器人除了与 TGW Logistics Group 公司自建的 PickCenter 结合使用外，还可以灵活应用在其他场景中，实现诸如分拣、合单和货物分离等流程的高效自动化。其主要优势之一就是只需几天即可集成到现有系统中，最大限度缩短了停机时间，减少了对日常运营的干扰，从而可以快速适应现有流程或根据不断变化的客户需求进行拣选，确保随业务增长而扩容。由于模块化系统的配置，系统可随时灵活增加机器人数量，而无须改变设施现状或增加空间和操作人员。Rovoflex 拣选机器人拣选作业现场如图 9-21 所示。

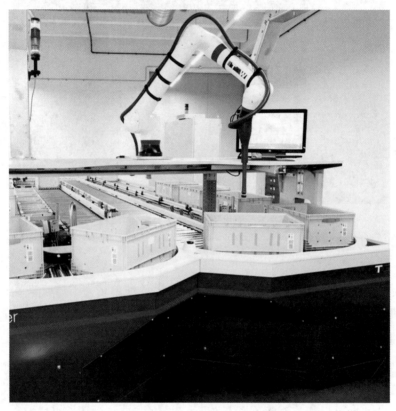

图 9-21　Rovoflex 拣选机器人拣选作业现场

资料来源：https://www.tgw-group.com/cn/5/2/2024/rovoflex。

3. MiR1200 托盘搬运叉车

自主移动机器人技术的发展进步与跨界融合也在改变着欧洲物流行业的面貌。来自丹麦的 MiR（Mobile Industrial Robots）公司致力研发灵活、安全、高效的自主移动机器人，为电子、半导体、汽车汽配、快消品、第三方物流和医疗行业提供优化内部物流方案，其研发的多款式 MiR 自主移动机器人在世界各地有着广泛的应用。

MiR1200 托盘搬运叉车是 MiR 公司于 2024 年第一季度发布的一款具备先进人工智能功能的物流设备，能以 1.5 米/秒的速度自动检测、运输和交付重达 1200 千克的欧盟标准托盘，并可持续运行 8 小时。其搭载了英伟达 Jetson AGX Orin 的计算核心，经过超过 120 万张真实与合成图像的训练，能够实现快速且精准的托盘检测，使叉车具备了类人脑的思考能力。凭借该计算核心，MiR1200 托盘搬运叉车能够实时处理来自多个摄像头和激光雷达的海量数据，使自身能够在复杂的工业环境中安全可靠地自主导航。MiR1200 托盘式搬运叉车的外观如图 9－22 所示。

图 9－22　MiR1200 托盘式搬运叉车
资料来源：https://www. mobile－industrial－robots. com. cn/zh/products/robots/mir1200－pallet－jack。

在英伟达 Jetson AGX Orin 计算核心这一"数字大脑"的加持下，MiR1200 托盘搬运叉车能够实现：卓越的视觉识别能力，MiR1200 托盘搬运叉车配备了多个独立智能摄像头，通过 AI 感知系统，这些摄像头具备强大的视觉识别和处理能力，能够识别裹膜托盘，重建不可视的图像，快速且精准地完成抓取任务。而这一能力在没有 AI 辅助的情况下是难以实现的；适应变换的托盘姿态，在多变的工业和物流环境中，托盘的姿态并不总是规整的。而 MiR1200 托盘搬运叉车具备在移动中自主识别并定位托盘的能力，并能智能调整自身姿态以适应托盘的角度；精准的作业效率：MiR1200 托盘搬运叉车能够在移动至抓取点的过程中同步进行数据读取和计算，从而在到达目标位置时迅速执行抓取动作，减少了等待的时间。假设机器人每天需要执行 1000 次抓取任务，每次抓取缩短的 10 秒将为企业节省巨大的时间成本。

此外，MiR1200 托盘搬运叉车能够与现有的 MiR Fleet 机器人车队管理软件无缝集成，实现交互操作。用户可以通过 MiR Fleet 对车队进行管理，并通过 MiR Insights 进行监控和运行优化。

4. Robin'6 无线通信设备

在工业 4.0 和智能制造的浪潮中，AGV 和 AMR 等设备在现代制造和物流环境的快速部署需要一个既可靠又安全的通信网络系统。为满足这一需求，德国 Conductix – Wampfler 公司于 2024 年推出了全能型无线通信设备 Robin'6，不仅可以提供可靠的通信解决方案，还在集成成本、运营效率和网络安全等方面实现了突破性进展。其外观如图 9 – 23 所示。

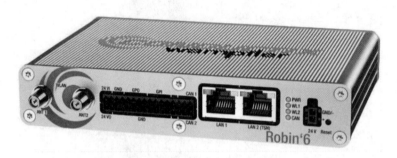

图 9 – 23　AGV/AMR 通信设备 Robin'6

资料来源：https://www.conductix.com/sites/default/files/downloads/KAT0500 – 0006 – EN_ Robin6_ AGV – AMR_ Communication_ Device. pdf。

Robin'6 无线通信设备采用紧凑的设计。该设备的高度仅为 26.5 毫米，这种纤薄的设计使其能够轻松集成到各种 AGV 和 AMR 中，即使是整体高度较低的车辆也能适用，这种灵活性使 Robin'6 无线通信设备能够满足不同行业、不同应用场景下 AGV 和 AMR 的通信需求。为了实现最佳连接并轻松集成到现有基础设施中，Robin'6 无线通信设备配备了 LAN、CAN 和 GPIO 接口，这些接口都位于设备的前面，简化了安装和接线过程。这种设计不仅提高了安装效率，还降低了维护和升级的难度。Robin'6 无线通信设备采用了最新的 Wi – Fi 6 （802.11ax） 标准，这是目前最先进的 Wi – Fi 技术。相比前代标准，Wi – Fi 6 在速度、容量和效率方面都有显著提升。而对于各类 AGV 和 AMR 来说，这意味着更快的数据传输速度、更低的延迟和更稳定的连接，从而支持更复杂的任务和更实时的控制，通过增强的数据传输能力和网络安全功能，还能够有效防止网络攻击带来的运营中断问题，从而确保物流运营的连续性和效率。

Robin'6 无线通信设备不仅是一个简单的通信设备，它还是将 AGV 和 AMR 等移动机器人与工业物联网（IIoT）连接的重要桥梁。通过该设备，移动机器人可以更深入地融入工业 4.0 生态系统，主要通过以下四个功能实现。一是数据收集与分析。Robin'6 无线通信设备可以实时收集 AGV 和 AMR 的运行数据，包括位置、速度、电池状态等，并将这些数据传输到中央系统进行分析，为优化整个生产和物流过程提供宝贵的信息。二是预测性维护。通过持续监控 AGV 和 AMR 的各项参数，Robin'6 无线通信设备可以帮助识别潜在的故障风险，实现预测性维护，减少意外停机时间。三是系统集成。

Robin'6 无线通信设备的开放接口使得移动机器人可以轻松与其他工业系统集成，如 WMS、MES 等，实现更高级别的自动化和智能化。四是远程操控。在某些特殊情况下，操作员可能需要远程控制 AGV 和 AMR，Robin'6 无线通信设备的低延迟通信能力使这种远程操控变得简易可靠。

（二）物流信息技术

物流信息技术的迅速发展正在为欧洲物流行业的数字化转型提供强有力的支持，特别是在提高操作效率和确保运营安全方面发挥了关键作用。信息技术的侧重点在于对物流世界的高效感知、数据处理与分析。

1. VSLAM 导航技术

视觉同步定位与地图构建（Visual Simultaneous Localization and Mapping，VSLAM）技术是一项正在改变物流行业的信息技术，当前已经在欧洲的多家物流相关企业有着重要的应用，并正在逐步扩展到世界范围。

VSLAM 技术是一种用于物流机器人自主导航的技术，它允许物流机器人通过视觉传感器获取环境信息，实时估计自身的位置并进行周围环境的三维重建。目前 VSLAM 框架可以大致分为传感器数据预处理、前端视觉里程估计、后端非线性优化、回环检测和地图构建 5 个模块，如图 9 - 24 所示。总体来看，VSLAM 技术需要一个模块处理原始传感器数据，然后数据给到前端模块进行粗加工，提取其中的特征来短时间估计当前移动情况及特征的追踪情况，然后把所有这些信息给到后端，作为优化的初始值。同时前端特征会与历史观测进行匹配，即回环检测，并把回环检测结果发送给后端。后端把所有信息进行最优化估计，得到最优的地图，最后生成一张可用来定位或者导航的地图。

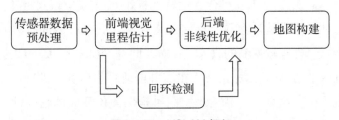

图 9 - 24　VSLAM 框架

资料来源：https://blog.csdn.net/weixin_41944449/article/details/119864865。

在以上框架中，按照前端使用不同的特征，可以把当前 VSLAM 技术分为直接法、间接法以及联合使用的混合法。直接法使用图像的灰度梯度信息，按照使用的图像范围，分为稠密、半稠密、稀疏。而间接法则从图像中提取一些特征点，提取完特征点后便舍弃掉整幅图像，所以间接法也叫基于特征的方法；而按后端中使用的优化技术方案，又可以把上述几个大类接着细分为基于滤波的方法、基于非线性优化的方法；同时，也有根据算法适配的相机类型把 VSLAM 算法分为单目算法、双目算法及 RGB－D 算法等。其中最早的 VSLAM 算法是基于特征的单目算法，之后出现了混合算法，再最新出现了直接法。而对于后端优化，则是最先出现的滤波技术，然后出现了非线性优化技术。滤波计算量小，速度快，但结果精度差于非线性优化。非线性优化分为滑窗优化及全局优化，计算量大，使用的观测更多，速度慢一些，但目前取得了最高精度。

VSLAM 技术为物流机器人提供了高度的自主性，使其能够在复杂的仓储和配送环境中高效、准确地导航和操作。VSLAM 技术多样的技术手段能够帮助物流机器人更好地适应多变的环境，进一步提升了自动化操作的精度和可靠性。

2. Clever Sense 感知技术

物流领域内基于 AI 的感知技术也快速发展。西班牙 Goclever 公司推出了 Clever Sense 解决方案，利用 LiDAR 传感器和先进的信息处理技术来改善港口环境中的运营。通过 API 或对象检测触发系统与现有自动化系统无缝集成，Clever Sense 解决方案分别提出了 Clever－Waste 技术和 Clever－Control 技术用来优化两个关键领域：海港的废物量化和渡轮码头的货物验证。

现代港口的废物管理不仅面临着精确体积量化的挑战，而且还需要适应数字化转型的要求，这对于港口废物处理的流程优化、管控加强和安全保障至关重要。Clever－Waste 技术根据《国际防止船舶造成污染公约》（International Convention for the Prevention of Pollution from Ships，MARPOL）自动实时估算固体废物量，将高精度激光扫描仪的与 AI 技术相结合，以准确解释废物排放量。此外，Clever－Waste 技术还提供了可移动版本，通过传感器直接在码头量化废物，显著提高了废物管理效率。此功能在巴塞罗那港成功实施，可以不受天气和照明条件的影响进行快速、准确的测量。

当港口和海运码头与货运公司合作运输非标准尺寸或申报尺寸不正确的货物时，对货物特征和尺寸的错误估计会导致存储或装载规划的错误，进而影响堆场或是货轮的正常运营，降低每件运输商品的收入。针对此问题，Clever－Control 技术同样通过将高精度激光扫描仪的与 AI 技术相结合，在港口自动对非标货物进行尺寸测量，以优化货物空间，实现安全、高效的车辆管理，同时确保关税征收的精确性，如图 9－25 所示。Clever Sense 解决方案提供的应用程序显著提高了港口运营和国际物流的效率、合规性和可持续性。

（三）物流管理技术

随着物流网络的规模和复杂性不断增加，确保其平稳运营和快速适应变化变得至关重要。其中"AI＋管理"技术被广泛应用于策略制定、决策支持和流程优化等领域，旨

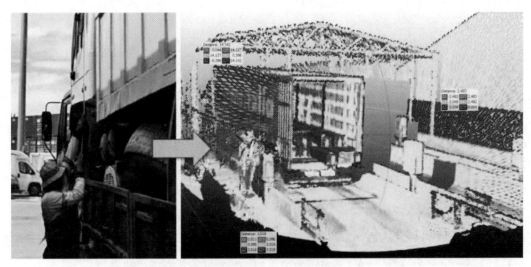

图 9 - 25　Clever - Control 技术对非标货物的精确测量

资料来源：https：//goclever. io/。

在提升物流管理效率和决策质量，这类管理技术在欧洲已有着快速的发展。研究发现
36% 的大、中和小型企业已成功将 AI 用于供应链和物流流程，而 28% 的企业即将实施。

1. AI + 策略制定管理技术

在策略制定方面，基于 AI 的情景规划通过预测和模拟潜在的供应链中断风险，
帮助企业制定应对策略。Transmetrics 是一个专为供应链开发的先进 AI 平台，DB
Schenker 与 Transmetrics 合作，利用贝叶斯模型、神经网络和随机优化等 AI 技术以及数
字孪生技术，对其位于保加利亚、连接欧洲与高加索地区的交通枢纽进行了情景规划。
DB Schenker 的车队如图 9 - 26 所示。该项目通过配置多个网络场景并运行了各种"假
设"进行模拟，基于不同的需求增长预测和各种网络参数，强大的 AI 算法可以衡量众
多网络设置的效率和弹性。通过比较模拟结果，项目确定最佳的网络基础设施调整方
法和最优的线路运输计划。结果表明，这种结合 AI 的情景规划不仅优化了 DB Schenker
在保加利亚的陆路交通网络，缩短了拼箱货物的运输时间并提高了车辆利用率，还有
效减少了碳足迹，展示了 AI 在提升运营效率和可持续性方面的潜力。

2. AI + 决策支持管理技术

在决策支持方面，基于 AI 的算法可以利用物流过程积累的大规模历史数据，训练
具有自学习能力的模型，对各种场景和风险做出接近最佳的决策。在海运行业中，所
有航运公司都有共同的需求：减少等待和停泊时间，并提高全球船队的准时航行能力。
如今，集装箱船平均有 5% ~ 10% 的时间处于停泊状态，这些停泊时间通常是由于船
舶、码头和港口之间缺乏协调造成的。当码头规划的变化没有实时传达时，航运公司
往往只能被迫在停泊地等待。而如果及时了解码头规划的变化，集装箱船便可以提前

图 9 - 26　DB Schenker 的车队

资料来源：https://www.transmetrics.ai/blog/transmetrics – and – db – schenker – improving – land – transport – network/。

减速以准时到达或将船只改道至另一个港口，保持高效率。其中数据共享技术可以实时了解码头、航海服务和水道的可用性，从而减少船舶驶入港口所浪费的时间。这项技术可以使船舶运营商和规划人员调整速度并优化航行与抵达计划，从而减少在停泊地停留的时间，降低不必要的燃料消耗和二氧化碳排放。

在此背景下，全球第六大航运公司海洋网联船务（Ocean Network Express，ONE）与荷兰 PortXchange 公司合作，采用了该公司的 Synchronizer 数据共享平台进行港口管理。Synchronizer 平台为 ONE 公司的运营商提供有关其港口停靠期间发生的所有事件的实时信息，用户可以使用 Synchronizer 平台的终端规划选项卡来监控实时变化并及时采取行动。通过该平台，ONE 公司可以查看和记港口 ECT Delta 的船期表，帮助工作人员做出更好的运营决策并提前规划。同时，ONE 公司也可以与港口社区的所有利益相关者分享其更新的船期表。

Synchronizer 平台可用于港口的运营监控、测量和分析，帮助 ONE 公司遵守航行时间表。此外，ONE 公司还利用历史数据了解加油船、垃圾收集船和航海服务提供商的到达和离开时间，并结合 Synchronizer 平台的预测和实时数据来改善其在港口的活动。得益于这种高水平的港口可视性，ONE 公司可以根据计划执行与港口停靠相关的所有操作，如图 9 - 27 所示。

3. AI + 流程优化管理技术

流程优化是另一项当前高度依赖 AI 的物流管理技术，如在涉及港口和内陆节点联合的作业管理中，实现无缝衔接是保障这些复杂流程效率和生产力的关键。意大利公

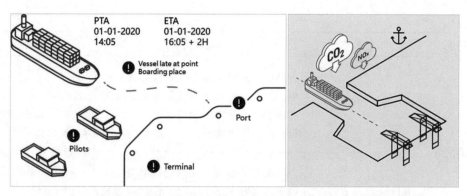

图 9 -27　PortXchange Synchronizer 平台支持船舶和码头之间的无缝衔接

资料来源：https://port - xchange. com/synchronizer/。

注：图示内容分别为实时泊位规划更新、航行速度优化和成本节约。

司 Circle Group 推出的 Milos Intelligence 解决方案提供了一组旨在增强供应链各个方面的创新工具。

Milos Intelligence 可用于内陆码头、公路网络、海运码头、铁路网络流程优化等场景，也可以对不同场景进行联合优化。对于每个不同的物流场景，Milos Intelligence 分别给出了对应的功能，如表 9 - 1 所示。

表 9 - 1　　　　　　　　　　Milos Intelligence 对不同场景提供的功能

场景	功能名称	功能内容	成效
内陆码头和公路网络	运营计划优化	根据成本、时间、距离和环境影响等标准，建议包括三角测量和组合行程的路线，并提供更有效和可持续的交通解决方案	决策支持；缩短时间；减少运距；减少排放；降低成本；可持续发展
	最优卡车司机选择	帮助运输运营商为每条路线选择最佳承运人，允许检查各种预测情景，并根据关键绩效指标指导决策	
海运码头	终端轨道周期优化	考虑列车的结构、稳定性限制和客户要求，如运输距离、满载率和商业需求等，包括联运运输单元（Intermodal Transport Unit, UTI）优先级，为货车提供最佳 UTI 分配的支持工具	运营优化；系统监测；高效安全响应；仿真；性能增强
	多用途终端模拟器与数字孪生	决策支持工具，有效管理多用途码头运作。该工具提供码头活动的实时表示，允许有效的安全相关事件响应，并支持模拟操作能力分析	

续　表

场景	功能名称	功能内容	成效
铁路网络	港口铁路调车优化	为港区铁路调车管理人员设计的一种解决方案。考虑运营约束和利益相关者需求，通过为机动调度提供战略支持，提高作业效率	决策支持与仿真；效率和运营优化；性能增强；实时重新调度；系统状态监控
	港口铁路调车仿真与数字孪生	有助于有效地可视化和管理港口铁路调车，在数字环境中提供详细的虚拟表示，用于监测、分析和模拟，简化理解，优化和实施改进	

　　通过利用优化算法、机器学习、模拟仿真和数字孪生等技术，Milos Intelligence 帮助物流企业了解流程的复杂性，解决识别效率低下的问题，并通过节点流量预测来优化接下来的任务规划，如图 9-28 所示。这些工具使企业能够做出明智的、数据驱动的决策，对内陆码头、公路网络、海运码头、铁路网络等场景做出有效的管理，从而显著提高运营的效率。

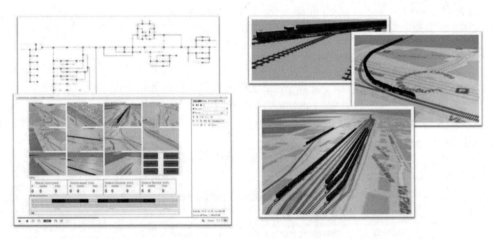

图 9-28　利用 Milos Intelligence 给出的港口铁路运行仿真和数字孪生方案

资料来源：https://www.circlegroup.eu/wp-content/uploads/2024/02/2024_ LOBOptimization_ compressed. pdf。

二、技术应用案例

　　先进物流技术的应用正在为欧洲各地的企业带来显著的效益。以下是几个典型的技术应用案例，通过分析这些欧洲物流技术的实践经验，我们可以更深入地理解技术在实际场景中的应用和影响。

（一）MiR 自主移动机器人在流程自动化中的应用

Kinrise Snackfoods（以下简称"KS 公司"）是澳大利亚一家知名的食品制造公司，旗下品牌 Cobs Popcorn 每天需要生产大量爆米花，供应全国的各大超市。然而，通过细致的生产流程监控，KS 公司发现其生产后端的托盘移动环节中，工人们需要手动移动托盘，将成品从生产线转移到运输区，大量的手动操作给这一过程存在很大的安全风险。KS 公司迫切需要一种能够在现实世界的狭小空间内，与工人协同高效运转的自动化解决方案。为此，KS 公司在工厂中引入了 MiR 的全自动托盘移动方案，有效降低了工作环境中的风险，同时显著提升了生产力。

KS 公司为其 Cobs Popcorn 的工厂配备了 4 台 MiR 公司的自主移动机器人，负责自动完成码垛过程。这些自主移动机器人能够将满载的托盘从码垛单元无缝运输到机罩收卷装置，并将空托盘返回原位。它们每天连续工作 24 小时，每周 6 天不间断运行，每周处理数百个托盘，工厂每季度的运输总距离达数万公里。在 MiR 自主移动机器人的支持下，KS 公司实现了内部物流运营效率的大幅提升。其应用场景如图 9 - 29 所示。

图 9 - 29　MiR 自主移动机器人在 Cobs Popcorn 工厂的应用

资料来源：https://mp. weixin. qq. com/s/eH7XKBVhDm1NCnluFr7aJA。

在日常运营中，这些 MiR 自主移动机器人由 MiR Fleet 车队管理软件进行有效管理，它能够优化任务分配、自动充电，并与工厂的各种设备进行交互，如图 9 - 30 所示。通过 MiR Fleet 车队管理软件，MiR 自主移动机器人能够快速完成集中配置，根据任务的优先级进行智能排序，并选择最合适的机器人执行任务，确保在特定时刻能够及时完成最关键的任务。这种大规模的自动化管理操作显著降低了物流成本并提高了运营效率。

图9-30 MiR Fleet 车队管理软件

资料来源：https://www.mobile-industrial-robots.com.cn/zh/products/software/mir-fleet。

（二）VSLAM 技术在工厂内外物流运输中的应用

当前欧洲已有多家物流科技公司将 VSLAM 技术集成到自研的产品中，其中瑞士的 ABB 公司和丹麦的 Capra Robotics 公司是应用 VSLAM 技术的典型案例。

2024 年 ABB 推出了 AMR T702 机器人，并为其引入了 VSLAM 技术，如图9-31所示。这是一款双向牵引移动机器人，适用于不同类型的料车。由于高度较低，该机器人为装配和配套线提供了符合工效学的解决方案，同时也适合在物流运输中作为料车使用。凭借 AI 与 VSLAM 技术的融合使用，AMR T702 机器人能够准确地观测外部环境的实时变化，区分固定导航参照物（如需要添加到地图中的地板、天花板和墙壁）与移动或改变位置的人或车辆。AMR T702 机器人还配备了具有三维建图功能的相机，能够构建周围环境的详细地图，同时不断更新自身所在的具体位置。目前搭载 VS-LAM 技术的 AMR T702 机器人已在米其林工厂内部署，经过调试后能够在复杂的工厂环境中自主运行，并灵活、高效地处理厂内物流任务，提升了内部物流的灵活性和可扩展性。

Capra Robotics 推出的 Capra Hircus AMR 同样结合了以 VSLAM 技术为代表的室内外

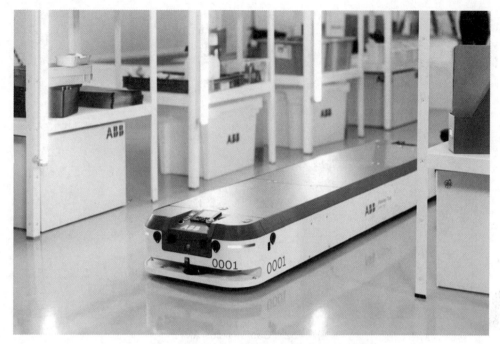

图 9 – 31　搭载 VSLAM 技术的 ABB 自主移动机器人

资料来源：https://new. abb. com/news/zh – CHS/detail/104136/abb – transforms – amr – performance – with – launch – of – visual – slam – technology。

导航技术，同时还具备卓越的越野能力，能够轻松应对各种复杂地形，在运输过程中保证了强大的稳定性，成为厂内物流自动化中的革命性工具。Capra Hircus AMR 在室内导航中采用了基于 VSLAM 技术的感知引擎，并配备了 PLd 认证的工业雷达。这一组合确保了机器人在复杂的室内环境中能够精准定位和导航，即使在狭窄或拥挤的工作空间内也能安全高效地运行。在室外导航方面，Capra Hircus AMR 则依赖于卡尔曼滤波器，通过整合 GNSS 信号、里程计和惯性测量单元（IMU）的输入，根据环境的变化动态切换导航系统。这种双重导航系统使 Capra Hircus AMR 能够在不同的环境中快速准确地运输货物，从仓库到卡车或相邻的仓库，实现了更加灵活的应用。同时 Capra Hircus AMR 具备 IP65 防护等级，能够在各种气候条件下运行，包括强光、降水、低光、泥泞和不平整的地形，从而确保货物在恶劣的环境中也能安全高效地移动。其外观如图 9 – 32 所示。

　　丹麦窗户制造商 VELUX 正是看中了 Capra Hircus AMR 的优势，将其应用于解决工厂内外物流运输的难题。VELUX 需要一个能够处理重达 500 千克的物料和货物，并能够在其丹麦斯克恩的生产设施中穿梭于各个生产区域之间的系统。Capra Hircus 与合作伙伴 ROEQ 提供的可拆卸推车结合，完美地满足了 VELUX 的需求。

　　通过 Capra Fleet Manager 和标准化的 VDA5050 接口，VELUX 能够从中央管理系统

图 9 - 32　Capra Hircus AMR

资料来源：https：//m. chinaagv. com/news/detail/202407/30956. html。

向 Capra Hircus AMR 发送任务指令，实现全自动化的物流管理。工人们可以将原材料、在制品和成品安排在推车上，然后安排机器人在不同的生产区域之间进行搬运。整个搬运过程完全自动化，机器人在运输过程中还能自主控制沿途的门禁系统，确保从室内到室外再回到室内的全程顺畅无阻，其运行场景如图 9 - 33 所示。

Capra Hircus AMR 在打通室内外物流运输方面展现了巨大的潜力，尤其是在集成门禁控制、自动拾取与放置以及无线充电功能方面，大幅提升了生产设施内外的物流效率。通过这一创新解决方案，VELUX 成功应对了其生产过程中的物流挑战，实现了高度自动化和灵活性的物流管理。这一应用也展示了 VSLAM 技术和多传感器融合导航系统在现代自动化物流中的革命性影响。

（三）Dynaplex 强化学习工具箱支持高科技供应链中的备件物流

在高科技供应链中，设备的停机时间意味着巨大的经济损失，荷兰 ASML 公司的芯片制造机便是其中的一个典型案例。当一台先进的芯片制造机从荷兰费尔德霍夫（Veldhoven）的 ASML 工厂下线并被安装到客户现场时，它的使命就是始终保持运转。在竞争激烈的芯片制造行业，设备的停机往往会迅速转化为数百万欧元的损失。为了应对这一挑战，ASML 建立了一个由全球 60 多个备件分销点组成的网络，确保维护所需的零部件能够及时送达客户。

一台芯片制造机包含数千个零部件，而在 ASML 的分销网络中，流通的不同备件

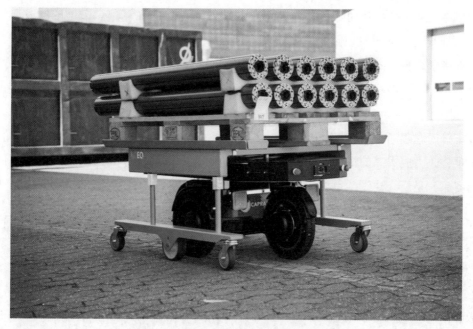

图 9 - 33　运行中的 Capra Hircus AMR

资料来源：https://www. logisticsbusiness. com/materials - handling - warehousing/agv - amr - robots/bridging - the - gap - between - indoor - and - outdoor - logistics/。

数量达到数万件。这些备件各自有其特定的平均使用寿命和交货时间。为了进一步优化这一复杂的供应链管理，ASML 与埃因霍芬理工大学合作，通过 Dynaplex 项目应用了强化学习的人工智能技术。

在 Dynaplex 项目中，供应链的复杂性被转化为一个"严肃游戏"，其中的智能体通过与模拟环境的交互，不断学习和优化备件库存与运输策略。在神经网络的帮助下，智能体能够处理复杂的供应链情境，生成最优的备件分布和运输方案。这一过程通过模拟各种问题情境，识别并实施最佳的物流解决方案，优化全球备件网络的储备位置。

通过这种人工智能驱动的供应链优化，ASML 显著提升了其供应链的响应速度和效率，减少了设备的停机时间，降低了由此带来的经济损失。据估计，这一改进每年可以为公司节省数百万欧元的费用。这一案例不仅展示了人工智能在应对高科技供应链挑战中的强大能力，也凸显了 ASML 在全球备件物流管理中的创新应用。

（四）谷仓携手海柔创新打造双机器人协同自动化履约中心

在跨境电商行业中，SKU 品类繁杂，件型差异大，如果采用单一自动化设备，就会有很大挑战，比如无法放入料箱中的大件商品，一般会单独存储在人工库区进行分库存储，但如果全部采用潜伏式顶升机器人又会导致小件商品的命中率过低，拉高货架的整体搬运次数，从而降低整体的订单履约效率。如何在订单量激增的同时，履行仓库"准时达"的承诺，是仓库服务水平的真实体现。

隶属于纵腾集团的谷仓海外仓，致力为跨境出海企业提供海外物流行业解决方案，为全球超过2万多家企业级客户提供服务，助力跨境卖家出海远征。早在2020年，谷仓在德国建立了第一个海外仓，随着业务量的激增，传统仓库中的货物缺乏分类存储、找货难等问题逐渐显现出来，如图9-34所示，增仓计划被提上日程。但在仓租贵、招工难、人力成本高的情况下，如何更高效利用仓库空间，存放来自全球商家不同规格的商品，是新仓建设的重要诉求。

图9-34 传统仓库中面临的分货、找货难问题

资料来源：https://mp.weixin.qq.com/s/q2-2KYro5v7-vb-Cze541A。

为了解决此类问题，谷仓决定携手海柔创新，在德国建设谷仓首个箱式仓储机器人+大载重潜伏式顶升机器人同场协作的自动化履约中心，如图9-35所示。该项目基于海柔创新的HaiPick System 2超多形态混存拣选方案，包含箱式仓储机器人（Automated case-handing mobile robot，ACR）、大载重潜伏式顶升机器人（Autonomous mobile robot，AMR）、HaiQ智慧仓储管理平台和HaiStation多功能工作站，可实现大中小件货物同场存储与一站式拣选，精准满足谷仓德国新仓的需求。2023年第四季度，谷仓德国杜塞尔多夫自动化履约中心正式投入使用，在圣诞购物季的高峰期，为德国的大量订单履约开足马力。仓内50多台ACR与5台AMR机器人可同场协作，ACR机器人负责小件商品的拣选，AMR机器人负责大件、整箱、整托的商品搬运，工人在多功能工作站前即可完成复合订单的拣选与出库工作，无须合单合流。两种设备优势互补，可提升仓内 3 倍的履约拣选效率。

**图 9 - 35　谷仓仓群首个箱式仓储机器人 + 大载重潜伏式顶升机器人
同场协作自动化履约中心**

资料来源：https://mp. weixin. qq. com/s/q2 - 2KYro5v7 - vb - Cze54lA。

不同促销季、各行各业的仓储个性化需求也各不相同，除了像圣诞购物季这样的订单高峰外，也有夏日购物季涌现许多潜水冲浪等器材促销的情况，这就要求仓库可以快速腾出空间存放这些大件货物。在超高柔性的 HaiPick System 2 支持下，谷仓德国履约中心的储存空间可根据业务灵活调整。7.7 米高的货架中，上层为料箱储存区，下层隔板货架是整托、整箱商品的储存区，储存空间大小还可以随时调整。此种方案较传统轻型隔板货架的储存方式，空间利用率提升近 3 倍，满足一个场地一个工作站内同时处理料箱级、托盘级、不规则大件的商品拣选，帮助谷仓从容应对多种货型的储存需求，为客户的出海业务提供更灵活的支持和保障，如图 9 - 36 所示。

中国跨境电商企业正以"精耕细作"的模式优化供应链、增强供应链韧性以满足全球消费者的个性化需求。谷仓携手海柔创新打造德国自动化履约中心以更精进的订单履约效率与准确率，成为中国出海品牌走向全球的高速纽带，让全球的消费者以更优的性价比收到"中国制造"。

图9-36　料箱级、托盘级、不规则大件同场储存

资料来源：https://mp.weixin.qq.com/s/q2-2KYro5v7-vb-Cze54lA。

第三节　日韩等亚洲国家物流技术

随着《2024年全球风险报告》所揭示的气候变化、地缘政治紧张局势以及供应链不稳定性加剧等全球性挑战日益凸显，全球物流行业正站在一个由科技驱动变革的十字路口，面临着前所未有的压力与机遇。在亚洲地区中，尤其是日韩等国家，作为物流技术创新的前沿阵地，其发展情况尤为值得关注。2024年9月，全球物流技术行业四大展会之一的日本Lois-Tech Tokyo 2024国际物流展在东京有明国际展览中心举行，展会主题为"可持续发展的道路，培育物流的明天"。参展内容涵盖了仓库技术装备、工业和运输车辆运用、信息设备和软件等物流相关的各个领域，不仅体现了日本物流技术高水平的数字化、智能化特点，更是处处表现出对于节能环保和绿色低碳的追求，也侧面体现了日韩等亚洲国家在努力探索物流技术及产业未来创新发展之路。

一、热点及新兴技术发展情况

(一) 物流装备技术

1. Twinny 订单拣选机器人

在面临全球物流运输领域面临燃料成本增加、企业成本改善、经济和客户服务改善等诸多挑战的今天，越来越多的公司选择了将物流流程自动化。为了提高员工工作效率并降低运营成本，韩国 Twinny 公司推出了用于货物订单拣选的自主驾驶物流移动机器人，来帮助物流中心提高订单拣选的效率，如图 9-37 所示。

图 9-37 Twinny 订单拣选机器人

资料来源：https://zdnet.co.kr/view/? no = 20231222165139。

Twinny 订单拣选机器人的一般工作流程为：当接收到订单后，Twinny 订单拣选机器人将以约 1.5 米/秒的速度移动到商品所在区域，工作人员只需在负责区域待命，再根据机器人的指令装载物品即可。在机器人将所有订单中的货物装载完毕后，再自主移动到包装和发货的区域，其运行场景如图 9-38 所示。此流程总体上遵循"总量拣选"的方式进行拣选，即同时处理多个订单时，将全部订单中包含的商品进行集中拣选，然后在包装和发货区域按订单进行商品划分的方法。到目前为止，Twinny 公司基本上一直在通过"总量拣选"的方式提供服务，但必须在最终包装和发货区域按订单对产品进行重新分类会导致效率降低。针对此问题，Twinny 公司进一步尝试了"多订单拣选"的方法，在一个拣选机器人上放置 8 个货箱以供工作人员进行对每个订单的分拣，以便提高工作效率，减轻工人疲劳。

图 9 – 38   Twinny 订单拣选机器人的运行场景

资料来源：https://zdnet.co.kr/view/? no =20231222165139。

Twinny 公司对于其自主驾驶物流移动机器人产品配备深度摄像头，用以在复杂环境中准确跟踪预先注册的对象，并对其进行操纵，从而使机器人全天候不间断工作来降低人工成本并提高生产率。这种技术可以使机器人在没有物理连接的情况下定位精确的位置，并高效地执行仓库库存管理的订单拣选任务。

2. 自动自主测量系统

在高端制造领域中，通过人工测量精密仪器的各项数据不仅耗费时间精力，还极易出现偏差导致精度不够的问题，这对许多高精度物流机器人和高端物流设备的制造产生了阻碍。为解决此问题，Hexagon 与韩国工厂自动化专业企业 Syscon 合作，开发了"自动自主测量系统"技术。该系统能够使现有人工手动操作的测量系统自动、自主化，而无须建立专用的"测量室"就能获得被测量产品的空间大小数据，如图 9 – 39 所示。

自动自主测量系统可用于汽车、航空、模具、重工业等多个行业中。该系统开发配备了用于测量工件的一体化激光徕卡 AT960 绝对跟踪仪（Leica Absolute Tracker AT960）和 3D 激光绝对扫描仪 AS1（Absolute Scanner AS1）。其中 Leica Absolute Tracker AT960 可以进行快速动态测量，通过探测和扫描被测量物体 6 个方向的自由度，并使用反射器进行测量，来实现自动化检测。Absolute Scanner AS1 则用于确保新系统易于使用，通过使用最先进的蓝色激光技术和高级程序的非接触式 3D 测量功能来为系统提供最佳性能。该系统还将操作员的经验和技术通过编程的方法集成，来更准确地实现自动、自主化检测。

Hexagon 与 Syscon 在智能制造技术领域的合作除了开发自动自主测量系统，还包括

图 9 - 39　自动自主测量系统工作场景

资料来源：https://www.autoview.co.kr/news/articleView.html？idxno=82068。

在制造和获取高质量产品方面的高级技术合作。Hexagon 与 Syscon 计划利用各类制造业的自动化和自主化技术，通过打造数字工厂来合作开发各种自治系统，如资产管理、实时设备控制、生产设备运营等多种自主化系统。

3. 零停机时间供电技术

对于 AGV 等各类物流搬运设备和物流机器人来说，传统的接触式充电方法不仅存在潜在的安全隐患，同时电池还会对环境造成污染。为了改善这种现状，以色列 CaPow 公司提出了一种新的物流机器人电力传输方式——Genesis 供电系统，使各种物流机器人在移动中充电。

Genesis 供电系统主要由带有铜箔发射器的无线能量传输贴以及特殊的天线组成。在仓库中，Genesis 供电系统主要通过在工作区域地板上放置无线能量传输贴来实现供电。以 AGV 为例，当 AGV 通过感应区域时，其底部的天线和无线能量传输贴上安装的天线之间的电容发生了变化，接着 AGV 内部的接收器将决定向 AGV 输入多少电量以使其继续移动，进而吸收地板天线相应的电量，同时剩余过多的电量将在其他 AGV 经过时持续充电。整个过程是在 AGV 运行过程中完成的，而不需要耗费额外的时间让 AGV 停下来充电，充电过程如图 9 - 40 所示。这些天线放置的位置十分灵活，由于使用了标准接口，可以轻松安装在物流机器人的顶部、底部或侧面等任何地方，其尺寸和形状可定制，且不会干扰原有内部组件的功能。在经过合理规划后，可以保证在最小的覆盖面积内实现正常供电。Genesis 供电系统能够智能地分配产生的电量，既为物流机器人提供动力使其继续运动，又为其能源系统充电。

Genesis 供电系统支持多种能源供给模式，可以支持客户在原有物流机器人中保留原尺寸的锂电池，也支持减小规格的锂电池，甚至支持无锂电池方案，完全用小型超级电容器来替换。这些模式都能支持物流机器人达到 100% 的正常运行时间。Genesis

图9-40　机器人通过感应区域充电示意

资料来源：https://capow.energy/blog/the-future-of-power-delivery-for-mobile-robots-static-charging-falls-behind/。

供电系统还可以收集来自物流机器人和设施的数据，从而实现主动维护，并针对路线偏差等问题发出警报，可确保整个物流机器人机群正常运行。这种解决方案不仅释放了传统方法中被充电站占用的操作空间，同时还减少了机器人内部充电组件的磨损，有助于解决自动化中与能源效率低下相关的问题。同时，由于天线放置位置的灵活性，Genesis供电系统可无缝集成到现有和新设计的物流机器人系统中。例如这种方案可以通过无人机悬停在放置在架子上或其他区域的天线附近来实现供电，延长无人机的飞行时间。

Genesis供电系统的推出打破了物流机器人传统接触式充电固有的局限性。对于企业来说，不需要再通过额外购买物流机器人来弥补因充电损失的产能。对于物流机器人厂家和集成商来说，这种新的充电方式意味着无须再考虑电池材质安全、充电时间和充电站占地面积等问题，让厂内规划空间更紧凑。

4. 双温冷藏集装箱

新加坡的海洋网联船务（Ocean Network Express，ONE）联合日本泛太平洋国际控股有限公司（原名唐吉诃德控股有限公司，Pan Pacific International Holdings，PPIH）和日本NAX Japan公司推出了一项具有开创性的物流装备技术——世界上首个配备可控温（Temperature and Controlled Atmospheres，CA）功能的双温冷藏集装箱，如图9-41所示。该双温冷藏集装箱的发明是物流运输技术领域的重大突破，它打破了传统冷藏集装箱在温度控制和货物兼容性方面的局限，为冷链物流提供了更精细化、多样化的解决方案。

该双温冷藏集装箱是世界首个用于海洋运输且具备控温功能的创新型设备，它能够将各类易腐商品和水果从日本运输至PPIH经营的"堂吉诃德"海外商店。对比传统集装箱，双温冷藏集装箱主要在技术上实现以下两大创新。

图9-41　双温冷藏集装箱

资料来源：https://ch. one - line. com/zh - hans/news/one - launched - trial - shipments - worlds - first - dual - temperature - refrigerated - container - controlled。

（1）双温区设计。

集装箱中间安装有可折叠隔板，隔板上标有堂吉诃德的官方吉祥物"Donpen"和NAX标志。与冷藏单元相邻的隔间支持冷藏和冷冻温度，可将货物保持在 -30~30℃，类似标准冷藏集装箱；另一个隔间通过热风扇经天花板输送冷空气，能将货物温度控制在 -5~30℃。并且隔板位置可根据客户要求调整，不使用时可存放于天花板上，使集装箱变为立式冷藏集装箱，从而适应不同的货物存储需求。

（2）可控温（CA）功能。

除双温区设计外，集装箱还具备可控温功能。通过对集装箱内部温度的控制来根据运输货物的不同特点更好地保存货物。特别是对于生鲜易腐货品，可以有效延长保质期，保证新鲜程度。

该双温冷藏集装箱的高效装载减少了运输次数，从而降低了燃料消耗、人力成本以及设备磨损等运营成本。由于可以实现在一个集装箱内运输多种货物，也降低了货物在不同运输工具或集装箱之间转换的装卸成本。运输和换装次数的减少也意味着二氧化碳等温室气体排放量的降低，符合全球环保理念和物流行业的可持续发展趋势，有助于物流企业满足日益严格的环保法规要求，同时也提升了企业的社会形象。

双温冷藏集装箱的制造和试运得到了日本农林水产省补贴项目的支持。PPIH和NAX日本将继续推进这一技术，为日本农产品更稳定的出口及其在全球的推广做出积极贡献，有望在国际物流运输领域，特别是易腐货物运输方面带来新的突破和发展。

5. MDR 动力滚筒

近年来，物流领域在朝着 IoT 革命的方向急速变化，对物流速度和快速反应大规模定制的要求也不断提升，其中输送机在物流自动化中扮演者重要角色。日本伊东电机公司（Itoh Electric）在输送机电动辊筒领域具有较高的知名度和市场份额，该公司生产的电动辊筒产品具有良好的性能和质量，可用于多种工业输送场景，如机场行李分拣、医药仓库、物流仓库等。伊东电机在 2024 日本综合物流展展出的 MDR 动力滚筒作为许多输送带的核心驱动源，可以帮助企业更好的应对现代物流自动化的挑战。

MDR 动力滚筒是内部设置有马达和减速器的马达式滚筒，如图 9 - 42 所示，其驱动源采用无刷压电电机，可以有效提高能源转换效率并节省能源，从而实现高扭矩和高速输送，同时还可以通过专用的控制卡来实现滚筒变速的调整并实现零压力堆积。MDR 动力滚筒主要应用在滚筒式输送带上，滚筒内置马达和减速齿轮，表面没有突起物，实现了安全、清洁、静音、省空间的驱动装置，并不需要加油等维护工作。这种滚筒多在拣选货物或运输货物的输送带中使用，可以根据输送物品的尺寸和重量配合其他普通滚筒一起使用，在分离驱动方式中提供动力，即使一个滚筒发生故障也不会对整体造成影响，也最大限度地保证了输送带的正常运行。

图 9 - 42　MDR 动力滚筒

资料来源：http://itohdenki.co.jp/chinese/pdf/p/P4.pdf。

MDR 动力滚筒还采用没有触电危险的 DC24V 电源，极大程度地保证了操作人员的安全，响应安全生产的要求。专用的串行总线控制器"id LinX"可与仓库管理系统和生产管理系统连接，对 MDR 电机负载电流监控功能进行电流监控，并基于监控得到的数据进行负载电流的寿命预测和故障预测。

MDR 动力滚筒可更广泛的运用于仓储、运输、装卸搬运等物流环节中，为提高物流效率，促进物流环节机械化、自动化提供了新的解决方案。

（二）物流信息技术

1. A. I. TeamDelivery 系统

随着电子商务的快速发展，"最后一公里"配送成为物流中颇具挑战性的环节之一。高昂的配送成本、繁忙的交通状况以及对及时交付的高要求，迫使企业寻找更加高效和环保的解决方案。日本丰田物料搬运公司（Toyota Material Handling）的新系统"A. I. TeamDelivery"针对这些问题给出了答案。

当消费者在网上完成订单确认后，A. I. TeamDelivery 系统会将所有需要配送的物品集中到一个中心仓库。通过使用 AI 和先进的算法，系统会实时分析订单的具体情况，并将所有物品打包成一个配送批次，并放入自动配送车辆中，然后自动配送车辆会将这些配送批次运送到最终目的地，过程如图 9－43 所示。通过这种方式，企业不仅能够减少配送次数，还能显著降低碳排放。

图 9－43　货物打包配送过程

资料来源：https://m. chinaagv. com/news/detail/202407/30951. html。

AI. TeamDelivery 系统尤其适用于城市区域，在城市战略配送中心的支撑下，这种系统将简化交通流量，并显著减少用来承担"最后一公里"职能的车辆。同时 A. I. TeamDelivery 系统能够减少单次配送的频率和提高每次配送的效率，并带来显著的环境效益，推动绿色物流的发展。丰田公司已经在多个试点项目中对 A. I. TeamDelivery 系统进行了测试，结果显示这一系统能够显著提高配送效率和客户满意度。

2. 路径控制技术

由于电商的和供应链的兴起，物流量的需求越来越大，但日本日益减少的人口数量和限制司机加班的政令导致了运输能力的短缺。为了应对这种状况，日本东芝基础设施系统公司开发出一种利用无线电地图控制机器人移动路径的技术。该技术通过将机器人的"大脑"功能集中在服务器上，并专门负责操控机器人本身的"输送"功能，可以实时控制一组 12 个机器人，同时本地 5G 的低延迟和低波动特性解决了机器人因无线电延迟和干扰而停止的问题。

此外，由于货物在仓库和工厂中的不断移动会导致无线电波环境发生变化，东芝公司还开发了基于无线电地图的动态路由技术，通过利用服务器实时映射机器人监测和传输的本地 5G 电波状况，该技术可以根据接收信号的强弱动态来控制机器人行进路线。在移动时，机器人会持续监控沿其行进路线接收的信号强度，并将该信息从嵌入式通信终端传输到服务器，从而生成沿每条路线的信号状况图。同时，无线电地图会不断地根据从机器人群体接收的信号强度的信息来进行更新。因此，服务器可以基于无线电地图的变化来预测沿着行进路线的接收信号强度，从而为机器人选择合适的路线。

这种技术的系统配置可根据机器人数量进行扩展，可应用于 100 台以上机器人运行的仓库和工厂，控制的机器人数量越多，引入自动输送系统的成本就越低。例如，假设运行 100 个机器人，引入自动运输系统的成本将降低约 10%；通过缩小机器人本身的功能，预计功耗将减少约 14%，作业率将提高约 16%。该技术可用于大规模的物流仓库来提高运作效率从而降低物流成本。

与此同时，东芝还正在开发协作运输技术，允许多个机器人通过机器人之间直接通信来运输单个物体，而无须根据货物的大小和重量来部署多个机器人，同样也降低了引入自动运输系统的成本。

3. IoT + 机器学习技术

日本三菱集团扶桑卡车巴士公司（Mitsubishi Fuso Truck and Bus Corporation，MFT-BC）的川崎工厂主要负责生产卡车车辆和工业用发动机，其中，有 300 台叉车和转塔式卡车等工业运输车辆需要运行，这些车辆没有固定的驾驶员，根据日常情况灵活使用。在某些业务繁忙区域部署的车辆几乎不间断运行，可能会出现车辆短缺的情况，导致司机等待时间过长；另外，一些用于运输频率较低流程的车辆可能只能运行有限的时间。针对车辆和司机资源的分配不均的问题，MFTBC 利用"IoT + 机器学习"的高级分析技术来优化已投入使用的工业运输车辆。

在该技术中，一种名为"Okudake"的 IoT 终端传感器（实际上是一种三维加速度传感器）被安装在目标车辆上，以定量分析其日常运营中的运行状态。Okudake 传感器可以在左右、前后、上下三个方向收集数据，在不改变车辆业务量的前提下，对约 200 台车辆数据进行大规模分析，然后根据机器学习的算法来分析车辆使用率。

MFTBC 从 2024 年 3 月开始分阶段进行车辆运转数据的收集。在对收集到的数据进行比较分析后，确定最佳车辆配置，预计需要几个月才能开始以最佳配置运转。

（三）物流管理技术

1. MOVO Fleet 动态管理技术

MOVO Fleet 是日本 Hacobu 公司推出的一项针对物流的动态管理服务，可以为包括货主企业、物流运营商以及合作公司在内的用户提供车辆的行驶实时数据，以此来对物流运输全过程进行有效管理，持续提高物流运输效率。MOVO Fleet 提供 3 种小型终端，只需将小终端连接设备安装进车内的点烟器插口中，即可使用服务。在紧急情况下，用户也只需连接 MOVO 的行车记录仪就能获取到实时画面。MOVO Fleet 提供的功能包括：

（1）准确了解当前车辆状态。

MOVO Fleet 动态管理服务的终端通过每 5 秒获取一次实时位置信息，来帮助用户准确掌握车辆情况。根据 GPS 信息自动确定货物到达并检测停滞情况，使进度管理变得更加容易。MOVO Fleet 通过与交付计划链接，可以将车辆到达和延迟情况可视化，并提供自动电子邮件通知。同时，用户可以在 MOVO Fleet 服务系统中提前登记送货地点并获取实际行驶路线，系统会自动记录车辆点火记录来确认交货完成。

（2）展示驾驶记录数据并可视化二氧化碳排放量。

用户可以在配送界面上确认真实的车辆出发和到达情况来创建管理交付计划，以此获得实际绩效与目标绩效的可视化对比数据。MOVO Fleet 能够从多角度积累数据，包括行驶路线、速度日志、二氧化碳排放标准、货物到达和停车情况等。每日报告仪表板功能可以使用户一目了然地可视化所有相关数据的趋势。自动创建的每日报告节省了驾驶员的烦琐工作，有助于减轻管理人员的压力，并且用户可以使用输出的 CSV 格式数据对驾驶结果进行深入分析。

（3）与业务合作伙伴共享信息。

MOVO Fleet 可以通过共享每个托运人或业务伙伴的必要信息来进行动态管理信息，例如交货状态。这提高了托运人和业务合作伙伴的满意度，并减少了电话等工作时间。

（4）包括合作伙伴公司在内的综合管理。

用于管理的 MOVO Fleet 终端易于安装和拆卸，因此即使是现场车辆也可以进行管理，进而实现包括合作伙伴公司在内的横向综合管理。MOVO Fleet 还可以用作紧急情况和灾难期间的业务连续性计划（Business Continuity Plan，BCP）措施。

（5）数据驱动的战略制定。

MOVO Fleet 处理的包括合作伙伴公司在内的运输和配送数据不仅可以用于解决现场问题，还可以用于公司范围内的物流数字化转型和改革。

总之，MOVO Fleet 动态管理服务系统通过高效的车辆管理来帮助运输公司以及托运人双方提高运输效率，降低运输成本，有助于两方达到双赢的局面。

2. B2 Cloud API 技术

随着电子商务市场的不断扩大，越来越多的零售商在通过实体店销售产品的同时，也开始借助多个电子商务网站进行产品销售。然而，这种多渠道销售模式带来了一系列挑战，其中包括复杂的订单和库存管理以及运输安排等问题。在众多问题当中，越来越多的电子商务企业开始寻求能够管理从打开网站、订购到销售等电子商务全流程的系统。

大和运输集团（Yamato Transportation）作为日本物流行业的领军企业，在物流运输领域拥有着卓越的声誉和广泛的影响力。2017 年 5 月，大和运输针对企业客户推出了运单签发系统 B2 Cloud。如今，已有超过 50 万名客户在使用这项云服务。但在此之前，运单签发流程要求电子商务企业单独建立运单签发系统 B2 Cloud 服务，与自身电子商务业务系统相互独立，这引发了大量客户对于云服务和自身系统直接集成的需求。

为满足客户需求，大和运输集团于 2024 年 6 月推出了 B2 Cloud API。B2 Cloud API 是一个用于利用运单签发系统 B2 Cloud 的 Web API，这是一项专门为企业客户提供的服务。通过使用该 API，从事电子商务及其他业务的客户无须再单独使用运单签发系统 B2 Cloud 服务，而是可以直接从自己的电子商务系统发出运单，并且发出运单的数据会自动集成。这一创新实现了从订单接收到发货的无缝管理，极大地提高了客户的便利性。

二、技术应用案例

（一）MOVO Fleet 管理技术在日本陆送公司的运用案例

日本陆送公司创立于 1960 年，是尼康控股株式会社的地区子公司，总部设在三重县，在爱知县、岐阜县、埼玉县、冈山县、熊本县、北九州县等地共计设立了 22 个事业据点，以"运输""保管""包装"和"设备维修"为四大支柱业务。日本陆送公司在继续深化现有业务的同时，也在向专业的汽车产业拓展业务。

在主要业务"运输"业务方面，日本陆送公司拥有 230 辆车辆的车队，主要运输汽车零部件，主要客户为本田。为了符合客户的要求，日本陆送公司需要提供中等距离的 JIT 配送服务，通过尽量减少运输延误来提高运输质量。为了实现这一目标，日本陆送公司开发了自己的动态管理系统，但由于终端数量不断增加，系统出现了通信问题和运营问题，不仅不能稳定运行，出现多次故障，需要对系统进行改造而投资，而且操作性对于工作人员来说也很复杂，现场难以使用，所以这套系统被淘汰了。经过反复比较后，最终日本陆送公司选择了 MOVO Fleet 来作为管理工具，其具备了三方面优点：一是成本很低，MOVO Fleet 与日本陆送公司自主开发的系统相比，价格低40％，与其他公司相比成本也较低；二是易于使用，不需要智能手机或其他设备，只需将终端插入点烟器插座即可，并且不需要每天对终端进行管理和操作；三是功能丰富，MOVOFleet 具备的一系列功能对日本陆送公司来说都是十分有意义的。

目前，MOVO Fleet 在日本陆送公司的全部 230 辆车辆是永久安装的，除此之外，还计划将系统导入约 70 辆合作公司车辆中。日本陆送公司在中距离的 JIT 交货中制定了包括运输和交货时间轴在内的最优化计划，并与实际情况进行了比较。因为在货主企业的办公室内设有本公司的事务所，所以货主企业可以随时确认运输情况，并进行信息的共享和利用。同时，在发生交通堵塞或自然灾害造成延误时，MOVO Fleet 可以通过重新评估时刻表和行驶路线数据来决策是否增加班次

使用了 MOVO Fleet 系统后，日本陆送公司获得了许多成效。一是成本降低，与以前的系统相比，每年可以降低约 200 万日元的运行成本。二是运营韧性增强，针对交通堵塞、事故和自然灾害导致的道路封闭等交通障碍情况的发生，路线规划和人员应对速度大幅提高。以前各营业所的运行管理者通过电话联系很多乘务员确认和掌握位置信息后才能应对，但现在由于可以实时掌握所有的运行状况，电话应对减半，极大提高了应急反应速度。三是 MOVO Fleet 无须日常的终端管理和操作，因此任何人都可以轻松操作，解决了许多司机不会操作系统的困境；四是有助于方便管理碳排量，当前二氧化碳排放量的管理成为物流公司被选择的指标之一，而通过引入 MOVO Fleet，日本陆送公司可以顺利实现碳排放量可视化，增加了自身竞争力和合作优势。

（二）日本 Mujin 公司帮助半导体制造公司 Screen 实现搬运工序简化

日本 Screen 公司创立于 1943 年，拥有表面处理、直接成像和图像处理等核心技术，应用于半导体、印刷、显示、PCB（Printed Circuit Board，印制电路板）等领域。其中在半导体设备领域，Screen 公司是日本第二大厂商，主要生产清洗设备等产品，因此仓库占地面积较大且设备种类繁多。Screen 公司为了提高仓储效率，引入了日本 Mujin 公司的 QR 网格型 AGV 以实现仓储物流的自动化。

Mujin QR 网格型 AGV 可以实现多台同时控制，这是传统磁条式 AGV 难以实现的。同时，这种 AGV 能以较高的行走精度实现稳定的输送。该种 QR 网格型 AGV 可以从以一定间隔贴在地板上的二维码中读取位置信息，并实时结合电机转速进行实时监测来进行位置修正。因此能更准确地掌握当前位置、路径和目的地信息，将货物高效输送到目的地。通过利用 Mujin QR 网格型 AGV 的这些卓越功能，整个 Screen 的仓储搬运流程发生了革命性的变化。从对数量庞大的部件进行位置管理，到为数十个装配单元提供精准服务，再到涵盖从零件供应组装直至成品回收的一切自动化运输工作，Mujin

QR 网格型 AGV 都展现出了极高的效率和可靠性。以往那些需要人类耗费大量精力完成的搜索和运输工作，如今都被 AGV 承担，其应用场景如图 9 – 44 所示。

图 9 – 44　Mujin QR 网格型 AGV 在 Screen 仓库中的应用
资料来源：https://www.youtube.com/watch? v = h4jPUB3mXZM&t = 1s。

这一技术应用有效避免了因人为错误可能导致的问题。在制造管理系统中，基于 AGV 运输的数据稳定且准确，这在制造复杂设备需要大量零件的情况下，对于防止零件混淆和供应失误意义重大，为整个制造过程中的错误对策提供了有力保障。同时，Mujin 公司在评估了以往的仓储人工工作数据后，通过专业的方式确定了无人系统维护机制，这种个性化机制能够提高出现问题时的操作和响应速度，保障整个物流运输系统的高效运行，从而广受好评。

通过这次合作，Screen 公司的仓储效率大大提升，能够更高效地完成仓库内零部件和设备的移动，更加符合物流自动化、机械化的发展方向。而 Mujin QR 网格型 AGV 与 Screen 的成功合作也为相似企业提供了新的物流解决方案。

参考文献

［1］中关村在线．展现科技的力量 大疆无人机助力林业守护绿水青山［EB/OL］．（2024－07－02）［2024－09－17］．https://new.qq.com/rain/a/20240702A06F3O00.

［2］张洪．eVTOL 的性能特征、关键技术与发展瓶颈探究［EB/OL］．（2023－03－15）［2024－09－17］．http://att.caacnews.com.cn/zkzj/Z/zhanghong/202303/t20230315_60767.html.

［3］宋雪梅．空中快递！全国首条海岛公共物流无人机配送航线在珠首飞成功［EB/OL］．（2024－07－30）［2024－09－17］．https://pub－zhtb.hizh.cn/s/202407/30/AP66a8bb48e4b0da3590b24b5b.html.

［4］刘易，李超，付宸硕，等．低空经济｜通感一体化基站，低空飞行监控的核心设备［EB/OL］．（2024－04－08）［2024－09－17］．https://mp.weixin.qq.com/s/aQlnf8sx－HALqO_Xn8rozQ.

［5］IT 之家．顺丰旗下丰翼科技推出两款无人机物流产品，"同城送"12 元［EB/OL］．（2024－03－25）［2024－09－17］．https://new.qq.com/rain/a/20240325A0381600.

［6］杨硕．美团无人机发布第四代新机型 携全新城市低空物流解决方案参展 2023 WAIC｜2023 世界人工智能大会［EB/OL］．（2023－07－05）［2024－09－17］．https://baijiahao.baidu.com/s? id = 1770577369577506648&wfr = spider&for = pc.

［7］潜力足、空间大 中国物流行业绿色低碳发展"前程似锦"［EB/OL］．（2023－12－03）［2024－10－30］．https://news.cctv.com/2023/12/03/ARTIPk9MVuPn5dRiMJ9O7P0Z231203.shtml.

［8］绿色和平．最新数据｜快递业碳排放五年增长超 200%，公路、航空减排不应成为"灯下黑"［EB/OL］．（2023－06－16）［2024－10－30］．https://www.green-peace.org.cn/2023/06/16/express－industry－emissions/.

［9］罗戈研究．2024 中国低碳供应链 & 物流创新发展报告［EB/OL］．（2024－05－31）［2024－10－30］．https://www.logclub.com/front/lc_report/get_report_info/5196.

［10］华夏能源网．暂停七年后 CCER 高规格重启，碳市场扩容还需迈过"三座大山"［EB/OL］．（2024－02－09）［2024－10－30］．https://www.thepaper.cn/newsDetail_

forward_ 26319627.

［11］大语言模型与生成式人工智能的区别［EB/OL］.（2024 – 09 – 02）［2024 – 09 – 30］. https：//www. gkzhan. com/news/detail/174649. html.

［12］唐隆基. 生成式人工智能将为物流供应链带来哪些变化？［EB/OL］.（2024 – 02 – 03）［2024 – 09 – 30］. https：//mp. weixin. qq. com/s/UDXvD8WYw2hYiQHSOqeF1w.

［13］术语中国. 2023 年度十大科技名词揭晓［EB/OL］.（2023 – 12 – 26）［2024 – 09 – 30］. https：//mp. weixin. qq. com/s/0nh0oT – Jq_ 28SiD0mT_ 5aw.

［14］谢卫群，张亚勤. 大模型和生成式人工智能有五大趋势［EB/OL］.（2024 – 07 – 06）［2024 – 09 – 30］. https：//www. tsinghua. edu. cn/info/1182/112688. htm.

［15］中国人工智能学会. 中国人工智能系列白皮书——大模型技术（2023 版）［EB/OL］.（2023 – 10 – 18）［2024 – 09 – 30］. https：//13115299. s21i. faiusr. com/61/1/ABUIABA9GAAgma6KqQYo – Z7D8wI. pdf.

［16］业界. 顺丰科技 AIGC 技术应用首次亮相数博会［EB/OL］.（2023 – 09 – 18）［2024 – 09 – 30］. https：//www. iyiou. com/news/202309191052341.

［17］科技快报. 5G 时代下的云计算：深度融合 促进行业加速上云［EB/OL］.（2019 – 07 – 10）［2024 – 09 – 17］. http：//news. ikanchai. com/2019/0710/297724. shtml?app = member&controller = index.

［18］中兴通讯. MEC，加速 5G 业务创新［EB/OL］.（2019 – 08 – 29）［2024 – 09 – 17］. https：//sdnfv. zte. com. cn/zh – CN/insights/2019/8/MEC – Accelerates – 5G – Service – Innovation.

［19］卫星应用. 北斗规模化应用不断拓展与深化［EB/OL］.（2024 – 04 – 15）［2024 – 09 – 27］. https：//mp. weixin. qq. com/s/O6NZ8Kv6C – w1efP9sJJVQA.

［20］轻量化材料成新能源汽车"减重"突破口［EB/OL］.（2020 – 11 – 18）［2024 – 10 – 23］. http：//energy. people. com. cn/n1/2020/1118/c71661 – 31935009. html.

［21］北疆新闻. 网络货运行业规模不断扩大 2023 年共上传运单 1. 3 亿单［EB/OL］.（2024 – 03 – 15）［2024 – 10 – 22］. http：//www. imline. cn/news/guonei/2024/03151133K2024. html.

［22］行业首创新型环保展示盒 麦德龙荣获"绿点中国·2024 可持续实践年度案例"奖项［EB/OL］.（2024 – 09 – 28）［2024 – 10 – 22］. https：//new. qq. com/rain/a/20240928A07EPT00.

［23］"数据湖"：概念、特征、架构与案例［EB/OL］.（2020 – 06 – 03）［2024 – 09 – 30］. https：//blog. csdn. net/weixin_ 43970890/article/details/106522155.

［24］陈氢，宋仕伟. 数据治理视角下的湖仓一体架构研究［J］. 数字图书馆论

坛，2023，19（4）：19－28.

［25］SILICON LABS. 全新改进的 Bluetooth® 6.0［EB/OL］.（2024－09－02）［2024－09－28］. https://cn. silabs. com/blog/the－new－and－improved－bluetooth－6－0.

［26］星闪数字车钥匙、星闪无线 360 度全景环视系统将规模化商用［EB/OL］.（2024－10－23）［2023－10－23］. http://auto. ce. cn/auto/gundong/202410/23/t20241023_39178112. shtml.

［27］AIoT 库 . 2024 中国物联网产业创新白皮书［EB/OL］.（2024－08－22）［2024－09－28］. https://www. iotku. com/News/988871947032985600. html.

［28］物联网智库 . 智能物联 AIoT 2.0 "通感智值一体化" 应用案例蓝皮书［EB/OL］.（2024－07－18）［2024－09－28］. https://www. iot101. com/baogao/94 87. html.

［29］智能物联 2.0 观点、技术、方案、实践全览［EB/OL］.（2023－12－25）［2024－09－28］. iiot. cechina. cn/23/1225/09/20231225093614. htm.

［30］林森，郭杰群 . 数字供应链应用、转型及挑战分析［J］. 物流技术与应用，2023，28（10）：144－151.

［31］从科幻走向现实 便携式脑机接口赋能道路交通安全［EB/OL］.（2024－06－23）［2024－10－23］. http://www. tynews. com. cn/system/2024/06/23/030767350. shtml.

［32］筑梦长空，蓄势待飞！极目新闻记者实探鄂州花湖机场［EB/OL］.（2022－06－29）［2024－10－14］. https://baijiahao. baidu. com/s？id＝1736964449846591485&wfr＝spider&for＝pc.

［33］中国民用航空中南地区管理局 . 鄂州枢纽为顺丰航空生鲜运输提供 "加速度"［EB/OL］.（2024－07－19）［2024－10－14］. http://www. caac. gov. cn/local/ZNGLJ/ZN_ XXGK/ZN_ HYDT/202407/t20240719_ 224791. html.

［34］至顶科技 . 京东言犀大模型：数智供应链，为大模型提供 "产业基因"［EB/OL］.（2023－09－28）［2024－10－30］. https://baijiahao. baidu. com/s？id＝1778293370545299660&wfr＝spider&for＝pc.

［35］金融界 . 京东云发布智能体平台 预制 100 ＋ 行业解决方案［EB/OL］.（2024－08－12）［2024－10－30］. https://baijiahao. baidu. com/s？id＝1807152302256272177&wfr＝spider&for＝pc.

［36］顺丰供应链×极智嘉：革新冷链物流，3 小时快速履约，锁住新鲜［EB/OL］.（2024－08－05）［2024－10－20］. https://tech. ifeng. com/c/8bnQmWxd7Vw.

［37］高端冷链新选择 蓝擎发布 "冷链 1 卡" 绿色高效物流解决方案［EB/OL］.（2024－06－07）［2024－10－20］. https://www. chinatruck. org/news/202406/11_ 118869. html.

［38］山东省大数据局．寿光市：创新"一二四九十"五项措施，实现危化品运输全程信息化监管［EB/OL］．（2024 - 02 - 21）［2024 - 10 - 25］．http://bdb. shandong. gov. cn/art/2024/2/21/art_ 79176_ 10324897. html.

［39］高效播种，瞬时分拣：锋馥与大参林共绘医药物流新蓝图［EB/OL］．（2024 - 08 - 30）［2024 - 10 - 25］．https://www. sohu. com/a/804896007_ 121336997.

［40］赵皎云．即插即用的物流自动化技术在关注中探索前行［J］．物流技术与应用，2023，28（8）：64 - 66.

［41］人人都是设计师！致景科技加"数"领跑纺织服装业［EB/OL］．（2024 - 10 - 12）［2024 - 10 - 30］．https://k. sina. cn/article_ 5787187353_ v158f1789902001rhba. html.

［42］致景科技入选《广东省制造业数字化转型典型案例集（2024 年）》［EB/OL］．（2024 - 07 - 08）［2024 - 10 - 30］．https://baijiahao. baidu. com/s？ id = 1803993203636315286&wfr = spider&for = pc.

［43］千亿美金独角兽 SHEIN 崛起的魔力：数字供应链！［EB/OL］．（2024 - 07 - 31）［2024 - 10 - 30］．https://www. 163. com/dy/article/J8EJM6310518IJ4K. html.

［44］从解放双手到解放大脑，服装行业智能化又有新突破［EB/OL］．（2024 - 05 - 17）［2024 - 10 - 25］．https://baijiahao. baidu. com/s？ id = 1799281249797164073&wfr = spider&for = pc.

［45］王涛．利用数字新技术，提升应急物流管理水平［EB/OL］．（2023 - 02 - 20）［2024 - 10 - 22］．https://theory. gmw. cn/2023 - 02/20/content_ 36378102. htm#: ~ :tex.

［46］谢关友，李良春．美军弹药集装化保障对我军弹药集装的启示［J］．包装工程，2008，（3）：178 - 181.

［47］国家防灾减灾救灾委员会：力争 2025 年底全国县级应急物资储备库（点）100% 覆盖［EB/OL］．（2024 - 10 - 23）［2024 - 10 - 25］．https://www. chinanews. com. cn/gn/2024/10 - 23/10306508. shtml.

［48］"机器狗"亮相泰山 驮货、运垃圾样样"拿捏"！［EB/OL］．（2024 - 10 - 22）［2024 - 10 - 25］．https://baijiahao. baidu. com/s？ id = 1813610452023343334&wfr = spider&for = pc.

［49］中科微至 Wayzim. 中科微至窄带分拣机为物流行业提供多场景分拣方案［EB/OL］．（2024 - 03 - 25）［2024 - 10 - 25］．https://baijiahao. baidu. com/s？ id = 1794459515287141254&wfr = spider&for = pc.

［50］中科微至 Wayzim.「从错综到有序」中科微至单件分离系统为物流自动化加码提速［EB/OL］．（2024 - 02 - 28）［2024 - 10 - 25］．https://baijiahao. baidu. com/s？

id = 1792122911689883698&wfr = spider&for = pc.

［51］超越 GPT - 4，金融分析新突破：FinTral 多模态大模型［EB/OL］.（2024 - 08 - 16）［2024 - 10 - 30］. https：//blog. csdn. net/weixin_44292902/article/details/141186369.

［52］大模型训练、多模态数据处理与融合［EB/OL］.（2024 - 05 - 17）［2024 - 10 - 30］. https：//blog. csdn. net/weixin_41888295/article/details/139000042.

［53］多模态学习与金融科技：提升金融分析和投资决策的准确性［EB/OL］.（2024 - 01 - 07）［2024 - 10 - 30］. https：//blog. csdn. net/universsky2015/article/details/135800759.

［54］杨丹. 实战｜低代码平台在金融行业的创新研究及实践［EB/OL］.（2022 - 04 - 18）［2024 - 10 - 30］. https：//zhuanlan. zhihu. com/p/500673242.

［55］金融行业数字化转型：低代码平台的关键应用案例［EB/OL］.（2024 - 06 - 18）［2024 - 10 - 30］. https：//business. sohu. com/a/786888365_121922758.

［56］边缘计算系统逻辑架构：云、边、端协同，定义及关系［EB/OL］.（2022 - 08 - 29）［2024 - 10 - 30］. https：//blog. csdn. net/MacWx/article/details/126589464.

［57］金融信创｜工行"一云多芯"金融云信创转型取得阶段性重要成果：云内信创芯片服务器 5000 + 台，供应超 20600 个信创容器［EB/OL］.（2022 - 05 - 26）［2024 - 10 - 30］. https：//www. shangyexinzhi. com/article/4879082. html.

［58］黄奇帆：中国物流成本高在哪里，怎么降？［EB/OL］.（2023 - 05 - 28）［2024 - 10 - 25］. https：//www. thepaper. cn/newsDetail_forward_23258217.

［59］VIVIEN CHRISTEL VELLA. LOGISTICS INDUSTRY TRENDS FOR 2024［EB/OL］.（2023 - 12 - 20）［2024 - 10 - 25］. https：//www. dhl. com/discover/en - at/logistics - advice/essential - guides/logistics - industry - trends.

［60］倚歌. 韩国初创公司 Twinny Robotics 的自主导航机器人帮助物流公司降低成本并节省时间［EB/OL］.（2023 - 04 - 04）［2024 - 09 - 22］. https：//m. youuvs. com/news/detail/202304/39894. htm.

［61］余海燕，蒋仁莲. 基于众包平台的外卖实时配送订单分配与路径优化研究［J］. 工业工程与管理，2022，27（2）：146 - 152.

附录　2025 年物流技术创新案例名单

序号	企业名称	项目名称
1	成都蜀云物连科技有限公司	基于数字化的智能仓储管理系统
2	北京久威科技有限公司	吉林通化某部队自动化智能仓储项目
3	重庆长安汽车股份有限公司	供应链协同云实施与应用
4	重庆长安民生物流股份有限公司	绿色整车仓储中心选址
5	中科微至科技股份有限公司	中国邮政华东物流仓储中心项目
6	苏州澳昆智能机器人技术有限公司	全自动智能装卸机器人的研发
7	一汽－大众汽车有限公司天津分公司	面向价值流的 VSM 体系在汽车物流领域应用探索
8	保定市长城蚂蚁物流有限公司	激光测距：构建自动化任务触发新模式
9	杭州海康机器人股份有限公司	高效高密箱式存储方案 STRP
10	云南策蓝科技有限公司	中物视零代码工业仿真软件
11	邮政科学研究规划院有限公司	邮政环保缓冲防护纸袋升级及标准转化应用
12	邮政科学研究规划院有限公司	北京邮政碳中和网点示范工程建设应用
13	安得智联供应链科技股份有限公司	一体化智慧供应链解决方案平台的建设及应用
14	中国移动通信集团陕西有限公司	陕西移动数智化仓储转型应用
15	一汽－大众汽车有限公司	供应链运营新范式——E－lane^3
16	驭势科技（北京）股份有限公司	深圳机场海关快件中心无人物流项目
17	一汽物流有限公司	入厂一体化解决方案工作台
18	武汉东本储运有限公司	新能源工厂总装车间无人化上线项目
19	中国邮政集团有限公司重庆市分公司	无人机助力重庆邮政服务乡村振兴战略
20	中兴通讯（河源）有限公司	基于数字星云＋AI 的河源智能仓储变革项目
21	石家庄博德宁智能设备有限公司	自动装卸车
22	北自所（北京）科技发展股份有限公司	蒙牛乳业（宁夏）智慧物流立体库
23	机械工业第六设计研究院有限公司	全生命周期智慧物流一体化集成平台
24	赛那德科技有限公司	自主拆码笼机器人 iLoabot－P

续 表

序号	企业名称	项目名称
25	无锡中鼎集成技术有限公司	国控浙江全链条智能医药物流系统
26	东风汽车有限公司东风日产乘用车公司	汽车售后备件配送网络模型优化与应用研究
27	北京京东乾石科技有限公司	北京大兴机场亚一智狼服装仓项目
28	普天物流技术有限公司	卷烟物流中心数字孪生系统
29	一汽物流（天津）有限公司	电子标签技术项目在汽车物流零部件拣选环节的应用
30	一汽物流（天津）有限公司	工业废弃物转运无人驾驶应用项目
31	中粮可口可乐华北饮料有限公司	华北区域供应整合
32	岚图汽车科技有限公司	汽车敏捷入厂物流数字化系统
33	北京泓达九通科技发展有限公司	电气化公路物流运输智能网联系统项目
34	北京神州数码有限公司	西南物流中心 AMR 机器人自动化拣选项目
35	江苏六维智能物流装备股份有限公司	连云港碱业有限公司搬迁升级配套自动化立体仓库项目
36	一汽物流有限公司	汽车物流行业 KLT 小件仓储分拣技术应用项目
37	希迪智驾（湖南）股份有限公司	钢厂无人驾驶与自动甩挂项目
38	上海诺力智能科技有限公司	铜箔全场景智能物流解决方案
39	北京长久物流股份有限公司	汽车运输安全新路径：事故管理与主动安全的融合之道
40	民航成都物流技术有限公司	大型机场行李智能处理关键技术与成套装备
41	中远海运科技（北京）有限公司	贵州烟草商业智慧物流一体化管控系统建设项目
42	中包物联网科技（北京）有限公司	中托联智能托盘——推动降低全社会物流成本的数字底座
43	东风物流集团股份有限公司	智能装备提升汽车售后件老旧仓库的生命力
44	浙江中扬立库技术有限公司	新疆合盛硅业智能仓储项目
45	深圳中集天达物流系统工程有限公司	顺新晖湖北智慧供应链产业园仓库自动化项目
46	广东金满筐科技有限公司	金满筐 5G 智能环保筐共享租筐服务项目
47	临沂临工智能信息科技有限公司	智能冷链仓储系统与数字孪生
48	上海箱箱智能科技有限公司	箱箱共用携手西门子西碳迹联合共创车用电机定子总成物流包装循环解决方案"重载通"
49	林德（中国）叉车有限公司	某知名食品行业柔性物流仓配一体自动化项目
50	齐鲁空天信息研究院、北京交通大学	基于自适应有限集感知及模块配置的商贸物流无人装卸系统
51	徐州徐工特种工程机械有限公司	徐工叉车推动物流园绿色变革
52	北京京东乾石科技有限公司	数字化工厂机器人混合调度系统项目
53	库卡机器人（广东）有限公司	GMCC 美芝（杏坛）科技产业园全流程智慧物流项目

案例索引

章节名称		案例名称
第四章 仓储技术	第四节　仓库管理技术	亚马逊的"机器人拣选"系统
		阿里巴巴的"无代码智能预测"系统
		海康 iWMS 智能仓储系统
第五章 包装及单元化 技术	第一节　绿色包装技术	邮政轻装箱
		联想 ThinkPad 包装
		中久汽配柔性化包装
		GGKOPP 填充材料
		宝洁空气胶囊循环箱
		邮政循环箱和循环袋
		汇立塑料蜂窝板
		邮政新型生物降解胶带
		新芽"蝉翼"拉伸缠绕膜
		AIRplus 回收材质薄膜
		BIO 降解薄膜
		宝洁即展箱
		奥瑞森交互包装
	第二节　包装管理技术	菜鸟网络智能装箱算法
		联晟智达智能包装解决方案
		普拉托子母托盘循环共用方案
		中包物联货安达循环包装智能化解决方案
		复海"智能 R 锁"
	第三节　集装单元化技术	广铁集团新型通风集装箱
		上海泛亚 40 英尺多用途双层集装箱
		连云港港、徐州铁路公司、中铁公司 20 英尺散粮专用集装箱
		小蚁托盘
		优衣库可折叠周转箱
		派轻易充气式循环保温箱
		箱箱共用"蓝绿双循环"智能包装解决方案
第六章 物流信息 与数字化技术	第一节　大数据技术	云恋科技智慧物流园区的产业互联网平台创新应用
	第二节　物联网技术	京东物控 2.0 AIoT 监管仓方案
	第三节　智能云技术	百度智能云智能调度引擎

章节名称		案例名称
第八章 特色物流 技术	第五节　服装物流技术	中通云仓科技服饰一号仓智慧仓储管理平台
		福玻斯即插即用输送系统、多层穿梭车系统
		致景科技打造数字化平台
		SHEIN 持续构建柔性供应链
		塔斯克助力鞋服企业打造退货仓自动化解决方案
		丽迅物流天津逆向中心
		特步（安徽）智能工厂
	第六节　酒类物流技术	兰剑智能酒类自动存储系统
		中交兴路酒类物流服务平台
		安吉物流：数字化赋能酒水智慧供应链
	第七节　应急物流技术	"应急使命·2024"
		数智化"医药动员中心"
	第八节　快递物流技术	中科微至单件分离系统
		中邮科技面单多语言识别技术
		申通千向 RGV 分拣机器人
		丰巢无人机接驳柜
	第九节　航空物流技术	东航物流引入无人仓配技术
	第十节　供应链金融技术	工行金融信创云平台
第九章 国外物流 技术	第一节　美国物流技术	Robovan 电动无人驾驶车辆
		Vayu 无人配送机器人
		Palion Lift CR1 AMR 叉车
		NexSys AIR 无线充电技术
		Mytra "六向穿梭车"技术
		VidGen – 1 模型
		WorldGen – 1 模型
		Convoy 货运资源管理平台
		Corvus Robotics 自主库存管理技术
		物流装备技术在沃尔玛运营中的应用
	第二节　欧洲物流技术	TAWI 集装箱卸货机
		Rovoflex 拣选机器人
		MiR1200 托盘搬运叉车

章节名称		案例名称
第九章 国外物流 技术	第二节　欧洲物流技术	Robin'6 无线通信设备
		VSLAM 导航技术
		Clever Sense 感知技术
		DB Schenker 与 Transmetrics 合作管理交通枢纽
		PortXchange Synchronizer 平台港口管理
		Milos Intelligence 港口和内陆节点作业管理
		MiR 自主移动机器人在流程自动化中的应用
		VSLAM 技术在工厂内外物流运输中的应用
		Dynaplex 强化学习工具箱支持高科技供应链中的 备件物流
		谷仓携手海柔创新打造双机器人协同自动化履约 中心
	第三节　日韩等亚洲国家物流 技术	Twinny 订单拣选机器人
		自动自主测量系统
		零停机时间供电技术
		双温冷藏集装箱
		MDR 动力滚筒
		A. I. TeamDelivery 系统
		路径控制技术
		IoT + 机器学习技术
		MOVO Fleet 动态管理技术
		B2 Cloud API 技术
		MOVO Fleet 管理技术在日本陆送公司的运用 案例
		日本 Mujin 公司帮助半导体制造公司 Screen 实 现搬运工序简化